金融工程——计算技术与方法

徐成贤　薛宏刚　著

科学出版社

北京

内 容 简 介

本书对金融工程中常用的计算方法和技术作了比较系统的介绍. 全书分为四个部分. 第一部分由前两章组成, 主要介绍金融计算的基本方法, 如现金流的时间价值和收益率的计算以及利率的期限结构等; 第二部分包括第 3~8 章, 主要介绍金融资产定价的计算方法, 包括基础资产如债券、股票以及衍生产品如期货、互换、期权和信用衍生产品定价的计算方法; 第三部分包括第 9~11 章, 主要介绍金融风险度量的各种计算方法, 如灵敏度法、波动性方法以及以风险的近代度量——风险价值(VaR)为主要框架的风险计算方法, 详细介绍了 VaR 的三种常用的计算方法: 参数法、历史模拟法和随机模拟法, 这一部分还包括对信用风险估计和计算的方法; 第四部分主要介绍用于风险控制和管理的方法, 包括第 12~14 章. 根据金融市场风险和信用风险的不同, 分别讨论相应的用于风险控制和管理的计算方法.

本书可作为金融学、金融工程、数学与应用数学、信息和科学计算、管理工程等各专业本科高年级学生的教学用书, 也可以作为相关专业研究生、MBA 学员进行科学研究的教学参考书, 或作为金融工程从业人员应用的工具书.

图书在版编目(CIP)数据

金融工程—计算技术与方法/徐成贤, 薛宏刚著. —北京: 科学出版社, 2007

ISBN 978-7-03-019396-4

Ⅰ.金… Ⅱ.①徐… ②薛… Ⅲ.金融学—计算方法 Ⅳ.F830

中国版本图书馆 CIP 数据核字 (2007) 第 107670 号

责任编辑: 吕 虹 赵彦超 李 欣/责任校对: 钟 洋
责任印制: 徐晓晨/封面设计: 陈 敬

科学出版社 出版
北京东黄城根北街 16 号
邮政编码: 100717
http://www.sciencep.com

北京厚诚则铭印刷科技有限公司 印刷
科学出版社发行 各地新华书店经销

*

2007 年 8 月第 一 版 开本: B5(720×1000)
2016 年 3 月第三次印刷 印张: 25 3/4
字数: 493 000

定价: 148.00 元
(如有印装质量问题, 我社负责调换)

前　言

金融工程作为一门新兴的交叉学科, 在过去的十余年间得到了迅速发展, 相关的技术、方法和模型在金融行业和金融监管机构得到了广泛应用. 金融工程是金融科学的工程化, 它将工程思维引入工程领域, 综合采用各种工程技术方法设计、开发和实施新型金融产品, 创造性地解决各种金融问题. 工程技术方法主要包括建模、数值计算、数据分析和数据处理、计算机仿真与模拟以及网络图解等技术.

受经济全球化和金融一体化以及技术进步和金融创新等因素的影响, 金融市场的波动性和风险加剧, 金融行业、大型工业企业和有关的公司对金融工程师和金融工程技术人员的需求不断增长. 科学技术的进步使得金融工程技术开发采用越来越多的复杂的计算技术, 这就要求现有的以及有志于从事金融工程事业工作的人员, 包括大学生、研究生和有关的专业工作者在掌握现代金融的概念和模型的同时, 还要知道怎样实现这些模型的计算技术. 本书正是在这样一个背景下, 总结作者多年教学和研究的实践经验, 并广泛征求金融工程从业人员意见的基础上编写的, 其目的在于介绍在金融工程领域常用的基本计算方法和技术.

本书所涉及的金融工程的计算方法包含了金融工程技术的三大支柱: 资金的时间价值、金融资产的定价以及金融风险的管理与控制, 而有关金融风险的控制和管理涉及不同金融风险, 如市场系统风险、市场非系统风险和信用风险的量化以及控制管理方法. 本书不同于有关现代投资组合选择、金融工程或金融风险管理和控制的著作, 主要介绍在上述三大支柱领域应用的计算方法和技术. 按作者本来的创作意图, 本书还应有第五部分, 即对书中涉及的某些计算方法, 如方程组的求解、矩阵的分解以及有关的最优化方法等作适当介绍, 但限于篇幅, 最后放弃了这一打算. 读者在面临这些问题时可查阅有关的文献. 为使本书能适应大多数读者 (不管是从事金融工作或对金融工程刚刚有兴趣) 的需要, 本书对每一章节所涉及的有关金融的概念都先作简单明了的介绍, 然后再提出同该金融工程问题相关的计算问题, 最后给出解决这类问题的计算方法. 因此, 阅读本书不要求读者掌握很多的金融知识, 但要求读者有基本的数学基础, 如微积分、代数、统计和计算方法等的知识.

本书可作为金融学、金融工程、数学与应用数学、信息和科学计算、管理工程等各专业本科高年级学生的教学用书, 也可以作为相关专业研究生、MBA 学员进行科学研究的教学参考书, 或作为金融工程从业人员应用的工具书.

希望本书的出版, 能对我国金融工程科学的建设和发展有所贡献, 为我国金融计算著作和教材填补一个空白, 能对阅读本书的读者提供有益的帮助.

　　限于作者自身的水平, 书中难免存在疏漏甚至错误之处, 敬请读者批评指正.

作　者

2007 年 5 月

目　　录

第1章 现金流的时间价值

一个公司、企业、机构或投资者在投资或经营过程中的支出和收入的货币或款项称为现金流 (cash flow), 一般用 $C_1, C_2, \cdots, C_T$ 来表示, 这里 $C_t, 1 \leqslant t \leqslant T$ 表示在时间 t 的 (或第 t 期) 现金流, T 表示整个投资期或经营期. 对一个具体的现金流, 除了明确每笔支出或收入现金的具体数额之外, 我们还需要知道每笔现金 C_t 支付的具体时间, 或者每两笔现金收入或支付之间的时间跨度 (也称时间周期), 一个现金流可以用图 1.0.1 表示.

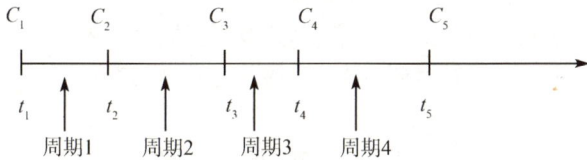

图 1.0.1   现金流图示

现金流的现值和将来值

在不同时间支付的相同数量的现金流, 它们的价值是不一样的. 例如, 现在的 100 元现金和一年后的 100 元现金, 它们的经济价值或者说效用是不一样的. 以简单的例子来说, 假如你把现在的 100 元钱存入银行, 设存款利率为 5%, 一年后 100 元钱成了 105 元, 这就是现金流的时间价值. 为比较不同现金流的价值, 需要确定现金流在某一特定时间的价值, 常用于现金流比较的有现金流的现值 (present value, PV) 和现金流的将来值 (future value, FV). 要计算一个现金流的现值或将来值, 首先需要知道折现率, 又称利率 (interest rate) 或机会成本 (cost of borrowing money)[106,107], 机会成本是一个用于对所作投资的收益率进行比较的基准收益率, 一般常取为一种无风险资产, 如国债的收益率作为折现率 (见第 2 章).

本章介绍现金流将来值、现值、净现值的计算以及投资收益率和内部收益率的计算. 其中 §1.1 介绍折现因子、折现率和现金流现值的计算; §1.2 给出现金流将来值的计算方法; §1.3 叙述现金流净现值的计算以及年金支付额的计算方法; §1.4 给出投资收益率的计算, 包括多期收益率、单期收益率、复合收益率和连续复合收益率等; §1.5 用于介绍内部收益率的计算以及同此有关的贷款分期还款的计划和退休金计划的计算.

§1.1   现金流现值的计算

设 $C_1, C_2, \cdots, C_T$ 为一现金流, 其中 C_t 表示第 t 次 (或第 t 年末) 支付的现金流, 共有 T 次支付. 已知无风险资产的年收益率 (年折现率) 为 r, 则可计算该现金流的现值为

$$PV = \sum_{t=1}^{T} d_t C_t = \sum_{t=1}^{T} \frac{C_t}{(1+r)^t}, \tag{1.1.1}$$

其中

$$d_t = 1/(1+r)^t \tag{1.1.2}$$

称为第 t 期的折现因子, $d_t C_t = C_t/(1+r)^t$ 表示第 t 笔现金流 C_t 的折现值, 简称现值.

例 1.1.1   考察某个 5 年期、息票率为 5% 的债券的现金流, 设该债券每年付息一次, 最后一次付息时同时返还本金, 债券的面值为 50 000 元, 则投资该债券的现金流为

$$2500, 2500, 2500, 2500, 52\,500.$$

已知未来 5 年的年折现率保持在 6% 的水平, 表 1.1.1 给出了投资该债券每年的现金流、每年的折现因子以及每笔现金流的现值, 这里第 5 年末的现金流包括利息 2500 元加上本金 50 000 元.

表 1.1.1   债券每年付息一次的现金流、折现因子和现值

年份	第 1 年	第 2 年	第 3 年	第 4 年	第 5 年	总现值
现 金 流	2500	2500	2500	2500	52 500	
折现因子	0.9434	0.8900	0.8396	0.7921	0.7473	
现　　值	2358.49	2224.99	2099.05	1980.23	39 231.05	47 893.82

事实上, 该现金流的总现值可直接计算为

$$PV = \frac{2500}{1+0.06} + \frac{2500}{(1+0.06)^2} + \frac{2500}{(1+0.06)^3} + \frac{2500}{(1+0.06)^4} + \frac{52\,500}{(1+0.06)^5}$$
$$= 2358.49 + 2224.99 + 2099.05 + 1980.23 + 39\,231.05 = 47\,893.82.$$

也就是说这一现在投资 50 000 元、5 年期债券所得现金流的现值为 47 893.82 元.

在 (1.1.1) 中, 如果现金流的支付不是一年一次, 而是 m 次 (如 $m = 2$ 为半年支付一次, $m = 4$ 为每 3 个月支付一次), 则 (1.1.1) 需改写为

$$PV = \sum_{t=1}^{T} d_t C_t = \sum_{t=1}^{T} \frac{C_t}{(1+r/m)^t}, \tag{1.1.3}$$

这里 T 表示总的支付次数, 如支付现金流的年数为 n, 则 $T = nm$, C_t 还是表示第 t 次支付的现金流, 但不一定在年末, 其数值等于每年所得的利息用 m 来除, $d_t = 1/(1+r/m)^t$ 为第 t 次支付现金的折现因子. 以例 1.1.1 为例, 息票率还是 5%, 但每年支付两次, 则每次支付的现金流为 2500/2=1250.

还是以例 1.1.1 为例, 将债券的每年付息一次改为每年付息两次, 其他数据不变, 则现金流、折现因子、现金流的现值由表 1.1.2 给出. 计算现金流总现值的表达式为

$$PV = \sum_{t=1}^{10} \frac{1250}{(1+0.03)^t} + \frac{50\,000}{(1+0.03)^{10}} = 47\,867.45.$$

表 1.1.2 债券每年支付 2 次的现金流、折现因子和现值

付款时间	现金流	折现因子	现值
第 1 次	1250	0.970 874	1213.592
第 2 次	1250	0.942 596	1178.245
第 3 次	1250	0.915 142	1143.927
第 4 次	1250	0.888 487	1110.609
第 5 次	1250	0.862 609	1078.261
第 6 次	1250	0.837 484	1046.855
第 7 次	1250	0.813 092	1016.364
第 8 次	1250	0.789 409	986.7615
第 9 次	1250	0.766 417	958.0209
第 10 次	51 250	0.744 094	38 134.81
总 现 值			47 867.45

在具体用 (1.1.1) 或 (1.1.3) 编程计算一个现金流的现值时, 可以采用图 1.1.1 所示的格式. 这里 y 是无风险资产单期的收益率 (折现率), 如一年支付一次, 则 $y = r$, 如一年支付 m 次, 则 $y = r/m, T = nm$ 为总的支付次数.

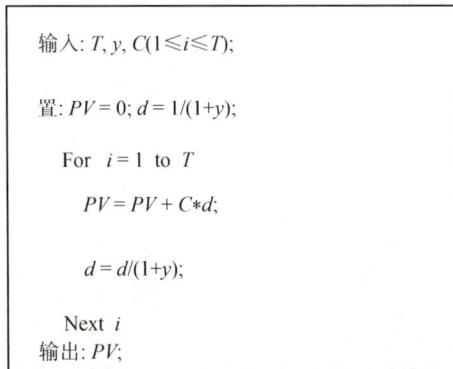

```
输入: T, y, C(1≤i≤T);

置: PV = 0; d = 1/(1+y);

  For  i = 1 to T

    PV = PV + C*d;

    d = d/(1+y);

  Next i
输出: PV;
```

图 1.1.1 计算现金流现值框图

§1.2　现金流将来值的计算

现金流的将来值是指现金流在将来某个特定时间的价值, 对于一项投资来说, 通常指该投资项目在投资期内所产生的现金流到投资期末的价值. 例如, 有一笔总数为 V_0 的资金, 在年初以年利率 r 存入一个银行户头, 存期为 m 年, 问题为 m 年后户头内的资金有多少, 这是一个典型的现金流的将来值的问题. 记第 1 年末户头内的现金为 V_1, 由于利率为 r, 因而有

$$V_1 = V_0 + V_0 \times r = V_0 \times (1 + r),$$

其中 $V_0 \times r$ 为第 1 年的利息. 第 2 年其本金不再是 V_0 而是 V_1(称为复利, 即每经过一个计息期, 要将所生利息加入下期本金计算利息), 由此可得第 2 年末户头内的现金为

$$V_2 = V_1 \times (1 + r) = V_0 \times (1 + r)^2.$$

由此得计算此现金流的将来值的模型为

$$FV = V_0 \times (1 + r)^m. \tag{1.2.1}$$

假如每年年初都有资金 V_0 存入该账户, 还是存 m 年, m 年后该账户内的资金 (现金流的将来值) 为

$$FV = V_0 \times (1+r)^m + V_0 \times (1+r)^{m-1} + \cdots + V_0 \times (1+r) = \sum_{t=1}^{m} V_0 \times (1+r)^t. \tag{1.2.2}$$

对一般情况, 设现金流为 $C_1, C_2, \cdots, C_T$, 年收益率 (折现率) 为 r, 每年支付 1 次, 总共支付 T 次, 计算现金流在整个期末的价值. 如果每次支付在每期期初发生, 则该现金流在期末的价值为

$$FV = \sum_{t=1}^{T} C_t \times (1+r)^{T+1-t}. \tag{1.2.3}$$

如果每次支付在每期期末发生, 则该现金流的将来值为

$$FV = \sum_{t=1}^{T} C_t \times (1+r)^{T-t}. \tag{1.2.4}$$

如果每年支付 m 次, 则根据每次是在期初或期末支付分别由式 (1.2.3) 或 (1.2.4) 计算, 只不过式中的 r 应由 r/m 代替. 对于例 1.1.1 的债券, 在一年一次性在年末支付

的情况下, 该现金流的将来值为

$$FV = \sum_{t=1}^{4} 2500 \times (1 + 0.06)^{5-t} + 52\,500$$
$$= 3156.20 + 2977.54 + 2809 + 2650 + 52\,500 = 64\,092.73.$$

但是如果有一个支付额同其完全相同的现金流, 但每次在年初支付, 则该现金流在第 5 年末的将来值为

$$FV = \sum_{t=1}^{5} 2500 \times (1 + 0.06)^{6-t} + 50\,000 \times (1 + 0.06) = 67\,938.3.$$

图 1.2.1 给出了计算现金流将来值算法的框图, 其中变量 t 是支付时间判别量, 如果在期初支付, 输入 $t = 0$, 如果在期末支付, 输入 $t = 1$, 变量 y 的意义和输入法同现金流现值的计算.

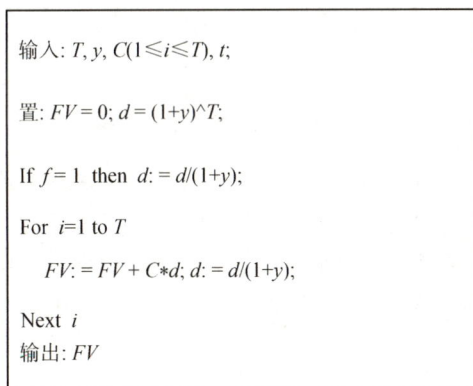

```
输入: T, y, C(1≤i≤T), t;

置: FV = 0; d = (1+y)^T;

If f = 1 then  d: = d/(1+y);

For  i=1 to T

   FV: = FV + C*d; d: = d/(1+y);

Next i
输出: FV
```

图 1.2.1   计算现金流将来值的算法

§1.3   净现值的计算

投资需要资本, 即必须先期投入资金以获取收益, 投资期内所收益的现金流的现值减去投资所付出资金的现值, 称为现金流的净现值 (net present value, NPV). 净现值反映了一项投资的实际效益. 设投资某项目需初期投入资金为 C_0(取负值), 项目在包括今年在内的 T 年内每年的收益或支出的现金流为 C_t(假设支或付都在年末发生, 收益时 C_t 为正, 支出时 C_t 为负), 如果年平均折现率为 r, 则该项目投资的净现值为

$$\mathrm{NPV} = C_0 + \sum_{t=1}^{T} \frac{C_t}{(1+r)^t}. \tag{1.3.1}$$

例 1.3.1   考察某个期限为 5 年的项目投资, 期初需投入资金 8000 万元, 其后 5 年内每年年末收益的现金流分别为 500 万元, 1000 万元, 2000 万元, 3000 万元和 4000 万元. 另一方面已知投资 5 年期国债的到期收益率为 7%, 以此作为该项投资收益现金流的折现率, 可得该项目投资的净现值为

$$\text{NPV} = -8000 + \frac{500}{1.07} + \frac{1000}{1.07^2} + \frac{2000}{1.07^3} + \frac{3000}{1.07^4} + \frac{4000}{1.07^5} = 113.9546.$$

(1.1.1) 和 (1.3.1) 表明, 无论是现金流的现值还是净现值, 它们都是折现率的单调降的非线性函数, 正是这一种非线性性引发了这样一种有趣的现象, 两个不同的现金流, 不妨设为甲、乙两个现金流, 在某个折现率下现金流甲的现值高于现金流乙的现值, 而在另一个折现率下, 情况则完全相反, 现金流乙的现值高于现金流甲的现值. 这说明了收益率在进行投资和风险控制中的重要性. 下面的问题提供了这种现象的一个例子.

例 1.3.2   考察如下两个现金流

现金流 1：$550, 650, 750, 1050$;

现金流 2：$1050, 750, 650, 400$.

两个现金流的支付时间相同, 设同为每年年末支付. 图 1.3.1 给出了这两个现金流关于折现率的现值曲线 (为明显起见, 图中的曲线由现值减去 2000 后获得, 也就是说, 现值应等于图中的现值再加 2000), 从图可以看出：(1) 现金流的现值是关于折现率 r 的凸函数; (2) 两现金流的现值曲线在折现率等于 0.086 处有一个交点, 说明

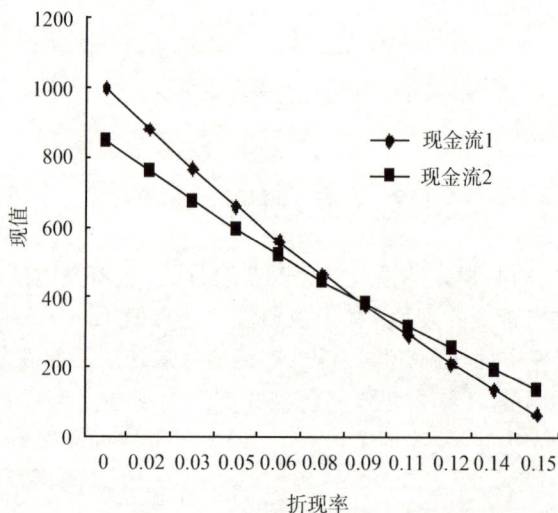

图 1.3.1   现金流现值与折现率关系曲线

在折现率为 0.086 时这两个现金流的现值相同, 而当折现率小于这个值时, 现金流 2 的现值小于现金流 1 的现值, 而当折现率大于 0.086 时, 现金流 2 的现值要大于现金流 1 的现值. 对于一个公司、企业或投资者, 在选择投资项目时, 考虑的是极大化其投资的净现值. 如果假定这两个项目的初期投资是相同的话, 那么在投资者认为有可能获得大于 8.6% 的收益率时, 会选择第 2 个现金流的项目, 而在其相信收益率不可能超过 8.6% 时, 他会选择第 1 个项目.

年金

年金 (annuity) 是现金流计算中一种最为简单的特例. 所谓年金, 是在整个期限内, 设为 n 年, 每年支付固定数额的现金流, 每次的现金流包括利息和部分本金的偿还, 由于每次支付的现金流相同, 现金流现值和将来值的计算就成为一个等比数列的有限项求和, 利用等比数列的求和公式, 计算相对要简单. 设年金每次的支付额为 C, 每年 m 次, 期限为 n 年, 每年的折现率相同为 r. 如果每次在每期的期末支付, 则该年金的现值为

$$PV = \sum_{t=1}^{nm} C\left(1 + \frac{r}{m}\right)^{-t} = C\frac{1 - (1 + r/m)^{-nm}}{r/m}. \tag{1.3.2}$$

如果每次的支付发生在期初, 则该年金的现值为

$$PV = \sum_{t=1}^{nm} C\left(1 + \frac{r}{m}\right)^{-(t-1)} = C\left(1 + \frac{r}{m}\right)\frac{1 - (1 + r/m)^{-nm}}{r/m}. \tag{1.3.3}$$

这两种情况下该年金的将来值分别为: 如果支付发生在期末, 则

$$FV = \sum_{t=1}^{nm} C\left(1 + \frac{r}{m}\right)^{t-1} = C\frac{(1 + r/m)^{nm} - 1}{r/m}; \tag{1.3.4}$$

如果支付发生在期初, 则

$$FV = \sum_{t=1}^{nm} C\left(1 + \frac{r}{m}\right)^{t} = C\left(1 + \frac{r}{m}\right)\frac{(1 + r/m)^{nm} - 1}{r/m}. \tag{1.3.5}$$

对于无到期日的永续年金 (perpetual annuity), 由于支付没有到期日, 因而计算该现金流的现值是一个收敛的无穷级数之和, 其和为

$$PV = \sum_{t=1}^{\infty} C\left(1 + \frac{r}{m}\right)^{-t} = \frac{m}{r}C. \tag{1.3.6}$$

§1.4   收益率的计算

对于不同的投资, 如何比较它们的收益? 例如, 一个投资 500 万元 1 年后净收益为 45 万元, 以及一个投资 8 万元 1 年后净收益为 9 千元的两个项目, 究竟哪一个投资项目的收益高? 单纯从收益的多少来看, 显然第 1 个项目高, 但不考虑投资的风险. 单纯从投资的总额来看, 第 1 个项目所需的投资要比第 2 个项目的投资多得多. 收益率是用于衡量投资回报好坏的物理量, 它表示每单位资金的投资收益, 即净收益值占投入资金的百分比 [25].

§1.4.1   单期收益率

对于一个投资期为 T 的投资, 其单期收益率可用下式计算

$$r = \frac{V_T - V_0}{V_0}, \tag{1.4.1}$$

其中 V_0 为期初用于投资的资金, V_T 为到投资期末 (包括投资期内) 从投资所获回报资金的总和, r 表示整个投资期内的投资收益率, 对于存入银行的存款, 利率就是其年收益率, 一年期债券的息票率就是该类债券投资的年收益率. 而对于股票、证券等市场流通性强的金融资产的投资, 根据投资期的长短, 可以有日收益率、周收益率、月收益率等不同期限的收益率. 以某股票价格为例, 设其相邻两工作日的收盘价为 P_t, P_{t+1}, 则该股票第 $t+1$ 日的日收益率为

$$r_{t+1} = \frac{P_{t+1} - P_t}{P_t}. \tag{1.4.2}$$

如果 P_t, P_{t+1} 表示的是该股票相邻两周周末的收盘价, 则 r_{t+1} 就是该股票第 $t+1$ 周的周收益率. 由 (1.4.1), 如果已知单期投资收益率 r, 则对于期初为 V_0 的投资, 其期末的现金流 (包括收益和本金) 为

$$V_T = V_0 \times (1 + r). \tag{1.4.3}$$

这就是 $m = 1$ 时的 (1.2.1).

§1.4.2   多期收益率

一个长的时间期限是由多个短的时间期限组成的, 例如, 5 年期的投资包括 5 个 1 年, 一年的期限可以包括 4 个季度的期限, 每个季度的期限包括 3 个月期限. 对某个资产的包含多个周期投资的收益, 我们可以计算若干个短期的单期收益率, 也可以计算一个包含整个周期的单期收益率, 称为多期收益率. 记某资产在 k 个连续的周期内的每个单期的收益率分别为

$$r_{t-1}, \quad t = 1, 2, \cdots, k,$$

这里 $r_{t-1,t}$ 表示第 t 期的单期收益率. 设资产在起始时间的价格为 P_0, 则反复应用 (1.4.3) 得资产在整个期末的价格为

$$P_k = P_0(1 + r_{0,1})(1 + r_{1,2}) \cdots (1 + r_{k-1,k}) = P_0(1 + r_k),$$

其中 r_k 表示包含这 k 个期限的多期收益率. 由此得单期收益率与多期收益率之间的关系

$$r_k = \prod_{t=1}^{k}(1 + r_{t-1,t}) - 1. \tag{1.4.4}$$

尽管可以对长短不同的期限计算资产的收益率, 但我们日常所说的收益率, 如利率、息率等都是以年为一个周期的年收益率 (即每单位资金一年的投资收益), 并利用 (1.4.4) 在年收益率和不同时间期限的收益率之间进行转换. 例如, 年收益率 R 和月收益率 r (设每月收益率相同) 之间的转换为

$$R = (1 + r)^{12} - 1. \tag{1.4.5}$$

例如, 已知年收益率为 6%, 由 (1.4.5) 可求得月收益率为 0.49%. 反之, 如果已知月收益率为 0.8%, 则由 (1.4.5) 可得年收益率为 10%. 当单期收益率比较小时, 通常对 (1.4.4) 取一阶泰勒展开作为近似, 即有

$$r_k = \sum_{t=1}^{k} r_{t-1,t}. \tag{1.4.6}$$

这时, (1.4.5) 可近似为

$$R = 12r. \tag{1.4.7}$$

这就是为什么在很多的金融计算中取短期收益率为多期收益率的平均值的原因.

对于一个由 n 个资产组成的投资组合, 如果已知各资产在同一时间期限内的收益率为 $r_i, i = 1, 2, \cdots, n$, 每个资产在该组合中投资所占比例分别为 $x_i \geqslant 0, i = 1, 2, \cdots, n \left(满足 \sum_{i=1}^{n} x_i = 1\right)$, 则该资产组合在该时间期限内的收益率为

$$r_x = \sum_{i=1}^{n} x_i r_i. \tag{1.4.8}$$

§1.4.3 连续复合率

连续复合率是收益率计算的另一种方式, 也是在金融计算中用得最普遍的收益率. 在这一部分我们以银行利率为例来说明什么是连续复合率及其计算方法. 假设年初在某银行户头存入 50 000 元, 已知年利率为 6%, 问年末账户内应有多少钱? 这看似简单的问题, 却由于付息方式的不同有很多的答案.

如果利息只在年末一次付清, 则年末账户内的资金总数为

$$50\,000 + 50\,000 \times 0.06 = (1 + 0.06) \times 50\,000 = 53\,000,$$

如果利息分两次给付, 即每半年付一次, 则根据复利的计算原则, 年末账户内的资金总数为

$$50\,000 \times (1 + 0.06/2)^2 = 53\,045.$$

这是因为年中给付的利息 $50\,000 \times 0.06/2 = 1500$ 加上本金 $50\,000$ 元合计 $51\,500$ 元都成为下半年的本金, 称这样的利率为二次复合利率. 依据二次复合利率计算的实际收益率要高于名义收益率 6%, 这是因为

$$\frac{53\,045 - 50\,000}{50\,000} = 6.09\%.$$

如果按月计息 (称为月复合利率), 则年底账户内资金数为

$$50\,000 \times (1 + 0.06/12)^{12} = 53\,083.89,$$

其实际收益率为 6.17%. 如果按日计息, 则年末账户内资金总额 (一年按 360 日计 [96,115]) 为

$$50\,000 \times (1 + 0.06/360)^{360} = 53\,091.56,$$

实际收益率为 6.183%. 一般说来, 对于 n 次复合率, 年末账户内资金数额为

$$50\,000 \times \left(1 + \frac{0.06}{n}\right)^n.$$

在上式中, 令 n 趋于无穷取极限得

$$\lim_{n \to \infty} 50\,000 \times \left(1 + \frac{0.06}{n}\right)^n = 50\,000 e^{0.06} = 53\,091.83,$$

称这样的计息方法为连续复利计息, 计算的利率称为连续复合率. 从上面过程可以看出对于给定的收益率, 随着付息次数的增加, 实际所得利息也随之增加, 但总不超过 n 趋于无穷时的极限值. 根据上述连续复合率的定义, 如果记 V_0, V_T 为投资期初的资本和投资期末的总现金流收益, 则该投资单期的连续复合收益率为

$$r_T = \ln\left(\frac{V_T}{V_0}\right). \tag{1.4.9}$$

如果投资期为 T 年, 则有

$$r_T = \ln\left(\frac{V_T}{V_{T-1}} \frac{V_{T-1}}{V_{T-2}} \cdots \frac{V_1}{V_0}\right) = \ln\left(\frac{V_T}{V_{T-1}}\right) + \cdots + \ln\left(\frac{V_1}{V_0}\right), \tag{1.4.10}$$

其中 $r_{t-1,t} = \ln(V_t/V_{t-1})$ 为第 t 年的连续复合收益率. 如果每年的收益率相同, 则投资期内的年连续复合收益率简化为

$$r_t = r_T/T. \tag{1.4.11}$$

(1.4.10) 同 (1.4.6) 形式相同, 但意义不同, (1.4.10) 反映了在连续复合率意义下的多期收益率和单期收益率之间的真正的关系, 而 (1.4.6) 只是在通常的收益率意义下多期收益率和单期收益率之间的近似关系. 反之, 如果某项投资的初始资本为 V_0, 项目投资的时间跨度为 t, 经预测得知项目的年复合收益率为 r, 则该项投资的预计回报为

$$V_t - V_0 = V_0 e^{tr} - V_0 = V_0(e^{tr} - 1), \tag{1.4.12}$$

这里的时间 t 以年为单位, 可以小于 1(不足 1 年), 也可以大于 1(超过 1 年).

更一般地, 在连续复合率和 n 次复合率之间有如下的关系

$$\left(1 + \frac{r}{n}\right)^n = e^{r_c}, \tag{1.4.13}$$

其中 r_c 表示连续的年复合收益率, r 表示等价的 n 次年复合率, 由此得连续复合率可表示为 n 次复合率的函数

$$r_c = n \ln \left(1 + \frac{r}{n}\right), \tag{1.4.14}$$

而 n 次复合率也可用连续复合率表示

$$r = n(e^{r_c/n} - 1). \tag{1.4.15}$$

§1.5 内部收益率的计算

内部收益率 (internal rate of return, IRR) 是指使得投资的净现值为零的收益率. 设某项投资所需的初期资金为 P, 投资期内回收的现金流为 $C_1, C_2, \cdots, C_n$, 记该项投资的内部收益率为 y^*, 则 y^* 应满足

$$\sum_{t=1}^{n} C_t (1 + y^*)^{-t} = P. \tag{1.5.1}$$

例如, 某银行贷给某客户 250 000 元住房贷款, 分 10 年共 120 次偿还, 每月还款额为 2700 元, 由此可以算出银行从这笔贷款的收益率 (或者说客户贷款的利率) 为 5.39%, 这是因为有

$$250\,000 \approx \sum_{t=1}^{120} 2700 \times (1 + 0.0539/12)^{-t}.$$

在 (1.3.1) 的现金流净现值的计算式中, 某个现金流可以是表示收益的正值, 也可以是表示支出的负值. 记 $C_0 = -P$, 投资开始时间为 $t = 0$, 则计算支与付的现金流的净现值可以用净现值函数表示

$$f(y) = \sum_{t=0}^{n} C_t(1+y)^{-t},\tag{1.5.2}$$

其中 y 为计算现值的折现率. 由此可以得到内部收益率 y^* 就是方程

$$f(y) = \sum_{t=0}^{n} C_t(1+y)^{-t} = 0\tag{1.5.3}$$

的解. 这是一个关于变量 y 的非线性方程, 有许多成熟的方法可以用于求解, 其中最简单的方法是二分法 [77].

由于 $0 < y < 1$, 方法先选定 y 的两个值, 设为 $y_1 < y_2$ 要求满足 $f(y_1)f(y_2) < 0$, 即两点处的函数值异号. 由于函数 $f(y)$ 的连续性, 在区间 $[y_1, y_2]$ 内必有满足 $f(y) = 0$ 的点 y^* (见图 1.5.1). 为确定这样的点, 取区间 $[y_1, y_2]$ 的中点 $\overline{y} = (y_1 + y_2)/2$, 计算点 $\overline{y}$ 处的函数值 $f(\overline{y})$. 如果 $f(y_1)f(\overline{y}) < 0$, 则在区间 $[y_1, \overline{y}]$ 肯定有 $f(y)$ 的零点, 用 $\overline{y}$ 代替 y_2 得到缩小一半的新区间 $[y_1, y_2]$; 如果 $f(\overline{y})f(y_2) < 0$, 则用 $\overline{y}$ 替换 y_1 得到缩小一半的区间 $[y_1, y_2]$. 重复这一过程直至或者有 $f(\overline{y}) = 0$, 或者区间 $[y_1, y_2]$ 充分小为止. 图 1.5.2 给出了二分法算法的框图. 不难明白, 二分法以 0.5 为收敛因子线性收敛于内部收益率 y^*.

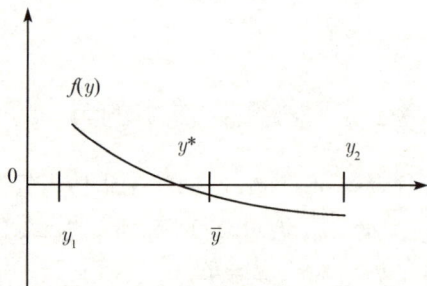

图 1.5.1   函数 $f(y)$ 的零点

求解方程 (1.5.3) 确定内部收益率的方法还有很多, 如收敛比较快的牛顿法、收敛速度介于牛顿法和二分法之间的割线法等 [77], 但这些方法需要额外的保护措施确保收敛. 另一种直接的方法是利用 Excel 工作簿工具栏下的宏指令 "规划求解", 只要在打开的 Excel 工作簿中按 (1.5.3) 设置好模型, 点击工具栏后在显示的子菜单中点击 "规划求解", 在打开的求解参数对话框内选好目标单元格、变量单元格, 再把求解目标设置为 0, 即可求得所需要的内部收益率.

输入: $\varepsilon, y_1 < y_2(f(y_1)f(y_2) < 0)$;

当 $y_2 - y_1 > \varepsilon$ 时执行

$[\bar{y} = (y_1 + y_2)/2$;

    If $f(\bar{y}) = 0$ then return $\bar{y}$

      Else If $f(y_1)f(\bar{y}) < 0$ then $y_2 := \bar{y}$

        Else $y_1 := \bar{y}$ End If

   End If]

输出: $\bar{y}$

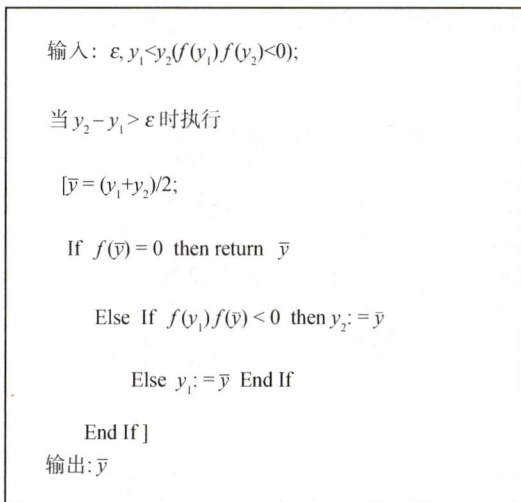

图 1.5.2　函数 $f(y)$ 的零点

§1.5.1　分期还款

分期还款 (amortization) 是另一个同方程 (1.5.3) 有关的金融基本计算问题 [105], 所谓分期还款是根据借贷款的额度、借款的年利率、借款期限 (年数) 以及每年的还款次数, 确定借款人每次的还款额, 它可便于借款人根据其偿还能力选择贷款的种类. 一旦选定了借款的额度 (PV)、年利率 (r)、期限 (年数 n) 和每年还款次数 (m), 每次的还款额 (C) 可由式 (1.3.2) 得

$$C = (PV \times r/m)[1 - (1 + r/m)^{-nm}]. \tag{1.5.4}$$

例如, 额度为 220 000 元, 利率为 5% 的 10 年期房屋贷款, 每月的还款额为

$$C = 220\,000 \times 0.05/12/[1 - (1 + 0.05/12)^{-120}] = 2333.44.$$

在这样的分期还款额度中有一部分用于归还部分本金, 有一部分用于归还剩余本金的当月利息. 随着还款次数的增加, 每月还款额中归还本金的比例逐渐加大, 还息的比例逐渐缩小, 表 1.5.1 给出了上述例子期初和期末的几次还款中的本金和利息的变化情况, 从表中看出借款后第一个月还款的 2333.44 元中有 1416.77 元用于归还本金, 而 916.67 元是用于归还 220 000 元借款的当月利息, 在归还 1416.77 元本金后, 欠款的本金数额减为 218 583.23 元, 因而第二个月归还的利息要减少, 在每月归还金额不变的情况下, 归还的本金数额增加. 继续这个过程, 直至倒数第 2 个月 (月份 119), 在月初欠本金数为 4637.88 元, 在该月归还的 2333.44 元中, 利息只有 19.32 元, 归还的本金达到 2314.12 元, 而最后一月归还的包括月初所欠的本金 2323.76 元

和这个本金的当月利息 9.68 元, 合计为 2333.44 元, 还清所有债务. 图 1.5.3 描述了本金和利息归还的变化曲线.

表 1.5.1 贷款分期还款计划

月份	月初欠额	本月还款	归还本金	归还利息	月末欠款
1	220 000	2333.44	1416.77	916.67	218 583.23
2	218 583.23	2333.44	1422.68	910.76	217 160.55
3	217 160.55	2333.44	1428.61	904.84	215 731.94
⋮	⋮	⋮	⋮	⋮	⋮
118	6942.39	2333.44	2304.51	28.93	4637.88
119	4637.88	2333.44	2314.12	19.32	2323.76
120	2323.76	2333.44	2323.76	9.68	0.00
总计		280 012.96	220 000	60 012.96	

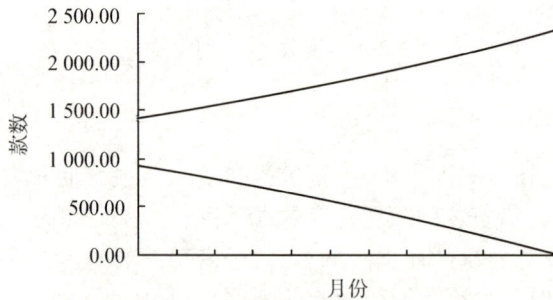

图 1.5.3 本金和利息归还的变化曲线

对于这样的分期付款, 假设借款人已归还了 k 期应还款, 要知道还欠的本金数, 可以用

$$PV_k = \sum_{t=1}^{nm-k} C(1+r/m)^{-t} = C\frac{1-(1+r/m)^{-nm+k}}{r/m} \tag{1.5.5}$$

来计算.

§1.5.2 退休金计划

同分期付款类似的一个问题为退休金计划问题, 我们通过一个具体例子来说明这个问题的模型和计算. 设有一个年龄为 55 岁的雇员将在年满 60 岁后退休, 他计划在退休前的 5 年内每年存一笔款子进一个年利率为 8% 的户头, 并计划在退休后的 10 年内, 每年从该户头提取 18 000 元用于消费, 现在的问题是他在这 5 年内每年应存入该银行账户多少钱才能满足要求. 根据这一计划, 设该雇员退休前每年存

入等额现金为 d, 15 年后其现金流的净现值应为零, 于是得

$$\sum_{t=0}^{4} \frac{d}{(1+r)^t} - \sum_{t=5}^{14} \frac{C}{(1+r)^t} = 0, \tag{1.5.6}$$

其中 $r=8\%$ 为年利率, $C=18\,000$ 元为退休后每年的消费额, 据此可求得

$$d = \sum_{t=5}^{14} \frac{18\,000}{(1+0.08)^t} \Big/ \sum_{t=0}^{4} \frac{1}{(1+0.08)^t} = 88\,777.98/4.31 = 20\,587.98.$$

表 1.5.2 给出了这一计划详细的存取款过程, 表中第 2 列为每年年初账户内本金数, 第 3 列为当年存入账户或从账户内支取的现金数, 第 4 列为当年账户内本金所获取的利息收益, 它等于同行第 2 列和第 3 列数字之和乘以年利率, 第 5 列为年底账户内的余额, 它等于同行的前 3 列数字之和.

表 1.5.2 退休金计划账户支取明细表

年份	年初本金	年初存入 (或取出)	年利息	年底本金
0	0.00	20 587.98	1647.04	22 235.02
1	22 235.02	20 587.98	3425.84	46 248.84
2	46 248.84	20 587.98	5346.95	72 183.76
3	72 183.76	20 587.98	7421.74	100 193.50
4	100 193.50	20 587.98	9662.52	130 444.00
5	130 444.00	−18 000	8995.52	121 439.50
6	121 439.50	−18 000	8275.16	111 714.70
7	111 714.70	−18 000	7497.17	101 211.80
8	101 211.80	−18 000	6656.95	89 868.78
9	89 868.78	−18 000	5749.50	77 618.28
10	77 618.28	−18 000	4769.46	64 387.75
11	64 387.75	−18 000	3711.02	50 098.77
12	50 098.77	−18 000	2567.90	34 666.67
13	34 666.67	−18 000	1333.33	18 000
14	18 000	−18 000	0.00	0.00

第 2 章 利率的期限结构

在经济全球化、金融一体化的今天, 利率同我们中的大多数人息息相关, 向银行贷款需要根据利率支付利息, 在银行存款或购买债券根据利率或息票率获取利息收益. 我们还知道, 存款或贷款由于种类和期限 (短期、长期) 的不同有不同的利率, 这些利率的不同不仅体现在数量上, 而且还体现在计算的方法上. 同时, 利率由于受到经济环境 (全球的或局部的)、政府政策等因素的影响, 因而是在不断变化的. 利率的期限结构反映了利率 (或收益率) 和期限之间的对应关系, 在期限 – 收益率的坐标平面上是一条收益率曲线, 根据利率的期限结构, 可以了解远期利率 (将来某个时间的利率) 和即期利率之间的关系. 本章以债券的收益率为工具说明利率的期限结构. §2.1 介绍固定收益证券; §2.2 讨论即期利率的计算; §2.3 分析利率的期限结构的构建方法和即期利率曲线; §2.4 介绍远期利率以及远期利率曲线同即期利率曲线之间的关系.

§2.1 固定收益证券

本节对在金融市场上作为融资工具的固定收益证券作一个简单介绍. 固定收益证券 (fixed-income securities)[36,37,53] 是借方在特定的时间内按预先规定的时间和方式向证券持有者支付利息和本金所发行的证券, 也称固定收益债券. 债券的持有期一般比较长, 持有者收入的现金流是固定的, 其价值要随利率的波动而变化, 因此具有利率风险. 债券根据票面利率定期支付利息, 有半年支付一次的 (如美国), 一年支付一次的 (如欧洲国家), 还有按季度支付的.

对于一个确定的固定收益债券, 有三个基本特征是投资者所关心的, 它们是到期日 (maturity)、票面利率 (coupon rate)、每年付息次数和面值 (par value, 又称本金, principle). 到期日反映了证券期限的长短, 在到期日借方应按时向证券持有者归还证券面值所确定的利息和本金. 票面利率又称息票率, 一般指的是年利率, 票面利率和每年付息次数决定了每次付息时的付息率. 面值是指证券的票面价值, 是借方在到期日或之前应该支付给证券持有者的不包含利息的金额. 假设已知某固定收益证券的面值为 V, 息票率为 r, 每年付息次数为 m, 则每次支付利息为

$$每次付息 = Vr/m.$$

根据付息方式的不同, 债券有不同的类型.

固定息票债券 (fixed-coupon bonds)：定时按固定利率支付利息, 并在到期日一次性支付本金 (债券面值).

零息债券 (zero-coupon bonds)：仅支付本金 (债券面值) 而不支付利息, 销售价一般低于面值, 它们的收益源于价格增值.

浮动息票债券 (floating-coupon bonds) 又称浮动利率票据 (floating-rate notes, FRN)：定期支付利息, 但顾名思义, 其利率不是固定的而是浮动的, 利率等于参考 (标准) 利率 (一般为伦敦同业银行拆借利率, LIBOR) 加上在一个规则基础上确定的差额, 在到期日一次性支付本金 (债券面值).

例 2.1.1 考察这样一个 10 年期, 面值为 100 万的浮动利率票据, 每半年支付一次利息, 利率为 6 个月的伦敦同业银行拆借利率 (LIBOR) 加 50 个基本点 (1 个基本点为 0.01%). 设票据起始日的 LIBOR 为 6%, 则在第一个付息日 (半年后) 所付利息为

$$100 \times (6\% + 0.5\%) \times \frac{1}{2} = 3.25 万元.$$

假设在这个付息日的 LIBOR 已变动为 7%, 则在第二个付息日将以新的 LIBOR 加 0.5% 来计算利息. 具体地说, 浮动息票债券用上一个付息日的 LIBOR 加基本点来计算下一个付息日所要付的利息, 在到期日则要支付最后一次应付的利息和本金.

还有一种票据, 称为反向浮动票据, 它同样定期支付利息, 在到期日归还本金并支付最后一次利息, 但它的利息支付随伦敦同业银行折借利率水平反向变化, 其利率计算采用公式

$$r = R - \text{LIBOR},$$

其中 R 是一个预先商定的固定利率. 由这个公式可以看出, 息票利息随 LIBOR 的上升而下降, 随 LIBOR 的下降而上升.

年金：在整个有效期内每年定期向持有者支付固定数额, 其中包括利息和部分本金.

永续债券 (perpetual bonds) 或统一公债 (consols)：同固定息票债券一样定期支付利息, 但不同的是没有到期日, 因而也没有在到期日本金的支付, 其价值仅来自利息的支付.

各种政府机构发行的债券属于国债, 包括短期、中期和长期的各种类型的国库券. 国债市场的流动性很强, 短期国库券有 3 月期的、半年期和一年期之分. 短期国库券一般不定期支付利息, 而是采用折价出售, 到期偿还面值的方法, 利息就是折价数额. 因此, 短期国库券事实上是短期的零息票债券.

§2.2　到期收益率和即期利率

本节介绍债券的到期收益率、即期利率和两者之间的关系. 考察某债券未来收益的现金流

$$C_1, C_2, \cdots, C_T,$$

即该债券共收益 T 次. 以固定利率息票的债券为例, 设固定 (年) 息票率为 r, 每半年支付一次, 期限为 10 年, 则有 $T = 20$, 前 19 次支付额相同, 同为

$$C_t = Vr/2, \quad i = 1, 2, \cdots, 19,$$

其中 V 为债券面值. 而最后一次的支付额为

$$C_{20} = V(1 + r/2),$$

它包括了本金 (债券面值) 和最后一次的利息. 债券的到期收益率 (yield-to-maturity, YTM) 是使现金流的现值 (PV) 等于该债券当前市场价值的内部收益率 (IRR, 见 §1.5), 它也称为债券的预期收益率或平价收益率 [37,54]. 记债券的到期收益率为 y, 则有

$$P = \sum_{t=1}^{T} \frac{C_t}{(1+y)^t}, \tag{2.2.1}$$

这里 P 表示债券的现值 (当前的市场价值). 可以看出, 到期收益率依赖于债券的实际市场价格 P 和付息方式 (息票率和付息次数), 因此到期收益率 y 一般并不等于债券的息票率 r, 但是如果债券在到期日支付本金, 且市场价格等于其面值, 则其到期收益率等于设定的息率. 表 2.2.1 给出了这样一个例子. 这是一个 5 年期、息票率

表 2.2.1　5 年期、息票率 6% 债券的到期利率

现金流	t	金额	折现因子	折现值
第 1 次付息	1	3	0.970 874	2.91
第 2 次付息	2	3	0.942 596	2.83
第 3 次付息	3	3	0.915 142	2.75
第 4 次付息	4	3	0.888 487	2.67
第 5 次付息	5	3	0.862 609	2.59
第 6 次付息	6	3	0.837 484	2.51
第 7 次付息	7	3	0.813 092	2.44
第 8 次付息	8	3	0.789 409	2.37
第 9 次付息	9	3	0.766 417	2.30
付本金加息	10	103	0.744 094	76.64
现值总和				100

为 6%、每年付息两次的债券. 设该债券的到期收益率等于息票率, 则可以看出债券的市场价格等于其面值 100.

如果此时同类债券的到期收益率是 8%, 则该债券的市场价格不可能再等于其面值, 而是要下降, 这是因为在计算该债券的市场价值时, 我们要用平价收益率 8% 来对其未来的现金流折现. 表 2.2.2 计算了该债券在这个收益率下的市场价值 (价格).

表 2.2.2 5 年期、息票率 6% 债券到期收益率为 8% 时的价格

现金流	t	金额	折现因子	折现值
第 1 次付息	1	3	0.961 538	2.884 615
第 2 次付息	2	3	0.924 556	2.773 669
第 3 次付息	3	3	0.888 996	2.666 989
第 4 次付息	4	3	0.854 804	2.564 413
第 5 次付息	5	3	0.821 927	2.465 781
第 6 次付息	6	3	0.790 315	2.370 944
第 7 次付息	7	3	0.759 918	2.279 753
第 8 次付息	8	3	0.730 69	2.192 071
第 9 次付息	9	3	0.702 587	2.107 76
付本金加息	10	103	0.675 564	69.583 11
现值总和				91.89

确定一种债券到期收益率的基本方法为从市场中找出与所论债券期限相同、性质相似的债券, 用它们的到期收益率作为该债券的到期收益率. 经典的方法是由一系列不同到期日的平价收益债券确定不同期限债券的到期收益率曲线 [55]. 平价收益债券是指息票率接近于收益率的债券. 从上面的分析可以看出, 当债券的市场价值等于其票面值时, 其内部收益率与息票率相等, 因此, 到期收益率曲线一般由新近发行的流通性好的各种政府债券和票据推出, 也就是选这些债券或票据作为平价收益债券计算它们的到期收益率构成到期收益率曲线, 例如, 用近期发行的 2 年期、5 年期、7 年期和 30 年期的债券推算出期限从 2 年到 30 年的到期收益率曲线, 从而确定出不同期限债券的到期收益率. 这种方法的优点是被选择的债券具有很好的流通性, 它们的价格能较正确地反映出市场情况. 但也忽视了市场上其他未清偿证券的价格 – 收益特性中所包含的信息, 有可能影响到期收益率估计的正确性.

在 (2.2.1) 中, 是以相同的收益率 (到期收益率) 来对现金流折现确定债券的价格, 即收益率不随时间而变化. 这同实际情况是否一致呢? 假如收益率不随时间变化, 即期限长的债券同期限短的债券的收益率相同, 期限长的债券由于其持有期长, 其风险高于持有期短的债券, 投资者会在收益率相同的情况下选择风险小的短期债券, 长期限债券失去吸引力, 导致价格下跌, 收益率随之上升, 而短期债券由于风险

小而受到投资者的青睐, 价格上升, 导致收益率下降, 最后达到平衡状态. 因此收益率同时间不是无关, 而是有关的, 公平的债券价格应该根据债券随时间改变的利率计算, 也就是用即期利率 (spot interest rate 或 spot rate) 计算. 债券随时间改变的利率称为利率的期限结构, 而所谓即期利率是指从即日起始的不同到期日的零息票债券的收益率, 用 R_t 表示从即日开始到期时刻为 t 的即期利率, 则面值为 1 元期限为 t 的零息债券的现值 (价格) 为

$$P = \frac{1}{(1 + R_t)^t}, \tag{2.2.2}$$

未来现金流为 $C_1, C_2, \cdots, C_T$ 的债券的当前价值应为

$$P = \sum_{t=1}^{T} \frac{C_t}{(1 + R_t)^t}. \tag{2.2.3}$$

(2.2.3) 给出了在已知即期利率的情况下, 对给定的债券计算其市场价格的方法. 表 2.2.3 给出了一个 5 年期、年息票率为 6%、每年付息 1 次、票面价值为 100 元的债券按即期利率计算所得的当前价值 (价格). 可以看出计算所得价格为 97.85 元. 利用即期利率折现计算债券的价格可以根据市场利率的变化, 通过对相应折现率的调整, 使债券价格灵活, 正确地反映市场利率的各种变化. 例如, 当即期利率曲线发生向上非平行的移动, 如短期即期利率向上移动的幅度超过长期即期利率向上移动的幅度 (见图 2.2.1), 在这种情况下债券的价格由于即期利率的上升而下降. 表 2.2.4 给出了对表 2.2.3 的例子用新的上升的即期利率计算债券价格的计算过程, 所得价格为 94.57 元.

表 2.2.3　用即期利率计算债券价格

现金流	t	金额	即期利率	折现因子	折现值
第 1 次付息	1	6	0.05	0.952 381	5.714 286
第 2 次付息	2	6	0.055	0.898 452	5.390 714
第 3 次付息	3	6	0.06	0.839 619	5.037 716
第 4 次付息	4	6	0.063	0.783 19	4.699 138
付息加本金	5	106	0.066	0.726 464	77.005 16
现值之和					97.847 02

根据上述计算, 如果按表 2.2.3 计算所得债券的市场价格为 97.85 元, 按这个市场价格计算其到期收益率得 6.6%, 高于市场价格为 100 元 (面值) 时的到期收益率 (6%). 当市场即期利率曲线上升时, 债券价格下跌, 正如表 2.2.4 所示, 债券价格下跌至 94.57 元, 则该债券的到期收益率将上升至 7.334%.

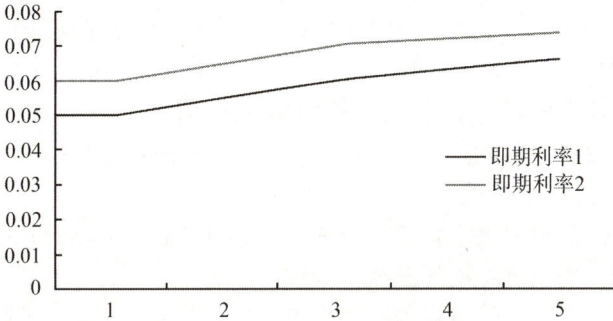

图 2.2.1　即期利率变化图示

表 2.2.4　即期利率上升后的债券价格

现金流	t	金额	即期利率	折现因子	折现值
第 1 次付息	1	6	0.06	0.943 396	5.660 377
第 2 次付息	2	6	0.065	0.881 659	5.289 956
第 3 次付息	3	6	0.07	0.816 298	4.897 787
第 4 次付息	4	6	0.072	0.757 218	4.543 307
付息加本金	5	106	0.074	0.699 808	74.1796
现值之和					94.571 02

§2.3　利率的期限结构和即期利率曲线

本节介绍即期利率的计算和分析利率的期限结构. 不同期限的收益率或利率一般是不同的, 即收益率和利率是期限或到期时间的函数. 利率的期限结构是指即期利率与到期时间之间的关系曲线, 称为收益率曲线 [80,81]. 常见的收益率曲线有图 2.3.1 所示的三种类型的形状. 其中曲线 1 表示期限短的收益率低于期限长的

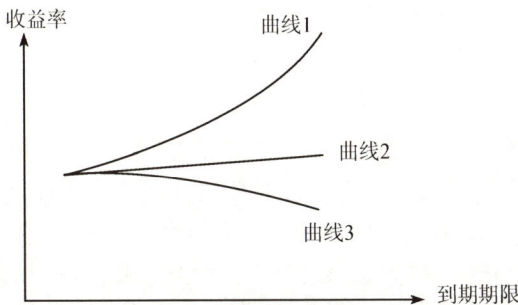

图 2.3.1　收益率曲线类型

收益率, 这是金融市场上常见的收益率曲线类型, 即随着债券期限的变长, 相应的即期收益率也会增加. 曲线 3 表示的是期限短的收益率高于期限长的收益率, 曲线 2 则表示所有不同期限的收益率都近似相等的收益率曲线.

当收益发生变化的时候, 不同期限的收益率都会发生变化, 因而导致整个收益率曲线会发生变化, 收益率曲线常见的变动有:

平移: 整个收益率曲线平行地向下或向上移动 (见图 2.3.2(a)), 这出现在不同期限的收益率变动的幅度相同的时候.

偏移: 整个收益率曲线不是平行的向下或向上移动, 而是有倾斜的移动, 这出现在不同期限收益率的变动幅度不同的时候. 根据偏移方式的不同, 又分为左倾斜和右倾斜. 左倾斜情况发生在期限短的收益率变动幅度大于长期限的收益率变动幅度的时候, 而右倾斜的情况刚好相反, 短期限的收益率变动幅度小于长期限的收益率变动幅度 (见图 2.3.2(b) 和 (c)).

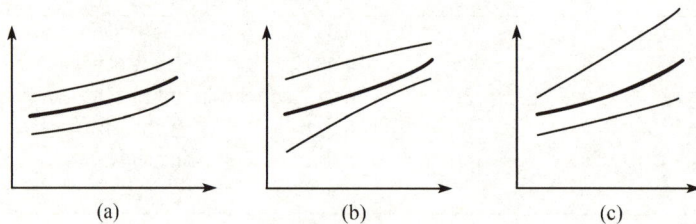

(a)   (b)   (c)

图 2.3.2   收益率曲线的变动

§2.3.1   利率期限结构的构造方法

(1) 传统方法: 基于到期收益率曲线来表示, 即用息票率等于或接近于它的到期收益率的不同期限债券的收益率来构造收益率曲线.

(2) 零息债券收益率法: 零息债券收益率曲线 (zero-coupon curve) 由市场上一系列不同到期日的零息政府债券的到期收益率构成 [132]. 由 (2.2.2), 零息债券的收益率或即期利率为

$$R_T = \left(\frac{V}{P}\right)^{1/T} - 1, \tag{2.3.1}$$

其中 V 为债券的面值, P 为债券的市场价格 (现值), T 为债券到期的期限, R_T 为该零息债券的到期收益率, 也就是从现在起期限为 T 年的即期利率.

虽然由零息债券得到的利率曲线优于一般的收益率曲线, 但其构成需要大量的不同期限的零息政府债券, 对于缺少这类债券的国家或市场, 可以利用市场上各类未清偿的付息债券, 根据 (2.2.3) 来估计不同期限的即期利率 $R_t, t = 1, 2, \cdots, T$, 由此得到利率的期限结构.

(3) 建模法: 利用市场上现存的各种未清偿付息债券的价格 – 收益特性估计即期利率曲线, 有两种建模方法: 逐步延伸法 (bootstrapping)[119] 和计量经济法 [123].

逐步延伸法: 选择一组具有不同到期日的付息债券的样本集合, 根据它们的市场价格逐步推算 1 年期、2 年期、3 年期及其后各年期的即期利率. 例如, 先考虑 3 个债券的样本集合, 其中两个分别为 1 年期和 2 年期的零息债券, 它们的到期收益率, 也就是 1 年期和 2 年期的即期利率分别为 $R_1 = 4\%, R_2 = 5\%$, 又第 3 个是 3 年期的付息债券, 面值为 100, 年息票率为 5%, 每年付息 1 次. 已知该债券目前的市场价格为 98.5, 则由 (2.2.3) 有

$$98.5 = \frac{5}{1.04} + \frac{5}{1.04^2} + \frac{105}{(1+R_3)^3}.$$

由此可求得 3 年期的即期利率 $R_3 = 5.6\%$. 根据这 3 个即期利率用 4 年期债券的息票率, 市场价格可推算出 4 年期的即期利率 R_4. 继续这个过程可估计出利率的期限结构.

计量经济法: 本方法用于构造连续平滑的即期利率曲线, 方法利用市场数据对模型的参数进行估计, 再对确定的参数由模型计算各个期限的即期收益率, 形成利率的期限结构. 下面以一个三次多项式模型为例说明计量经济法的计算过程.

第一步. 首先定义计算贴现因子的模型

$$d(t) = (1 + R_t)^{-t}, \tag{2.3.2}$$

这里 R_t 为期限为 t 的即期利率. 在这里我们采用三次多项式模型, 即把上述的 $d(t)$ 展开成 t 的三次多项式

$$d(t) = \alpha_0 + \alpha_1 t + \alpha_2 t^2 + \alpha_3 t^3, \tag{2.3.3}$$

其中 $\alpha_0, \alpha_1, \alpha_2, \alpha_3$ 为待定参数. 待定参数 $\alpha_0, \alpha_1, \alpha_2, \alpha_3$ 一旦确定, 就可以利用 (2.3.3) 估计不同期限的即期利率, 因而可以给出即期利率曲线的形状. 为保证所得利率曲线的连续性和光滑性, 要求在每一时间结点上的函数 $d(t)$ 的值及其一阶、二阶导数的值应该相同, 而在时刻 $t = 0$, 贴现因子应为 1(即应有 $\alpha_0 = 1$).

第二步. 确定参数值 $\alpha_i, i = 0, 1, 2, 3$ 的估计. 根据上述贴现因子的方程和已知的不同到期期限的债券价格, 建立关于参数 $\alpha_i, i = 0, 1, 2, 3$ 的线性方程组, 解这个线性方程组得出参数值的估计.

一个债券在连续的时间区间 $t_n(n = 1, 2, \cdots, N)$ 中支付的现金流为 $c_n(n = 1, 2, \cdots, N)$, 根据前述由贴现因子计算其市场价值的模型, 该债券的市场价格应为

$$P = \sum_{t=1}^{N} c_t d(t). \tag{2.3.4}$$

将 (2.3.3) 所表示的 $d(t)$ 代入后再展开, 并重新组合可得关于 $\alpha_1, \alpha_2, \alpha_3$ 的方程

$$P = \alpha_0 f_0(c) + \alpha_1 f_1(c) + \alpha_2 f_2(c) + \alpha_3 f_3(c), \tag{2.3.5}$$

其中 $c = (c_1, c_2, \cdots, c_N)$ 表示由 N 个现金流形成的向量, $f_i(c), i = 0, 1, 2, 3$ 为向量 c 的函数, 将不同债券的数据 (包括市场价格、息票率等) 代入, 就可得到相关的以参数 $\alpha_1, \alpha_2, \alpha_3$ 为未知数的线性方程组.

例 2.3.1　以前面的三个面值为 100 的债券 (一个 1 年期零息债券、到期利率 4%、发行价为 96.15 和一个 2 年期零息债券、到期利率 5%、发行价为 90.7 以及一个 3 年期、息票率为 5%、每年付息一次、市场价格为 97.5 的债券) 为例. 对 1 年期和 2 年期零息债券, 由 (2.3.4) 得

1 年期债券: $96.15 = 100d(1) = 100(\alpha_0 + \alpha_1 + \alpha_2 + \alpha_3 + \alpha_4)$,

2 年期债券: $90.7 = 100d(2) = 100(\alpha_0 + 2\alpha_1 + 2^2\alpha_2 + 2^3\alpha_3)$.

对 3 年期的非零息债券, 由 (2.3.4) 得

3 年期债券:

$$97.5 = 5(d(1) + d(2)) + 105d(3) = 5[2\alpha_0 + (1+2)\alpha_1$$
$$+ (1+2^2)\alpha_2 + (1+2^3)\alpha_3] + 105(\alpha_0 + 3\alpha_1 + 3^2\alpha_2 + 3^3\alpha_3).$$

求解这个由 3 个方程组成的关于 $\alpha_1, \alpha_2, \alpha_3$ 的方程组 (因 $\alpha_0 = 1$) 可得

$$\alpha_1 = -0.029\,42, \quad \alpha_2 = -0.009\,62, \quad \alpha_3 = 0.000\,542.$$

由此得贴现因子的模型为

$$d(t) = 1 - 0.029\,42t - 0.009\,62t^2 + 0.000\,542t^3.$$

由此, 利用 (2.3.2) 可求得不同期限的即期利率, 如表 2.3.1 所示.

表 2.3.1　　由计量经济法确定的收益率期限结构

期限	即期利率
1	0.040 042
2	0.050 017
3	0.059 945
4	0.069 963
5	0.080 185
6	0.090 692
7	0.101 511
8	0.112 561
9	0.123 545

对于模型 (2.3.3) 中的参数还可以采用线性回归的方法进行估计, 即利用若干已知不同期限固定收益证券的即期收益率的样本数据进行回归确定参数的值, 再由参数的值, 利用模型 (2.3.2) 得出利率曲线.

为了更好地反映收益率与期限之间的复杂关系, 还可以在模型中引入更高次数的项和更多的参数, 也可以采用非线性的模型, 如指数模型, 这时的回归就不再是线性的而是非线性的, 需要采用最优化的技术和方法来确定模型中的最佳参数值.

§2.4 远 期 利 率

远期利率 (forward rate) 是指以未来某一天作为起始时间的一定期限的借款所使用的即期利率, 例如, 半年后开始的 1 年期贷款, 其利率就是半年后的 1 年期远期利率. 远期利率是未来的投资平衡率, 对于不存在套利机会的市场, 远期利率应使得不同期限的投资回报相等. 以一年后开始的 1 年期债券为例, 设当前 1 年期和 2 年期债券的即期利率分别为 R_1 和 R_2, 记 1 年后的 1 年期远期利率的期望值为 $F_{1,2}$. 对于一个资金有两年使用期的投资者而言, 他可以选择或者一个 2 年期, 或者先投资一个 1 年期, 第 2 年再投资一个 1 年期, 由于市场无套利机会, 对于这两种投资方式而言, 收益应该是相同的, 也就是有

$$(1 + R_2)^2 = (1 + R_1)(1 + F_{1,2}). \tag{2.4.1}$$

例如, $R_1 = 4\%, R_2 = 4.5\%$, 则可以算得 $F_{1,2} = 5\%$.

对于更一般的情况, 远期利率和即期利率之间有关系式

$$(1 + R_T)^T = (1 + R_1)(1 + F_{1,2})(1 + F_{2,3}) \cdots (1 + F_{T-1,T}), \tag{2.4.2}$$

式中 $F_{i,i+1}$ 为从 i 到 $i+1$ 时段的远期利率. 表 2.4.1 给出了不同期限的即期利率、远期利率、到期收益率和折现因子. 其中, 对于 1 年期而言, 其远期利率、即期利率都等于其到期收益率, 其后各期的远期利率根据关系式 (2.4.2) 计算, 折现因子由即期利率确定, 即有

$$d(t) = 1/(1 + R_t)^t. \tag{2.4.3}$$

表 2.4.1 即期利率、远期利率和到期收益率

期限 t/年	即期利率 R_t/%	远期利率 $F_{t-1,t}$/%	到期收益率 y_t/%	折现因子 $d(t)$
1	4.000	4.000	4.000	0.9615
2	4.618	5.240	4.604	0.9136
3	5.192	6.350	5.153	0.8591
4	5.716	7.303	5.640	0.8006
5	6.112	7.712	6.000	0.7433
6	6.396	7.830	6.254	0.6893
7	6.621	7.980	6.451	0.6383
8	6.808	8.130	6.611	0.5903
9	6.970	8.270	6.745	0.5452
10	7.112	8.400	6.860	0.5030

例如, 对于 $t = 6$, 有 $0.6893 = d(6) = 1/(1 + 0.063\ 96)^6$.

根据远期利率可以估计利率期限结构的倾斜程度, 以简单的两期模型 (2.4.1) 为例, 将 (2.4.1) 展开, 并略去二次项得

$$F_{1,2} = R_2 + (R_2 - R_1). \tag{2.4.4}$$

在如表 2.4.1 所示的斜率上升的期限结构中, 有 $R_2 > R_1$, 因而远期利率 $F_{1,2}$ 大于 R_2. 同样的结论适用于其他的远期利率 $F_{t-1,t}, t = 2, 3, \cdots$. 由此可以看出, 当利率期限结构呈向上斜的凹曲线时, 2 年期即期利率高于 1 年期即期利率, 远期利率曲线高于即期利率曲线, 一年后的 1 年期远期高于现今的 2 年期即期利率.

从表 2.4.1 中还可以看出, 即期利率高于到期收益率, 即即期利率曲线在到期收益率曲线之上, 这也可以通过分析来加以证明. 还是考虑两年期债券, 由到期收益率的定义有

$$P = \frac{cF}{1+y_2} + \frac{(1+c)F}{(1+y_2)^2} = \frac{cF}{1+R_1} + \frac{(1+c)F}{(1+R_2)^2}, \tag{2.4.5}$$

其中 F 为债券面值, c 为息票息率, y_2 为 2 年期到期收益率, R_1, R_2 分别为 1 年期和 2 年期的即期利率, 把 P 设定为面值 F, 再设 F 为 1 元, 则由 (2.4.5) 的第一个等式得

$$c = y_2.$$

再由第二个等式得

$$1 = \frac{y_2}{1+R_1} + \frac{1+y_2}{(1+R_2)^2},$$

由此得

$$(1+R_2)^2 = y_2 \frac{(1+R_2)^2}{1+R_1} + (1+y_2).$$

由 (2.4.1) 得

$$(1+R_2)^2 = y_2(1+F_{1,2}) + (1+y_2),$$

解之得

$$y_2 = \frac{2+R_2}{2+F_{1,2}} R_2. \tag{2.4.6}$$

在一个斜率上升的期限结构中, 有 $F_{1,2} > R_2$, 因而得出 $y_2 < R_2$ 的结论. 图 2.4.1 给出了斜率上升的期限结构中远期利率曲线、即期利率曲线和到期 (平价) 收益率曲线之间的关系. 这里平价收益率曲线处于最低位置, 即期利率曲线介于平价收益率和远期收益率曲线之间, 但同平价收益率曲线的距离不大, 而远期收益率曲线明显高于即期利率曲线, 更高于平价收益率曲线, 而随着期限的延长, 曲线之间的距离也在增大.

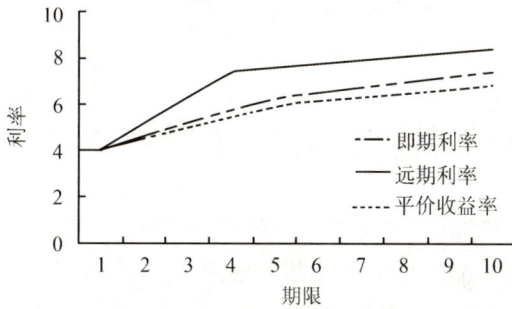

图 2.4.1 收益率曲线

对于斜率下降的利率期限结构, 情况则刚好相反, 到期 (平价) 收益率曲线处于最高位置, 即期利率曲线略低于平价收益率曲线, 远期利率曲线则明显低于即期利率曲线.

当采用连续复利进行计算时, (2.4.1) 将成为

$$e^{R_2 T_2} = e^{R_1 T_1} e^{F_{1,2}(T_2 - T_1)}, \tag{2.4.7}$$

由此得远期利率的计算式为

$$F_{1,2} = \frac{R_2 T_2 - R_1 T_1}{T_2 - T_1}. \tag{2.4.8}$$

第 3 章 固定收益证券的定价方法

我们已在 §2.1 对固定收益证券作了介绍, 本章讨论固定收益证券的定价方法. 任何金融产品和衍生产品的价值等于其预期的现金流的现值, 因此, 要确定某一金融产品的价格, 首先要估计该产品的现金流, 其次要得到计算现值的折现率或折现因子. 对于大多数固定收益证券来说, 如短期零息债券、固定息票债券等, 其未来的现金流是确定的, 因此这类债券定价的关键是如何确定折现率. §3.1 分析短期国库券的定价; §3.2~§3.4 用不同的折现率对固定息票进行定价; §3.4~§3.6 分析利率变化对债券价格的影响, 由此引入两个反映债券利率风险的概念: 久期和凸度.

§3.1 短期国库券的定价

短期国库券有 3 月期、半年期和一年期之分. 短期国库券一般不定期支付利息, 而是采用折价出售, 到期按面值偿还的方法, 利息收益就是折价数额. 因此, 短期国库券实质上是短期的零息票债券. 短期国库券的定价和债券的定价不同, 它是按银行的折现率和实际持有天数定价的, 银行的折现率一般低于按传统债券收益率计算方法求得的收益率.

例 3.1.1 考察一个半年期面值为 10 万元的短期国库券, 已知银行的折现率为 9%, 半年的实际持有天数为 182 天, 一年一般按 360 天计, 于是该国库券的价值按下式计算

$$P = F - F \times r \times \frac{\text{持有天数}}{360} = \left(1 - 0.09 \times \frac{182}{360}\right) \times 10 = 9.545(\text{万元}),$$

也就是说该短期国库券的销售价是 9.545 万元而不是面值的 10 万元.

银行的这种折现法低估了其价值, 因而也低估了其收益率. 事实上, 按此价格出售债券所产生的收益率为

$$2 \times \frac{10 - 9.545}{9.545} = 0.095\,388,$$

而按本章下面介绍的债券的定价算法, 其价值应该是

$$P = \frac{F}{1 + 182r/360} = \frac{10}{1 + 0.0455} = 9.5648(\text{万元}),$$

这个价值明显高于前者. 造成这一低估的原因有两点: 一是一年只按 360 天计算, 而持有期则按实际天数 (半年为 182 天) 计算; 其次, 也是主要的一点, 计算以债券面值为基础, 但投资者的实际支付要小于面额.

§3.2 用到期收益率为债券定价

本节考虑债券的定价, 设债券未来收益的现金流为

$$C_1, C_2, \cdots, C_T, \tag{3.2.1}$$

即该债券共收益 T 次. 如果已估计得 y, 则该债券的价值为

$$P = \sum_{t=1}^{T} \frac{C_t}{(1+y)^t}. \tag{3.2.2}$$

对于固定息票率的债券, 其前 $T-1$ 次支付的现金流相同, 仅为应得利息, 而最后一次支付除利息外, 还包含本金 (面值) 的归还. 如果其到期收益率等于息票率, 则债券的价值刚好等于其面值. 这是因为当息票率等于到期收益率 y 时, 每次支付的利息为 $C_t = Vy$, $t = 1, 2, \cdots, T-1$, 而最后一次的支付为 $C_T = (1+y)V$, 这里 V 为债券的面值, 由 (3.2.2) 得

$$P = \sum_{t=1}^{T} \frac{Vy}{(1+y)^t} + \frac{V}{(1+y)^T} = \sum_{t=1}^{T-1} \frac{Vy}{(1+y)^t} + \frac{V}{(1+y)^{T-1}} = \cdots$$

$$= \frac{Vy}{1+y} + \frac{V}{1+y} = V. \tag{3.2.3}$$

这就从理论上证明了证券的价格等于其票面价值.

如果到其收益率 y 不同于息票率, 则债券的价值不同于债券的面值. 如果其到期收益率高于息票率, 则债券的价值由于其低的息票率将低于面值, 反之, 如果到期收益率低于息票率, 则债券的价值由于其高的息票率将高于面值. 图 3.2.1 给出了债券的价格随到期收益率变化的曲线, 它是由 (3.2.2) 对面值为 100, 息票率为 6% 的 10 年期、每年付息 1 次的债券计算所得的, 可以看出这一价格收益率曲线是凸的, 即有 dP/dy 单调增, $d^2P/dy^2 > 0$.

在用到期收益率对固定收益证券定价时, 关键在于确定合适的到期收益率. 根据利率期限结构理论 (见第 2 章), 到期日不同的债券的到期收益率是不同的. 确定一种债券到期收益率的基本思路为从市场中找出与所论债券期限相同、性质相似、流通性好的债券, 用它们的到期收益率作为该债券的到期收益率进行定价. 传统的方法是由一系列不同到期日的平价收益债券确定不同期限债券的到期收益率曲线.

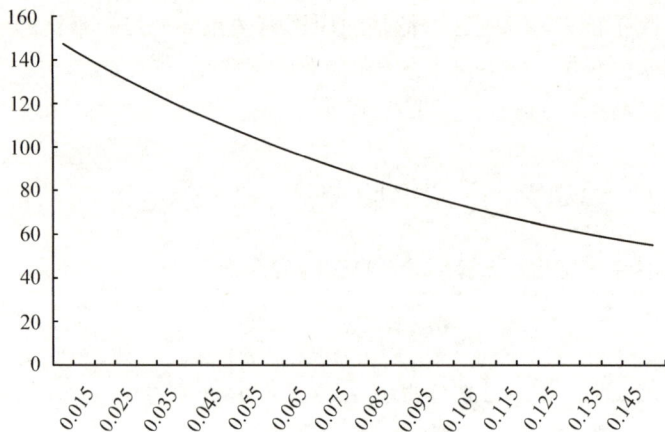

图 3.2.1　　债券价格 – 收益率曲线

所谓平价收益债券是指息票率接近于收益率的债券. 从上一章的分析我们知道, 当债券的市场价值等于其票面值时, 其内部收益率与息票率相等, 因此, 到期收益率曲线一般由新近发行的流通性好的各种政府债券和票据推出, 也就是选这些债券或票据作为平价收益债券计算它们的到期收益率构建收益率曲线. 例如, 用近期发行的 2 年期、5 年期、7 年期和 30 年期的债券推算出期限从 2 年到 30 年的收益率曲线. 从而估计出不同期限债券的到期收益率. 这种方法的优点是被选择的债券具有很好的流通性, 它们的价格能较好地反映市场信息, 但也忽视了市场上其他未清偿证券的价格 – 收益特性中所包含的信息, 有可能影响到期收益率估计的正确性.

对于一个确定的固定收益证券, 可以用 (3.2.2) 计算该证券从发行日到到期日 T 之间任何时间的价格, 其中 (3.2.1) 给出的现金流是该证券从计算之日起到到期日之间剩余的现金流. 在到期收益率不变的情况下我们来分析一下证券价格随时间的变化. 首先在到期日这一天, 该债券的价格等于其面值.

考虑到期收益率等于息票率的情形, 由于到期收益率等于息票率, 对剩余的现金流应用 (3.2.3) 可以发现证券在任何时间的价格都等于其面值. 但是正如我们在第 1 章所看到的, 这同样的面值, 如果按该债券发行时的时间计算现值, 越到后期, 这面值的现值越低, 这也可以从现值的计算式

$$PV(t) = \frac{V}{(1+y)^t}$$

看出, 其中 y 为到期收益率, V 为债券的面值, 即债券在任何时间的市场价格, $PV(t)$ 为债券面值按发行时间计算的现值, $t \leqslant T$ 为债券已发行的时间长度. 由此式不难看出, t 越大, 上式右端项的分母越大, 因而 $PV(t)$ 的值越小.

如果到期收益率高于息票率, 我们已知道债券的市场价格低于其面值, 由于债

券在发行日的价格低于其面值, 而在到期日的价格等于其面值, 直觉告诉我们, 该债券的市场价格随着到期日的临近, 其价格越来越接近其面值, 也就是其市场价格应该是单调增的. 事实上, 这一结论可以通过比较债券在两个相邻付息日的市场价格得出. 设该债券在某个付息日的价格为

$$PV(j) = \sum_{t=1}^{T-j} \frac{Vr}{(1+y)^t} + \frac{V}{(1+y)^{T-j}},$$

则该债券在下一个付息日的市场价格为

$$PV(j+1) = \sum_{t=1}^{T-j-1} \frac{Vr}{(1+y)^t} + \frac{V}{(1+y)^{T-j-1}}, \tag{3.2.4}$$

其中 $r(<y)$ 为息票率. 将 $PV(j)$ 的项重新组织得

$$PV(j) = \sum_{t=1}^{T-j-1} \frac{Vr}{(1+y)^t} + \frac{(1+r)}{(1+y)} \frac{V}{(1+y)^{T-j-1}}. \tag{3.2.5}$$

可以看出 (3.2.4) 和 (3.2.5) 右端的第 1 项相等, 而由于 $(1+r)$ 小于 $(1+y)$, 因而 (3.2.5) 右端的第 2 项小于 (3.2.4) 右端的第 2 项, 这就表明债券在后一个付息日的市场价格高于前一个付息日的市场价格, 即随着到期日的日益临近, 债券的市场价格是单调增的. 对于到期收益率低于息票率的情况, 利用类似的分析不难得出, 在到期日之前, 债券的市场价格要高于面值, 而随着到期日的临近, 债券的市场价格单调降, 直至在到期日等于面值.

§3.3 用即期利率为债券定价

我们在上一节用到期收益率作为折现率为债券定价时, 可以看出是假定了折现率是不随时间变化的, 从第 2 章利率的期限结构分析, 我们已经知道, 利率是随时间而改变的, 而公平的债券价格应该根据债券的即期利率来计算, 如果已知债券未来现金流 (3.2.1) 同期的即期利率 $R_i, i = 1, 2, \cdots, T$, 则该债券的公平价格为

$$\overline{P} = \sum_{t=1}^{T} \frac{C_t}{(1+R_t)^t}. \tag{3.3.1}$$

利用即期利率计算债券的价格可以根据市场利率的变化, 通过对相应折现率的调整, 使债券价格灵活、正确地反映市场利率的各种变化.

采用单一的折现率 (到期收益率) 折现所有的现金流会高估债券的价格, 为了评估债券的价格是被高估还是被低估, 可以对即期利率 R_t 增加一个量, 使得

$$\sum_{t=1}^{T} \frac{C_t}{(1+R_t+s)^t} \tag{3.3.2}$$

等于债券的当前市场价格, s 称为即期价格的静态价差 (static spread), 具有高静态价差的债券具有较高的 (比无风险利率) 预期收益率, 因而也更受投资者的欢迎.

同样可以根据债券的当前市场价格, 利用到期收益率 y 计算收益率价差 (yield spread)

$$P = \sum_{t=1}^{T} \frac{C_t}{(1+y+\Delta y)^t}, \tag{3.3.3}$$

这里 P 为债券当前的市场价格.

例 3.3.1　考察这样一个面值为 100 的债券, 其息票年利率为 7%, 期限为 2 年, 1 年付息 1 次. 已知 1 年期债券的即期利率 R_1 和到期收益率 y_1 都为 4%, 2 年期债券的即期利率为 $R_2 = 6\%$ 和到期收益率为 $y_2 = 5.9412\%$, 债券的当前在市场的销售价格为 101.5. 以即期利率对该债券的现金流折现得该债券的现值为

$$\frac{7}{1+0.04} + \frac{107}{(1+0.06)^2} = 101.9604,$$

可以看出债券的现值高于其市场价值. 为计算收益率价差, 需要解下列方程

$$\frac{7}{1+0.059\,412+\Delta y} + \frac{107}{(1+0.059\,412+\Delta y)^2} = 101.5,$$

解得 $\Delta y = 0.002\,386$, 这意味着该债券的到期收益率为

$$0.059\,412 + 0.002\,386 = 6.179\%,$$

而不是两年期债券的平价收益率 0.059412. 而要确定静态价差, 需要解下列方程

$$\frac{7}{1+0.04+s} + \frac{107}{(1+0.06+s)^2} = 101.5,$$

得 $s = 0.002\,482$, 可以看出在这里 Δy 与 s 的差异很小.

我们看到, 利用即期利率对固定收益证券定价, 必须估计出与债券或债券组合产生的现金流所对应的即期利率. 由于固定收益债券或组合有可能会在未来的任何时点进行交易产生相应的现金流, 因此需要估计大量的不同时点上的即期利率, 这是不现实的, 也是不必要的. 通常的做法是, 预先设定一些基准期限时点, 称为顶点 (vertices), 然后将期限内的所有现金流合理地分配到这些顶点, 再根据各顶点的现金流的折现值计算出债券或组合的市场价值, 这种方法称为现金流映射法 [90].

现金流映射法

现金流分配是现金流映射法的主要过程, 如果债券的现金流的支付时间与各个预设的基准顶点完全一致, 则可以直接将在各基准顶点的现金流用相应顶点的即期利率折现后求得债券的价值. 如果不一致, 就必须将现金流分配到各个不同的基准顶点, 其中典型的一种分配方法为 Risk Metrics 所采用的方法, 它把每一现金流在两个相邻的顶点上根据权重加以分配, 分配时要满足两个条件:

(i) 保持现金流的折现值 (市场价值) 不变;

(ii) 保持久期 (风险) 不变 (有关久期见 §3.5).

下面我们以一个例子来说明满足这种要求的现金流分配过程.

例 3.3.2 设某债券 4 年后有一现金流, 相邻的基准顶点设在 3 年和 5 年, 关于这两个基准顶点的数据如下:

3 年期即期收益率为 5%, 收益率的波动率 (σ_3) 为 0.42;

5 年期即期收益率为 5.5%, 收益率的波动率 (σ_5) 为 0.75;

两收益率之间的相关性为 $\rho_{35} = 0.85$.

对该现金流的分配过程如下:

第一步. 利用线性插值估计 4 年期即期收益率

$$R_4 = (R_3 + R_5)/2 = (0.05 + 0.055)/2 = 0.0525.$$

第二步. 利用估计的 4 年期即期收益率计算 4 年期面值为 1 元的现金流折现值 (即折现因子)

$$PV_4 = 1/(1 + 0.0525)^4 = 0.8149.$$

第三步. 由 3 年期和 5 年期收益的波动性经线性插值计算 4 年期收益率的波动性 (σ_4)

$$\sigma_4 = (\sigma_3 + \sigma_5)/2 = (0.42 + 0.75)/2 = 0.585.$$

第四步. 根据方差计算公式计算权重,

$$\sigma_4^2 = \omega^2 \sigma_3^2 + (1 - \omega)^2 \sigma_5^2 + \omega(1 - \omega)\rho_{35}\sigma_3\sigma_5,$$

其中 ω 是分配给 3 年期顶点的权重, $(1 - \omega)$ 为分配给 5 年期顶点的权重. 对上述数据, 计算所得为 $\omega = 30\%, (1 - \omega) = 70\%$.

第五步. 对现金流进行分配, 根据第四步的结果, 对现金流的现值按所得权重进行分配, 得分配给 3 年期顶点的现值为 $0.3 \times 0.8149 = 0.2445$, 由此得分配给 3 年期顶点的现金流为 $0.2445 \times (1 + 0.05)^3 = 0.283$, 分配给 5 年期顶点的现值为 $0.7 \times 0.8149 = 0.5704$, 相应的现金流为 $0.5704 \times (1 + 0.055)^5 = 0.7455$. 对于这样分配的现金流, 它具有同原现金流相同的折现值、风险和符号.

§3.4　用远期利率预测债券价格

在投资和风险管理中常需要预测或估计固定收益债券, 如浮动利率债券的未来价格, 估计的方法和过程同前面的债券定价类似, 但由于是浮动利率, 需要用远期利率来进行估计.

设有一个 3 年期浮动利率债券, 每年 1 次根据面值 F 按浮动利率进行付息, 且第 1 次付息率已经确定. 假设已知 1 年期、2 年期和 3 年期的即期利率分别为 R_i,　$i = 1, 2, 3$, 则该债券的价格将依赖于未来 3 年的 1 年期远期利率 (用远期利率代替每年的付息率), 即有

$$P = \frac{FR_1}{1 + R_1} + \frac{FF_{12}}{(1 + R_3)^2} + \frac{F(1 + F_{23})}{(1 + R_3)^3}, \tag{3.4.1}$$

其中 F_{12}, F_{23} 分别为第 2 年和第 3 年的 1 年期远期利率. 对此式进行化简, 再利用关系式

$$(1 + R_3)^3 = (1 + R_1)(1 + F_{12})(1 + F_{23}),$$

得

$$P = \frac{(1 + R_1)(1 + F_{12})(1 + F_{23})F}{(1 + R_3)^3} = F. \tag{3.4.2}$$

可以看出浮动利率债券的当前价格等于其面值. 但是对于一个面值为 100, 息票率为 r 的固定收益的 n 年期债券, 其 1 年后的价格需要用下式来估计

$$P_1 = \sum_{i=2}^{n} \frac{C}{(1 + F_{1i})^{i-1}} + \frac{100}{(1 + F_{1n})^{n-1}}, \tag{3.4.3}$$

其中 $F_{1i}, i = 2, 3, \cdots, n$ 表示 1 年后 i 年期的即期利率, C 为每次付息. 在这里现金流只有 $(n - 1)$ 个而不再是 n 个.

根据上述固定收益证券的定价方法, 可以进一步模拟债券未来价格的分布, 其关键就是要模拟未来的远期利率分布. 对于远期利率的分布进行模拟时主要考虑两个因素: 变化趋势及其波动性.

§3.5　债券的久期

从上述对债券的不同定价方法可以看到, 利率变化对债券价值起决定性的影响. 债券的期限越长, 利率变化对债券价格的影响也就越大, 因此, 由债券的期限长短所隐含的利率变化是债券的一个重要的风险因子. 为此, 可以用债券价格对利率变化的敏感程度来量化这种风险, 并把这种敏感程度称为债券的久期 (duration), 它衡量

了债券价格对收益率 y 变动的敏感程度或称风险暴露 [78]. 由 (3.2.2) 我们知道, 债券的价值是到期收益率的函数, 为此, 考察债券的价值 P 关于到期收益率的导数, 并记为

$$\frac{dP}{dy} = -\frac{D}{1+y}P = -D^*P, \tag{3.5.1}$$

称式中的 D 为 Macaulay 久期 [19,65], 而称

$$D^* = \frac{D}{1+y}. \tag{3.5.2}$$

为修正久期 (modified duration), 而 $D^*P = -dP/dy$ 被称为美元久期 (dollar duration). 从 (3.5.1) 可以看出, 修正久期 D^* 是债券价值对利率敏感性的线性近似, 当收益率 y 充分小时, (3.5.2) 中的 y 可以略去, 可以直接取 Macaulay 久期 D 为债券价格对利率敏感性线性的近似, 换句话说, 修正久期 D^* 是对债券价格关于利率敏感性的更精确的测量.

由 (3.5.2) 表示的债券价值对收益率变动的这种敏感程度可用收益率变动 1 个基本点 (0.01%) 的情形来反映, 即有

$$\text{DVBP} = [D^* \times P] \times 0.0001 = \left[-\frac{dP}{dy} \right] \times 0.0001$$

(一个基本点的美元价值 DVBP(dollar value of a base point)), 这也被称为 DV01, 它反映了收益率变动一个基本点的时候, 债券价格的变动幅度.

根据久期的上述定义, 对附息债券, 由 (3.2.2) 得

$$\frac{dP}{dy} = -\sum_{t=1}^{T} \frac{tC_t}{(1+y)^{t+1}}. \tag{3.5.3}$$

由此, 根据 (3.5.1) 得

$$D = \sum_{t=1}^{T} t \times w_t, \quad w_t = \frac{C_t/(1+y)^t}{\sum_{t=1}^{T} C_t/(1+y)^t}, \tag{3.5.4}$$

$$D^* = \sum_{t=1}^{T} t \times w_t^*, \tag{3.5.5}$$

其中 $w_t^* = w_t/(1+y)$.

由 (3.5.1), 修正久期等于

$$D^* = -\frac{1}{P}\frac{dP}{dy}.$$

用差商代替导数, 并用债券的初始价值代替 P 得

$$\overline{D} = -\frac{1}{P_0}\frac{\Delta P}{\Delta y} = \frac{1}{P_0}\frac{P_{-y} - P_{+x}}{x + y},\tag{3.5.6}$$

其中 x, y 分别为收益率增加和减少的基本点数, P_{+x}, P_{-y} 为收益率增加 x 个基本点和减少 y 个基本点时债券的价格, 称 $\overline{D}$ 为有效久期, 它是久期的一个近似.

久期 D 是债券关于利率风险的适当度量 [39], 由 (3.5.4) 有

$$\sum_{t=1}^{T} w_t = 1.$$

由此可以看出 D 是债券所确定的各个付息时间 t, $t = 1, 2, \cdots, T$ 的加权和, 权值为 w_t, $t = 1, 2, \cdots, T$, 因而久期同债券的期限一样用时间期限来表述, 对于年复利, 久期以年计, 对于半年复利, 久期以半年计. 更一般地, 设债券所确定的每年付息次数为 k 次, 则可把上述算法求得的久期除以 k 以得到以年度计算的久期, 即有

$$D^*(\text{年}) = \frac{D^*}{k}.\tag{3.5.7}$$

$(1 + y)$ 出现在 (3.5.1) 中的分母, 是因为这里所用的 y 是非连续复利. 在采用连续复利 y_c 计算债券的久期时, 由于债券的价值为

$$P = \sum_{t=1}^{T} C_t e^{y_c t},\tag{3.5.8}$$

修正久期就和 Macaulay 久期是相同的, 即有

$$D = D^* = -\frac{1}{P}\frac{dP}{dy_c}.\tag{3.5.9}$$

事实上, 久期是考虑了债券所产生的所有现金流的现值后测算的债券的实际到期日. 名义到期日 (债券限定的到期日 T) 实际上只考虑了本金的偿还, 而忽视了利息的支付, 由 (3.5.4) 可以看出 Macaulay 久期 D 是债券各个付息日期的加权和, 其中权数 w_t 反映了付息时刻 t 的现金流 C_t 的现值 $C_t/(1 + y)^t$ 在总现值中的比重. 这也就解释了为什么零息债券的久期等于其到期时间, 因为它只有一个现金流, 权重为 1. 对于附息债券, 其久期介于零和债券的到期日之间, 图 3.5.1 给出了两类不同期限债券的久期随息票利率变化的曲线. 当息票为零时 (即零息债券), 两者的久期都等于债券的期限, 随着息票利率的增加, 久期缩短. 事实上可以验证久期 D 关于 r 的一阶偏导数有

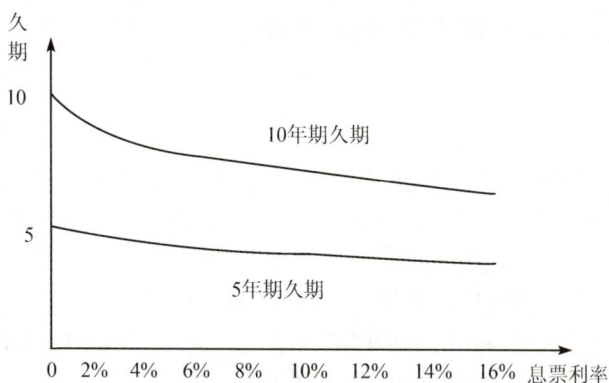

图 3.5.1　久期与息票利率之间的关系

$$\frac{\partial D}{\partial r} < 0,$$

其中 r 为债券的息票率, 这是因为高的息票率导致先期支付的现金流的现值在总现值中的比重 (权) 加大. 另一方面, 上图还反映出债券的久期与到期日呈正向关系, 即久期随债券期限的增加而增加, 但增加的速度是单调减的, 即 D 关于期限 T 的导数满足

$$\frac{\partial D}{\partial T} > 0, \quad \frac{\partial^2 D}{\partial T^2} < 0.$$

由 (3.5.4) 还可以得出

$$\frac{\partial D}{\partial y} < 0,$$

即债券的久期同债券的到期收益率 y 是负相关的.

各种长期附息债券的久期除小于其期限外, 还都有一个上界. 为确定这个上界, 考察无到期日, 价值源于利息支付的统一公债, 这种债券的特点是定期支付利息, 永不偿还本金, 但没有到期时间, 并且每次支付的利息是固定的, 同为面值的一个百分数, 即有

$$C_t = C = rF, \quad t = 1, 2, 3, \cdots, \tag{3.5.10}$$

其中 r 表示固定息率, F 为面值. 于是该债券的价值 (或价格) 为

$$P = rF \sum_{t=1}^{\infty} \frac{1}{(1+y)^t} = \frac{r}{y} F, \tag{3.5.11}$$

其中 y 为到期收益率. 对 P 关于 y 求导数得

$$\frac{dP}{dy} = rF \frac{-1}{y^2} = -\frac{1}{y} P, \tag{3.5.12}$$

根据久期的定义得统一公债的 Macaulay 久期为

$$D_C = \frac{1+y}{y}. \tag{3.5.13}$$

这表明, 尽管统一公债的期限是无限的, 但是它的久期还是有限的, 这也表明了这样一个事实, 对于一个有确定期限的债券, 其久期肯定要小于统一公债的久期.

图 3.5.2 描述了不同期限息票债券的久期同其期限之间的关系. 对于零息债券, 不管其期限是多少, 它的久期始终等于其期限. 而对于固定息率的附息债券而言, 在息率固定的情形下, 久期是期限单调增的严格凹函数, 随着期限的不断增加, 久期也增加, 逐步趋于极限 D_C, 但不超过 D_C.

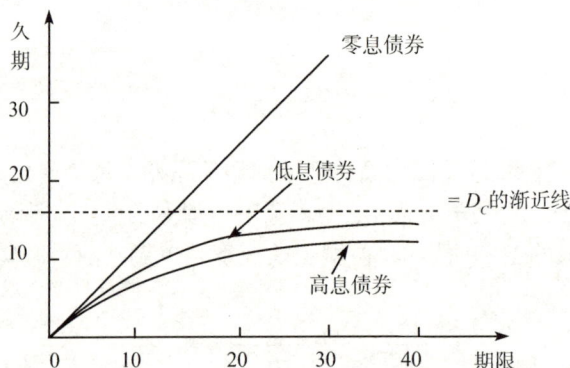

图 3.5.2 不同息票的久期与债券的期限之间的关系

对于一个包含 n 种债券的债券组合, 如果每种债券在组合中的头寸比例为 x_i, $i = 1, 2, \cdots, n$, 则该债券组合的久期为

$$D_x = \sum_{i=1}^{n} x_i D_i, \tag{3.5.14}$$

其中 D_i 为第 i 种债券的久期.

§3.6 债券的凸度

债券的久期提供了债券价格对利率敏感性的度量, 是债券利率风险管理的重要工具, 但久期计算的前提是, 对债券所产生的所有现金流都用一个同一的到期收益率折现, 这相当于假定利率期限结构是平坦的, 这与上一章的利率期限结构的分析是不一致的. 同时还应该看到, 久期只考虑了债券价格对利率变化的线性敏感性, 这对于债券价格是利率的线性函数或接近于线性函数的情形是合适的. 市场的实际和

§3.2 的分析表明, 债券的价格和利率的变化之间呈一种凸的非线性关系 (见图 3.2.1). 在这种情况下, 根据泰勒展开的理论, 只有当收益率的变化幅度充分小时, 久期所代表的线性关系才近似成立, 而当收益率出现大幅波动时, 用久期来衡量债券价格对利率波动性的影响已不再合适. 为此我们需要引入债券凸度的概念来更好的度量债券价格对利率波动性的影响.

对债券价格 $P(y)$ 关于变量 y 作泰勒展开得

$$dP = \frac{dP}{dy}dy + \frac{1}{2}\frac{d^2P}{dy^2}(dy)^2 + o(dy)^3, \tag{3.6.1}$$

其中 $o(dy)^3$ 表示省略的高阶项. (3.6.1) 表明, 在 dy 充分小时, 略去包括二次项在内的所有高阶项得近似式

$$dP \approx \frac{dP}{dy}dy, \tag{3.6.2}$$

由于 dP/dy 表示的是美元久期, 因而 (3.6.2) 表明, 在 dy 充分小时, 可以用美元久期来估计债券价格的绝对变动.

在 (3.6.1) 两边同除以 P 得

$$\begin{aligned}
\frac{dP}{P} &= \frac{1}{P}\frac{dP}{dy}dy + \frac{1}{2}\frac{1}{P}\frac{d^2P}{dy^2}(dy)^2 + \frac{o(dy)^3}{P} \\
&= -D^*dy + \frac{1}{2}\frac{1}{P}\frac{d^2P}{dy^2}(dy)^2 + \frac{o(dy)^3}{P}.
\end{aligned} \tag{3.6.3}$$

可以看出 (3.6.3) 的二阶导数项反映了债券价格关于利率的凸性特征, 称 $\dfrac{d^2P}{dy^2}$ 为美元凸度, $\dfrac{1}{P}\dfrac{d^2P}{dy^2}$ 为债券的凸度. 由此可以看出久期是债券价格对利率变动敏感性的一阶估计, 凸度则是债券价格对利率变动敏感性的二阶估计. 由 (3.5.3) 得

$$\frac{d^2P}{dy^2} = \sum_{t=1}^{T}\frac{C_t t(1+t)}{(1+y)^{t+2}} = \frac{1}{(1+y)^2}\sum_{t=1}^{T}\frac{t(t+1)C_t}{(1+y)^t}, \tag{3.6.4}$$

$$C = \frac{\partial D^*}{\partial y} = \frac{1}{P}\frac{d^2P}{dy^2} = \frac{1}{P}\frac{1}{(1+y)^2}\sum_{t=1}^{T}\frac{t(t+1)C_t}{(1+y)^t}, \tag{3.6.5}$$

其中 C_t 为时刻 t 的现金流, 字母 C 表示债券的凸度 (convexity). 如果债券所确定的每年付息次数为 k 次, 则凸度的年度值为

$$C(年) = \frac{C}{k^2}. \tag{3.6.6}$$

对债券价格的相对变化用二阶泰勒展开得

$$\frac{dP}{P} \approx \frac{1}{P}\frac{dP}{dy}dy + (1+2P)\frac{d^2P}{dy^2}(dy)^2 = -D^*dy + \frac{1}{2}C(dy)^2, \tag{3.6.7}$$

这进一步表明当收益率变化 dy 较小时, 凸性的作用并不明显, 可不予考虑, 债券价格的相对变化可近似为

$$\frac{dP}{P} \approx -D^* dy, \tag{3.6.8}$$

而当收益率波动 dy 较大时, 债券价格的相对变化必须用 (3.6.7) 来近似, 凸度的重要性就显示出来了.

例 3.6.1　考察这样一个 5 年期债券, 息票率为 7%, 每年付息 2 次, 设收益率为 8%, 表 3.6.1 给出了计算该债券的久期和凸度所需要的有关数据 (现金流 C_t, 折现值 (PV), $PV \times t$, 以及 $PV \times t \times (t+1)$ 和相关的和值.

表 3.6.1　计算债券的久期和凸度

序号 (t)	现金流	折现因子	PV	PV^*t	$PV^*t^*(t+1)$
1	3.5	0.961 538	3.365 385	3.365 385	6.730 769 231
2	3.5	0.924 556	3.235 947	6.471 893	19.415 680 47
3	3.5	0.888 996	3.111 487	9.334 462	37.337 847 06
4	3.5	0.854 804	2.991 815	11.967 26	59.836 293 37
5	3.5	0.821 927	2.876 745	14.383 72	86.302 346 21
6	3.5	0.790 315	2.766 101	16.596 61	116.176 235 3
7	3.5	0.759 918	2.659 712	18.617 99	148.943 891 4
8	3.5	0.730 69	2.557 416	20.459 33	184.133 931 7
9	3.5	0.702 587	2.459 054	22.131 48	221.314 821 7
10	103.5	0.675 564	69.920 89	699.2089	7691.298 062
总和			95.944 55	822.537	8571.489 878

由表 3.6.1 可以看出债券在收益率为 8% 时的价格为 95.945. 从表中的数据可算得该债券的久期为

$$D^* = \frac{822.537}{95.944\,55} = 8.573\,046, \quad D^*(半年) = \frac{D^*}{2} = 4.286\,523,$$

凸度为

$$C = \frac{1}{(1+0.004)^2} \frac{8571.489\,88}{95.944\,55} = 82.598, \quad C(年) = \frac{C}{4} = 20.6495.$$

如果收益率增加 6 个基本点 (0.06%), 经同样的计算可得债券的价格降为 95.7076, 这时债券单位价格的变动率为

$$\frac{P_1 - P_0}{P_0} = \frac{95.7076 - 95.945}{95.945} = -0.002\,47,$$

而由 (3.6.8) 算得的近似为

$$\frac{dP}{P} = -4.286\,523 \times 0.06\% = -0.002\,571,$$

两者相差很小, 即用久期来估计债券价格对利率变动敏感性是合适的. 但如果收益率增加 200 个基本点, 即收益率从 8% 增至 10%, 这时债券的价格将降至 88.4174, 债券价格波动的百分比为

$$\frac{P_1 - P_0}{P_0} = \frac{88.4174 - 95.945}{95.945} = -0.078\ 45.$$

利用久期从 (3.6.8) 算得的债券价格波动率的近似为

$$\frac{dP}{P} = -4.286\ 523 \times 2\% = -0.085\ 02. \tag{3.6.9}$$

可以看出它不再是 $(P_1 - P_0)/P_0$ 的一个好的近似, 即用久期来估计债券价格对利率变动的敏感性不再合适. 为此考虑二阶项凸度, 由 (3.6.7) 先计算

$$\frac{1}{2}C(dy)^2 = 0.5 \times 20.6495 \times 0.02^2 = 0.004\ 008,$$

把它结合进 (3.6.9) 式得

$$\begin{aligned} \frac{dP}{P} &= -4.286\ 523 \times 0.02 + \frac{1}{2} \times 20.039\ 61 \times 0.02^2 \\ &= -0.085\ 02 + 0.004\ 008 = -0.081\ 01. \end{aligned}$$

很明显, 这一近似要好于只利用久期所得的近似. 最后再计算该债券的有效久期, 设收益率下降 6 个基本点, 即收益率由 8% 降至 7.94%, 这时债券的价格为 96.182 18. 由 (3.5.6) 得久期的近似 (有效久期)

$$\overline{D} = \frac{96.182\ 18 - 95.7076}{95.944\ 55 \times 0.0012} = 4.121\ 975.$$

第 4 章 股票的定价

§4.1 股票及其基本概念

股票表示持有者对股票发行公司所拥有的所有权的份额, 属于权益类证券, 同固定收入类证券的公司债券相比, 股票类资产有下述三个主要特点: (1) 不返还本金, 只要公司不破产, 股票的偿还包括红利和分股, 而且偿还的期限是无限的; (2) 股票的收益, 或者说红利的支付是不确定的, 它完全依赖于公司业务经营状况的好坏和业务发展的需要; (3) 如果公司破产, 股票持有者或称股东将蒙受股金的全部损失.

根据红利派发和公司破产后索偿权的不同, 股票又有普通股 (common stocks) 和优先股 (preferred stocks) 之分. 普通股也就是通常所称的股票 (equities), 它是代表公司所有权的证券, 当公司企业破产的时候, 持有者的最大损失是其初始投资, 即责任有限 (limited liability), 但它只具有对公司剩余价值的索取权, 即股东对公司企业的索取权在公司清偿债券, 贷款和其他契约的债务之后 (未公司化企业的所有者, 如经营不善, 债权人还对所有者的个人资产具有索取权). 优先股是在公司企业破产时索取权先于普通股而后于债券的股票. 公司承诺对优先股支付特定的红利, 在公司派发红利时, 只有在对优先股派发红利之后, 公司才能对普通股股东派发红利, 但优先股持有者无选举权.

同其他任何资产的定价一样, 股票的价值来自其未来的现金流收益和折现率, 同固定收益证券不同, 股票未来收益的现金流 (收益) 和折现率都存在不确定性, 股票的定价要难于有固定收益债券的定价.

§4.2 Gordon 红利定价模型

对股票定价的 Gordon 红利模型 [43] 基于这样一个结论: 一个股票的价格等于该股票所预期的红利包括分股所形成的现金流的现值, 其折现率为该股票的权益成本. 所谓权益成本是指公司资本成本中属于公司所有者, 如股东的资本成本、派发给股东的红利等. 公司用于其将未来现金流计算现值的折现率称为资本成本, 资本成本是指对公司进行投资的机构或个人对投资所预期的收益率, 例如贷款的利息、债券的利息、股东的红利等. 公司的资本成本除权益成本外, 通常还有债务成本, 贷款的利息、债券的利息属于债务成本.

考虑这样一个简单的问题，某公司每年给持有该公司股票的投资者
派发红利的现金流为

$$D_1, D_2, D_3, \cdots, D_t, \cdots,$$

这里 $t = 1, 2, \cdots$ 表示派发红利的时间. 如已知该公司的权益成本 r_E，
则该股票的现值 (市场价格) 应为

$$P = \sum_{t=1}^{\infty} \frac{D_t}{(1+r_E)^t}. \tag{4.2.1}$$

这个模型称为红利模型, 它表明股票的价格完全取决于公司不断派发红利的现金流
收入.

在具体应用模型 (4.2.1) 对股票估价时, 我们将面临如何对完全不确定的红利
派发的现金流 $D_1, D_2, D_3, \cdots$ 进行估计. 一种普遍使用的方法是利用公司派发红利
的历史数据, 估计派发红利的增长率, 再由当前已知的派发红利数额, 估计未来红利
派发的现金流. 假设下一年每股派发的红利为 D, 估计得到预期红利每年的增长率
为 g, 则该股票未来的现金流为

$$D_1 = D, \quad D_2 = D(1+g), \quad D_3 = D(1+g)^2, \cdots,$$

则该股票的现值 (价格) 应为

$$P = \sum_{t=1}^{\infty} D_t/(1+r_E)^t = \sum_{t=1}^{\infty} D(1+g)^{t-1}/(1+r_E)^t, \tag{4.2.2}$$

如果条件 $g < r_E$ 成立, 则上述级数收敛, 其和为

$$P = \frac{D}{r_E - g}, \tag{4.2.3}$$

这就是用于股票定价的 Gordon 红利增长模型.

红利的增长率 g 和折现率 (权益成本) r_E 一般都是不确定的, 然而 (4.2.3) 给了
我们一个从股票的市场价格 P 估计其权益成本 r_E 的方法. 假设已经知道了股票红
利的增长率 g, 以及股票当前的市场价格 P, 则由 (4.2.3) 式得该股票的权益成本

$$r_E = \frac{D}{P} + g. \tag{4.2.4}$$

例 4.2.1 已知某股票现行的市场价格为 36 元, 其最近 10 年派发红利的情况
如表 4.2.1 所示, 试估计该股票的权益成本. 为应用 (4.2.4) 估计该股票的权益成本,
需要先从上述已知的红利数据估计红利的增长率 g, 为此我们采用了下述三种不同
的方法来估计红利增长率 g.

表 4.2.1　红　利　表

年份	红利	红利增长率
1995	0.32	
1996	0.35	0.093 50
1997	0.41	0.171 43
1998	0.44	0.073 17
1999	0.45	0.022 73
2000	0.50	0.111 11
2001	0.55	0.100 00
2002	0.62	0.127 27
2003	0.64	0.032 26
2004	0.70	0.093 75

(1) 按习惯意义下的定义

$$g_t = \frac{D_t - D_{t-1}}{D_{t-1}} = \frac{D_t}{D_{t-1}} - 1$$

计算每年红利的增长率 (见表第 3 列), 再取它们的平均值作为期望增长率. 经计算得红利预期的增长率为 $g = 9.17\%$, 利用 (4.2.4) 得

$$r_E = \frac{D(1+g)}{P} + g = \frac{0.70(1 + 0.0917)}{36} + 0.0917 = 11.29\%,$$

这里分子取 $D(1+g)$ 是因为 $D = 0.7$ 是 2004 年的红利, 而 (4.2.4) 中要求的是下一年的红利, 由于红利预期增长率为 g, 故下一年的红利预期为 $D(1+g)$.

(2) 以红利的连续复合率作为预期的增长率, 即有

$$g = \ln(D_{10}/D_1)/9 = \ln(0.70/0.32)/9 = 8.7\%,$$

由此估计得

$$r_E = \frac{0.70(1 + 0.087)}{36} + 0.087 = 10.81\%.$$

(3) 用后 5 年内红利增长的连续复合率作为预期增长率

$$g = \ln(D_{10}/D_5)/5 = \ln(0.70/0.45)/5 = 8.84\%,$$

由此得权益成本的另一估计

$$r_E = \frac{0.70(1 + 0.0884)}{36} + 0.0884 = 10.95\%.$$

从这个简单的例子中可以看出, 在估计公司股票红利预期的增长率时, 在要求有足够多的历史样本数据的同时, 有许多不同的方法可取, 究竟选用什么样的方法依赖于个人对有关公司的不同预期和对数据的选择.

在具体应用上述 Gordon 模型时, 下述两个问题应引起注意.

(1) (4.2.3) 成立的前提条件是 $g < r_E$ 成立, 即红利增长率小于权益成本. 会不会有 $g \geqslant r_E$ 的情况出现? 如果有 $g \geqslant r_E$ 出现, 则由 (4.2.1) 表示的无穷级数将不收敛, 这表明股票的价格应为无限大, 这明显不符合实际情况, 因为任何股票的价格都是有限的. 这表明了这样一个事实, 如果有 $g \geqslant r_E$ 的情况出现, 那只能是短期的有限时间内的, 它一般出现在公司增长十分迅速的时期, 这个时期过后, 条件 $g < r_E$ 一定会满足, 通常称 $g \geqslant r_E$ 的时期为超常增长期, 这个期限是有限的, 称 $g < r_E$ 的时期为稳定增长期. 为讨论简单起见, 假定把预期的红利增长率分为两个阶段:

从起始时间开始的 T 年内为超常增长期, 即有 $g_1 \geqslant r_E$;

从第 T 年之后为稳定增长期, 即有 $g_2 < r_E$, 则股票的价格估计为

$$
P = \sum_{t=1}^{T} \frac{D_1(1+g_1)^{t-1}}{(1+r_E)^t} + \sum_{t=T+1}^{\infty} \frac{D_1(1+g_1)^{T-1}(1+g_2)^{t-T}}{(1+r_E)^t}
$$

$$
= \sum_{t=1}^{T} \frac{D_1(1+g_1)^{t-1}}{(1+r_E)^t} + \frac{(1+g_1)^{T-1}(1+g_2)}{(1+r_E)^T} \times \frac{D_1}{r_E - g_2}. \tag{4.2.5}
$$

如果设 $D_1 = D_0(1+g_1)$, 则有

$$
P = \sum_{t=1}^{T} \frac{D_0(1+g_1)^t}{(1+r_E)^t} + \frac{(1+g_1)^{T-1}(1+g_2)}{(1+r_E)^T} \times \frac{D_0(1+g_1)}{r_E - g_2}, \tag{4.2.6}
$$

这里 D_0 为公司上一年派发的红利. 根据 (4.2.3), $(1+g_1)^{T-1}(1+g_2)D_1/(r_E-g_2)$ 为股票在第 $T+1$ 年的价格, 记为 P_{T+1}. 再根据幂级数有限项求和, (4.2.6) 可改写为

$$
P = D_0(1+g_1) \frac{\dfrac{(1+g_1)^T}{(1+r_E)^T} - 1}{g_1 - r_E} + \frac{P_{T+1}}{(1+r_E)^T}. \tag{4.2.7}
$$

在由已知的股票价格和红利增长率的估计确定公司权益成本时, 可以通过对方程 (4.2.5) 或 (4.2.6) 关于未知数 r_E 求解确定. 但这时, 它们是关于 r_E 的非线性方程, 不能像 (4.2.4) 那样直接给出 r_E 的解析表达式, 而需要应用如二分法、牛顿法等方程求解的算法用迭代确定其满足要求的近似解.

例 4.2.2 已知某公司股票在最近一次分红时所分红利为每股红利 0.65 元, 股票当时的市场价格为 39 元, 经估计预期该股票在未来 5 年内红利的增长率为 16%, 5 年后红利的增长率维持在 9.5% 的水平, 试确定该公司的权益成本. 这明显是一个有两个阶段的股票定价问题, 在用方程 (4.2.6) 确定该公司的权益成本时, 我们用二

分法求解. 令

$$\varphi(r_E) = P - \sum_{t=1}^{T} \frac{D_0(1+g_1)^t}{(1+r_E)^t} - \frac{D_0(1+g_1)^T(1+g_2)}{(1+r_E)^T(r_E-g_2)},$$

则问题成为确定使

$$\varphi(r_E) = 0$$

成立的解, 其中 $P = 39$, $D_0 = 0.65$, $g_1 = 16\%$, $g_2 = 9.5\%$, $T = 5$. 为采用二分法求得该方程的解, 计算函数 $\varphi(r_E)$ 在 $r_E = 10\%$ 和 $r_E = 20\%$ 处的值, 得 $\varphi(0.1) = -150.467$, $\varphi(0.2) = 30.339$, 根据函数 $\varphi(r_E)$ 的连续性, 知在区间 $(0.1, 0.2)$ 内必有所求方程的根. 由二分法的原理取区间 $(0.1, 0.2)$ 的中点 0.15, 计算 $\varphi(r_E)$ 在该点处的函数值, 得 $\varphi(0.15) = 22.15$, 知方程在已缩小一半的区间 $(0.1, 0.15)$ 内有解. 重复这一过程, 直至求得满足精度要求的解为止. 表 4.2.2 给出了 13 次迭代过程的结果. 从表中可以看出, 随着迭代次数的增加, 包含上述方程解的区间越来越小, 而相应的函数值越来越接近于零, 也就是近似解的精度越来越高. 从表中取第 13 次迭代区间的中点作为该公司权益成本的估计 $r_E = 11.9077\%$.

表 4.2.2   用二分法求权益成本

次数	区间	函数值
1	$(0.1, 0.2)$	$(-150.467, 30.3392)$
2	$(0.1, 0.15)$	$(-150.467, 22.15)$
3	$(0.1, 0.125)$	$(-150.467, 7.781)$
4	$(0.1125, 0.125)$	$(-14.819, 7.781)$
5	$(0.118\ 75, 0.125)$	$(-0.544, 7.781)$
6	$(0.118\ 75, 0.121\ 875)$	$(-0.544, 4.103)$
7	$(0.118\ 75, 0.120\ 313)$	$(-0.544, 1.923)$
8	$(0.118\ 75, 0.119\ 531)$	$(-0.544, 0.729)$
9	$(0.118\ 75, 0.119\ 141)$	$(-0.544, 0.103)$
10	$(0.118\ 945, 0.119\ 141)$	$(-0.217, 0.103)$
11	$(0.119\ 043, 0.119\ 141)$	$(-0.057, 0.103)$
12	$(0.119\ 043, 0.119\ 092)$	$(-0.057, 0.023)$
13	$(0.119\ 067, 0.119\ 092)$	$(-0.017, 0.023)$

(2) 对红利预期增长率的估计. 从先前的例子中我们已看出, 对同一个样本数据集合, 不同的红利增长率的估计方法会导致股票价格或权益成本的不同结果. 由于公司派发红利的不确定性, 在很多情况, 从已知的派发红利的样本数据中难以确定预期的红利增长率, 表 4.2.3 就给出了这样的一个例子, 表中年份是按上年倒序排列, 红利数据用股票价值的百分比表示. 上一年的红利占股价比值相当的高, 有 20.88%, 这是因为公司在上一年另外派发了 19.16% 的附加红利. 对于这样的红利数据, 如

表 4.2.3　红利派发数据

年份	0	−1	−2	−3	−4	−5	−6	−7	−8	−9
红利/(%)	20.88	1.59	1.40	1.28	1.28	1.33	1.6	1.9	2.8	2.9

果用通常的定义计算 10 年红利的平均增长率, 我们将得到预期增长率为 129% 的结果, 这显然不合适, 如果用它们的连续复合率, 所得到的预期增长率为 19.74%, 由于这包括了只有上一年才有的附加红利, 所得的红利增长率的估计还是偏高. 但是如果不包括这额外的红利, 又不能正确反映公司派发红利的实际情况. 对于这一问题通过分析可以看出, 该公司前几年派发红利并不稳定, 有升, 也有降, 但后几年的情况则相对稳定, 趋势是升, 因此一个可供考虑的方案为只考虑后 4 年红利正常派发的数据, 但要忽略上一年派发的附加红利, 也就是把上一年的红利派发率取为 20.88% − 19.16% = 1.72%, 再取后 4 年的连续复合增长率

$$g = \ln(1.72/1.28)/4 = 7.39\%$$

或 4 次复合增长率

$$g = \left(\frac{1.72}{1.28}\right)^{1/4} = 7.67\%$$

作为红利的预期增长率.

§4.3　资本资产定价模型 (CAPM)

由 Sharp[109], Linter[75], Trynor[121] 和 Mossin[92] 四人分别独立提出的资本资产定价模型 (capital asset pricing model, CAPM) 是股票定价的一种常用方法 [62], 根据这一模型可以确定股票预期的收益率. 应用资本资产定价模型, 需要对市场作如下的假设:

(1) 投资者在市场可依无风险利率自由借贷;

(2) 所有投资者是风险回避的, 追求期望效用最大化;

(3) 不考虑任何交易费用;

(4) 在所论期限内利率不变;

(5) 资本市场是均衡的, 即不存在套利机会.

根据这些假定, 市场上某一资产 i 预期的收益率超出无风险资产收益率的部分与资产的不可分散的风险 (称为系统风险) 正相关, 即有 CAPM 定价模型

$$r_i - r_f = \beta_i(r_m - r_f), \tag{4.3.1}$$

其中 r_i 为资产 i 的预期收益率, r_f 为市场无风险的收益率, r_m 为市场组合的收益率, 简称市场收益率, 相关系数 $(r_m - r_f)$ 称为市场风险溢价, 在资本资产定价模型

的假设下, 风险溢价是严格正的, 即有 $r_m > r_f$, β 称为资产的收益和市场组合收益之间的贝塔 (beta) 系数, 它反映了资产的系统风险, 其定义为

$$\beta_i = \frac{\sigma_{im}}{\sigma_m^2} = \frac{\text{cov}(r_i, r_m)}{\text{var}(r_m)}, \tag{4.3.2}$$

这里 σ_m^2 为市场组合收益分布的方差, 而 σ_{im} 为资产 i 的收益分布与市场收益分布之间的协方差 (有关 (4.3.1) 的论证见 §12.3).

(4.3.1) 在风险 – 收益坐标平面内确定了一条直线, 其截距为 r_f, 斜率为 $(r_m - r_f)$(见图 4.3.1). 习惯上, 称其为证券市场线 (stock market line, SML), 称 (4.3.1) 为证券市场线方程. 由于斜率是正的, β_i(风险) 越高的资产, 其期望收益率 r_i 也越高. 证券市场线给出了资产的收益关于市场组合收益 r_m 的敏感程度, 是资产 i 的收益关于市场系统风险的一个度量. 在均衡市场的假设下, 所有股票或股票组合的收益率都应位于证券市场线上, 这是因为在市场均衡时, 所有股票或股票组合的收益率应当正比于其所承担的市场系统风险. 正是基于这一点, 可以用资本资产定价模型估计股票的期望收益率 (或说权益成本).

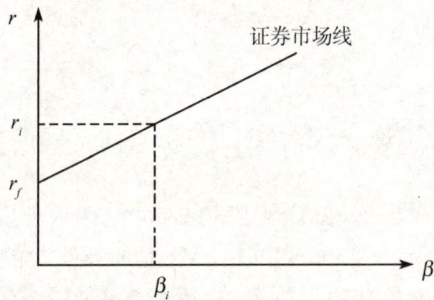

图 4.3.1　证券市场线

CAPM模型中的参数估计

在应用 CAPM 模型估计股票的预期收益率时, 首先需要有市场组合的收益率 r_m 和股票的贝塔系数 β_i 的估计, 其中任何一个不适当的估计都将导致错误的收益率估计.

1. 市场组合收益率 r_m 的估计

(1) 利用 Gordon 模型估计预期的市场收益率. 根据 Gordon 公式 (4.2.4), 如果已知公司每股的净收益 (EPS) 用于红利的百分比 α, 则有

$$r_E = \frac{\text{EPS} \times \alpha \times (1+g)}{P} + g = \frac{\alpha(1+g)}{P/\text{EPS}} + g, \tag{4.3.3}$$

其中分母中的 P/EPS 称为股票的价格收益比. 将 (4.3.3) 应用于市场组合, 如果已知市场组合的红利分配比例 α_m, 市场组合的价格收益比 P_m/EPS_m, 以及市场组合预期的红利增长率 g_m, 则可用下式

$$r_m = \frac{\alpha_m \times (1 + g_m)}{P_m/\text{EPS}_m} + g_m \qquad (4.3.4)$$

来估计市场预期的收益率. 对于市场组合, 红利的增长率 g_m 可用市场的增长率来代替, 而市场的增长率可用 GDP 的增长率来近似, 这是因为对于一个市场而言, 其长期的增长率不可能高于 GDP 的增长率, 否则经过足够长的时间, 市场的规模会超过整个国民经济, 同样它也不会低于国民经济的增长率, 否则, 经过足够长的时间, 市场规模会淹没于国民经济中.

(2) 用市场指数作为 r_m 的估计. 对于一个市场, 由于不可能得到市场中所有风险资产价格的历史样本数据, 因而很难估计模型 (4.3.4) 中要求的市场组合的有关数据, 通常的作法是用股票市场指数作为市场组合收益的数据, 但要求所选的市场指数与真实的市场组合有高度的相关性. 然而通常的股票市场指数一般只包含部分股票, 如果所选的市场指数与真实的市场组合不相关或相关性很小, 应用 CAPM 模型就会导致大的误差, 如计算所得的贝塔值就不一定是股票市场系统风险的真实度量, 或证券市场线会出现大的偏离.

(3) 选用有效的投资组合的收益率. 根据投资组合的现代理论 (见第 12 章), 市场组合必定是一个有效的投资组合, 它位于可行投资组合集的有效边缘, 我们可以利用高度分散化的投资组合, 确定投资组合的有效边缘, 再根据由市场指数估计的市场组合的系统风险, 从有效边缘上确定一个市场组合, 并以该市场组合的收益率作为市场组合预期的收益率. 有关投资组合的有效边缘我们将在第 12 章进行分析讨论.

2. 贝塔值的估计

对 CAPM 模型中度量股票市场系统风险的贝塔系数有下面两种估计方法.

(1) 线性回归估计: 设已知股票的收益率和市场组合收益率的时间序列

$$r_{it}, \quad r_{mt}, \quad t = 1, 2, \cdots, n,$$

则根据 CAPM 模型, 这两个时间序列应满足关系

$$r_{it} = r_f + \beta_i(r_{mt} - r_f), \quad t = 1, 2, \cdots, n,$$

其中 r_f 为无风险资产的收益率, 据此可以得到估计 β_i 的回归模型

$$r_{it} = \alpha_i + \beta_i r_{mt} + \varepsilon_t, \qquad (4.3.5)$$

其中假定 ε_t 同 β_i 无关, 是股票市场风险中的非系统风险. 对上述已知的历史数据进行回归使 $\varepsilon_t,\quad t=1,2,\cdots,n$ 的平方之和取极小, 回归系数 β_i 即为该股票贝塔值的估计. 由于这是线性回归, 具体的回归过程可在 Excel 中按格式要求 (按列或按行) 输入相关数据后调用 SLOPE 函数计算回归系数 β_i. 图 4.3.2 给出了调用这一函数计算贝塔值的例, 其中所示工作簿的列 B,C,D 和 E 给出了 4 个股票同时期的收益率 (%), 而列 F 给出的是市场组合的同期收益率, 在区域 B13 插入 Excel 函数 SLOPE(点击工作簿上方的插入 (I), 显示插入菜单, 选择并点击函数, 显示函数列表, 从中选择 SLOPE) 并引用相关的数据 (见图中 $f_x=$ 后的表达式), 即得 $\beta_1=0.7493$, 在区域 C13, D13 和 E13 中作类似的调用可得 $\beta_2=0.2520, \beta_3=-0.1710$ 和 $\beta_4=0.7049$.

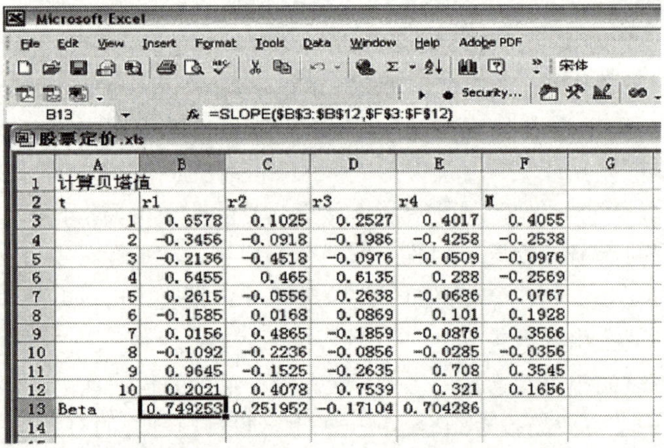

B13　=SLOPE($B$3:$B$12,$F$3:$F$12)

股票定价.xls

	A	B	C	D	E	F	G
1	计算贝塔值						
2	t	r1	r2	r3	r4	M	
3	1	0.6578	0.1025	0.2527	0.4017	0.4055	
4	2	-0.3456	-0.0918	-0.1986	-0.4258	-0.2538	
5	3	-0.2136	-0.4518	-0.0976	-0.0509	-0.0976	
6	4	0.6455	0.465	0.6135	0.288	-0.2569	
7	5	0.2615	-0.0556	0.2638	-0.0686	0.0767	
8	6	-0.1585	0.0168	0.0869	0.101	0.1928	
9	7	0.0156	0.4865	-0.1859	-0.0876	0.3566	
10	8	-0.1092	-0.2236	-0.0856	-0.0285	-0.0356	
11	9	0.9645	-0.1525	-0.2635	0.708	0.3545	
12	10	0.2021	0.4078	0.7539	0.321	0.1656	
13	Beta	0.749253	0.251952	-0.17104	0.704286		
14							

图 4.3.2　用 Excel 计算贝塔值

(2) 直接利用定义式 (4.3.2), 先从股票和市场组合收益的历史样本数据, 分别计算市场组合收益的方差以及股票收益和市场组合收益分布间的协方差, 再由定义式计算该资产的贝塔值, 还是以图 4.3.2 中的数据为例, 图 4.3.3 给出了用这一方法计

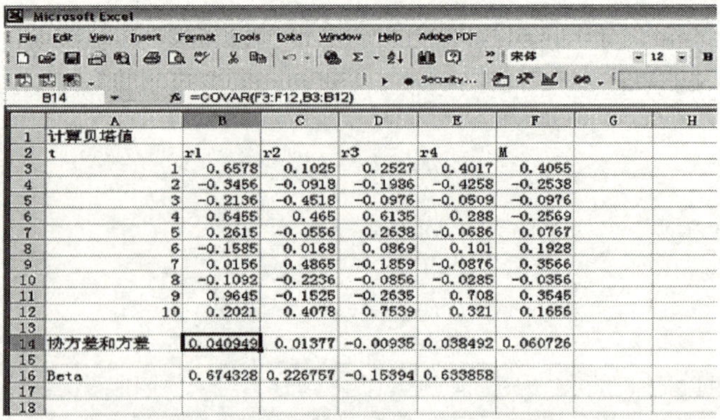

B14　=COVAR(F3:F12,B3:B12)

	A	B	C	D	E	F	G	H
1	计算贝塔值							
2	t	r1	r2	r3	r4	M		
3	1	0.6578	0.1025	0.2527	0.4017	0.4055		
4	2	-0.3456	-0.0918	-0.1986	-0.4258	-0.2538		
5	3	-0.2136	-0.4518	-0.0976	-0.0509	-0.0976		
6	4	0.6455	0.465	0.6135	0.288	-0.2569		
7	5	0.2615	-0.0556	0.2638	-0.0686	0.0767		
8	6	-0.1585	0.0168	0.0869	0.101	0.1928		
9	7	0.0156	0.4865	-0.1859	-0.0876	0.3566		
10	8	-0.1092	-0.2236	-0.0856	-0.0285	-0.0356		
11	9	0.9645	-0.1525	-0.2635	0.708	0.3545		
12	10	0.2021	0.4078	0.7539	0.321	0.1656		
13								
14	协方差和方差	0.040949	0.01377	-0.00935	0.038492	0.060726		
15								
16	Beta	0.674328	0.226757	-0.15394	0.633858			
17								
18								

图 4.3.3　用定义 (4.3.1) 计算贝塔值

算的结果, 其中行 14 中的数据是调用 Excel 函数 COVAR()(区域 B14, C14, D14 和 E14) 和 VAR()(区域 F14) 计算所得的协方差和方差, 行 16 中的区域 B16, C16, D16 和 E16 为根据定义计算所得的贝塔值, 例如 B16=B14/F14 等.

§4.4　证券市场线

设证券市场上有 n 个风险资产 (设为股票), 它们的收益率分别为 $r_i, i = 1, 2, \cdots, n$, 无风险资产的收益率为 r_f, 市场组合的收益率为 r_m. 根据现代投资组合理论, 对于任意一个可行的投资组合 $x = (x_1, x_2, \cdots, x_n)$, 其期望收益率 r_x 也必定满足 CAPM 模型, 即有

$$r_x = r_f + \beta_x(r_m - r_f), \tag{4.4.1}$$

其中 β_x 表示投资组合 x 的市场系统风险的度量, 组合系数 $x_i, i = 1, 2, \cdots, n$ 应满足

$$e^{\mathrm{T}}x = \sum_{i=1}^{n} x_i = 1, \tag{4.4.2}$$

这里 e 为分量全为 1 的向量. 如果对每个 x_i 的取值有非负的限制, 即要求

$$x_i \geqslant 0, \quad i = 1, 2, \cdots, n,$$

表明不允许卖空, 如果无此限制, 则允许卖空. 当 x 的组合系数中有一个分量为 1, 其余分量全为零时, (4.4.1) 即为 (4.3.1). 一个可行的投资组合, 如果其期望收益率等于市场收益率, 可称其为市场投资组合, 记为 M, 其收益率还用 r_m 表示.

要确定证券市场线方程 (4.4.1), 需要通过对一定数量的投资组合计算它们各自的期望收益率和相应的贝塔值, 再由方程

$$r_x = \alpha_1 + \alpha_2\beta_x + \varepsilon_x, \tag{4.4.3}$$

通过回归确定系数 α_1 和 α_2, 其中 ε_x 与 β_x 无关, 表示回归误差, 其均值为零. 所得的回归系数 α_1, α_2 分别是 r_f 和 $r_m - r_f$ 的估计.

为了确定投资组合 x 的贝塔系数, 需要知道市场投资组合 M 及其收益分布的历史样本数据 $r_{mt}, t = 1, 2, \cdots, T$, 再估计每个投资组合的收益率分布与市场组合收益率分布之间的贝塔系数后, 由下式得到

$$\beta_x = \frac{\sigma_{xm}}{\sigma_m^2}.$$

在具体计算时, 为方便可以选择单个资产作为投资组合, 也可选择一些简单的组合进行计算. 图 4.4.1 给出了有 6 个股票以及市场组合 M 的收益率的样本数据, 我

们在行 13 和行 16 调用了 Excel 函数 SLOPE() 和 AVERAGE() 计算了各股票的贝塔系数和期望收益率 (收益率的平均值), 再用这些计算所得的结果, 在区域 B17 和 B18 分别调用 Excel 函数 INTERCEPT() 和 SLOPE() 计算 (4.4.3) 中的回归系数 α_1 和 α_2, 得 $\alpha_1 = 0.104$, $\alpha_2 = 0.0594$, 由此得证券市场线方程

$$r_x = 0.104 + 0.0594\beta_x. \tag{4.4.4}$$

图 4.4.1　线性回归确定市场线方程

图 4.4.2 给出了由此确定的证券市场线.

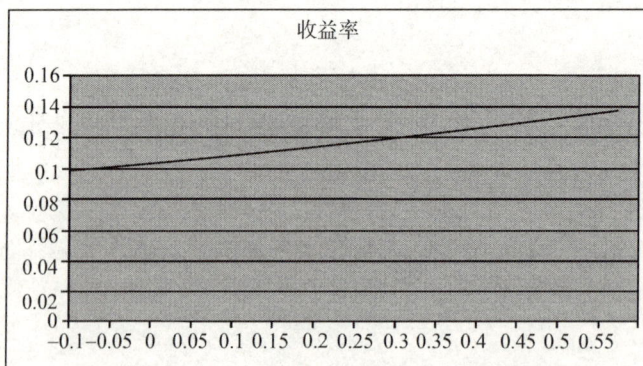

图 4.4.2　证券市场线

为判断这一估计的精度, 通过计算

$$R^2 = 1 - \frac{\sum\limits_{i=1}^{n}(r_i - \alpha_1 - \alpha_2\beta_i)^2}{\sum\limits_{i=1}^{n}(r_i - \bar{r})^2} \tag{4.4.5}$$

进行相关性检验, 其中

$$\bar{r} = \frac{1}{n}\sum_{i=1}^{n} r_i \tag{4.4.6}$$

是 n 个股票期望收益率的平均值. 如果 $R^2 = 1$, 则 $r_i = \alpha_1 + \alpha_2\beta_i$ 对所有 $i = 1, 2, \cdots, n$ 都成立, 表明证券市场线的估计完全正确; 当 $R^2 = 0$ 时, (4.4.5) 右边第二项表示的相对误差达到最大值, 这样估计得到的证券市场线是完全错误的; 如果 $0 < R^2 < 1$, 表明所估计的证券市场线有误差, R^2 越接近零, 误差越大, 越接近 1, 估计越好. 对于上述例子的回归结果得 $R^2 = 0.2002$, 这表明只有资产组合期望收益率分布 20% 的变差可以由资产贝塔值分布的变差表示, 因而由 (4.4.3) 所给出的证券市场线不是一个好的估计. 对于这个例子, 如果我们用贝塔的定义 (4.3.2) 计算各股票的贝塔系数, 所得结果为

$$\beta = (0.7493, 0.0503, -0.171, 0.704, 0.402, 0.160),$$

再同各股票的期望收益率进行线性回归得回归方程 (证券市场线方程)

$$r_x = 0.104 + 0.066\,03\beta_x,$$

相关性检验所得结果也是 $R^2 = 0.2002$, 同样表明这不是证券市场线方程的一个好的估计.

导致证券市场线估计不好的原因是多方面的, 其中主要的有下面几个原因: (1) 由证券市场线方程所定义的资本资产定价模型也许根本不适合所论的市场. 证券市场线方程是在市场允许卖空的情形下得出的, 对于不允许卖空的证券市场, 在投资组合的期望收益率和贝塔系数 (市场系统风险) 之间不再是一种简单的线性关系, 在这时候用证券市场线这种线性关系去表示这种非线性 (有时是高度非线性) 关系明显是不恰当的; 同时, 不同投资者对资产期望收益率和贝塔值的不同估计往往也可能导致证券市场线的不同估计. (2) 在上述计算中我们采用的是单个资产的期望收益率 r_i 和贝塔系数 β_i 通过回归来估计证券市场线方程, 因此造成证券市场线估计不好的另一个可能原因为证券市场线方程仅适用于投资组合, 而不适用于单个资产. (3) 选用的投资组合不是一个有效的投资组合, 或不是市场组合. 事实上, 造成上述证券市场线估计不好的原因正是所用的所谓市场组合不是一个有效的投资组合, 如果我们选用下面这样一个组合

$$x = (0.9141, -1.3588, -1.3491, 0.2609, 1.3343, 1.1987),$$

这一投资组合同上面选用的组合 M 具有相同的市场风险, 但却是一个有效的投资组合, 由这个投资组合利用贝塔值的定义计算贝塔系数, 再回归所得的结果见图 4.4.3, 由此得出的证券市场线估计为

$$r_x = 0.1345 + 0.2105\beta_x, \tag{4.4.7}$$

对此作相关性检验得 $R^2 = 93.1\%$, 这是一个相当令人满意的估计.

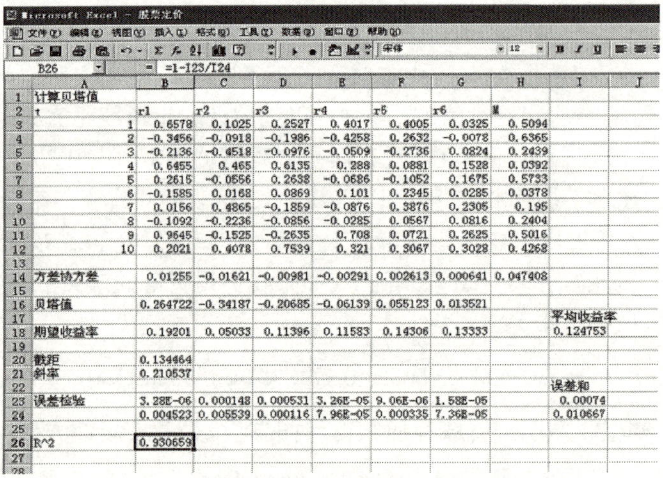

	A	B	C	D	E	F	G	H	I	J
1	计算贝塔值									
2	t	r1	r2	r3	r4	r5	r6	M		
3	1	0.6578	0.1025	0.2527	0.4017	0.4005	0.0325	0.5094		
4	2	-0.3456	-0.0918	-0.1986	-0.4258	0.2632	-0.0078	0.6365		
5	3	-0.2136	-0.4518	-0.0976	-0.0509	-0.2736	0.0824	0.2439		
6	4	0.6455	0.465	0.6135	0.288	0.0881	0.1528	0.0392		
7	5	0.2615	-0.0556	0.2638	-0.0686	-0.1052	0.1675	0.5733		
8	6	-0.1585	0.0162	0.0369	0.101	0.2345	0.0285	0.0378		
9	7	0.0156	0.4865	-0.1859	-0.0876	0.3876	0.2305	0.195		
10	8	-0.1092	-0.2236	-0.0856	-0.0285	0.0567	0.0816	0.2404		
11	9	0.9645	-0.1525	-0.2635	0.708	0.0721	0.2625	0.5016		
12	10	0.2021	0.4078	0.7539	0.321	0.3067	0.3028	0.4268		
14	方差协方差	0.01255	-0.01621	-0.00981	-0.00291	0.002613	0.000641	0.047408		
16	贝塔值	0.264722	-0.34187	-0.20685	-0.06139	0.055123	0.013521			
17								平均收益率		
18	期望收益率	0.19201	0.05033	0.11396	0.11583	0.14306	0.13333	0.124753		
20	截距	0.134464								
21	斜率	0.210537								
22								误差和		
23	误差检验	3.28E-06	0.000148	0.000531	3.26E-05	9.06E-06	1.58E-05	0.00074		
24		0.004523	0.005539	0.000116	7.96E-05	0.000335	7.36E-05	0.010667		
26	R^2	0.930659								

图 4.4.3　由有效投资组合估计证券市场线

对于无风险利率, 通常采用无违约风险的同期国债的到期收益率, 由于普通股票无到期日, 而债券是有期限的, 因此采用长期债券的到期收益率来作为无风险收益率比较合适. 对于一些债券市场不发达 (品种少, 交易不活跃) 的国家或地区, 如果无法确定合适的无风险资产的收益率, 根据现代投资组合理论, 可以用零贝塔投资组合 z 的收益率 r_z 来代替无风险资产的收益率 r_f[7], 即有证券市场线方程

$$r_x = r_z + \beta_x(r_m - r_z), \tag{4.4.8}$$

其中组合 z 同市场投资组合 M 收益分布之间的协方差为零, 因而有

$$\beta_z = \frac{\sigma_z m}{\sigma_m^2} = 0,$$

这也就是为什么把 z 称为零贝塔投资组合的原因. 根据投资组合理论, 这样的投资组合一定存在, 而且是一个有效的投资组合 (见定理 12.2.3).

利用证券市场线或证券市场线方程可以判断股票的价格是高估还是低估, 如果有

$$r_i > r_f + \beta_i(r_m - r_f),$$

这表明资产 i 的期望收益率高于其系统风险所对应的期望收益率, 其市场价值被低估了, 它有升值的空间, 投资者应该买入. 相反, 如果有

$$r_i < r_f + \beta_i(r_m - r_f),$$

这表明资产 i 的期望收益率低于其系统风险所对应的期望收益率, 其市场价值被高估了, 它的价格会下跌, 投资者应该卖出.

§4.5 股票指数的计算

股票指数用于反映股票市场的表现, 它具有多项重要的功能. (1) 股票指数可以作为一个指标反映市场以及整体经济活动, 例如用作 CAPM 模型中的市场组合的收益指数; (2) 可用作衡量投资业绩, 尤其是基金运作业绩的标准; (3) 作为金融衍生产品, 如股票指数期货的标的物. 目前广泛受到关注的股票指数有道·琼斯30 工业平均指数 (Dow Jones industrial average)、NASDAQ 综合指数、标准普尔500(S&P500) 指数、香港恒生指数、日经 225 指数 (Nikkie) 以及受到我国股民广泛关注的深证指数和沪证指数.

股票指数反映的是股票市场某一部分股票组合的价值变化, 计算股票指数可以包括所有在市场公开交易的股票或者选取部分有代表性的股票样本, 现在通用的股票指数没有一个是以全部上市交易的股票价值进行计算的, 每一个具体的股票指数的覆盖面 (市值一般不少于 50%) 和样本股的选取是各不相同的. 例如标准普尔 500指数是一个包括 500 种股票价格的指数, 道·琼斯 30 种指数是 30 家大型的关系国计民生的蓝筹股所确定的指数, 恒生 33 种指数则由在香港上市的有代表性的 33 种股票组成. 在具体选择计算指数的样本股时, 有的指数把所有上市股票按总市场价值的大小排序, 然后选择排列在前面的若干种股票作为样本进入指数计算; 有的把所有的股票按行业分类, 再在每个行业取若干个总市值排在前列的股票进入指数计算. 以总的市场价值计算股票的指数可以客观地反映样本股公司的市场价值以及对整个市场的贡献, 但是它忽略了股票市场的另一个重要因素 —— 流通性. 基金投资经理或衍生产品的经理会发现某些市场规模挺大, 但流通股较少的公司往往没有足够的股票可以买卖以满足其投资组合的需要, 这有违股票指数的第二个功能, 导致股票指数的可投资性降低. 克服这一不足的一个做法是对流通股设置一个比例, 只有流通股超过这个比例的上市公司才有可能入选计算股票指数的样本股.

在选定计算股票指数的股票样本后, 在具体计算股票指数时, 必须对包括在股票指数中的不同股票赋予一定的权重, 即确定每个股票在指数计算中所取的作用, 或者说每个股票对股票指数所作贡献的大小. 道·琼斯指数采取将所有入选公司的股票价格相加再平均的方法, 称为平均价格指数. 当入选股票由于分割而导致价格下降时, 方法需要对股票指数的计算作出调整, 调整采用下述方法. 设有 m 个股票包含在股票指数的计算中, 它们在前一天的股价为 $S_{i1}, i = 1, 2, \cdots, m$, 设第 k 个股票在第二天将其原来的股分割至 $m_k(> n_k)$ 股, 又设分割当天这 m 个股票的价格分别为 $S_{i2}, i = 1, 2, \cdots, m$, 则由这 m 个股票组成的在当天的平均价格指数为

$$I_2 = \frac{\sum\limits_{i=1}^{m} S_{i2}}{m} \times u_2, \tag{4.5.1}$$

其中

$$u_2 = \frac{\sum\limits_{i=1}^{m} S_{i1}}{\sum\limits_{i=1, j \neq k}^{m} S_{i1} + \frac{n_k}{m_k} S_{k1}} > 1 \tag{4.5.2}$$

称为调整因子, 由于 $m_k > n_k$, 分母值小于分子值, 因而有 $u_2 > 1$.

采用股票价格的平均值作为股票指数的方法简单, 但这样处理的结果会造成对股价高而股数少的公司过高的权重, 降低了股价低而股数多的公司的权重. 通行的做法是以入选样本公司的总市值 (等于股票价格乘以股票数) 计算权数, 如果股价上升, 公司的市场价值随之升高, 股票价格下跌, 公司的市场价值会降低, 权值将随着公司市场价值的变化而发生相应的变动, 用这种方法计算的指数称为市场加权指数, 这种指数的变化与股价变动的百分比和公司的相对规模都是对称的[98]. 设在 t 时刻的股票指数为 I_t, 计算股票指数的样本股为 $S_t, t = 1, 2, \cdots, n$, 股票 i 的流通股为 N_i (假定其在一个时段内为常数), 股票价格为 P_{it}, 则股票 i 在时刻 t 的市场价值为 $N_t P_{it}$ (设其所有股为流通股, 否则根据流通股所占的比例可计算其总市值), 所有样本股的总市值为 $\sum\limits_{i=1}^{n} N_i P_{it}$, 股票 i 的市场价值在样本股总价值中所占的权重为

$$\omega_i = \frac{N_i P_{it}}{\sum\limits_{j=1}^{n} N_j P_{jt}}. \tag{4.5.3}$$

设经过一个时段, 股票 i 在时刻 $t + 1$ 的价格变为 P_{it+1}, 则股票 i 在这个时间段内的收益率为 $r_{rt+1} = (P_{it+1} - P_{it})/P_{it}$, 由此得计算股票指数的样本股组合在这个时段

的收益率为

$$R_{t+1} = \sum_{i=1}^{n} \omega_i r_{it+1} = \sum_{i=1}^{n} \frac{N_i P_{it}}{\sum\limits_{j=1}^{n} N_j P_{jt}} \frac{P_{it+1} - P_{it}}{P_{it}}. \tag{4.5.4}$$

由 (4.5.4) 得在时刻 $t+1$ 的股票指数为

$$I_{t+1} = I_t(1 + R_{t+1}). \tag{4.5.5}$$

只要给出了股票指数的一个初始值, 在不同时段调整的样本股集合, 重复应用 (4.5.5) 就可以计算出市场在不同时间的股票指数. 对于股票指数初始值的选取, 需要有一个基准日期和一个基准值, 对此, 不同的指数有不同的选取方法, 如恒生指数以 1964 年 7 月 31 日为基准日, 基准值则取为 100; 标准普尔则以 1941~1943 年间的平均流通市值作为基准值等.

第5章 期货定价

远期合约和期货是用于风险控制和管理的两种普遍的金融衍生工具, 本章介绍这两种衍生产品的定价.

§5.1 远期合约的定价

远期合约 (forward contract) 是一种最简单的金融衍生产品 [57], 它是一个在未来的确定时刻买卖双方按预先确定的价格买卖某项资产的协议. 远期合约不在规范的交易场所内进行交易, 通常是在金融机构和金融机构, 或金融机构和公司客户之间以场外的方式在某个银行的交易室内进行. 不管在合约的有效期内标的资产的价格发生何种变化, 远期合约的持有者在合约所确定的到期日有义务按预先商定的价格购买或出售合约所确定的标的资产. 因此, 资产的持有者可以利用远期合约来锁定资产的价格以减少价格可能下跌所造成的损失. 对于希望在将来持有某项资产的投资者来说, 则可以利用远期合约来锁定期望的价格以避免由于资产的价格上扬所造成的额外支付.

由远期合约所确定的标的资产在到期日的价格称为交割价格 (delivery price), 交割价格的确定应使得远期合约在合约的签署时刻的价值对买卖双方来说都是零, 这意味着远期合约的成本对买卖双方来说都为零, 即在签署合约时任何一方无需向另一方支付任何费用. 合约一经签订, 标的资产价格的变化有可能使其中的某一方获利, 而对另一方造成损失, 但这种获利或损失的可能性对双方来说是对称的, 也就是说如果标的资产价格上升, 合约的买方 (持有方) 将获得收益, 卖方将蒙受价格上升造成的损失, 买方的收益等于卖方的损失. 如果标的资产的价格下跌, 情况则刚好相反, 卖方所获得的收益刚好是买方所蒙受的损失. 图 5.1.1 给出了远期合约买卖双方的收益或损失随标的资产价格变化的曲线.

对于远期合约, 除合约确定的标的资产的交割价格外, 还有所谓的远期价格 (forward price). 远期价格是指为正在市场交易的尚未到期的某个金融衍生产品 (如远期合约) 制定的价格, 最普通的远期价格有远期利率和远期汇率. 对于远期合约, 其远期价格是指使得该远期合约在时刻 $t(0 < t < T)$ 的价值为零的交割价格 [18,41,97], 其中 T 为远期合约的到期时间.

设远期合约的标的资产在时刻 t 的市场价格为 S_t, 远期合约的期限为 T, 合约所确定的标的资产的交割价格为 X, 市场无风险利率为 r (按连续复利计), 根据无

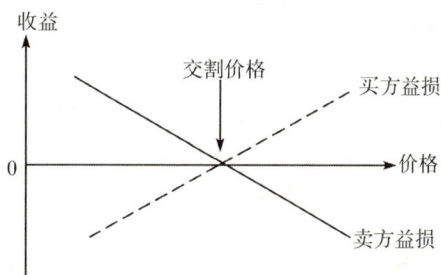

图 5.1.1 远期合约买卖双方的益损曲线

套利原理 (无套利是指具有相同收益的不同头寸价格应该相同), 该远期合约在时刻 t 的远期价格 F_t 为

$$F_t = S_t e^{r(T-t)}. \tag{5.1.1}$$

该合约在时刻 t 所具有的价值为

$$V_t = S_t - X e^{-r(T-t)}, \tag{5.1.2}$$

由 (5.1.1) 得

$$V_t = (F_t - X) e^{-r(T-t)}, \tag{5.1.3}$$

这里 $(F_t - X)$ 表示合约在时刻 t 的远期价格与合约签署时确定的交割价格之间的差. 根据定义, 合约所确定的标的资产的交割价格 X 应是在合约签署时刻 $t = 0$ 使合约价值为零的价格, 即远期合约在签署时的价值 V_0 应为零, 据此在 (5.1.2) 中取 $t = 0$, 并置 $V_0 = 0$ 得

$$X = S_0 e^{rT}, \tag{5.1.4}$$

其中 S_0 表示在合约签署时刻标的资产的市场价格.

根据上面的分析和定义可以看出在远期合约的签署时刻, 合约的交割价格和远期价格相同. 但是在合约生效后的任何时刻, 合约的远期价格一般不同于合约的交割价格, 即有

$$F_t = S_t e^{r(T-t)} \neq X.$$

这里有两个原因, 首先随着时间的推移, 合约标的资产的市场价格 S_t 会发生变化, 导致合约远期价格不同于交割价格; 其次, 随着到期日的不断临近, 合约剩余的有效时间 $T - t$ 缩短, 由 $S_t e^{r(T-t)}$ 确定的远期价格也要发生变化.

设远期合约所确定的标的资产的交割价格为 X, 在合约到期日标的资产的市场价格为 S_T, 则买方 (多头) 通过投资该远期合约所获取的回报 (收益或损失) 为

$$S_T - X,$$

而合约的卖方 (空头) 的回报为

$$X - S_T.$$

当到期日标的资产的市场价格高于合约确定的交割价格时, 买方的回报为正, 卖方的回报为负; 而当到期日标的资产的市场价格低于交割价格时, 情况则刚好相反, 买方的回报为负, 卖方的回报为正.

§5.1.1 远期汇率

同远期合约一样, 远期汇率指为在将来某个指定的日期进行不同货币之间的交易所确定的汇率, 其目的也是为了避免汇率波动所带来的风险, 即买方避免汇率下降的风险, 卖方避免汇率上升的风险.

考虑这样一个例子, 有一客户希望同某银行签署一个 (1 年期) 远期汇率协议, 以便一年后用美元购买新元以偿还数额为 108 000 新元的债务. 他要求该银行报出新加坡元和美元的 1 年期远期汇率. 假设目前市场上美元与新元的 1 年期存款利率分别为 5% 和 8%, 美元和新元的市场汇率为 1 : 1.7. 我们来分析银行为规避市场利率风险确定远期汇率的过程. 首先银行如果同该客户签署远期合约, 则银行在一年后的合同到期日需要向该客户支付 108 000 新元, 并按确定的远期汇率 (而不是当时的即期汇率) 收取美元, 这表明银行在目前就得准备一定数量的新元以满足一年后的需要, 由于新元的 1 年期存款利率为 8%, 银行在目前只需准备 100 000 新元存款生息, 一年后即为所需的 108 000 新元. 银行如何来获取这 100 000 新元呢? 考虑到用户一年后用美元付款, 因此银行考虑通过美元借款来获取所需的 100 000 新元, 由于美元与新元当前的汇率为 1 : 1.7, 银行需要借 588 23.53 美元以获取 100 000 新元, 由于 1 年期美元存款利率为 5%, 银行 1 年后需要归还的美元数为 617 64.71 美元, 在银行不收取任何中介费用的条件下, 这就是一年后银行向客户收取的美元数额, 由此也就得到该远期合约所要确定的远期汇率

$$F_T = \frac{108\ 000}{61\ 764.71} = 1.7486.$$

在上面的分析过程中, 如果我们把新元看作报价货币, 其固定的年存款利率用 r_q 表示, 美元看作基础货币, 其年存款利率用 r_b 表示, 基础货币和报价货币当前的即期汇率用 F_0 表示, 报价货币的名义金额 (到期金额) 记为 V_T, 则报价货币的期初金额为

$$V_0 = V_T/(1 + r_q \times T/B_q), \tag{5.1.5}$$

其中 T 表示合约整个期内所包含的天数, B_q 表示报价货币 1 年内的计息天数 (一般为 360 天), 于是期初基础货币的等值金额为

$$S_0 = \frac{V_0}{F_0} = \frac{V_T/(1 + r_q \times T/B_q)}{F_0}, \tag{5.1.6}$$

基础货币的这一现金流在到期日的将来值为

$$S_T = S_0(1 + r_b \times T/B_b), \tag{5.1.7}$$

其中 B_b 为基础货币 1 年内的计息天数 (不同货币 1 年内的计息天数有可能不同), 由此得远期汇率为

$$F_T = \frac{V_T}{S_T} = F_0 \times \frac{1 + Tr_q/B_q}{1 + Tr_b/B_b}. \tag{5.1.8}$$

在 (5.1.8) 中不再有报价货币的名义金额, 也就是说, 只要有两种货币的同期存款的利率, 即期汇率, 两种货币 1 年内的计息天数, 以及远期合约的具体期限, 就可由式 (5.1.8) 计算远期合约的远期汇率. 采用这种方法确定的远期汇率可以有效的规避两种货币由于存款利率波动所可能引发的利率风险, 同时在合约到期日, 不管当时这两种货币的即期汇率是多少, 双方都按合约确定的汇率进行买卖. 在实际的外汇市场上, 远期汇率并不以由 (5.1.8) 式所得的数字直接报价, 而是以远期汇率与当前的即期汇率之间差的形式来表示, 即有

$$W_T = F_T - F_0 = F_0 \times \left[\frac{1 + Tr_q/B_q}{1 + Tr_b/B_b} - 1 \right] = F_0 \times \frac{1 + T(r_q/B_q - r_b/B_b)}{1 + Tr_b/B_b}, \tag{5.1.9}$$

称 W_T 为远期汇差 (forward margin) 或换汇汇率 (swap points).

§5.1.2 远期利率

同远期汇率类似, 远期利率是要为将来某个确定的日子的一笔贷款或借款确定的利率. 我们还是通过一个具体的例子来说明远期利率的计算方法. 假设有一家公司要为它在 6 个月后开始的一个项目向银行申请一笔金额为 1000 万元期限为 6 个月的远期贷款, 公司要求银行提供贷款的远期利率. 已知目前市场上半年期贷款的利率为 6.5%, 1 年期贷款的利率为 6.65%. 我们根据无套利原则分析计算这样一个远期利率的过程. 由于公司半年后需要 1000 万元, 银行为确保能按时提供这一现金流, 可通过借款筹集所需要的款项, 并在 1 年后用公司的还款归还所有的利息和本金; 又由于公司不是立即使用这笔现金, 银行在借到这笔现金后, 需要再作半年期的存款以获取利息收益, 因此借款的数额因确保半年后借款的本金和半年的利息收益之和刚好为 1000 万元. 记远期合约借款的名义金额为 V_0, 半年期和 1 年期借贷款的即期利率分别为 r_s, r_L, 则银行在期初所需的借款额为

$$V_{-1} = \frac{V_0}{1 + r_s/2} = \frac{10\,000\,000}{1 + 0.0325} = 9685230$$

也就是说银行需立即以半年期利率借款 9 685 230 元, 半年后本息合计为该公司所需要的 1000 万元. 银行在当前所借的这笔款项是在 1 年以后用公司的还款归还的,

因而是 1 年期贷款利率为 6.65%, 因而一年后的本息合计为

$$V_1 = V_{-1}(1 + r_L) = 9\ 685\ 230 \times (1 + 0.0665) = 10329298.$$

这就是公司在半年后借款 1000 万元再在半年后 (借款期为半年) 归还的本金和利息的全部, 由此得这一远期借款合约所要的远期利率

$$r_F = \left(\frac{V_1}{V_0} - 1 \right) \times 2 = \left(\frac{10\ 329\ 298}{10\ 000\ 000} - 1 \right) \times 2.$$

这个例子表明银行通过正确的确定远期贷款利率, 在不承担任何利率风险的条件下, 完成了一个借长贷短的远期贷款合约, 这又称为期限转移 (maturing transformation). 根据上面的分析得

$$
\begin{aligned}
r_F &= \left(\frac{V_1}{V_0} - 1 \right) \times \frac{B}{T_2} = \left[\frac{V_{-1}(1 + r_L(T_1 + T_2)/B)}{V_0} - 1 \right] \times \frac{B}{T_2} \\
&= \frac{1 + r_L(T_1 + T_2)/B}{1 + r_S T_1/B} \times \frac{B}{T_2},
\end{aligned}
\tag{5.1.10}
$$

其中 B 表示 1 年内的计息天数, T_2 表示远期合约确定的借贷款期限, T_1 则为当前到远期借贷款日期之间的计息天数, r_S, r_L 则分别表示借款期限为 T_1 和 $T_1 + T_2$ 的即期借贷利率. 在 (5.1.10) 两边同乘以 T_2/B 后再同时加 1 得

$$1 + r_F T_2/B = \frac{1 + r_L(T_1 + T_2)/B}{1 + r_S T_1/B},$$

令 $t_s = T_1/B$, $t_F = T_2/B$ 在重新整理上式得

$$(1 + r_s t_s)(1 + r_F t_F) = (1 + r_L(t_s + t_F)). \tag{5.1.11}$$

(5.1.11) 同 (2.4.1) 完全类似, 所不同的是由于上例中的两个时间期限都是半年, 两个期限之和为一年, 对于更长期限的远期利率, 可以用 (2.4.1) 或 (2.4.2) 确定远期利率, 但式中 R_i 为 i 年期的即期利率, $F_{i,i+1}$ 为从 i 到 $i + 1$ 年的远期利率.

　　远期利率主要应用为远期利率协议 (forward rate agreement, FRA), 一份远期利率协议是交易双方为规避利率波动的风险, 或者在未来的利率波动上进行投机以获利所签署的一份远期合约. 远期利率协议是由银行提供的场外交易的产品, 在远期利率协议中只有名义本金额, 在到期日清算时以现金交割, 但不包括借贷本金的交付, 只包括远期利率协议中规定的远期利率 (固定利率) 与到期日市场利率之间的差额, 因此, 远期利率协议的买方是一个名义上的借款人, 他把他的名义贷款的利率锁定在远期利率协议所确定的远期利率, 在远期利率协议的交割日 (即名义

贷款的开始日), 他将按协议的远期利率得到贷款, 而不受利率上升的影响. 当然, 如果市场利率下降, 他也必须按协议的远期利率支付. 如果他的真实目的是为了在确定的将来以协议的远期利率得到一笔贷款, 那么他利用远期利率协议的目的是为了规避利率上升的风险, 如果他是一个投机者, 并预期市场利率会上扬, 他就可以利用远期利率协议以图获利. 对于远期利率协议的卖方, 他是一个名义上的贷款提供者, 他将贷款的利率固定在远期利率协议所确定的远期利率, 如果他在确定的将来确实有一笔现金可供贷款, 那么他利用远期利率协议的目的是为了规避市场利率下降的风险, 如果他是一个投机者, 并预期市场利率会下降, 他就可以利用远期利率协议来获利. 当然他也要承担市场利率可能上升的风险.

例 5.1.1 设某公司在半年后需要借款 50 万, 期限为 3 个月. 已知当前甲银行 3 月期的贷款利率为 4.5%, 公司担心半年后该银行的贷款利率会上扬, 为此该公司作为买方同某投资人 (作为卖方) 签订了一份名义金额为 50 万的远期利率协议 (是指从协议签署日到名义贷款起始日为 6 个月, 到名义贷款结算日为 9 个月, 贷款期限为 9–6=3 个月), 协议的远期利率为 4.6%. 利用这样的远期利率协议, 该公司把它在 6 个月后所需要的 50 万贷款的利率锁定在了 4.6%. 如果 6 个月后, 甲银行的 3 个月期的贷款利率升至 4.9%, 则公司贷款到期日在甲银行还本付息时所付利息为 $500\,000 \times 0.049/4 = 6125$, 这比他用远期利率协议所锁定的 4.6% 的利息 $500\,000 \times 0.046/4 = 5750$ 多了 375 元. 在远期利率协议的到期日, 双方就远期利率协议进行清算, 由于市场利率高于协议利率, 卖方要向买方支付市场利息和协议利息之间的差额

$$D = V_0(r_t - r_F)T_2/B = 500\,000(0.049 - 0.046)/4 = 375,$$

其中 V_0 为名义贷款额, r_F 为协议的远期利率, r_t 为名义贷款开始日在 T_1 的期限为 T_2 的贷款的即期利率, B 为一年内计息天数. 投资者向该公司支付的这 375 元刚好冲销了公司对银行所多付的利息, 确保其贷款的实际利率为锁定的 4.6%. 如果协议签署的 6 个月后, 银行的 3 月期的贷款利率下调为 4.15%, 这时公司给银行支付的利息尽管只有 5187.5, 比 4.6% 的利息少了 562.5 元, 但公司却要根据远期利率协议向该投资者支付两个利息之间的差

$$D = V_0(r_t - r_F)T_2/B = 500\,000(0.0415 - 0.046)/4 = -562.5.$$

因此公司在协议到期日实际的支出还是 5750, 利率还是固定在 4.6%, 所不同的是在前一种情况, 投资者承担了利率上升的风险, 而在后一种情况, 投资者获取了利率下降的收益.

由上面的例子和分析可以看出, 对远期利率协议进行清算交割时, 卖方向买方

支付的金额为

$$D_T = V_0(r_t - r_F)T_2/B. \tag{5.1.12}$$

如果 D_T 为正值, 则是卖方向买方支付, 如果 D_T 为负值, 则是买方向卖方支付. 然而由于这样的清算在名义贷款的起始日, 即在日期 T_1 就可进行, 考虑到在起始日清算后所得的现金流还可以在有效期限内存款获利, 因此在名义贷款起始日的实际交割金额应是

$$D_0 = \frac{D_T}{1 + T_2 r_t/B} = V_0 \frac{(r_t - r_F)T_2/B}{1 + T_2 r_t/B}. \tag{5.1.13}$$

(5.1.10) 和 (5.1.11) 表明, 远期利率 r_F 是即期利率 r_S (短期) 和 r_L (长期) 的函数, 即远期利率将随着 r_S, r_L 的变动而变动. 很显然, 如果市场利率发生变动, r_S, r_L 会发生相同方向的变化 (同为增, 或同为降, 且变动的幅度几乎相同), 因此我们关心当 r_S, r_L 变动时远期利率协议利率的变动情况, 由 (5.1.11) 有

$$\frac{\partial r_F}{\partial r_S} \approx -\frac{T_1}{T_2}, \quad \frac{\partial r_F}{\partial r_L} \approx \frac{T_1 + T_2}{T_2}. \tag{5.1.14}$$

设 r_S, r_L 的变动幅度同为 $\varepsilon(\Delta r_S = \varepsilon, \Delta r_L = \varepsilon)$, 则由 (5.1.11) 可得远期利率的变动幅度为

$$\Delta r_F = \frac{\partial r_F}{\partial r_S} \times \Delta r_S + \frac{\partial r_F}{\partial r_L}\Delta r_L \approx -\frac{T_1}{T_2}\varepsilon + \frac{T_1 + T_2}{T_2}\varepsilon. \tag{5.1.15}$$

这表明, 如果 r_S, r_L 同增或同减一个小的数, 如 0.5%, 则远期利率会相应地增加或减小同样的一个数 0.5%.

§5.2　期货简介

期货合约 (future contract) 类似于远期合约[57], 也是买卖双方签订的一个在确定的将来某一时间按确定的价格购买或出售某项资产的协议. 期货合约和期货交易始于 19 世纪中期, 当时期货合约主要是商品期货, 如糖、大豆等农产品, 原油、铝、钢等工业产品. 20 世纪 70 年代初期固定汇率制度的崩溃, 新的浮动利率制度的出现增大了利率波动的风险, 由此引发了金融期货的产生, 如今金融期货已经成为金融市场重要的主体, 目前市场上主要的金融期货有货币期货、短期利率期货、债券期货和股票指数期货等. 在许多重要的市场上, 金融期货的交易量超出了这些合约所代表的标的资产的交易量. 期货合约具有许多同远期合约相同的特点, 也有许多有别于远期合约的特征. 第一, 与远期合约的场外交易不同, 期货合约有明确的期货交易场所, 期货交易集中在交易所的一个交易大厅内进行. 第二, 期货合约完全是标准化的, 为使期货交易正常有序的进行, 交易所对交易的条款作了明确详

细的规定, 如作为标的资产的基础金融工具, 交割日期和其他细节都是预先规定好的, 只有合约的数量和价格是在交易时确定的; 第三, 期货合约本身也可以在期货交易所进行交易, 例如, 期货合约的买方可以在签约后的某个时间在期货交易所卖出该期货合约 (称为平仓), 同样期货合约的卖方也可以在签约后的某个时间买入一个同一时间到期的期货合约来平仓, 期货合约的买卖双方都可以通过平仓来解除其在合约到期日购买或出售标的资产的义务; 第四, 为了避免和减少期货合约买卖双方某方违约的可能, 期货合约采用保证金 (margin) 和每日清算 (daily settlement) 制度. 保证金存入合约双方各自的保证金账户, 保证金有初始保证金 (initial margin) 和维持保证金 (maintenance margin) 之分. 初始保证金和维持保证金的具体额度由双方各自的经纪人指定, 其数额一般远低于合约标的资产的价值. 期货合约一经签署, 合约双方的投资者将由经纪人指定的初始保证金存入其保证金户头, 其后, 保证金账户中的保证金数额将根据期货合约每日清算的结果调整, 每日清算又称盯市 (marking-to-market). 如果期货价格上升, 则买方保证金账户的数额由于赢利而增加, 而卖方保证金账户的数额由于亏损而下降; 如果期货价格下降, 情况则刚好相反, 买方保证金账户的数额由于亏损而下降, 而卖方保证金账户的数额由于赢利而增加; 当某一方保证金账户内的保证金数额低于维持保证金所确定的水平时, 其经纪人会要求他在保证金账户中追加保证金至初始保证金水平.

下面我们通过一个例子来说明每日清算与保证金变动的情况. 设有甲 (买方) 乙 (卖方) 双方经各自的经纪人在周一开盘时以每盎司 3200 元的价格成交了数量为 100 盎司的黄金期货合约, 甲方的经纪人对甲指定的初始保证金和维持保证金为 15 000 和 10 000 元, 乙方经纪人指定的初始保证金和维持保证金为 20 000 和 12 000 元, 表 5.2.1 给出了两个星期内每个工作日该黄金期货的每日每盎司的收盘价和双方保证金账户内保证金变动的情况和追加保证金的日期和追加的数目.

表 5.2.1 甲乙双方保证金账户随期货价格变动的情况

日期	期货价格	日盈亏	甲方账户余额	甲方追加	乙方账户余额	乙方追加
开始	3200		15 000		20 000	
星期一	3220	2000	17 000		18 000	
星期二	3250	3000	20 000		15 000	
星期三	3290	4000	24 000		11 000	9000
星期四	3275	−1500	22 500		21 500	
星期五	3255	−2000	20 500		23 500	
星期一	3230	−2500	18 000		26 000	
星期二	3215	−1500	16 500		27 500	
星期三	3195	−2000	14 500		29 500	
星期四	3170	−2500	12 000		32 000	
星期五	3145	−2500	9500	5500	34 500	

§5.3　期货合约的定价方法

同远期合约一样, 期货合约在签署的时刻对买卖双方来说机会均等, 风险对称, 因此期货合约的定价应使合约在签署时刻的价值为零, 下面的分析表明只要在整个有效期内无风险利率保持不变, 远期合约无违约风险的情况下, 到期日相同的期货和远期有相同的价格 [21].

设远期合约和期货合约的持续期同为 T, 无风险资产的收益率在持续期内保持不变, 记为 r, 设签署合约时确定的远期价格和期货价格分别为 G_0 和 F_0, 用 F_t 表示时间为第 t 天 $(0 < t \leqslant T)$ 的同一到期日到期的期货的价格. 考虑下列两个投资策略.

策略甲: 把总额为 G_0 的资金投资于无风险资产, 并买入 e^{Tr} 个远期合约.

记合约到期日标的资产价格为 S_T, 则该策略在持有期末的资产总值为

$$G_0 e^{Tr} + (S_T - G_0)e^{Tr} = S_T e^{Tr}, \tag{5.3.1}$$

其中 $G_0 e^{Tr}$ 为投资于无风险资产到期末的资产总值, $(S_T - G_0)e^{Tr}$ 为签署的 e^{Tr} 个远期合约的收益.

策略乙: 把总额 F_0 投资于无风险资产, 在持有期每一天的开始各买入一定的期货合约, 使得第 i 天末持有的期货合约达到 $e^{(i+1)r}$ 个.

对于策略乙, 在第 t 天持有的期货合约数为 e^{tr}, 持有这些合约在当天的收益为

$$(F_t - F_{t-1})e^{tr}, \quad t = 1, 2, \cdots, T,$$

因而该策略通过持有期货合约的收益在到期日的价值为

$$\sum_{t=1}^{T} (F_t - F_{t-1})e^{tr} \times e^{(T-t)r} = (F_T - F_0)e^{Tr},$$

策略乙到持有期末的资产总值为

$$F_0 e^{Tr} + (F_T - F_0)e^{Tr} = F_T e^{Tr}. \tag{5.3.2}$$

由于在期货合约设定的交割日的期货价格 F_T 等于标的资产当日的市场价格, 因而, 比较 (5.3.1) 和 (5.3.2) 式可以发现两个不同的投资策略在合约到期日的资产价值完全相等. 根据市场的无套利原则, 这两个投资策略的期初投资必定也完全相同. 由于策略甲的期初投资为一份远期合约的价格 G_0, 而策略乙的期初投资为一份期货合约的价格 F_0, 这就证明了无风险资产的收益率在持续期内保持不变的条件下期货合约的价格同远期合约的价格完全相等.

需要注意的是上面分析过程的前提条件是整个持有期内无风险利率保持不变, 当这一条件不满足的时候, 这一结论不再成立[67]. 这是因为期货合约的每日清算制度使得期货合约的价值不同于远期合约的价值. 首先对于远期合约, 由于只在合约的到期日进行交割清算, 因而其收益只同到期日的资产价格有关, 不直接受持有期内无风险利率和标的资产价格变动的影响. 当然, 严格地讲, 标的资产在到期日的价格自然会受到持有期内无风险利率和标的资产价格变动的影响. 对于期货合约, 情况却要复杂得多, 我们从两种情况加以分析. (1) 标的资产价格的变化同无风险利率的变化正相关, 即无风险利率增时, 标的资产价格升; 无风险利率跌时, 标的资产价格降. 由于每日清算, 期货合约的持有者在这种情况下通过标的资产价格的上升获利, 而所获的利益又可通过对高无风险利率的投资获取更高的回报; 如果标的资产由于无风险利率的下跌而降时, 期货合约持有者由于价格下跌所引起的亏损可通过低利率的融资来弥补. 从这里可以看出如果其他条件相同, 投资者会选择期货合约而不考虑远期合约, 这表明期货合约在这种情况下的价格应高于远期合约的价格. (2) 标的资产价格的变化同无风险利率的变化负相关, 即无风险利率增时, 标的资产价格降; 无风险利率跌时, 标的资产价格升. 这时拥有期货合约的投资者在由于无风险利率下降引起的标的资产价格上升中所获的收益, 只能以低收益率来再投资, 而当无风险利率上升引起标的资产价格下跌所引发的损失却要以高的利率借款来弥补. 因此可见, 在这种情况下, 一个理性投资者会选择远期而不考虑期货, 这表明期货合约在这种情况下的价格会低于远期合约的价格.

§5.4 短期利率期货的定价

同远期利率类似, 短期利率期货是一份发生于未来某个特定时期的名义存款的合约[69], 其价格则为适用于这个存款的固定利率. 买入一份短期利率期货合约, 相当于存入合约面值所定义的名义存款, 在合约的交割日 (到期日, 即名义存款的起始日) 进行现金结算 (只计算名义收益, 不对标的金额进行交割). 在交割日, 如果市场同期的存款利率低于合约确定的利率, 买方的收益为正, 如果市场同期的存款利率高于合约确定的利率, 买方收益为负, 买方的收益可表示为

$$R_P = V_0(r_F - r_T), \tag{5.4.1}$$

其中 V_0 为合约的名义存款额, r_F 为合约确定的利率, r_T 为到期日的同期存款的即期市场利率. 对于合约的卖方, 相当于借入一笔贷款, 其收益的情况同合约的买方刚好相反, 即有

$$R_S = V_0(r_T - r_F). \tag{5.4.2}$$

从短期利率期货合约的这一定义和收益的特征可以看出, 意图利用短期利率期货进行投机的人, 卖方总希望以低的 r_F 卖出合约 (借入名义贷款), 买方则希望以高的 r_F 买入合约 (存入名义款), 这有悖于 "低价进高价出" 的一般交易原则, 为克服这一不足, 对短期利率期货的价格 (利率) 采用下述定义

$$P_F = 100 - r_F, \tag{5.4.3}$$

其中 r_F 表示用百分数表示合约的短期利率, 把 P_F 称为短期利率期货的指数价格.

例 5.4.1   设 3 月期利率期货的指数价格为 93.5%(合约确定的对应利率为 6.5%), 一位投机者预期市场利率会下降 (对应指数价格上升), 他为此买入总值为 50 万的合约 (低价买进), 3 个月后正如其所预期的利率下调至 5.8%, (指数价格上升至 94.2%), 该投机者 (高价卖出) 清算后所获理论收益为

$$R_C = V_0(P_T - P_F) = 50\,000 \times (94.2 - 93.5)/100/4 = 875.$$

但由于清算在合约交割日 (名义借款起始日) 进行, 其实际的收益应为理论收益在清算日的现值

$$R_I = \frac{R_C}{1 + r_t/4} = 862.49.$$

所有短期利率期货均以现金结算, 并且在交割日进行交易的只是名义性的存或贷, 而不真正发生存或贷. 同远期利率协议一样, 在具体结算时短期利率期货存货双方的益损完全取决于交割日的现金市场的同期存贷款的利率. 因此, 短期利率期货合约的价格完全可以由 (5.1.10) 确定

$$P_F = 100 - r_F = 100 - \frac{r_L + (r_L - r_S)T_1/T_2}{1 + r_S T_1/B}, \tag{5.4.4}$$

其中 T_1 为合约签署日到合约确定的存贷起始日 (交割日) 之间的天数, T_2 为合约所规定的存贷期限 (天数), r_S 和 r_L 分别为在合约签署日的期限为 T_1 和 $T_1 + T_2$ 的即期利率, B 为一年内的计息天数 (一般为 360 天).

例 5.4.2   有一客户在 8 月 15 日买入了一份名义金额为 80 万元, 起始日为 10 月 1 日的 3 月期利率期货, 已知 8 月 15 日当日的短期存款利率为 1 月期 3.65%, 2 月期 3.74%, 3 月期 3.8% 和半年期 4.05%, 计算该期货合约的价格. 由于合约是在 8 月 15 日买入的, 到合约存贷款的起始日还有 45 天 (假定每月按 30 天算), 到存贷款的结算日还有 135 天, 因此首先需要算出 8 月 15 日当天的期限分别为 45 天和 135 天的即期存贷款利率. 根据第 2 章的利率期限结构可以推出这两种存贷款的即期利

率分别为 0.03716 和 0.0395, 再由 (5.4.4) 可得

$$P_F = 100 \left(1 - \frac{0.03716 + (0.0395 - 0.03716) \times 45/90}{1 + 0.03716 \times 45/360} \right) = 100 \left(1 - \frac{0.038\,33}{1.004\,645} \right)$$
$$= 100 - 3.815 = 96.185, \tag{5.4.5}$$

即可把该短期利率期货合约的指数价格定为 96.185, 或者说可把该短期利率期货合约的借款利率设定为 3.815%.

同远期利率的情况相同, 短期利率期货的价格依赖于市场的两个即期利率 r_S 和 r_L, 利用同 (5.1.14) 和 (5.1.15) 同样的分析可以得到

$$\frac{\partial P_F}{\partial r_S} \approx \frac{T_1}{T_2}, \quad \frac{\partial P_F}{\partial r_L} \approx -\frac{T_1 + T_2}{T_2}.$$

因此, 如果 r_S, r_L 的变动幅度同为 $\varepsilon(\Delta r_S = \varepsilon, \Delta r_L = \varepsilon)$, 则短期利率期货的指数价格的变动幅度为

$$\Delta P_F = \frac{\partial P_F}{\partial r_S} \times \Delta r_S + \frac{\partial P_F}{\partial r_L} \Delta r_L \approx \frac{T_1}{T_2}\varepsilon - \frac{T_1 + T_2}{T_2}\varepsilon = -\varepsilon.$$

也就是说, 如果 r_S, r_L 同增或同减一个小的数, 如 0.5%, 则短期利率期货的价格会相应地减少或增加一个相同的数 0.5%.

引入基差的概念可以进一步分析短期利率期货协议的价格与市场价格之间的关系. 从上面的分析看到短期利率期货的价格是由远期利率协议的协议利率推出的, 在期货合约的到期日之前, 短期利率期货合约的价格与远期利率协议利率相对应, 但在远期利率与市场同期的即期利率之间有差别, 也就是说在短期利率期货的价格和同期的即期市场价格之间有差别, 称这种差别为基差

$$P_{BD} = P_S - P_F, \tag{5.4.6}$$

其中 P_F 为短期利率期货的指数价格, $P_S = 100 - r_S$ 为同期限存贷款的市场即期价格, 由 (5.4.6) 得

$$P_{BD} = r_F - r_S = \frac{(r_L - r_S) \times (1 + T_1/T_2) - r_S^2 T_1/B}{1 + T_1 r_S/B}. \tag{5.4.7}$$

从这个式子可以看出当签约日离交割日的日期越近 (T_1 越小), 分母的值越接近 1, 而 $r_L - r_S$ 的差也会越小, 因而基差 P_{BD} 的值越来越接近零, 称这种现象为基差的收敛. 图 5.4.1 描述了交割日期前 10 天内即期价格和期货价格变化以及基差值的变化, 从中可以明显看出随着交割日的日益临近, 基差渐渐变小, 并收敛于零值 (两值在到期日相同而两点重合).

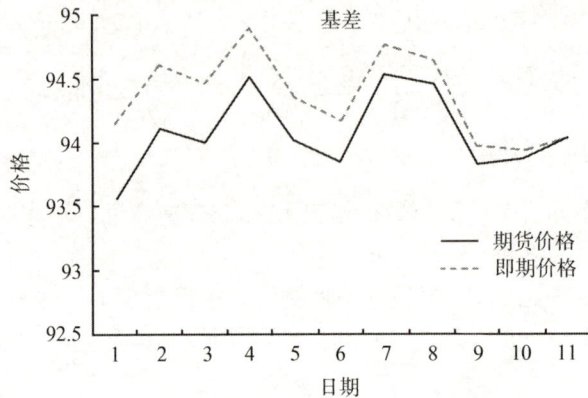

图 5.4.1   即期价格：期货价格和基差

§5.5   债券期货的定价

债券期货是买卖双方签订的在将来某一时间按确定的价格交割 (购买或出售) 某种特定债券的协议. 期货交易所, 例如美国芝加哥期货交易所对债券期货的交易单位、交易等级、交割日期、报价的方法等都有详细的规定. 由于债券的发行规模, 为避免投机者操纵债券期货市场价格 (买进债券期合约和合约标的债券的大部分, 使得空头方在交割日不得不平仓, 或买入标的债券), 期货合约在交割时允许交割任何一种有足够长期限的债券, 这时又引发另外一个问题, 期货合约的多头方会希望收取息票率高, 已累积较高利息的债券, 而期货合约的空头方则希望交割息票率低, 而且刚刚付过息 (或利息累积较少) 的债券. 为解决这一矛盾, 需要以标的债券的息票率和合约确定的交割时间计算各不同品可交割种债券应交付的金额 —— 称为发票金额

$$I_{NV} = P_F \times F_C + R_{AC}, \tag{5.5.1}$$

其中 P_F 为债券期货合约规定的期货价格, F_C 表示可交割债券相对于标的债券的转换因子, R_{AC} 为可交割债券的累积利息, I_{NV} 为债券的发票金额.

转换因子反映了每一种可交割债券的息票率和期限同合约标的债券的息票率和期限之间的转换关系, 由期货交易所在每一个交易日之前公布. 转换因子的作用相当于债券价格在债券市场中的调节功能, 在债券市场上, 高息票率的债券价格要高于低息票率的债券价格, 如果市场是完全竞争的, 债券的价格会调整到每种债券的收益率都基本相同. 例如, 有两种还有一年都到期且仅有最后一次付息机会的债券, 一为低息债券, 息票率为 5.5%, 债券的市场价格为 97.685 元, 对于此债券若投

资, 其收益率为

$$\frac{100 + 5.5 - 97.685}{97.685} = 8\%.$$

另一为高息债券, 息票率为 12%, 债券的市场价格为 104.186, 该债券的收益率为

$$\frac{100 + 12 - 104.186}{104.186} = 7.5\%,$$

低于前者的收益率. 这时市场会发生投资者会弃后者转而选择前者, 导致后者价格下跌, 前者价格上升, 当前者价格升至 97.866, 后者价格降至 103.896 时两种债券的收益率同时达到 7.8%, 市场处于均衡.

转换因子的计算基于相同收益率原则, 某种债券的转换因子就是购买该种债券后, 为投资者带来相同于标的债券收益率的该种债券每一个单位 (美元、英镑、马克等) 的价格. 因此, 如果其他条件相同, 息票率低于标的债券息票率的债券, 转换因子小于 1, 息票率高于标的债券息票率的债券, 转换因子则大于 1. 对于息票率相同, 不同期限债券的转换因子也有区别, 息票率低于标的债券息票率的, 期限长的债券的转换因子要小于期限短的债券的转换因子, 息票率高于标的债券息票率的, 期限长的债券的转换因子要高于期限短的债券的转换因子, 而对于可在几个不同日期交割的一个特定债券, 在不同交割日期的转换因子基本相似, 略有不同. 为进一步分析债券期货的定价, 我们需要引入最便宜交割债券的概念.

计算转换因子的目的是为了以债券期货合约标的债券的收益率为标准计算各种可交割债券的收益率, 但在实际操作中, 尽管使用了转换因子, 实际交割时并不是所有债券的收益率都是完全相同的, 而是有差别的. 对于交割方而言, 用不同的债券交割时, 有的收益高一些, 有的收益低一些, 其中必定有一个是收益最高的, 称为最便宜交割债券. 为确定哪种债券是最便宜的可交割债券, 可以采用下述计算方法. 考虑这样一个投资策略：(a) 买入固定面值为 V 的一份可交割债券; (b) 卖出一份债券期货合约后立即进行交割; 对于这样一个投资策略, 其支出为

$$\text{payment} = P + R_{AC}, \tag{5.5.2}$$

其中 P 为买入债券的即时市场价格, R_{AC} 为该债券所附的累积利息. 该策略的收入为

$$\text{income} = P_F \times F_C + R_{AC}, \tag{5.5.3}$$

其中 P_F 为期货合约确定的期货价格, F_C 为转换因子, 因此, 该策略的净收益为

$$R = \text{Income} - \text{Payment} = P_F \times F_C - P, \tag{5.5.4}$$

使上式的净收益取最大值的那个债券就是最便宜的交割债券.

例 5.5.1   有一种 2001 年 3 月 3 日到期的债券期货合约的价格为 112.593 75 (112–19), 表 5.5.1 列出了在当日可交割的 10 种债券的市场价格和转换因子, 最后一列给出了按 (5.5.4) 计算的各债券交割的净收益. 由表可以看出, 其中的债券 7 是所有这 10 个可交割债券中净收益最大的债券, 因而也就是最便宜交割债券. 从表中可以看出, 其中的某些债券采用上述投资策略其收益取负值, 也就是说投资对这些可交割债券, 应该采取买入债券期货, 卖空债券, 再立即进行交割的策略会带来收益, 但是由于交割债券的选择权掌握在债券期货的空头方, 他自会选择其所有可交割的债券中最便宜的可交割债券.

表 5.5.1   2001 年 3 月 3 日最便宜可交割债券

可交割债券	债券即时价格	转换因子	净收益
债券 1	104.5	0.9217	−0.7223
债券 2	104.95	0.9155	−1.8704
债券 3	107.3125	0.957	0.4397
债券 4	115.34375	1.0139	−1.1849
债券 5	119.5	1.0547	−0.7474
债券 6	122.75	1.089	−0.1354
债券 7	123.59375	1.105	0.8223
债券 8	126.8125	1.105	−0.7075
债券 9	151.781 25	1.12	0.1077
债券 10	159.25	1.408	−0.718

在明确了最便宜交割债券的概念和计算之后, 我们开始债券期货定价的分析. 上面的买入可交割债券, 同时卖出债券期货合约的策略说明了最便宜可交割债券的存在, 但同时也说明了这样一个问题, 所论债券期货的价格需要调整, 因为如果不调整的话, 市场就会存在套利机会, 套利者就会采取行动, 利用这一机会获取收益. 据此可以明白, 债券期货的定价同样应使得市场不存在套利的机会. 债券期货的定价采用所谓的现金 – 债券持有策略方法.

考虑在债券期货合约的到期日 (交割日) 之前的某个时候, 采用下述两个投资策略:

策略 1：前述的投资策略, 买入可交割债券, 卖出债券期货, 到交割日清算交割.

策略 2：将购买可交割债券所需的现金以无风险利率获取收益.

图 5.5.1 给出了这两个策略的示意图. 使市场不存在套利机会的债券期货价格应使得这两个投资策略的收益相同.

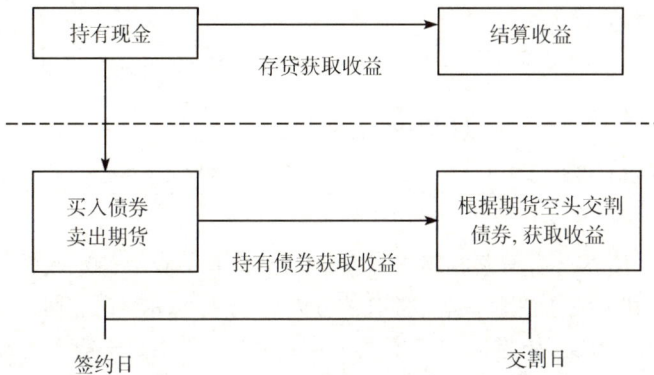

图 5.5.1 现金 – 债券持有定价法

首先, 持有的现金应等于买入债券所需的资金, 它等于签约日债券的市场价格加上其累积的利息

$$\text{payment} = P + R_{AC}. \tag{5.5.5}$$

设签约日到交割日的时间为 t (占每年天数的百分数), 则持有该现金存贷至交割日的现金流为

$$V_1 = \text{payment} \times (1 + rt) = (P + R_{AC}) \times (1 + rt), \tag{5.5.6}$$

买入债券卖出期货后到交割日清算交割所得的现金流为

$$V_2 = P_F \times F_C + R_{ACD}, \tag{5.5.7}$$

其中 P_F 为期货价格, F_C 为该债券在交割日的转换因子, R_{ACD} 为债券至交割日的累积利息 ($R_{ACD} \geqslant R_{AC}$). 令 V_2 等于 V_1 解出债券期货的价格 P_F 得

$$P_F = \frac{(P + R_{AC}) \times (1 + rt) - R_{ACD}}{F_C}. \tag{5.5.8}$$

例 5.5.2 设表 5.5.1 中的债券 7 是 2020 年 12 月 30 日到期的息票率为 9% 的债券, 考察在 2001 年 3 月 3 日签署的 2001 年 6 月底到期的国债期货合约的价格, 设无风险的借贷利率为 $r = 5.5\%$.

该债券在签约日的价格为 123.593 75, 转换因子为 1.105, 至签约日每百元的累积利息为

$$R_{AC} = 100 \times 0.09 \times 63/360 = 1.575,$$

至交割日的累积利息为

$$R_{ACD} = 100 \times 0.09/2 = 4.5,$$

合约的持有时间为

$$t = 118/360 = 0.327\ 78.$$

将上述这些数据代入 (5.5.8) 得期货价格为

$$P_F = \frac{(123.593\ 75 + 1.575) \times (1 + 0.055 \times 118/360) - 4.5}{1.105} = 11.2446.$$

实施现金－债券持有策略相当于借款买入并持有债券以获取收益, 借款需要支付利息, 当借款利率高于息票率时, 持有债券要花费成本, 持有期越长, 成本越大, 导致期货价格越高; 相反, 如果借款利率低于息票率时, 采用这一策略可获利, 并导致持有期越长, 期货价格越低, 这一点是对期货多头方的补偿, 因其必须等待较长时间才可以进行交割, 从而失去了在持有期内获取高息票率利息的机会.

把 (5.5.8) 式同 (5.5.2)~(5.5.4) 相比较可以发现, (5.5.8) 不仅适用于还未到交割日的债券期货的定价, 也适用于在债券期货的交割日采用上述策略, 这是因为在债券期货的交割日, (5.5.8) 中的 $t = 0, R_{ACD} = R_{AC}$, 由式 (5.5.8) 确定的债券期货价格可在式 (5.5.4) 中置左端的收益为零得到.

在上述确定债券期货价格的过程中, 我们选用了表 5.5.1 中的债券 7, 即所谓的最便宜交割债券, 这是因为对于任何一个采用上述策略的投资者来说, 当其在期货交割日选择可交割债券平仓时, 总是会选择最便宜交割债券. 因此, 在计算债券期货的价格时, 首先需要确定最便宜交割债券, 再由 (5.5.8) 从最便宜交割债券确定期货价格. 最便宜交割债券可由

$$R = V_2 - V_1 = P_F \times F_C + R_{ACD} - P + R_{AC}(1 + rt) \tag{5.5.9}$$

计算各可交割债券的净收益, 使净收益最大的债券即为最便宜交割债券.

债券期货的价格也可以由 (5.5.8) 直接确定, 其方法为对各个可交割债券由 (5.5.8) 计算得出债券期货的不同价格, 其中最小的一个价格就是所需的期货价格, 相应的债券就是最便宜交割债券.

§5.6 股票指数期货的定价

股票指数期货是指在将来确定的日期买入或卖出相应股票指数面值的合约[134], 所谓的股票指数面值是指股票指数乘以一个指定的货币金额所得的值. 我们已在 §4.5 介绍了股票指数的计算, 股票指数是一个用于反映股票市场相对水平的人为确定的数字, 它只能反映股市价值随时间而发生的相对变动, 而不能反映一个股票市场的绝对水平, 为此各个股票市场都对其股票指数确定了一个货币金额以反映其一个单位的指数所反映的价值, 如标准普尔 500 种指数指定的乘数为 500 美元, 香港

恒生指数指定的乘数为 50 港元, 英国金融时报 100 指数指定的乘数为 25 英镑, 日经 225 种指数指定的乘数为 1000 日元等. 股票指数期货就是以股票指数乘以所指定的乘数所得的面值为标的资产的期货合约. 股票指数期货合约不存在任何可交割的工具, 它规定在未来某个日期, 根据合约到期时的基础指数价值交付一定倍数的现金, 即根据交割日的指数价值与最初签约时所确定的指数价值之间的差额计算盈利和亏损, 并以现金清算.

发展股票指数期货市场的主要目的在于形成风险转移市场, 为投资者提供套期保值、转移市场风险的机制和价格发现机制, 完善资本市场. 自 1982 年 2 月美国密苏里州的堪萨斯市农产品交易所 (Kansas City Board of Trade, KCBT) 推出第一份股票指数期货合约以来, 短短的十几年时间里, 股票指数期货以其独特的魅力和成功的运作, 迅速被世界许多国家所接受和发展, 世界上稍有规模的资本市场的所在国没有不推出股票指数期货交易的. 股票指数期货已成为国际金融市场上交易最活跃的期货品种之一, 也是进行金融市场风险管理最为有效的工具和技术之一. 表 5.6.1 给出了全球股票指数期货交易规模的增长情况.

表 5.6.1   股票指数期货交易规模变化情况 (单位: 10 亿美元)

	1991	1992	1993	1994	1995	1996	1997	1998
未平仓名义余额	76.0	79.8	110.0	127.3	172.2	198.6	211.5	321.0
交易金额	7800	6000	7100	9300	10 600	13 100	16 400	20 800

资料来源:《国际清算银行第 69 期年报》.

尽管股票指数期货由于不存在可交割的工具而不同于债券期货, 但股票指数期货的定价却可以用类似的方法, 即卖出股票市场指数期货, 用现金买入股票以便使期货合约到期时进行交割所获的收益等于持有现金借贷所获的收益.

设某投资人有这样一笔资金, 实施这样一个投资方案: 买进一个股票组合, 其组合比例同股票指数结构完全相同, 价值等于股票指数的面值 (等于股票指数乘以每点的指定货币金额), 卖出一份股票指数期货合约, 在期货交割日卖出股票组合, 把所得资金以及持有股票期间所得的红利及其收益一起用于进行期货清算. 设卖出股票指数期货合约当日的股票指数为 I_0, 每点指数的货币金额为 v, 则当日买入股票组合的价值为

$$V = I_0 v,$$

持有该现金借贷到交割日的现金流为

$$V_1 = V(1 + rt) = I_0 v(1 + rt), \tag{5.6.1}$$

其中 r 为借贷利率 (无风险利率), t 为持有期的时间长度 (占一年的百分数). 在交

割日将持有的股票对卖出期货平仓加上买入股票在持有期的红利收益之和为

$$V_2 = I_F v + \sum_{i=1}^{n} D_i(1 + r\tau_i), \tag{5.6.2}$$

其中 I_F 为股票指数期货所确定的价格, D_i 为第 i 个股票在期货持有期内所分发的红利, τ_i 为分发红利时到交割日的剩余时间. 在风险中性的假设下, 两种策略的收益应相等, 由此可得股票指数期货的定价公式为

$$I_F = I_0(1 + rt) - \sum_{i=1}^{n} D_i(1 + r\tau_i)/v. \tag{5.6.3}$$

如记 $d_i = D_i/v$ 为第 i 个成分股的红利率, 则有

$$I_F = I_0(1 + rt) - \sum_{i=1}^{n} d_i(1 + r\tau_i), \tag{5.6.4}$$

对于组成股票指数的成分股比较多, 成分股派息在时间分布上比较均匀的情况下, 可以将股息看作为一种以息率为 d 连续支付的收益, 则上述公式可进一步简化为

$$I_F = I_0(1 + t(r - d)). \tag{5.6.5}$$

对于持有期较短, 持有期内无股息派发的情形, (5.6.5) 进一步简化为

$$I_F = I_0(1 + rt). \tag{5.6.6}$$

如果利率 r 是连续复利, 则相应于 (5.6.4)~(5.6.6) 的股票指数期货定价模型分别为

$$I_F = I_0 e^{rt} - \sum_{i=1}^{n} d_i e^{r\tau_i}, \tag{5.6.7}$$

$$I_F = I_0 e^{t(r-d)}, \tag{5.6.8}$$

$$I_F = I_0 e^{rt}. \tag{5.6.9}$$

第6章　互换的定价

§6.1　互换的基本概念

金融衍生工具——互换 (swap) 又称互惠调换, 是交易双方经由作为中介的金融机构达成的在未来某个确定的时期内分几次按商定的方式交换现金流的合约 [76,91]. 由于互换具有对多阶段的风险进行套期保值、降低融资成本和创造复合金融工具的功能, 因此自 20 世纪 80 年代问世以来, 互换市场就得到了迅速的发展.

互换有利率互换、货币互换等. 利率互换可以将固定利率债务转换成浮动利率债务, 或将浮动利率债务转换成固定利率债务. 利率互换合约的双方同意在确定的期限内按不同的利率计算方法分期同时向对方支付由名义本金额所确定的利息, 即一方按固定利率支付利息, 另一方按浮动利率支付利息. 货币互换将一种货币的债务转换成另一种货币的债务, 合约的甲方同意以某种货币按一定的本金数量向对 (乙) 方支付利息, 而乙方则以另一种货币按等值的本金数量向甲方支付利息. 互换交易的中介通常是银行, 它们根据国际互换及衍生产品协会 (ISDA) 的互换协议提供互换的一些标准, 通过买卖的价差或收取中介费获取收益.

最普遍的利率互换为固定 – 浮动利率互换 (fixed-for-floating rate swap), 又称香草型 (plain-vanilla) 互换. 在这种互换合约中, 甲方同意根据一定数量的本金额度按固定利率在一定时间段内分期向乙方支付利息, 乙方则根据相同数量的本金按浮动利率同期向甲方支付利息. 本金以一定数量的同种货币出现, 由于不涉及本金的交换, 故称名义本金. 大多数利率互换合约的浮动利率按伦敦同业银行间的放款利率 (LIBOR) 加基本点的算法 (0.01% 为一个基本点) 确定, 具体在按浮动利率计算利息时, LIBOR 取为上一个计息日的浮动利率.

设甲、乙两公司都希望筹措一笔期限为 5 年, 数额为 1 亿元的资金, 两公司由于其各自信用级别的关系, 筹措这笔资金的借贷利率不同. 甲公司可以或者以 9.5% 的固定利率, 或者以 6 个月期的 LIBOR 加 50 个基本点的浮动利率借款; 乙公司则或者以 10.5% 的固定利率, 或者以 6 个月期的 LIBOR 加 100 个基本点的浮动利率借款. 现在甲公司希望以浮动利率借款, 而乙公司希望以固定利率借款. 如果正如两个公司所希望的那样, 甲公司以浮动利率直接借款, 乙公司以固定利率直接借款, 两公司的借款利率之和为 11%+LIBOR. 但如果乙公司以浮动利率借款, 甲公司以固定利率借款, 两公司再进行利率互换, 借款利率之和为 10.5%+LIBOR, 少于各自直接借款的利率之和, 也就是说存在利率调整的空间, 这就是利率互换得以产生并存在的原因. 考虑两公司经由中介机构进行利率互换, 图 6.1.1 给出了这一互换的图示. 根据这个利率互换合约, 甲公司按固定利率, 乙公司按浮动利率各自借款 1 亿元, 并进行利率互换, 商定每 6 个月互相付息一次, 即甲公司每 6 个月按 LIBOR+0.5% 的浮动利率向中介机构支付利息, 并从中间机构按 9.7% 的固定利率收取利息; 乙公司则按 9.8% 的固定利率向中介机构支付利息, 并从中介机构按 LIBOR+0.5% 的浮动利率收取利息. 据此, 每次付息时, 甲公司的现金流由以下三部分的利率计算:

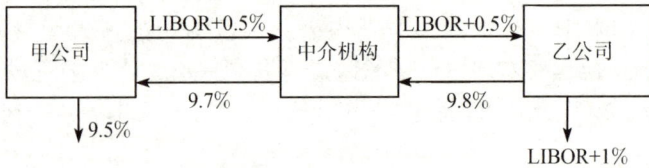

图 6.1.1   利率互换图示

(1) 支付借款的固定利率 9.5%;

(2) 支付给中介机构的浮动利率 LIBOR+0.5%;

(3) 从中介机构收取的固定利率 9.7%.

甲公司支付的净利率为

$$9.5\% + \text{LIBOR} + 0.5\% - 9.7\% = \text{LIBOR} + 0.3\%.$$

这个浮动利率比它直接借款的浮动利率低了 20 个基本点. 对于乙公司的现金流, 则由以下三部分的利率组成:

(1) 支付借款的浮动利率 LIBOR+1%;

(2) 支付给中介机构的固定利率 9.8%;

(3) 从中介机构收取的浮动利率 LIBOR+0.5%.

乙公司支付的净利率为

$$\text{LIBOR} + 1\% + 9.8\% - \text{LIBOR} - 0.5\% = 10.3\%.$$

这个借款利率同样比它直接借款的固定利率低了 20 个基本点. 从这个图上还可以看出, 提供中介服务的中介机构所获的收益为名义本金的利率

$$9.8\% + \text{LIBOR} + 0.5\% - 9.7\% - \text{LIBOR} - 0.5\% = 0.1\%,$$

即 10 个基本点的利息. 显然, 通过采用上述利率互换合约, 两个公司都根据需要获得了借款, 且双方的借款利率都比直接按要求借款低了 20 个基本点. 利率互换可以使互换双方减少借款成本, 互换的交易者也可能从中获取一部分收益.

对于商业银行或储蓄贷款等提供金融服务的机构, 可以利用利率互换来降低利率风险. 例如某银行的长期贷款的利率为 8%, 其融资渠道是短期储蓄存款, 其利率为 LIBOR–1%. 对此, 银行存在明显的利率风险, 如果 LIBOR 等于 7.5%, 则银行可以获得收益率为 1.5% 的收益, 然而, 如果 LIBOR 升至 9% 或更高, 银行不仅没有任何收益, 还可能蒙受损失. 但是如果银行采用接收 LIBOR, 支付 7.5% 固定利率的互换合约, 则它可将其收益锁定为收益率

$$8\% - (\mathrm{LIBOR} - 1\%) + \mathrm{LIBOR} - 7.5\% = 1.5\%.$$

这样一来, 银行完全避免了由于 LIBOR 上升可能带来的风险, 当然, 另一方面它也失去了 LIBOR 可能下降获得更多收益的机会.

在上述利率互换的例子中, 甲乙两公司, 以及中介机构通过采用互换合约, 共获得了 50 个基本点的收益, 称为利率互换的潜在效益. 利率互换的总潜在效益由下式计算

$$E^r = |\Delta r_{\mathrm{fix}} - \Delta r_{\mathrm{float}}|, \tag{6.1.1}$$

其中 $\Delta r_{\mathrm{fix}}, \Delta r_{\mathrm{float}}$ 分别表示双方都按固定利率或浮动利率借贷的利差. 在上述例子中我们有 $\Delta r_{\mathrm{fix}} = 1\%, \Delta r_{\mathrm{float}} = 0.5\%$, 因此总的潜在效益有 $E^r = 0.5\%$(50个基本点).

在利率互换合约中, 在用浮动利率计算利息时, 利率取自上一个付息日的 LIBOR. 在前述例子中, 设合约签署生效日为 2004 年 1 月 1 日, 则第一个付息日为 2004 年 7 月 1 日, 付息的计费利率为 2004 年 1 月 1 日的 LIBOR 加 0.5%, 第二个付息日为 2005 年的 1 月 1 日, 计费利率为 2004 年 7 月 1 日的 LIBOR 加 0.5%, 其余依次类推. 在合约确定的利息支付日, 双方并不需要各自向中介机构支付利息, 而只需由净债务方向中介机构支付双方应付利息的差额, 中介机构扣除其应得收益后把其余向债权方支付. 至于利息差额的计算采用下述公式

$$V_{nt} = Cr_e, \tag{6.1.2}$$

其中 C 为名义本金额, r_e 为所在阶段的有效利率, 它依赖于所在阶段的时间长度和每年时间的计算办法

$$r_e = \max\{\Delta_{r_1}, \Delta_{r_2}\} \times t, \tag{6.1.3}$$

其中 $\Delta_{r_1}, \Delta_{r_2}$ 分别为双方由合约确定的支付和接收的固定利率和浮动利率之差

$$\Delta_{r_i} = |r_{i\mathrm{fix}} - r_{i\mathrm{float}}|, \quad i = 1, 2, \tag{6.1.4}$$

$r_{i\mathrm{fix}}, r_{i\mathrm{float}}, i = 1, 2$, 分别为双方由合约确定的支付和接收的固定利率和浮动利率. t 为一个特定阶段的时间长度, 对此, 不同的金融机构和市场有不同的计算规定, 一般有下述三种计算方法.

(1) 实际天数/365 或实际天数/360, 这两种方法都把具体阶段的实际天数作为分子来计算时间长度, 只不过前者假定一年为 365 天, 而后者假定一年为 360 天.

(2) 按月计算, 假定每年为 12 个月共 360 天, 每月有 30 天, 例如对于 7 月 1 日至 10 月 1 日, 按 90 天算, 而并非实际的 92 天. 这种方法根据每年支付利息的次数, 分别取为 1(付息一次), 0.5(付息两次), 0.25(付息四次) 等.

(3) 实际天数/年实际天数, 前者是具体阶段内的实际天数, 后者指所在年的实际天数. 在前述例子中, 设已知 6 月期的 LIBOR 在 2004 年 1 月 1 日为 9%, 采用实际天数/360 的方法计算每一付息期的时间长度, 则由于该年的 2 月有 29 天, 前半年时间共为 182 天, 因此, 有

$$
\begin{aligned}
r_e &= \max\{\Delta_{r_1}, \Delta_{r_2}\} \times t \\
&= \max\{|0.097 - 0.095|, |0.098 - 0.095|\} \times 182/360 = 0.001\ 517,
\end{aligned}
$$

应付利息的差额为

$$
V_{nt} = C r_e = 100\ 000\ 000 \times 0.001\ 517 = 151\ 700.
$$

这是由乙公司向中介机构支付的利息, 中介机构向甲公司支付的金额为

$$
\min\{\Delta_{r_1}, \Delta_{r_2}\} \times t = 101\ 100, \tag{6.1.5}
$$

中介机构的收益为 151 700−101 100=50 600.

§6.2　利率互换的估值与定价方法

利率互换合约[6,122] 在签署时刻对于合约双方的获益应该是相同的, 即合约的价值应该为零, 而在合约签署后有效期内的任何其他时刻, 由于浮动利率的变化, 合约的价值不再为零. 由于利率互换合约的浮动利率由随市场浮动的 LIBOR 所确定, 利率互换合约的定价就是确定利率互换中的固定利率. 合约在某个时刻的价值是指在合约剩余的有效期内执行合约的所有现金流的现值的代数和, 包括交易双方的现金流的现值. 对互换合约进行定价需要确定一个合适的固定利率, 使得互换合约在签署时的净现值为零. 要计算现金流在任何时刻的现值需要有折现率或折现因子. 对利率互换进行定价, 我们一般使用同期零息债券的收益率作为折现率. 之所以采用零息债券的收益率作为计算现金流现值的折现率, 是因为零息债券在到期日之前不支付任何利息, 其收益率不受有效期内任何利率变化的影响.

对于期限为 T 的零息债券, 其市场价格 P(即现值), 面值 F 和收益率 R_T 之间

有下述关系式

$$P = \begin{cases} \dfrac{F}{1 + TR_T}, & T < 1, \\[3mm] \dfrac{F}{(1 + R_T)^T}, & T \geqslant 1, \end{cases} \tag{6.2.1}$$

其中 T 以年为单位, R_T 又称第 T 期的即期利率. 根据收益率可得折现因子

$$d_T = \begin{cases} \dfrac{1}{1 + TR_T}, & T < 1, \\[3mm] \dfrac{1}{(1 + R_T)^T}, & T \geqslant 1, \end{cases} \tag{6.2.2}$$

这时 (6.2.1) 可改写为

$$P = F d_T. \tag{6.2.3}$$

利用式 (6.2.1)~(6.2.3) 从市场零息票债券的价格和面值可以计算不同期限的零息票收益率 (即期利率) 和折现因子. 表 6.2.1 给出了这样一个例子.

表 6.2.1 由零息票债券计算的即期利率和折现因子

期限	0.25	0.5	1	2	3	4	5	8	10
即期利率	3.945	3.965	4	4.618	5.192	5.716	6.112	6.808	7.112
折现因子	0.9902	0.9806	0.9615	0.9136	0.8591	0.8006	0.7433	0.5903	0.5030

然而在计算利率互换合约在有效期内的某个时间的价值时, 仅仅有这几个确定期限的折现率或折现因子是不够的. 比如, 对于一个 2 年期, 每年付息 2 次的利率互换合约, 现在是第 2 次付息后的 10 天, 为计算合约在这个时间的价值, 我们需要考察现在离剩余的两个付息日的时间, 按一年有 360 天, 半年 180 天计算, 分别为 170 天和 350 天, 也就是说, 我们需要知道期限分别是 170 天和 350 天的折现率或折现因子. 为简单起见, 下面只考虑如何从几个已知期限的折现因子来计算其他任何期限的折现因子.

从若干已知确定期限的折现因子计算其他某个时间折现因子的简单而常用的方法为插值法, 把折现因子记为时间的函数, 由式 (6.2.2) 可以把折现因子近似取为时间的指数函数, 即有

$$d_T = e^{-\alpha T}, \tag{6.2.4}$$

其中 α 为一参数. 对于这样的指数函数, 如果已知两个不同时间 T_1, T_2 的折现因子 d_{T_1}, d_{T_2}, 如要计算时间 $T(T_1 < T < T_2)$ 的折现因子, 可以用下述插值公式

$$d_T = d_{T_1}^{\left[\frac{T}{T_1} \frac{(T_2 - T)}{T_2 - T_1}\right]} d_{T_2}^{\left[\frac{T}{T_2} \frac{(T - T_1)}{T_2 - T_1}\right]}. \tag{6.2.5}$$

如果时间 T 小于已知的最早的折现因子的时间, 或者大于已知的期限最长的折现因子的时间, 这时需要采用下述简单的外插公式

$$d_T = d_{T_1}^{\frac{T}{T_1}},$$ (6.2.6)

其中 d_{T_1} 为已知的期限为 T_1 的折现因子.

为给互换合约定价, 首先观察如图 6.2.1 所示的互换一方同中介机构之间的关系, 由于利率互换不涉及本金, 从这个图可以看出, 两者之间的现金流等同于中介机构向乙公司出售 6 月期利率为 LIBOR+0.5% 的浮动利率债券, 同时购买乙公司的利率为 9.8% 的固定利率债券. 因此, 确定利率互换的固定利率等价于确定期限相同的债券的息票率. 假设已知各付息日和到期日的折现因子 d_i, 则对于支付固定利率债券现金流的现值为

$$PV = \sum_{i=1}^{K} C \frac{r_K}{m} d_i + C d_K,$$ (6.2.7)

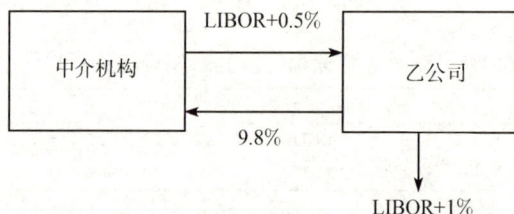

图 6.2.1　互换中的一方与中介机构的关系

其中 m 为每年付息次数, $K = mT$ 为总的付息次数, T 为期限长度, C 为初始投资, 即债券的面值. 根据无风险套利原理, 这个现金流的现值应该等于初始投资 C (注意, 这里 r_K 应为 r_T, 表示期限为 T 的债券的息票率, 为保持与 $K = mT$ 的一致性, 特取为 r_K), 由此得息票率和有效期内的折现因子之间有下述关系式

$$1 = \frac{r_K}{m} \sum_{i=1}^{K} d_i + d_K,$$ (6.2.8)

其中 $d_i, i = 1, 2, \cdots, K$ 为第 i 个付息日的折现因子, $r_K = r_T$ 为息票率, 或说期限为 T 的利率互换中的固定利率.

对于利率互换, 由于不存在本金的交换, 因而固定利率支付方支付的所有现金流的现值为

$$PV = \sum_{i=1}^{K} C \frac{r_K}{m} d_i = \sum_{i=1}^{m} c d_i,$$ (6.2.9)

其中 $c = \dfrac{Cr_k}{m}$ 为每次付息额, C 为名义本金.

对于浮动利率支付方所支付现金流的现值的计算相对要复杂一些, 这是因为由于利率是浮动的, 尽管我们已经有了计算现值的折现因子, 但是, 我们除了知道第一个付息日按签约日的浮动利率加基本点的利率确定的支付额外, 其他付息日的浮动利率, 因而付息额度都是不确定的, 我们有必要对此作出估计. 由于我们已经从零息债券得出了即期利率 (收益率), 根据即期利率和远期利率的关系 (见第 2 章)

$$(1 + R_{KF})^K = \prod_{j=1}^{K}(1 + R_j), \tag{6.2.10}$$

其中 $R_j, j = 1, 2, \cdots, K$ 为第 j 年的即期利率, R_{KF} 为第 K 年的远期利率. 由此可从即期利率算得远期利率

$$R_{KF} = \left(\prod_{j=1}^{K}(1 + R_j)\right)^{1/K} - 1. \tag{6.2.11}$$

然而, (6.2.11) 只能用于计算第 $K(= 1, 2, \cdots, T)$ 年的远期利率, 对此, 我们可以从 (6.2.8) 给出的付息日的即期利率推导每个付息日的远期利率.

在估计远期利率之后, 由折现因子就可计算浮动利率支付方所支付现金流的现值

$$PV = \sum_{i=1}^{K} \bar{c}_i d_i = \sum_{i=1}^{K} CF_i d_i/m, \tag{6.2.12}$$

其中 F_i 为在第 i 次付息日为起始时间, 期限为 $1/m$ 的远期利率, $\bar{c}_i$ 为第 i 次支付的利息. 令 (6.2.9) 与 (6.2.12) 相等得关于利率互换固定利率的线性方程, 解这个线性方程得利率互换的定价公式, 即利率互换中固定利率的计算公式

$$r_K = \sum_{i=1}^{K} F_i d_i \bigg/ \sum_{i=1}^{K} d_i. \tag{6.2.13}$$

在上述利率互换的定价过程中, 我们把每两次付息之间的时间长度看作是相同的, 同为一年的. 但在实际的计算中, 每两次付息之间的实际天数是不同的, 以 2005 年为例, 四个季度的实际天数为 90, 91, 92, 92 天. 在按实际天数计算利息的情况下, (6.2.9), (6.2.12) 和 (6.2.13) 应分别改写为

$$PV = \sum_{i=1}^{K} Cr_K t_i d_i, \tag{6.2.14}$$

其中 t_i 为第 i 个付息期的实际天数占全年 (按 360 天算) 时间的百分数

$$PV = \sum_{i=1}^{K} CF_i t_i d_i \qquad (6.2.15)$$

和

$$r_K = \sum_{i=1}^{K} F_i t_i d_i \Big/ \sum_{i=1}^{K} t_i d_i. \qquad (6.2.16)$$

例 6.2.1　设即期利率由表 6.2.1 给出, 试确定一个两年期, 每年付息 4 次的利率互换的固定利率, 浮动利率简单地设定为 LIBOR. 假定这 8 次付息时间之间的实际天数为 90,91,92,92,91,91,92,92.

表 6.2.2　　不同付息时间的折现因子和相应的即期利率

次数	时间 T	已知即期利率	折现因子	即期利率
1	0.25	0.039 45	0.990 234	0.039 45
2	0.502 778	0.039 65	0.980 455	0.039 65
3	0.758 333		0.970 681	0.039 83
4	1.013 889	0.04	0.961 015	0.04
5	1.266 667		0.949 76	0.041 533
6	1.519 444		0.937 939	0.043 069
7	1.775		0.925 437	0.044 623
8	2.030 556	0.046 18	0.912 406	0.046 18

首先按 (6.2.4) 计算现在为起始日期限到各个付息日的折现因子 (一年按 360 天计) 及相应的即期利率, 结果见表 6.2.2. 其中在时间 T_1, T_2, T_4, T_8 的折现因子根据 t 值的大小, 分别用式 (6.2.2) 计算, 而在时间 T_3, T_5, T_6, T_7 的折现因子由式 (6.2.4) 计算, T_3 的折现因子由 T_2, T_4 处的折现因子插值得到, T_6 处的折现因子由 T_4, T_8 处的折现因子插值产生, 然后再分别确定 T_5 和 T_7 处的折现因子. 而期限分别为 T_3, T_5, T_6, T_7 的即期利率利用式 (6.2.2) 根据 T 值的大小确定.

第二步要估计远期利率以便估计利率互换中在不同付息时间的浮动利率, 为简单起见, 我们用 r_{0t_i} 表示期限为 t_i 的即期利率, $F_{t_i t_{i+1}}$ 表示从 t_i 开始, 期限为 $t_{i+1} - t_i$ 的远期利率. 为计算简单, 我们在这里假定一年的四个季的时间相等. 根据第 2 章的内容, 我们有

$$(1 + r_{0t_1}/4)(1 + F_{t_i t_{i+1}}/4) = (1 + r_{0t_2}/4)^2,$$

由此得

$$F_{t_1 t_2} = 4[(1 + r_{0t_2}/4)^2/(1 + r_{0t_1}/4) - 1] = 0.039\,85.$$

类似地, 由

$$(1 + r_{0t_2}/4)^2(1 + F_{t_3t_4}/4) = (1 + r_{0t_3}/4)^3$$

可求得 $F_{t_2t_3} = 0.4091$, 其他的远期利率可用类似的方法计算, 结果见表 6.2.3.

表 6.2.3　估计的远期利率

次数	时间 T	即期利率	远期利率
1	0.25	0.039 45	
2	0.502 778	0.039 65	0.039 85
3	0.758 333	0.039 83	0.040 19
4	1.013 889	0.04	0.040 51
5	1.266 667	0.041 533	0.047 672
6	1.519 444	0.043 069	0.050 754
7	1.775	0.044 623	0.053 963
8	2.030 556	0.046 18	0.057 095

计算的最后一步是按 (6.2.16) 计算该利率互换中的固定利率, 计算的过程和数据见表 6.2.4.

表 6.2.4　计算固定利率的中间数据

次数	t_i	d_i	F_i	$t_i \times d_i$	$t_i \times d_i \times F_i$
1	0.25	0.990 234	0.039 45	0.247 558	0.009 766
2	0.252 778	0.980 455	0.039 85	0.247 837	0.009 876
3	0.255 556	0.970 681	0.040 19	0.248 063	0.009 97
4	0.255 556	0.961 015	0.040 51	0.245 593	0.009 949
5	0.252 778	0.949 76	0.047 672	0.240 078	0.011 445
6	0.252 778	0.937 939	0.050 754	0.237 09	0.012 033
7	0.255 556	0.925 437	0.053 963	0.236 5	0.012 762
8	0.255 556	0.912 406	0.057 095	0.233 17	0.013 313
总和				1.935 891	0.089 115

由表 6.2.4 的数据可得

$$r_K = \sum_{i=1}^{K} F_i t_i d_i \Big/ \sum_{i=1}^{K} t_i d_i = \frac{0.089\ 115}{1.935\ 891} = 0.046,$$

即固定利率应定为 4.6%.

正如在前面提及的, 同远期和期货合约一样, 互换合约在签署时刻的价值为零, 而在合约签署后的任何时刻, 其价值一般不为零. 在利率互换合约生效后的某一时刻 t, 利率互换的价值由下式计算

$$V(t) = PV_{\text{fix}}(t) - PV_{\text{float}}(t), \tag{6.2.17}$$

其中 $PV_{\text{fix}}(t), PV_{\text{float}}(t)$ 分别为时刻 t 之后固定利率支付方所支付现金流和浮动利率支付方所支付现金流在时刻 t 的现值, 其计算分别为

$$PV_{\text{fix}}(t) = \sum_{i=1}^{K} c_{\text{fix}i} d_i, \tag{6.2.18}$$

这里 K 表示从时刻 t 开始剩余的付息次数, $c_{\text{fix}i}$ 为固定利率方每次的付息金额, 它由固定利率 r_K 以及每个剩余的付息周期占全年时间的百分数, 而折现因子 d_i 需由从时刻 t 开始的期限为到各剩余付息时间的即期利率确定

$$PV_{\text{fl}}(t) = \sum_{i=1}^{K} c_{\text{float}i} d_i, \tag{6.2.19}$$

$c_{\text{float}i}$ 为估计的浮动利率付息方每次付息额, 其中第一次的付息率由上一个付息日的浮动利率确定, 其后的各付息日的浮动付息率需要由时刻 t 开始的期限为到各剩余付息时间的即期利率推算出相应的远期利率来确定.

§6.3　货币互换的定价

货币互换是另一种常见的互换合约, 它可以将一种货币的贷款转换成另一种货币的贷款 [24]. 当合约双方通过互换可以各自获益时 (即获得相对便宜的另一种货币), 就可以进行货币互换.

例 6.3.1　设现有甲公司需要人民币贷款, 乙公司需要港币贷款, 已知甲、乙两公司可分别按如下的固定利率获得人民币和港币的贷款:

甲公司: 港币 6.4%, 人民币 8.8%,

乙公司: 港币 8.4%, 人民币 9.2%.

可以看出, 同甲公司相比, 乙公司在港币市场的利率高 2%, 在人民币市场的利率则高 0.4% (在这里我们不讨论产生利率差异的原因), 这表明, 甲公司在港币市场有借款的优势, 而乙公司在人民币市场有借款优势. 同前面的利率互换合约一样, 在这样一个市场环境中, 采用货币互换可以有

$$E_r = |\Delta r_H - \Delta r_R| = |2\% - 0.4\%| = 1.6\%$$

的潜在效益, 其中 r_H, r_R 分别表示港币利率和人民币利率的利差. 也就是说, 在上述市场中如采用货币互换, 双方总共可获得 160 个基本点的收益. 图 6.3.1 给出了一种可能的互换方案. 在这一互换合约中, 公司甲从市场借入港币, 公司乙从市场借入人民币, 再经由中介机构两公司进行货币互换. 在这一由两份合约 (中介机构

同甲、乙两公司各有一份独立的合约, 甲、乙两公司之间无直接关联) 组成的互换中公司甲根据本金收支的利率有

(1) 支付借款的港币利率 6.4%;

(2) 收取由中介机构支付的港币利率 6.4%;

(3) 支付 8.2% 的人民币利率.

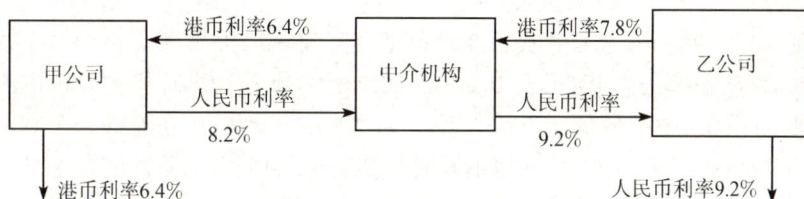

图 6.3.1　货币互换

据此该公司将 6.4% 的港币利率借款转换成 8.2% 的人民币利率借款, 这比直接接受人民币借款的利率低了 0.6 个百分点. 同样, 乙公司收支的利率有

(1) 支付借款的人民币利率 9.2%;

(2) 接受中介机构支付的人民币利率 9.2%;

(3) 支付 7.8% 的港币利率.

乙公司利用此互换将利率为 9.2% 的人民币借款转换成了利率为 7.8% 的港币借款, 这同样比其从市场直接借款少了 0.6 个百分点. 作为两个独立的互换合约的共同一方的中介机构, 其收支的利率为

(1) 收取甲公司的 8.2% 人民币利率;

(2) 向甲公司支付港币利率 6.4%;

(3) 收取乙公司 7.8% 的港币利率;

(4) 向乙公司支付 9.2% 的人民币利率.

由此可以看出, 中介机构从港币利率支付获取 1.4 个百分点的收益, 对人民币利率支付需支出 1 个百分点, 整体获得 0.4 个百分点的收益作为服务收益. 因此, 甲、乙两公司以及中介机构共同分享了市场存在的 1.6 个百分点的利率收益.

同利率互换的名义本金不同, 在货币互换中的本金由于货币品种不同, 一般需要交换本金, 本金数量根据合约生效日的两种货币之间的即期汇率应是等值的. 设在上述例子中互换合约生效当日人民币与港币的兑换率为 1.1:1, 如果甲公司要借贷的是 1000 万港币, 则乙公司的借贷应是等值的 1100 万人民币. 在合约生效当日, 甲公司将所借贷的 1000 万港币经由中介机构交给乙公司, 同时, 乙公司将所借的 1100 万人民币经由中介机构交给甲公司. 在合约确定的付息日 (设一年付息两次), 甲公司接收中介机构支付的港币利息 32 万, 并向中介机构支付人民币利息 45.1 万;

乙公司则接受中介机构支付的人民币利息 50.6 万, 并向中介机构支付港币利息 39 万; 两公司再各自向债权人付息. 至互换合约到期日, 甲、乙两公司除各自交纳相应的利息外, 同时应交换本金额以归还各自的债权人.

在上述互换中, 甲公司通过互换在付息日比直接贷款人民币少支付人民币 6.6 万, 乙公司则少支 6 万港币的利息, 即甲、乙两公司的获益各为 0.6%. 中介机构的收益为 7 万港币, 支出 5.5 万人民币, 如果人民币与港币汇率不变, 则中介机构的收益维持在 0.4 个百分点, 如果人民币与港币汇率降为 1.12:1, 则中介机构的净收益为 2.09 万港币, 获益率由 0.4% 升至 0.418%; 如果汇率升至 1.08:1, 则中介机构的净收益为 1.95 万港币, 收益率低于 0.4 个百分点. 由此可一看出, 在这样一个货币互换中, 中介机构承担了汇率风险. 采用不同的互换安排, 可使合约不同的参与方承担汇率风险, 即或者由甲方承担汇率风险, 或者由乙方承担汇率风险, 或者由三方中的某两方承担汇率风险, 或者由三方共同承担汇率风险. 图 6.3.2 给出的互换是一个由三方共同承担汇率风险的合约. 在这样一个互换安排中, 三方获利的分析如下:

甲公司整体收益还是 0.6 个百分点, 包括:

(1) 人民币利率比直接贷款少了 0.9 个百分点;

(2) 支付不足的港币利率 0.3 个百分点.

乙公司整体收益还是 0.6 个百分点, 包括:

(1) 港币利率比直接贷款少 0.9 个百分点;

(2) 支付不足的人民币利率 0.3 个百分点.

中介机构的收益还是 0.4 个百分点, 包括:

(1) 收入港币利率 1.4 个百分点;

(2) 支出人民币利率 1 个百分点.

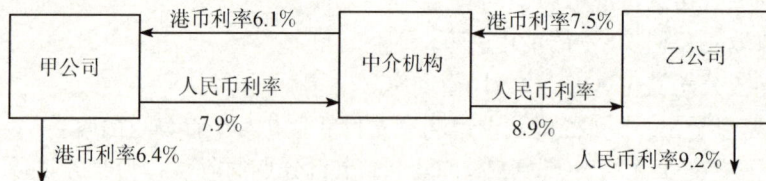

图 6.3.2　　三方承担汇率风险的互换安排

尽管三方的获利都还是保持在甲、乙公司各 0.6 个百分点, 中介机构 0.4 个百分点, 但是当汇率发生变动时, 真正的收益率就会发生变化. 如果汇率下降, 甲公司收益率下降, 乙公司收益率上升, 而中介机构的收益率同样是上升的; 如果汇率上升, 则情况刚好相反. 因此三方都分担有汇率风险. 在多数情况, 互换合约一般由中介机构承担汇率风险, 同时中介机构对其承担的汇率风险进行套期保值.

对利率互换合约, 我们知道在合约签署生效的时刻其价值为零, 但在合约签署后的某一时刻, 其价值一般不为零. 同利率互换不同, 货币互换合约在一开始其价值就不为零. 对于图 6.3.1 的互换合约的甲公司来说, 它与中介机构之间的货币互换合约的价值为

$$V = V_H S_{R/H} - V_R, \tag{6.3.1}$$

其中 V_H 为互换中港币债券的现值, V_R 为人民币债券的现值 (对于甲公司来说, 其收入和支出的现金流相当于购买了港币固定利率债券, 而发行了人民币固定利率债券), $S_{R/H}$ 为人民币与港币之间的兑换率. 设互换合约确定的付息日期分别为 $T_1, T_2, \cdots, T_K$, r_H 和 r_R 为合约有效期内港币和人民币的折现率 (连续复合率), 并保持不变, 则两种货币债券在互换中各自的现值分别为

$$V_H = \sum_{i=1}^{K} c_H e^{-r_H T_i} + Q_H e^{-r_H T_K}, \tag{6.3.2}$$

$$V_R = \sum_{i=1}^{K} c_R e^{-r_R T_i} + Q_R e^{-r_R T_K}, \tag{6.3.3}$$

其中 c_H, c_R 为港币与人民币的每次付息额, Q_H, Q_R 为港币与人民币的本金额度. 在上述例子中, 设互换的期限为 4 年, 每年付息一次, 甲公司每次支付本金为 1100 万人民币, 利率为 8.2% 的利息 90.2 万人民币, 同时收到中介机构支付的本金为 1000 万港币, 利率为 6.4% 的利息 64 万港币, 设这四年中港币的折现率和人民币的折现率保持不变, 分别为 5% 和 9%, 则在此货币互换合约中港币和人民币现金流的现值分别为

$$
\begin{aligned}
V_H &= \sum_{i=1}^{4} 64 e^{-0.05 T_i} + 1000 e^{-0.05 \times 4} \\
&= 64[e^{-0.05 \times 1} + e^{-0.05 \times 2} + e^{-0.05 \times 3} + e^{-0.05 \times 4}] + 1000 e^{-0.05 \times 4} \\
&= 1045.003,
\end{aligned}
$$

$$
\begin{aligned}
V_R &= 90.2[e^{-0.09} + e^{-0.09 \times 2} + e^{-0.09 \times 3} + e^{-0.09 \times 4}] + 1100 e^{-0.09 \times 4} \\
&= 1057.009.
\end{aligned}
$$

因此对甲公司来说, 该互换合约在签署时刻的价值为

$$V = V_H S_{R/H} - V_R = 1045.003 \times 1.1 - 1057.009 = 92.4943,$$

而对于中介机构该互换合约的价值为 −92.4943 万元人民币.

上面我们讨论的是两家公司都可以按不同的固定利率在市场上进行港币和人民币利率借款时的货币互换. 下面我们再讨论两个公司可以在各自不同的市场上

进行单一品种货币的借款, 但借款利率有浮动和固定两种情形下的货币互换, 这种情形一般发生在属于两个不同国家的公司之间, 每个公司只能对其本国货币进行借贷, 但却需要对方国家的货币进行投资或开发. 在这种情况下货币互换合约可以有四种方式:

(1) 双方都按固定利率支付的互换;

(2) 甲方按固定利率, 乙方按浮动利率支付的互换;

(3) 甲方按浮动利率, 乙方按固定利率支付的互换;

(4) 双方都按浮动利率支付的互换.

在这样的货币互换中浮动利率方货币一般都选用 LIBOR 作为标准按当时的即期汇率计算. 对于固定利率, 则需要根据上一节同种货币之间的利率互换确定两货币互换所使用的固定利率. 下面我们通过一个例子来说明具体的计算过程和方法.

例 6.3.2　确定美国和英国两家公司的两年期一年付息一次的美元对英镑的货币互换的利率 (假定不经过中介机构两公司直接进行货币互换), 已知两家公司都可以或者在浮动利率市场上按各自的 LIBOR 借款, 或者按下述固定利率借款:

美国: 1 年期 6%, 2 年期 7%,

英国: 1 年期 5.6%, 2 年期 6.2%.

对于这一货币互换, 如双方都采用浮动利率付息, 则都按各自的 LIBOR 在付息日计息. 如果一方按浮动利率, 一方按固定利率, 或者双方都按固定利率付息, 则需要计算进行支付的固定利率. 对于美元来说, 其固定利率为在现有条件下进行利率互换的固定利率, 对于英镑来说, 其固定利率就是英镑进行利率互换的固定利率.

首先计算美元进行利率互换的固定利率. 根据上一节的计算过程, 要计算这样一个利率互换的固定利率, 首先要计算在不同付息日的折现因子, 以及估计不同付息日的浮动利率 (远期利率). 不同付息日的折现因子可从不同期限的即期利率推出. 根据上述借款利率知一年期的即期利率为 6%. 把两年期借款看作息票率为 7%, 期限为两年每年付息一次的债券, 从

$$100 = \frac{7}{1.06} + \frac{107}{(1 + r_2)^2}$$

可求得两年期即期利率 r_2, 解之得

$$r_2 = 0.070\,35.$$

再估计下一个付息日的一年期远期利率 F_{12}, 由

$$(1 + r_1) \times (1 + F_{12}) = (1 + r_2)^2$$

得

$$F_{12} = 0.080\,808.$$

在有了这两个数据之后就可以计算利率互换中的固定利率

$$\frac{0.06}{(1+0.06)} + \frac{0.080\,808}{(1+0.070\,35)^2} = \frac{r_{\mathrm{fix}}}{(1+0.06)} + \frac{r_{\mathrm{fix}}}{(1+0.070\,35)^2},$$

解之得

$$r_{\mathrm{fix}} = 0.07.$$

即美元利率互换的固定利率应设为 7%.

按同样的计算过程可以算得英镑利率互换的固定利率为 6.2%.

根据上述计算结果, 这两家分别在美国和英国公司各自在其市场上借到美元后, 进行货币互换, 它们有下述四种可供选择借贷和利息支付方案:

(1) 两公司都按浮动利率 LIBOR 借款, 互换后各自向对方按 LIBOR 付息, 以美国公司为例, 按美元 LIBOR 借款, 交换给对方; 付息日按美元 LIBOR 收取美元利息, 并按英镑 LIBOR 向对方支付英镑利息;

(2) 美国公司按浮动利率借款, 英国公司按固定利率借款, 交换后, 美国公司按 6.2% 的英镑固定利率付息, 英国公司按美元 LIBOR 付息;

(3) 美国公司按固定利率借款, 英国公司按浮动利率借款, 交换后, 美国公司按英镑 LIBOR 付息, 英国公司按 7% 的美元固定利率付息;

(4) 两公司都按固定利率在各自的市场上借款, 再进行互换, 付息时, 美国公司按 6.2% 的英镑固定利率付息, 英国公司按 7% 的美元固定利率付息.

第 7 章　期 权 定 价

§7.1　期 权 简 介

前面各章学习的金融衍生产品, 如远期、互换、期货等可以把资产的价值或收益确定在一个期望的水平, 以避免由于价格或收益的波动所带来的风险, 也就是说, 这些金融工具提供了收益确定性, 避免了波动性. 但是由于风险具有向正反两个方向变化的可能, 这些衍生产品所提供的确定性, 在避免损失的同时, 也使持有者失去了获取更高收益的机会. 期权 (option)[53,70] 是一种在性质上有别于上述金融产品的衍生工具, 它能使持有者有能力避免太坏结果的同时, 却能从好的结果中获取更大的收益. 期权给予期权的持有者在将来某个确定的时间或这个时间之前以预先确定的价格买入或卖出一项资产的权利. 根据买入卖出权利的不同, 期权分为买入期权 (call option) 和卖出期权 (put option). 买入期权的持有者拥有买入标的资产的权利, 卖出期权的持有者拥有卖出标的资产的权利. 由期权合约预先指定的将来履行合约的具体时间称为到期日 (expiration date)、执行日 (exercise date) 或偿还日 (maturity date), 由合约确定的标的资产的交割价格称为执行价格 (exercise price) 或履约价格 (strike price). 根据对执行时间的限制, 期权又分为欧式期权 (European option) 和美式期权 (American option). 欧式期权规定期权持有者只能在到期日那一天才能履行合约, 而美式期权允许期权持有者在到期日之前的任何时间 (包括到期日) 都可以履行合约. 有不同类型标的资产的期权, 有以金融资产, 如股票、债券、商品、外汇为标的物的期权, 也有以金融衍生产品, 如期货、远期、股票指数为标的物的期权.

期权同远期和期货的不同在于, 远期和期货合约的持有者在合约确定的到期日有义务按合约确定的资产价格履行合约, 期权的持有人在合约确定的到期日则只有按合约确定的价格履行合约的权利, 而非义务; 也就是说期权的持有人在拥有这一权利后, 不一定必须履行合约, 是否履约完全取决于持有人所持期权的种类和资产在交割日的市场价格, 也就是说履约与否取决于持有人的实际收益. 当然, 期权持有人拥有的这种只有对其有利时才履约的权利是买来的, 也就是说期权合约本身也是有其价值的, 持有期权合约是通过买卖进行的, 这是期权合约同远期与期货合约的第二个不同点. 持有期权的是买方, 称为多头方 (long position), 售出期权的一方为空头方 (short position), 又被称为承保 (write) 所出售的期权. 下面我们用两个简单的例子来说明期权.

例 7.1.1 考虑某项资产的欧式买入期权, 该期权本身的价格为 400 元, 标的资产现行的市场价格为 9600 元, 期权合约确定的期限为 6 个月, 合约确定的资产的执行价格为 10000 元. 我们分析 6 个月后的结果. 6 个月后, 该期权的结果有两种可能, 执行合约或完全不执行合约. 在合约的执行日, 如果该资产的市场价格低于合约指定的执行价格, 期权的持有人 (投资者) 如不履约, 其蒙受的损失只是期初购买该期权的 400 元, 如履约则损失将更多, 因此期权的持有者将不会履约. 如果该资产的市场价格高于合约指定的执行价格, 该期权的持有者将会履行这一合约. 设该资产在履约日的价格为 10900 元, 持有人可在履约后立即在市场上出售该资产, 收益为 900 元, 减去期初购买期权的投入 400 元, 其净收益为 500 元. 图 7.1.1 给出了这一欧式买入期权的持有者的收益 (损失) 随到期日资产的市场价格变动的曲线. 可以看出, 在到期日, 当标的资产的价格高于合约确定的执行价格时, 期权持有者就会履行合约. 但是履行合约并不意味着没有损失, 在标的资产的市场价格位于 10000 和 10400 之间时, 期权的持有者尽管会履约, 但还会有损失, 这是因为他从履约所获的收益还不足以补偿其期初的投入, 只有当资产的市场价格高于 10400 元时, 其履约的收益大于期初的投入, 净收益大于零. 可以看出, 在到期日资产的市场价格越高, 其收益越大. 因此, 买入期权的持有者希望或预期期权标的资产的价格会上升, 因而买入期权又称为看涨期权. 另一方面, 当买入期权标的资产价格下跌时, 投资者的最大损失只是其期初的投入, 这也就是我们所说的避免了太坏的结果.

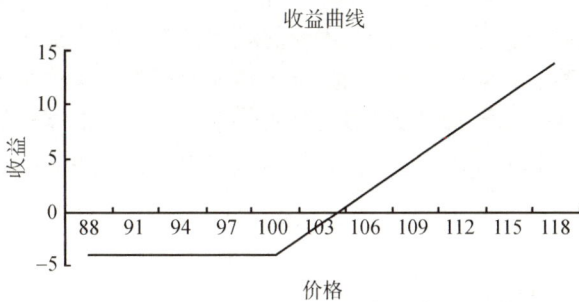

图 7.1.1 欧式买入期权持有者的收益曲线

例 7.1.2 再考虑一个欧式卖出期权的例子. 设有一个投资者, 他以每股 7 元的价格购买了 100 股某股票的 3 月期的欧式卖出期权, 该股票现行的市场价格为每股 68 元, 合约确定的执行价格为 73 元. 由于这是一份欧式卖出期权, 它只能在到期日才可以执行. 而在到期日, 只有当该股票的市场价格低于合约确定的执行价格时, 该投资人才会履行合约, 而当股票的市场价格高于合约确定的执行价格时, 投资人就不会执行合约. 这是因为如果股票在期权到期日的市场价格高于执行价格, 如果履约, 投资者需要从市场购买 100 股股票后, 再履行合约, 他就要承担履约过程所出现的额外的损失, 这是投资人所不愿意做的; 相反, 如果在履约日, 股票的市场价格低于合约的执行价格, 投资者通过在市场以低价买进 100 股股票后以合约确定的价格出售给期权合约的对手 (承保人), 就可获取价格差所产生的赢利, 图 7.1.2 给出了期权持有者的收益与到期日股票市场价格之间的关系曲线, 由图可以看出, 对于这样的欧式卖出期权, 在到期日, 股票的市场价格越低, 期权持有者的收益越高; 而对于高的股票价格, 由于投资者可以不必履行合约, 无论股价多高, 其损失始终控制在其初期的投资水平. 从这个例子可以看出, 卖出期权是一种看跌期权.

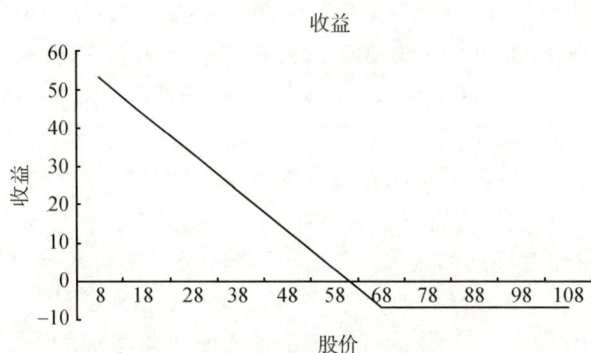

图 7.1.2 欧式卖出期权持有者收益同股票市场价格之间的关系曲线

从上面两个简单的例子, 我们对期权的作用有了基本的了解, 期权的持有者在期望获取高收益的前提下可以把其所承受的风险控制在一定的水平. 作为一个期权合约, 存在买卖双方, 作为卖出方, 他 (她) 对标的资产市场价格的走势的预期刚好同期权买方的预期相反, 其收益曲线也刚好同买方的收益曲线相反, 图 7.1.3 和图 7.1.4 分别给出了上述两例欧式买入期权和欧式卖出期权卖出方的收益曲线.

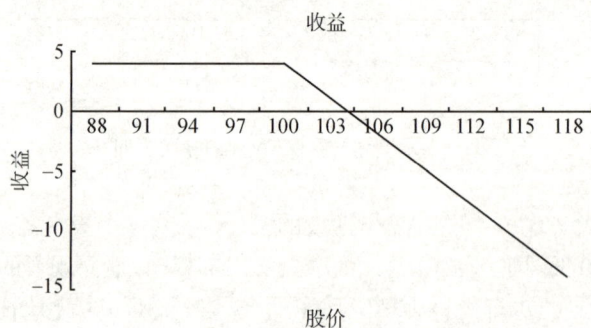

图 7.1.3 欧式买入期权出售方收益曲线

根据期权合约确定的标的资产的执行价格与标的资产在期权到期日市场价格之间的差别, 期权可分为盈利期权 (in-the-money option)、平值期权 (at-the-money option) 和亏期权 (out-the-money option). 持有者通过执行期权导致正现金流的期权称为盈利期权, 现金流为负的期权为亏期权, 现金流接近于零的期权为平值期权. 用 S_X 和 S_T 分别表示期权合约标的资产的执行价格和资产在到期日的市场价格, 则对于买入期权有

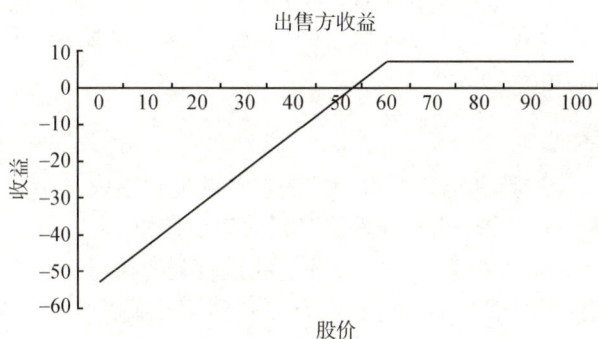

图 7.1.4 欧式卖出期权出售方收益曲线

$$S_T \begin{cases} > S_X, & \text{盈利买入期权,} \\ = S_X, & \text{平值买入期权,} \\ < S_X, & \text{亏买入期权.} \end{cases}$$

对于卖出期权, 情况则刚好相反

$$S_T \begin{cases} < S_X, & \text{盈利卖出期权,} \\ = S_X, & \text{平值卖出期权,} \\ > S_X, & \text{亏卖出期权.} \end{cases}$$

在上述盈利、平值和亏期权的定义中, 我们并没有考虑持有期权期初的投入, 即期权的价格. 同样在不考虑期权价格的条件下, 我们可以定义期权的内在价值, 对于买入期权其内在价值的定义为

$$C_T = \max\{S_T - S_X, 0\}, \tag{7.1.1}$$

而卖出期权内在价值的定义为

$$P_T = \max\{S_T - S_X, 0\}. \tag{7.1.2}$$

上述定义表明, 期权的内在价值只考虑期权到期日的现金流, 而不考虑购买期权的价格. 在期权到期日, 如果期权被执行, 现金流为正, 如果期权不被执行, 现金流为零, 因此, 无论在什么情况下, 期权在到期日的现金流, 即其内在价值为非负.

§7.2　期权的基本组合

期权的重要特征之一是具有套期保值 (hedging) 功能, 投资者通过利用期权与期权, 或者期权与资产的各种不同组合, 来改变其投资获取收益的方式, 达到控制和降低风险的效果, 本节我们以股票和股票的期权为例来说明期权和资产各种不同组合方式的套期保值功能 [10,53,84].

§7.2.1　简单组合

简单组合由单个股票和以该股票为标的资产的期权组成.

策略 A: 买入一份股票, 买入一份该股票的卖出期权.

设买入股票的市场价格为 S_0, 期权确定的该股票的执行价格为 S_X, 期权本身的价格为 P, 期权到期日股票的市场价格为 S_T. 到期日买卖股票的收益为 $S_T - S_0$, 由此可以看出, 如果股票价格上升, 买入股票会获取收益, 价格升得越高收益越大; 但是如果股票价格下跌, 买入股票会蒙受损失, 股票价格越低, 损失越大. 另一方面, 持有期权在到期日获取的现金流为 $\max\{S_X - S_T, 0\}$. 考虑到期权的初期投资, 投资者采用上述组合策略在到期日的净收益为

$$R = S_T - S_0 + \max\{S_X - S_T, 0\} - P = \begin{cases} S_X - S_0 - P, & \text{如果 } S_X \geqslant S_T, \\ S_T - S_0 - P, & \text{如果 } S_X < S_T. \end{cases} \quad (7.2.1)$$

图 7.2.1 给出了采用该组合策略在到期日的收益曲线, 其中的虚线分别是单独购买股票和单独购买卖出期权的收益曲线. 由图可以看出这样的组合相对于单独购买股票的投资有明显的降低风险的保护作用, 因而又称这样的组合为保险组合. 同图 7.1.1 比较可以看出, 这一组合的功能同单独持有买入期权的作用类似, 持有者的心理是期望股票价格会攀升. 但是在 $S_X > S_0$, 持有者在不执行期权时所蒙受的损失要小于期初买入卖出期权的价格 P.

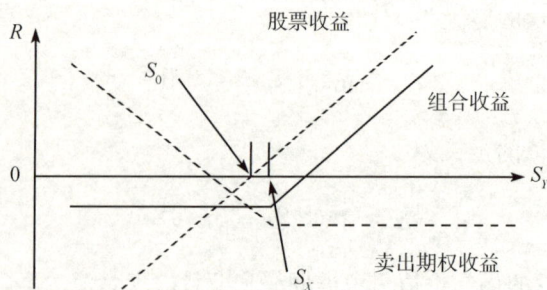

图 7.2.1　买入股票和买入卖出期权组合收益曲线

策略 B：卖空一股股票, 卖出一份该股票的卖出期权.

采用这一策略在期权到期日的收益为

$$R = S_0 - S_T + \min\{S_T - S_X, 0\} + P = \begin{cases} S_0 - S_X + P, & \text{如果 } S_X \geqslant S_T, \\ S_0 - S_T + P, & \text{如果 } S_X < S_T, \end{cases} \quad (7.2.2)$$

其中 P 为卖出一份卖出期权的价格.

图 7.2.2 给出了该组合在到期日的收益曲线, 同图 7.1.3 比较可以看出该组合具有同单独卖出欧式买入期权类似的功能, 采用这一组合策略的投资者预期股票价格不会上升, 而有下降的可能.

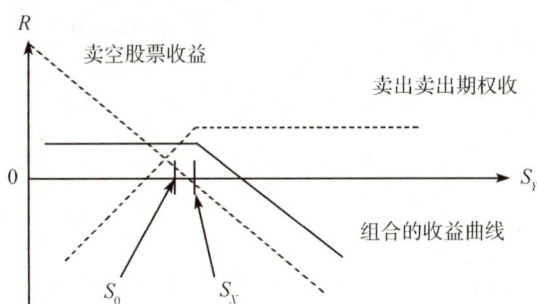

图 7.2.2 卖空股票, 卖出一份卖出期权的收益曲线

类似的简单策略还有, 策略 C：买入一股股票, 卖出一份买入期权; 策略 D：卖空一股股票, 持有一份买入期权.

对于策略 C, 在到期日的收益为

$$R = S_T - S_0 + \min\{S_X - S_T, 0\} + C = \begin{cases} S_T - S_0 + C, & \text{如果 } S_X \geqslant S_T, \\ S_X - S_0 + C, & \text{如果 } S_X < S_T, \end{cases} \quad (7.2.3)$$

其中 C 为卖出一份买入期权的价格, 其收益曲线如图 7.2.3 所示, 同图 7.1.4 比较, 采用这一策略类似于欧式卖出期权卖出方的功能.

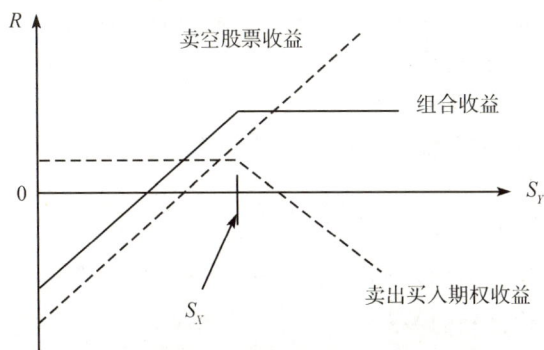

图 7.2.3 买入股票、卖出一份买入期权的收益曲线

对于策略 D, 在到期日的收益为

$$R = S_0 - S_T + \max\{S_T - S_X, 0\} - C = \begin{cases} S_0 - S_T - C, & \text{如果 } S_X \geqslant S_T, \\ S_0 - S_X - C, & \text{如果 } S_X < S_T, \end{cases} \quad (7.2.4)$$

其收益曲线如图 7.2.4 所示. 由图可以看出, 策略 D 类似于欧式卖出期权持有者的收益曲线 (见图 7.1.2).

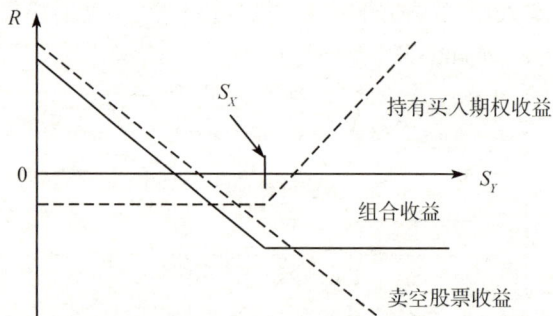

图 7.2.4　卖空股票持有买入期权的收益曲线

§7.2.2　价差组合

价差 (spread) 组合是由到期日相同、但执行价格不同, 或执行价格相同、但到期日不同, 或到期日和执行价格都不同的同类期权组成的期权组合, 这样的组合利用了同类期权的不同执行价格或不同到期日之间的差异形成组合投资策略, 以降低投资风险, 故称为价差组合, 包括多头价差组合、空头价差组合、蝶状价差组合和三明治价差组合等.

多头价差组合: 采用这一组合的投资者预期期权标的资产的市场价格会上升, 因而又称牛市价差 (bull spread) 组合. 多头价差组合的投资策略为: 持有一份买入期权, 卖出一份买入期权, 两期权的执行日期相同, 但持有的买入期权的执行价格要低于卖出的买入期权的执行价格.

设持有的买入期权的执行价格为 S_{X1}, 期权本身的价格为 C_1, 卖出的买入期权的执行价格为 S_{X2}, 期权本身的价格为 C_2. 根据假设有

$$S_{X1} < S_{X2},$$

对于执行期限相同的买入期权, 期权本身的价格 C 是合约确定的执行价格的减函数 (见下节), 即执行价格高的买入期权本身的价格要低. 因而对这样两个期权有

$$C_1 > C_2.$$

在到期日, 这一投资组合的收益为

$$R = \max\{S_T - S_{X1}, 0\} - C_1 + C_2 - \max\{S_T - S_{X2}, 0\}$$

$$= \begin{cases} C_2 - C_1, & \text{如果 } S_T \leqslant S_{X1}, \\ S_T - S_{X1} + C_2 - C_1, & \text{如果 } S_{X1} < S_T \leqslant S_{X2}, \\ S_{X2} + C_2 - S_{X1} - C_1, & \text{如果 } S_{X2} < S_T. \end{cases} \tag{7.2.5}$$

图 7.2.5 给出了这一组合在到期日的收益曲线. 从图中可以明显的看出, 投资者期望的是资产价格上升, 以便获取正的现金流. 但是采用这样的投资组合, 投资者虽然能控制其所承担的风险, 但同样也限制了投资者在资产价格上扬时所能获取的潜在收益, 即投资者所能获取的最大收益为 $S_{X_2} + C_2 - S_{X_1} - C_1$, 所蒙受的最大损失为 $C_1 - C_2$.

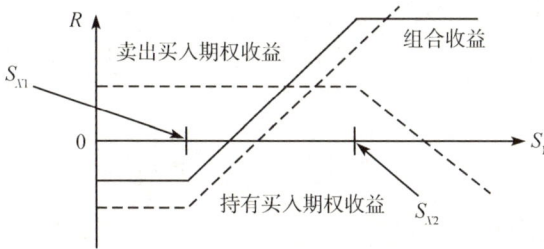

图 7.2.5　牛市价差买入期权组合在到期日的收益曲线

多头价差组合还可由执行价格不同的卖出期权组成, 这时投资者需要持有一份执行价格低的卖出期权, 同时要卖出一份执行价格高的卖出期权. 设持有的和卖出的卖出期权的执行价格分别为 S_{X1} 和 S_{X2}, 且 $S_{X1} < S_{X2}$. 由于卖出期权本身的价格随着标的资产执行价格的升高而上升 (见下节), 我们有 $P_1 < P_2$, 这里 P_1, P_2 是卖出期权本身的价格. 这一组合在到期日的收益为

$$R = \max\{S_{X1} - S_T, 0\} - P_1 + P_2 - \max\{S_{X2} - S_T, 0\}$$

$$= \begin{cases} P_2 - P_1 + S_{X1} - S_{X2}, & \text{如果 } S_T \leqslant S_{X1}, \\ P_2 - P_1 + S_T - S_{X2}, & \text{如果 } S_{X1} < S_T \leqslant S_{X2}, \\ P_2 - P_1, & \text{如果 } S_{X2} < S_T. \end{cases} \tag{7.2.6}$$

图 7.2.6 给出了这一由卖出期权组成的多头价差组合在到期日的收益曲线. 可以看出, 该收益曲线同图 7.2.5 的收益曲线有完全相同的形状, 它们之间的区别主要在于收益的上限和损失的下限不同.

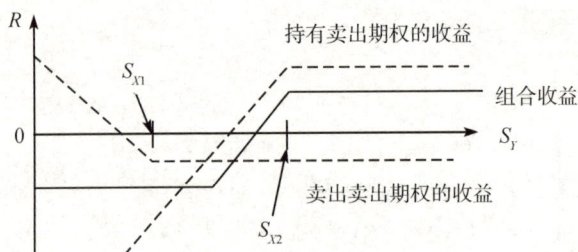

图 7.2.6　牛市价差卖出期权组合在到期日的收益曲线

空头价差组合：采用这一组合的投资者预期期权标的资产的市场价格会下跌, 因而又称熊市价差 (bear spread) 组合. 空头价差组合同样可以由买入期权组成, 也可以由卖出期权组成.

首先考虑由买入期权组成的空头价差组合, 这样的组合由两份到期日相同的买入期权组成, 持有买入期权的执行价格 S_{X2} 要高于卖出的买入期权的执行价格 S_{X1}. 对此, 两个期权本身的价格之间有关系 $C_2 < C_1$. 对于这样的组合, 在期权到期日的收益为

$$R = C_1 - \max\{S_T - S_{X1}, 0\} - C_2 + \max\{S_T - S_{X2}, 0\}$$

$$= \begin{cases} C_1 - C_2, & \text{如果 } S_T \leqslant S_{X1}, \\ C_1 - C_2 + S_{X1} - S_T, & \text{如果 } S_{X1} < S_T \leqslant S_{X2}, \\ C_1 - C_2 + S_{X1} - S_{X2}, & \text{如果 } S_{X2} < S_T. \end{cases} \qquad (7.2.7)$$

图 7.2.7 给出了这一空头价差组合在到期日的收益曲线.

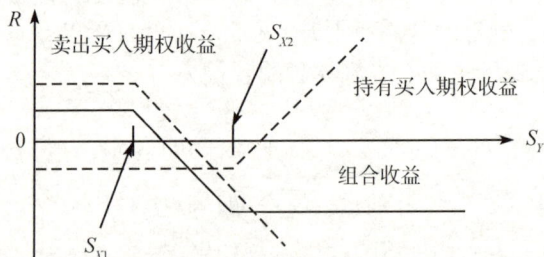

图 7.2.7　熊市价差买入期权组合在到期日的收益曲线

由卖出期权组成的空头价差组合同由卖出期权组成的多头价差组合刚好相反, 投资者持有一份执行价格高的卖出期权, 卖出一份执行价格低的卖出期权.

设持有期权的执行价格为 S_{X2}, 卖出的卖出期权的执行价格为 S_{X1}, 则两卖出期权本身的价格为 $P_1 < P_2$, 该组合在期权到期日的收益为

$$R = \max\{S_{X2} - S_T, 0\} - P_2 + P_1 - \max\{S_{X1} - S_T, 0\}$$

$$= \begin{cases} P_1 - P_2 + S_{X2} - S_{X1}, & \text{如果 } S_T \leqslant S_{X1}, \\ P_1 - P_2 + S_{X2} - S_T, & \text{如果 } S_{X1} < S_T \leqslant S_{X2}, \\ P_1 - P_2, & \text{如果 } S_{X2} < S_T. \end{cases} \quad (7.2.8)$$

图 7.2.8 给出了这一空头价差组合在到期日的收益曲线.

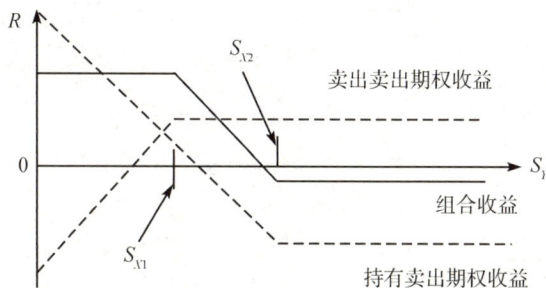

图 7.2.8　熊市价差卖出期权组合在到期日的收益曲线

蝶状价差组合: 这种组合由于其到期日的收益曲线形如蝴蝶状 (见图 7.2.9) 而得名. 蝶状价差组合同样既可由到期日相同的买入期权组成, 也可由到期日相同的卖出期权组成, 但无论由哪种期权组成, 一个蝶状价差组合需要由四个执行价格不同的同类期权组成.

先考虑由买入期权组成的蝶状价差组合: 持有一个执行价格低的买入期权, 一个执行价格高的买入期权, 同时卖出两个执行价格相同且偏中的买入期权, 在一般情况下, 要求后者的执行价格接近股票现行的市场价格或投资者的期望价格.

设持有的两个买入期权的执行价格分别为 S_{X1} 和 $S_{X3}(S_{X1} < S_{X3})$, 两份卖出的买入期权的执行价格为 S_{X2} $(S_{X1} < S_{X2} < S_{X3})$, 不失一般性, 设 $S_{X2} = \dfrac{S_{X1} + S_{X3}}{2}$, 相应地, 这三种买入期权本身的价格为 C_1, C_2 和 $C_3(C_1 > C_2 > C_3)$. 对于这样的期权组合, 在到期日的收益为

$$R = \max\{S_T - S_{X1}, 0\} - C_1 + \max\{S_T - S_{X3}, 0\}$$

$$\quad - C_3 + 2C_2 - 2\max\{S_T - S_{X2}, 0\}$$

$$= \begin{cases} 2C_2 - C_1 - C_3, & \text{如果 } S_T \leqslant S_{X1}, \\ 2C_2 - C_1 - C_3 + S_T - S_{X1}, & \text{如果 } S_{X1} < S_T \leqslant S_{X2}, \\ 2C_2 - C_1 - C_3 + S_{X3} - S_T, & \text{如果 } S_{X2} < S_T \leqslant S_{X3}, \\ 2C_2 - C_1 - C_3, & \text{如果 } S_{X3} < S_T. \end{cases} \quad (7.2.9)$$

图 7.2.9 给出了这一期权组合在到期日的收益曲线. 由图可以看出, 采用蝶状

价差组合的投资者预期股票价格在整个持有期内不会有大的波动, 在持有期末的价格基本与其预期的执行价格持平 (这个价格一般也就是在期初的股票价格), 这时其所获收益接近 $2C_2 - C_1 - C_3 + S_{X2} - S_{X1}$. 如果股票价格在期权的到期日有较大的波动, 不管这个波动是价格上升, 还是价格下跌, 他都会蒙受损失, 但不管波动多大其最大损失为 $2C_2 - C_1 - C_3(< 0)$.

蝶状价差组合也可完全由到期日相同的卖出期权组成, 其组成为：持有两个执行价格不同的卖出期权, 卖出两个执行价格相同的卖出期权, 后者的执行价格在前者的两个期权的执行价格之间 (一般取为中间值, 且接近股票的现行价格). 设 $S_{X2} = \dfrac{S_{X1} + S_{X3}}{2}$, 则该组合在到期日的收益

$$R = \max\{S_{X1} - S_T, 0\} - P_1 + \max\{S_{X3} - S_T, 0\}$$
$$- P_3 + 2P_2 - 2\max\{S_{X2} - S_T, 0\}$$
$$= \begin{cases} 2P_2 - P_1 - P_3, & \text{如果 } S_T \leqslant S_{X1}, \\ 2P_2 - P_1 - P_3 + S_T - S_{X3}, & \text{如果 } S_{X1} < S_T \leqslant S_{X2}, \\ 2P_2 - P_1 - P_3 + S_{X1} - S_T, & \text{如果 } S_{X2} < S_T \leqslant S_{X3}, \\ 2P_2 - P_1 - P_3, & \text{如果 } S_{X3} < S_T. \end{cases} \tag{7.2.10}$$

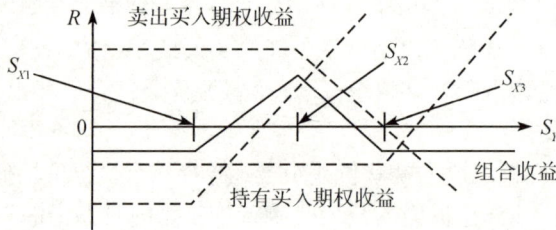

图 7.2.9　蝶状价差买入期权组合到期日的收益曲线

图 7.2.10 给出了由卖出期权组成的蝶状价差组合在到期日的收益曲线.

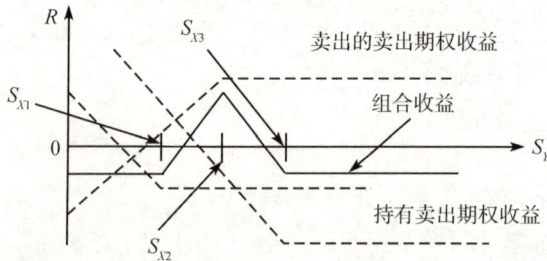

图 7.2.10　蝶状价差卖出期权组合到期日的收益曲线

三明治价差组合：三明治价差 (sandwich spread) 组合是同蝶状价差组合刚好相反的期权组合, 采用这种组合的投资者期望在持有期末股票价格有较大的波动, 从而获取收益. 如果股票价格平稳, 没有大的波动, 投资者会有损失, 但损失会受到

控制. 三明治价差组合同样可以全由买入期权或卖出期权组成: 投资者可卖出两个执行价格不同的买入 (或卖出) 期权, 同时持有两个执行价格相同的买入 (或卖出) 期权, 后者的执行价格介于前者的两个价格之差间, 一般等于股票的现行价格或投资者的期望价格. 图 7.2.11 给出了由买入期权组成的三明治价差组合在到期日的收益曲线.

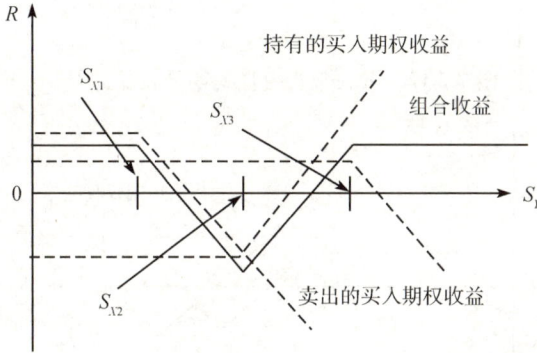

图 7.2.11　三明治价差买入期权组合到期日的收益曲线

混合组合: 混合组合是由买入期权和卖出期权混合构成的期权组合, 在这里我们要介绍跨式 (straddle) 组合、平底 (bottom vertical) 组合和带状 (strips, straps) 组合. 这些组合策略的持有者预期标的资产的价格会有大的波动, 因而又称它们为波动率组合.

跨式组合: 跨式组合分多头和空头跨式组合两种, 多头跨式组合的采用者应同时持有同一股票的履约日相同、执行价格也相同的一个买入期权和一个卖出期权. 设两期权的执行价格为 S_X, 买入期权和卖出期权本身的价格分别为 C 和 P, 则该组合在到期日的收益为

$$R = \max\{S_T - S_X, 0\} - C + \max\{S_X - S_T, 0\}$$
$$= \begin{cases} S_X - S_T - C - P, & \text{如果 } S_T \leqslant S_X, \\ S_T - S_X - C - P, & \text{如果 } S_X < S_T. \end{cases} \tag{7.2.11}$$

图 7.2.12 给出了多头跨式组合在到期日的收益曲线. 由图可以看出, 采用这一组合的投资者期望股票价格在期末会有大的波动, 只要波动显著, 不管股价是上升还是下跌, 投资者都会获取一定的收益, 但是如果股票价格平稳或变化不大, 投资者会蒙受损失, 但损失不超过其初期的投资 $P + C$.

空头跨式组合同多头跨式组合刚好相反, 采用者应同时出售同一股票的履约日相同、执行价格也相同的一个买入期权和一个卖出期权. 这种组合在到期日的收益曲线见图 7.2.13.

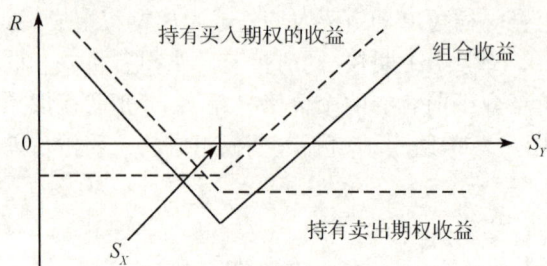

图 7.2.12　多头跨式组合到期日收益曲线

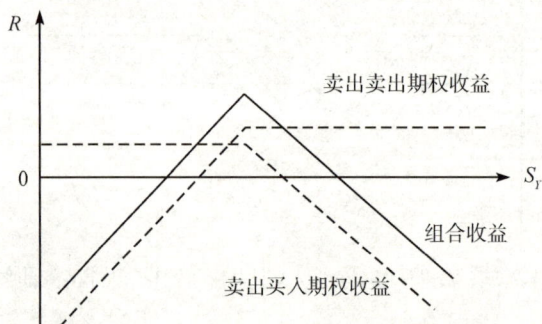

图 7.2.13　空头跨式组合到期日收益曲线

平底组合: 这一组合是跨式组合的一个简单的调整, 同样有多头和空头之分, 多头平底组合要求投资者同样需要持有一个买入期权和一个卖出期权, 两个期权的到期日相同, 但执行价格不同, 要求买入期权的执行价格 S_{X2} 高于卖出期权的执行价格 S_{X1}, 该组合在到期日的收益为

$$R = \max\{S_T - S_{X1}, 0\} - C + \max\{S_{X2} - S_T, 0\} - P$$

$$= \begin{cases} S_{X2} - S_T - C - P, & \text{如果 } S_T \leqslant S_{X1}, \\ -C - P, & \text{如果 } S_{X1} < S_T \leqslant S_{X2}, \\ S_T - S_{X1} - C - P, & \text{如果 } S_{X2} < S_T. \end{cases} \qquad (7.2.12)$$

图 7.2.14 给出了平底组合在到期日的收益曲线. 可以看出该收益曲线同图 7.2.11 的多头跨式组合收益曲线有一个尖的底部不同, 它有一个平坦的底部, 因而只有在到期日股票价格波动比较大的时候组合的收益才是正的.

空头平底组合则由空头跨式组合调整得到, 这里不再详细分析.

带状的两个组合 strips 和 straps 的投资者同样期望在到期日股票价格有大的波动, 所不同的是 strips 组合的投资者期望股票价格在到期日有较大的下跌, 而

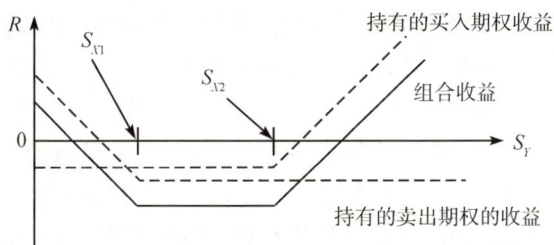

图 7.2.14 多头平底组合到期日收益曲线

straps 的投资者期望股票价格在到期日有较大的上扬. 采用 strips 组合的投资者须持有一份买入期权, 两份卖出期权; 采用 straps 组合的投资者需持有两份买入期权和一份卖出期权, 两类期权应具有同样的到期日和同样的执行价格. 图 7.2.15 给出了这两种组合在到期日的收益曲线.

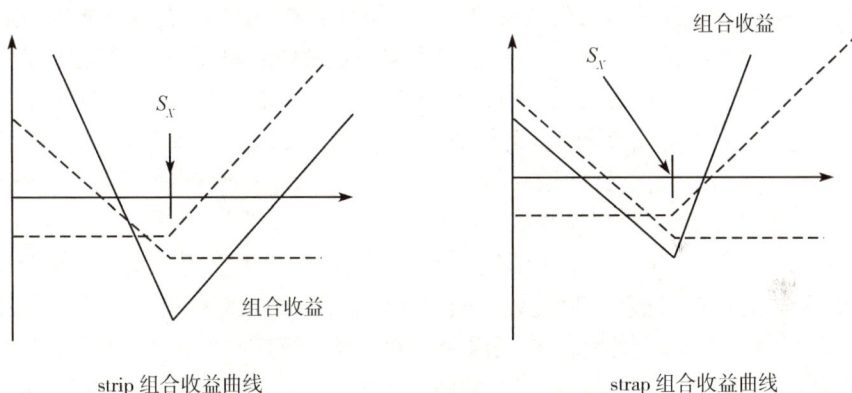

图 7.2.15 多头平底组合到期日收益曲线

上述介绍的只是用于套期保值的期权的一些基本组合策略, 以这些基本策略为基础可以构成由不同类型的期权组成的更复杂的套期保值策略.

§7.3 股票期权价格的基本性质

在具体讨论分析期权定价的计算方法之前, 我们先分析影响股票期权价格的因素以及股票期权价格的基本性质[53,85,86,116], 以便确定正确合理的计算期权价格的方法, 这是因为如果期权价格确定的不合理, 就会在市场上存在套利机会.

首先分析影响股票期权价格的因素. 影响股票期权价格的因素较多, 主要的因素有下列几个.

(1) 股票的市场价格和期权合约确定的执行价格. 对一个在履约日执行的期权

来说, 收益的多少, 直接取决于履约日的股票市场价格和期权确定的执行价格, 两种价格之间的差距越大, 买卖双方的收益或损失越大. 对于一个买入期权来说, 随着股票价格的不断攀升, 它的市场价值也就越大, 而当股票价格下跌时, 期权的市场价值会随之降低; 而对于卖出期权来说, 情况则刚好相反, 即期权的市场价值随着股票价格的上升而降低, 随着股票价格的下降而增加. 因而可以明白, 买入期权的价格是股票市场价格的增函数, 是执行价格的减函数; 而卖出期权的价格是股票市场价格的减函数, 是执行价格的增函数.

(2) 期权的执行期限. 对于美式期权, 由于可以在到期日之前的任何时间都可以执行, 有效期长的期权持有者拥有有效期短的期权持有者所有的执行机会, 由此可以明白, 有效期长的美式期权的市场价值要高于同类有效期短的美式期权. 对于欧式期权, 由于其只能在履约日执行, 因此, 在一般情况下, 欧式期权的市场价值同有效期的长短无关. 但也有例外的情况, 欧式期权的市场价值会受到有效期长短的影响, 这其中的一个例外因素就是股票分红. 考虑在某一股票上的两个同类欧式期权, 其中一个有效期长, 一个有效期短, 并预期在短期内股票不分红, 但在长有效期内会分红. 由于股票分红的效果会引起股票市场价格的降低, 对于买入期权, 其市场价格就会下降, 对于卖出期权, 市场价值就会上升. 因此, 就欧式买入期权而言, 短期期权的市场价值要高于长期期权的市场价值; 对于欧式卖出期权则相反, 长期期权的市场价值要高于短期期权的市场价值.

(3) 无风险资产的收益率. 影响股票期权价格的另一个重要因素为无风险资产的收益率, 一般说来, 随着无风险资产收益率的提高, 买入期权的市场价值会升高, 而卖出期权的市场价值会降低. 这是因为随着无风险资产收益率的上升, 对股票市场和股票价格会产生下列影响: (i) 股票的市场价格的增长率有增加的趋势, 即股票价格会较快的增长; (ii) 期权持有者在到期日所获现金流的现值下降. 这两种影响都会直接导致卖出期权市场价值的下跌. 因此, 随着无风险资产收益率的提高, 卖出期权的市场价值会降低. 但是对于买入期权而言, 这两种影响将产生两种相反的效果. 第一种影响直接导致买入期权市场价值的提高, 而第二种影响会降低买入期权的市场价值. 但是分析和实践表明, 就两种影响的效果而言, 第一种影响对买入期权的市场价值起绝对的支配作用, 因而就总体而言, 无风险收益率的提高会提升买入期权的市场价值. 然而在进行这一分析的时候, 我们忽略了无风险收益率的变化对股票市场和股票价格的整体影响. 事实上, 当无风险收益率提高 (下降) 时, 由于部分投资者转而选择无风险资产投资 (或选择高收益的债券投资), 导致股票市场价格变化的趋势可能是降低 (上升). 因此, 无风险收益率变化对股票价格变化的效果有可能完全不同于上述分析.

(4) 股票价格的波动性. 股票价格的波动性是关于股票将来价格不确定性的一种度量, 随着波动性的变大, 一个股票在将来某一时间价格变动大的可能性也增大,

对于期权的持有者 (无论是买入期权还是卖出期权) 来说能从股票价格大的波动性中具有获取高收益的潜能, 但其所受的风险水平始终得到控制. 具体说, 对于买入期权, 当股票市场价格不断增大时, 期权持有者的收益会不断增加, 而当股票价格不断下跌时, 其所蒙受的损失始终只是他的初期投资; 对于卖出期权来说, 当股票价格不断下跌时, 持有者的收益不断增加, 而当股票价格不断上扬时, 持有者所蒙受的损失始终只是他的初期投资. 由此可以明白, 市场价格波动性大的股票给期权的持有者提供了更多的获利机会, 不言而喻, 这也提高了期权本身的市场价值, 也就是说, 期权的市场价值是股票价格波动性的单调增的函数, 这个结论对买入和卖出期权都适用.

(5) 期权有效期内股票有无分红. 由于股票分红的效果类似于对现存的股票进行分割, 相当于降低了股票的价格, 因此, 股票在期权的持有期内分红, 对卖出期权的持有者而言是福音, 而对买入期权的持有者则相反. 这是因为买入期权的市场价值随股票价格的增加而升高, 随股票价格的下降而降低; 卖出期权的市场价值随股票价格的降低而增加, 随股票价格的上升而降低.

上述分析表明, 影响股票期权价格的因素有很多, 股票期权的价格是股票市场价格、期权确定的执行价格、期权的执行期限、股票价格波动性 (或说不确定性)、无风险收益率以及股票在期权持有期内有无分红等因素的函数. 因此, 即使对于同一种股票的同一类期权 (买入或卖出), 由于履约期限的不同, 或执行价格的不同, 期权本身的价格也是不同的. 为正确合理地确定不同品种期权的价格, 避免出现套利机会, 有必要进一步深入细致的分析期权价格的一些基本性质. 在具体分析讨论期权的有关性质之前, 先就股票和期权市场的背景作一些必要的假设, 以简化讨论, 这些假设为:

(1) 不考虑交易费用;

(2) 允许依无风险利率自由借贷;

(3) 无风险利率为连续复合率;

(4) 市场不存在任何套利机会.

一般称满足这种假设的市场为无摩擦市场. 根据假设 (3), 如果 X 为在将来某个时间 T 的现金流, 则其现值为 Xe^{rT}, 其中 r 为无风险资产的收益率.

§7.3.1　期权价格的上下界

所谓期权价格的上下界是指这样的阈值, 如果期权确定的价格高于其上界或低于其下界, 那么在股票市场或期权市场上就会出现套利的机会 [74]. 在所有情况下, 期权的价格要高于期权的内在价值, 这是因为期权除了其内在价值外, 还有所谓的时间价值. 期权买卖双方的不对称性意味着期权卖方的损失机会大于获利的机会, 我们把这一差距称为期权的时间价值, 期权的价格应该是其内在价值和时间价值之和. 图 7.3.1 描述了执行价格不同的买入期权的内在价值曲线和期权价格曲线, 两价值之间的差就是期权的时间价值. 可以看出内在价值越大的期权, 时间价值越小, 内在价值越小的期权, 时间价值越大, 而对于内在价值为零的期权 (执行价等于市场价), 其价格全来自时间价值.

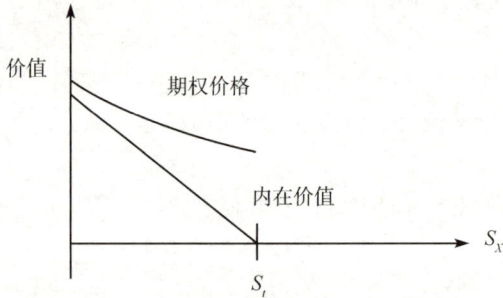

图 7.3.1 买入期权的内在价值和时间价值

作为买入期权 (欧式或美式) 的持有者, 期望股票的价格在到期日有大的攀升以便在到期日 (或之前) 以执行价格买入合约所确定的股票获取收益, 其收益是履约日股票的市场价格 S_T 与期权确定的执行价格 S_X 之间的差. 因此, 买入期权价格的一个上界为

$$C \leqslant S_T - S_X < S_T, \tag{7.3.1}$$

$$C_A \leqslant S_T - S_X < S_T, \tag{7.3.2}$$

其中 C, C_A 分别表示欧式买入期权和美式买入期权的价格. 这就是说, 对于买入期权来说, 标的资产的市场价格就是其本身价格的一个上界. 至于卖出期权 (无论欧式或美式), 其持有者在到期日的收益为 $S_X - S_T$. 因此, 显而易见, 期权本身的价格不应超过其持有者在到期日的收益, 由此得

$$P \leqslant S_X - S_T < S_X, \quad P_A \leqslant S_X - S_T < S_X, \tag{7.3.3}$$

其中 P 和 P_A 分别为欧式卖出期权和美式卖出期权的价格. (7.3.3) 表明, 不管履约日股票的市场价格如何低, 卖出期权的价格不会高于期权所确定的执行价格. 对于欧式卖出期权, 由于其在履约日的价值不会超过 S_X, 而在履约时间 T 之前的某一时刻 t $(t < T)$, 该期权的价值 P_t 满足关系式

$$P_t < S_X e^{-r(T-t)}, \tag{7.3.4}$$

其中 r 为无风险收益率. 此式表明执行价格 S_X 在时间 t 的现值就是卖出期权在当时价值的上界.

对于期权价格的下界我们有下面的几个定理.

定理 7.3.1 对于欧式买入期权, 如果标的资产在期权的有效期内无分红, 则该期权价格的下界为

$$C \geqslant \max\{S_0 - S_X e^{-rT}, 0\}, \tag{7.3.5}$$

其中 S_0 为股票在期权签约日的价格, T 为履约期限.

证明 考虑下列一个投资组合在时刻 $t = 0$ 和时刻 $t = T$ 的现金流. 在时刻 $t = 0$ 该组合的组成为:

买入一股股票, 卖出一份买入期权, 借款 $S_X e^{-rT}$.

这一组合在时刻 $t = 0$ 的现金流为 $S_X e^{-rT} + C - S_0$. 在履约日, 该组合的现金流为

$$S_T - S_X + \min\{0, S_X - S_T\} = \min\{0, S_T - S_X\} \leqslant 0,$$

即在履约日该组合的现金流非正. 对于一个在将来的某个时刻现金流非正的资产, 其初始现金流必为正, 即有

$$S_X e^{-rT} + C - S_0 > 0 \Rightarrow C > S_0 - S_X e^{-rT},$$

由于期权的价格必为正值, 故有

$$C > \max\{S_0 - S_X e^{-rT}, 0\}.$$

证毕.

图 7.3.2 给出了一般情况下, 买入期权的价格随到期日股票价格 S_T 变化的曲线, 该曲线始终位于折线 $\min\{S_T - S_X, 0\}$ 的上方, 其中线上箭头所示的方向表示曲线随无风险收益率 r, 股票价格的波动性以及剩余时间 $T - t$ 增加时的移动方向.

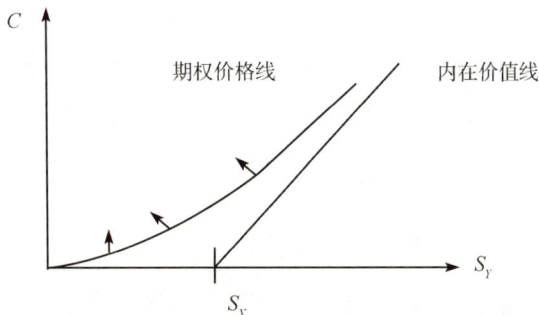

图 7.3.2 买入期权价格与到期日股票价格的关系曲线

从上述定理我们可以进一步得出欧式买入期权在有效期内任何时间 t $(t < T)$ 市场价值的下界

$$C_t > \max\{S_t - S_X e^{-r(T-t)}, 0\}, \tag{7.3.6}$$

其中 S_t 为资产在时刻 t 的市场价格, $S_X e^{-r(T-t)}$ 为期权执行价格在时间 t 的现值.

下述例子说明, 一旦买入期权的价格小于上述定理给出的下界时, 市场上是如何形成套利机会的.

例 7.3.1   设在股票市场上有这样一种在履约期内不分红的股票, 其现行的市场价格为 22 元, 无风险收益率为 $r = 10\%$. 现在有一个以该股票为标的资产, 期限为 $T = 1$ 年, 执行价格为 20 元的买入期权. 根据上述定理有

$$S_0 - S_X e^{-rT} = 22 - 20 e^{-0.1} = 3.90(元),$$

这确定了该买入期权价格的下界. 现在假定把该期权的价格设为 3 元 (< 3.90 元), 则套利机会可以这样构成: 卖空一份股票, 再持有一份买入期权.

对这样的组合, 期初的现金流为 $22 - 3 = 19$(元), 投资者再把这笔现金投资于无风险资产至一年期末 (履约日) 得现金 $19 e^{-0.1} = 21$(元). 在履约日, 如果该股票市场价格高于执行价格, 则投资者执行期权, 即用 20 元购买一份股票以归还卖空的股票, 这时投资者的收益为 $21 - 20 = 1$(元). 如果股票在履约日的价格低于执行价格, 投资者就不会执行期权, 而是直接从市场以低价购买股票以归还卖空的股票. 这时其获取的收益会更高, 例如, 股票在履约日的价格为 18.5 元, 则其收益为 $21 - 18.5 = 2.5$(元).

这一例子表明, 如果买入期权的价格低于其下界, 则无论股票在履约日的价格如何, 上述投资组合均可获利而不冒任何风险 (即存在套利机会).

下面的定理给出了欧式卖出期权价格的下界.

定理 7.3.2   对于欧式卖出期权, 如果标的资产在期权的有效期内不分红, 则该期权价格的下界为

$$P > \max\{S_X e^{-rT} - S_0, 0\}. \tag{7.3.7}$$

证明   考虑下列投资组合在投资期初 $t = 0$ 和期末 $t = T$ 的现金流. 该组合在投资期初的构成为: 卖空一份股票, 卖出一份该股票的卖出期权, 贷出执行价格的现值 $S_X e^{-rT}$.

这一组合在时刻 $t = 0$ 的现金流为

$$P + S_0 - S_X e^{-rT}.$$

在期末收回借出的本金加利息, 归还卖空的股票, 期权的执行与否取决于股票的市场价格, 其现金流为

$$S_X - S_T + \max\{0, S_X - S_T\} = \min\{S_X - S_T, 0\} \leqslant 0,$$

即在履约日该组合的现金流非正, 因此其初始现金流必为正, 即有

$$P > S_X e^{-rT} - S_0.$$

由于期权的价格必须为正, 故有式 (7.3.7) 成立. 证毕.

从上述定理我们可以进一步得出欧式卖出期权在有效期内任何时间 t $(t < T)$ 市场价值 P_t 的下界为

$$P_t > \max\{S_X e^{-r(T-t)} - S_t, 0\}. \tag{7.3.8}$$

下面的例子说明, 一旦卖出期权的定价低于上述定理所给出的下界, 市场上的套利机会是如何形成的.

例 7.3.2 设某股票现行的市场价格为 $S_0 = 38$ 元, 市场的无风险收益率为 $r = 10\%$, 考虑以该股票为标的资产, 期限为 3 个月 $(T = 0.25)$ 的欧式卖出期权, 期权确定的执行价格为 40 元. 由上述定理可以确定该卖出期权的价格不应低于

$$\max\{S_X e^{-rT} - S_0, 0\} = \max\{40 e^{-0.1 \times 0.25} - 38, 0\} = 1.01.$$

如果所设定的期权价格低于这个数, 市场上就会出现套利机会. 现在设期权的价格定为 0.5 元, 我们分析套利机会是怎么形成的. 考虑投资组合: 以无风险利率借款买入一份股票和该股票的卖出期权. 所借资金总额为 38.5 元. 到投资期末, 投资者需归还借款本息为 $38.5 e^{0.1 \times 0.25} = 39.47$(元). 在履约日, 如果股票的市场价格低于期权的执行价格, 投资者可以用手头已有的股票执行期权获得 40 元, 扣除应归还的 39.47 元, 投资者获利 0.53 元. 如果到期日股票的市场价格高于期权的执行价格, 投资者将不执行期权, 而把股票在市场上直接出售以获取更高的收益. 例如, 设股票在期权到期日的市场价格为 41.6 元, 则投资者的获利为 $41.6 - 39.47 = 2.13$(元).

对于美式期权价格的下界, 无论是买入期权还是卖出期权, 由于可以在到期日之前 (包括到期日) 的任何时间执行, 因此, 对于一个美式期权, 如果在履约日之前的某个时间执行期权的效果要好于在履约日执行的效果, 那就说明该期权在提前执行时的价格要高于在履约日的价格. 因此要确定美式期权价格更好的下界, 首先需要分析美式期权应不应该提前执行. 下面的定理表明, 就美式买入期权而言, 提前执行并不是一种好的选择.

定理 7.3.3 对有效期内无分红的美式买入期权, 在履约日之前的任何时间提前执行都不是最优的.

证明 由于是买入期权, 持有者在到期日 T 之前的某一时间 t $(t < T)$ 执行期权的唯一理由是股票在当时的价格 S_t 明显高于期权确定的执行价格. 如果投资者执行期权, 获利为 $S_t - S_X > 0$. 然而这时期权本身的市场价值为 $S_t - S_X e^{-r(T-t)} > S_t - S_X$, 其中 r 为无风险收益率. 这表明投资者持有期权或在市场上直接出售期权

所获取的收益要高于执行期权所获取的收益, 因而持有者在之前的任何时间执行期权不是可取的选择. 证毕.

上述定理表明, 对于美式买入期权, 其价格的下界可以用欧式买入期权价格的下界同样的方法确定. 对于一个美式买入期权, 在履约日之前的任何时间提前执行都不是最好的选择, 这里有两层意思: (1) 在到期日之前, 如果有 $S_t > S_X$, 由于期权的市场价值高于执行期权所获取的收益, 持有者如要采取行动, 应是卖出期权, 而不是执行期权 (对于这样的期权, 市场肯定有需求, 否则, 股票的市场价格就不会是 S_t). (2) 如果持有者执行这一期权, 也应立即把所得的股票在市场出售, 而不应是持有股票到履约日, 这样的策略也不是可取的. 这是因为在剩余的 $T - t$ 时间内股票价格存在降低的可能性, 我们通过一个例子来说明这一点.

例 7.3.3　考虑一个在持有期内不分红的股票的美式买入期权, 已知股票目前的市场价格为 40 元, 期权所确定的执行价格为 30 元, 无风险收益率为 8%, 该期权离到期日还有两个月. 不考虑期初购入该期权的价格, 该期权当前的内在价值为 $S_t - S_X = 40 - 30 = 10$ 元, 而该期权当前的市场价值为

$$S_t - S_X e^{-r(T-t)} = 40 - 30e^{-0.08/6} = 10.40 \text{ 元}.$$

明显可以看出期权的市场价值高于执行期权的收益. 现在假定持有者执行期权并持有股票, 则有下述的后果: (1) 由于执行期权并持有股票, 他将失去执行期权所花费的 30 元在剩下的两个月内无风险的收益 0.40 元; (2) 由于持有期内股票不分红, 持有股票无额外收益; (3) 两个月后, 如果股票市场价格下跌, 会出现更大的损失.

对于美式卖出期权, 情况则完全不同, 即当一个美式卖出期权处于明显的盈利位置时, 期权的持有者应立即执行期权, 而不必持有期权. 一般说来, 当股票的市场价格下降幅度较大, 或当股票市场价格的波动性变小, 或当无风险收益率提高的时候, 更有可能提前执行美式卖出期权. 对于美式卖出期权在时刻 $t(< T)$ 的市场价值的一个下界为

$$P_t^A > P_t \geqslant \max\{S_X e^{-r(T-t)} - S_t, 0\}, \tag{7.3.9}$$

其中 P_t^A 是美式卖出期权在时刻 t 的价格, P_t 是欧式卖出期权的价格. 由于提前执行总是可能的, 因而可以有一个更好的下界,

$$P_t^A \geqslant \max\{S_X - S_t, 0\}. \tag{7.3.10}$$

图 7.3.3 给出了美式卖出期权的价格与股票市场价格之间的关系曲线, 当提前执行是一个好的选择时, 期权的市场价值为 $S_X - S_t$, 这只有在股票的市场价格非常低的时候, 这反映在图中是小于 S_A 的价格; 而当股票的市场价格高于执行价格时, 期权不会被提前执行, 因此期权的价格总是高于 $\max\{S_X - S_t, 0\}$ 所表示的曲线.

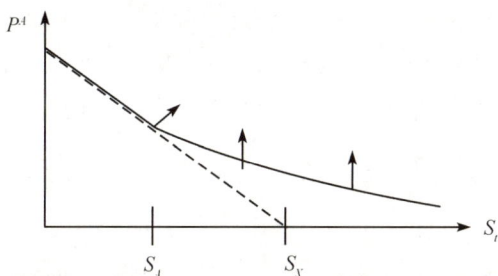

图 7.3.3 美式卖出期权的价格与股票市场价格之间的关系曲线

§7.3.2 两类期权价格间的关系

上面我们讨论了欧式期权和美式期权价格的上界和下界. 在同一股票上的买入和卖出期权同时受到该股票的市场价格、执行价格、履约期限和无风险收益率等因素的共同影响, 因而在同一股票的买入期权和卖出期权价格之间存在一定的关系, 在这一部分, 我们讨论它们之间的关系.

定理 7.3.4 在同一股票上履约期限相同, 执行价格相同的欧式买入期权和欧式卖出期权的价格之间有下列关系成立

$$C + S_X e^{-rT} = P + S_0, \tag{7.3.11}$$

其中 C 和 P 分别是欧式买入和卖出期权的价格, S_0 为股票在期初的市场价格, S_X 为股票的执行价格, T 为履约期限, r 为无风险收益率.

证明 考虑在该股票上的下列两个投资组合:

组合 A: 买入一份买入期权, 以总值 $S_x e^{-rT}$ 进行无风险投资;

组合 B: 买入一份卖出期权, 持有一股股票.

在期初, 投资组合 A 的现金流为 $C + S_X e^{-rT}$, 投资组合 B 的现金流为 $P + S_0$. 再考虑两组合在履约日的现金流, 对于组合 A, 如果 $S_T > S_X$, 投资者用无风险投资的本息 S_X 执行期权后再卖出股票, 其持有现金流为 S_T; 如果 $S_T < S_X$, 持有者不执行期权, 其现金流为 S_X. 因此, 组合 A 在到期日的现金流为 $\max\{S_T, S_X\}$. 对于组合 B, 如果 $S_T > S_X$, 卖出期权不会被执行, 持有者的现金流为 S_T; 如果 $S_T < S_X$, 持有者会用手中的股票以执行价格执行期权, 其现金流为 S_X, 因而, 组合 B 持有者在到期日的现金流同组合 A 持有者在到期日的现金流相同. 由于市场是无套利的, 两个在到期日现金流完全相同的组合, 期初的现金流必定也完全相同, 这就证明了式 (7.3.11) 的结论. 证毕.

对于欧式期权, 如果定理 7.3.4 的结论不满足, 那么在市场上就会出现套利机会, 我们还是用一个例子来加以说明.

例 7.3.4 考察在某个股票上的执行期限同为 3 个月的欧式买入和卖出期权, 已知股票现行的市场价格为 $S_0 = 32$ 元, 无风险利率为 8%, 两期权的执行价格同为 $S_X = 30$ 元, 买入期权的价格为 $C = 3.6$ 元. 根据上述定理, 卖出期权的价格应为

$$P = C + S_X e^{-rT} - S_0 = 3.6 + 30e^{-0.08 \times 0.25} - 32 = 1.01(\text{元}).$$

如果卖出期权的价格高于这个值, 设为 $P = 2$ 元, 这时候可采用这样的策略套利: 持有一份买入期权, 卖出一份卖出期权, 卖空一股股票. 投资者采取该策略在期初所获的现金流为

$$P + S_0 - C = 2 + 32 - 3.6 = 30.40(\text{元}).$$

他再把此现金投资于无风险资产至期末所获本息总共为 $30.40 \times e^{0.08 \times 0.25} = 31$. 在到期日, 如果 $S_T > S_X = 30$, 持有者执行买入期权, 即用执行价格买入股票以清算卖空的一份股票, 而卖出期权不会被执行; 如果 $S_T < S_X$, 买入期权不会执行, 但卖出期权被执行, 即投资者必须以执行价格 S_X 买入一股股票, 并用此股票清算卖空的股票. 因此, 无论什么情况, 投资都可以用期权确定的执行价格来买入一股股票来清算卖空的股票. 据此, 投资者在期末肯定可以获利 $31 - 30 = 1(\text{元})$ 而不冒任何风险, 其收益率明显高于无风险收益率.

如果卖出期权的价格低于 1.01 元, 设为 $P = 0.5$ 元, 则套利策略刚好同上述策略相反: 卖出一份买入期权, 持有一份卖出期权, 买入一股股票. 对这样的组合, 投资者在期初投入的现金流为

$$C - P - S_0 = 3.6 - 0.5 - 32 = -28.9(\text{元}).$$

设投资者可通过无风险借贷来得到这笔现金. 因此, 到履约日, 投资者需归还的现金为 $28.9e^{0.08 \times 0.25} = 29.48$ 元. 而在履约日该策略收益的现金流为 (不管股票的市场价格高于还是低于期权确定的执行价格)30 元, 因而投资者的收益为 $30 - 29.48 = 0.52(\text{元})$, 且无任何风险.

下述定理给出了美式买入期权和美式卖出期权价格之间的关系.

定理 7.3.5 在同一股票上履约期限相同、执行价格相同的美式买入期权和美式卖出期权的价格之间有下列关系成立

$$S_0 - S_X < C^A - P^A < S_0 - S_X e^{-rT}. \tag{7.3.12}$$

证明 由前一个定理, 对欧式期权有 $P = C + S_X e^{-rT} - S_0$. 由于 $P^A > P$ 和 $C^A = C$ 可立即得 (7.3.12) 的右不等式成立. 为得到左不等式, 考察下列两投资组合:

组合 A: 持有一份欧式买入期权, 把总值 S_X 投资于无风险资产;

组合 B: 持有一份美式卖出期权, 买入一股股票.

两组合在期初的投资分别为 A: $C + S_X$, B: $P^A + S_0$. 在到期日两组合的现金流为 A: $\max\{S_T - S_X, 0\} + S_X e^{rT} = \max\{S_T, S_X\} + S_X e^{rT} - S_X$, B: $\max\{S_T, S_X\}$. 组合 A 的价值明显高于组合 B 的价值. 如果美式卖出期权被提前执行, 设在时间 $t(t < T)$, 这表明在这个时间有 $S_t < S_X$, 因而组合 B 的价值为 S_X, 而组合 A 的价值由于买入期权不被执行表现为 $S_X e^{rt}$, 还是高于组合 B 的价值. 由此得出组合 A 的期初投资必高于组合 B 的投资, 即有 $C + S_X > P^A + S_0$, 由于 $C = C^A$, 这就证明了左边的不等式. 证毕.

下面两定理给出了以同一股票为标的资产的执行期限相同, 但执行价格不同的同类欧式期权价格之间满足的关系 (凸关系).

定理 7.3.6 以同一不分红股票为标的资产, 执行期限相同的欧式买入期权的价格 C 是执行价格 S_X 的凸函数, 即如果 $S_{X1} < S_{X2} < S_{X3} \left(S_{X2} = \dfrac{S_{X1} + S_{X3}}{2} \right)$ 为三个不同期权的执行价格, 则相应的期权价格满足关系式

$$C_2 < \frac{C_1 + C_3}{2}. \tag{7.3.13}$$

证明 为证明定理的结论, 考虑投资组合: 买入执行价格为 S_{X1}, S_{X3} 的买入期权各一份, 卖出执行价格为 S_{X2} 的买入期权 2 份. 对于这样的组合, 期初的现金流为 $2C_2 - C_1 - C_3$. 在到期日, 如果该股票的市场价格 $S_T < S_{X1}$, 三个期权都不执行, 现金流为零; 如果 $S_{X1} < S_T < S_{X2}$, 第一个期权被执行, 现金流为 $S_T - S_{X1} > 0$; 如果 $S_{X2} < S_T < S_{X3}$, 期权 1 和两个期权 2 被执行, 现金流为

$$S_T - S_{X1} - 2(S_T - S_{X2}) = 2S_{X2} - S_{X1} - S_T = S_{X3} - S_T \geqslant 0;$$

如果 $S_{X3} < S_T$, 4 个期权都被执行, 现金流为

$$S_T - S_{X1} + S_T - S_{X3} - 2(S_T - S_{X2}) = 0,$$

即在到期日无论何种情况发生, 该组合的现金流非负. 这表明, 该组合在期初的现金流必为负值, 即有 $2C_2 - C_1 - C_3 < 0$, 这就证明了定理的结论. 证毕.

定理 7.3.7 以同一不分红股票为标的资产、执行期限相同的欧式卖出期权的价格 P 是执行价格 S_X 的凸函数, 即如果 $S_{X1} < S_{X2} < S_{X3} \left(S_{X2} = \dfrac{S_{X1} + S_{X3}}{2} \right)$ 为三个不同期权的执行价格, 相应的期权价格满足

$$P_2 < \frac{P_1 + P_3}{2}. \tag{7.3.14}$$

证明　证明方法同定理 7.3.6, 只不过把相应投资组合中的四个买入期权换为卖出期权.

最后的一个定理给出了股票分红对期权价格的影响.

定理 7.3.8　考虑这样一个欧式买入期权, 其期限为 T, 履约价格为 S_X. 设在履约日前的某个时间 t $(t < T)$, 该期权标的资产的股票派发红利 D, 则该买入期权的价格满足

$$C \geqslant \max\{S_0 - De^{-rt} - S_X e^{-rT}, 0\}. \tag{7.3.15}$$

证明　考察这样的组合在期初和到期日的现金流: 买入一股股票, 卖出一份买入期权, 以无风险利率借入 $De^{-rt} + S_X e^{-rT}$. 期初现金流: $C + De^{-rt} + S_X e^{-rT} - S_0$. 在分红利时把所得红利用于归还借款 De^{-rt} 的本息, 其现金流为 $D - D = 0$. 在到期日现金流为: 如果 $S_T \leqslant S_X$, 期权不被执行, $S_T - S_X \leqslant 0$; 如果 $S_X < S_T$, 期权被执行, 现金流为 $S_T - S_X - (S_T - S_X) = 0$, 即该组合在到期日的现金流非正. 因此, 其期初的现金流必为正值, 再由 $C \geqslant 0$, 即得定理的结论. 证毕.

类似地, 我们可以得出在派发红利情况下, 欧式卖出期权价格的下界

$$P \geqslant \max\{De^{-rt} + S_X e^{-rT} - S_0, 0\}, \tag{7.3.16}$$

以及欧式买入和卖出期权价格之间的关系方程

$$C + De^{-rt} + S_X e^{-rT} = S_0 + P. \tag{7.3.17}$$

对此, 我们不再给出详细的证明, 读者可自行证明.

§7.4　期权定价的二项式方法

前面章节介绍的金融衍生产品的定价都是根据无套利原理进行的, 所谓无套利是指具有相同收益的不同头寸价格应该相同. 以债券期货的定价为例, 债券期货的价格应满足这样的条件: 买入债券、卖出债券期货的收益等于将购买债券的资金以无风险利率投资所得收益. 能够有效地对这些金融产品采用这一无风险策略定价的原因在于, 在合约的到期日, 合约的双方都有义务执行合约, 即在到期日执行合约是确定的. 但是对于期权来说, 由于期权的持有者在到期日只有权利, 而没有义务来执行期权, 在到期日期权的执行是不确定的, 这种不确定性使得难于直接利用无套利原理对期权进行定价. 下面介绍三种对付这种不确定性从而采用无套利原理对期权定价的方法, 它们是二项式定价方法, Black-Schdes 定价方法和蒙特卡罗模拟法.

期权定价的二项式方法 [20,53,101] 是广泛使用的期权定价的计算方法之一, 它具有使用简单, 直观明了, 易于编程等特点, 能适用于各种不同的, 乃至复杂期权的定

价. 二项式定价方法通过假定每个时间区间内 (区间大小根据需要确定) 股票价格只有上升和下降两种状态, 且价格上升和下降的百分比已知, 来避开不确定性, 从而可以应用无套利原理, 将此过程递推地应用于后续的各种可能状态, 直至期权的到期日, 最后得出期权的价格.

先通过一个简单的只有一个时间阶段的例子来说明应用二项式方法给期权定价的基本过程. 设有这样一个以某股票为标的资产的 3 月期欧式买入期权, 股票现行的市场价格为 30 元, 期权确定的执行价格为 31 元. 设已知 3 个月后股票价格要么上升 10%, 要么下降 10%, 市场的无风险利率为 10%(年利率), 试确定该期权的价格.

根据股票价格变化的假定, 我们可以得出股票在阶段末 (在这里为到期日) 的股票价格的可能状态 (见图 7.4.1(a)), 称为股票价格树. 根据这个已确定的股票价格状态, 以及期权确定的执行价格, 可以得出期权在这两种状态下的价值, 当股票价格升至 33 元时, 价格高于执行价, 持有者执行期权, 其收益为 2 元; 而在股票价格降至 27 元时, 因低于执行价格, 期权不被执行, 持有者的收益为零. 根据期权价值这两种确定的状态, 可此形成如图 7.4.1(b) 所示的期权价值树. 我们可据此确定期权在期初的价值, 也就是期权的价格. 为应用无套利原理确定期权的价格, 再考虑无风险投资, 由于年无风险利率为 10%, 因而在期权期限内的无风险收益率为 10%/4=0.025. 又由于是无风险投资, 在期权的到期日, 无论股票价格是升还是降, 无风险收益应是同样的, 为此我们又可以形成如图 7.4.1(c) 所示的无风险收益树.

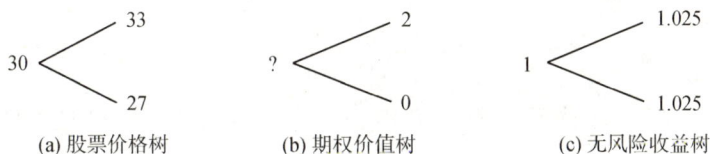

图 7.4.1　股票价格树和无风险收益树

为确定使市场不存在套利机会的买入期权价格, 考虑这样一个投资组合, 它由买入 A 股该股票和卖出该股票的一份买入期权组成. 要求该组合在期权到期日的收益无论股票价格是升还是降都应同无风险投资的收益相等. 为此, 首先确定应买入的股票数 A 使得组合在期末的收益在两种状态下都相同. 如果股票价格上升至 33 元, 组合在到期日的价值为 $33A - 2$, 其中 2 元是期权被执行后投资者的付出; 如果股票价格下降至 27 元, 期权不被执行, 组合的价值为 $27A$. 在到期日这两个值应相等, 且应等于无风险投资的收益. 令 $33A - 2 = 27A$, 解之得 $A = 1/3$, 即该组合应由买入 1/3 股该股票和卖出一份该股票的买入期权组成. 对这样一个组合, 在期末无论股票的价格是升还是降, 组合在期末的价值总是为

$$33 \times \frac{1}{3} - 2 = 27 \times \frac{1}{3} = 9(元).$$

根据无套利原理, 这就要求无风险投资在期末的价值同为 9 元, 因而期初用于无风险投资的资金应为

$$9 \times e^{-0.1 \times 0.25} = 8.87(元).$$

这也应该是期初用于投资组合的资金, 由此得

$$30 \times \frac{1}{3} - C = 8.87 , \qquad C = 10 - 8.78 = 1.22(元).$$

上述例子给出了计算期权价格的基本原理与过程, 但没有给出计算期权价格的公式. 下面我们根据这一过程来推导计算期权价格的公式. 用符号 u 和 d 表示标的资产 (股票) 价格在单个时间阶段内的上升因子 (百分比) 和下降因子 (百分比), 其中 d 取负值. 设股票在期初的价格为 S_0, 期权确定的执行价格为 S_X, 用 R_u, R_d 分别表示期权在股票价格上升和下降状态下的收益, 则有

$$R_u = \max\{S_0(1+u) - S_X, 0\} , \qquad R_d = \max\{S_0(1+d) - S_X, 0\}.$$

构建一个组合, 它由买入 A 股股票, 卖出一份买入期权组成, 要求在期权到期日无论何种情况出现, 组合的价值相同, 即有

$$AS_0(1+u) - R_u = AS_0(1+d) - R_d, \tag{7.4.1}$$

由此得

$$A = \frac{R_u - R_d}{S_0(u-d)}. \tag{7.4.2}$$

设无风险收益率为 r, 期权的期限为 T 年, 则该买入期权的价格 C 应满足方程

$$S_0 A - C = [AS_0(1+u) - R_u]e^{-rT} ,$$

代入式 (7.4.2) 的 A 后解出 C, 再简化得

$$C = e^{-rT}[\beta R_d + (1-\beta)R_u], \tag{7.4.3}$$

其中

$$\beta = -\frac{e^{rT} - (1+u)}{u-d} = \frac{u - (e^{rT} - 1)}{u-d}. \tag{7.4.4}$$

记

$$q_u = e^{-rT}(1-\beta) , \qquad q_d = e^{-rT}\beta ,$$

则 (7.4.3) 可改写为

$$C = q_u R_u + q_d R_d = q_u \max\{S_0(1+u) - S_X, 0\} + q_d \max\{S_0(1+d) - S_X, 0\}, \tag{7.4.5}$$

称 q_u 和 q_d 为市场的上升状态价格因子和下降状态价格因子. 由 q_u, q_d 和 β 的表达式可以看出 q_u, q_d 仅同股票价格的上升因子 u、下降因子 d、期权有效期的长短 T 以及期权有效期内的无风险收益率 r 有关, 而同股票价格和期权确定的执行价格无关. (7.4.5) 是二项式算法计算期权价格的基础, 利用上升状态价格因子和下降状态价格因子这两个因子, 可以很容易的计算期权的价格, 这个计算过程也可以在期权价值树上进行. 还是以上述例子为例, 可求得

$$\beta = \frac{u - (e^{rT} - 1)}{u - d} = \frac{0.1 - (e^{0.025} - 1)}{0.2} = 0.373\,42,$$

由此得

$$q_u = e^{-rT}(1 - \beta) = e^{0.025} \times 0.626\,58 = 0.611\,111,$$

$$q_d = e^{-rT}\beta = e^{0.025} \times 0.373\,42 = 0.364\,20.$$

由于 $R_u = 2, R_d = 0$, 由此求得

$$C = q_u R_u + q_d R_d = 0.611\,111 \times 2 = 1.22.$$

在计算好 q_u, q_d 后, 式 (7.4.5) 的计算过程可以在期权价值树上完成, 只需把 R_u 乘以 q_u 加上 R_d 乘以 q_d 的值赋于该树的根节点即得期权的价格 (见图 7.4.2).

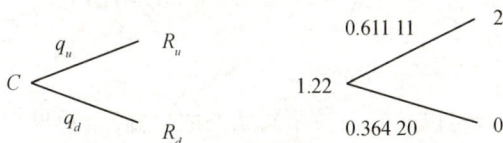

图 7.4.2　计算期权价格的价格树

不难把上述单阶段期权定价的方法推广至把有效期分成多个阶段的二项式方法. 考虑以某一股票为标的资产、执行期限为 T 的买入期权, 设股票的现行价格为 $S_0 = 60$ 元, 期权确定的执行价格为 $S_X = 65$. 设把期权的有效期分为时间相同的 4 个阶段, 预计股票价格在每阶段要么上升 10%, 要么下降 5%, 每阶段内无风险收益率为 $rT/4 = 5\%$,

由此可以构成如图 7.4.3 所示的股票价格树. 从这一价格树可以看出, 由于股票价格只有升或降两种可能, 在第一阶段末第二阶段初股票价格只有两个状态, 而至第二阶段末第三阶段初有三个状态, 到第四阶段末, 即期权的到期日, 股票价格已经有 5 个状态. 可以明白, 如果我们把整个有效期分成 n 个阶段, 那么到期权的到期日 (最后一个阶段末), 股票价格将有 $n+1$ 个可能的状态.

下面再计算, 每阶段的 β 以及市场的上升状态价格因子和下降状态价格因子 q_u 和 q_d.

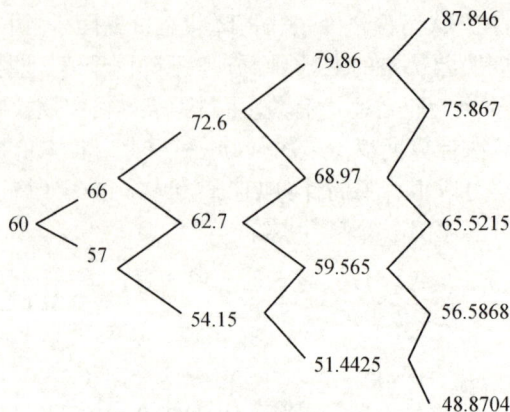

图 7.4.3　股票价格树

$$\beta = \frac{u - (e^{rT/4} - 1)}{u - d} = \frac{0.1 - (e^{0.05} - 1)}{0.1 + 0.05} = 0.324\ 859,$$

$$q_u = e^{rT/4}(1 - \beta) = e^{-0.05} \times (1 - 0.324\ 859) = 0.642\ 214,$$

$$q_d = e^{rT/4}\beta = 0.309\ 016.$$

在计算好上述的 q_u, q_d 后, 由股票价格树 (图 7.4.3) 给出的股票价格在到期日的五个状态, 利用

$$\max\{S_T - S_X, 0\},$$

根据期权确定的执行价格以及股票在不同状态的价格, 计算期权在到期日各状态的价值 (见图 7.4.4 最后一列). 然后由这些值利用式 (7.4.5) 计算期权在第 3 阶段末各状态的价值 (见图 7.4.4 倒数第 2 列), 例如

$$18.03 = 0.642\ 214 \times 22.846 + 0.309\ 016 \times 10.867,$$

$$7.14 = 0.642\ 214 \times 10.867 + 0.309\ 016 \times 0.5215.$$

在完成第 3 阶段各状态期权价值的计算后, 再类似的计算期权在第 2 阶段末各状态的价值. 如此逐段回求期权在各可能状态的价值, 直至第 1 阶段初得期权的价值就是期权的价格, 在这个例子中为 7.57 元. 整个计算过程见图 7.4.4.

事实上, 对于上述欧式买入期权的定价, 我们不必要计算期权价格树各结点处期权的价值, 而可以直接用二项式公式计算, 现在我们来推导这一公式. 对于第 3 阶段末有

$$18.03 = q_u \max\{S_0(1 + u)^4 - S_X, 0\} + q_d \max\{S_0(1 + u)^3(1 + d) - S_X, 0\},$$

$$7.14 = q_u \max\{S_0(1 + u)^3(1 + d) - S_X, 0\} + q_d \max\{S_0(1 + u)^2(1 + d)^2 - S_X, 0\},$$

$$0.33 = q_u \max\{S_0(1+u)^2(1+d)^2 - S_X, 0\} + q_d \max\{S_0(1+u)(1+d)^3 - S_X, 0\},$$

$$0 = q_u \max\{S_0(1+u)(1+d)^3 - S_X, 0\} + q_d \max\{S_0(1+d)^4 - S_X, 0\}.$$

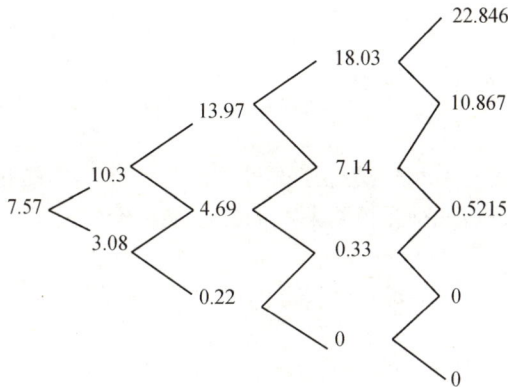

图 7.4.4 期权价格树

对于第 2 阶段有

$$13.7 = q_u 18.03 + q_d 7.14 = q_u^2 \max\{S_0(1+u)^4 - S_X, 0\}$$
$$+ 2q_u q_d \max\{S_0(1+u)^3(1+d) - S_X, 0\} + q_d^2 \max\{S_0(1+u)^2(1+d)^2 - S_X, 0\},$$

$$4.69 = q_u 7.14 + q_d 0.33 = q_u^2 \max\{S_0(1+u)^3(1+d) - S_X, 0\}$$
$$+ 2q_u q_d \max\{S_0(1+u)^2(1+d)^2 - S_X, 0\} + q_d^2 \max\{S_0(1+u)(1+d)^3 - S_X, 0\},$$

$$0.22 = q_u 0.33 + q_d 0 = q_u^2 \max\{S_0(1+u)^2(1+d^2 - S_X, 0\}$$
$$+ 2q_u q_d \max\{S_0(1+u)(1+d)^3 - S_X, 0\} + q_d^2 \max\{S_0(1+d)^4 - S_X, 0\}.$$

对于第 1 阶段有

$$10.3 = q_u 13.7 + q_d 4.69 = q_u^3 \max\{S_0(1+u)^4 - S_X, 0\}$$
$$+ 3q_u^2 q_d \max\{S_0(1+u)^3(1+d) - S_X, 0\}$$
$$+ 3q_u q_d^2 \max\{S_0(1+u)^2(1+d)^2 - S_X, 0\} + q_d^3 \max\{S_0(1+u)(1+d)^3 - S_X, 0\},$$

$$3.08 = q_u 4.69 + q_d 0.22 = q_u^3 \max\{S_0(1+u)^3(1+d) - S_X, 0\}$$
$$+ 3q_u^2 q_d \max\{S_0(1+u)^2(1+d)^2 - S_X, 0\}$$
$$+ 3q_u q_d^2 \max\{S_0(1+u)(1+d)^3 - S_X, 0\} + q_d^3 \max\{S_0(1+d)^4 - S_X, 0\}.$$

最后得期权的价格为

$$C = 7.57 = q_u 1.03 + q_d 3.08 = q_u^4 \max\{S_0(1+u)^4 - S_X, 0\}$$
$$+ 4q_u^3 q_d \max\{S_0(1+u)^3(1+d) - S_X, 0\} + 6q_u^2 q_d^2 \max\{S_0(1+u)^2(1+d)^2 - S_X, 0\}$$

$$+4q_u q_d^3 \max\{S_0(1+u)(1+d)^3 - S_X, 0\} + q_d^4 \max\{S_0(1+d)^4 - S_X, 0\}$$

$$= \sum_{i=0}^{4} \begin{pmatrix} 4 \\ i \end{pmatrix} q_u^{4-i} q_d^i \max\{S_0(1+u)^{4-i}(1+d)^i - S_X, 0\}.$$

其中

$$\begin{pmatrix} 4 \\ i \end{pmatrix} = \frac{4!}{(4-i)!i!}, \quad i = 0, 1, 2, 3, 4, \quad 0! = 1.$$

更一般地, 设把欧式买入期权的有效期 T 分为 n 个相同的时间阶段, 每阶段内股票价格上升或下降的因子相同, 则期权的二项式定价公式可表述为

$$C = \sum_{i=0}^{n} \begin{pmatrix} n \\ i \end{pmatrix} q_u^{n-i} q_d^i \max\{S_0(1+u)^{n-i}(1+d)^i - S_X, 0\}, \tag{7.4.6}$$

其中

$$\begin{pmatrix} n \\ i \end{pmatrix} = \frac{n!}{(n-i)!i!} = \frac{n \times (n-1) \times \cdots \times (n-i+1)}{i \times (i-1) \times \cdots \times 1}, \quad i = 0, 1, 2, \cdots, n.$$

注意, 这时上升状态价格因子 q_u 和下降状态价格因子 q_d 算式中的 e^{rT} 应替换为 $e^{rT/n}$. 对于欧式卖出期权的定价可以采用同样的方法得出下列二项式公式

$$P = \sum_{i=0}^{n} \begin{pmatrix} n \\ i \end{pmatrix} q_u^{n-i} q_d^i \max\{S_X - S_0(1+u)^{n-i}(1+d)^i, 0\}, \tag{7.4.7}$$

这里各符号的意义同式 (7.4.6) 中各符号的意义相同.

例 7.4.1 计算在下列股票上执行期限为一年的欧式买入和卖出期权的价格, 已知该股票的现行价格为 60 元, 无风险年收益率为 5%, 买入期权的执行价格为 62 元, 卖出期权确定的执行价格为 61 元. 设把执行期限等分为两个阶段, 经估计得每阶段股票价格要么上升 8%, 要么下降 4%.

首先计算上升状态价格因子和下降状态价格因子

$$\beta = \frac{u - (e^{rT/2} - 1)}{u - d} = \frac{0.8 - (e^{0.05/2} - 1)}{0.08 + 0.04} = 0.4557,$$

$$q_u = e^{-rT/2}(1 - \beta) = e^{-0.025}(1 - 0.4557) = 0.5309, \quad q_d = e^{-rT/2}\beta = 0.4445.$$

对于买入期权, 由于

$$\max\{S_0(1+u)^2 - S_X, 0\} = \max\{69.984 - 62, 0\} = 7.984,$$

$$\max\{S_0(1+u)(1+d) - S_X, 0\} = \max\{62.208 - 62, 0\} = 0.208,$$

$$\max\{S_0(1+d)^2 - S_X, 0\} = \max\{55.296 - 62, 0\} = 0,$$

用二项式公式得买入期权价格为

$$C = q_u^2 7.984 + 2q_u q_d 0.208 + q_d^2 0 = 2.35.$$

对于卖出期权, 由于

$$\max\{S_X - S_0(1+u)^2, 0\} = \max\{61 - 69.984, 0\} = 0,$$
$$\max\{S_X - S_0(1+u)(1+d), 0\} = \max\{61 - 62.208, 0\} = 0,$$
$$\max\{S_X - \{S_0(1+d)^2, 0\} = \max\{61 - 55.296, 0\} = 5.704,$$

用二项式公式得卖出期权的价格为

$$P = q_u^2 0 + 2q_u q_d 0 + q_d^2 5.704 = 1.13.$$

在实际使用二项式模型对期权定价时, 一般要把期权的整个有效期 T 分成 $n(\geqslant 10)$ 个以上的阶段, 否则得出的结果可信度不高. 这是因为, 随着阶段数的增加, 由期权价格树确定的资产价格的分布接近通常假定的资产价格呈对数正态分布 (见下节). 令 r 为无风险资产的年收益率, 则 $\bar{r} = rT/n$ 为每个阶段的无风险收益率, 由于 $e^{rT/n} - 1 = e^{\bar{r}} - 1 \approx \bar{r}$, 我们有 $e^{-rT/n} = 1/(1+\bar{r})$, 则 q_u, q_d 可由下式计算

$$q_u = \frac{\bar{r} - d}{(1+\bar{r})(u-d)}, \quad q_d = \frac{u - \bar{r}}{(1+\bar{r})(u-d)}. \tag{7.4.8}$$

注意, 这里 $u > 0$ 为股票价格的阶段增长因子, $d < 0$ 为股票价格的阶段下降因子. 在一般情况下, 我们可以假定无风险收益率是几何收益率, 而股票价格的上升与下降幅度完全由其价格的波动率确定, 则无风险资产在每个时段的收益率为

$$\bar{r} = e^{r\Delta t} - 1,$$

其中 $\Delta t = T/n$ 为每个时段的时间长度. 又设股票价格的波动性为 σ, 则股票价格在一个时段内的增长因子 u 和下降因子 d 分别为

$$u = e^{\sigma \Delta t} - 1, \quad d = e^{-\sigma \Delta t} - 1,$$

将它们代入式 (7.4.8) 得

$$q_u = \frac{e^{r\Delta t} - e^{-\sigma \Delta t}}{e^{r\Delta t}(e^{\sigma \Delta t} - e^{-\sigma \Delta t})}, \quad q_d = \frac{e^{\sigma \Delta t - e^{r\Delta t}}}{e^{r\Delta t}(e^{\sigma \Delta t} - e^{-\sigma \Delta t})} = \frac{1}{e^{r\Delta t}} - q_u. \tag{7.4.9}$$

对于美式买入期权, 由于在不分红利的资产上, 美式买入期权不会被提前执行, 它的价值与同类欧式买入期权的价值相同, 因此美式买入期权的价格完全可以用 (7.4.6)

确定. 而对于美式卖出期权, 由于在某些状态下, 提前执行会优于继续持有期权, 因此美式卖出期权的定价比买入期权的定价要复杂. 具体来说, 在期权价格树上确定期权在每一个结点的价值时都要对持有期权的价值和执行期权的价值加以比较, 并选取其中的大者作为期权在该结点的价值, 即有

$$V_t = \max\{V_{t\mathrm{M}}, V_{t\mathrm{EX}}\},$$

其中 V_t 表示期权在时间 t 的某状态结点处的价值, $V_{t\mathrm{M}}$ 为期权在该状态结点的市场价值, 即持有期权的价值, 它由

$$V_{t\mathrm{M}} = q_u V_{\mathrm{RUP}} + q_d V_{\mathrm{RDW}},$$

这里 $V_{\mathrm{RUP}}, V_{\mathrm{RDW}}$ 分别表示期权在该结点的右端上方相邻结点与右端下方相邻结点处的价值, q_u, q_d 的定义同前. 而 $V_{t\mathrm{EX}}$ 表示期权在该结点提前执行的价值, 它由式

$$V_{t\mathrm{EX}} = \max\{S_X - S_t, 0\}$$

确定, 其中 S_t 为股票在该结点所处状态的市场价格. 把上述三式结合得出期权在该期权价格树上该结点处的价值为

$$V_t = \max\{q_u V_{\mathrm{RUP}} + q_d V_{\mathrm{RDW}}, \max\{S_X - S_t, 0\}\}. \tag{7.4.10}$$

在美式卖出期权价格树上具体的定价过程为, 首先对最右端 (到期日) 的不同结点按式 $\max\{S_X - S_T, 0\}$ 计算期权在各结点所处状态的价值; 再依次从右至左对每列各结点应用 (7.4.10) 计算期权的价值, 最后得最左边 (根) 结点处的期权价值即为所求的美式卖出期权的价格.

下面我们还是以一个二阶段的例子具体说明美式卖出期权的定价过程. 在这个例子中有 $S_0 = 60, S_X = 62, T = 2, r = 5\%, u = 10\%, d = -3\%$. 由此得股票价格树如图 7.4.5. 由于 $\bar{r} = rT/2 = r$, 由式 (7.4.8) 得

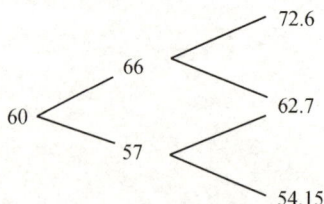

图 7.4.5   二阶段股票价格树

$$q_u = \frac{r - d}{(1 + r)(u - d)} = \frac{0.05 + 0.03}{(1 + 0.05)(0.1 + 0.03)} = 0.5861,$$

$$q_d = \frac{u-r}{(1+r)(u-d)} = \frac{0.1-0.05}{(1+0.05)(0.1+0.03)} = 0.3663.$$

据此可逐步建立期权价格树, 其过程如下. 首先利用 $\max\{S_X - S_T, 0\}$ 由图 7.4.5 最右边结点处的股票价格确定图 7.4.6 最右边三个结点处期权的价值. 再计算期权在第一阶段末各结点处的价值, 对这一阶段处于上方的结点, 有

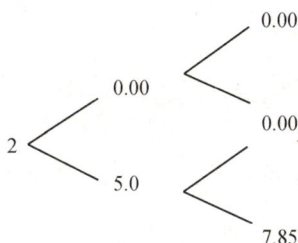

图 7.4.6　美式卖出期权价格树

$$\max\{\max\{62-66, 0\}, 0.5861 \times 0 + 0.3663 \times 0\} = 0.0,$$

对这一阶段处于下方的结点有

$$\max\{\max\{62-57, 0\}, 0.5861 \times 0 + 0.3663 \times 7.85\} = \max\{5, 2.8775\} = 5,$$

这说明在这一结点, 提前执行是可取的, 期权在该结点的价值是其提前执行的价值. 最后计算该结点处期权的价值, 也就是期权的价格,

$$\max\{\max\{62-60, 0\}, 0.5861 \times 0 + 0.3663 \times 5\} = \max\{2, 1.8315\} = 2,$$

由此得该美式卖出期权的价格应定为 2 元.

§7.5　利用快速傅里叶变换 (FFT) 实现期权的二项式定价

上节讨论了期权定价的二项式技术, 本节介绍一种快速实现该定价技术的方法 —— 基于快速傅里叶变换的二项式期权定价 [1,16].

首先介绍复数和它们的几何性质, 然后通过一个简单的二叉树期权定价的例子, 说明定价过程是如何在单位圆上完成的, 接着介绍怎样使用快速傅里叶变换 (FFT, 也称离散傅里叶变换 DFT) 进行单位圆上的卷积, 从而得到基于傅里叶变换的期权定价公式. 最后介绍如何利用 Matlab 软件实现该方法.

§7.5.1 基本概念

DFT 涉及在一个单位圆上均匀分布的空间点, 这些点可以用模为 1, 复角相等的若干个复数描述. 这里先介绍复数的一些几何性质, 这些性质决定了傅里叶变换的性质.

假定一个复数为 $a + ib$, 且 $\sqrt{a^2 + b^2} = 1$, 应用欧拉 (Euler) 公式, 有

$$a + ib = e^{i\varphi} = \cos\varphi + i\sin\varphi,$$

这里 φ 为复数的复角. 单位圆上的两个复数相乘就等于两个复角相加, 如 $e^{i\varphi_1} \times e^{i\varphi_2} = e^{i(\varphi + \varphi_2)}$.

假设有 5 个点均匀分布在单位圆上, 它们可以分别用 5 个复数表示为

$$z_5 = e^{i\frac{2\pi}{5}}, \quad (z_5)^2 = e^{i\frac{4\pi}{5}}, \quad (z_5)^3 = e^{i\frac{6\pi}{5}}, \quad (z_5)^4 = e^{i\frac{8\pi}{5}}, \quad (z_5)^5 = e^{i\frac{10\pi}{5}} = 1.$$

对此 5 个向量, 我们有

$$z_5 + (z_5)^2 + (z_5)^3 + (z_5)^4 + (z_5)^5 = 0.$$

注意到复数 z_5 的幂就是将它逆时针转动复角的一个倍数, 6 次幂的结果等于其自己. 用几何图形表示为图 7.5.1 左图. 由此有

$$(z_5)^0 = (z_5)^5 = (z_5)^{10} = \cdots = (z_5)^{5k} = 1,$$
$$(z_5)^1 = (z_5)^6 = (z_5)^{11} = \cdots = (z_5)^{5k+1} = z_5,$$
$$\cdots\cdots\cdots\cdots$$
$$(z_5)^4 = (z_5)^9 = (z_5)^{14} = \cdots = (z_5)^{5k+4} = (z_5)^4,$$

这里 $k = 1, 2, \cdots$ 为正整数.

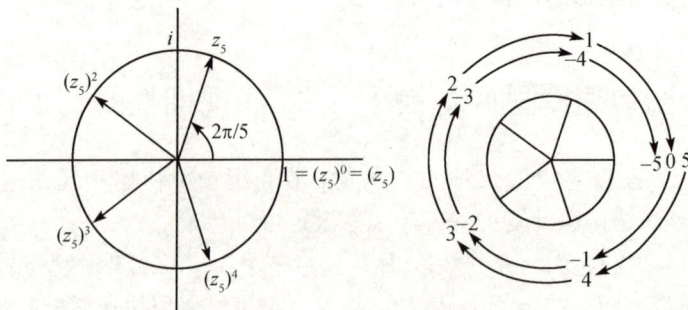

图 7.5.1 复数的幂

复数的负数次幂, 相当于作顺时针旋转, 见图 7.5.1 右图. 从而有

$$(z_5)^0 = (z_5)^{-5} = (z_5)^{-10} = \cdots = (z_5)^{-5k} = 1,$$
$$(z_5)^1 = (z_5)^{-4} = (z_5)^{-9} = \cdots = (z_5)^{-5k+1} = z_5,$$
$$\cdots\cdots\cdots\cdots\cdots$$
$$(z_5)^4 = (z_5)^{-1} = (z_5)^{-6} = \cdots = (z_5)^{-5k+4} = (z_5)^4.$$

总结这些复数可得如下的性质:

(1) 令 $z_n = e^{i\frac{2\pi}{n}}$, 则有

$$(z_n)^0 + (z_n)^1 + \cdots + (z_n)^{n-1} = 0;$$

(2) 令 $k \in \{1, 2, \cdots, n-1\}$, 则有

$$(z_n^k)^0 + (z_n^k)^1 + \cdots + (z_n^k)^{n-1} = 0;$$

(3)

$$(z_n^k)^0 + (z_n^k)^1 + \cdots + (z_n^k)^{n-1} = n, \quad k = 0, \pm n, \pm 2n, \cdots,$$
$$(z_n^k)^0 + (z_n^k)^1 + \cdots + (z_n^k)^{n-1} = 0, \quad k \neq 0, \pm n, \pm 2n, \cdots.$$

下面讨论 n 个复数的逆序. 记 $a = (a_0, a_1, \cdots, a_{n-1})$ 为 n 个顺序的单位圆上的复数, 用 $\mathrm{rev}(a) = (a_0, a_{n-1}, \cdots, a_1)$ 表示复数 a 的逆序. 如果 a 中元素在单位圆上按逆时针排列, 那么可以从 a_0 出发按照顺时针得到 $\mathrm{rev}(a)$, 如图 7.5.2. 注意, $\mathrm{rev}(a)$ 不是 a 中元素倒过来排列, 即 $\mathrm{rev}(a) \neq (a_{n-1}, \cdots, a_1, a_0)$.

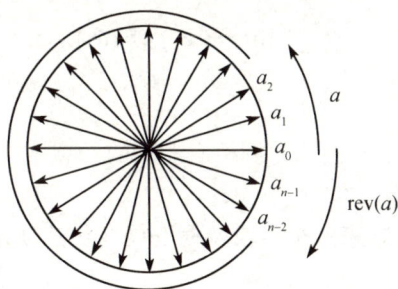

图 7.5.2 n 个复数的逆序 $\mathrm{rev}(a)$

根据逆序我们知道, 对于任意的 k, 序列 $(z_n^k)^0, (z_n^k)^1, \cdots, (z_n^k)^{n-1}$ 和 $(z_n^{-k})^0$, $(z_n^{-k})^1, \cdots, (z_n^{-k})^{n-1}$ 的逆序一致, 即

$$\mathrm{rev}((z_n^{-k})^0, (z_n^{-k})^1, \cdots, (z_n^{-k})^{n-1}) = ((z_n^k)^0, (z_n^k)^1, \cdots, (z_n^k)^{n-1}), \tag{7.5.1}$$

这是因为对于任意的 j 成立有 $(z_n^{-k})^{n-j} = z_n^{-nk+jk} = z_n^{jk} = (z_n^k)^j$.

§7.5.2 离散傅里叶变换 (DFT)

令 $z_n = e^{i\frac{2\pi}{n}}, a_0, a_1, \cdots, a_{n-1}$ 为 n 个一般的复数, 称 $b = (b_0, b_1, \cdots, b_{n-1})$ 为 $a = (a_0, a_1, \cdots, a_{n-1})$ 的离散傅里叶变换 (DFT), 其中

$$b_k = \frac{a_0(z_n^k)^0 + \cdots + a_{n-1}(z_n^k)^{n-1}}{\sqrt{n}} = \frac{1}{\sqrt{n}}\sum_{j=0}^{n-1} a_j z_n^{jk} = \frac{1}{\sqrt{n}}\sum_{j=0}^{n-1} a_j e^{i\frac{2\pi}{n}jk}, \quad (7.5.2)$$

通常记为 $b = F(a)$. (7.5.2) 为正离散傅里叶变换的形式, 逆变换的形式如下. 假定 $\tilde{b} = (\tilde{b}_0, \tilde{b}_1, \cdots, \tilde{b}_{n-1})$ 为一组复数, 称 $\tilde{a} = (\tilde{a}_0, \tilde{a}_1, \cdots, \tilde{a}_{n-1})$ 为 $\tilde{b}$ 的逆傅里叶变换, 其中

$$\tilde{a}_l = \frac{\tilde{b}_0(z_n^{-l})^0 + \cdots + \tilde{b}_{n-1}(z_n^{-l})^{n-1}}{\sqrt{n}} = \frac{1}{\sqrt{n}}\sum_{j=0}^{n-1} \tilde{b}_j z_n^{-jl} = \frac{1}{\sqrt{n}}\sum_{j=0}^{n-1} \tilde{b}_j e^{-i\frac{2\pi}{n}jl}, \quad (7.5.3)$$

一般记为 $\tilde{a} = F^{-1}(\tilde{b})$.

对于离散傅里叶变换, 有下述一些有用的性质.

(1) $\tilde{b} = (\tilde{b}_0, \tilde{b}_1, \cdots, \tilde{b}_{n-1})$ 的逆变换 $F^{-1}(\tilde{b})$ 等于 $\tilde{b}$ 的逆序 $\mathrm{rev}(\tilde{b})$ 的正变换, 即

$$F^{-1}(\tilde{b}) = F(\mathrm{rev}(\tilde{b})), \quad (7.5.4)$$

反之有

$$F(\tilde{b}) = F^{-1}(\mathrm{rev}(\tilde{b})), \quad (7.5.5)$$

这两个性质可由式 (7.5.1)~(7.5.3) 直接验证.

(2) 变换 F^{-1} 是傅里叶变换的逆变换, 即

$$F(F^{-1}(\tilde{a})) = F^{-1}(F(\tilde{a})). \quad (7.5.6)$$

§7.5.3 二项式期权定价

本部分以图 7.4.3 所示的例子为例给出期权的二项式定价过程, 以便进一步给出期权的圆上定价原理和过程.

首先我们把该股票在未来四个阶段价格发展变化的轨迹 (股票价格树) 用下述表 7.5.1 的形式给出.

表 7.5.1 某股票未来 4 个阶段的价格变化轨迹

S(0)	S(1)	S(2)	S(3)	S(4)
60.000	66.0000	72.6000	79.8600	87.8460
	57.0000	62.7000	68.9700	75.8670
		54.1500	59.5650	65.5215
			51.4425	56.5868
				48.8704

由此表, 根据期权标的股票在期权到期日价格, 可得在到期日该股票期权内在价值的 5 个状态

$$C(4) = (22.8460 \quad 10.8670 \quad 0.5215 \quad 0 \quad 0).$$

根据期权在风险中性下的无套利定价原理, 期权在不同状态的价格可由下式确定

$$R = q_u R_u + q_d R_d$$

(见 (7.4.5)) 其中 q_u, q_d 分别为市场的上升状态价格因子和下降状态价格因子, R_u, R_d 分别表示期权在股票价格上升和下降状态下的收益. 按照前一节方法计算, q_u, q_d 具体的计算结果为

$$\beta = \frac{u - (r^{rT} - 1)}{u - d} = \frac{0.1 - (e^{0.05} - 1)}{0.01 + 0.05} = 0.324\,859,$$

$$q_u = e^{-rT}(1 - \beta) = e^{-0.05}(1 - 0.324\,859) = 0.642\,214,$$

$$q_d = e^{-rT}\beta = 0.309\,016.$$

从而可得期权的无套利价格计算公式为

$$C = q_u R_u + q_d R_d = 0.642\,214 R_u + 0.309\,016 R_d.$$

从期权在到期日的价值状态开始, 反复应用上式可得下面的期权定价过程 (见表 7.5.2).

表 7.5.2　二项式期权定价过程

C(0)	C(1)	C(2)	C(3)	C(4)
7.5673	10.3023	13.7856	18.0301	22.8460
	3.0778	4.6890	7.1401	10.8670
		0.2151	0.3349	0.5215
			0.0000	0.0000
				0.0000

§7.5.4　期权定价的圆上作业

给定两个任意的 n 维向量 $a = (a_1, a_2, \cdots, a_n), b = (b_1, b_2, \cdots, b_n)$, 定义圆上的卷积为

$$c = a * b,$$

其中

$$c_j = \sum_{k=0}^{n-1} a_{j-k} b_k, \quad j = 0, 1, \cdots, n-1. \tag{7.5.7}$$

注意到 (7.5.7) 中 a 的下标 j 可能会取负值, 如果出现这种情况, 就给 $j - k$ 加上 n, 使得 $j - k$ 的值始终落在 0 到 $n - 1$ 之间. 圆上的卷积运算过程可以用下面的图 7.5.3 来说明.

(1) 将两个同心圆分为 n 等分, 将 a 顺时针写在内圆上, 将 b 逆时针写在外圆上, 图 7.5.3 显示了 4 维的情形.

(2) 将两个圆上对应的标量相乘, 再相加, 可得

$$c_0 = a_0b_0 + a_1b_3 + a_2b_2 + a_3b_1.$$

(3) 将内圆逆时针旋转 $2\pi/n$, 重复步骤 (2), 可得 (如图 7.5.4 所示)

$$c_1 = a_0b_1 + a_1b_0 + a_2b_3 + a_3b_2.$$

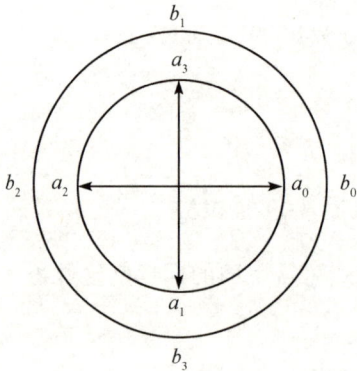

图 7.5.3   圆上的卷积运算步骤 (1)   图 7.5.4   圆上的卷积运算步骤 (2)

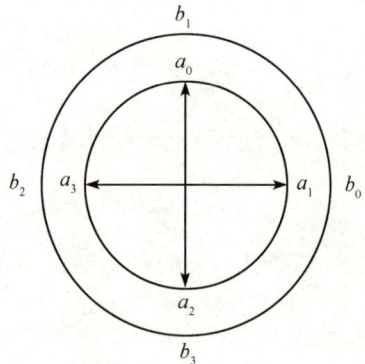

(4) 重复步骤 (3), 继续计算, 直到计算出 c_3.

为了说明如何利用圆上的卷积运算进行期权的二项式定价, 考虑前面的例子. 首先在到期日有期权的内在价值向量

$$C(4) = (22.8460 \quad 10.8670 \quad 0.5215 \quad 0 \quad 0),$$

为了利用圆上的卷积运算, 对市场的状态价格因子 (上升和下降) 增加 $3(= n - 2)$ 个 0, 得到

$$q = (q_u \quad q_d \quad 0 \quad 0 \quad 0) = (0.6422 \quad 0.3090 \quad 0 \quad 0 \quad 0).$$

根据二项式期权定价方法可知, 在 $t = 3$ 时期权在各状态的价格可以表示为

$$C(3) = C(4) * \mathrm{rev}(q).$$

具体计算结果为

$$C(3) = C(4) * \text{rev}(q) = (18.0301 \quad 7.1401 \quad 0.3349 \quad 0 \quad 7.0598). \tag{7.5.8}$$

注意在 (7.5.8) 中只有前四个数字是我们需要的, 最后一个数字没有意义, 它对应于损益 $[2, 22.8460]$ 的无套利价格.

对 (7.5.8) 的结果重复应用上述卷积运算, 可得全部的数值计算结果见表 7.5.3. 这里 $C(0)$ 所在列的最上面的数字就是我们所需要的期权价格.

表 7.5.3 利用卷积实现二项式期权定价

$C(3)$	$C(2)$	$C(1)$	$C(0)$
18.0301	13.7856	10.3023	7.5673
7.1401	4.689 07	3.0778	2.2276
0.3349	0.2151	0.8123	1.9196
0.0000	2.1816	4.5238	6.2271
7.0598	10.1055	10.7498	10.0873

将上述圆上期权的定价过程总结如下:

圆上的期权定价方法: 考虑二叉树期权定价模型, 用 $C(j)$ 表示日期为 j 时的期权价格状态向量, $j = 0, 1, \cdots, N$, q 表示和 $C(N)$ 同维数的状态因子向量, 其中只有前两个分量为 q_u, q_d 是非 0 元素, 其余元素全部为 0. 逆推圆上的卷积运算:

$$C(N-1) = C(N) * \text{rev}(q),$$
$$C(N-2) = C(N-1) * \text{rev}(q) = C(N) * \text{rev}(q) * \text{rev}(q),$$
$$\cdots\cdots\cdots\cdots$$

整个过程可表示为

$$C(j) = C(N) * \overbrace{\text{rev}(q) * \text{rev}(q) * \cdots * \text{rev}(q)}^{N-j \text{ 次}}, \tag{7.5.9}$$

其中向量 $C(j)$ 中只有前 $j+1$ 个元素有意义, 后面其余的元素没有实际意义. 这样一直计算到 $C(0)$, $C(0)$ 中第一个元素就是我们希望得到的初始时刻期权的无套利价格.

§7.5.5 利用离散傅里叶变换实现圆上的期权定价

这一部分我们将利用离散傅里叶变换实现圆上的期权定价过程, 即 (7.5.9) 式. 离散傅里叶变换有一个非常有用的性质: 它将圆上的卷积变换为普通的向量之间的点对点乘积, 即

$$F(a * b) = \sqrt{n} F(a) F(b), \tag{7.5.10}$$

$$F^{-1}(a * b) = \sqrt{n} F^{-1}(a) F^{-1}(b), \tag{7.5.11}$$

其中 n 为向量 a, b 的维数. 这个性质在期权定价中有非常重要的作用.

依据圆上的期权定价公式 (7.5.9) 可知

$$C(0) = C(N) * \overbrace{\mathrm{rev}(q) * \mathrm{rev}(q) * \cdots * \mathrm{rev}(q)}^{N \text{次}},$$

其中 N 表示从初始时刻到期权执行日期间的时段数. 对上式应用 (7.5.11) 可得

$$F^{-1}(C(0)) = F^{-1}(C(N)) \left(\sqrt{N+1} F^{-1}(\mathrm{rev}(q)) \right)^N, \tag{7.5.12}$$

其中 $N+1$ 为向量 $C(N)$ 的维数. 根据向量逆序的逆变换等于向量本身的正变换 (见 (7.5.5) 式) 可知 $F^{-1}(\mathrm{rev}(q)) = F(q)$, 代入 (7.5.12) 有

$$F^{-1}(C(0)) = F^{-1}(C(N)) \left(\sqrt{N+1} F(q) \right)^N, \tag{7.5.13}$$

对 (7.5.13) 式两边同时进行傅里叶正变换, 依据 (7.5.6) 式有

$$C(0) = F(F^{-1}(C(0))) = F \left(F^{-1}(C(N)) \left(\sqrt{N+1} F(q) \right)^N \right). \tag{7.5.14}$$

这里 (7.5.14) 式所得向量 $C(0)$ 的第一个元素即为初始时刻期权的无套利价格.

由于傅里叶正变换和逆变换是对称的, 因此 (7.5.14) 式还可以改写为

$$C(0) = F^{-1} \left(F(C(N)) \left(\sqrt{N+1} F^{-1}(q) \right)^N \right). \tag{7.5.15}$$

本节最后简单介绍在 Matlab 中使用快速傅里叶变换函数进行期权的定价. 在 Matlab 中, 实现快速傅里叶变换的是快速傅里叶正变换函数 fft, 快速傅里叶逆变换的是快速傅里叶逆变换函数 ifft, 具体表达式为

$$\mathrm{fft}(a) = \sqrt{n} F^{-1}(a), \tag{7.5.16}$$

$$\mathrm{ifft}(z) = \frac{F(a)}{\sqrt{n}}, \tag{7.5.17}$$

其中 F 为前述定义的快速傅里叶正变换 (7.5.2) 式, F^{-1} 为逆变换 (7.5.3) 式, n 为向量 a 的维数.

期权定价公式 (7.5.14) 在 Matlab 中所用的函数公式如下:

$$C(0) = \mathrm{ifft} \left(\mathrm{fft}(C(N)) \left((N+1) \mathrm{ifft}(q) / R_f \right)^N \right).$$

实现的程序代码如下:

$$C_0 = \text{ifft}\Big(\text{fft}(CN). * ((N+1)/Rf * \text{ifft}(q))^N\Big); \quad \text{optionprice} = C_0(1),$$

其中 ".*" 表示两个向量点对点做乘法, 结果仍然是一个向量, ".^" 表示对一个向量中的所有分量作 N 次方, 结果仍然是一个向量.

在应用快速傅里叶变换进行运算时, 许多例子表现出快速傅里叶变换对于输入向量长度的大小比较敏感, 而且经常出现当输入向量的长度长 (即 $n_1 > n_2$) 时, 计算时间反而少 (即 $t_1 < t_2$) 的现象. 假定输入向量是 $a = (1 \quad 1 \cdots 1)$, 维数 (或长度) 是 n, 对 a 做 $\text{fft}(a)$ 的变换, 表 7.5.4 给出了 n 取不同值时计算所需的时间.

表 7.5.4　输入长度对计算时间的影响

n	分解	CPU 时间 (单位: 秒)
499 979	499 979	46.594
1 048 575	$3 \times 5 \times 11 \times 31 \times 41$	4.125
1 048 576	2^{20}	0.735
1 080 000	$2^6 3^3 5^4$	0.671

注: 以上结果是在 Pentium IV 2.40GHz 248MB RAM, Matlab 6.1 环境下得到的.

从这个表中可以看出, 计算时间并不同 n 的大小有关, 而同 n 的分解方式有关. 因此选择合适的输入长度提高快速傅里叶变换计算速度是一个值得关注的问题. 当输入的向量长度有 $n = b^p$ 的表达式时, 称 FFT 为基 b 算法. 通常 b 越大, 算法所需时间越长 (但基 4 算法快于基 2 算法, 当 $b = 2$ 时, 称为基 2 算法).

在实际应用中, 人们通常使用输入长度为 $n = 2^p 3^q 5^r$ 的算法, 称为混合基 235 算法. 如果原输入向量的长度不是这种形式, 只需要添加一些 0, 使得新向量的维数满足上面的分解式, 在添加时应使 q, r 与 p 相比较而言尽可能小. 原因在于上面提到的 b 越大, 基 b 算法越慢. 使用混合基算法有两个方面的优点: (a) 可以减少添加 0 的数目; (b) n 的复合度大, FFT 计算速度快 (见表 7.5.4).

为了说明 (a), 假定原输入向量的长度为 $2^{10} + 1 = 1025$, 那么基 2 算法需要的最小输入长度为 $2^{11} = 2048$, 需要在原始向量中添加 1023 个 0. 但是如果使用混合基 235 算法, 则需要输入的最小长度为 $2^3 3^3 5 = 1080$, 只需要添加 55 个 0. 输入向量的长度将近减小一半, 因此混合基 235 算法比基 2 算法快一倍.

在 Matlab 中提供了函数 nextpow2 用来计算一个数分解为 2 次幂时下一个幂, 如 nextpow2(17)=5, 由此可以计算所需加 0 的个数. 同时, Matlab 允许用户自己定义傅里叶变换时的向量长度作为函数 fft 和 ifft 的第 2 个参数, 因此, 我们可以将上述的期权定价程序修改为

$$\text{length} = 2^n \text{extpow2}(N+1);$$

$$C_0 = \text{ifft}(\text{fft}(CN, \text{length}). * (\text{length}/Rf * \text{ifft}(q, \text{length}))^N);$$

$$\text{optionprice} = C_0(1)$$

这里的傅里叶变换应用了基 2 算法, 如果要应用基 235 算法, 可以使用下面的程序来求出输入向量的长度.

$$\text{length} = N + 1;$$

$$\text{while} \quad \max(\text{factor}(\text{length})) > 5$$

$$\text{length} = \text{length} + 1;$$

$$\text{end}$$

§7.6 Black-Scholes 定价方法

Black-Scholes 定价方法 [8,85] 通过对标的资产在一段时间内价格的变动作出假定, 由此估计出资产在到期日的价格以解决资产价格在到期日的不确定性, 并由此确定期权的价格.

首先讨论资产的价格行为 [12,53,94]. Black-Scholes 定价方法对资产的价格行为所做的基本假设是:

(A) 资产的价格服从对数正态分布,

(B) 资产价格遵守几何布朗 (Brown) 运动.

由于资产价格取非负值, 假定资产价格呈对数正态分布要比通常意义下的正态分布更合理. 设资产在时刻 t 的价格为 S_t, $S_{t+\Delta t}$ 为经过时间间隔 Δt 后资产的价格, 称资产价格 S_t 服从对数正态分布, 是指资产价格的对数, 或等价地在时段 Δt 内资产的几何收益率 $r_{\Delta t}$ 呈正态分布, 即有

$$S_{t+\Delta t} = S_t \exp(r_{\Delta t}), \quad \text{或} \quad \ln \frac{S_{t+\Delta t}}{S_t} = r_{\Delta t} \tag{7.6.1}$$

呈正态分布, 记该正态分布的均值为 $\mu\Delta t$, 方差为 $\sigma^2\Delta t$, 其中 μ 和 σ 分别为资产年收益对数的均值与标准差 (有关它们的计算将在后面介绍). 利用正态分布与标准正态分布之间的转换关系

$$z = \frac{y - \mu\Delta t}{\sigma\sqrt{\Delta t}},$$

其中 y 为正态分布的随机变量, z 为服从标准正态分布的随机变量. 由此得

$$y = \mu\Delta t + \sigma z \sqrt{\Delta t}. \tag{7.6.2}$$

由于

$$r_{\Delta t} \approx N(\mu\Delta t, \sigma^2\Delta t), \tag{7.6.3}$$

其中 $N(\mu\Delta t, \sigma^2\Delta t)$ 表示以 $\mu\Delta t$ 为均值、$\sigma^2\Delta t$ 为方差的正态分布, 即 $r_{\Delta t}$ 服从均值为 $\mu\Delta t$, 方差为 $\sigma^2\Delta t$ 正态分布. 代入式 (7.6.1) 得资产在时刻的价格

$$S_{t+\Delta t} = S_t \exp(\mu\Delta t + \sigma z\sqrt{\Delta t}), \tag{7.6.4}$$

这里 μ 为年对数收益率, σ 为收益率分布的标准差, z 的值由标准正态分布随机确定.

(7.6.4) 可用于模拟资产在未来某个时间的价格以及价格的可能分布. 考虑这样一个股票, 其现行的市场价格为 $S_0 = 40$ 元, 已知该股票年收益对数的均值和标准差分别为 $\mu = 15\%$ 和 $\sigma = 0.30$, 要求模拟该股票两个工作日后的价格, 以及价格的分布. 以一年有 250 个工作日计算, 两个工作日的时间间隔为

$$\Delta t = 2/250 = 0.008.$$

由 (7.6.4) 通过随机产生标准正态分布的分位数 z 的值, 就可得到股票在 2 个工作日后不同的价格. 例如, 如随机产生的 z 值为 $z = 0.1236$, 则有

$$S_{\Delta t} = 40 \times \exp(0.15 \times 0.008 + 0.3 \times 0.1236 \times \sqrt{0.008}) = 40.1811;$$

如随机产生的 z 值为 $z = -0.8705$, 则有

$$S_{\Delta t} = 40 \times \exp(0.15 \times 0.008 - 0.3 \times 0.8705 \times \sqrt{0.008}) = 39.1234.$$

为了进一步理解资产价格对数分布的含义, 通过随机产生足够数量的标准正态分布的随机数 z 代入 (7.6.4) 以模拟生成大量的资产价格, 并观察其分布. 还是以上述例子为例, 并为简单起见, 把 Δt 简化为 $\Delta t = 1, S_0 = 1$, 得模拟式

$$S_1 = \exp(\mu + \sigma z) = \exp(0.15 + 0.3z).$$

表 7.6.1 给出了从标准正态分布中随机产生 1000 个 z 值所得股票价格的分布情况, 其中第 1 列给出了股票价格的等分区间, 每个区间的宽度为 0.15, 第 2 列给出了随机产生的股票价格落在每个区间内的个数. 从表中可以看出, 没有小于 0.45 的股票价格, 这反映了对数正态分布的一个重要特征 —— 对数正态分布只取正值, 如果采用正态分布的假定进行模拟有可能产生负的价格; 这是不符合实际的. 图 7.6.1 则给出了这一价格分布的直方图, 由此可以清楚地看出对数正态分布曲线的形状. 事实上, 模拟的次数越多, 所得的股票价格的分布越接近于真实的对数正态分布.

在具体用 (7.6.4) 模拟资产价格时, 通常要把模拟的整个时段分成若干个小的时间区间, 对每个时间区间递推使用 (7.6.4) 得出资产在整个时段内价格的一个走势, 由此得出资产在期末的一个价格. 假设需要模拟某股票一年以后的价格及其分布, 已知股票年收益对数的均值和波动性. 假定一年有 250 个工作日, 则股票价格从第 t 日到第 $t + 1$ 日的变化可由下式模拟:

表 7.6.1 模拟的股票价格分布

区间	股价个数	区间	股价个数
[0, 0.15]	0	[1.20, 1.35]	139
[0.15, 0.30]	0	[1.35, 1.50]	113
[0.30, 0.45]	0	[1.50, 1.65]	74
[0.45, 0.60]	8	[1.65, 1.80]	53
[0.60, 0.75]	70	[1.80, 1.95]	25
[0.75, 0.90]	132	[1.95, 2.10]	16
[0.90, 1.05]	162	[2.10, 2.25]	10
[1.05, 1.20]	181	[2.25, 2.40]	5

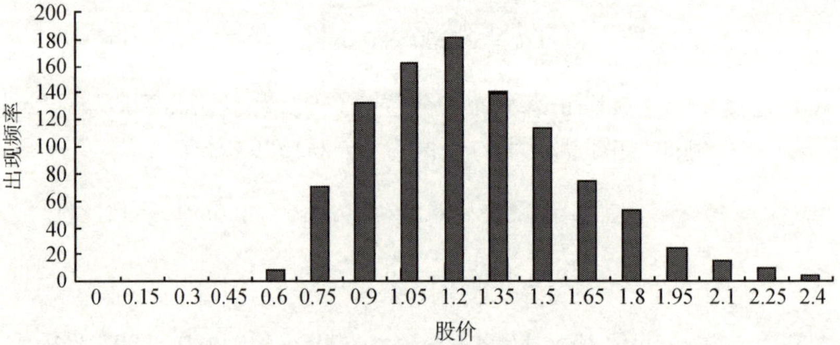

图 7.6.1 模拟股票价格频率分布直方图

$$S_{t+1} = S_t \exp(\mu \Delta t + z \sigma \sqrt{\Delta t}), \quad t = 0, 1, \cdots, 249, \qquad (7.6.5)$$

其中 $\Delta t = 1/250$. 从股票现行的市场价格 S_0 开始, 利用上式反复模拟 250 次得出该股票在这一年内的一个价格走势 (每工作日一个价格) 以及一年后的一个价格. 表 7.6.2 给出了一次模拟的部分数据, 其中 t 表示第 t 个工作日, z 表示产生的标准正态分布的随机数, S_t 为模拟的价格, $t = 250$ 时的 S_t 即为模拟所得的股票一年后的一个价格. 反复模拟所需要的次数, 如 1000 或 10 000 次, 就可以得到 1000 或 10 000 个价格走势, 以及 1000 个或 10 000 个一年后价格的估计, 从而得出一年后价格的对数正态分布.

表 7.6.2 模拟的股票价格走势

t	z	S_t	t	z	S_t
0	$\vdots$	40	$\vdots$	$\vdots$	$\vdots$
1	-1.842	39.33	246	0.597	42.65
2	1.037	39.74	247	-1.285	42.15
3	0.736	40.05	248	0.997	42.58
4	1.802	40.76	249	1.634	43.27
5	0.068	40.81	250	-0.885	42.94
$\vdots$	$\vdots$	$\vdots$	$\vdots$	$\vdots$	$\vdots$

　　在资产价格呈正态分布的假定下, (7.6.4) 的另一个作用是在某一给定的置信水平下, 可以预期股票价格变动的范围. 对于标准正态分布而言, z 的取值在范围 $-1.96 \leqslant z \leqslant 1.96$ 内的概率是 97.5%, 因此在 97.5% 的置信水平下, 由 (7.6.4) 模拟确定的股票经时间 Δt 后的价格变动范围为

$$S_t \exp(\mu\Delta t - 1.96\sigma\sqrt{\Delta t}) \leqslant S_{t+\Delta t} \leqslant S_t \exp(\mu\Delta t + 1.96\sigma\sqrt{\Delta t}). \tag{7.6.6}$$

以上述例子为例, 在 97.5% 的置信水平下, 股票价格在第 2 个工作日的波动范围为

$$S_2 \leqslant 40 \exp(0.15 \times 0.004 + 0.3 \times 1.96 \times \sqrt{0.004}) = 41.54,$$

$$38.56 = 40 \exp(0.15 \times 0.004 - 0.3 \times 1.96 \times \sqrt{0.004}) \leqslant S_2,$$

即有

$$38.52 \leqslant S_2 \leqslant 41.54.$$

因此, 对于给定的置信水平 α, 由标准正态分布表可确定随机变量 z 的取值范围, 例如对于 $\alpha = 95\%$, 有 $-1.64 \leqslant z \leqslant 1.64$, 把所得 z 取值的上下界分别代替 (7.6.6) 中的 -1.96 和 1.96 即可得出该置信水平下估计的股票价格的变动范围.

　　在资产价格呈对数正态分布的假设下, 要模拟资产的价格或资产价格的走势, 必须要正确估计资产收益对数的均值 μ 及其波动性 σ, 这可由资产价格的历史数据来估计. 由 (7.6.4) 有

$$\ln\left(\frac{S_{t+\Delta t}}{S_t}\right) = \mu\Delta t + z\sigma\sqrt{\Delta t}.$$

由于随机变量 z 服从标准正态分布, 即均值 $E[z] = 0$, 方差 $\text{var}[z] = 1$, 因而有

$$E\left[\ln\left(\frac{S_{t+\Delta t}}{S_t}\right)\right] = E[\mu\Delta t + z\sigma\sqrt{\Delta t}] = \mu\Delta t, \tag{7.6.7}$$

$$\text{var}\left[\ln\left(\frac{S_{t+\Delta t}}{S_t}\right)\right] = \text{var}[\mu\Delta t + z\sigma\sqrt{\Delta t}] = \sigma\Delta t, \tag{7.6.8}$$

由此可得从资产价格的历史数据估计 μ 和 σ 的公式

$$\mu = \frac{E[\ln(S_{t+\Delta t}/S_t)]}{\Delta t}, \quad \sigma^2 = \frac{\text{var}[\ln(S_{t+\Delta t}/S_t)]}{\Delta t}, \tag{7.6.9}$$

即通过计算对数收益序列 $\ln(S_{t+\Delta t}/S_t), t = 1, 2, \cdots, n$ 的均值和方差, 再除以时间区间的长度 Δt, 就可得资产收益对数的均值和方差. 由式 (7.6.9) 可以看出, 当 Δt 适当小时, μ 表示投资者对很短一个时期内的期望收益, 因而又称资产的瞬时期望收益, σ 表示资产收益在一个很短时期内的波动性, 又称资产收益的瞬时波动性.

对于 Black-Scholes 期权定价方法来说, 资产收益的瞬时波动性起重要作用, 因此要求对瞬时期望收益和瞬时波动性的估计应尽可能的精确. 这涉及对资产价格历史样本数据合理选取的问题. 理论上, 在其他情况保持相同的条件下, 资产价格数据的样本数越大, 估计得到的瞬时期望收益和瞬时波动性会越好. 但是实际上, 过分陈旧的资产价格数据, 对估计资产的未来价格或价格走势基本上没有什么实质性的贡献. 因此, 一个通用的选取样本数的准则为用于估计瞬时期望收益和瞬时波动性的时间跨度大致等于应用这一估计的时间长度. 具体说, 如果我们要用 (7.6.4) 来估计资产在未来一年内的价格走势, 我们可以选用该资产在过去一年内价格的历史样本数据来进行估计.

关于资产价格行为的第 2 个假设是假定资产价格的变化遵守几何布朗运动. 在这样一个假定下, 资产价格 S_t 满足微分方程

$$dS_t = \mu S_t dt + \sigma S_t dy_t, \tag{7.6.10}$$

其中 dy_t 满足标准的布朗运动

$$dy_t = z\sqrt{dt}, \tag{7.6.11}$$

这里 z 还是满足标准正态分布的随机数. 事实上, 这一假设与资产价格服从对数正态分布的假定是一致的. 由 (7.6.11) 得 (7.6.10) 的离散形式

$$\frac{\Delta S_t}{S_t} = \mu \Delta t + \sigma z \sqrt{\Delta t}, \tag{7.6.12}$$

其中 $\Delta S_t = S_{t+\Delta t} - S_t$ 表示资产价格在时段 Δt 内的改变量, $\Delta S_t / S_t$ 表示资产价格在这一时段内的相对变化. (7.6.12) 表明资产价格在时段 Δt 的变化率服从以 $\mu \Delta t$ 为均值、$\sigma z \sqrt{\Delta t}$ 为标准差的正态分布. 由 (7.6.12) 得

$$S_{\Delta t+t} = S_t[1 + \mu \Delta t + \sigma z \sqrt{\Delta t}] = S_t \exp(\mu \Delta t + \sigma z \sqrt{\Delta t}),$$

此即为 (7.6.4).

分析了资产价格变化的行为特性之后, 我们转到本节的主题, 期权定价的 Black-Scholes 方法. 前面我们已指出, 任何金融资产的价格都是资产的预期价值, 对于期权来说, 它的预期价值应该等于其可能取得的任何价值乘以获取该价值的概率后总和的现值. 以欧式买入期权为例, 期权到期日的预期价值为

$$E[C_T] = E[\max\{S_T - S_X, 0\}]. \tag{7.6.13}$$

在到期日, 根据资产预期的市场价格 S_T 是否大于或小于期权确定的执行价格 S_X, 可以有两种情况: 如果 $S_T > S_X$, 则期权的价值为正 $S_T - S_X > 0$; 对所有可能

$S_T > S_X$ 的情况, 期权的预期价值为

$$E[S_T | S_T - S_X > 0] - S_X,$$

如果 $S_T < S_X$, 则期权价值为零. 设出现 $S_T > S_X$ 的概率为 $0 < \beta < 1$, 则期权的预期价值为

$$E[C_T] = \beta \times (E[S_T | S_T > S_X] - S_X) + (1 - \beta) \times 0 = \beta \times (E[S_T | S_T > S_X] - S_X), \tag{7.6.14}$$

(7.6.14) 给出的是期权在到期日的价值, 由此可得期权在签约日的价格

$$C = e^{-rT} \beta (E[S_T | S_T > S_X] - S_X). \tag{7.6.15}$$

这里 T 为期权设定的期限, r 为无风险收益率, 一般采用连续复利. 由上式可以看出要确定期权的价格, 需要确定: (1) $S_T > S_X$ 的概率 β; (2) $S_T > S_X$ 时期权的预期价值. 图 7.6.2 给出了买入期权定价的原理.

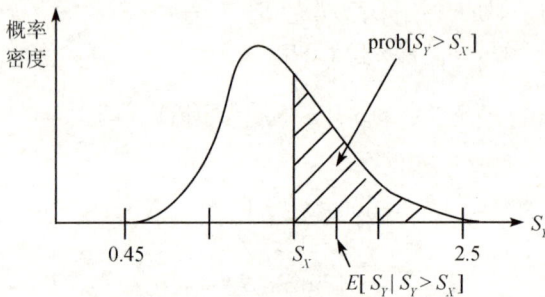

图 7.6.2　买入期权定价原理

根据定义以及资产价格服从对数正态分布的假定, 我们有

$$\beta = \text{prob}[S_T > S_X] = \text{prob}[R > \ln(S_X/S_0)], \tag{7.6.16}$$

其中 R 表示资产的对数收益率, S_0 为资产的期初价格. 对于对数正态分布的随机变量 x_t, 其值大于某一指定值 $\bar{x}$ 的概率可由式

$$\text{prob}[x_t > \bar{x}] = 1 - N[(\bar{x} - \mu^*)/\sigma^*] \tag{7.6.17}$$

确定, 其中 μ^* 和 σ^* 分别表示随机变量 x_t 的均值 (期望值) 和标准差, $N(d)$ 表示在标准正态分布中随机变量的值小于 d 出现的概率. 对于资产的价格, 在 (7.6.7) 和 (7.6.8) 中取 $t = 0, \Delta t = T$, 分别得期望收益率和标准差

$$\mu^* = E[\ln(S_T/S_0)] = \mu T, \tag{7.6.18}$$

$$\sigma^* = \mathrm{var}[\ln(S_T/S_0)] = \sigma\sqrt{T}, \tag{7.6.19}$$

这里 μ, σ 为资产的年对数收益率和收益率的标准差. 根据风险中性的无套利原理, 期望收益率与无风险收益率之间有关系

$$r = \mu + \sigma^2/2, \tag{7.6.20}$$

代入 (7.6.18) 得

$$\mu^* = (r - \sigma^2/2)T, \tag{7.6.21}$$

将 (7.6.19) 与 (7.6.20) 代入 (7.6.16) 和 (7.6.17) 得

$$\beta = \mathrm{prob}[S_T > S_X] = 1 - N[\ln(S_X/S_0)] - (r - \sigma^2/2)T)/\sigma\sqrt{T}], \tag{7.6.22}$$

由正态分布的对称性, 有 $1 - N(d) = N(-d)$, 因此得

$$\beta = N\left[\frac{\ln(S_0/S_X) + (r - \sigma^2/2)T}{\sigma\sqrt{T}}\right]. \tag{7.6.23}$$

至于期权在 $S_T > S_X$ 时的预期价值 $E[S_T|S_T - S_X] - S_X$, Jarrow 和 Rudd[60] 将正态分布曲线从 S_X 到 $+\infty$ 进行处理后得出

$$E[S_T|S_T > S_X] = S_0 e^{rT} N(d_1)/N(d_2), \tag{7.6.24}$$

其中

$$d_1 = \frac{\ln(S_0/S_X) + (r + \sigma^2/2)T}{\sigma\sqrt{T}}, \tag{7.6.25}$$

$$d_2 = d_1 - \sigma\sqrt{T} = \frac{\ln(S_0/S_X) + (r - \sigma^2/2)T}{\sigma\sqrt{T}}. \tag{7.6.26}$$

将 β 和 $E[S_T|S_T > S_X]$ 代入 (7.6.15) 得欧式买入期权定价的 Black-Scholes 公式

$$C = N(d_2)e^{-rT}[S_0 e^{rT} N(d_1)/N(d_2) - S_X] = S_0 N(d_1) - S_X e^{-rT} N(d_2). \tag{7.6.27}$$

由于 $C^A = C$, 美式买入期权的价格也可用 (7.6.27) 确定, 即有

$$C^A = S_0 N(d_1) - S_X e^{-rT} N(d_2), \tag{7.6.28}$$

对于欧式卖出期权, 根据关系式 (见 (7.3.11))

$$C + S_X e^{-rT} = P + S_0$$

可得定价公式

$$\begin{aligned} P &= C - S_0 + S_X e^{-rT} \\ &= S_X e^{-rT}[1 - N(d_2)] - S_0[1 - N(d_1)] \end{aligned}$$

$$= S_X e^{-rT} N(-d_2) - S_0 N(-d_1). \tag{7.6.29}$$

例 7.6.1 考虑以这样一个股票为标的资产, 期限为半年的期权. 已知该股票现行的市场价格为 42 元, 期权确定的执行价格为 40 元, 经估计得该股票对数收益的波动性为 $\sigma = 20\%$, 无风险资产的年收益率为 $r = 10\%$. 分别计算以该股票为标的资产的买入期权和卖出期权的价格.

首先计算 d_1 和 d_2 的值

$$d_1 = \frac{\ln(S_0/S_X) + (r + \sigma^2/2)T}{\sigma\sqrt{T}} = \frac{\ln(42/40) + (0.1 + 0.2^2/2)0.5}{0.2\sqrt{0.5}} = 0.7693,$$
$$d_2 = d_1 - \sigma\sqrt{T} = 0.7693 - 0.2\sqrt{0.5} = 0.6278.$$

由正态分布表可查得

$$N(d_1) = N(0.7693) \approx 0.7791, \quad N(d_2) = N(0.6278) \approx 0.7349.$$

据此, 利用公式 (7.6.27) 可计算得买入期权的价格为

$$C = 42 \times 0.7791 - 40 \times e^{-0.5 \times 0.1} \times 0.7349 = 4.76.$$

为计算欧式卖出期权的价格, 先计算

$$N(-d_1) = 1 - N(d_1) = 1 - 0.7791 = 0.2209,$$
$$N(-d_2) = 1 - N(d_2) = 1 - 0.7349 = 0.2651,$$

再由 (7.6.29) 得卖出期权的价格为

$$P = 40 \times e^{-0.15 \times 0.1} \times 0.2651 - 42 \times 0.2209 = 0.81.$$

在 Black-Scholes 期权定价公式中, 唯一一个不能直接观察到的参数值是资产收益对数的波动性 σ. 这可以用前面介绍的从资产价格的历史样本数据估计, 即

$$\sigma^2 = \frac{\sum\limits_{i=1}^{m}(R_i - \bar{R})}{m-1}, \tag{7.6.30}$$

其中 $R_i, i = 1, 2, \cdots, m$ 为资产收益率的样本数, R_i 取为对数收益率 $R_i = \ln(S_i/S_{i-1})$, S_i 为资产在时间 i 的价格, $\bar{R} = \sum\limits_{i=1}^{m} R_i/m$ 为收益率的平均值. 在用上述 (7.6.30) 计算波动率时, 对每个收益率, 不管它是远期的还是近期的都是同等看待的, 或说是等权重的, 即对每一个 $(R_i - \bar{R})^2$ 的权重同为 $1/(m-1)$. 这种方法对于 σ 变化不大的

样本数据是比较合适的, 在这种情况下, 为能精确的计算波动率, 应选用比较多的样本数据.

然而对于波动率 σ 随时间变化的样本数据, 我们可以采用对近期数据所加的权重要大于远期数据权重的指数加权移动平均模型 [128] 或 GARCH 模型 [133] 估计波动率. 在指数加权移动平均模型 (EWMA) 中, 对每一个 $(R_i - \bar{R})^2$ 的权重呈几何级数递减的, 即有

$$\sigma_t^2 = (1 - \lambda) \sum_{k=1}^{m} \lambda^k (R_{t-k} - \bar{R})^2, \quad 0 < \lambda < 1, \tag{7.6.31}$$

这里收益率 $R_{i-m}, R_{i-m+1}, \cdots, R_{i-1}$ 按时间递增次序排列, t 表示当前时间. 从 (7.6.31) 可以看出对 $(R_{t-k} - \bar{R})^2$ 的权重为 $(1 - \lambda)\lambda^k$, 随着 k 的增大, 样本数据离现在时间 t 越远, 权重会越小. 指数加权移动平均模型中的权重依赖于参数 λ 的选取, 称这个参数为衰减因子 (decay factor). 根据级数求和公式, 对于 $0 < \lambda < 1$ 有

$$\sum_{k=1}^{\infty} \lambda^k = \frac{1}{1 - \lambda}.$$

因此, 只有当样本数 $m = \infty$ 时, 权重之和才等于 1. 对于有限的 m, (7.6.31) 中的权重之和小于 1, 这同通常的要求权重之和为 1 不一致. 为克服这一不足, 可以将 (7.6.31) 修正为

$$\sigma_t^2 = \sum_{k=1}^{m} \frac{\lambda^k}{w} (R_{t-k} - \bar{R})^2, \tag{7.6.32}$$

其中

$$w = \sum_{k=1}^{m} \lambda^k.$$

显然, (7.6.32) 中的权重之和为 1.

ARCH 模型的中文翻译为自回归条件方差 (autoregressive conditional heteroscedasticity) 模型, 它是由 Engle 在 1982 年提出的 [35], 并成功地应用于英国通货膨胀指数的波动性研究. GARCH 模型是 ARCH 模型的推广, 称为广义自回归条件方差 (generalized autoregressive conditional heteroscedasticity), 它是由 Bollersler 于 1986 年提出的 [9]. ARCH 和 GARCH 模型在估计波动率时, 对近期的信息赋予更大的权重. 简单 ARCH 模型与 EWMA 模型十分相似, 但 GARCH 模型假定波动率是随机变化的, 因而是随机波动模型. GARCH 模型假定收益的方差服从一个可预测的随机过程, 是自相关的, 即它依赖于先前的方差和最新的收益, 即有

$$\sigma_t^2 = \alpha_0 + \alpha R_t^2 + \beta \sigma_{t-1}^2, \tag{7.6.33}$$

其中 α_0, α, β 为待估计的参数, 可以根据样本数据用最大拟然估计法估计 (见协整理论与波动性模型). 如果所得参数 α, β 满足 $\alpha + \beta < 1$, 那么 GARCH 是平稳的. 如果 $\alpha + \beta$ 接近 1, 则表明方差具有一致性, 即前后期的波动性之间的差不会很大.

在某些情况也可以从给定标的资产的不同期权价格来估计和计算资产收益对数的波动性 σ. 由于对同一资产的不同期权, 期权市场会公布它们的价格, 而交易员在计算这些期权价格时首先必须计算资产价格的波动性, 因此, 我们可以利用已知的观察值, 如 S_0, S_X, r, T 以及公布的期权价格计算资产收益对数的波动性 σ, 称这样得到的标准差为隐含标准差.

在已知 S_0, S_X, r, T 及 C 或 P 之后, 不可能从式 (7.6.27) 或 (7.6.29) 直接得出计算隐含标准差的显式表达式, 我们只能采用二分法或牛顿法等迭代方法求解得出隐含标准差 σ. 下面我们通过一个例子来说明应用二分法求隐含标准差 σ 的过程.

例 7.6.2 考虑这样一个股票, 其现行的市场价格为 $S_0 = 45$ 元, 无风险资产的年收益率为 $R = 8\%$. 以该股票为标的资产、某执行期限为半年的买入期权所确定的执行价格为 $S_X = 50$ 元, 公布的期权价格为 $C = 4$ 元, 试估计该股票对数收益分布的波动性.

为用二分法计算所要求的波动性 σ 的值, 先给出 σ 的一个初始值 $\sigma = 0.1$, 对此给定的 σ 值, 先计算

$$d_1 = \frac{\ln(S_0/S_X) + (r + \sigma^2/2)T}{\sigma\sqrt{T}} = -0.889, \quad d_2 = d_1 - \sigma\sqrt{T} = -0.9597$$

和

$$N(d_1) = 0.187, \quad N(d_2) = 0.1686.$$

由此得在给定 $\sigma = 0.1$ 时的期权价格

$$C = S_0 N(d_1) - S_X e^{-rT} N(d_2) = 1.25.$$

显然, C 的这一值远低于公布的价格 $C = 4$. 为此, 需另取一个 σ 的值, 使得由新的 σ 值计算所得的 C 值最好高于 $C = 4$. 由于期权价格 C 是波动性 σ 的增函数, 我们取 $\sigma = 0.3$, 按相同的计算过程可计算得 $C = 4.694$, 它显然大于 $C = 4$. 因此可以断定所求的波动性 σ 的值位于区间 $[0.1, 0.3]$. (如果由 $\sigma = 0.3$ 求得的 C 还小于公布的期权价格, 则需要再增大 σ 的值后再计算, 直至求得大于公布的期权价格的 C 值为止). 下一步取区间的中点 $\sigma = 0.2$, 经计算可得 $C = 3.116$, 因小于 $C = 4$, 可以确定所要求的波动性 σ 位于区间 $[0.2, 0.3]$. 再对分区间, 计算 C, 重复这一过程, 可求得 $\sigma = 25.5\%$ 为所求的波动性值.

由于同一股票上可以有许多不同的期权, 因而根据不同的期权及其公布的期权价格, 可以确定出若干个隐含的标准差 σ 的值, 在大多数情况下这些如此计算所得的隐含值一般不会相等, Beckers 给出的分析表明, 对 σ 最敏感的期权价格所确定的隐含值是 σ 值的最好估计.

欧式期权定价的 Black-Scholes 公式还可以用下列方法推导 [27]. 由随机微分方程 (7.6.10) 所确定的反映资产价格的随机变量所满足的过程又称伊藤 (Ito) 过程 [45,56], 一个随机变量 x_t 如果服从伊藤过程, 则它满足随机微分方程

$$dx_t = a(x_t, t)dt + b(x_t, t)dy_t, \tag{7.6.34}$$

其中随机变量 y_t 服从标准布朗运动方程 (7.6.11), $a(x_t, t), b(x_t, t)$ 为随机变量 x_t 和时间 t 的函数, $a(x_t, t)$ 和 $b(x_t, t)$ 分别称为随机变量 x_t 的漂移率和变异率. 对应由股票价格 S_t 所满足的随机微分方程 (7.6.10), 其相关函数为

$$a(S_t, t) = \mu S_t, \quad b(S_t, t) = \sigma S_t.$$

伊藤更进一步证明了, 如果 G 是满足 (7.6.34) 的随机变量 x_t 和 t 的函数, 则服从由随机微分方程

$$dG = \left(\frac{\partial G}{\partial x_t} a + \frac{\partial G}{\partial t} + \frac{1}{2} \frac{\partial^2 G}{\partial x_t^2} b^2 \right) dt + \frac{\partial G}{\partial x_t} b dy_t \tag{7.6.35}$$

确定的过程, 这里的 $a = a(x_t, t), b = b(x_t, t)$. 比较 (7.6.34) 和 (7.6.35) 可以看出函数 G 也满足伊藤过程, 只不过它的漂移率和变异率分别为

$$\frac{\partial G}{\partial x_t} + \frac{\partial G}{\partial t} + \frac{1}{2} \frac{\partial^2 G}{\partial x_t^2} b^2, \quad \left(\frac{\partial G}{\partial x_t} b \right)^2.$$

由于期权的价格设为 f, 是股票价格 S_t (随机变量、满足微分方程 (7.6.10)) 和履约时间 T 的函数, 因而也服从随机微分方程 (7.6.35), 即有

$$df = \left(\frac{\partial f}{\partial S_t} \mu S_t + \frac{\partial f}{\partial t} + \frac{1}{2} \frac{\partial^2 f}{\partial S_t^2} \sigma^2 S_t^2 \right) dt + \frac{\partial f}{\partial S_t} \sigma S_t dy_t, \tag{7.6.36}$$

上式的离散形式为

$$\Delta f = \left(\frac{\partial f}{\partial S_t} \mu S_t + \frac{\partial f}{\partial t} + \frac{1}{2} \frac{\partial^2 f}{\partial S_t^2} \sigma^2 S_t^2 \right) \Delta t + \frac{\partial f}{\partial S_t} \sigma S_t \Delta y_t, \tag{7.6.37}$$

其中 Δf 为期权价值在小的时间间隔 Δt 内的变动值. 由于方程 (7.6.10) 与 (7.6.36) 中的 y_t 同为服从布朗运动的随机变量, 可以构造资产与期权的一个组合以消去含有 dy_t 的项. 这样的一个组合构成为: 买入 $\partial f/\partial S_t$ 股股票, 持有一份期权. 该组合的价值为

$$V = -f + \frac{\partial f}{\partial S_t} S_t, \tag{7.6.38}$$

这里 f 为期权的价格. 对充分小的时段 Δt, 组合的价值变化为

$$\Delta V = -\Delta f + \frac{\partial f}{\partial S_t}\Delta S_t, \tag{7.6.39}$$

把 (7.6.37) 的 Δf 与 (7.6.12) 的 ΔS_t 代入经整理后得

$$\Delta V = \left(-\frac{\partial f}{\partial t} - \frac{1}{2}\frac{\partial^2 f}{\partial S_t^2}\sigma^2 S_t^2\right)\Delta t. \tag{7.6.40}$$

由于在这个方程中无随机变量 Δy_t 的项, 因而这是一个无风险的组合, 因此, 在时段 Δt 内, 该组合的收益应等于无风险资产在相同时段内的收益, 即有

$$\Delta V = V_r \Delta t. \tag{7.6.41}$$

将 (7.6.38) 和 (7.6.41) 代入 (7.6.40) 经整理得

$$\frac{\partial f}{\partial t} + rS_t\frac{\partial f}{\partial S_t} + \frac{1}{2}\sigma^2 S_t^2\frac{\partial^2 f}{\partial S_t^2} = rf. \tag{7.6.42}$$

这就是期权价格所要满足的微分方程, 称为 Black-Scholes 方程. 为从这一方程确定期权的价格, 需要根据期权的不同类型, 给出不同的边界条件. 对欧式买入期权, 其边界条件为

$$在 t = T, 有 f = \max\{S_T - S_X.0\}, \tag{7.6.43}$$

对欧式卖出期权, 其边界条件为

$$在 t = T, 有 f = \max\{S_X - S_T, 0\}, \tag{7.6.44}$$

对边界条件 (7.6.43), 可求得微分方程 (7.6.42) 的解, 记为

$$C = S_0 N(d_1) - S_X e^{-rT} N(d_2).$$

此即为式 (7.6.27).

在本节的最后, 考虑期权的有效期内股票分红情形下期权的定价. 由于股票分红的作用相当于降低了股票的价格, 如果在期权的有效期内分红, 股票价格的下降量相当于持有期内所有分红的现值. 因此, 对在持有期内股票有分红的期权, 计算期权价格的 Black-Scholes 公式分别为

$$C = (S_0 - D_p)N(d_1) - S_X e^{-rT} N(d_2), \tag{7.6.45}$$

$$P = S_X e^{-rT} N(-d_2) - (S_0 - D_p)N(-d_1), \tag{7.6.46}$$

其中 D_p 为期权持有期内所付红利的现值.

§7.7　期权定价的蒙特卡罗模拟方法

　　蒙特卡罗模拟方法的基本思想是根据资产价格呈对数正态分布的假设, 模拟出资产在期权持有期内的不同的价格走势, 得到资产在期权到期日的不同价格分布, 由此根据期权在资产不同价格下的价值得到期权在到期日的价值分布, 再取期权在到期日价值的均值作为期权的价格 [11,120,132].

　　根据资产价格呈对数正态分布的假定, 如果我们已知资产在时间 t $(0 < t < T)$ 的价格 S_t, 则经过间隔 Δt 后, 资产的价格 $S_{t+\Delta t}$ 可由 (7.6.14) 估计, 即

$$S_{t+\Delta t} = S_t \exp(\mu \Delta t + \sigma z \sqrt{\Delta t}), \tag{7.7.1}$$

式中各符号的意义同 (7.6.14). 将期权的持有期 T 分成 n 个间隔相等的时段, $\Delta t = T/n$, 从资产在期权签约日的价格 S_0 开始, 重复利用公式 (7.7.1)n 次可得资产在期权到期日的一个价格 S_T, 由资产的这个价格估计利用

$$C_t = \max(S_T - S_X, 0), \quad \text{或} \quad P_T = \max(S_X - S_T, 0),$$

可得期权在到期日的一个价值. 重复作这样的模拟 m 次, 可得期权 m 个可能的价值, 再取

$$C = E[C_T]r^{-rT}, \quad \text{或} \quad P_T = E[P_T]r^{-rT} \tag{7.7.2}$$

得期权的价格. 下面我们以一个具体的例子来说明这一模拟过程.

　　例 7.7.1　设有这样一个股票, 其现行的市场价格为 80 元, 已知该股票对数收益的均值为 8%, 对数收益的波动性为 25%, 无风险收益率为 11%. 现在有以该股票为标的资产的执行期限为 1 年的买入期权, 确定的股票的执行价格为 88 元, 试用模拟法确定该期权的价格.

　　设一年有 250 个工作日, 将 $T = 1$ 分为 250 个相等的时段, 即 $\Delta t = 1/250$ 为 1 个工作日, 由于 $\mu = 0.08, \sigma = 0.25$ 以及 $S_0 = 80$, 用 (7.7.1) 通过产生标准正态分布的随机数 z 进行模拟得资产在到期日的价格, 再得期权在到期日的价值. 表 7.7.1 给出了进行 50 次模拟所得出的结果, 其中 S_T 的列给出了模拟所得的股票在期权到期日的价格, C_T 表示由股票价格得到的期权在到期日的价值. 由表中的结果, 对 C_T 计算平均值后, 再计算现值得期权价格的估计

$$C \approx E[C_T]e^{-rT} = 7.000053 \times e^{-0.11} = 6.72.$$

对于这样一个期权, 我们同样可以用 Black-Scholes 模型计算期权的价格, 由

$$d_1 = \frac{\ln(S_0/S_X) + (r + \sigma^2/2)T}{\sigma\sqrt{T}} = \frac{\ln(80/88) + (0.11 + 0.25/2)}{0.25} = 0.1838,$$

$$d_2 = d_1 - \sigma\sqrt{T} = -0.0662, \quad N(d_1) = 0.5729, \quad N(d_2) = 0.4736,$$

表 7.7.1 模拟所得的股票价格和期权价值

次数	S_T	C_T	次数	S_T	C_T
1	96.714 93	8.714 933	26	99.236 75	11.236 75
2	86.699 49	0	27	129.963	41.962 97
3	79.927 97	0	28	148.277 6	60.277 63
4	131.210 9	43.210 86	29	65.820 37	0
5	90.756 02	2.756 024	30	60.157 86	0
6	77.142 89	0	31	114.829	26.828 96
7	82.563 74	0	32	130.846 8	42.846 77
8	70.921 31	0	33	105.106 3	17.106 26
9	79.337 96	0	34	78.590 89	0
10	85.422 95	0	35	93.194 28	5.194 279
11	89.476 93	1.476 934	36	78.555 82	0
12	78.942 85	0	37	82.488 32	0
13	130.768 8	42.768 77	38	87.755 19	0
14	87.837 61	0	39	78.614 44	0
15	62.892 68	0	40	86.310 97	0
16	79.571 62	0	41	91.210 32	3.210 317
17	91.738 71	3.738 708	42	77.660 45	0
18	66.886 69	0	43	93.916 85	5.916 854
19	75.175 05	0	44	81.639 16	0
20	70.624 26	0	45	81.549 32	0
21	74.255 86	0	46	74.158 13	0
22	70.289 2	0	47	105.550 7	17.550 74
23	69.915 36	0	48	77.922 96	0
24	90.667 02	2.667 019	49	81.998 87	0
25	77.868 32	0	50	100.537 9	12.537 86

得

$$C = S_0 N(d_1) - S_X e^{-rT} N(d_2) = 8.497.$$

把模拟所得的期权价格同用 Black-Scholes 模型计算的期权价格相比较可以看出两者之间有较大的差距. 出现这一现象的原因在于模拟的次数只有 50 次, 所得的股票在到期日的价格不能很好地覆盖股票在到期日的实际价格分布. 因此改善模拟精度的唯一办法就是增加模拟次数, 使得模拟所得的股票在期权到期日的价格尽可能好地覆盖实际的价格分布. 表 7.7.2 给出了模拟 100 次、200 次、300 次、500 次所得的 $E[C_T]$ 和 C 值. 从中可以看出, 随着模拟次数的增加, 由模拟所得的期权价格同用 Black-Scholes 模型计算的期权价格越来越接近, 这反映随着模拟次数的不断增多, 模拟所得的股票价格越来越接近股票价格的真实分布. 图 7.7.1 给出了 300 次模拟所得的股票价格分布和期权价值分布的直方图, 从图中我们可以看出模拟所得的股票在到期日的价格已基本具备对数正态分布的特征. 事实上, 如果我们进行更多次的模拟, 例如 1000 或 10 000 次, 所得的股票价格分布将更接近对数正态分布.

表 7.7.2　不同模拟次数得出的期权价格

模拟次数	100	200	300	500
$E[C_T]$	7.66	9.37	8.88	9.78
C	6.86	8.39	7.95	8.76

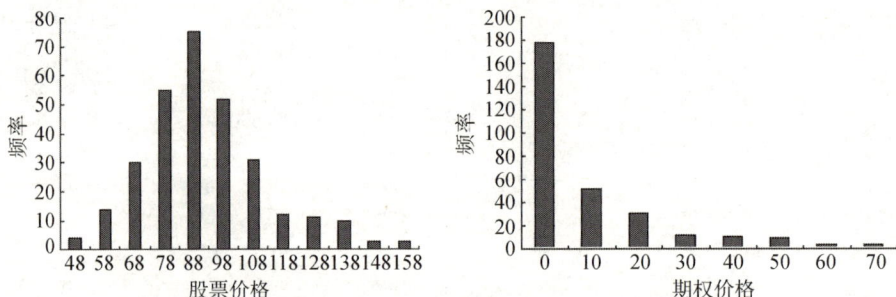

图 7.7.1　模拟结果

总结上述过程, 我们可以得出用蒙特卡罗模拟方法计算期权价格的过程如下:

(1) 输入资产及期权的有关参数 $S_0, S_T, T, \mu, \sigma, r$, 时段数 n 和模拟次数 m, 并计算 $\Delta t = T/n$;

(2) 关于 $i = 1, 2, \cdots, m$ 作下列模拟和计算: 由式 $S_{k+1} = S_k \exp(\mu\Delta t + \sigma z\sqrt{\Delta t})$, $k = 0, 1, \cdots, n-1$ 从 S_0 开始模拟得 $S_T = S_n$, $C_T = \max\{S_T - S_X, 0\}$ 或 $P_T = \max\{S_X - S_T, 0\}$;

(3) 计算 $E[C_T]$ 或 $E[P_T]$.

在这一模拟过程中, 存在着模拟次数和计算精度之间的矛盾. 根据理论分析的要求, 在模拟时, 时段 Δt 的长度应充分小, 模拟次数应尽可能的多, 以便使所得的资产价格估计尽可能涵盖资产价格的真实分布, 但这会大大增加模拟的计算工作量. 一般说来, 对于期限短的期权, 我们可以取一个工作日作为时段的长度, 对于期限相对长的期权, 可以取一周, 或十个工作日作为一个时段, 以减少模拟单个价格所需的工作量, 同时又能较好的模拟价格走势; 对于模拟次数, 一般要求不少于 1000 次, 比较理想的次数在 5000 至 10 000 之间.

§7.8　美式卖出期权的提前执行界

§7.3 的分析表明, 对于美式卖出期权存在提前执行的可能性, 即对于资产的某些市场价格状态, 提前执行美式卖出期权可能是有利的. 本节就此讨论资产在什么样的市场价格时美式卖出期权可以提前执行的问题 [13,15,93,95,117].

　　根据期权定价的二项式方法, 美式卖出期权可以提前执行是指在履约时间 T 之前的某个时间 t, 执行期权的收益要高于该期权当时的市场价值, 即有

$$S_X - S_t > q_u \times \max\{S_X - S_t(1+u), 0\} + q_d \times \max\{S_X - S_t(1+d), 0\}, \quad (7.8.1)$$

其中 S_t 为资产在时刻的价格, S_X 为期权确定的资产执行价格, u, d 为资产价格在一个阶段的上升和下降因子, q_u, q_d 是期权价格在一个阶段内的上升状态因子和下降状态因子. 图 7.8.1 描述了期权价格树上履约日之前的相邻 6 个结点之间的关系, 其中的字母表达了它们之间的相邻关系.

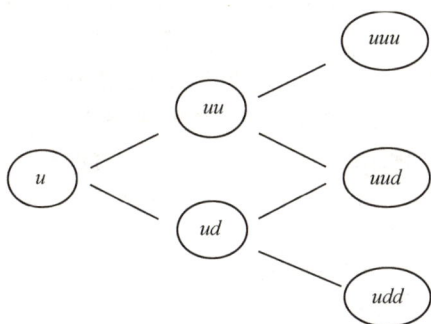

图 7.8.1　结点相邻关系

　　下面的引理给出了美式卖出期权价格树上相邻结点处期权价格的分布.

引理 7.8.1　　设美式卖出期权在结点 uu 和 ud 处的价值为

$$P_{uu} = S_X - S_{uu}, \quad P_{ud} = S_X - S_{ud}, \quad (7.8.2)$$

即这两点处期权的价值都是由执行期权获得的, 即有

$$S_X - S_{uu} > q_u \times P_{uuu} + q_d \times P_{uud}, \quad S_X - S_{ud} > q_u \times P_{uud} + q_d \times P_{udd},$$

其中 $S_{uu} = S_u(1+u), S_{ud} = S_u(1+d)$, 则该期权在结点 u 处的价值为

$$P_u = S_X - S_u. \quad (7.8.3)$$

证明　　要证明引理的结论, 仅需证明

$$S_X - S_u > q_u \times P_{uu} + q_d \times P_{ud}. \quad (7.8.4)$$

由 (7.8.2), 我们有

$$q_u \times P_{uu} + q_d \times P_{ud} = q_u(S_X - S_{uu}) + q_d(S_X - S_{ud}),$$

由 q_u 和 q_d 的计算公式 (7.4.9) 得

$$q_u + q_d = \frac{1}{1+\bar{r}}, \quad q_u(1+u) + q_d(1+d) = 1,$$

其中 $\bar{r}$ 为在一个时段内无风险资产的收益率, 由此得

$$q_u(S_X - S_{uu}) + q_d(S_X - S_{ud}) = \frac{S_X}{1+\bar{r}} - S_u[q_u(1+u) + q_d(1+d)] = \frac{S_X}{1+\bar{r}} - S_u.$$

由于 $\bar{r} > 0$, 这就证明了 (7.8.4) 成立. 证毕.

这一引理表明, 如果美式卖出期权价格树上某一时刻两个相邻状态处的价格都是期权的执行价格, 或者说由立即执行期权所确定, 那么, 由这两个状态的价格共同确定的前一个时段的期权价格也应由期权的执行价格确定, 而非由期权的市场价格确定, 或者说, 在该状态下, 执行期权要优于继续持有或出售期权. 下面的引理着重讨论了在时段 $t = T - 1$, 哪些价格状态可以提前执行期权.

引理 7.8.2　设 $t = T - 1$, 且对于某个状态价格 S_t 有

$$S_X - S_t > q_u \times \max\{S_X - S_t(1+u), 0\} + q_d \times \max\{S_X - S_t(1+d), 0\}, \quad (7.8.5)$$

则对于该时段任何低于 S_t 的价格状态, 提前执行期权都是可取的.

证明　由于证明可以递推进行, 我们仅需证明对仅次于 S_t 的价格状态, 提前执行期权是可取的. 设 $S_t = S_{t-1}(1+u)$, 其中 S_{t-1} 为资产在时刻 $t - 1 = T - 2$ 的位于状态 S_t 左下端的相邻状态的价格, 则有

$$S_X - S_t = S_X - S_{t-1}(1+u)$$
$$> q_u \times \max\{S_X - S_{t-1}(1+u)^2, 0\} + q_d \times \max\{S_X - S_{t-1}(1+u)(1+d), 0\}.$$

下面证明对于市场价格 $S_{t-1}(1+d)$ 成立有

$$S_X - S_{t-1}(1+d)$$
$$> q_u \times \max\{S_X - S_{t-1}(1+u)(1+d), 0\} + q_d \times \max\{S_X - S_{t-1}(1+d)^2, 0\} \quad (7.8.6)$$

也成立, 因而可以提前执行.

由 $S_X - S_t = S_X - S_{t-1}(1+u) > 0$ 得

$$S_X - S_{t-1}(1+u)(1+d) > 0, \quad S_X - S_{t-1}(1+d)^2 > 0.$$

因此, 证明 (7.8.6) 成为要证明

$$S_X - S_{t-1}(1+d) > q_u \times [S_X - S_{t-1}(1+u)(1+d)] + q_d \times [S_X - S_{t-1}(1+d)^2]. \quad (7.8.7)$$

类似于引理 7.8.1 证明可以得此式的右端等于

$$\frac{S_X}{1+\bar{r}} - S_{t-1}(1+d),$$

引理的结论直接来自 $\bar{r} > 0$. 证毕.

根据上述两个引理, 如果在期权的到期日, 期权价格树上的某个价格状态是可以提前执行的价格状态, 那么其余比这个价格低的价格状态都是可以提前执行的价格状态. 设在到期日有 m 个可执行期权的低价格状态, 根据引理 7.8.1, 在时刻 $t = T-1$ 的与这 m 个状态相邻的 $m-1$ 个状态是可以提前执行的; 依次类推, 在时刻 $t = T-2$ 的下面的 $m-2$ 个价格状态也是可以提前执行的. 图 7.8.2 给出了把 T 分为 5 个时段的一个例子, 其中 $Su^i d^j = S(1+u)^i(1+d)^j$, 虚线的结点表示可提前执行的价格状态. 据此可以看出, 在美式卖出期权持有期内的某个时间 $t(< T)$, 期权可提前执行的资产价格可能不止一个. 在这些所有可能的可提前执行的资产价格中, 最高的资产价格状态定义为美式卖出期权在时刻 t 的提前执行界. 可以明白的是在任何时间的提前执行界必小于期权确定的执行价格, 但小于期权执行价格的资产价格未必成为提前执行界.

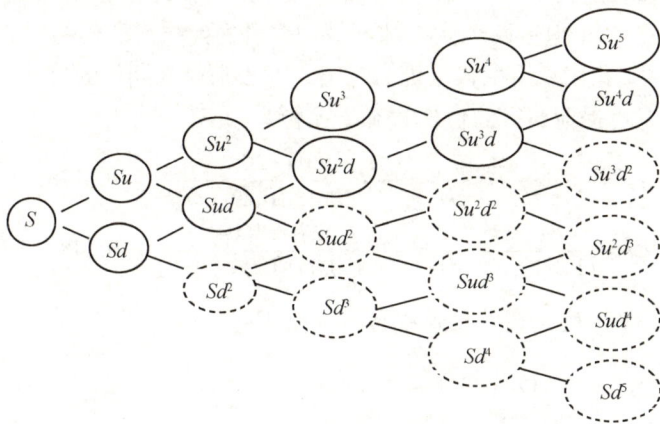

图 7.8.2 可提前执行的资产状态价格分布

下面的例子进一步阐明了美式卖出期权可提前执行的资产价格的状态, 以及美式卖出期权在不同时段的可提前执行界.

例 7.8.1 考虑以某股票为标的资产的执行期限为 $T = 1$ 年的美式卖出期权, 设股票的现行市场价格为 50 元, 期权确定的执行价格为 55 元, 已知股票的价格每个季度要么上升 25%, 要么下降 20%, 无风险资产每个季度的收益率为 4%, 试确定该期权可提前执行的股票价格, 以及在不同季度的提前执行界.

首先根据该股票当前的市场价格和每季度的价格上升因子和下降因子, 构造如图 7.8.3 所示的股票价格树. 由于期权确定的资产执行价格为 $S_X = 55$, 因而在到期时间 T, 执行期权的价格状态有图中最后一列的下面 3 个, 由此 3 个状态出发, 应用上述两个引理得各个阶段的可提前执行期权的价格状态, 如图中的虚线表示的结点所示.

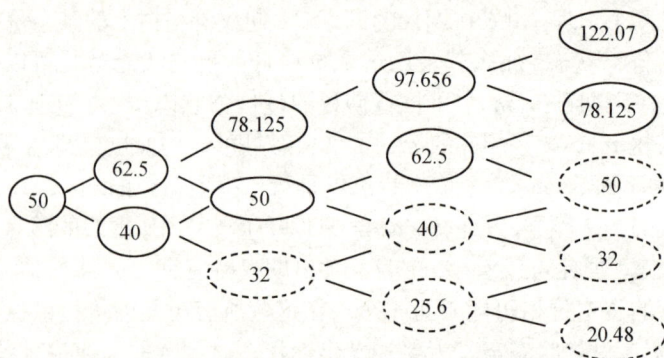

图 7.8.3   股票价格树

从图中可以看出在第 1 阶段末和第 2 阶段末, 尽管有两个低于执行价格的股票价格状态 (40 和 50), 但这两个状态却不是期权可提前执行的价格状态. 为验证上述结论的正确性, 我们采用期权定价的二项式方法来计算期权的价格, 以此来肯定那些节点是期权可提前执行的价格状态. 先计算

$$q_u = \frac{\bar{r} - d}{(1+\bar{r})(u-d)} = \frac{0.04 + 0.2}{(1+0.04)(0.25+0.2)} = 0.5128,$$

$$q_d = \frac{u - \bar{r}}{(1+\bar{r})(u-d)} = \frac{0.25 - 0.04}{(1+0.04)(0.25+0.2)} = 0.4487,$$

由 $\max\{S_X - S_T, 0\}$ 确定履约日各状态的价值 P_T, 再由

$$P_t = \max\{S_X - S_t, q_u P_{tu} + q_d P_{td}\}$$

确定其他阶段各状态的期权价值, 得出如图 7.8.4 所示的期权在各状态处的价值.

根据美式卖出期权二项式方法的定价规则, 在美式期权价格树上节点的价值由 $P_t = S_X - S_t$ 确定的是可提前执行的点 (见图 7.8.4 中虚线结点的状态). 同图 7.8.3 比较可以看出两个图有完全相同的可提前执行的价格状态. 表 7.8.1 给出了上述例子中期权在各个阶段可提前执行的股票价格的界.

对于美式买入期权, 尽管在持有期内无红利派发时期权的提前执行不值得推荐, 而期权的定价可以同欧式买入期权一样定价. 但是在持有期内如派发红利, 则情况有所不同, 提前执行期权的可能性存在, 因而也有确定提前执行界的问题 [124]. 显然

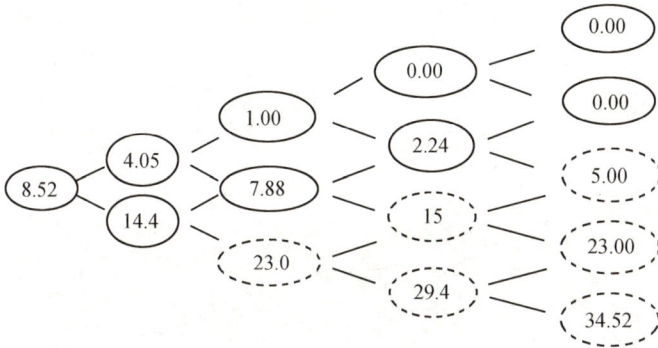

图 7.8.4　期权价格树

表 7.8.1　期权在不同时期的提前执行界

时间	0	0.25	0.50	0.75	1
提前执行界	无	无	32	40	50

对于买入期权而言, 所谓提前执行界是指在某个时间 $t(<T)$ 所有可提前执行的价格状态中价格最小的那个价格, 下面我们用一个例子来说明美式买入期权在可提前执行时的定价以及提前执行界的确定.

例 7.8.2　考虑以这样一个股票为标的资产, 执行期限为 $T=1$ 年的美式买入期权, 该股票现行的市场价格为 60 元, 期权确定的执行价格为 55 元, 已知无风险资产的年收益率为 8%, 在期权的有效期内股票派发红利, 经估计包括红利和市场因素在内, 股票每季度要么上升 5%, 要么下降 4%. 无论股票价格是升还是降, 股票面值的 2% 用于派发红利. 试确定该美式买入期权的价格以及在不同阶段的提前执行界. 图 7.8.5 给出了该股票包含红利的价格树, 图 7.8.6 则是该股票不包含红利的股票价格树.

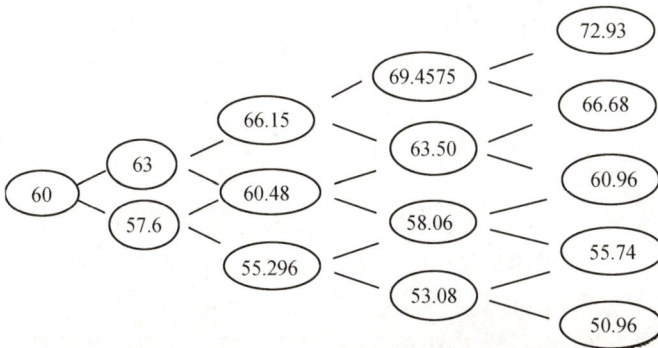

图 7.8.5　包含红利的股票价格树

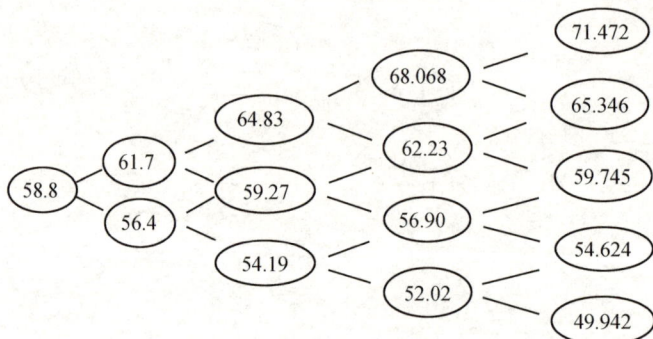

图 7.8.6　不包含红利的股票价格树

先利用 $\max\{S_T - S_X, 0\}$ 确定期权价格树上在到期日 5 个节点处的价值 (见图 7.8.7), 这里 S_T 为在到期日股票不包含红利的价格. 可以发现在上面的三个状态期权会被执行. 为利用二项式方法确定该期权的价格, 先计算 q_u 和 q_d,

$$q_u = \frac{0.98 \times (1 + \bar{r}) - (1 + d)}{0.98 \times (1 + \bar{r})(u - d)} = \frac{0.98 \times 1.0202 - 0.96}{0.98 \times 1.0202 \times (0.05 + 0.04)} = 0.44228,$$

$$q_d = \frac{1 + u - 0.98 \times (1 + \bar{r})}{0.98 \times (1 + \bar{r})(u - d)} = \frac{1.05 - 0.98 \times 1.0202}{0.98 \times 1.0202 \times (0.05 + 0.04)} = 0.55792,$$

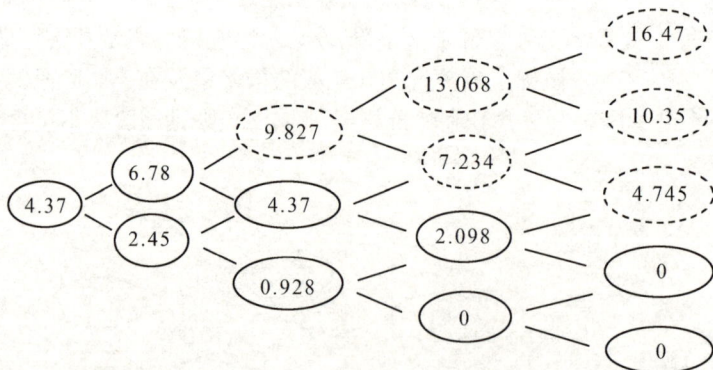

图 7.8.7　期权价格树

其中 $\bar{r} = e^{rT/4} - 1 = 0.0202$ 为一个季度的无风险资产收益率, 乘以 0.98 是因为扣除红利后的无风险资产的收益. 由此利用式 $C_t = \max\{S_t - S_X, q_u C_{tu} + q_d C_{td}\}$ 计算期权在时间 $t(< T)$ 不同状态的价值, 这里 C_{tu}, C_{td} 分别在表示时间 t 某状态处右上和右下结点处已知的期权价值. 对于 $t = 3/4$ 的四个结点从上到下依次有

$$\max\{68.068 - 55, 0.4422 \times 16.47 + 0.5579 \times 10.35\} = \max\{13.068, 13.057\} = 13.068,$$

$$\max\{62.234 - 55, 0.4422 \times 10.35 + 0.5579 \times 4.7446\} = \max\{7.234, 7.223\} = 7.234,$$

$$\max\{56.920 - 55, 0.4422 \times 4.7446 + 0.5579 \times 0\} = \max\{1.9, 2.098\} = 2.098,$$

$$\max\{52.02 - 55, 0.4422 \times 0 + 0.5579 \times 0\} = 0,$$

这里上面的两个状态的价格是由提前执行期权确定的. 对于 $t = 0.5$ 的三个状态, 用类似的计算从上到下分别得 $9.83, 4.37, 0.93$, 这里只有上面的一个状态的价格是由提前执行期权确定的. 对于 $t = 0.25$ 的两个状态, 从上至下计算的结果为 $6.78, 2.45$. 至此已无期权被提前执行的状态. 最后的根节点得期权的价格为 $C = 4.37$. 期权价格树见图 7.8.7. 图中虚线表示的节点为期权可提前执行的状态. 比较图 7.8.7 和图 7.8.6 可得表 7.8.2 所示的该买入期权的提前执行界.

表 7.8.2   有分红的美式买入期权的提前执行界

时间	0	0.25	0.5	0.75	1
提前执行界	0	0	64.83	62.23	59.74

§7.9   货币期权的定价

在本章前面的讨论和分析中, 我们大都采用以股票为标的资产的期权. 除了股票期权外, 还有股指期权、货币期权等.

货币期权又称外汇期权, 它是以两种货币之间的汇率作为标的资产的期权. 在这两种货币中有一种是基础货币, 如美元、英镑等, 另一货币称为定价货币. 同所有的期权一样, 货币期权的功能在于套期保值, 或说对冲. 我们以英镑与美元两种货币间的货币期权为例对货币期权的功能作一简单的介绍, 其中英镑是基础货币, 美元为定价货币, 即汇率定为每英镑多少美元. 对于这样一个以美元/英镑的汇率为标的资产的货币期权 (称英镑期权), 持有买入期权 (看涨期权) 的预期是英镑升值, 而持有卖出期权是预期英镑会贬值, 可见货币期权的功能同股票期权的功能是相同的.

对于货币欧式期权的定价, 同样可以用 Black-Scholes 定价模型, 所不同的是对于货币期权所涉及的两种货币, 在持有期内都有利息收入, 因而在 Black-Scholes 定价模型中的股票的现行价格 S_0, 应该由 $S_0 e^{-r_b T}$ 所替代, 这里 r_b 为基础货币的年连续复合率, S_0 为签约时的即期汇率. 因此对欧式买入货币期权的定价由下式确定

$$C = S_0 e^{-r_b T} N(d_1) - S_X e^{-r_p T} N(d_2), \tag{7.9.1}$$

其中 S_X 为由期权确定的执行汇率, r_p 为定价货币的年连续复合利率,

$$d_1 = \frac{\ln(S_0/S_X) + (r_p - r_b + \sigma^2/2)T}{\sigma\sqrt{T}}, \quad d_2 = d_1 - \sigma\sqrt{T},$$

这里 σ 表示汇率的波动性, 并假定汇率服从同股票价格变化相同的随机过程. 这一公式是由高曼 – 哥哈根 (Garman-Kohlhagen) 在 1983 年发表的[42], 称为高曼 – 哥哈根模型. 注意由上述模型计算所得的期权价格也成汇率形式出现, 要具体确定期权合约的成本, 需要由以基础货币表示的合约规模乘以期权的价格来计算. 下面我们通过一个例子来加以说明.

例 7.9.1 考虑这样一个以英镑为基础货币, 美元为定价货币的外汇欧式买入期权. 已知两种货币的当前即期汇率为 $S_0 = 1.60$ 美元/英镑, 汇率的波动性为 $\sigma = 15\%$, 期权确定的执行汇率为 $S_X = 1.64$ 美元/英镑, 期限为 50 天 ($T = 0.137$) . 已知英镑的年连续复合利率为 $r_b = 8\%$, 美元的年连续复合利率为 $r_p = 5\%$, 计算这一期权的价格. 如果期权合约的规模为 31 250 英镑, 合约成本是多少?

首先计算

$$\begin{aligned}
d_1 &= \frac{\ln(S_0/S_X) + (r_p - r_b + \sigma^2/2)T}{\sigma\sqrt{T}} \\
&= \frac{\ln(1.6/1.64) + (0.05 - 0.08 + 0.0225/2) \times 0.137}{0.15\sqrt{0.137}} = -0.4190, \\
d_2 &= d_1 - \sigma\sqrt{T} = -0.5465, \\
N(d_1) &= 0.3117, \quad N(d_2) = 0.2923,
\end{aligned}$$

由此得

$$C = 1.60e^{-0.08 \times 0.137} \times 0.3117 - 1.64e^{-0.05 \times 0.137} \times 0.2923 = 0.0171,$$

即该欧式买入期权的价格为每英镑 1.71 美分. 由于合约规模为 31 250 英镑, 因而整个合约成本为

$$31\ 250 \times 0.0171 = 534.91\ (\text{美元}).$$

由于在与到期日相同的远期汇率与即期汇率之间有关系式

$$S_F = S_0 e^{-(r_p - r_b)T}, \tag{7.9.2}$$

代入 (7.9.1) 得

$$C = e^{-r_p T}[S_F N(d_1) - S_X N(d_2)], \tag{7.9.3}$$

其中

$$d_1 = \frac{\ln(S_F/S_X) + (\sigma^2/2)T}{\sigma\sqrt{T}}, \quad d_2 = d_1 - \sigma\sqrt{T}. \tag{7.9.4}$$

类似可得出欧式外汇卖出期权的定价公式

$$P = e^{-r_pT}[S_XN(-d_2) - S_FN(-d_1)]. \tag{7.9.5}$$

§7.10 期货期权的定价

以期货合约为标的资产的期权合约称为期货期权, 同以现货资产为标的物的期权相比, 期货期权交割的是期货合约. 由于期货的标的物有现货、利率、外汇、指数之分, 因而又有现货期货期权、利率期货期权、外汇期货期权、指数期货期权等不同种类的期货期权. 国际上流行的期货期权有美国的中长期国债期货期权、欧洲美元期货期权等. 期货期权的到期日比较复杂, 因为期权合约的标的物是期货, 它本身还有一个到期日. 虽然期货的到期日必定后于期权确定的到期日, 对于不同的期货期权, 期货到期日与期权到期日之间的时间间隔都有具体的规定, 一般要求期货合约在期权合约到期后能很快会被执行. 对于买入期权来说, 在到期日, 如果作为标的资产的期货的市场价格 F_T 高于期权确定的执行价格 F_X, 期权的持有者会执行期权, 其收益为 $F_T - F_X$ 加上以执行价格 F_X 购入的期权所确定的期货合约; 如果期货的价格低于执行价格, 持有者将不会执行期权, 到期日他的现金流为零, 而整个投资的损失为期初购买期权的费用 C, 即期权的价格. 同样对于卖出期权来说, 在到期日, 只有在作为标的资产的期货价格 F_T 低于执行价格 F_X 时, 持有者才会执行期权, 其收益为 $F_X - F_T$ 加上以执行价 F_X 获得期货合约的空头头寸.

对于期货期权的定价, 由于在期货的价格 F_T 与现货的价格 S_0 之间有关系式

$$F_T = S_0e^{rT},$$

其中 r 为连续复利的年无风险资产的收益率. 因此, 欧式期货期权的价格可以利用上式从 Black-Scholes 模型直接得到, 对于买入期权有

$$C = S_0N(d_1) - F_Xe^{-rT}N(d_2) = e^{-rT}[F_TN(d_1) - F_XN(d_2)], \tag{7.10.1}$$

而对于卖出期权有

$$P = e^{-rT}[F_XN(-d_2) - F_TN(-d_1)], \tag{7.10.2}$$

其中

$$d_1 = \frac{\ln(F_T/F_X) + (\sigma^2/2)T}{\sigma\sqrt{T}}, \quad d_2 = d_1 - \sigma\sqrt{T}, \tag{7.10.3}$$

σ 为期货价格的波动率. 对期货期权感兴趣的读者可参阅文献 [49,100,126].

第 8 章　信用衍生产品的定价方法

§8.1　信用风险和信用衍生产品

信用风险 (credit risk), 也称违约风险 (default risk), 它是由于借款人 (borrower), 债券发行人 (bond issuers) 或衍生产品交易中的交易对手 (counterparties in derivative transaction) 潜在违约的可能性所引发的风险 [4,53,98,104]. 债务人可能无力或不愿偿还利息或/和本金而违约, 债券发行人的违约则包括不能按时对债券持有人的息票付息或偿还本金. 对于大多数由国家政府发行的债券一般会免于违约的风险, 这是因为政府在需要的时候可以增加货币的发行量. 因而, 通常把国家政府发行的债券的收益率作为无风险收益率. 由地方政府发行的债券存在违约的可能, 但不普遍, 由公司企业发行的债券违约风险同前两者比起来则相对要大. 衍生产品交易合同中的一个签约方不能履行合同所规定的义务就是违约. 一般说来, 在场外交易市场交易的衍生产品的违约风险要大于在交易市场交易的衍生产品的违约风险, 这是因为交易所能充当合同双方的中间人, 对一些信誉好的交易场所更是如此. 信用风险还包括由于债务人信用等级的降低, 导致其债务的市场价格下降而造成的损失. 信用风险的大小主要取决于交易对手的财务状况. 信用风险包括违约风险和结算风险. 违约风险 (default risk) 又称结算前风险, 指交易对手在合约有效期内不能履行合约义务而造成损失的风险, 有贷款违约、债券违约以及衍生产品交易中的违约. 违约风险存在于从合约签订到合约到期整个时段内. 结算风险来自于现金流的兑换过程, 有短期的性质. 当一个金融机构开始支付款项时风险产生, 直至款项完全收回为止. 特别当支与付发生在不同的时段时, 这种风险最大. 引发这种风险的原因有对方违约、流通限制以及经营问题等. 传统意义下的信用风险指的是违约风险. 信用风险的分布通常受下述各因素的影响:

违约与否(default)：交易对手或者违约或者不违约, 这是一个离散型随机变量, 违约的发生服从某种违约概率 (probability of default).

信用暴露(credit exposure)：交易对手在违约时对其求偿权的经济价值. 信用暴露定义为资产在违约时的价值 (取正值)

$$\max\{V_t, 0\},$$

其中 $V_t \geqslant 0$ 是资产在违约发生时 $t(t \leqslant T)$ 的价值, T 为合约到期日.

违约后损失(loss given default, LGD)：因违约而造成的部分或全部损失. 例如,设违约发生后造成的回收率为 40%, 则其违约后损失是其违约暴露的 60%.

信用风险源自违约风险、回收风险和市场风险的综合, 同市场风险具有厚尾的分布不同, 信用风险的分布具有左偏的特性. 这是因为信用风险同期权的空头类似, 在好的情况, 交易对手支付所有应支付的款项, 从而无任何损失; 但在坏的情形, 可能会损失全部应该收回的金额. 信用风险同市场风险有时会融合在一起难以区分. 例如, 公司债券价格的波动实际上反映了对信用损失预期的变化, 在这个时候, 很难说应将这一波动看作是市场风险还是信用风险.

为了减小信用风险的影响, 金融机构已设计推出了各种不同的信用衍生产品 (credit derivatives). 信用衍生产品属于场外交易的合同, 是组合信用风险管理的工具, 其作用在于把信用风险从交易的一方转移到交易的另一方, 从而使得投资者通过对风险暴露的转换 (从一类风险转换为另一类风险) 达到分散或转移组合的信用风险的目的. 信用衍生产品合约允许把信用风险从贷款和债务中剥离出来, 并放在不同的市场上进行交易, 它的市场价格依据信用差价、信用级别或者违约的状况具体确定. 信用衍生产品既可以单独交易, 也可以作为其他一些金融工具的组成部分. 由于信用衍生产品属于场外交易的金融合约, 其支付是或有的, 而且与特定发行者的信用级别变动相关联. 所谓的特定发行人通常不是参与信用衍生产品合约的一方. 信用衍生产品交易始于 20 世纪 90 年代早期, 其参与者主要是一些大型中心商业银行和投资银行, 但市场规模很小. 然而信用衍生产品市场发展的速度却非常快, 全球信用衍生产品市场的规模已从 1996 年的 400 亿美元增长至 2002 年的 23 000 亿美元.

金融机构和投资者通常是作为一种补充来使用不同的信用衍生产品, 银行利用信用衍生产品可以转移部分信用风险, 而投资者和其他的金融机构则可以利用信用衍生产品通过承担更多的信用风险来提高其投资收益率. 图 8.1.1 描述了把信用衍生产品作为投资组合补充的出发点.

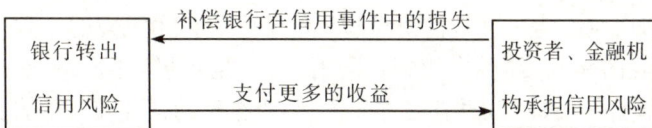

图 8.1.1　信用衍生产品的作用

借贷机构和主要的商业银行不再满足于简单地提供贷款, 到期后借款人按规定还款. 对于出现违约可能, 银行发现可以通过利用信用衍生产品交易来降低组合的信用风险. 例如, 如果一家银行向一家航空公司提供了 1 亿美元的贷款, 该航空公司的信用级别为 AA 级. 另一家银行向一家能源公司也提供了一亿美元的贷款, 能源公司的信用级别也为 AA 级. 如果两家银行各拿出 5000 万美元贷款进行互换, 则两家银行都可以从中得到好处, 这是因为银行的资产组合得到了分散, 航空业和能源业同时遭受危机的可能性要小得多, 降低了各自因交易对手可能违约而产生的信用风险. 信用衍生产品交易是在不涉及公开买卖贷款的情况下转移资产部分信用风险的有效手段.

另一方面, 在低利率的环境中, 很多投资者想通过转向非传统市场来寻求更高的收益, 这意味着投资者愿意接受对比较低的信用级别和更长期限的投资. 通过传统金融工具和衍生产品的结合, 信用衍生产品为投资者提供了进入高收益市场的机会. 还可以通过使用信用衍生产品, 利用贷款市场和债券市场对同一债务人定价的不一致而产生的盈利机会, 或利用某个投资者对公司信用价差的观点 (或定价偏差) 产生的盈余机会.

可以看出, 不同的对象对信用衍生产品应用的目的是不同的. 投资者利用信用衍生产品能够进入以前不能进入的高收益市场, 如贷款、跨国贷款和新兴市场经济国家债券市场等, 有机会获得更高收益; 或不需要杠杆融资, 可以分离信用风险和市场风险, 降低资产组合的主权风险. 银行利用信用衍生产品可以降低信用风险的集中程度, 有效地管理和控制贷款组合的风险. 而企业利用信用衍生产品可以对交易和主权信用风险进行套期保值, 降低消费者/供应者面临的信用风险.

根据世界交易量的统计, 通行的主要信用衍生产品有: 信用违约互换 (credit default swap, CDS)、信用违约互换期权 (credit default swaption)、信用连锁票据 (credit-linked note CLN)、信用价差期权 (credit spread option)、"一揽子" 违约互惠 (basket default swap, BDS) 和抵押债务责任 (collateralized debt obligations, CDO) 等. 我们将在下面各节分别加以介绍.

§8.2　信用违约互换 (CDS) 的定价

可以把信用违约互换看作是对交易资产违约所作的一项保险 [51], 在信用互换合约中, 具有信用风险的一方将信用风险出售给购买信用风险的一方, 信用风险的出售方称为保险的购买者, 他向出售保险的一方 (信用风险的购买方) 支付一笔费用. 购买信用风险的一方一般没有支付义务, 只有在标的债券或贷款的发行人 (第三方) 发生违约时需要根据合约的条款进行支付. 以债券为例, 在债券发行人发生违约时, 保险的出售方要向保险的购买方支付一笔违约金, 金额等于保险的违约标的资产的面值减去违约发生后实际的回收额. 购买保险 (出售信用风险) 一方费用的支付可以是一次性的, 也可以分期支付. 图 8.2.1 给出了一个分期支付费用的信用违约互换合约的图示.

例 8.2.1　某商业银行甲同交易对手 A 公司有一笔 5 年期的, 5 亿美元的互换交易, 为降低对手可能违约引发的信用风险, 银行出售分期信用风险, 同乙方签署了一个信用互换合约. 合约规定银行需每年向乙方支付标的资产 (5 亿美元) 的 2 个基本点的费用 (折合 10 万美金), 在交易对手 A 发生违约时, 乙方则需一次性向银行支付违约损失 2500 万美金. 当然如果交易对手 A 不发生违约, 乙方无需向银行作出任何支付. 在这个例子中, 2500 万美元是银行用于抵消信用风险所需要提取的资本金. 有了这个互换合约, 即使交易对手 A 出现违约, 银行用乙方提供的 2500 万美元可以为一笔新的总额为 5 亿美元的资产提供交易机会, 而无需提取额外的资本金.

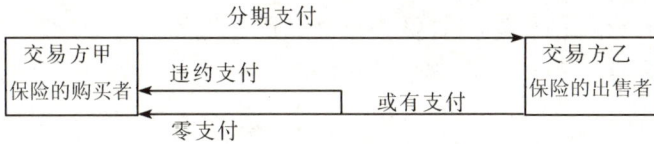

图 8.2.1 信用违约互换

信用违约互换合约被嵌入到许多金融产品中, 投资于一种对信用风险敏感的风险债券相当于投资一种无风险债券并同时卖出一份信用违约互换. 例如, 某风险债券出售价为 90 元, 承诺 1 年后支付 100 元, 无风险债券的售价为 95 元, 因此购买一份无风险债券, 并就风险债券出售一份目前价值为 5 元的信用互换合约相当于购买一份风险债券. 两种投资所付的成本是相同的, 一旦风险债券的发行公司违约, 最终支付额也是一样的 (互换合约价值 5 元, 但如出现违约需支付 90 元).

需要指出的是信用违约互换合约并不能完全消除信用风险, 也就是说, 信用违约互换合约降低了标的资产交易对手的信用风险, 但要承担互换合约对手可能发生违约的新的信用风险. 一份有效率的信用违约互换合约应该确保标的资产对手的违约风险与互换合约对手的违约风险具有较低的相关性. 表 8.2.1 给出了标的资产为 5 年期 BBB 级债券时不同信用级别互换对手在不同相关性下对信用互换合约 (CDS) 的信用价差 (credit spread) (有关信用价差的定义见 §11.4), 其单位为基本点. 对信用互换合约的信用价差越高, 信用互换合约对标的资产的保护作用越大. 从表中可以看出, 如果互换对手同标的资产对手之间的违约无相关性, 对这种 BBB

表 8.2.1 标的资产 BBB 级债券, 不同级互换交易对手的 CDS 信用价差

相关系数	AAA	AA	A	BBB
0.0	194	194	194	194
0.2	191	190	189	186
0.4	187	185	181	175
0.6	182	178	171	159
0.8	177	171	157	134

级债券的信用互换合约的信用价差都是 194 个基本点, 但是随相关性的增大和信用评级的降低, 信用互换合约的信用价差下降, 直至交易对手同互换合约对手的违约相关性达到 80%, 而互换合约对手的信用评级也为 BBB 级时, 信用互换合约的信用价差只有 134 个基本点, 这样的信用互换合约的保护作用是比较低的.

违约发生时, 信用风险的购买方 (保险的出售方) 的支付额 P_{CD} 为

$$P_{CD} = V_C \times Q \times I_{CE}, \tag{8.2.1}$$

其中 V_C 为标的资产的名义价值, Q 为每单位名义价值所应获得的支付额, 它取决于违约发生后的回收率 f, I_{CE} 为违约指示函数, 即有

$$I_{CE} = \begin{cases} 1, & \text{发生违约}, \\ 0, & \text{没发生违约}. \end{cases}$$

信用互换合约的定价就是要确定保险的购买方为保险的信用额度所应支付的保险费用 [51,52,53]. 在对信用违约互换合约定价时需要作如下的假设:

(1) 违约过程与利率过程相互独立;

(2) 违约可以发生在一系列偶然的, 不连续的时段内;

(3) 违约付款的金额是外生给定的, 并且在违约发生之后立即支付.

在信用违约互换合约中, 保险的购买者需分期向保险的出售方支付一定的费用, 而在发生违约时, 保险的出售方需要向保险的购买者一次性支付一笔费用, 图 8.2.2 给出了信用违约互换合约在不发生违约和发生违约两种情况下的现金流, 其中 t_0 是合约签署时间, x 是保险的购买方每次向保险的出售方支付的费用, 支付时间为 $t_1, t_2, \cdots, t_n = T$ 共 n 次, 这个支付不管违约是否发生都要定期进行, $(1-\delta)$ 是保险的出售方向保险购买方的支付, 但只在有效期内发生违约时 (任何时间) 支付, 如在合约有效期内不发生违约, 则无需支付, 其中 δ 表示违约后的回收率.

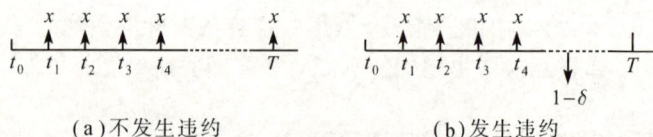

(a) 不发生违约   (b) 发生违约

图 8.2.2   信用违约互换合约的现金流

从图 8.2.2 中可以看出, 类似于利率互换, 信用违约互换的现金流可以分为两部分: (a) 保险费支付; (b) 可能违约引发的支付. 一份信用违约互换合约的现值应该是这两个部分现金流现值的代数和. 保险费的确定类似于利率互换, 应使信用违约互换合约在签署时的总现值为零. 在计算每一部分现金流的价值时, 鉴于这些现

金流有可能在期限内的任何一个时间段内终止 (违约发生时), 我们可以在风险中性 (对手无违约风险) 的假设下计算它们的现值.

已知违约风险率函数为 $h(t)$, 则在时间 $t(t \leqslant T)$ 之前出现违约的概率为

$$p(t) = 1 - \exp\left(-\int_0^t h(u)du\right), \tag{8.2.2}$$

而在一个短的时间间隔内发生违约的概率为 $h(t)\exp\left(\int_0^t h(u)du\right)$.

先考虑保险费, 保险费的支付被确定在时间 $t_1, t_2, \cdots, t_n(= T)$, 具体的支付或者一直到到期日 T (不发生违约) 或者在到期日之前发生违约时为止. 因而保险费总和的现值可表示为

$$PV_{0,T}^{\text{prem}} = \sum_{i=1}^n \Delta(t_{i-1}, t_i) X_T B(0, t_i) \exp\left(-\int_0^{t_i} h(u)du\right), \tag{8.2.3}$$

其中 $\Delta(t_{i-1}, t_i)$ 表示两次付款之间的间隔, 如每半年付款一次, 则有 $\Delta(t_{i-1}, t_i) = 0.5$, X_T 是一年的付款额, $\Delta(t_{i-1}, t_i)X_T$ 表示在时间 t_i 的付款额, $B(0, t_i)$ 是在时间 t_i 的风险中性的折现因子 (如由国债的当期利率计算所得),

$$\exp\left(-\int_0^t h(u)du\right) = 1 - p(t_i) \tag{8.2.4}$$

为到时间 t_i 为止不发生违约的概率.

至于违约付费 $(1 - \delta)$, 它只有在到期日 T 之前发生违约时才执行, 其风险中性的期望值的折现值为

$$PV_{0,T}^{\text{deflt}} = (1 - \delta) \int_0^T h(s)\exp\left(-\int_0^s h(u)du\right)B(0, s)ds, \tag{8.2.5}$$

这个表示式考虑了在到期日之前的任何时间都可能发生违约的可能. 由于 $p(t_i) - P(t_{i-1})$ 给出了从时间 t_{i-1} 到时间 t_i 这个时段内发生违约的边际概率, 因此可得违约付费期望折现值近似为

$$PV_{0,T}^{\text{deflt}} = (1 - \delta)\sum_{i=1}^m [p(t_i) - p(t_{i-1})]B(0, t_i). \tag{8.2.6}$$

显然, m 越大, 近似程度越高, 如果取 $[t_{i-1}, t_i]$ 为一天, 就可以认为违约行为在任何时间都可能发生.

根据定价原理, 这两部分费用现值的代数和应为零. 令 $PV_{0,T}^{\text{prem}}$ 与 $PV_{0,T}^{\text{deflt}}$ 两者

相等, 即得保险购买方每次应交的保险费 (近似) 为

$$\widetilde{X}_T = \frac{(1-\delta)\sum\limits_{j=1}^{m}[p(t_j) - p(t_{j-1})]B(0, t_j)}{\sum\limits_{i=1}^{n}\Delta(t_{i-1}, t_i)B(0, t_i)[1 - p(t_i)]}. \tag{8.2.7}$$

从这个式子可以看出, 信用违约互换的保险费 X_T 同违约概率 $p(t)$ 和违约后的回收率 δ 有关. 然而从市场的角度获得这两组数值是不可能的, 但是根据历史数据和经验可以对违约概率和回收率由公司企业的信用级别作出估计, 即根据公司的信用级别取固定的回收率, 一般介于 10%~50% 之间 (具体见第 11 章).

剩下的问题是如何确定累积违约概率 $p(t)$. 在 (8.2.7) 中使用的是风险中性的违约概率, 为确定这样一个风险中性的违约概率, 我们要使用一个市场数据 (基于同一信用级别但到期日不同的信用违约互换合约保险费的市场数据) 来建立一个估计模型. 根据这些市场数据我们可以近似地确定风险中性累积违约概率. 考察这样一个简单的累积违约概率模型, 在这个模型中假定违约风险率 $h(t)$ 是分段恒定的, 即在确定的不同到期日 $T_1, T_2, \cdots, T_m$ 之间违约率是恒定的

$$h(t) = \alpha_i, \quad t \in (T_{i-1}, T_i], \tag{8.2.8}$$

其中 α_i 是常数, 这意味着到时间 T_i 违约的累积概率为

$$p(T_i) = 1 - \exp\left(-\sum_{j=1}^{i}\alpha_j(T_j - T_{j-1})\right). \tag{8.2.9}$$

据此, 在应用 (8.2.7) 时, 项 $\alpha_i s$ 在不同到期日之间是定值, 因而估计过程就是对不同到期日的互换由 (8.2.7) 解出不同的 $\alpha_i s$ 的值. 拥有最短到期日 T_1 的互换可以用来估计 α_1, 拥有到期日 T_2 的互换可以估计 α_1, α_2, 如此继续, 可估计 $\alpha_1, \alpha_2, \cdots, \alpha_m$. 下面给出了货币为美元的违约率估计的一个例子, 表 8.2.2 给出了到期日不同的信用违约互换合约保险费的市场数据. 表 8.2.3 给出了由这些数据估计的违约率, 即不同到期日之间的 α_i 值.

表 8.2.2   不同到期日的信用违约互换合约的保险费

到期年限	支付频率	回收率	市场保险费
0.5	半年	30%	50
1	半年	30%	60
3	半年	30%	60
5	半年	30%	105
7	半年	30%	120
10	半年	30%	140

表 8.2.3 估计的违约率 $h(t) = \alpha_i$

时间区间	[0,0.5]	[0.5,1]	[1,3]	[3,5]	[5,7]	[7,10]
α_i 值/%	0.70	1.0	1.25	2.0	2.2	2.75

功能同信用违约互换合约类似的信用衍生产品还有总收益互换合约, 总收益互换合约的交易对象是债券、贷款、债券或贷款组合的收益[53]. 图 8.2.3 描述了一个典型的总收益互换. 出售信用风险 (银行) 的一方需要定期根据标的资产的收益情况进行支付, 支付额中包括标的资产的利息收益和标的资产由于市场价值变动所产生的收益; 购买信用风险 (投资者) 的一方同样需要定期付款, 支付额一般随同业折借利率 LIBOR 加固定基本点浮动. 上述互换支付的现金流如图 8.2.4 所示. 在这个图中 $n$bp 表示合约商定的在浮动利率 LIBOR 上所加的基本点的点数, C 为利率所得利息, $P_{0,T} = \max\{P_0 - P_T, 0\}$, $P_{T,0} = \max\{P_T - P_0, 0\}$, P_0, P_T 分别为在初始时间和到期日资产的市场价值. 可以看出, 在标的资产价值上升时, 升值的收益由互换合约的购买者 (或说保险的出售者) 获得, 而在标的资产价值下跌时, 损失由银行, 即信用风险的卖方 (保险的购买者) 转移给保险的出售者 (信用风险的卖方). 大多数总互换合约的期限不长 (一般在 3~5 年之间), 比标的资产的期限 (一般为 5~10 年) 短得多.

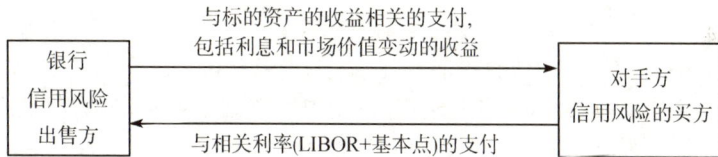

图 8.2.3 总收益互换合约

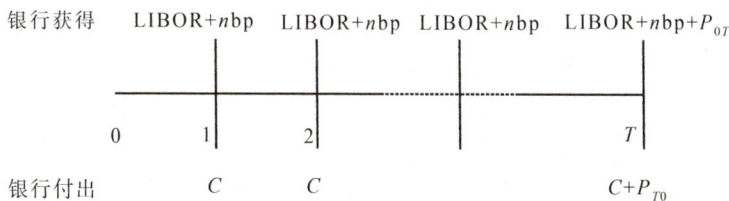

图 8.2.4 总收益互换的现金流

由于在大多数情况下很难对标的资产, 如贷款进行市场操作, 因此, 标的贷款的价值变动的转移一般总是在总收益互换合约到期日进行. 此外, 即使在到期日估计一项贷款的经济价值也是很困难的, 因为互换合约的到期日距贷款的到期日往往还有一段很长的时间. 因此, 在有些交易中总收益互换合约的买方有义务按初始价格 P_0 受让标的贷款. 在合约到期时间 T, 如果 $P_T > P_0$ 信用风险的购买者可获得价值升值所获得的收益 $P_T - P_0$. 但是如果 $P_T < P_0$, 他应向信用风险的出售方支付 $P_0 - P_T$, 并按市场价格 P_T 受让贷款, 也就是说, 他以贷款的初始价值 P_0 获取标的贷款.

例 8.2.2　　设银行甲以 10% 的固定利率向 A 公司贷款 1 亿元, 为此银行与交易方乙签了一份总收益互换合约来对冲其信用风险. 在这一份总收益互换合约中, 银行将换出贷款的利息和贷款的市场价值的变动, 同时获得相当于 LIBOR+50bp 的浮动收益. 如果现在的 LIBOR 为 9%, 一年后贷款的价值降为 9600 万元, 则该银行支与付的现金流为:

流出贷款利息: $100 \times 10\% = 10$(百万),

流入浮动利息: $100 \times 9.5\% = 9.5$(百万),

流入贷款价值的变动: $100 - 96 = 4$(百万).

三项相抵, 尽管贷款价值下降, 银行通过总收益互换合约消除了贷款价值上的波动, 还能确保浮动利率的收益.

§8.3　信用连锁票据的定价

信用连锁票据 (CLN) 是一种票据, 它根据信用事件 (如违约) 来进行付息, 乃至付本 [53,118]. 它是通过专用主体 (special-purpose entity, SPE), 又称专用载体 (special-purpose vehicle, SPV) 或信托 (trust) 来设立的. 投资者从信托公司购买 CLN 票据. 信托公司在 CLN 票据的有效期内根据固定或浮动的息票付息, 在到期日, 投资者获得票面价值. 除非关联主体违约或声明其破产, 在后一种情况, 债券发行者对发行的票据违约, 并交割其所有资产. 信用连锁票据 (CLN) 并非单独的衍生产品, 而是一种和某种信用风险相结合的附息债券, 其目标是一般投资者通过承担一些额外的信用风险来提高其投资收益率, 其专用主体一般是债券, 特别是对信用风险敏感的债券. 图 8.3.1 给出了信用连锁票据的图示. 在图中投资者投资于有资产 (资产价值为 V) 支持的面值为 $C(C < V)$ 的信用连锁票据. 信用连锁票据由资产的信托方 (trust) 发行, 其利率为 LIBOR+$n$bp, 利息由信托方向投资者支付, 资产所有人向信托方按面值支付利息, 其利率也是 LIBOR+$n$bp. 信托方还持有信用互换合约的空头头寸 (出售保险、承担风险), 其目的在于获取 Xbp 的额外收益, 信用互换的对手一般是银行. 通过这样的方式, 投资者可将其收益率从 LIBOR+$n$bp 提高到 LIBOR+$n$bp+Xbp, 而其所要承担的信用风险是在违约发生时部分或全部本金的损失. 也可以这样说, 投资者以面值 C 获取资产价值 V 的收益, 其杠杆融资比例为 V/C. 也就是说, 信用连锁票据通过杠杆作用以承担更多的风险来提高其收益率.

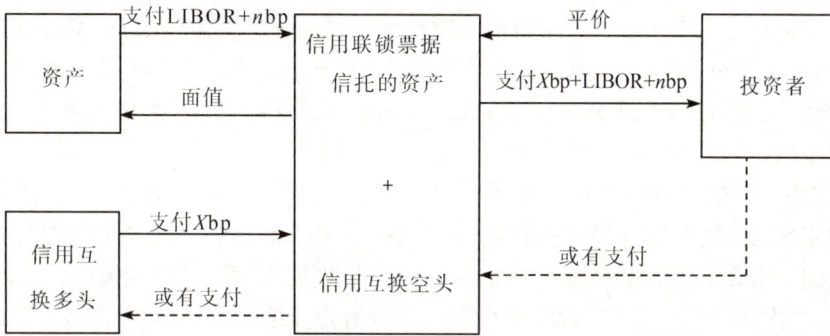

图 8.3.1 信用连锁票据

例 8.3.1 考虑图 8.3.2 所示的信用连锁票据的例. 某银行买进价值为 1.05 亿元的非投资级贷款组合的标的资产 (信用级别为 B), 并将其交付给信托方, 该资产的收益率 (利率) 为 LIBOR+250bp, 购买成本等于银行的融资成本 (即利率为 LIBOR), 银行支付给信托方的利率为 150bp. 信托方在接受标的资产后, 发行了 1500 万元的信用连锁票据, 出售给投资者, 用出售所得 1500 万元投资于收益率为 6.5% 的国债, 并用这些国债来为贷款组合提供质押, 质押价值占贷款原始价值的比为 15:105. 在这个例子中, 投资者持有 1500 万的信用连锁票据, 其可获的收益有: (1)1500 万国债质押的收益 6.5%, (2) 银行对面值 1.05 亿按 150bp 所支付的收益; 由于投资者的投资为 1500 万, 因而其实际收益率为 6.5%+150bp×7=17%. 这部分收益不包括贷款价值变化引起的收益. 当然, 如果借款方发生违约, 投资者会蒙受损失, 但其最大损失为其初始投资额 1500 万. 一旦贷款组合价值的损失超过 1500 万, 银行将自行承担超出 1500 万的损失. 对于银行来说, 其从贷款组合中所获的收益为贷款面值的 100bp, 这包括从信托方获取的 LIBOR+250bp, 减去融资成本 LIBOR, 再减去支付给信托方的 150bp. 而银行所承担的风险只是超出 1500 万的部分, 如果出现违约的损失少于 1500 万, 银行将没有任何损失发生.

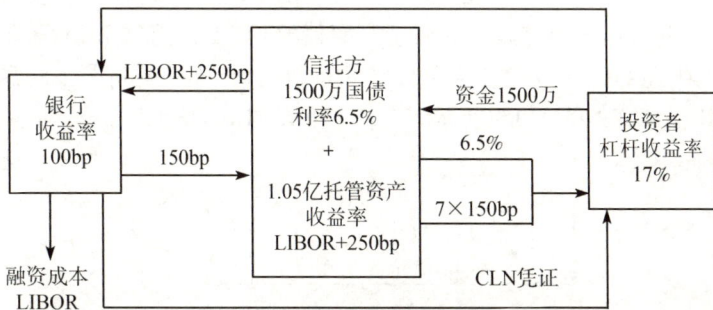

图 8.3.2 信用连锁票据的一个例子

　　从这个例子可以看出, 银行利用信用连锁票据, 将贷款组合最终转移给了投资者, 同时也将部分的信用风险转移给了投资者; 而投资者利用信用连锁票据的杠杆作用以较少的投资来获取高投资额的收益, 因而提高了收益率, 但也需要承担较高的信用违约风险.

　　可以看出, 信用连锁票据并非单独的衍生产品, 而是一种和某种信用风险相结合的附息债券, 其目标一般是投资者通过承担一定的附加信用风险来增加收益率, 其联锁的一般是债券, 特别是对信用风险敏感的债券. 信用连锁票据类似于直线型债券, 但在发生违约时, 持有者除了得到一笔价值为 δ 的资金外, 剩下的本金和息票不可能得到, 这里 δ 同违约发生后的回收率有关.

　　同样信用连锁票据的定价也需要考虑发生违约和不发生违约两种情况下现金流的期望值. 在不发生违约时, 持有者将获得息票和本金的全额; 但在发生违约时, 假设持有者的回收率为 δ, 这里假定债券的名义本金设为 1. 记到期日为 $T(= t_n)$, 息票的支付时间为 $t_1, t_2, \cdots, t_n$, 则在不发生违约时本金和 n 笔息票支付的现值为

$$PV_{0,T}^{\text{no-deflt}} = \sum_{i=1}^{n} (1 - p(t_i))\Delta(t_{i-1}, t_i)c(t_i)B(0, t_i) + (1 - p(t_n))B(0, t_n), \quad (8.3.1)$$

其中 $\Delta(t_{i-1}, t_i)c(t_i)$ 为在时间 t_i 的预期的息票支付的利息. 在发生违约的情况下, 预期支付的折现值与 (8.2.5) 中信用违约互换合约在违约时的情况相似

$$PV_{0,T}^{\text{deflt}} = \delta \sum_{j=1}^{m} [p(t_j) - p(t_{j-1})]B(0, t_j). \quad (8.3.2)$$

由于违约有可能在任何时刻发生, (8.3.2) 中的时间间隔 $[t_{j-1}, t_j]$ 应尽可能小, 同信用违约互换合约的情形类似, 一般假定这个时间区间为 1 天.

　　在这个模型中, 问题是如何确定支付利率 $c(t_i)$, 也就是所谓的定价. 从 (8.3.1) 可以看出, 购买信用连锁票据类似于持有无风险债券并卖空一份信用违约互换, 也就是说, 信用连锁票据的利差应当与一个对等的信用违约互换的保险费相等. 可以把信用连锁票据看作一个有风险的浮动利率债券, 其支付的是 LIBOR 加上利差的利息, 但在发生违约时它只会按照回收率 δ 进行支付, 而不支付剩下的息票和到期日的本金, 其现金流如图 8.3.3 所示. 其中 $L + X = \text{LIBOR} + X_{\text{CLN}}$, X_{CLN} 为信用连锁票据的利差.

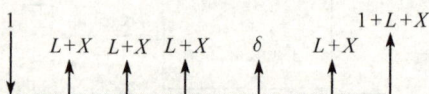

图 8.3.3　风险浮动利率债券的现金流

持有同样条件的无风险浮动利率债权的现金流如图 8.3.4 所示, 其中 L=LIBOR.

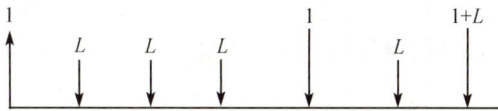

图 8.3.4 无风险浮动利率债券的现金流

这两个资产的组合 (持有无风险债券, 卖出风险债券, 即售出信用连锁票据) 的现金流如图 8.3.5 所示.

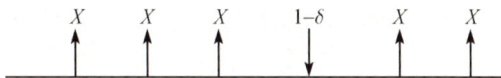

图 8.3.5 无风险浮动利率债券的现金流

同图 8.2.2 比较就可以发现, 该资产组合的现金流即为以 X 为保险费的信用违约互换合约的现金流, 这也就表明信用连锁票据的利差 X_{CLN} 可以通过计算一个对等的信用违约互换合约的保险费来确定.

§8.4 信用利差期权的定价

在介绍信用利差期权之前, 我们先认识一下信用利差远期合约. 信用利差远期合约的标的资产是某个企业债券的收益率和到期日相同的政府债券 (即无风险债券) 收益率之间的差额, 其价值取决于风险债券与无风险债券之间的信用利差. 在信用利差远期合约的到期日, 如果信用利差大于合约规定的利差水平, 合约的买方就可以收到相当于两者差额部分的支付; 反之, 购买方需向出售方支付相应差额部分的金额, 支付公式为

$$支付额 = (S - F) \times D^* \times V, \tag{8.4.1}$$

其中 F 为合约协议的利差, S 为当前的实际利差, D^* 为修正久期 (见 §3.2), V 为面值金额. (8.4.1) 的支付额也可以表示成收益率的函数

$$支付额 = [P(y + F, \tau) - P(y + S, \tau)] \times V, \tag{8.4.2}$$

其中 y 为相应国债 (无风险债券) 的到期收益率, τ 为离到期日的剩余时间, 因而 $P(y+S, \tau)$ 为风险债券的实际折现因子 ($y+S$ 为风险债券的实际收益率), $P(y+F, \tau)$ 为按协议利差确定的折现因子, 不难看出, 如果 $S > F$, 支付将大于零.

同信用利差远期一样, 信用利差期权的标的资产也是特定企业债券的收益率和到期日相同的政府债券 (无风险债券) 收益率之间的差额, 但是同远期合约不同, 根

据到期日的实际利差, 信用利差期权在到期日可以执行也可以不执行, 因而其支付额等于零和到期日实际利差与预定利差之间的差两者之中大的一个乘以一个倍数, 该倍数通常是标的资产的债券久期和面值的乘积,

$$\text{支付额} = \max\{0, S - F\} \times D^* \times V. \tag{8.4.3}$$

期权的购买者为其债券购买了信用保护, 当债券价值下降时, 他有权将其按合约商定的价格卖给期权的出售者. 如同 (8.4.2), (8.4.3) 还可以写成

$$\text{支付额} = \max\{0, P(y + F, \tau) - P(y + S, \tau)\}V.$$

例 8.4.1　考虑一个名义价值为 1 亿元, 期限为 1 年的信用利差期权, 其标的资产是甲公司发行的票面利率为 8% 的 10 年期债券. 这种债券当前对 10 年期国债的利差为 150bp. 该期权是一种欧式买入期权, 其执行价格 (协议利差) 为 160bp.

设在信用利差期权的到期日国债利率从 6.5% 下降到 6.2%, 从而使信用利差从 150bp 增加到 180bp. 标的债券未来 9 年内每半年按 8% 的利率付息, 按 $y + S = 6 + 1.8 = 7.8(\%)$ 和 $y + F = 6 + 1.6 = 7.6(\%)$, 对这些利息的现金流分别按此两个折现率折现得下面的表 8.4.1 的结果.

表 8.4.1　后 9 年债券利息现金流的折现值

时间	付息	按 $y + S$ 折现	按 $y + F$ 折现
0.5	4	3.849 856	3.853 565
1	4	3.705 347	3.712 49
1.5	4	3.566 263	3.576 58
2	4	3.432 399	3.445 645
2.5	4	3.303 56	3.319 504
3	4	3.179 558	3.197 981
3.5	4	3.060 209	3.080 906
4	4	2.945 341	2.968 118
4.5	4	2.834 785	2.859 459
5	4	2.728 378	2.754 777
5.5	4	2.625 965	2.653 928
6	4	2.527 397	2.556 771
6.5	4	2.432 528	2.463 17
7	4	2.341 221	2.372 996
7.5	4	2.253 34	2.286 124
8	4	2.168 759	2.202 431
8.5	4	2.087 352	2.121 803
9	104	52.234 02	53.147 27
总计		101.276 3	102.573 5

由此表, 根据 (8.4.3) 可得到期日的出售方向购买方支付的额度为

$$(102.5735 - 101.2763)/100 \times 100\ 000\ 000 = 1\ 297\ 237(元)$$

在考虑对信用利差期权定价时, 我们同样假定债券利率和风险率是相互独立的, 可以用 Black-Scholes 模型定价 [4,29,53,64,98].

考虑标的资产是到期日为 T 的债券的欧式信用利差卖出期权, 期权的到期日为 $t(t < T)$, 如果在时间 t 之前没有发生违约, 期权的支付额为

$$\left[\sum_{i=1}^{n} \Delta(t_{i-1}, t_i)\tilde{B}(0, t_i)\right](S_{t,T} - K)^+, \tag{8.4.4}$$

其中 $\tilde{B}(0, t_i)$ 是在时刻 t_i 的风险折现因子, 它等于在时刻 t_i 的无风险折现因子 $B(0, t_i)$ 乘以在时刻 t_i 之前不发生违约的概率 $(1 - p(t_i))$, 即

$$\tilde{B}(0, t_i) = (1 - p(t_i))B(0, t_i),$$

其中 K 是期权确定的执行信用利差, $S_{t,T}$ 是在时间 t 的远期信用利差, 表达式 $\sum_{i=1}^{n} \Delta(t_{i-1}, t_i)\tilde{B}(0, t_i)$ 表示在 $[t_1, t_2, \cdots, t_n](t_1 = t)$ 期间内预期收进的单位现金流在合约签署当天的现值. 利用 Black-Scholes 期权定价摸型, 可以确定该欧式信用利差卖出期权的价值为

$$PV_{0,t,T}^{\text{put}} = \sum_{i=1}^{n} \Delta(t_{i-1}, t_i)\tilde{B}(0, t_i)S_{t,T}N(d_1) - \sum_{i=1}^{n} \Delta(t_{i-1}, t_i)\tilde{B}(0, t_i)KN(d_2)$$

$$= \sum_{i=1}^{n} \Delta(t_{i-1}, t_i)\tilde{B}(0, t_i)[S_{t,T}N(d_1) - KN(d_2)], \tag{8.4.5}$$

$N(d)$ 表示标准正态分布中随机变量 x 的值小于等于 d 出现的概率 (见 §7.5),

$$d_1 = \frac{\ln(S_{t,T}/K) + \sigma^2 t/2}{\sigma\sqrt{t}}, \quad d_2 = d_1 - \sigma\sqrt{t} = \frac{\ln(S_{t,T}/K) - \sigma^2 t/2}{\sigma\sqrt{t}}, \tag{8.4.6}$$

σ 是信用违约互换保险费的波动率, 这可以从信用利差历史数据的分析中确定, 或可以由市场工具中得出.

§8.5 其他的信用衍生产品

除上面三节介绍的信用衍生产品外, 本节对其他的三种信用衍生产品作简单的介绍, 它们是信用中介互换、一揽子违约互换 (DBS)[4] 和债务抵押责任 (CDO)[4,53,73].

信用中介互换是一种交换双方不愿直接进行, 而是通过一个信用级别高的机构作为中介所进行的一种互换. 图 8.5.1 描述了这样一种中介互换. 甲、乙双方通过中介方进行一份标准的 10 年期利率互换, 根据合约, 中介方定期向乙方支付 7% 的固定利率, 并向乙方收取 LIBOR 加 20 个基本点的浮动利率. 再从甲方收取 7% 的固定利率, 并向其支付 LIBOR 加 5 个基本点的浮动利率. 在整个交易过程中, 中介方不承担任何市场风险, 但要承担双方的违约风险, 为此中介方获得 15 个基本点的收益.

图 8.5.1   信用中介互换

一揽子违约互换 (DBS) 是结算方式与信用违约互换合约非常类似的一种违约保险合约, 区别在于它为若干个, 而不是一个单一的资产提供保护, 但一般说来合约的保险并不涵盖每一笔资产. DBS 的清算方式依赖于合约所包含资产, 如债券的联合表现. 对一个包括 n 个资产的一揽子违约互换合约, 它可以有下列几种产品形式:

(1) 首违约保险 (first-to-default): 只为 n 个资产中首个出现违约的资产提供保护 [31];

(2) 第 k 个违约保险 (kth-to-default): 第 k 次出现违约时进行清算;

(3) 前 k 个违约保险 (first-k-out-of-n): 只为前 k 个发生违约资产提供保护;

(4) 后 k 个违约保险 (last-k-out-of-n): 只为后 k 个发生违约资产提供保护.

债务抵押责任 (CDO) 是贷款抵押责任 (CLO) 或债券抵押责任 (CBO) 的一个普通种类, 是一种利用信用级别差异的结构性信用产品. 同信用连锁票据一样, CDO 需要有一个托管方托管所有的资产或资产组合, 托管方对这些抵押资产根据风险水平进行分割 (tranche), 并发行不同类型 (固定或浮动利率不同) 的债券把信用风险转嫁给投资者. 投资者在本质上承担了大量多样信用结构的风险, 又因为他们承担了资产组合的信用违约风险, 作为补偿, 债券的利率会比较高. 如果在联合体中的任何公司出现违约, 风险水平最高的分割类型, 也称主权分割 (equity tranche) 将首先承担损失, 如果主权分割不足以覆盖所有的损失, 相继的分割应依次承担余下的损失. CDO 提供了一种把平均水平, 乃至低水平的债务转换成高品质债务的手段.

第 9 章　金融风险及其计算

§9.1　风险和金融风险

所谓风险是指未来结果的不确定性或波动性, 如未来收益、资产或债务价值的波动性或不确定性. 不确定性是现实生活中客观存在的事实, 它反映着一个特定事件有多种可能的结果. 不确定性是包括金融风险在内的各种风险产生的根源, 不确定性越大, 风险越大; 反之, 不确定性越小, 风险越小. 由于经济全球化与金融一体化、现代金融理论与信息技术的发展以及金融创新等因素的影响, 全球金融市场迅猛发展, 金融市场呈现出前所未有的波动性, 工商企业、金融机构面临着日趋严重的风险.

在 20 世纪 70 年代早期, 国际金融领域出现了空前的震荡. 1973 年维系国际货币和金融秩序数十年之久的布雷顿森林体系彻底瓦解, 固定汇率制度被浮动汇率制度所代替. 70 年代后期, 西方主要国家纷纷放松甚至取消外汇管制和利率管制, 导致在整个世界范围内形成了一股金融自由化的热潮. 在这一热潮中, 金融风险与日俱增, 外汇风险和利率风险尤为突出.

近年来, 国际金融市场更是危机四伏, 风波迭起. 1994 年底, 墨西哥政府将其货币比索贬值 40%, 引发了一场严重的经济危机, 并波及拉美、亚洲乃至全球. 同年, 法国里昂信贷银行因从事房地产和其他行业的投机而亏损达 123 亿法郎. 1995 年初, 有 233 年历史的英国巴林银行因其新加坡分行的一位交易员在进行日经指数期货交易中亏损近 10 亿美元而破产. 同年 8 月日本最大的财务公司 —— 宇宙财务公司遭遇 4.2 亿美元存款的挤兑, 9 月, 日本大和银行纽约分行的一名业务员因投资美国债券失误, 亏损 11 亿美元. 1997 年始发于泰铢贬值的金融危机, 迅速蔓延到马来西亚、印度尼西亚、菲律宾, 引起这些国家汇率大幅度下跌、股市暴跌、银行出现大量的坏账而纷纷倒闭. 自此以后, 东亚一些国家也爆发了严重的金融危机, 日本一些大银行和证券公司相继倒闭, 韩元也大幅度贬值, 韩宝等大型企业破产, 韩国第一银行 —— 汉城银行等众多的信贷机构都陷入困境. 这些金融危机与金融事件给某些国家的经济以沉重的打击.

金融风险是指未来收益的不确定性或波动性, 它直接与金融市场的各种金融因素 (如利率期限结构、汇率、股票指数价格、商品价格、信用和流动性因素等) 未来变化的波动性有关. 一般而言, 收益的不确定性包括盈利的不确定性和损失的不确定性两种情形, 而现实生活中人们更关注的是损失的可能性. 因此一般所指的金融风险是指未来损失的可能性. 具体而言, 金融风险是指由于金融市场有关因素发生变化而对企业的现金流产生负面影响, 导致企业的金融资产或收益发生损失并最终引起企业资产价值下降的可能性. 例如利率、汇率或者商品价格的波动, 以及由于债务人财务状况的恶化而导致违约的可能性等, 都会给企业的资产价值和收益带来风险.

金融风险是金融事件和金融危机发生的根本原因, 有效识别和度量金融风险、分析金融现象的内在本质是控制、防范和化解金融风险的关键. 金融风险是金融活动的一种内在属性, 对金融活动起着一定的调节作用. 尽管市场的参与者在金融风险中可能获得一些收益, 但是金融市场波动性和风险的加剧会对企业经营造成严重影响, 导致金融风险管理的必要性. 金融风险管理就是利用各种金融工具, 应用先进的科学技术和数学方法, 对所暴露的金融资产的风险部位, 按照投资管理者的偏好和要求, 对资产进行组合或套期保值, 以达到规避、化解、转移和防范金融风险的目的. 金融工程与信息技术的发展为低成本、高效率的风险管理提供了强大的技术支持.

金融风险管理根据金融机构、公司、企业所面临的金融风险的性质、大小、企业的经营目标、风险承受能力和风险管理能力等因素, 选择合适的风险管理与控制的策略和工具, 对所面临的金融风险进行管理. 风险管理从大的方面来说可以包括风险回避、风险转移等.

风险回避: 风险回避是指金融机构、公司、企业采取一定措施避免某种金融市场风险暴露的出现.

风险转移: 风险转移是指金融机构、公司、企业对投资、借贷等金融活动采取某些策略和技术, 在适当减少收益的情况下, 把风险转移给其他为获取高收益而愿意承担较高风险的机构或投资者, 风险转移主要包括三种方法: 投资分散化 (diversification)、对冲 (hedging) 和保险 (insurance).

投资分散化: 分散化是通过多样化的投资组合, 降低金融机构、公司、企业风险的承担水平, 其本质在于有效地利用不同类型资产之间的风险相关性.

考虑一个由 N 种风险资产构成的投资组合, 假设各资产的收益都呈正态分布, 并用方差来描述资产的风险, 对这样投资组合, 其风险可表示为

$$\sigma^2 = \sum_{i=1}^{N} \sum_{j=1}^{N} x_i x_j \sigma_i \sigma_j \rho_{ij},$$

其中 σ^2 为投资组合的风险 (方差), σ_i 为资产 i 收益分布的标准差, x_i 为资产 i 在整个投资组合中的权重, ρ_{ij} 为资产 i 和资产 j 收益分布间的相关系数.

相关系数反映了两个随机变量间共同变动的相关程度. 对投资组合而言, 相关系数反映了投资组合中, 每两个资产风险 (或收益) 的同向或反向运动的相关程度.

当 $-1 \leqslant \rho_{ij} < 0$ 时, 表示不同资产的风险 (或收益) 是负相关的, 也就是当一个资产的收益为正的时候, 另一个资产的收益是负的, 即该资产的持有者面临损失. 正是这种资产收益的负相关性, 可以导致高度分散化的投资组合的风险 (或收益) 相互抵消, 使投资组合的方差小于单个资产的方差之和, 达到降低风险的作用.

对冲: 又称套期保值, 对冲是指通过即期售出某种市场风险, 或通过交易一种在未来某一时刻出售该种风险的金融工具, 消除或转移某种市场风险.

保险: 保险是指通过购买一系列的证券或合约, 将市场风险限制在一定水平内, 并向接受其余部分风险的对方支付一定的风险补偿. 最常见的保险形式包括一般保险 (进行保险精算的保险)、担保和期权等.

对金融风险进行有效管理的前提是识别金融活动中的风险. 在金融活动中, 不确定性包括 "外在不确定性" 和 "内在不确定性". 外在不确定性来自经济体系之外, 是经济运行过程的随机性、偶然性的变化或不可预测的趋势, 如宏观经济走势、市场资金供求状况、政治局势、技术和资源条件等. 一般来说, 外在不确定性对整个金融市场都会带来影响, 由外在不确定性导致的风险称为 "系统性风险". 系统性风险不可能通过分散化投资和投资组合等方式来消除, 而只能通过某些措施如套期保值来转移或规避.

内在不确定性源于经济体系内部, 它是由行为人的主观决策或获取信息的不充分等原因造成的, 带有明显的个性特征, 如企业的管理能力、生产规模、投资决策、信用品质等的变化都直接关系着其履约能力. 特别地, 投资者不可预测的炒作, 更增大了内在不确定性. 由内在不确定性产生的风险称为 "非系统性风险", 它可以通过分散化投资的策略来加以适当控制.

金融风险对经济活动的影响错综复杂, 造成风险的因素众多繁杂. 金融风险大体上可以分为市场风险、信用风险、操作风险、流动性风险和法律风险等, 其中市场风险是最主要的风险形式, 也是控制和管理技术比较成熟的一类风险.

市场风险又称为价格风险, 是指由于资产的市场价格 (包括金融资产价格和商品价格) 变化或波动而引起的未来损失的可能性. 根据引发市场风险的市场因子不同, 市场风险可分为利率风险、汇率风险、股市风险、商品价格风险等. 对市场风险有不同的解释, 这依赖于具体的金融市场. 在权益市场上, 由于市场指数的不确定性波动引起了证券组合收益的不确定性. 在不同的环境下, 市场风险有不同的叫法, 例如, 对于一家基金公司来说, 市场风险通常是相对于一个标准指数或资产来测度的, 因而也被称为跟踪误差风险.

在固定收益证券市场中, 传统的市场风险是利率风险. 利率风险是指由于利率水平的不确定变动使得投资受到损失的可能性. 利率风险的一个显著特征是导致现金流量 (净利息收入或支出) 的不确定, 从而造成收益和融资成本的不确定. 对于一些支付固定利率的资产或负债来说, 尽管现金流量确定, 但是利率的波动必然影响现金流现值的变化, 进而影响资产收益率的变化. 利率风险的另一个特征是导致资产或负债的市场价值的不确定, 从而导致收益的不确定. 利率的变化过程通常可以用事件树的形式来表示, 或者用几何布朗运动来描述. 对于大多数金融机构来说, 利率风险是风险管理的主要内容.

权益资产的价格风险, 可以分为两部分: 总体市场风险和特定风险. 总体市场风险即为系统风险, 指的是金融产品或资产组合价值对股票市场指数变化的敏感性, 特定风险为非系统风险, 指的是由企业特定的环境、管理水平或生产条件的变化所造成的股票价格的变动. 现代投资组合理论认为特定市场风险可以通过资产分散进行投资组合来加以控制, 而对系统风险则不能通过资产分散来消除.

货币风险又称外汇风险, 是指由于汇率变动的不确定性可能引发的损失, 持有外币的投资者因汇率的下跌而受损, 因汇率的上涨而受益. 在数学模型中, 汇率的变化通常用几何布朗运动来描述.

信用风险又称违约风险, 是指由于交易对手的信用存在不确定性而遭受损失的可能性. 在投资组合中, 信用风险可以理解为由于交易对手, 如证券发行者因证券质量下降或其他原因无力履行合约中的义务, 使得证券持有者遭受损失的可能性. 在建立数学模型时, 通常把这种证券的数量限制在一定范围内.

流动性风险是指经济实体因资产流动的不确定变化而遭受损失的可能性. 保持良好的流动性是银行等经济实体经营管理的一项基本原则. 造成流动性风险的因素很多, 主要是由于买卖价差或者是金融产品质量引起的. 在投资组合中, 通常以批量买卖的形式交易, 这种情况通过增加整数变量予以处理.

金融衍生产品价格风险是指在金融衍生产品的交易中, 因市场价格的不确定波动而遭受损失的可能性. 金融衍生产品价格风险的实质是汇率风险、利率风险、资产价格风险等的一部分, 但是由于衍生产品的交易额一般都很大, 即风险暴露的头寸很大, 价格的微小波动都可能造成重大损失.

除以上提到的几种主要风险形式外, 还有操作风险、经营风险、监管风险、法律风险、提前预付风险、再投资风险等.

§9.2 金融风险的量化

金融市场的主要功能之一就是对经济活动中的金融风险进行有效分配. 风险管理的技术和方法可以使风险承担者更准确地识别、量化、分解其面临的金融市场风险, 并根据自己的风险承受能力和风险偏好更有效地选择、剥离和转移风险, 从而提高金融市场风险分配的效率, 增强金融市场运行的稳定性, 最终促进金融市场的健康发展.

风险管理和控制的基础和核心是对风险的定量分析和评估, 即风险的量化. 风险量化直接决定了风险管理的有效性. 随着金融市场和金融交易的规模、动态性和复杂性的增加, 金融理论和金融工程的发展, 金融市场的风险量化技术也变得更为综合、复杂. 不同的风险度量方法导致不同的数学模型, 进而影响投资策略的选择. 一个资产 (或组合) 未来收益的预测可以由一个完整的概率分布描述, 金融风险通常表示为这个概率分布的某些数字特征, 因为这样的表示方法符合人们对风险的真实心理感受, 同时可以方便的使用成熟的数学方法来处理.

风险量化的技术经历了一个相当长的发展过程, 最开始的时候仅仅用一些简单的指标, 如证券的面值或名义价值作为风险值. 其后比较复杂一点的是用价格敏感性的测度指标, 如债券的久期和凸性, 以及当前得到广泛使用的风险价值和条件风险价值等.

名义价值法按持有某项资产或资产组合的名义价值或某种证券的面值来作为风险的度量. 以一个仅有两个资产的资产组合为例, 名义价值法简单地把这两个资产的市场价值相加所得的名义值作为这一组合的风险, 既不考虑这两个资产的特征 (多头和空头), 也不考虑这两个资产价格变化间的相关性. 尽管这种方法在一定程度上可以提供一些关于总体信用风险暴露的信息, 但一般会导致对组合市场风险的错误估计.

价格敏感性测度指标, 如债券的久期、凸性等, 考虑了一项金融工具或资产组合的价值对主要风险因子, 如利率、到期收益率、波动性、股票价格和股票指数等变动的敏感程度. 如果某个风险因子的动态变化或变动模式由外部因素确定, 可以称其为基本风险因子.

最基本的风险度量方法是计算资产收益分布的波动性, 即计算资产收益分布的方差或标准差. 对于资产收益率对称分布的情形, 用方差作为风险的度量是比较有效的. Markowitz(1952) 提出的均值 – 方差模型 (M-V 模型) 便是建立在这样的基础上 [83]. Fama(1963) 对美国股票市场上的资产进行了大量的实证研究, 发现资产收益呈对称分布的假设不完全符合实际 [38]. Theodossiou(1998) 对美国、加拿大、日本等国家的证券市场进行了广泛的研究, 结果表明, 金融市场的资产收益分布一般具有尖峰厚尾的特征, 表现为广义 t 分布. 随着大量金融衍生产品的不断推出, 越来越多金融资产的收益呈非对称分布, 用收益分布的方差度量风险的不足得到暴露. Harlow 提出利用下方矩 LPMn 度量风险, 统一了下半方差、绝对方差等风险度量 [59].

对不同类型的资产, 用相对风险度量更为方便、直接. 对权益资产, 如证券组合用 β 系数描述资产或资产组合的收益与市场收益之间的相关程度, 反映了资产相对于市场收益的风险大小, 在数学处理上极为方便. 对固定收益证券, 用久期 (见 §3.5)、凸度 (见 §3.6) 等反映资产相对于利率期限结构变化的敏感程度来表示资产的风险大小. 对期权类的衍生证券, 希腊字母 $\Delta, \Gamma, \nu, \rho, \theta$ 分别表示衍生证券相对于其标的资产价格、标的资产价格变化的波动性、持有期长短、到期日以及利率变化的敏感程度 (见 §9.4). 这些指标可以作为选择证券、控制风险的参照指标.

随着可以市场化的资产结构变得越来越复杂, 以及市场形式的发展, 传统的风险管理技术的局限性日益暴露出来, 人们逐渐认识到需要对风险分析作出新的洞察. 风险价值 VaR(value at risk) 是三十集团 (group of thirty) 在 1993 年推出的市场风险度量的新工具, 特别适用于衡量场外衍生金融工具的市场风险 [44]. VaR 反映一项资产或资产组合在一定的持有期内、给定的置信水平下潜在的最大损失. 其简洁的定义和直观的风险描述, 已经被广泛应用于金融监管部门和金融机构. 近几年来, VaR 已成为金融界和金融数学界研究的热点课题.

在 VaR 的基础上, 基于 VaR 具有非凸性及多极值的不利特性, 又出现了所谓的条件 VaR, 记为 CVaR (conditional value at risk)[17,103], 其含义为投资组合在一定的持有期内, 给定的置信水平下超出 VaR 部分损失的平均值, 它是对组合价值超过 VaR 的损失的一致性度量 [113]. 由于 CVaR 具有许多优于 VaR 的数学性质, 目前已成为风险管理和控制研究的一个热点.

§9.3　灵敏度方法

灵敏度方法, 是利用金融资产的价值对市场因子 (market factors) 的敏感程度来量化金融资产市场风险的方法. 市场因子, 又称风险因子 (risk factor), 通常包括利率、汇率、股票指数和商品价格等.

假设某种金融资产的价值用 P 表示, 有 n 个市场因子影响该资产的价值, 记为 $f_1, f_2, \cdots, f_n$. 资产的价值 P 是市场因子的函数, 记为 $P(f) = P(f_1, f_2, \cdots, f_n)$, 其中 $f = (f_1, f_2, \cdots, f_n)^{\mathrm{T}}$ 表示风险因子向量. 由市场因子的变化将导致金融资产价值的变化, 即有

$$\frac{\Delta P}{P} = \sum_{i=1}^{n} D_i \Delta f_i, \tag{9.3.1}$$

其中 $D_1, D_2, \cdots, D_n$ 表示资产价值对相应市场因子的敏感程度, 称为灵敏度, 又称风险暴露 (exposure), Δf_i 表示第 i 个市场因子变化的程度, $i = 1, 2, \cdots, n$.

灵敏度表示当某个市场因子变化一个单位时每单位金融资产价值变化的程度, 它描述了金融资产关于该市场因子的市场风险, 灵敏度越大的金融资产, 受市场因子变化的影响越大, 风险也越大.

(9.3.1) 是用灵敏度方法量化金融资产市场风险的基础. 但只有当金融资产的价值变化与市场因子变化呈线性关系时 (9.3.1) 才成立. 在现实的金融市场中, 许多金融资产的价值同市场因子之间具有非线性的关系, 所以只有在市场因子发生微小变化时, 资产价值的变化与市场因子的变化才可以近似地用公式 (9.3.1) 表示. 因此,

灵敏度是风险量化的一种线性近似, 一种对风险的局部量化. 对于复杂的证券组合及市场因子大幅波动的情形, 灵敏度方法或者准确性差, 或者由于复杂而失去了其原有的简单直观性.

我们已在 §3.5 和 §3.6 介绍过债券的久期和凸性, 本节以债券为例说明如何用久期和凸性来度量风险. 债券一般都在合约的有效期内定期, 如每半年或一年向持有者支付利息, 以半年支付一次利息的债券为例, 其现金流可以分解为:

(1) 利息流: 设债券的面值为 F, 年利率为 r, 则每年的利息为 rF, 每半年向持有者支付的利息为 $rF/2$;

(2) 在到期日, 设为 N 年, 除了支付利息 $rF/2$ 外, 还要支付债券的面值 F, 同时收回债券.

据此, 债券收益的现金流为

$$rF/2, rF/2, \cdots, F + rF/2,$$

这里共有 $2N$ 个支付. 如果是一年支付一次利息, 则现金流共有 N 次支付

$$rF, rF, \cdots, F + rF.$$

为了确定债券现金流的现值, 设由利率期限结构所确定的每年的折现率为 $r_1, r_2, \cdots, r_N$, 则现金流的现值为

$$P = rF/(1 + r_1) + rF/(1 + r_2)^2 + \cdots + (F + rF)/(1 + r_N)^N. \tag{9.3.2}$$

为确定债券的久期, 需要计算债券的到期平均收益率, 它是下述方程的解 y,

$$P = rF/(1 + y) + rF/(1 + y)^2 + \cdots + (F + rF)/(1 + y)^N. \tag{9.3.3}$$

债券的到期平均收益率 y 是唯一能使未来现金流现值之和等于债券现行价格的平均折现率, 所有未来同期的现金流都可以用它来折现, 称 y 为持有期收益率. 根据 (3.5.1), 债券久期被定义为每笔现金流的加权平均期限 (用年来表示)

$$D = \left[\sum_{i=1}^{n} i C_i/(1 + y)^i \right] \Big/ P \tag{9.3.4}$$

其中, C_i 为现金流中的第 i 次支付值. 注意式中所有的权值之和为 1, 即有

$$\sum_{i=1}^{n} C_i/(1 + y)^i/P = 1. \tag{9.3.5}$$

由久期的定义, 可以看出, 久期的数值同债券的期限、付息率以及债券的持有期收益率有关. 具体说: (1) 除零息债券外, 债券的久期短于债券的期限, 零息债券的久

期恰好是其期限; (2) 在期限和持有期收益率相同的条件下, 债券的付息率越高, 久期越短. 实际上, 票面利率较高的债券在现金流的分配上也较快, 因此平均期限也就越短; (3) 在期限和票面利率相同的条件下, 债券的持有期收益率越高, 久期越短. 这是因为贴现率越高, 贴现后的数值越小, 因此与现在时间越远的现金流所适用的权越小, 从而缩短了平均期限.

对 (9.3.3) 作差分处理, 可以得出债券价格 P 和持有期收益率 y 之间有关系式

$$\Delta P = -P\frac{D}{1+y}\Delta y, \tag{9.3.6}$$

而在修正持续期 D^* 和久期 D 之间有关系式

$$D^* = \frac{D}{1+y}, \tag{9.3.7}$$

由此得

$$\Delta P = -PD^*\Delta y. \tag{9.3.8}$$

(9.3.6) 和 (9.3.8) 表明, 在债券价格变化 ΔP 和持有期收益率 y 变化 Δy 之间存在一种线性关系, 其线性系数包含有债券的久期, 债券的久期越长, 债券价格的变动就越大. 如果债券价格和收益率之间呈非线性的关系, 则上述表达式只是给出了收益率变动对价格变动影响的一阶近似. 这表明, 久期只能为收益率小幅变动的风险度量提供一个合适的近似.

对 (9.3.8) 取方差得

$$\sigma(\Delta P) = PD^*\sigma(\Delta y), \tag{9.3.9}$$

这表明债券价格的波动性 (风险) 等于其修正久期、债券价格和其收益率波动性的乘积.

由于债券价格是债券持有期收益率的函数, 考虑债券价格关于持有期收益率的二阶泰勒展开式

$$P(y+\Delta y) = P(y) + \frac{\Delta P}{\Delta y}\Delta y + \frac{1}{2}\frac{\Delta^2 P}{\Delta y^2}\Delta y^2 + \cdots, \tag{9.3.10}$$

注意到 $D^* = -\Delta P/(P\Delta y)$, 记

$$CX = \frac{1}{P}\frac{\Delta^2 P}{\Delta y^2}, \tag{9.3.11}$$

则 (9.3.10) 式可改写为

$$\Delta P = -PD^*\Delta y + \frac{1}{2}P(CX)\Delta y^2. \tag{9.3.12}$$

式 (9.3.11) 定义的 CX 就是债券的凸度. 凸度的一个较好的近似定义由持有期收益率变动一个基本点的时候得出, 即有

$$CX = 10^8 \left[\frac{P(y+dy) - P(y)}{P(y)} - \frac{P(y) - P(y-dy)}{P(y)} \right], \qquad (9.3.13)$$

其中 $dy = 10^{-4}$, 即为一个基本点的变动.

对固定收益金融工具来说, 交易者常用的一个测度风险的方法为 "DVO1", 即所谓的 "1 个基本点美元价值法", 它用于描述证券价格对收益率曲线或特定利率曲线变动一个基本点时的敏感程度, 这与上述的债券久期分析的方法是一致的, 即在收益率曲线小幅变动的情况下, 可以用收益率变动的一个线性函数来近似固定收益债券对收益率变动的敏感程度 (见图 9.3.1). 债券的期限越长, 久期也就越长, 对收益率变化的敏感性也就越高. 债券的价格和收益率之间的关系曲线是非线性的, 也就是说, 久期只是收益率对价格影响的一阶近似, 债券的凸度则给出了收益率对债券价格变动更准确的近似.

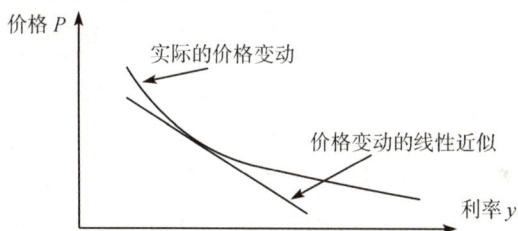

图 9.3.1 价格变动的线性近似

对于一个资产组合, 如果组合中的所有的资产都按同一条收益率曲线定价, 则可以简单地计算该组合中各资产久期的加权和得出该资产组合的价格对收益率的敏感性. 也可以用一个有代表性的资产价格的敏感性来估计整个组合价格的敏感性. 以图 9.3.2 为例, 10 年期债券的久期是 4 年期债券久期的 2.1 倍, 因此可以说, 100 万元的 10 年期债券同 210 万元的 4 年期债券等价, 利用这种等价关系可以把组合中的所有资产都折合成标准资产 (这里为 4 年期债券) 来确定整个组合对收益率变动的敏感程度.

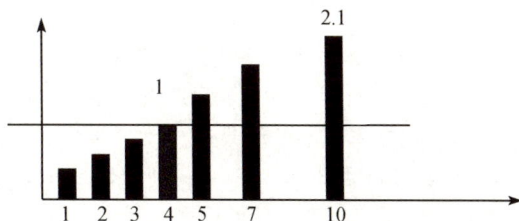

图 9.3.2 组合价格对利率敏感性测度

§9.4　用希腊字母度量风险

金融衍生产品的风险常用一些希腊字母来度量, 如 $\Delta, \Gamma, \nu, \rho, \theta$ 等, 它们同样用于描述金融衍生产品对不同风险因子的敏感性. 本节我们以期权这种衍生产品为例来说明这些字母所度量风险的意义 [98,132].

考虑到期日为 T 的以某股票为标的资产的欧式买入期权, 该股票现行的市场价格为 S_0, 并假定其服从正态分布, 分布的方差为 σ^2, 设市场无风险资产的年收益率为 r(常数), 期权确定的股票在到期日的执行价格为 S_X, 则根据 Black-Scholes 期权定价模型, 该期权的价格为

$$C = S_0 N(d_1) - S_X e^{-r\tau} N(d_2), \tag{9.4.1}$$

其中 $N(d)$ 表示在标准正态分布中随机变量的取值小于 d 出现的概率,

$$d_1 = [\ln(S_0/S_X) + (r + \sigma^2/2)\tau]/(\sigma\sqrt{\tau}), \quad d_2 = d_1 - \sigma\sqrt{\tau},$$

$\tau = T - t$ 为距到期日 T 的剩余时间. 这一公式中的股票现行价格 S_0 同上节债券价格公式 (9.3.3) 中的持有期收益率 y 所取的作用是类似的. 买入期权价格 C 对股票现行价格 S_0 的一阶敏感程度称为 δ, 二阶敏感程度称为伽玛 (记为 γ). 它们分别类似于债券价格的久期和凸度所量化的风险. 具体地说, δ 风险表示的是期权价格对股票现行价格的一阶导数

$$\delta = \frac{\partial C}{\partial S_0} = N(d_1), \tag{9.4.2}$$

它反映了期权价格受标的资产价格变动影响的程度. 伽玛 (γ) 风险表示期权价格对股票现行价格的二阶导数

$$\gamma = \frac{\partial^2 C}{\partial S_0{}^2} = \frac{N'(d_1)}{S_0 \sigma \sqrt{\tau}}, \tag{9.4.3}$$

伽玛值越高, 期权对持有者来说价值越大, 这是因为对一个伽玛值较高的期权来说, 当标的资产价格上升时, δ 值会随之增大, 反映期权价值上升的程度比伽玛中性的风险暴露要大. 反过来, 当标的资产价格下降时, δ 值减小, 期权价值下降的程度要小于伽玛风险中性的风险暴露. 当然, 对短期期权的空头来说, 与伽玛中性的风险暴露相比较, 高伽玛值的风险暴露给持有者带来的风险更大.

希腊字母 ν 表示股票价格的波动性风险, 它反映的是期权价格 C 对标的资产价格波动性 σ 的敏感程度

$$\nu = \frac{\partial C}{\partial \sigma} = S_0 \sqrt{\tau} N'(d_1), \tag{9.4.4}$$

较高的 ν 值会提高期权的持有价值.

希腊字母 θ 表示期权关于时间变动的风险, 它测度的是期权价格随到期日的时间由于缩短而变化的程度

$$\theta = -\frac{\partial C}{\partial \tau} = -\frac{S_0 N'(d_1)\sigma}{2\sqrt{\tau}} - rS_X e^{-r\tau} N(d_2), \tag{9.4.5}$$

这个值为正, 通常意味着随着到期日的越来越临近, 期权的价值会自然缩减.

希腊字母 ρ 表示期权关于折现率 r 变动的风险, 它测度的是期权价格由于同期零息债券收益率 (无风险收益率) 变动所引发的变化 (风险)

$$\rho = \frac{\partial C}{\partial r} = K\tau e^{-r\tau} N(d_2), \tag{9.4.6}$$

一般说来, ρ 的值越大, 期权的持有价值越低.

由于这些敏感性指标不能相加, 不能用这些指标来估计不同风险因子所导致的总体风险, 因而这些敏感性指标对总体风险管理的作用不大, 同时, 由这些风险指标不能估计出资产具体的最大损失是多少.

§9.5 波动性方法

风险是指未来收益的不确定性, 实际结果偏离期望结果的程度 —— 波动性, 在一定程度上可量化这种不确定性. 这种波动性可以用常规的统计方法量化, 其中, 方差或标准差是最常用的方法, 它估计实际收益与预期收益之间可能的偏离. 实际上人们在使用中通常把波动性与标准差等同起来 [83].

先考虑单个资产收益分布的方差, 设已知该资产收益分布的一个历史样本数据序列

$$r_1, r_2, \cdots, r_m,$$

则该资产收益分布的方差定义为

$$\sigma^2 = \text{var}(r) = \frac{1}{m-1} \sum_{i=1}^{m} (r_i - E(r))^2, \tag{9.5.1}$$

其中

$$E(r) = \frac{1}{m} \sum_{i=1}^{m} r_i$$

是收益分布的平均值, 通常称为预期收益.

对于一个由 n 种资产组成的投资组合, 设各资产在该资产组合中所占的投资权重分别是 $x_1, x_2, \cdots, x_n$, 它们满足 $x_1 + x_2 + \cdots + x_n = 1$. 假定这 n 个资产收益率分布的历史样本数据分别为

$$r_{ij}, \quad j = 1, 2, \cdots, m, \quad i = 1, 2, \cdots, n,$$

它们的预期收益率记为 $\overline{r}_i,\ i = 1, 2, \cdots, n$:

$$\overline{r}_i = \frac{1}{m} \sum_{j=1}^{m} r_{ij}, \quad i = 1, 2, \cdots, n.$$

记

$$\sigma_{ij} = \frac{1}{m-1} \sum_{k=1}^{m} (r_{ik} - \overline{r}_i)(r_{jk} - \overline{r}_j), \quad i, j = 1, 2, \cdots, n \tag{9.5.2}$$

为第 i 种资产和第 j 种资产收益分布间的协方差, 其中 $\sigma_{ii} = \sigma_i^2$ 为第 i 个资产收益波动的方差, 这里有 $\sigma_{ij} = \sigma_{ji}$. 记

$$\Sigma = \begin{pmatrix} \sigma_{11} & \sigma_{12} & \cdots & \sigma_{1n} \\ \sigma_{21} & \sigma_{22} & \cdots & \sigma_{2n} \\ \vdots & \vdots & & \vdots \\ \sigma_{n1} & \sigma_{n2} & \cdots & \sigma_{nn} \end{pmatrix}$$

为这 n 种资产收益分布间的方差 – 协方差矩阵, 则该投资组合收益波动的方差为

$$\sigma_p^2 = (x_1, x_2, \cdots, x_n) \Sigma (x_1, x_2, \cdots, x_n)^{\mathrm{T}}, \tag{9.5.3}$$

预期收益率为

$$r_x = \overline{R}^{\mathrm{T}} x = \sum_{i=1}^{n} x_i \overline{r}_i, \tag{9.5.4}$$

其中 $\overline{R} = (\overline{r}_1, \overline{r}_2, \cdots, \overline{r}_n)^{\mathrm{T}}$ 为 n 个资产的期望收益率向量. 方差描述了收益偏离其期望值 (平均值) 的程度, 在一定程度上度量了金融资产价值的变化程度. 但方差方法存在有两个主要缺点: (1) 只描述了收益的偏离程度, 却没有描述偏离的方向, 而实际中投资者关心的是负偏离 (损失); (2) 方差并没有反映投资组合价值的可能损失到底是多大.

Konno 和 Yamazaki 在 1991 年提出用收益波动的绝对偏差来量化风险, 并据此来进行投资组合的选择 [71]. 绝对偏差指的是收益偏离期望值的绝对值的期望值, 对于单个资产其定义为

$$w = E[|r_i - E[r]|], \tag{9.5.5}$$

对于 n 个资产的投资组合, 其计算公式为

$$w(x) = E\left[\left|\sum_{i=1}^{n} x_i r_i - E\left[\sum_{i=1}^{n} x_i r_i\right]\right|\right] = E\left[\left|\sum_{i=1}^{n} x_i a_{ij}\right|\right], \tag{9.5.6}$$

其中

$$a_{ij} = r_{ij} - \bar{r}_i, \quad i = 1, 2, \cdots, n, \quad j = 1, 2, \cdots, m.$$

Mansini 和 Speranza 在 1999 年提出了只考虑负偏离的下半方差的均值来定义收益波动性的风险 [82]. 所谓下半方差的均值是只对收益分布的负偏离的绝对值取平均值, 对于单个资产, 其下半方差均值为

$$w = \frac{1}{m} \sum_{i=1}^{m} |\min\{0, r_i - E[r]\}|, \tag{9.5.7}$$

对于有 n 个资产组成的投资组合, 其计算公式为

$$w(x) = \frac{1}{m} \sum_{j=1}^{m} \left|\min\left\{0, \sum_{i=1}^{n} x_i r_{ij} - E\left[\sum_{i=1}^{n} x_i r_{ij}\right]\right\}\right| = \frac{1}{m} \sum_{j=1}^{m} \left|\min\left\{0, \sum_{i=1}^{n} x_i a_{ij}\right\}\right|, \tag{9.5.8}$$

其中 a_{ij}, $i = 1, 2, \cdots, n$, $j = 1, 2, \cdots, m$ 的定义同上.

在考虑投资组合选择问题的时候, 还可以把收益分布的最大负偏离作为风险的度量 [14], 对于单个资产的收益分布, 其最大负偏离的定义为

$$w = \max\{E[r] - r_j | j = 1, 2, \cdots, m\}, \tag{9.5.9}$$

对于有 n 个资产组成的投资组合, 其最大负偏离定义为

$$w(x) = \max\left\{\sum_{i=1}^{n} x_i \bar{r}_i - \sum_{i=1}^{n} x_i r_{ij} | j = 1, 2, \cdots, m\right\}. \tag{9.5.10}$$

上述这些用资产或资产组合收益的波动性来度量风险的方法描述了收益偏离其期望值 (平均值) 的程度, 在一定程度上度量了金融资产价值的变化程度. 但这些波动性方法除有同方差类似的不足外, 在考虑投资组合选择问题时所形成的数学模型一般不是连续可微的, 这给数学处理和算法设计带来了困难, 不适宜大规模投资组合问题的处理.

尽管波动性不完全适宜直接用来度量投资组合的市场风险, 但市场因子的波动性是我们后面介绍的 VaR 计算的核心因素之一.

§9.6　方差 – 协方差矩阵的计算

方差 – 协方差矩阵是计算投资组合风险以及风险价值的基础. 对方差 – 协方差矩阵计算的基本要求是避免高维的方差 – 协方差矩阵和确保方差 – 协方差矩阵的半正定性. 事实上, 这两个要求在某种程度上是一致的. 当投资组合包含的资产数目较大时, 方差 – 协方差矩阵的计算工作量相当大. 例如, 对于 10 种资产或风险因子的投资组合, 需要估计 $10 \times 11/2 = 55$ 个不同的方差和协方差, 而对于 100 种资产或风险因子的投资组合, 计算量会达到 5500 个方差和协方差. 随着资产数目的不断增加, 计算量呈几何级数增长, 因此在实际计算中应尽可能避免高维的方差 – 协方差矩阵. 另一方面, 避免高维的方差 – 协方差矩阵也易于保证方差 – 协方差矩阵的半正定性. 高维方差 – 协方差矩阵的计算要求大量的观测样本数据, 如果样本数少于方差 – 协方差矩阵的维数, 就会导致方差 – 协方差矩阵的非正定性, 另外对大规模的投资组合, 不同资产收益分布之间可能存在的高相关性往往也会导致非正定的方差 – 协方差矩阵.

根据上述这些问题, 在实际应用中必须简化方差 – 协方差矩阵的计算, 特别对于大规模投资组合的问题. 下面介绍简化方差 – 协方差矩阵计算的四种方法: 基准映射方法、因素模型法、主成分分析法和主因子分析法.

§9.6.1　基准映射方法

通过选择若干个核心金融工具作为基准, 将投资组合中各种资产的头寸映射成这些核心金融工具的组合. 对作为基准的核心金融工具的选择, 一般可按下面的方式进行:

(1) 外汇头寸. 对于不同品种外汇头寸的投资, 可以选择外汇市场上的核心外汇, 如美元作为基准, 将其他不同品种的外汇头寸映射为等价的基准币种的组合.

(2) 股票头寸. 对于组合中不同股票的头寸, 映射为用相应的股票指数表示的等价组合.

(3) 固定收益债券. 对于组合中不同期望, 不同收益率的债券可以映射为用有限数量、特定到期日的现金流的组合, 具体的映射方法可参阅债券定价的现金流映射法.

(4) 商品头寸. 对组合中不同商品的头寸, 可以用标准期货合约作为基准, 把它们映射为标准期货合约的组合.

§9.6.2　因素模型法

因素模型法根据考虑因素的多少分为单因素模型法 (又称对角线模型) 和多因素模型法.

(1) 单因素模型 (对角线模型) 法. 对角线模型法是简化方差 – 协方差矩阵最常用的方法, 采用这种方法时假定组合中所有资产价值的变化都受一个共同风险因子 —— 市场因子的影响, 然后根据资本资产定价模型 (CAPM), 相应的不同资产的收益可表示为

$$r_i = \alpha_i + \beta_i R_m + \varepsilon_i, \quad i = 1, 2, \cdots, n,$$

其中 R_m 表示市场因子的收益, $\varepsilon_i, i = 1, 2, \cdots, n$ 表示误差, 满足

$$\mathrm{cov}(\varepsilon_i, R_m) = 0, \quad \mathrm{cov}(\varepsilon_i, \varepsilon_j) = 0, \quad \mathrm{var}(\varepsilon_i^2) = \sigma_{\varepsilon_i}^2.$$

由此可以得到资产 i 收益分布的方差

$$\sigma_i^2 = \beta_i^2 \sigma_m^2 + \sigma_{\varepsilon_i}^2, \quad i = 1, 2, \cdots, n.$$

资产 i 和 j 收益分布间的协方差

$$\sigma_{ij} = \beta_i \beta_j \sigma_m^2, \quad i = 1, 2, \cdots, n, \quad j = 1, 2, \cdots, n, \quad i \neq j.$$

从而由这 n 种资产构成的投资组合收益分布的方差 – 协方差矩阵为

$$\Sigma = \beta \beta^{\mathrm{T}} \sigma_m^2 + D_\varepsilon, \tag{9.6.1}$$

其中

$$\beta = \begin{pmatrix} \beta_1 \\ \beta_2 \\ \vdots \\ \beta_n \end{pmatrix}, \quad D_\varepsilon = \begin{pmatrix} \sigma_{\varepsilon_1}^2 & & & \\ & \sigma_{\varepsilon_2}^2 & & \\ & & \ddots & \\ & & & \sigma_{\varepsilon_n}^2 \end{pmatrix}.$$

由于矩阵 D_ε 是对角阵, 要估计的参数的数目由 $n \times (n+1)/2$ 减少为 $2n+1$, 即各资产关于市场因子的贝塔系数 $\beta = (\beta_1, \beta_2, \cdots, \beta_n)^{\mathrm{T}}$ 共 n 个, 矩阵 D_ε 的对角元素共 n 个, 以及市场因子收益分布的方差 σ_m^2 共 1 个. 有关贝塔系数的估计可参看 §4.3. 对于分散程度好的投资组合, 上述矩阵的第二项 D_ε 非常小, 可以忽略不计, 因此方差 – 协方差矩阵仅仅依赖于一个因子, 当计算包含大量资产的投资组合的方差 – 协方差矩阵时, 这种近似非常有用.

(2) 多因素模型法. 单因素模型只选择一个风险因子, 显得过于简单. 针对单因素模型的因子不充分性, 可引用多因子模型以提高估计的精确性. 假设资产 i 的收益率由 K 个市场因子确定

$$r_i = \alpha_i + \beta_{i1} f_1 + \beta_{i2} f_2 + \cdots + \beta_{iK} f_K, \quad i = 1, 2, \cdots, n,$$

其中 $f_1, f_2, \cdots, f_K$ 是相互独立的市场因子. 在这种情况下, 方差 – 协方差矩阵可以表述为

$$\Sigma = \beta_1 \beta_1^{\mathrm{T}} \sigma_1^2 + \beta_2 \beta_2^{\mathrm{T}} \sigma_2^2 + \cdots + \beta_K \beta_K^{\mathrm{T}} \sigma_K^2 + D_\varepsilon.$$

需要估计的参数个数为 $K + n \times K + n$ 个, 要比原来估计的参数个数少得多.

(3) 主成分分析法. 在实际应用中, 选择合适的主要市场因子是非常重要的, 选择的好, 既可以减少方差 – 协方差矩阵的计算工作量, 又能充分反映市场风险, 在现实中可以利用因子间的相关性, 通过主成分分析简化方差 – 协方差矩阵 [66,111].

设从 K 个市场因子中可以需要 s 个主成分, 用 $g = (g_1, g_2, \cdots, g_s)^{\mathrm{T}}$ 表示这 s 个主成分组成的主成分向量, 则有

$$g = Af, \tag{9.6.2}$$

其中 $f = (f_1, f_2, \cdots, f_K)^{\mathrm{T}}$ 表示市场因子向量,

$$A = \begin{pmatrix} a_{11} & a_{12} & \cdots & a_{1K} \\ a_{21} & a_{22} & \cdots & a_{2K} \\ \vdots & \vdots & & \vdots \\ a_{s1} & a_{s2} & \cdots & a_{sK} \end{pmatrix}$$

为 $s \times K$ 阶系数矩阵. 在主成分分析中, 需要确定主成分的个数 s 以及系数矩阵 A. 设

$$\lambda_1 \geqslant \lambda_2 \geqslant \cdots \geqslant \lambda_K \geqslant 0$$

为这 K 个市场因子分布间的相关系数矩阵 R 的 K 个特征值, 它们对应的标准正交的特征向量记为 $p_1, p_2, \cdots, p_K$. 由于要选 s 个主成分, 则可以选择前 s 个特征向量来构成上述系数矩阵 A, 即 $a_j = (a_{j1}, a_{j2}, \cdots, a_{jK}) = p_j^{\mathrm{T}}$.

为确定主成分的个数 s, 设 α^1 为事先确定的选择主成分的贡献率 (一般 $\alpha^1 \geqslant 85\%$), 则主成分个数 s 必须满足下面的条件

$$\mathrm{cont}(s-1) < \alpha^1, \quad \mathrm{cont}(s) \geqslant \alpha^1, \tag{9.6.3}$$

其中

$$\mathrm{cont}(s) = \sum_{i=1}^{s} \lambda_i \Big/ \sum_{i=1}^{K} \lambda_i \tag{9.6.4}$$

表示前 s 个特征值在所有特征值中所占的比重, 即使得不等式

$$\sum_{i=1}^{j} \lambda_i \Big/ \sum_{i=1}^{K} \lambda_i \geqslant \alpha^1$$

成立的最小整数 j 取为 s. 在确定 s 个主成分之后, 投资组合的价值可近似地转换为 g 的函数 $\nu = \nu(g, t)$, 而投资组合的价值变化表示为

$$
\begin{aligned}
\Delta \nu &= \sum_{i=1}^{n} x_i \Delta \nu_i \\
&= \sum_{i=1}^{n} x_i \frac{\partial \nu_i(g, t)}{\partial t} \Delta t + \sum_{i=1}^{n} x_i \sum_{j=1}^{s} \frac{\partial \nu_i(g, t)}{\partial g_j} \Delta g_j \\
&= \mu_p + \sum_{j=1}^{s} \delta_j \Delta g_j,
\end{aligned}
$$

其中 δ_j 为第 j 个主成分的累积 δ 因素

$$
\delta_j = \sum_{i=1}^{n} x_i \frac{\partial \nu_i(g, t)}{\partial g_j}, \quad j = 1, 2, \cdots, s, \tag{9.6.5}
$$

由这 s 个主成分组成的方差－协方差矩阵为

$$
\Sigma_g = \mathrm{diag}[\sigma_{g1}^2, \sigma_{g2}^2, \cdots, \sigma_{gs}^2], \tag{9.6.6}
$$

其中

$$
\sigma_{gj}^2 = \mathrm{var}(\Delta g_j), \quad j = 1, 2, \cdots, s,
$$

根据矩阵 A 的构成及 (9.6.2) 有 $\Delta g_j = P_j^{\mathrm{T}} \Delta f$, 其中 Δf 表示市场因子的改变量. 由此得

$$
\sigma_{gj}^2 = P_j^{\mathrm{T}} \Sigma_F P_j, \quad j = 1, 2, \cdots, s, \tag{9.6.7}
$$

其中 Σ_F 表示 $K \times K$ 阶的市场因子收益分布间的方差－协方差矩阵.

根据上面的推导可以看出, 利用主成分分析法首先要计算市场因子分布间的相关系数矩阵的特征值和相应的特征向量, 再确定主成分的个数 s 和系数矩阵 A, 由此可以计算简化的方差－协方差矩阵矩阵 Σ_g. 这一过程对于单一的计算给定投资组合的风险意义不大, 但对于确定后面介绍的以风险价值为基础的最优投资组合选择可以极大地减少计算工作量, 因为一旦矩阵 Σ_g 确定之后, 在优化过程中的所有计算只涉及 $s \times s$ 阶矩阵 Σ_g, 而不再涉及 $K \times K$ 阶矩阵 Σ_F. 从而减少计算工作量, 提高算法的效率.

(4) 主因子分析法. 基于主成分分析的投资组合方差－协方差矩阵的计算虽然可以有效地减少不同市场因子之间的多重共线性, 一定程度上降低方差－协方差矩阵的维数, 提高计算效率, 但得到的主成分是市场因子向量的不同线性组合, 其代表的经济意义不明确, 这对于具体的风险管理作用不大. 主因子分析法则不同, 它通过选取一部分能反映大部分市场因子向量, 且相关性又低的市场因子 —— 称为主

因子, 忽略那些非主因子的市场因子 [129]. 这样做既可以真实地降低方差 – 协方差矩阵的维数 (不再涉及矩阵 Σ_F 的计算), 而且又能便于风险管理者采取适当的控制策略以降低风险.

为理解主因子的选择过程, 先介绍所谓矩阵的扫描变换. 设 $K \times K$ 阶矩阵 V 其对角线元素满足 $\nu_{ii} \neq 0, i = 1, 2, \cdots, K$. 选定一个对角线元素 ν_{ii}, 对矩阵 V 定义扫描过程 S_i. 矩阵 V 经扫描后所得矩阵记为 B, 即有 $S_i V = B$, B 的元素为

$$b_{ii} = \frac{1}{\nu_{ii}}, \quad b_{ik} = \frac{\nu_{ik}}{\nu_{ii}}, \quad b_{ki} = -\frac{\nu_{ki}}{\nu_{ii}}, \quad k \neq i,$$

$$b_{jk} = \nu_{jk} - \nu_{ji} \frac{\nu_{ik}}{\nu_{ii}}, \quad j \neq i, \quad k \neq i.$$

对于这样的矩阵运算有

$$S_i S_i V = V, \quad S_i S_j V = S_j S_i V.$$

记 V 经连续 r 次扫描运算后所得矩阵为 B, 即

$$S_{i_r} \cdots S_{i_2} S_{i_1} V = B,$$

其中 S_{i_j}, $j = 1, 2, \cdots, r$ 表示选定第 i_j 个对角元素所定义的扫描运算. 对矩阵 V 和 B 再作同样的行和列的变换, 使得其指标为 $i_j, j = 1, 2, \cdots, r$ 的对角元位于矩阵的前 r 个对角元位置后再分块得

$$V = \begin{pmatrix} V_{11} & V_{12} \\ V_{21} & V_{22} \end{pmatrix}, \quad B = \begin{pmatrix} B_{11} & B_{12} \\ B_{21} & B_{22} \end{pmatrix},$$

其中 V_{11} 是 r 阶可逆方阵. 在这些矩阵之间有关系式

$$B_{11} = V_{11}^{-1}, \quad B_{12} = V_{11}^{-1} V_{12}, \quad B_{21} = -V_{21} V_{11}^{-1}, \quad B_{22} = V_{22} - V_{21} V_{11}^{-1} V_{12}. \tag{9.6.8}$$

现在设 V 为 K 个市场因子 $F = (f_1, f_2, \cdots, f_K)^{\mathrm{T}}$ 的协方差矩阵, 对市场因子向量作同样的交换和分块 $F = (F_1^{\mathrm{T}}, F_2^{\mathrm{T}})^{\mathrm{T}}$, 其中 F_1 表示 F 中下标为 i_j, $j = 1, 2, \cdots, r$ 的分量构成的 r 维向量, F_2 由 F 的其他分量构成的 $K - r$ 维向量. 令

$$Z = \begin{pmatrix} Z_1 \\ Z_2 \end{pmatrix} = \begin{pmatrix} F_1 \\ F_2 - V_{21} V_{11}^{-1} F_1 \end{pmatrix},$$

则 Z 作为随机向量, 其方差 – 协方差矩阵为

$$D(Z) = \begin{pmatrix} V_{11} & 0 \\ 0 & V_{22} - V_{21} V_{11}^{-1} V_{12} \end{pmatrix}, \tag{9.6.9}$$

且矩阵 $V_{22} - V_{21}V_{11}^{-1}V_{12}$ 是正半定的. 向量 $Z_2 = F_2 - V_{21}V_{11}^{-1}F_1$ 表示市场因子向量 F_2 中排除了同市场因子向量 F_1 的共线性部分后所剩余的随机因子向量, 它与因子向量 F_1 不再线性相关, $V_{22} - V_{21}V_{11}^{-1}V_{12}$ 为这一部分残余随机因子的方差 – 协方差矩阵.

主因子选择的基本原理为: 方差 – 协方差矩阵 V 的对角元素是各市场因子分布的方差, 因子的方差越大, 说明该因子对原信息的解释能力越强. 对矩阵 V 逐次进行扫描变换时, 历次所选的对角线元素之和, 即

$$\eta_r = \sum_{i=1}^{r} d_i \qquad (9.6.10)$$

反映了所选的因子向量所包含的信息对于全部市场因子向量所包含信息的解释能力, 这里

$$d_i = \nu_{ii}^{(i)}, \quad i = 1, 2, \cdots, r$$

为第 i 次扫描时所选的第 i 个对角元素. 主因子分析法通过连续地对矩阵 V 及其后续矩阵选择最大的对角元素做扫描运算, 得到相应的主因子. 而当所得到的所有主因子所包含的波动信息 (或说对原信息的解释能力) 达到预先指定的要求时, 停止进一步的考虑, 并把所选定的因子作为所需要的主因子向量.

记 $V^{(1)} = V = (\nu_{ij}^{(1)})$, 对矩阵 $V^{(1)}$ 选择最大对角线元素, 设其指标为 i_1, 即

$$\nu_{i_1 i_1}^{(1)} = \max\{\nu_{ii}^{(1)} | i = 1, 2, \cdots, K\},$$

于是得第一个主因子 f_1. 对矩阵 $V^{(1)}$ 作行和列的交换, 将 $\nu_{i_1 i_1}^{(1)}$ 置于 $V^{(1)}$ 的第一主元位置, 以该对角元对矩阵 $V^{(1)}$ 进行扫描得矩阵记为 $V^{(2)}$, 再从矩阵 $V^{(2)}$ 的第 2 个对角元开始的 $K - 1$ 个对角元中选择最大的对角元素, 设其指标为 i_2, 即

$$\nu_{i_2 i_2}^{(2)} = \max\{\nu_{ii}^{(2)} | i = 1, 2, \cdots, K, i \neq i_1\},$$

得第二个主因子 f_{i_2}. 重复这个过程 r 次, 就可确定 r 个主因子 $f_{i_j}, j = 1, 2, \cdots, r$. 为确定已选择主因子所包含的信息是否能对原有信息的解释达到指定的要求, 需要根据 (9.6.9) 计算剩余因子向量 $Z_2^{(r)}$ 所包含信息对原信息的解释能力, 这可通过计算矩阵 $V_{22}^{(r)} - V_{21}^{(r)}(V_{11}^{(r)})^{-1}V_{12}^{(r)}$ 的迹, 即该矩阵的对角线元素之和来确定. 根据 (9.6.10), 这个矩阵恰好就是扫描后的所得矩阵 $V^{(r)}$ 的右下角的 $K - r$ 阶子矩阵, 因此计算这个子矩阵的对角元素之和

$$c_r = \sum_{i=r+1}^{K} \nu_{ii}^{(r)}.$$

再由

$$t = \frac{\eta_r}{\eta_r + c_r} \geqslant \beta, \tag{9.6.11}$$

即可判定所选择的主因子是否满足预先指定的要求, 这里 η_r 为所选的主因子向量所包含市场因子向量的信息, c_r 为残余因子所包含的信息, $\beta(\in (0,1))$ 为预先指定的对原信息的覆盖率. 事实上, 随着所选主因子数不断增加, c_r 的值单调减少, 并在 r 接近 K 时收敛于零.

根据上述分析, 可得主因子选择过程如下:

主因子选择算法

步 1. 给定判定值 β, 置 $\eta_0 = 0, V^{(1)} = V, I^{(1)} = \varnothing, J^{(1)} = \{1, 2, \cdots, K\}, k = 1$;

步 2. 选取最大的对角元指标 $i_k = \arg\max\{\nu_{ii}^{(k)} | i \in J^{(k)}\}$, 置 $d_k = \nu_{i_k i_k}^{(k)}, \eta_k = \eta_{k-1} + d_k, I^{(k+1)} = I^{(k)} \cup \{i_k\}, J^{(k+1)} = J^{(k)} \setminus \{i_k\}$;

步 3. 对矩阵 $V^{(k)}$ 作行和列的交换, 使得对角元 $\nu_{i_k i_k}^{(k)}$ 位于子矩阵 $V^{(k)}$ 的第 k 对角元位置;

步 4. 用该对角元对矩阵 $V^{(k)}$ 作扫描变换得 $V^{(k+1)}$, 并计算其右下角 $K - k$ 阶子矩阵的对角元之和 c_k;

步 5. 如果 $\eta_k/(\eta_k + c_k) \geqslant \beta$, 则指标集合 $I^{(k)}$ 即为所需要的主因子指标集, 停止进一步的选择, 输出指标集 $I^{(k)}$;

步 6. 否则, 置 $k + 1 \Rightarrow k$ 后转步 2.

可以看出, 由上述算法计算的值 d_1 就是第一个选择的主因子 f_{i_1} 的方差, d_2 则是所选的第 2 个主因子 f_2 排除同第 1 个主因子共线性部分后的随机向量的方差. 如果这两个因子不相关, 则有 $d_2 = \nu_{i_1 i_2}$, 即方差 – 协方差矩阵 V 的第 2 个次大对角元素, 而 $\eta_2 = d_1 + d_2$ 表示这两个主因子所包含的市场因子向量所含的信息. 由此还可以看出, 对于数 $d_i, i = 1, 2, \cdots, r$ 成立有关系式 $d_1 \geqslant d_2 \geqslant \cdots \geqslant d_r$.

对于给定的判定值 β, 一旦主因子指标集合 $I^{(r)}$ 确定后, 即可按主因子的波动率来计算投资组合的方差. 为方便, 设所得的主因子集合和非主因子集合为

$$I^{(r)} = \{f_1, f_2, \cdots, f_r\}, \quad \bar{I}^{(r)} = \{f_{r+1}, \cdots, f_K\},$$

记 $F_1 = (f_1, f_2, \cdots, f_r)^{\mathrm{T}}, F_2 = (f_{r+1}, f_{r+2}, \cdots, f_K)^{\mathrm{T}}$, 由此得该投资组合价值的变动为

$$\Delta V = \mu_x + \delta_1^{\mathrm{T}} \Delta F_1 + \delta_2^{\mathrm{T}} \Delta F_2, \tag{9.6.12}$$

其中 $\delta_1 = (\delta_{F1}, \cdots, \delta_{Fr})^{\mathrm{T}}, \delta_2 = (\delta_{Fr+1}, \cdots, \delta_{FK})^{\mathrm{T}}, \Delta F_1 = (\Delta f_1, \cdots, \Delta f_r)^{\mathrm{T}}, \Delta F_2 = (\Delta f_{r+1}, \cdots, \Delta f_K)^{\mathrm{T}}$ 其中 $\delta_{Fj}, j = 1, 2, \cdots, r$ 为第 j 个主因子的累积 δ. 对于去除了同主因子向量共线性关系后的残留因子向量 F_2, 当 β 值接近 1 时 (一般要求

$\beta > 85\%$), 有下式成立

$$F_2 = E[F_2] + V_{21}V_{11}^{-1}(F_1 - E[F_1]), \tag{9.6.13}$$

其中 $E[F_1], E[F_2]$ 分别表示因子 F_1 和 F_2 的均值向量. 由此得

$$\Delta F_2 = V_{21}V_{11}^{-1}\Delta F_1, \tag{9.6.14}$$

代入 (9.6.12) 得

$$\Delta V = \mu_x + (\delta_1 + V_{11}^{-T}V_{21}^{T}\delta_2)^{T}\Delta F_1, \tag{9.6.15}$$

由此得投资组合价值分布的方差为

$$\sigma_x^2 = \delta_P^{T}\Sigma_{PF}\delta_P, \tag{9.6.16}$$

其中

$$\delta_P = \delta_1 + V_{11}^{-T}V_{21}^{T}\delta_2, \tag{9.6.17}$$

Σ_{PF} 为主因子收益分布间的方差 – 协方差矩阵, 即 V_{11}.

第 10 章 风险价值及其计算方法

§10.1 风险价值的定义

度量风险大小的灵敏度方法主要适用于简单金融市场环境下 (单一产品、单一风险) 变动程度小的风险测量. 随着全球金融市场规模的不断增大、金融理论和新金融工具的不断推出, 交易方式的动态性和复杂性增加, 灵敏度方法存在的主要缺陷在于其测量风险的单一性 —— 不同的风险因子对应不同的灵敏度. 这就导致以下几个问题: (1) 无法量化金融交易中普遍的、由类型不同的资产构成的整个资产组合的风险; (2) 由于不能汇总不同市场因子和不同金融机构的风险暴露, 灵敏度方法无法适用于在市场风险管理和控制中具有核心作用的中台或后台, 以便全面了解业务部门和金融机构所面临的整体风险, 以致无法展开有效的风险控制和风险限额设定; (3) 灵敏度方法在量化风险时, 无法考虑投资组合的风险分散效应.

另一方面, 度量风险的波动性方法, 不可能给出一定数量的损失发生的概率. 在这种情况下, 交易者或者管理者只能根据自己的经验来进一步判断每天发生某种程度损失的可能性.

风险价值 (value at risk, VaR) 是一种能全面量化复杂投资组合风险的方法, 它可以解决传统的风险量化方法所不能解决的问题. VaR 方法是由 JP Morgan 公司率先在 1993 年提出的 [44]. VaR 的含义是 "处于风险中的价值", 简称风险价值, 是指在市场正常波动下, 某一金融资产或投资组合在未来特定的一段时间内 (1 天、一周或 10 天等) 和一定的置信水平下可能发生的最大损失 [66,128], 可表示为

$$\mathrm{prob}(\Delta P > \mathrm{VaR}) = 1 - \alpha, \tag{10.1.1}$$

其中 ΔP 表示投资组合在持有期 Δt 内的损失, VaR 为在置信水平 α 下处于风险中的价值. 注意, 本书中 VaR 及收益或损失均取正数形式. 比如说, 某个资产的风险暴露在 99% 的置信水平下的日 VaR 值为 100 万元, 这就是说, 平均说来, 在 100 个交易日内, 该资产的日实际损失超过 100 万元的最多只有 1 天.

在具体计算风险价值时有相对风险价值和绝对风险价值之分, 分别记为 VaR_r 和 VaR_a. 设 V_0 为某一投资组合期初投的资额, 如果整个投资期的投资回报率为 R, 则至投资期末整个投资组合的价值为 $V = V_0(1 + R)$. 记投资期的期望收益率和收益率的波动性分别为 μ, σ. 定义在给定置信度 α 下的投资组合最小价值为

$V^* = V_0(1 + R^*)$, 其中 R^* 为在置信度 α 下的最低投资回报率. 据此可定义组合的相对风险价值 VaR_r 为资产组合的期望收益同给定置信水平下最小收益之间的差

$$\mathrm{VaR}_r = E(V) - V^* = -V_0(R^* - \mu), \tag{10.1.2}$$

绝对风险价值 VaR_a 定义为在给定置信水平下投资组合的最小价值所产生的损失, 即期初投资同给定置信度 α 下的投资组合最小价值之间的差

$$\mathrm{VaR}_\alpha = V_0 - V^* = -V_0 R^*. \tag{10.1.3}$$

图 10.1.1 描述了给定收益率分布的情况下相对风险价值和绝对风险价值的含义. 在这两种不同定义的情况下, 找到最小价值 V^* 或最低投资回报率 R^*, 就可以计算 VaR. 实践中一般使用相对 VaR_r, 简记为 VaR, 它与经济资本分配和 RAROC 计算相一致.

例如, 资产组合期初的价值为 $V_0 = 100$ 万元, 期望收益率为 $\mu = 5\%$, 在 95% 的置信度下的损失率为 $R^* = -20\%$, 则在该置信水平下相对 VaR 为 $\mathrm{VaR}_r = 100 \times [0.05 - (-0.2)] = 25$ 万元, 而绝对 VaR_a 为 $\mathrm{VaR}_a = -100 \times (-0.2) = 20$ 万元.

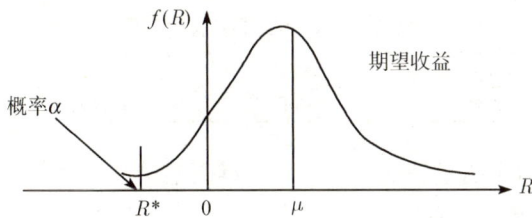

图 10.1.1　相对 VaR 和绝对 VaR

VaR 最一般的形式可以从投资组合未来价值的概率分布确定. 假定投资组合未来价值分布的概率密度函数为 $f(V)$, 则对于某一置信水平 α 下的投资组合最低值 V^*, 应有

$$\alpha = \int_{V^*}^{\infty} f(t)dt \tag{10.1.4}$$

或者有

$$1 - \alpha = \int_{-\infty}^{V^*} f(t)dt. \tag{10.1.5}$$

无论分布是离散的还是连续的, 厚尾的还是瘦尾的, 上述表示对于任何分布都是适用的, 但对于具体的计算, 上述表达式对正态分布可以进一步简化.

正态分布下的VaR

如果投资组合的收益呈正态分布, 则 VaR 的计算可以简化. 在正态分布条件下, 可以根据置信水平确定相应的分位数, 用投资组合的标准差与该分位数相乘, 就可确定 VaR. 这种方法是基于对分布的参数 —— 标准差的估计, 而不是从经验分布上确定分位数, 因此称这种方法为参数方法.

设投资组合或资产的收益率 R 服从以 μ 为均值, σ 为标准差的正态分布, 即收益率的分布函数为

$$f(R) = \frac{1}{\sqrt{2\pi}\sigma} e^{-\frac{1}{2}\frac{(R-\mu)^2}{\sigma^2}}. \tag{10.1.6}$$

设 α 为给定的置信水平, 则根据正态分布和标准正态分布之间的转换关系, 投资组合或资产在给定置信水平下的最小收益率 R^* 可由下式确定

$$\mathrm{prob}(R \leqslant R^*) = \int_{-\infty}^{R^*} f(r)dr = \mathrm{prob}\Big(Z \leqslant \frac{(R^*-\mu)}{\sigma}\Big) = 1 - \alpha, \tag{10.1.7}$$

其中 Z 为服从标准正态分布的随机变量 (均值为 0, 标准差为 1 的正态分布). 给定置信水平 α, 就可从标准正态分布的数据表上查出满足式 (10.1.7) 的分位数, 记为 Z_α. 表 10.1.1 给出了几个常用的置信水平下的 Z_α 值.

表 10.1.1 α 和 Z_α 的对应表

α	99.97%	99.87%	99%	95%
Z_α	−3.43	−3.00	−2.33	−1.65

由 (10.1.7), 对给定的置信水平 α , 由标准正态分布的数据表上查出相应的分位数 Z_α , 则所需要确定的 R^* 为

$$R^* = \mu + Z_\alpha \sigma. \tag{10.1.8}$$

根据 VaR 的定义, 可以得出相对 VaR_r 为

$$\mathrm{VaR}_r = -V_0 Z_\alpha \sigma, \tag{10.1.9}$$

绝对 VaR_a 为

$$\mathrm{VaR}_\alpha = -V_0[\mu + Z_\alpha \sigma]. \tag{10.1.10}$$

假设均值 μ 和标准差 σ 是以时间间隔为一天的数据计算出来的, 需要计算时间间隔为 Δt 的 VaR, 由于在时间 Δt 内收益率分布的均值为 $\mu\Delta t$, 标准差为 $\sigma\sqrt{\Delta t}$, 用它们分别代替式 (10.1.9) 和 (10.1.10) 中的均值和方差即得时间间隔为 Δt, 置信水平同为 α 的相对 VaR_r 和绝对 VaR_a ,

$$\mathrm{VaR}_r = -V_0 Z_\alpha \sigma \sqrt{\Delta t}, \tag{10.1.11}$$

$$\text{VaR}_\alpha = -V_0[\mu\Delta t + Z_\alpha\sigma\sqrt{\Delta t}], \tag{10.1.12}$$

这就是所谓的根号 $t(\sqrt{t})$ 法则.

很多的实证分析表明, 多数资产收益的分布实际上并不遵守正态分布, 而是表现出厚尾尖峰的特征, 在这种分布下, 实际的观察值要比正态分布更多地偏离均值, 尽管可以通过及时地对正态分布做变差来反映一些不可能事件, 但厚尾分布还是一个问题. 分布中出现后尾意味着出现超额损失的概率高于正态分布预测的结果, 这会让风险管理者尤为担心. 所幸的是, 这种情况对分散程度好的投资组合一般不会发生, 这可以用中心极限定理来解释. 该定理认为, 在大样本的的情况下, 众多相互独立的随机变量组成的集合在总体上会收敛于正态分布. 这意味着, 如果资产组合得到了很好的分散而且各风险因子的收益之间相互独立, 那么即使这些收益本身不遵循正态分布, 风险管理者还可以假定资产组合的收益服从正态分布.

在 VaR 定义中, 有两个重要参数: 持有期和置信水平. 任何 VaR 只有在给定这两个参数的情况下才有意义.

持有期确定计算 VaR 的时间周期. 由于波动性与时间长度呈正相关, 一般 VaR 随持有期的增加而增加. 通常的持有期有一天、一周、一个月或更长. 一般来讲, 金融机构使用的最短持有期是一天, 但理论上可以使用小于一天的持有期.

选择持有期时, 往往需要考虑四种因素: 金融市场的流动性、收益的分布特性、头寸的可调整性以及可资利用的数据, 即信息的限制.

(1) 金融市场的流动性. 影响持有期选择的第一个因素是金融机构所处的金融市场的流动性. 在不考虑其他因素的情况下, 如果交易头寸能够快速流动, 则可以选择较短的持有期; 但如果流动性较差, 由于交易时确定交易对手的时间较长, 则选择较长的持有期更加合适. 一般情况下, 金融机构大多在多个市场上持有头寸, 而在不同市场上达成交易的时间差别往往很大, 这样, 金融机构很难选择一个能最好地反映交易时间的持有期. 通常, 金融机构根据资产组合中比重最大的头寸的流动性选来确定持有期.

(2) 收益的分布性能. 在计算 VaR 时, 最通常的做法是假定收益呈正态分布. 金融经济学的实证研究表明, 时间跨度越短, 实际的收益分布越接近正态分布. 因此选择较短的持有期更适合于收益呈正态分布的假设.

(3) 头寸调整. 在实际的金融活动中, 投资管理者根据市场状况会对其头寸和组合进行不断的调整. 如果某一种头寸不断的出现发生损失的情况, 管理者会把这种头寸调整为其他的头寸. 持有期越长, 投资管理者改变组合中头寸的可能性越大. 而在 VaR 计算中, 往往假定在给定持有期内组合的头寸保持不变. 因此, 持有期越短越容易满足组合头寸保持不变的假定.

(4) 数据限制. VaR 的计算往往需要大量不同资产收益的历史样本数据, 以估计收益率的方差和波动性. 选择的持有期越长, 所需数据的历史时间跨度越长. 因此, VaR 计算的数据样本量要求表明, 持有期越短, 得到大量样本数据的可能性越大.

置信水平的选择依赖于对 VaR 验证的需要、内部风险资本需求、外部监管要求以及在不同机构之间进行比较的需要. 同时, 正态分布或其他一些具有较好分布特征的分布形式 (如 t 分布) 也会影响置信水平的选择. 不同置信水平适用于不同目的: 当 $\alpha \leqslant 0.5$ 时, $z_\alpha \leqslant 0$, 这时用 VaR 描述风险时, 其值为负, 不符合风险的实际意义, 因此要求 $\alpha \in (0.5, 1)$. 在实际的最优投资组合计算中, 置信水平一般都要求 $\alpha \geqslant 0.90$. 当考虑 VaR 的有效性时, 需要选择较低的置信水平; 而内部风险资本需求和外部监管要求则需要选择较高的置信水平; 此外, 对于统计和比较的目的, 则需要选择中等或较高的置信水平.

§10.2　VaR 计算的参数法

上节的分析表明, VaR 计算的核心在于估计投资组合未来收益的统计分布或概率密度函数. 大多数情况下, 直接估计投资组合的未来收益分布几乎是不可能的, 一是因为投资组合中往往包括种类繁多的金融资产和金融工具, 二是无法保留估计过程中所需要的所有相关金融资产和金融工具收益的历史数据. 因此, 通常将投资组合的收益用其市场因子来表示 (投资组合价值是其所有市场因子的函数). 所谓映射 (mapping) 就是利用市场因子收益分布来估计投资组合的未来收益分布 (或概率密度函数). 计算 VaR 时, 首先根据市场因子的当前价格水平, 利用金融资产和金融工具的定价公式对投资组合的价值进行估计 (称为盯市 (marking-to-market)); 然后预测市场因子未来的一系列可能价格水平 (是一个概率分布), 并由此用定价公式估计投资组合未来可能价值的分布; 在此基础上计算投资组合未来的价值变化 —— 投资组合未来的损益, 由此得出投资组合的损益分布. 根据这一分布就可求出给定置信水平下投资组合的 VaR. 根据以上叙述, 计算 VaR 的关键在于确定投资组合未来收益的统计分布或概率密度函数. 这一过程由三个基本模块构成: (1) 映射, 分析组合的风险因子, 把组合中每一种头寸的收益表示为这些市场因子的函数; (2) 波动性估计, 预测各市场因子的波动性; (3) 形成收益分布, 根据各市场因子的波动性, 估计投资组合的价值变化, 形成投资组合收益和分布.

在计算资产组合的 VaR 时需要考虑下述两个要素: (1) 市场风险因子的选择. 资产组合价值的变动是由那些影响每项金融资产和金融工具价格的市场因素的变动所造成的, 市场因子的具体构成取决于资产组合的构成, 对于简单的证券, 如美元/欧元的远期合约, 风险暴露的价值只受美元/欧元远期汇率的影响. 但是对于美元/欧元的美式/欧式的期权来说, 风险暴露不仅同远期汇率有关, 还要受期权到期日美元/欧元利率变化以及美元/欧元汇率波动的影响. 金融工具不同, 影响其市场价格的市场因子也会不同. 对一个股票的资产组合, 风险因子为构成资产组合的每种股票的价格. 对于债券组合来说, 可以简单地认定每种债券的风险因子就是其到期收益率. (2) 考虑将市场风险因子的波动纳入模型的方法. 分析类方法, 如方差 – 协方差方法假定市场因子的收益服从对数正态分布. 历史模拟法则对市场因子的收益分布不需要做任何假定, 但要求有足够的历史样本数据, 如 2~3 年的历史样本数据以便进行估计. 蒙特卡罗模拟可以选择任何形式的多变量随机分布来进行.

本节的余下部分用于讨论用参数法计算 VaR 的方法. 参数法是 VaR 计算中最为常用的方法, 它利用投资组合的价值与市场因子间的函数 (或近似函数) 关系以及市场因子的统计分布参数 (方差 – 协方差矩阵) 简化 VaR 的计算. 根据将资产价值函数展开阶数的不同, 参数法可以分为 Delta 类方法和 Gamma 类方法. 在 Delta 类方法中, 投资组合的价值取展开式的一阶近似, 但不同模型中市场因子的统计分布假定不同. 如 Delta 正态模型假定市场因子的收益服从多元正态分布, Delta 加权正态模型假定市场因子的收益服从多元加权正态分布, 并用加权正态分布模型估计市场因子收益分布的方差 – 协方差矩阵, 而 Delta-GARCH 模型使用 GARCH 模型估计市场因子的波动性.

§10.2.1 Delta 类方法 (一阶方法)

考虑一个投资组合 $x = (x_1, x_2, \cdots, x_n)^{\mathrm{T}}$, 其中 $x_i, i = 1, 2, \cdots, n$ 为第 i 种资产在组合中的投资权重. 设在 t 时刻 n 种资产的价值向量为 $v = (v_1, v_2, \cdots, v_n)^{\mathrm{T}}$, 则投资组合 x 在时刻 t 的价值为

$$v(x) = \sum_{i=1}^{n} x_i v_i.$$

经过一个时段 Δt 后, 投资组合价值的变动为

$$\Delta v(x) = v(x, t + \Delta t) - v(x, t) = \sum_{i=1}^{n} x_i \Delta v_i, \tag{10.2.1}$$

其中 Δv_i 表示时段 Δt 内资产 i 的价值变动. 假定每种资产的价值都由 k 个市场因子确定 $f = (f_1, f_2, \cdots, f_k)^{\mathrm{T}}$, 即 $v_i = v_i(f_1, f_2, \cdots, f_k, t)$, 而且这 k 个市场因子的收益服从联合正态分布, 则投资组合 x 价值变动的一阶近似为

$$\Delta v(x) = \sum_{i=1}^{n} x_i \frac{\partial_i(f, t)}{\partial t} \Delta t + \sum_{i=1}^{n} x_i \sum_{j=1}^{n} \frac{\partial_i(f, t)}{\partial f_j} \Delta f_j$$

$$= \mu_p + \sum_{j=1}^{n} \delta_j \Delta f_j = \mu_p + \delta^{\mathrm{T}} \Delta f, \tag{10.2.2}$$

其中 μ_p 是由时间变化所引起的组合价值变动量

$$\mu_p = \sum_{i=1}^{n} x_i \frac{\partial v_i(f,t)}{\partial t} \Delta t,$$

$\delta = (\delta_1, \cdots, \delta_k)^{\mathrm{T}}$, δ_j 表示 n 种资产价值的 δ 系数对于第 j 个市场因子的累积值,

$$\delta_j = \frac{\partial V(x)}{\partial f_j} = \sum_{i=1}^{n} x_i \frac{\partial_i(f,t)}{\partial f_j} \Delta f_j, \quad j = 1, \cdots, k,$$

$\Delta f = (\Delta f_1, \cdots, \Delta f_k)^{\mathrm{T}}$. 由 (10.2.2) 得在 Δt 时段内投资组合价值变动 $\Delta v(x)$ 的方差为

$$\mathrm{var}(\Delta v(x)) = E\left[\left(\mu_p + \sum_{j=1}^{k} \delta_j \Delta f_j\right) - E\left(\mu_p + \sum_{j=1}^{k} \delta_j \Delta f_j\right)\right]^2$$

$$= \mathrm{var}(\delta^{\mathrm{T}} \Delta f) = \delta^{\mathrm{T}} \Sigma_f \delta, \tag{10.2.3}$$

其中 Σ_f 表示 K 个市场因子收益分布间的方差 – 协方差矩阵

$$\begin{pmatrix} \sigma_{11} & \cdots & \sigma_{1k} \\ \vdots & & \vdots \\ \sigma_{k1} & \cdots & \sigma_{kk} \end{pmatrix},$$

其中 $\sigma_{ij} = \mathrm{cov}(\Delta f_i, \Delta f_j)$, $\sigma_{ii} = \mathrm{var}(\Delta f_i)$. 方差 – 协方差矩阵 Σ_f 还可以表示成下面的形式

$$\Sigma_f = DRD,$$

其中 R 表示 K 个市场因子收益分布间的相关系数矩阵, D 是由市场因子的标准差构成的对角阵,

$$R = \begin{pmatrix} 1 & \rho_{12} & \cdots & \rho_{1k} \\ \rho_{21} & 1 & \cdots & \rho_{2k} \\ \vdots & \vdots & & \vdots \\ \rho_{k1} & \rho_{k2} & \cdots & 1 \end{pmatrix}, \quad D = \begin{pmatrix} \sigma_1 & & & \\ & \sigma_2 & & \\ & & \ddots & \\ & & & \sigma_k \end{pmatrix}.$$

根据 (10.1.9), 投资组合 x 的 VaR 为

$$\mathrm{VaR}(x) = V Z_\alpha \sqrt{\delta^{\mathrm{T}} \Sigma_f \delta} \sqrt{\Delta t} \tag{10.2.4}$$

或

$$\mathrm{VaR}(x) = V \sqrt{(\mathrm{var})^{\mathrm{T}} R (\mathrm{var})}, \tag{10.2.5}$$

其中 V 是组合在期初的价值, Z_α 是对应于置信度 α 的标准正态分布的分位数, Δt 是持有期; $\mathrm{var} = (\mathrm{var}_1, \cdots, \mathrm{var}_k)^\mathrm{T}$ 是 k 个市场因子的风险价值向量, $\mathrm{var}_j = Z_\alpha \sigma_i \delta_j \sqrt{\Delta t}$, $j = 1, 2, \cdots, k$. 这就是所谓的计算投资组合风险价值 Delta 类方法.

例 10.2.1 考虑由两支股票 S_1, S_2 组成的资产组合的风险价值.

根据这两个股票的历史价格数据得出它们的日收益率分布的均值、标准差和相关系数分别为

$$\mu_1 = 0.155\%, \quad \sigma_1 = 2.42\%,$$

$$\mu_2 = 0.0338\%, \quad \sigma_2 = 1.68\%, \quad \rho = 0.14.$$

该资产组合包括 n_1=100 股 S_1 股票, 股价为 P_1=91.7 元, n_2=120 股 S_2 股票, 股价为 P_2= 79.1 元. 因而资产组合的总价值为

$$V = n_1 P_1 + n_2 P_2 = 18\ 662(元),$$

该资产组合在每只股票上的投资比重为

$$x_1 = n_1 P_1 / V = 0.49, \quad x_2 = n_2 P_2 / V = 0.51,$$

由此得该组合日价值分布的均值和方差为

$$\mu_x = x_1 \mu_1 + x_2 \mu_2 = 0.093\%,$$

$$\sigma_x^2 = x_1^2 \sigma_1^2 + x_2^2 \sigma_2^2 + 2 x_1 x_2 \rho \sigma_1 \sigma_2 = 0.00\ 024, \quad \sigma_x = 1.55\%,$$

由此得在 95% 的置信水平下, 该资产组合的日 VaR 值为

$$\mathrm{VaR}_x = 1.645 V \sigma_x = 478(元).$$

我们还可以计算这两个资产各自在 95% 置信水平下的日 VaR 值,

$$\mathrm{VaR}_1 = 1.645 \sigma_1 V_1 = 365(元), \quad \mathrm{VaR}_2 = 1.645 \sigma_2 V_2 = 261(元),$$

两者之和为 626(元), 同 478 元相差 148 元. 这个差是由两个资产收益分布之间的不完全相关性引起的, 称为资产的组合效应. 事实上资产组合的风险价值对市场风险因子的相关性是很敏感的, 表 10.2.1 给出了该资产组合在两个资产收益分布的相关系数不同时的风险价值.

表 10.2.1 相关性对组合 VaR 的影响

ρ	VaR	资产组合效应
1.0	626	0
0.5	545	81
0.0	449	177
−0.5	325	301
−1.0	103	523

　　在上述例子中, 两资产各自的风险价值之和在投资组合理论中称为非分散风险价值. 它基于这样一个事实, 如果资产组合中的所有资产 (或风险因子) 的收益分布完全正相关 (对所有资产都有 $\rho = 1$), 采用分散投资的办法并不能减小组合的风险价值, 因为在这种情况下组合的风险价值就是各资产风险价值的加权和, 其权为各资产在该组合中的投资比例. 组合效应非零的投资组合的风险价值称为分散风险价值. 这时各资产 (或风险因子) 收益分布呈不完全相关, 乃至负相关, 而且从表 10.2.1 可以看出, 随着相关系数的减小, 组合效应增大, 风险价值变小, 这是因为一旦对某个资产的投资出现损失, 可以从对其他资产投资的收益获得补偿.

　　根据上面的分析, 我们可以得出下述降低投资组合风险的基本原则:

　　(1) 选择收益分布之间相关系数低的资产进行组合投资;

　　(2) 对选定可进行投资的风险资产, 通过调整组合比例, 即选取有效的投资组合来以降低投资风险.

　　表 10.2.2 就上述例子在 $\rho = 0.14$ 的情况下, 对两支股票的不同投资比例进行组合投资所得的组合风险价值和期望收益.

表 10.2.2　期望收益和风险价值随投资比例变动的例

对第 1 支的比例	对第 2 支的比例	期望收益	风险价值
0	1.0	0.000 338	0.0168
0.05	0.95	0.003 39	0.016 174
0.1	0.9	0.000 495	0.015 43
0.15	0.85	0.000 52	0.015 219
0.2	0.8	0.000 58	0.014 909
0.25	0.75	0.000 641	0.014 721
0.3	0.7	0.000 702	0.014 66
0.35	0.65	0.000 762	0.014 727
0.4	0.6	0.000 823	0.014 921
0.45	0.55	0.000 883	0.015 236
0.5	0.5	0.000 944	0.015 666
0.55	0.45	0.001 005	0.016 201
0.6	0.4	0.001 065	0.016 832
0.65	0.35	0.001 126	0.017 547
0.7	0.3	0.001 186	0.018 338
0.75	0.25	0.001 247	0.019 194
0.8	0.2	0.001 308	0.020 108
0.85	0.15	0.001 368	0.021 071
0.9	0.1	0.001 429	0.022 078
0.95	0.05	0.001 489	0.023 123
1.0	0	0.001 55	0.0242

　　从这个表可以看出, 随着对第 1 支股票投资比例的不断增加, 组合的期望收益

呈单调增的趋势, 然而风险价值并不表现出任何单调变化的特征, 而是开始慢慢下降, 到达 $x_1 = 0.3$ 的点, 风险价值取最小值 (就表上的数值而言), 其后风险价值开始慢慢增加. 这反映了投资组合风险价值非线性变化的特征. 图 10.2.1 给出了组合期望收益和风险价值的变动曲线.

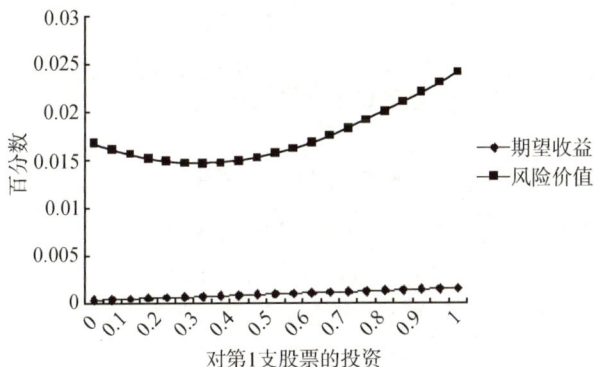

图 10.2.1　组合风险价值和期望收益的变动曲线

§10.2.2　Gamma 类方法 (二阶方法)

对于线性资产, 如股票、远期利率协议及远期汇率协议等, Delta 类方法是比较准确的. 但是对于包含期权头寸的非线性资产来说, Delta 类方法的误差太大, 因此, 需要将组合价值变动函数展开成二阶近似, 这样就得到 Gamma 类方法.

将投资组合的价值变动函数 $\Delta v(x)$ 展开为二阶近似有

$$\Delta v(x) = \mu_p + \delta^{\mathrm{T}} \Delta f + \frac{1}{2} \Delta f^{\mathrm{T}} \Gamma \Delta f, \tag{10.2.6}$$

其中 μ_p 含义同前,

$$\Gamma = \begin{bmatrix} \dfrac{\partial^2 v}{\partial f_1^2} & \cdots & \dfrac{\partial^2 v}{\partial f_1 \partial f_k} \\ \vdots & & \vdots \\ \dfrac{\partial^2 v}{\partial f_k \partial f_1} & \cdots & \dfrac{\partial^2 v}{\partial f_k^2} \end{bmatrix}$$

是组合价值函数 $v(x)$ 关于市场因子 $F = (f_1, f_2, \cdots, f_K)^{\mathrm{T}}$ 的二阶导数矩阵 (Hessian 阵), 由此可以得到组合价值变动的方差

$$\mathrm{var}(\Delta v(x)) = \mathrm{var}(\delta^{\mathrm{T}} \Delta f) + \frac{1}{4} \mathrm{var}(\Delta f^{\mathrm{T}} \Gamma \Delta f) + \mathrm{cov}(\delta^{\mathrm{T}} \Delta f, \frac{1}{2} \Delta f^{\mathrm{T}} \Gamma \Delta f). \tag{10.2.7}$$

根据 Stein 引理 [114] 有 $\mathrm{cov}(\delta^{\mathrm{T}}\Delta f, \frac{1}{2}\Delta f^{\mathrm{T}}\Gamma\Delta f) = 0$, 因此, 上式可化简为

$$\mathrm{var}(\Delta v(x)) = \mathrm{var}(\delta^{\mathrm{T}}\Delta f) + \frac{1}{4}\mathrm{var}(\Delta f^{\mathrm{T}}\Gamma\Delta f). \tag{10.2.8}$$

由此得投资组合 x 的 VaR 为

$$\mathrm{VaR} = VZ_\alpha\sqrt{\delta^{\mathrm{T}}\Sigma_f\delta + \frac{1}{2}\mathrm{tr}\Big(\sum_f\Gamma\Big)^2}. \tag{10.2.9}$$

这就是所谓的 Gamma 类方法. 考虑到方差的估计方法不同, 就可以得到各种 Gamma 方法, 如方差用 GARCH 模型估计, 就有 Gamma-GARCH 模型.

§10.3　VaR 估计的历史模拟法

本节介绍计算 VaR 的第二个方法 —— 历史模拟法. 历史模拟法利用资产组合在过去一段时期内收益分布的历史数据, 并假定历史变化在未来会重现, 以确定持有期内给定置信水平下资产组合的最低收益水平, 推算资产组合的 VaR 值. 历史模拟法的核心在于根据市场因子的历史样本变化模拟投资组合未来的损益分布, 利用分位数给出一定置信度下的 VaR 估计. 历史模拟法是一种非参数方法, 它不需要假定市场因子的统计分布, 因此可以较好地处理非正态分布. 该方法是一种全值估计, 可以有效地处理非线性的资产或资产组合. 此外, 该方法简单直观, 易于解释, 常被监管者选做计算资本充足与否的基本方法.

考虑一个投资组合, 设影响该组合价值的市场因子为 $f_j, j = 1, 2, \cdots, k$, 用历史模拟法计算其 95% 置信度下的日 VaR. 首先估计市场因子的日波动性, 选取各市场因子过去 $n+1(n > 100)$ 个交易日的价格时间序列, 可以得到市场因子价格的 n 个日变化

$$\Delta f_j(t) = f_j(t) - f_j(t-1), \quad t = -1, \cdots, n, \quad j = 1, 2, \cdots, k.$$

历史模拟法假定这 n 个价格变化在未来一天内都有出现的可能. 于是, 对于每一个市场因子, 将市场因子的当前值 $f_j(0), j = 1, 2, \cdots, k$ 和估计到的 n 个价格变化分别相加, 可以得到市场因子在未来一天内的 n 个可能的日价格水平, 用 $f_j(t), t = 1, 2, \cdots, k$ 来表示

$$f_j(t) = f_j(0) + \Delta f_j(-t), \quad t = 1, 2, \cdots, n, \quad j = 1, 2, \cdots, k.$$

再根据资产组合的相关定价公式 (如 CAPM), 计算出投资组合的当前价值 $v(0)$ 和未来一天内的可能 n 个价值 $v_i(1), i = 1, 2, \cdots, n$, 就可以确定投资组合的未来损益

分布 Δv_i, 其过程如下

$$
\begin{aligned}
f_1(0), \cdots, f_k(0) &\rightarrow v(0), \\
f_1(1), \cdots, f_k(1) &\rightarrow v_1(1) \rightarrow \Delta v_1(1) = v_1(1) - v(0), \\
f_1(2), \cdots, f_k(2) &\rightarrow v_2(1) \rightarrow \Delta v_2(1) = v_2(1) - v(0), \\
&\cdots\cdots\cdots\cdots \\
f_1(n), \cdots, f_k(n) &\rightarrow v_n(1) \rightarrow \Delta v_n(1) = v_n(1) - v(0),
\end{aligned}
$$

其中 $v_i(1), i = 1, 2, \cdots, n$ 表示投资组合未来一天的在第 i 种拟合情景下的可能价值, 它是 k 个市场因子和时间的函数. 对于线性资产如股票, $v_i(1), i = 1, 2, \cdots, n$ 可以用资本资产定价公式 (CAPM) 或套利定价理论 (APT) 从 $f_j(t), j = 1, 2, \cdots, k, t = 1, 2, \cdots, n$ 来估计. 对于非线性资产如期权, 可以用 Black-Scholes 公式或二项式模型来计算. 在估计好投资组合的未来损益分布 $\Delta v_i, \ i = 1, 2, \cdots, n$ 之后, 将 n 个损益 $\Delta v_i, \ i = 1, 2, \cdots, n$ 按从小到大的递增次序排列, 根据 95% 置信度下的分位数 (例如 $n = 100$ 时, 95% 的分位数对应的是第 5 个最坏的益损值), 就可以求出投资组合在给定置信水平下的 VaR 值. 综合上面的介绍, 可以归纳出历史模拟法的下列计算步骤.

(1) 映射. 分析确定基础市场因子; 收集市场因子适当时期的历史价格数据, 并用市场因子表示出投资组合中各个金融工具的盯市价值.

(2) 估计市场因子收益波动性和未来价格. 根据市场因子过去 $n + 1$ 个日期价格的时间序列, 计算市场因子过去 $n + 1$ 个时期价格水平的实际变化 (得到 n 个波动值). 假定未来的价格波动与过去一致, 结合市场因子的当前价格水平, 可以直接估计市场因子未来一个时期的 n 种可能的价格水平.

(3) 估计组合未来收益分布. 利用资产定价公式, 根据市场因子价格未来的 n 种可能值, 估计投资组合的 n 个可能价格, 并与投资组合的当前或期望价值相比较, 得到投资组合未来的 n 个可能损益的分布.

(4) 确定 VaR 值. 根据损益分布和给定的置信度, 确定分位数求出投资组合相应的 VaR 值.

下面用只有一个资产的简单例子来说明历史模拟法的计算过程.

例 10.3.1　　假定已有一只股票的过去 101 个交易日的收盘价 (见表 10.3.1 的第 2 列), 现计算该股票下一个交易日, 置信度为 95% 的 VaR 值, 计算过程见表 10.3.1. 表中第 3 列为计算所得的该股票每个交易日的损益, 第 4 列表示按将第 3 列的损益按升序排列后的结果, 最后一列是顺序编号, 只是为了计算分位数方便. 由于计算的是置信度为 95% 下的 VaR, 因此, 只需要在第 5 列中找编号为 95 所对应第 4 列的损益, 即 -0.35, 取绝对值可得该股票下一个交易日在 95% 置信水平下的 VaR 为 0.35 元.

表 10.3.1　历史模拟法计算 VaR 值

交易日	日收盘价/元	日损益值/元	排序后的日损益值/元	顺序号
−100	18.48			
−99	18.61	0.13	−0.52	100
−98	18.50	−0.11	−0.51	99
−97	18.79	0.29	−0.43	98
−96	18.69	−0.10	−0.39	97
−95	18.49	−0.20	−0.37	96
−94	18.57	0.08	−0.35	95
⋮	⋮	⋮	⋮	⋮
−1	18.42	0.12	0.57	2
0	18.58	0.16	1.28	1

对于单个资产, VaR 的历史模拟法的计算比较简单. 再考察包含多个 (两个) 市场因子的例子.

例 10.3.2　设资产组合由一个 3 个月期的美元/马克买入期权组成, 其现行价格为 1.80 美元. 对于这样一个资产, 其风险因子有美元/马克汇率、美元和马克各自的利率以及 3 月期美元/马克汇率的波动性, 这是一个多风险因子的资产. 为简化讨论, 我们只考虑汇率和汇率波动性这两个因子来说明历史模拟法对多因子情形的应用. 首先选取这两个因子的过去若干个日期 (如 100 天) 的日观察值, 见表 10.3.2.

表 10.3.2　日观测数据

天 (t)	汇率 (FX)	汇率波动性 (σ)
−100	1.3970	0.149
−99	1.3960	0.149
−98	1.3973	0.151
⋮	⋮	⋮
−2	1.4015	0.163
−1	1.4024	0.164

根据表 10.3.2 的数据利用 Black-Scholes 期权定价模型可以计算出该资产在这些日子的价格 (见表 10.3.3 的第 2 列). 根据历史模拟法的原理, 假定这 100 个价格在未来也可能出现, 由此同该资产的现行价格 1.8 美元相比较可算出 100 个资产价格未来可能的变化 (见表 10.3.3 第 3 列). 再把这 100 个价格变化按从小到大的次序重新排列 (见表 10.3.3 第 5 列、第 4 列是新序列编号). 根据给定的置信度, 如设98%, 找出相应的分位数 (新序列号 98) 所对应的价格变化 −0.05 美元, 即得该资产组合在 98% 置信度下的日 VaR 为 0.05 美元.

表 10.3.3　资产组合的价格和价格差

天 (t)	资产价格 $(V(t))$	价格差 $(dV(t))$	新编序列号	重排价格差
-100	1.75	-0.05	100	-0.11
-99	1.73	-0.07	99	-0.07
-98	1.69	-0.11	98	-0.05
$\vdots$	$\vdots$	$\vdots$	$\vdots$	$\vdots$
-2	1.87	0.07	2	0.07
-1	1.88	0.08	1	0.08

历史模拟法是一个完全非参数化的方法, 不考虑风险因子的收益是何种分布, 也不必要考虑波动性和相关性, 因为历史样本数据集本身已包含并反映了波动性和相关性的历史状况. 此外历史模拟法也考虑并包含了厚尾问题, 因为历史数据同样反映了市场中所有风险因子的同步变化. 然而, 历史模拟法基于这样一个假定, 历史数据中的过去趋势在将来会重现, 因而完全依赖于历史数据所提供的信息. 事实上, 在过去时期发生的有些事件, 尤其是一些偶然事件在将来不大可能重现. 另外, 对历史数据的依赖性要求有足够多的可靠数据, 样本数据的不充分或不可靠都会影响结果的可信度.

§10.4　VaR 估计的蒙特卡罗模拟法

参数法利用灵敏度和统计分布的特性简化了 VaR 的计算, 但由于对分布形式的特殊假定和灵敏度分析的局部特征, 参数方法很难有效处理实际金融市场的厚尾性和大幅度波动的非线性问题, 往往产生各种误差和模型风险. 模拟方法可以很好地处理非线性、非正态分布的问题, 其主要思路是反复模拟确定金融资产价格的随机过程, 每次模拟都可以得到资产或资产组合在持有期末的一个可能的价值. 由大量模拟产生的资产或资产组合价值所形成的分布将收敛于资产或资产组合价值的真实分布, 这样通过模拟可以逼近资产或资产组合价值的真实分布, 从而估计出资产或资产组合在给定置信水平下的 VaR 值.

随机模拟法又称蒙特卡罗模拟法, 用蒙特卡罗模拟法估计 VaR 分为三个步骤:

(1) 情景产生. 选择相关的市场风险因子, 确定各市场因子变化的随机过程和分布, 估计其中相应的参数; 模拟市场因子随机变化的路径, 建立市场因子未来变化的多个, 如 n 个可能情景.

(2) 组合估价. 对每个情景的各市场因子的模拟价值, 利用资产定价公式或其他方法计算资产组合的 n 个可能价值, 并由此估计出相应的价值变化及其分布.

(3) VaR 估计. 根据模拟所得的资产组合价值变化的分布, 确定资产在给定置信度下的 VaR.

在模拟资产 (如股票或股票指数) 或市场因子的价格变化轨迹时, 首先, 也是最关键的一步是选好反映资产价格变化的随机过程. 假设资产价格的变化服从几何布朗运动的随机过程, 即有

$$dS_t = \mu_t S_t dt + \sigma_t S_t dy_t, \tag{10.4.1}$$

其中 y_t 满足标准的布朗运动

$$dy_t = z\sqrt{dt}.$$

S_t 为资产在时刻 t 的价值, z 是满足标准正态分布的随机变量, 参数 μ_t 和 σ_t 分别代表瞬时漂移率和波动性. 在一般情况下, 假定它们为常量, 也可以假定它们为变量, 可用指数加权滑动平均法或 GARCH 过程来估计.

在模拟单个资产 (或市场因子) 的价格变化轨迹时, 首先将 (10.4.1) 式离散化, 有

$$\Delta S_t = S_t(\mu_t \Delta t + \sigma_t \varepsilon_t \sqrt{\Delta t}), \tag{10.4.2}$$

其中 $\Delta t = (T - t)/m$, t 为当前时刻, T 为到期时间, m 表示模拟时把模拟路径分成的段数, $\Delta S_t = S_{t+1} - S_t$, ε_t 表示标准正态分布的随机变量. (10.4.2) 式又可以改写为

$$S_{t+1} = S_t(1 + \mu_t \Delta t + \sigma_t \varepsilon_t \sqrt{\Delta t}). \tag{10.4.3}$$

给定资产在 t 时刻的价值 S_t, 估计出相应的参数 μ_t 和 σ_t, 通过产生随机序列 $\varepsilon_t, t = 1, 2, \cdots, m$, 重复地将序列 ε_t 代入 (10.4.3) 式, 得到价格变动的序列 (轨迹)$S_{t+i}, i = 1, 2, \cdots, m$, 最终得到资产在时刻 T 的一个可能价格 $S_T = S_{t+m}$. 将这个过程重复多次, 设为 10 000 次, 就可以得到资产或资产组合在 T 时刻的 10 000 个可能价格 (称为情景价格), 从而得到 10 000 个可能损益. 然后根据给定的置信度, 计算分位数, 就可以得到资产或资产组合的 VaR 值.

下面, 我们通过一个例子来说明用蒙特卡罗模拟产生资产未来一个价格 (情景) 的过程.

例 10.4.1　设有这样一个股票, 其现行的市场价格为 80 元, 经估计得该股票对数收益的均值为 8%, 波动性 (标准差) 为 25%. 已知有一种以该股票为标的资产, 执行期限为 1 年的买入期权, 期权确定的执行价格为 88 元, 已知无风险资产的收益率为 6%, 试用蒙特卡罗模拟法确定该买入期权的价格.

为用蒙特卡罗模拟方法计算该期权的价格, 首先要通过模拟得到该股票 1 年后的价格 P_{t+1} 的分布, 再根据式

$$f_{t+1} = \max\{P_{t+1} - X, 0\}, \tag{10.4.4}$$

得出 1 年后期权内在价值 f_{t+1} 的不同分布, 其中 X 为期权确定的股票在到期日的执行价格. 由期权内在价值的不同分布可估计期权价值的期望值 $E[f_{t+1}]$, 再用无

风险利率 r 将期望值折现, 得期权价格的一个估计

$$V = E[f_{t+1}]e^{-r\Delta t}. \tag{10.4.5}$$

在这个例子中我们取 $\Delta t = 1$ (年). 为模拟 1 年后股票的价格, 假定股票价格服从下列随机过程

$$P_{t+\Delta t} = P_t \exp(\mu\Delta t + \sigma z \sqrt{\Delta t}), \tag{10.4.6}$$

其中 μ 为股票对数收益率的平均值, σ 为股票对数收益率的波动性, z 为服从标准正态分布的随机数, P_t 为当前的股票价格. 根据上述已知的条件, 1 年后股票的价格分布由下式随机确定

$$P_1 = P_0 \exp(\mu + \sigma z) = 80 \exp(0.08 + 0.25z), \tag{10.4.7}$$

随机产生一系列标准正态分布的随机数 z, 就可由式 (10.4.7) 确定 1 年后股票价格 P_1 一系列的分布, 并由此得到期权内在价值 f_1 的一系列分布, 模拟的次数越多, 估计的股票价格越多, 所得的期权内在价值的分布越接近于真实分布. 表 10.4.1 给出了 26 个模拟的结果.

表 10.4.1   模拟的股票价格分布和期权价值分布

z	P	f	z	P	f
−0.0949	84.631 25	0	2.437 228	159.3867	71.386 73
0.3609	94.844 92	6.844 917	−0.008 27	86.483 93	0
−0.0552	85.475 8	0	−0.276 97	80.865 16	0
−0.1289	83.913 81	0	−0.567 46	75.200 74	0
−0.7626	71.623 09	0	−2.283 52	48.966 97	0
1.5399	127.356	39.355 98	−1.507 82	59.446 14	0
0.2528	81.354 76	0	0.307 321	93.583 75	5.583 751
0.6625	102.275 6	14.275 61	0.160 865	90.219 25	2.219 247
−0.4589	77.266 84	0	2.035 504	144.1569	56.156 94
0.6355	101.5896	13.589 58	0.597 761	100.6317	12.631 65
0.6058	100.8359	12.8359	−0.768 48	71.5149	0
0.7895	105.5738	17.573 81	−0.423 68	77.953 06	0
0.1724	90.483 33	2.483 334	1.096 18	113.9855	25.985 54

由此表可算得期权内在价值的平均值为 $E[f_1] = 10.80$, 以无风险利率 $r = 0.06$ 为折现率可得期权现值的一个估计为

$$V = E[f_1]e^{-r} = 10.80 \times e^{-0.06} = 10.18.$$

这就是由蒙特卡罗模拟估计得的期权价格.

为使估计的期权价格尽可能的精确, 要求随机产生的模拟股票价格尽可能涵盖股票价格的真实分布, 这就要求: (1) 在可能的条件下产生尽可能多的随机数 z; (2) 产生的随机数要相互独立, 且尽可能服从特定的概率分布. 表 10.4.2 就上述例子给出了产生的随机数个数为 100, 500, 1000 时估计得的期权内在价值和相应的现值.

表 10.4.2　不同模拟次数确定的期权价格

随机数个数	26	100	500	1000
内在价格	10.80	12.13	8.90	9.86
期权现值	10.18	11.42	8.38	9.29

上述过程, 无论是产生 26 个随机数, 还是产生 100 个或 1000 个随机数, 每次得出的只是期权价格的一个估计. 要得到期权价格的可能分布, 需要重复上述过程很多次, 例如 1000 次或 10 000 次, 由此得到尽可能涵盖期权价格的分布, 再计算这些期权价格估计的均值, 以确定期权的价格. 表 10.4.3 分别给出了产生 100 个和 500 个随机数确定的 20 个期权价格估计 ($E[f]$ 均值、PV 现值). 从表中可以看出, 每次产生 500 个随机数确定的期权价格估计的波动性 (0.65) 要小于每次产生 100 个随机数所确定的期权价格估计的波动性 (3.38). 由这 20 个期权价格的均值, 可以得出期权价格的估计分别为 8.69(产生 100 个随机数) 和 9.16(产生 500 个随机数). 当然, 为尽可能好地估计期权价格, 这 20 个估计值是远远不够的, 一般需要多得多的期权价格的估计, 例如 5000 个或 10 000 个.

表 10.4.3　产生随机数不同时期权价格的分布

k	100 个随机数		500 个随机数	
	$E[f]$	PV	$E[f]$	PV
1	8.53	8.033	9.01	8.49
2	7.62	7.18	10.8	10.17
3	10.26	9.66	9.35	8.81
4	9.45	8.90	8.98	8.46
5	9.06	8.53	9.15	8.62
6	9.59	9.03	9.98	9.40
7	10.32	9.72	10.64	10.02
8	9.21	8.67	9.81	9.24
9	5.67	5.34	10.71	10.09
10	7.98	7.52	9.77	9.20
11	9.12	8.59	8.39	7.90
12	12.38	11.66	8.88	8.36
13	13.93	13.12	10.32	9.72

续表

k	100 个随机数		500 个随机数	
	$E[f]$	PV	$E[f]$	PV
14	6.61	6.23	11.72	11.04
15	8.76	8.25	9.83	9.26
16	9.58	9.02	9.50	8.95
17	8.68	8.17	9.38	8.83
18	7.47	7.03	10.03	9.45
19	9.96	9.38	9.35	8.81
20	10.36	9.76	9.02	8.49
均值	9.227	8.69	9.731	9.16
方差		3.3798	0.6482	

还有一点需要指出, 在用 (10.4.7) 进行模拟时, 所选的 $\Delta t = 1$ (年), 即假定股票价格 1 年改变 1 次, 这同实际情况相差太远. 实际上, 股票价格可能在很短的一个时间间隔内就发生变化, 也就是说, 股票价格的变化是一条随机变化的连续曲线. 上述方法实际上是用一条直线来近似该曲线, 这往往会导致很大的误差. 为改善这种近似的精度, 一般通过把时间区间划分成若干个小的时段, 并假定在每一个小的时段内股票价格保持不变, 这相应于用一条连续的分段直线组成的折线来近似股票实际的价格曲线, 分的时段数越多, 近似的程度越高. 设我们要估计股票在时间 $t + T$ 的价格分布, 并把时间间隔 T 分成 m 个小的时段, 则每一个时段的时间长度为

$$\Delta t = T/m,$$

则用式 (10.4.6) 模拟股票在时间 $t + T$ 的价格应采用下述模拟过程

$$P_{t+k\Delta t} = P_{t+(k-1)\Delta t} \exp(\mu \Delta t + \sigma z_k \sqrt{\Delta t}), \quad k = 1, 2, \cdots, m, \qquad (10.4.8)$$

其中 z_k 为模拟过程中随机产生的第 k 个服从标准正态分布的随机数. 这个过程得出股票价格变化的序列 P_k, 由此形成股票价格的一个走势, 而在 $k = m$ 时模拟所得的 $P_{t+m\Delta t} = P_{t+T}$ 即为在时间 $t + T$ 的股票价格的估计, 表 10.4.4 给出了上述例子在取 $m = 250$ 时模拟所得的一个价格走势的部分数据. 经多次模拟得出多个股票价格的走势, 由此得出多个在指定时间的股票价格. 再用同前述完全相同的过程确定期权的内在价值分布, 取均值得出期权价格的估计.

表 10.4.4　模拟的股票价格的一个走势

k	z	P
0	0.0612	80
1	−0.2549	80.10
2	0.5701	79.81
3	2.6984	80.55
$\vdots$	$\vdots$	$\vdots$
246	−0.2412	89.09
247	−0.9771	90.05

k	z	P
248	1.6782	92.97
249	-1.9771	90.13
250	-1.5156	88.03

　　总结上述过程, 可以得出用蒙特卡罗模拟法模拟单个资产或资产组合价格分布, 并确定资产风险价值的过程如下:

　　(1) 选择一个反映资产价格分布的随机模型, 并确定模型中的相关参数;

　　(2) 模拟资产价格的一个走势, 以得到资产未来价格的一个估计;

　　(3) 重复步骤 (2) 相当多的次数得到资产未来价格的一个分布;

　　(4) 从资产未来价格的分布, 根据给定的置信水平, 确定分位数, 得出给定置信水平下资产的风险价值.

　　在用蒙特卡罗模拟估计给定置信水平下资产风险价值的过程中存在模拟次数与计算精度之间的矛盾. 为得到尽可能好的估计, 要求模拟次数尽可能多, 以便模拟所得的价格分布尽可能接近资产价格变动的真实分布. 随着模拟次数以及时间区间个数的增加, 计算工作量会大量增加. 如果只考虑计算工作量, 模拟次数太少, 会影响估计的准确性. 因此, 在具体确定模拟的次数时, 既要考虑计算的精度, 又要考虑模拟的工作量, 以便在两者之间取得某种程度的平衡. 当然, 随着计算机运算速度的不断提高, 对于中小规模的投资组合问题, 运算时间不会成为问题. 对上述问题的考虑主要涉及大规模投资组合价值分布的估计和风险价值的估计.

　　实际金融市场中, 投资组合通常包括多种资产和多个市场因子, 因此需要对多个随机变量进行模拟. 多变量随机模拟的基本原理与单个变量的随机模拟基本相同, 只是随机数的产生方法不同. 考虑有 n 个随机变量 (市场因子) 的组合问题, 如果这些随机变量间完全不相关, 则可以分别独立地对这 n 个因子分别进行随机模拟, 即有随机模型

$$P_{t+k\Delta t,j} = P_{t+(k-1)\Delta t,j} \exp(\mu_j \Delta t + \sigma_j z_{kj} \sqrt{\Delta t}), \quad k = 1, 2, \cdots, m, \quad j = 1, 2, \cdots, n,$$
$$(10.4.9)$$

其中 μ_j 和 σ_j 是第 j 个资产对数收益分布的均值和波动性, z_{kj} 是互不相关的随机产生的服从标准正态分布的随机变量. 但是, 实践中这样的 n 个风险因子不会是完全不相关的, 因此要求产生的随机变量 z_{kj} 也能反映风险因子之间的相关性.

　　设 n 个风险因子 $f_1, f_2, \cdots, f_n$ (随机变量) 间存在相关性, 反映它们之间相关性的方差 – 协方差阵为 Σ, 即有 $E[f f^{\mathrm{T}}] = \Sigma$, 矩阵 Σ 对称, 通常半正定, 对矩阵 Σ 作 Cholesky 分解

$$\Sigma = BB^{\mathrm{T}},$$

其中 B 为 $n \times n$ 阶矩阵. 再设 $u_1, u_2, \cdots, u_n$ 为 n 个相互独立且各自方差都为 1, 均值为零的随机变量 (服从标准正态分布), 即有 $E[uu^{\mathrm{T}}] = I$, 其中 $u = (u_1, u_2, \cdots, u_n)^{\mathrm{T}}$ 为相应的随机向量, I 为 $n \times n$ 阶单位矩阵. 考虑随机向量 $z = Bu$, 则向量 z 之间的方差 – 协方差矩阵为

$$E[zz^{\mathrm{T}}] = E[Buu^{\mathrm{T}}B^{\mathrm{T}}] = BE[uu^{\mathrm{T}}]B^{\mathrm{T}} = BB^{\mathrm{T}},$$

即随机向量 z 保留了随机向量 f 所具有的相关性. 因此, 只要我们已经知道了原有风险因子之间相关性的方差 – 协方差矩阵, 并且半正定 (最好正定), 则通过计算该矩阵的 Cholesky 分解得分解矩阵 B, 再对任意产生的相互独立的服从标准正态分布的随机变量向量 u 作变换

$$z = Bu,$$

就可得到保持原有随机变量相关性的 n 个随机变量 $z_1, z_2, \cdots, z_n$, 再把它们分别代入 (10.4.9) 式就可以进行模拟运算. 具体的模拟步骤如下:

(1) 对方差 – 协方差矩阵 Σ 进行 Cholesky 分解 $\Sigma = BB^{\mathrm{T}}$, 得到下三角阵 B;

(2) 产生一个 $n \times 1$ 维随机向量 $g_t = (g_{t1}, g_{t2}, \cdots, g_{tn})^{\mathrm{T}}, t = 1, 2, \cdots, m, g_{ti} \in N(0,1)$ 且与 $g_{tj}, j \neq i$ 相互独立;

(3) 令 $z_t = Bg_t$ 得到需要的 $z_t, t = 1, 2, \cdots, m$.

在得到相关的随机向量 z_t 以后, 分别将 $z_{ti}, i = 1, 2, \cdots, n$ 代入第 i 个市场因子的随机模拟过程 (10.4.9) 式, 就可以与单变量模拟一样, 得到 T 时刻 n 个市场因子的多个可能价格, 根据定价公式, 得到资产组合的多个可能价格, 由此计算出损益, 得出损益的分布. 再根据给定的置信度, 计算分位数, 就可以得到资产组合的 VaR 值.

上面我们用三节的篇幅介绍了估计资产或资产组合 VaR 的三种常用方法, 三种计算 VaR 的方法各有特点, 但没有一种方法是普遍适用的. 下面分别指出它们各自的优缺点.

(1) 历史模拟法简便、易懂, 容易被人理解和应用, 而参数法和蒙特卡罗模拟两种方法则需要一定的概率统计和金融衍生工具的背景知识.

(2) 历史模拟法直接依赖于过去的历史数据, 因此, 当选取的样本期没有代表性时, 则历史模拟法估算出的 VaR 值不能很好地反映市场风险. 参数法和蒙特卡罗模拟两种方法虽然也依赖于样本期的历史数据, 但后果不如前者那么严重. 举一个简单的例子, 如果样本期内所有市场因子收益率都是增加的, 则历史模拟法模拟出的 n 个假设值相对当前的数值也是增加的, 但参数法与蒙特卡罗法对市场因子的变动都有确定的假设分布, 因此, 即使样本期内市场因子的变动都是上升的, 通过参数法与蒙特卡罗模拟法估计出的市场因子未来的变动仍有可能是下降的. 这一点符合现

实, 即使未来与过去有着密切联系, 但未来的变化可能与过去完全不同. 参数法在实际运用中往往会遇到 "厚尾问题" (即偏离均值的可能性比预测的要大), 此时, 如果对估计的相关系数和标准差做适当修正, 则可以避免 VaR 估计值的失效. 蒙特卡罗模拟法由于要从许多分布中挑选合适的收益分布类型, 因而, 如果由于某种原因使得假设分布与实际分布不同时, 所得 VaR 值的可靠性也会大打折扣.

(3) 包含备择假设的灵活性. VaR 是在假设市场条件正常的情况下对市场风险进行估算. 如果风险管理者认为未来市场将会发生大的变动, 究竟哪种方法能使他们根据自己的判断对参数估计值进行修正, 以便更好地度量风险呢? 历史模拟法由于直接依赖历史数据进行模拟, 因而在这方面回旋余地不大; 参数法和蒙特卡罗模拟法则有较大灵活性, 使用者可以不理会参数的估计值而选用自己所认为合理的参数值对市场风险进行度量.

(4) 对期权类非线性金融工具的风险度量, 若持有期很短, 如只有一天, 则参数法与其余两种方法的差别不大; 如果持有期长, 则参数法不能很好地估计风险价值 VaR, 因为它是用线性展开来近似地映射风险, 但对期权而言, 其变动往往是非线性的, 因此持有期变长, 则线性近似与实际变动之间的差距就会越来越大, 这正是参数法用于期权类金融工具计算 VaR 失效的主要原因.

(5) 对于 VaR 计算的不同方法, 目前有相应的不同软件提供支持, 这大大节省了人力. 但由于许多计算程序都是模块化的, 因而只有当满足软件所提供的条件时, 得出的 VaR 值才能有效度量市场风险. 采用历史模拟法设计的软件要求考察期内的历史数据完备, 但可能出现两种情况: 第一, 如果投资组合对许多市场因素都很敏感, 则会增大输入数据的工作量; 第二, 如果金融市场不发达或不完善, 许多统计数据缺乏或失真, 则利用历史模拟法估算也会失效. 这类问题在参数法和蒙特卡罗模拟法中也存在, 但程度相对较轻.

§10.5   条件风险价值 (CVaR)

尽管 VaR 是目前应用比较广泛的一种风险度量, 但是 VaR 作为投资组合 x 的函数, 有一些令人不满意的数学性质, 如不具有次可加性、非凸和多极值等. 这些性质影响了以 VaR 作为目标或约束函数确定最优的投资组合选择和确定投资组合的有效边缘 (见第 12 章). 对大规模的投资组合优化问题至今仍没有有效的算法 (例如超过 100 种证券和超过 1000 种场景的情形). 为此, 这一节介绍一种新的风险度量: 条件风险价值 (conditional value at risk, CVaR), CVaR 又称额外损失的均值、平均损失或尾部 VaR[17,103].

为简单起见, 我们只讨论资产的益损分布是连续函数的情形. 考虑投资组合 x 的损失, 设 α 是给定的置信水平, 在连续的分布下, 可以确定投资组合 x 的 VaR. 所谓 CVaR 是指投资组合 x 的损失超过 VaR 部分的平均值, 即最坏的 $(1-\alpha) \times 100\%$ 损失的平均值. 例如当 $\alpha = 0.99$ 时, CVaR 即是组合 x 的 1% 的最坏损失的平均值.

为理解 CVaR, 我们换一个角度来解释 VaR, 设 $f(x, y)$ 为与组合向量 x 和市场因子向量 y 相关的益损函数, 随机变量 y 的概率密度分布函数为 $p(y)$, 则益损 $f(x, y)$ 不超过某一给定值 β 的概率由下式给出

$$\psi(x, \beta) = p\{y\colon f(x, y) \leqslant \beta\} \tag{10.5.1}$$

或

$$\psi(x, \beta) = \int_{f(x,y) \leqslant \beta} p(y) dy. \tag{10.5.2}$$

对于给定的 x , 作为 β 的函数 $\psi(x, \beta)$ 是同 x 相关的益损的累积分布函数. 关于 β 非减、右连续, 但未必左连续 (由于概率的跳跃性). 但是我们可以假定概率分布不存在跳跃, 在这样的假设下 $\psi(x, \beta)$ 关于 β 处处连续.

根据函数 $\psi(x, \beta)$, 对于给定的置信水平 α , VaR 的定义式如下

$$\mathrm{VaR}_\alpha(x) = \min\{\beta \in \mathbf{R}\colon \psi(x, \beta) \geqslant \alpha\}, \tag{10.5.3}$$

即投资组合 x 在给定的置信水平 α 下的 VaR 值是由所有满足 $\psi(x, \beta) = \alpha$ 的 β 值组成的区间的左端点.

对于给定置信水平 α , 投资组合 x 的 CVaR 定义为

$$\mathrm{CVaR}_\alpha(x) = (1-\alpha)^{-1} \int_{f(x,y) \leqslant \mathrm{VaR}_{\alpha(x)}} f(x, y) p(y) dy. \tag{10.5.4}$$

由上述定义我们知道, $\mathrm{CVaR}_\alpha(x)$ 为组合 x 的损失 $f(x, y)$ 超过 $\mathrm{VaR}_\alpha(x)$ 的期望值.

以表 10.3.1 的例子来说明 VaR 和 CVaR 的关系. 设给定 $\alpha = 0.95$, 由表 10.3.1 我们可以得到最小的六个收益值: $0.52, 0.51, 0.43, 0.39, 0.37, 0.35$(分别对应表 10.3.1 中编号为 100~95 的损益, 去掉表示损失的负号). 此时 VaR 对应第 95 个损失值, 即 VaR= 0.35. 由 CVaR 的定义, 此时的 CVaR 为超过 VaR 的损失的平均值, 即第 96~100 个损失的平均值

$$\mathrm{CVaR} = (0.52 + 0.51 + 0.43 + 0.39 + 0.37)/5 = 0.444.$$

定义 CVaR 的函数 $\mathrm{CVaR}_\alpha(x)$ 中的积分域 $f(x, y) \geqslant \mathrm{VaR}_\alpha(x)$ 含有未确定的下限 $\mathrm{VaR}_\alpha(x)$, 增加了问题处理的难度. 然而通过引入函数 $F_\alpha(x, \beta)$ 可以减少问题处理的难度.

$$\begin{aligned} F_\alpha(x, \beta) &= \beta + (1-\alpha)^{-1} E\{[f(x, y) - \beta]^+\} \\ &= \beta + (1-\alpha)^{-1} \int [f(x, y) - \beta]^+ p(y) dy, \end{aligned}$$

其中表达式 $[t]^+$ 定义如下

$$[t]^+ = \begin{cases} t, & t > 0, \\ 0, & t \leqslant 0. \end{cases}$$

为了理解函数 $F_\alpha(x, \beta)$ 的性质以及它与 CVaR 函数 $\mathrm{CVaR}_\alpha(x)$ 的关系, 考察下面的引理和两个定理. 这些结果依赖于这样的假设, 即 $\psi(x, \beta)$ 关于 β 连续, 这一假设同下述结论等价: 对任意给定的 x, 使得 $f(x, y) = \beta$ 的 y 的集合具有零概率

$$\int_{f(x,y)=\beta} p(y)dy = 0. \tag{10.5.5}$$

引理 10.5.1[108]　对给定的 x, 考察 β 的函数

$$g(\beta) = \int_{\mathbf{R}^m} [f(x, y) - \beta]^+ p(y)dy.$$

在假设 (10.5.5) 成立的条件下, $g(\beta)$ 是连续可微的凸函数, 且其导数为

$$g'(\beta) = \psi(x, \beta) - 1.$$

根据这一引理, 可以得到下述定理.

定理 10.5.1　　在引理 10.5.1 的假设下, $F_\alpha(x, \beta)$ 是关于 β 的连续可微凸函数. 对于任意给定的投资组合 x, 其在给定置信水平 α 下的 CVaR 可由下述最优化问题确定

$$\mathrm{CVaR}_\alpha(x) = \min\{F_{\alpha(x)}(x, \beta) \colon \beta \in \mathbf{R}\}, \tag{10.5.6}$$

且问题 (10.5.3) 最优解的集合

$$A_\alpha(x) = \arg\min\{F_\alpha(x, \beta) \colon \beta \in \mathbf{R}\} \tag{10.5.7}$$

是非空有界的闭区间 (也许为单点集), 而区间 $A_\alpha(x)$ 的左端点即为投资组合 x 在置信水平 α 下的 VaR, 也就是说, 我们总有

$$\mathrm{VaR}_\alpha(x) \in A_\alpha(x) \text{ 且 } \mathrm{CVaR}_\alpha(x) = F_\alpha(x, \mathrm{VaR}_\alpha(x)), \tag{10.5.8}$$

其中 $\mathbf{R}$ 为实数集.

证明　$F_\alpha(x, \beta)$ 关于 β 的连续可微凸性的结论直接来自引理 10.5.1. 由引理 10.5.1 函数 $F_\alpha(x, \beta)$ 关于 β 的导数为

$$\frac{\partial}{\partial \beta} F_\alpha(x, \beta) = 1 + (1-\alpha)^{-1}[\psi(x, \beta) - 1] = (1-\alpha)^{-1}[\psi(x, \beta) - \alpha]. \tag{10.5.9}$$

由于 $F_\alpha(x, \beta)$ 关于 β 连续可微凸, 根据最优性的一阶必要条件, 集合 $A_\alpha(x)$ 由所有满足 $\psi(x, \beta) = \alpha$ 的 β 组成, 即

$$A_\alpha(x) = \{\beta \colon \psi(x, \beta) = \alpha\}.$$

由于 $\psi(x, \beta)$ 关于 β 连续非减, 且在 β 趋于正无穷时的极限为 1, 趋于负无穷时的极限为 0. 因此对于 $\alpha \in (0, 1)$, $A_\alpha(x)$ 是一个有界闭区间. 再根据 VaR 的定义有

$$\text{VaR}_\alpha(x) = \min\{\beta \colon \beta \in A_\alpha(x)\}.$$

把 $\text{VaR}_\alpha(x)$ 代入得

$$
\begin{aligned}
\min\{F_\alpha(x, \beta) \colon \beta \in \mathbf{R}\} &= F_\alpha(x, \text{VaR}_\alpha(x)) \\
&= \text{VaR}_\alpha(x) + (1-\alpha)^{-1} \int_{\mathbf{R}^m} [f(x,y) - \text{VaR}_\alpha(x)]^+ p(y) dy,
\end{aligned}
$$

在上式中的积分可表示为

$$
\begin{aligned}
&\int_{f(x,y) \geqslant \text{VaR}_\alpha(x)} [f(x,y) - \text{VaR}_\alpha(x)] p(y) dy \\
&= \int_{f(x,y) \geqslant \text{VaR}_\alpha(x)} f(x,y) p(y) dy - \text{VaR}_\alpha(x) \int_{f(x,y) \geqslant \text{VaR}_\alpha(x)} p(y) dy
\end{aligned}
$$

根据 CVaR, VaR, $\psi(x, \beta)$ 的定义以及假设 (10.5.5), 我们分别有

$$\int_{f(x,y) \geqslant \text{VaR}_\alpha(x)} f(x,y) p(y) dy = (1-\alpha) \text{CVaR}_\alpha(x),$$

$$\int_{f(x,y) \geqslant \text{VaR}_\alpha(x)} p(y) dy = (1 - \psi(x, \text{VaR}_\alpha(x))) = 1 - \alpha,$$

因此我们有

$$
\begin{aligned}
\min\{F_\alpha(x, \beta) \colon \beta \in \mathbf{R}\} &= \text{VaR}_\alpha(x) + (1-\alpha)^{-1}[(1-\alpha)\text{CVaR}_\alpha(x) - \text{VaR}_\alpha(x)(1-\alpha)] \\
&= \text{CVaR}_\alpha(x).
\end{aligned}
$$

这就完成了定理的证明. 证毕.

根据这一定理, 要确定给定投资组合 x 在给定置信水平 α 下的 CVaR 或 VaR, 只需对连续可微的凸函数 $F_\alpha(x, \beta)$ 关于 β 求极小, 则所得的最优解一般就是 $\text{VaR}_\alpha(x)$ (因为多数情况下集合 $A_\alpha(x)$ 是单点集), 而 $F_\alpha(x, \beta)$ 的最优值即为 $\text{CVaR}_\alpha(x)$. 下面的定理更提供了用函数 $F_\alpha(x, \beta)$ 确定使 CVaR 值最优的投资组合的可能.

定理 10.5.2　给定置信水平 α, 在投资组合的可行集 X 中确定使 CVaR 最优的投资组合 x 等价于在集合 $X \times \mathbf{R}$ 上关于 x 和 β 极小化 $F_\alpha(x, \beta)$, 即有

$$\min\{\text{CVaR}_\alpha(x) \colon x \in X\} = \min\{F_\alpha(x, \beta) \colon (x, \beta) \in X \times \mathbf{R}\}.$$

又, 使 (x^*, β^*) 是右端项极小解的充分必要条件为 x^* 是左端项的最优解且 $\beta^* \in A_\alpha(x^*)$. 如果 $A_\alpha(x^*)$ 是单点集, 则在 $X \times \mathbf{R}$ 上极小化 $F_\alpha(x, \beta)$ 所得的 (x^*, β^*) (未必唯一) 满足 x^* 使得 $\text{CVaR}_\alpha(x)$ 取极小而 β^* 则为 x^* 在给定置信水平 α 下的 VaR.

此外, 如果 $f(x,y)$ 关于 x 凸, 则 $F_\alpha(x,\beta)$ 关于 (x,β) 凸, $\text{CVaR}_\alpha(x)$ 关于 x 凸. 如果可行集 X 是凸集, 则上述优化问题是一个凸规划问题.

证明 根据定理 10.5.1 有

$$\min\{\text{CVaR}_\alpha(x):\ x \in X\} = \min\{F_\alpha(x, \text{VaR}_\alpha(x)):\ \text{VaR}_\alpha(x) \in A(x), x \in X\}$$
$$= \min\{\min\{F_\alpha(x,\beta):\ \beta \in \mathbf{R}\}:\ x \in X\}.$$

由于 $F_\alpha(x,\beta)$ 关于 β 凸, 关于 $F_\alpha(x,\beta)$ 极小化 $F_\alpha(x,\beta)$ 可通过先对 β 取极小再对 x 取极小来确定, 而这就是上式的最后一式. 这就给出了定理的第一部分结论.

至于函数 $F_\alpha(x,\beta)$ 关于 (x,β) 凸的结论, 只需确定 $F_\alpha(x,\beta)$ 关于 x 是凸的. 由 $F_\alpha(x,\beta)$ 的定义, 只要被积函数 $[f(x,y) - \beta]^+$ 是凸的, 则 $F_\alpha(x,\beta)$ 关于 x 是凸的. 由于 $[f(x,y) - \beta]^+$ 是一个 $f(x,y) - \beta$ 和 $[t]^+$ 的复合函数, 而函数 $[t]^+$ 本身是非减的凸函数, 因此当 $f(x,y) - \beta$ 关于 (x,β) 是凸时, $[f(x,y) - \beta]^+$ 是凸函数. 显然当 $f(x,y)$ 关于 x 凸时 $f(x,y) - \beta$ 关于 (x,β) 凸. 这就证明了函数 $F_\alpha(x,\beta)$ 的凸性. 至于函数 $\text{CVaR}_\alpha(x)$ 凸性得自下述结论 (Rockafellar): 如果 $F(x,y)$ 是关于 (x,y) 的凸函数, $x \in \mathbf{R}^n, y \in \mathbf{R}^m$, 则关于 $y \in \mathbf{R}^m$ 极小化 $F(x,y)$ 所得的关于 x 的函数 $\phi(x) = \min\{F(x,y):\ y \in \mathbf{R}^m\}$ 也是凸的. 这就完成了定理的证明. 证毕.

在上述问题 $\min\{F_\alpha(x,\beta)|(x,\beta) \in X \times \mathbf{R}\}$ 中, 目标函数 $F_\alpha(x,\beta)$ 含有积分表达式, 为了方便求解这个最优化问题, 我们进一步讨论函数 $F_\alpha(x,\beta)$.

假设我们已经知道随机向量 y 的有限个样本 $y_1, y_2, \cdots, y_J$, 函数 $F_\alpha(x,\beta)$ 中的积分可以用下面的方式来近似

$$\widetilde{F}_\alpha(x,\beta) = \beta + (1-\alpha)^{-1}\sum_{j=1}^J \pi_j[f(x,y_j) - \beta]^+, \tag{10.5.10}$$

其中 π_j 表示 y 取第 j 个样本的概率. 这时函数 $\widetilde{F}_\alpha(x,\beta)$ 还保持凸性. 在随机模拟的情况下, 可以假定随机变量 y 是等概率离散变量 (这个假设是合理的, 例如, y 可以表示成以等概率模拟得出的资产组合的 1000 个未来价格), 并假定对不同的 i 和 j, y_i 和 y_j 有可能一致, 则任意样本点出现的概率为 $1/J$. 这时函数 $\widetilde{F}_\alpha(x,\beta)$ 的形式为

$$\widetilde{F}_\alpha(x,\beta) = \beta + v\sum_{j=1}^J [f(x,y_j) - \beta]^+, \tag{10.5.11}$$

其中 v 为常数 $[(1-\alpha)J]^{-1}$.

至此, 定理 10.5.2 等式右端的优化问题成为

$$\min\{\widetilde{F}_\alpha(x,\beta) = \beta + v\sum_{j=1}^J [f(x,y_j) - \beta]^+|(x,\beta) \in X \times \mathbf{R}\}, \tag{10.5.12}$$

这样, 把原有优化问题目标函数中的积分转换成了有限求和.

再引入松弛变量 $z_j, j = 1, 2, \cdots, J$, 上述模型可等价地转换为如下模型:

$$\min \widetilde{F}_\alpha(x, \beta) = \beta + (1-\alpha)^{-1} \sum_{j=1}^{J} \pi_j Z_j,$$

$$\text{s. t. } Z_j \geqslant f(x, y_j) - \beta, \ Z_j \geqslant 0 \ j = 1, \cdots, J,$$

$$x \in X, \beta \in \mathbf{R}, Z \in \mathbf{R}^J. \tag{10.5.13}$$

若 $f(x, y)$ 是关于 x 的线性函数, 可行域 X 由线性等式给出, 则上述优化问题 (10.5.13) 为一大规模线性规划问题, 这是因为 J 的规模通常较大. 以用模拟 (历史数据模拟或蒙特卡罗模拟) 方法为例, 假定组合中所有资产在期初的价格向量为 $y_0 = (P_1^0, P_2^0, \cdots, P_n^0)^{\mathrm{T}}$, 由模拟得到的第 j 个价格向量 (情景) 为 $y_j = (P_1^j, P_2^j, \cdots, P_n^j)^{\mathrm{T}}$, $j = 1, 2, \cdots, J$, 由此得益损函数 $f(x, y)$ 为

$$f(x, y_j) = \sum_{i=1}^{n} (x_i P_i^j - x_i P_i^0) = \sum_{i=1}^{n} x_i (P_i^j - P_i^0) = x^{\mathrm{T}} \Delta y_j, \quad j = 1, 2, \cdots, J,$$

其中 $\Delta y_j = (P_1^j - P_1^0, P_2^j - P_2^0, \cdots, P_n^j - P_n^0)^{\mathrm{T}}$ 表示组合中所有资产在第 j 种情景下的价格变动向量, 显然这是 x 的线性函数. 代入 (10.5.13) 所形成的是一个大规模线性规划问题, 问题中需要确定的变量有 $x \in X, \beta \in \mathbf{R}, Z \in \mathbf{R}^J$, 问题的维数为 $n + J + 1$.

§10.6 VaR 的 扩 展

§10.6.1 增量资产 VaR 和 Delta VaR

风险价值将风险的各种不同成分统一为一个单一、直观明了的数字说明风险的可能大小, 这在测度一个金融机构或企业所面临的总体风险时是非常有用的. 但对于风险管理人员来讲, 他们还需要清楚哪一个组成部分在总风险中最重要, 以便采取适当的措施对这部分风险加以重点控制. 本节的增量资产 VaR 和 Delta VaR 测度用于分解资产组合的 VaR, 以确定每项资产风险的影响在总体 VaR 中的比重 [123].

增量资产 VaR: 又称 IVaR, 它用于测度增加或减少一个资产时对资产组合总体 VaR 值的影响, 其值定义为含有指定资产的资产组合的 VaR 值减去不含该资产的资产组合的 VaR 值, 即有

$$\mathrm{IVaR}(i) = \mathrm{VaR} - \mathrm{VaR}(-i), \tag{10.6.1}$$

其中 VaR 为资产组合包含资产 i 时总的 VaR 值, VaR$(-i)$ 为减去资产 i 后资产组合的 VaR 值. 如果资产 i 和组合内其他资产的价格变化正相关, IVaR(i) 会取正值,

这表明资产 i 的加入会引起资产总 VaR 值的增加, 其增加量为 IVaR(i) . 如果资产的价格变化同其他资产价格的变化负相关, IVaR(i) 会取负值, 这表明把资产 i 引入组合能在一定程度上对组合总的风险价值取到套期的作用.

Delta VaR(DVaR): Delta VaR 度量的是某项资产的风险在资产组合总体风险价值中所占的地位. 考虑一个由 n 种资产组成的资产组合, 每项资产在组合中所占的比例为 $x_i, i = 1, 2, \cdots, n$, 每项资产的价格为 $p_i, i = 1, 2, \cdots, n$, 则资产组合的价值为

$$P(x) = \sum_{i=1}^{n} x_i p_i, \tag{10.6.2}$$

第 i 个资产的 Delta VaR 定义为

$$\text{DVaR}_i = \frac{\partial \text{VaR}(x)}{\partial x_i} x_i, \tag{10.6.3}$$

而资产组合总的 VaR 值是资产组合中包含的所有资产的 Delta VaR 的总和, 即有

$$\text{VaR}(x) = \sum_i \text{DVaR}_i, \tag{10.6.4}$$

根据 (10.6.3) 和 (10.6.4) 可以看出, 第 i 个资产的 Delta VaR 等于资产 i 每变动一个单位所引起的边际风险变化 ($\partial \text{VaR}(x)/\partial x_i$) 和本身头寸的乘积, 反映了整个资产组合的 VaR 对该资产在组合中的敏感程度. 这是 VaR 的一种分解方法, 它可以明显地反映哪种资产在组合总风险中是最为敏感的. 一旦确认了对风险影响最大的资产, 就可以根据最优的准则确定既定套期成本下能降低这些风险的最优套期资产组合.

§10.6.2　情景分析和应力测试

情景分析: 情景分析在于分析某个具体的情景有哪些市场风险因子发生了变化, 特别是极端的变化, 以及由此造成的影响. 有两种类型的情景可供考察: 复制情景和假设情景. 复制情景用于模拟极端的历史事件以分析其影响, 假设情景主要用于对未来变化作出预测.

(1) 历史情景. 这里给出 3 个历史情景并给出分析.

(i) 发生于 1987 年 10 月的股市危机. 在这个情景中有下述事件引发市场因子出现大的波动: (a) 全球范围内, 权益资产的市场价格平均下跌 20%, 尤其是亚洲市场, 如香港下跌了将近 30%; 同时股价的波动性增大, 从 20% 上升至 50%. (b) 投资者为逃避风险, 纷纷将其他货币换成美元, 引起美元对其他货币的汇率大幅攀升, 尤其是亚洲各国货币对美元贬值达 10%. (c) 西方国家纷纷调低利率, 而香港的利率却大幅上升, 其中长期利率上升达 40 个基本点, 短期利率则更上扬了 100 个基本点. (d) 出于对市场衰退的预测和估计, 各种商品的价格大幅下跌, 如铜和原油的价格下跌了 5%.

(ii) 1994 年 5 月美联储银根紧缩. 此事件引发了下列一系列变动: (a) 隔夜拆借利率上升 100 个基本点, 长期收益率曲线向上平行移动了 50 个基本点. (b) 7 国集团其他国家和瑞士的利率也同时上升, 但没有美国的幅度大. (c) 由于投资者想追求更高的利率收益, 7 国集团其他国家的货币换美元的汇率贬值. (d) 信用价差扩大. (e) 权益资产价格下跌, 跌幅在 3%~6% 之间, 同时波动性加大.

(iii) 日本地震. 引发金融市场的下列变动: (a) 日本权益资产市场价格下跌 15%, 其他国家同类市场的价格也下跌, 但幅度相对要小 (如美国和加拿大为 5%). (b) 日元对美元的汇率下跌了 3%, 美元对其他货币的兑换率也略有升值. (c) 欧洲和美国的利率均有上升.

(2) 假设情景. 这里给出这样一个假设情景, 在该情景下会有下列事件发生: (a) 加拿大危机, 魁北克省独立得到批准. (b) 信用价差扩大. (c) 互换价差扩大或减小. (d) 中国政府将人民币贬值, 进而引起亚洲经济危机.

应力测试: 一个情景可能包含有某个或几个风险因子 (如利率、信用价差、利率、权益资产价格、商品价格等) 价值的极端变化, 例如利率在一个月内变动了 100 个基本点. 应力测试在于确定在这种极端情况下可能出现的损失有多大.

管理者将应力测试和情景分析看作使用内部 VaR 模型的必要条件. 由于 VaR 是一个统计模型, 在具体应用时, 需要对市场风险因子做一些假定, 例如, 假定这些风险因子的波动服从正态分布或对数正态分布. 这些简化假设对于应用模型进行具体计算是十分必要的, 同时这些假设也反映了所谓的正态市场条件. 然而, 在现实世界中, 有时会出现一些和正态分布不一致的极端事件. 对所谓的极端事件, 衍生产品政策集团 (1995) 为应力测试提供了一些指导性意见: 收益率曲线平行移动 (上移或下移)100 个基本点; 收益率曲线扭曲 (激增或剧减)25 个基本点; 权益资产价格指数突变 (上升或下降) 超过 6%; 货币兑换变化 (增加或减少) 超过 6%; 波动性变化 (增加或减少) 超过 20%. 价格和收益率的这种剧烈变化可能会对资产组合的价值产生重大的影响, 不管市场因子的变动是上升还是下降, 资产组合都存在大的风险, 而且随着这些市场因子变动幅度的进一步增大, 损失的规模还会迅速提高.

例 10.6.1　CIBC 开发了一种应力包络测试法, 该法将压力分成七类: 利率、汇率、权益资产价格、商品价格、信用价差、互换价差和波动性 (v). 对每一类压力都界定了可能发生的最糟糕的冲击个数, 表 10.6.1 给出了这 7 种压力所界定的不同的冲击个数. 以利率为例, 该方法预先界定了 6 个冲击压力, 以纳入利率水平和收益率曲线形状的变化.

表 10.6.1　压力种类和界定的冲击个数

压力类	利率	汇率	权益资产	商品价格	信用价差	互换价差	波动性
冲击个数	6	2	1	2	1	2	2

一个应力包络指的是由特定压力冲击所引起的某种货币或某个市场头寸的市场价值的变化, 一个情景则是好几个压力冲击的集成 (见图 10.6.1).

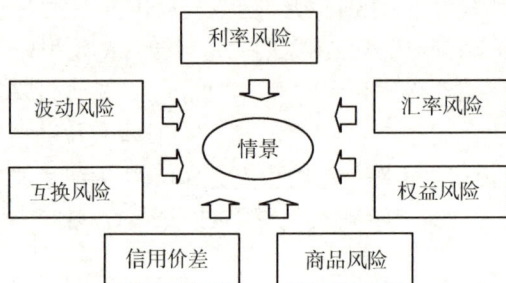

图 10.6.1 包络方法的 7 种主要应力

下面通过一个简单的例子来说明该方法的执行过程. 考虑这样一个情景, 北美地区权益资产价格指数下跌 10%, 欧洲权益资产价格指数下跌 15%, 北美短期利率下跌 50 个基本点.

为对这一情景进行应力分析:

(1) 首先将这个情景的各个组成部分与相应类别界定的应力极端冲击和应力包络值进行对照.

(a) 北美权益资产价格指数下跌的冲击值: 25%, 相应的应力包络值: −1000;

(b) 欧洲权益资产价格指数下跌的冲击值: 25%, 相应的应力包络值: −500;

(c) 北美短期利率下跌的冲击值: 200 个基本点, 相应的应力包络值: 700.

(2) 按这 3 个冲击同界定冲击值的比例以及对应的压力包络值计算相应的影响值.

(a) 北美权益资产价格指数下跌的影响值: $-1000 \times 10\%/25\% = -400$;

(b) 欧洲权益资产价格指数下跌的影响值: $-500 \times 15\%/25\% = -300$;

(c) 北美短期利率下跌的影响值: $700 \times 50/200 = 175$.

这里短期利率的同时下跌部分抵消了两类权益资产价格下跌的负面影响.

(3) 把各应力冲击的影响值直接相加即得该情景对敞口价值的影响,

$$-400 - 300 + 175 = -525.$$

具体的计算过程总结在表 10.6.2 中.

表 10.6.2 压力情景值的计算

压力	应力包络值	应力包络冲击	情景冲击	冲击权数	情景值
1	−1000	25%	10%	40%	−400
2	−500	25%	15%	60%	−300
3	700	200bp	50bp	25%	175

这里冲击权数等于情景冲击同界定的包络冲击的比, 而情景值等于应力包络值同冲击权数的积. 显然冲击权数是由线性内插确定的, 对于非线性资产, 银行最关心的是出现负值的情形, 因为这时敞口会遭受损失. 对于上述用内插确定的情景值有时会低估实际的损失, 这是因为当伽玛 (二阶导数) 为负值时, 损失的规模会随价格变化幅度的扩大而迅速增大.

§10.6.3 误差分析

实际应用中, 由于数据抽样、模型的假设条件、动态性假定、建模过程中的随机因素和人为因素等影响, 无论采用哪种方法计算 VaR 都会产生一定的偏差. 显然, 只有在估计结果满足一定的精度 —— 即估计的 VaR 值处于一个置信区间内的情况下, VaR 的估计值对于风险管理才是有用的. 为了准确把握 VaR 估计结果的有效性, 并在不满足精度要求时对 VaR 模型作出改进, 监管部门和金融机构自身必须对 VaR 模型的准确性和测量精度进行检验和评估, 即所谓的准确性检验和误差分析[123].

准确性检验是对 VaR 模型的估计结果与实际损益情况作比较, 以评估 VaR 模型的有效性. 由于准确性检验是在事后进行的, 所以也称事后检测 (blacktesting). 事后检测主要包括正态性检验 (检验数据分布的正态性) 和准确性检验 (检验 VaR 模型的估计结果对实际损益的覆盖程度). 误差分析是确定 VaR 估计结果的误差水平和对精度进行评估.

正态性检验: VaR 的计算方法中, 参数法通常假定金融资产或金融工具的收益服从正态分布, 因此对由参数法计算所得的 VaR 值, 检验实际损益分布的正态与否是评价 VaR 模型有效性的重要方法. 正态性检验的方法有很多, 其中最简单的检验方法是偏度和峰度检验.

偏度用于衡量样本数据关于均值的对称性, 分布的偏度定义为

$$y = \frac{E[(r-\mu)^3]}{\sigma^3},\tag{10.6.5}$$

其中 r 表示随机变量的样本值, μ 为样本的均值, σ 为样本的标准差, $E(\cdot)$ 表示期望值. 若偏度取负值, 则数据均值左侧的离散性比右侧的强; 若偏度为正值, 则数据均值右侧的离散性比左侧的强. 正态分布 (或任何严格对称分布) 的偏度应为零.

峰度用来度量分布的样本数据偏离正态分布的程度, 分布的峰度由下式定义

$$k = \frac{E[(r-\mu)^4]}{\sigma^4}.\tag{10.6.6}$$

对于正态分布来说, 其峰度为 3. 当样本数据的曲线峰值高于正态分布时, 峰度大于 3; 当样本数据的曲线峰值低于正态分布时, 峰度小于 3.

　　分布偏度和峰度的检验只注意了所检测分布的两个特定方面. 为了更精确起见, 可以通过对样本数据和正态分布的累积分布函数进行比较来考察数据的整体分布. 其中的一种检验方法是使用等权重的 Kupiec 检验, 这种检验的统计量为

$$V = \max\{S(r) - N(r)\colon -\infty < r < \infty\} - \max\{N(r) - S(r)\colon -\infty < r < \infty\}, \quad (10.6.7)$$

其中 $S(r)$ 是观测到的样本数据分布的累积分布函数, $N(r)$ 是正态分布的累积分布函数, r 为观测到的收益率的样本值. 这种方法考虑了所观测分布的累积分布函数 $S(r)$ 高于或低于正态分布累积分布函数 $N(r)$ 的最大距离之和. 显然, 这个和越大, 由正态分布的假设所引入的误差越大.

　　VaR 估计的准确性检验: VaR 估计的准确性检验是指对所得的计算结果检验其对实际损失的覆盖程度, 这是一种事后检验法, 就是把计算所得的结果对过去的数据进行检验. 例如, 假定给出了 95% 置信度下的 VaR 值, 则 VaR 模型的准确性是指实际损益结果超过 VaR 值的概率是否小于 5%. VaR 模型的准确性有多种表示形式, 因此其检验方法也有很多种, 主要包括失败检验法、区间预测法、分布预测法、超额损失大小检验法、方差检验法、概率测验法及风险轨迹检验法等.

　　失败检验法: 检验 VaR 模型准确性的最直接方法就是考察实际损失超过 VaR 的概率. 把实际损失超过 VaR 估计值的记为失败, 实际损失低于 VaR 估计值的记为成功. 如果假定 VaR 值的估计具有时间独立性, 则失败观察的二项式结果代表了一系列独立的贝努里试验. 设 α 为置信水平, 则失败的期望概率应是 $p^* = 1 - \alpha$. 例如, 如果置信水平是 95%, 则每次试验失败的概率应为 5%. 因此检验模型的准确性相当于检验失败概率等于特定概率的假设. Kupiec 给出了两种检验方法: 失败频率检验法和第一次失败时间检验法, 我们在这里介绍失败频率检验法.

　　假定计算 VaR 值的置信度为 α, 实际考察天数为 T, 观察到的失败天数为 N, 则失败频率为 $p = (N/T)$, 零假设为 $p = p^*$. 这样对 VaR 模型准确性的评估就转化为检验失败频率 p 是否显著不同于 p^*.

　　由二项式过程可得到 N 次失败在 T 个样本中发生的概率为 $(1-p)^{T-N}p^N$. 对零假设 $p = p^*$ 最合适的检验是似然比率检验:

$$\mathrm{LR} = 2\ln[(1 - N/T)^{T-N}(N/T)^N] - 2\ln[(1 - p^*)(T - N)p^{*N}], \quad (10.6.8)$$

在零假设的条件下, 统计量 LR 服从自由度为 1 的 χ^2 分布. Kupiec[135] 给出了这种检验方法的置信区域, 表 10.6.3 给出了不同概率水平 p^* 下样本数据规模不同情况下零假设的可接受区域. 表中对于 $T = 200$ 个的样本数据, 95% 的置信度下, 预期观测到的失败个数应为 $N = p^*T = 5\% \times 200 = 10$. 但是只要失败的个数 N 在区间 $(5, 20)$ 内, 则不能拒绝零假设. 但是如果 $N \geqslant 20$ 表明 VaR 模型低估了损失发生的频率; 如果 $N \leqslant 5$ 表明 VaR 模型过于保守.

表 10.6.3　　VaR 模型的验证：零假设非拒绝域

概率水平 p^*	失败次数 N 的非拒绝域		
	$T = 200$ 天	$T = 400$ 天	$T = 800$ 天
0.01	$N < 6$	$0 < N < 9$	$2 < N < 15$
0.025	$1 < N < 11$	$4 < N < 19$	$13 < N < 34$
0.05	$5 < N < 20$	$14 < N < 34$	$34 < N < 62$
0.075	$10 < N < 27$	$25 < N < 49$	$56 < N < 87$
0.10	$15 < N < 35$	$36 < N < 63$	$79 < N < 117$

这种方法的有效性依赖于样本容量. 如果 VaR 模型是正确的, 则随着样本容量的增加, N/T 和 p^* 之差将减小; 当 N/T 和 p^* 之差随着样本容量的增加而更加显著时, 表明 VaR 模型可能存在缺陷. 表中数据也说明了这一点, 表中以比率 N/T 表示的区间随样本的增加而缩小, 如在概率水平为 5% 下, 非拒绝区间从 $T = 200$ 时的 $[0.024(6/225), 0.082(21/225)]$, 减小为到 $T = 1000$ 时的 $[0.037, 0.065]$. 因此, 数据样本越多, 越可能拒绝错误的模型.

分布预测法：由于 VaR 值估计的核心在于对资产组合损益分布的概率密度函数 f 的预测. 因此, 可以基于预测损益分布密度函数 f 来评价 VaR 模型的有效性, 即所谓的分布预测法. 这种方法是一种广义的失败频率检验法, 仅考虑了特定概率 p^* 下实际损失超过 VaR 的情况. 此外, 分布预测法对于损益的概率分布无严格假设.

这种方法的基本思想是, 检验观测数据得到的来自 $\{f_t\}_{t=1}^T$ 的分位数与来自准确分布的分位数是否具有相同的特性. 观测数据得到的来自 $\{f_t\}_{t=1}^T$ 的分位数是指实际损益在 $\{f_t\}_{t=1}^T$ 下的分位数, 例如给定 $f_t(x)$ 和 ε_t , 则来自 $f_t(x)$ 的分位数是 $P_t(\varepsilon_t) = \int_{-\infty}^{\varepsilon_t} f(x)dx$. 由于来自一个随机分布的百分位数服从单位间隔上的一致性分布, 因此检验 VaR 模型准确性的零假设, 可以通过检验 $\{P_t\}_{t=1}^T$ 是否是独立、一致性分布来完成.

Crnkovic 和 Drachman[136] 建议对这两种性质 (独立性和一致性) 分别进行检验, 为此提出了两种单独的假设检验过程. 观测到的百分位数的独立性体现了 VaR 模型是否捕捉到了损益的高阶动态性. 独立性假设检验可以采用 BDS 方法, 而 $\{P_t\}_{t=1}^T$ 的一致性分布检验基于 Kupiec 统计量 —— 对于两个累积分布函数间偏差的测量. 以 $D(x)$ 代表观测到的百分位数的累积分布函数, 它来自于一致性分布, 其偏差的 Kupiec 统计量为

$$K_m = H(D(x), x) = \max\{D(x) - x\colon 0 \leqslant x \leqslant 1\} - \max\{x - D(x)\colon 0 \leqslant x \leqslant 1\},$$
$$(10.6.9)$$

K_m 的分布为

$$Pr(K > K_m) = G(\lambda) = 2 \sum_{j=i}^{\infty} (4j^{\lambda^2} - 1)e^{-2j^2\lambda^2}, \qquad (10.6.10)$$

其中 $\lambda = (\sqrt{T} + 0.155 + 0.24/\sqrt{T}) \max\{|D(x) - x|: 0 \leqslant x \leqslant 1\}$.

这种方法实施容易, 对分布的概率密度函数假设条件较少, 可应用于任何形式的 VaR 模型, 是一种对不同 VaR 模型进行比较的理想方法. 其缺陷是需要大量的数据. Crnkovic 和 Drachman 的研究显示, 数据点少于 1000 时, 检验效果开始下降, 当数据点少于 500 时, 检验效果明显下降. 因此, 要得到可靠的检验结果就需要长期的数据积累. 此外, 该方法与失败频率检验方法一样, 对于较低的 p^* 检验能力较差.

§10.6.4 误差估计

VaR 计算所得的结果只是一种估计, 其精度或者说估计的误差受样本变化的影响. 对于一个稳定的系统, 当样本数 $T \to \infty$ 时, 反映随机变量波动性 σ 的估计值会收敛于其真实值. 但在实际的应用中, 样本的大小会受到各种可能的限制, 如可用的可靠数据的数量、算法的要求以及计算时间和容量的限制等, 这就会导致误差的产生. 当然, 即使有了足够数量精确的数据, 如果用于估计的模型或方程不精确, 同样会产生估计误差. 一般说来, 如果所得的结果精度较低 (反映误差的置信区间大), 这表明 VaR 准确性下降的主要原因在于市场条件的变化而不是模型造成的. 如果所得的结果精度较高 (误差较小), 那么产生误差的原因在于模型, 而不是市场条件的变化. 这种判断对于金融机构和监管当局的风险资本的确定非常重要. 如果是市场条件的变化导致了 VaR 值估计的准确性, 则与 VaR 模型的质量无关, 监管者可以不要求银行增加风险资本. VaR 值的精度可以用误差估计法和置信区间法来估计.

误差估计法: 对于参数法和蒙特卡罗模拟法计算的 VaR 都要对资产或资产组合的收益分布估计其均值和方差, 对均值和方差估计的误差直接导致所得 VaR 结果的误差, 因此首先需要对均值和方差的估计误差作出估计.

(a) 均值与方差的误差估计: 当市场风险因子的变化服从正态分布时, 均值的估计 $\hat{\mu}$ 服从正态分布,

$$\hat{\mu} \approx N(\mu, \sigma^2/T),$$

其中 T 为样本中独立观测值的数目, μ 和 σ^2 为分布的均值和方差. 均值估计的标准误差为

$$SE(\hat{\mu}) = \hat{\sigma}/T.$$

可以看出, 随着样本数目 T 的增加, 均值估计的标准差收敛于零. 对于标准差的估计 $\hat{\sigma}$, 比率 $(T-1)\hat{\sigma}^2/\sigma^2$ 服从以 $(T-1)$ 为自由度的 χ^2 分布, 即有

$$(T-1)\hat{\sigma}^2/\sigma^2 \approx \chi^2[(T-1)],$$

如果样本数 T 足够大, χ^2 分布会很快收敛于正态分布, 即有

$$\widehat{\sigma}^2 \approx N(\sigma^2, 2\sigma^4/(T-1)).$$

方差估计在大样本中的标准误差为

$$SE(\widehat{\sigma}) = \widehat{\sigma}/\sqrt{2T}.$$

例 10.6.2　考察 1973~1994 年马克/美元汇率的月数据, 共有 $T = 264$ 个样本数据. 已知由这些数据估计得的参数值为: 均值估计 $\widehat{\mu} = -0.21\%$, 标准差估计 $\widehat{\sigma} = 3.15\%$. 根据上述定义可以算得这两个参数估计的标准误差,

$$SE(\widehat{\mu}) = \widehat{\sigma}/\sqrt{T} = 3.15\%/\sqrt{264} = 0.22\%,$$

$$SE(\widehat{\sigma}) = \widehat{\sigma}/\sqrt{2T} = 3.15\%/\sqrt{2 \times 264} = 0.15\%.$$

从这两个数字可以看出, $\widehat{\mu} = -0.21\%$ 偏离零 (无误差) 大约有 1 个标准误差, 这表明均值的这个估计是不精确的. 但是对于方差的估计 $\widehat{\sigma}$, 由于估计的标准误差 0.15% 比估计值 3.51% 本身小得多, 这表明对汇率波动性估计的精度要明显高于对均值的估计.

随着样本容量的增加, 估计的准确性也逐渐增加, 图 10.6.2 给出了在 95% 置信水平下不同样本数下波动性估计的置信区间 (真实的波动性设定为 1%). 从图可以看出随着样本数的不断增加, 波动性估计的置信区间越来越小, 即估计的精度越来越接近于真实的波动性.

置信区间与样本数

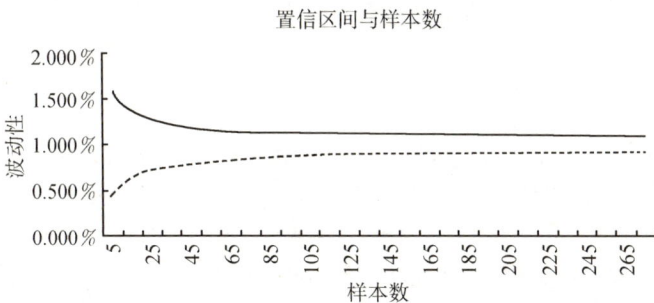

图 10.6.2　波动性估计的置信区间和样本数之间的关系

(b) 样本分位数的误差估计: 在用历史模拟法或蒙特卡罗模拟法计算 VaR 时, 都要对资产或资产组合收益的未来分布, 根据给定的置信水平, 确定分位数后再得出 VaR. 然而由于对未来分布估计存在误差, 导致分位数估计上出现偏差. 因此有必要对样本分位数的估计误差作出估计. 利用标准的排序理论, 我们可以估计任意特

定资产或资产组合收益分布的置信区间. 对于一个给定的分布, 第 c 个分位数 $\hat{q}(c)$ 可通过历史分布确定, 但在这个过程中存在统计上的抽样误差, Kendall 提出了 $\hat{q}$ 的渐近标准误差为

$$SE(\hat{q}) = \sqrt{\frac{c(1-c)}{Tf(q)^2}},$$

其中 T 为样本规模, $f(q)$ 为在分位数 Q 处求得的概率分布. 例如, 假定 $f(q)$ 为正态分布, 考虑第 $5(c=5\%)$ 个百分位数, 我们知道在正态分布下对此可得出的分位数为 1.65. 但由于统计的抽样误差, 我们需要确定这一分位数在不同置信水平下的置信区间. 设置信水平为 95%, 则在这个置信水平下对不同样本数 T 得出的分位数 $q(c)$ 的置信区间为

　　　$T = 100$, 置信区间为 [1.24, 2.04],

　　　$T = 250$(一年的样本量) 的置信区间为 [1.38, 1.91],

　　　$T = 1250$(约 5 年的样本数据), 置信区间为 [1.52, 1.76].

样本数 T 越大, 置信区间越小, 统计中的误差越小. 同样, 在 $f(q)$ 是正态分布的假定下, 第 1 个百分位数在 95% 置信水平下, $T = 250$ 时的分位数的置信区间为 [1.85,2.80]. 正如 Kupiec[135] 所指出的, 当分析越来越接近分布的尾部时, 数据越少, 因此样本分位数变得越来越不可靠, 只有通过增加数据量以改进这个估计.

　　置信区间法: VaR 模型误差或说精确性估计的一个重要且更好的方法是确定 VaR 值的置信区间, 只有当 VaR 的估计值落在置信区间内时, 其估计值才能用于风险的管理.

　　正态分布下的置信区间: 我们知道在正态分布下, 对于给定的持有期和置信水平 α, 现值为 V 的资产在持有期末的风险价值为

$$\text{VaR} = Z_\alpha \sigma_V V, \tag{10.6.11}$$

其中 Z_α 为标准正态分布相应于置信水平 α 的分位数, σ_V 为该资产收益分布的标准差, 其值是未知的, 只能通过对各种风险因子收益分布的均值和方差的估计来得到. 问题在于一方面波动性 σ 的真实值是未知的, 另一方面还要利用估计 $\hat{\sigma}$ 的精度去评价风险价值估计的精度. 假定资产收益的分布服从正态, 设一个规模为 T 的随机样本是从一个正态分布中抽取的, 记 $\hat{\sigma}^2$ 为所选取样本的方差, σ^2 为未知的总体方差, 则 $(T-1)\hat{\sigma}^2/\sigma^2$ 服从自由度为 $(T-1)$ 的 χ^2 分布, 因而真实的方差 σ^2 有 95% 的机会落在下述区间

$$\frac{(T-1)\hat{\sigma}^2}{\chi^2_{0.975}} < \sigma^2 < \frac{(T-1)\hat{\sigma}^2}{\chi^2_{0.025}}, \tag{10.6.12}$$

其中 $\chi^2_{0.975}, \chi^2_{0.025}$ 分别为高于 97.5% 和低于 2.5% 的概率水平的累积 χ^2 分布. 相

应的标准差 σ 的置信区间为

$$\widehat{\sigma}\sqrt{(T-1)/\chi^2_{0.975}} < \sigma < \widehat{\sigma}\sqrt{(T-1)/\chi^2_{0.025}}.$$

于是, 收益具有该分布的资产的 VaR 值对 95% 的置信区间为

$$Z_\alpha\widehat{\sigma}V\sqrt{\frac{(T-1)}{\chi^2_{0.975}}} < \text{VaR} = Z_\alpha\sigma V < Z_\alpha\widehat{\sigma}\sqrt{\frac{(T-1)}{\chi^2_{0.025}}}. \qquad (10.6.13)$$

我们通过一个例子来加以说明. 设由 $T = 256$ 个交易日 (一年) 的数据所估计得的某资产价值的波动为 $\widehat{\sigma}V = 9.22$ (万元), 置信水平为 99%, 则相因的日 VaR 值估计为 $Z_\alpha\widehat{\sigma}V = 2.33 \times 9.22 = 21.483$ (万元). $\chi^2_{0.975} = 300.64$, $\chi^2_{0.025} = 212.20$, 由此得日 VaR 值的置信区间为

$$\left[21.483 \times \sqrt{\frac{255}{300.64}}, \quad 21.483\sqrt{\frac{255}{212.20}}\right] = [19.785,\ 23.50].$$

假如我们从历史模拟法推得的 VaR 值估计为 25.6(万元), 从右边超出了置信区间, 这表明这一年历史数据分布的尾部要比具有同样均值和标准差的正态分布的尾部厚一些.

假定资产或资产组合收益分布是稳定和正态分布的情况下, 可以使用这种估计方法, 由于该方法只依赖于一个参数的估计, 因而具有简单易行的特点.

第 11 章　信用风险的度量方法

§11.1　信用风险度量方法的发展

我们已经在 §8.1 就信用风险的基本概念作了介绍, 在本章介绍信用风险的计算. 首先简单介绍一下信用风险量化的发展过程, 以了解信用风险在金融风险控制中的作用. 信用风险量化的发展过程可以分为三个阶段.

(1) 定性分析阶段 (1970 年以前). 在这个阶段, 大多数金融机构基本上是依据专家的经验和主观分析来评估信用风险, 专家通过分析借款人的财务信息、经营状况以及经济环境等信息, 对借款人的资信进行评估, 确定借款人的信用等级, 判断是否应给予贷款. 当时主要的分析工具有 5C 分析法 (从借款人的品格 (character)、能力 (capability)、资本 (capital)、担保 (collateral) 和环境 (circumstance) 五个方面分析借款的信用风险)、LAPP 法 (从借款人的流动性 (liquidity)、活动性 (activity)、盈利性 (profitability) 和发展潜力 (potential) 四个方面评估借款人的信用风险) 以及五级分类法等. 五级分类法是对现有信贷资产质量进行分类的方法, 它将资产根据质量分为正常、关注、次级、可疑和损失五类, 判断的根据为还款的可能性; 综合了定性分析和定量分析的方法. 这种方法的分类工具简单, 容易受主观因素的影响, 因而对人的素质要求高.

(2) 基于财务指标的分析模型阶段 (20 世纪 70 年代至 90 年代). 这类模型以主要的财务比率为基础, 经过赋权和组合, 利用模型确定一个信用风险分数或违约的概率. 如果所确定的违约风险分数或违约率超过给定的阈值, 贷款申请就会被拒绝. 共有四类基于财务指标的评分模型: 线性模型、logit 模型、probit 模型和判别分析模型, 较为通用的是 logit 模型. Logit 模型通过选择一组变量, 据此产生借款人的服从 logit 分布的违约概率, 其累积概率分布在区间 [0, 1]. 这一概率用以区分能偿还贷款还是不能偿还贷款, 其中好的模型发生错误的概率很小. Altman 分别在 1967 和 1977 年给出了 5 个变量和 7 个变量的 Z 分数模型 [2], 并对其不断改进和完善, 目前已成为一种比较实用的分析工具. 这种分析方法的思路比较简单, 它将所有的企业分成两类, 一类是可能破产违约的企业, 一类为不会破产违约的企业. 通过选择适当的变量, 并构建依赖于这些变量的函数, 将这两类企业区分开来, 以达到控制信用风险的目的. 在这个方法的基础上, 其后又提出了许多不同的方法, 如回归分析法、聚类分析法、因子分析法等来区分不同的企业类型. 进入 90 年代, 人工智能和神经网络的方法开始用于提高类型区分的准确度. 尽管基于财务指标的分析模型比较有效, 但也有其不足. (a) 会计帐务的信息并不能全面反映企业经营的实际信息以及经常变化的外部条件; (b) 现实世界本身是一个非线性的, 基于线性假设的线性识别模型和线性概率模型的准确性受到限制; (c) 缺乏必要的理论支持.

(3) 综合模型阶段 (90 年代以后). 自 20 世纪 90 年代以来, 随着现代金融理论以及金融工程技术的不断创新和发展, 西方的一些大的商业银行开始运用现代金融理论, 金融工程和数学工具来定量评估信用风险和管理信用风险, 开发新的更为复杂的信用评估和早期预警系统; 从单个贷款或债券信用风险的评估转向贷款和债券组合的信用风险的评估; 研究信用风险定价的模型; 开发信用衍生产品以转移信用风险. 当前用于定量和测度信用风险的综合模型可以分为两类: 违约模型和组合模型. CreditRisk+[23] 和 CreditPortfolioView(CPV)[89] 属于违约模型, 这类模型的特点是基于理论分析来确定资产组合未来的违约分布; CreditMetrics[90] 和 KMV 方法 [68] 则属于组合模型, 这类模型的特点是基于历史数据来估计资产组合未来的违约分布. 这些信用风险度量模型的出现适应了信贷市场的新变化, 提供了极有价值的概念性框架, 有利于债券的实时定价, 便于银行能够主动积极地管理信用风险, 消除和转移资产组合中的部分信用风险, 在经济周期的不同阶段通过调整资产组合, 以便更有效地识别和降低信用风险. 有关这些信用风险的控制和管理模型, 我们将在第 14 章加以介绍.

风险价值概念一经提出, 在信用风险管理和控制的应用研究就受到了重视, 1997 年前后就出现了基于风险价值的控制和管理信用风险的模型, JP Morgan 集团开发的 CreditMetrics 就是其中的一个代表, 在这一模型中, 用信用损失来度量信用风险. 所谓信用损失是指一定期限内信用组合将来值和其现值的差, 或者说是组合到期日的现值和到期净回收现值的差. 其中的关键是如何确定到期日净回收现值. CreditMetrics 是利用信用等级转移的概率矩阵来估计净回收现值的, 有关这一模型我们也将在第 14 章加以介绍.

§11.2 信用风险的度量

本节考虑信用风险的量化, 在这里我们仅考虑由违约形成的信用风险. 由这种债务所形成组合的信用风险引起的损失可以表示为

$$L_C = \sum_{i=1}^{N} b_i \times CE_i \times (1 - f_i), \qquad (11.2.1)$$

其中 L_C 为整个债务组合由信用风险引发的损失, b_i 为发生概率是 p_i 的随机变量, 如果违约发生, 该变量取值为 1, 否则取值为 0, 而违约发生的概率为 p_i, 即有

$E[b_i] = p_i$, CE_i 为违约发生时的信用风险暴露, f_i 为回收率, $(1 - f_i)$ 为违约发生时的损失率. 这些量一般都是随机变量, 但在下面我们只假定反映是否违约的 b_i 是随机变量.

设只有 b_i, $i = 1, 2, \cdots, N$ 是随机变量, 则由式 (11.2.1) 得信用损失的期望值为

$$E[L_C] = \sum_{i=1}^{N} E(b_i) \times CE_i \times (1 - f_i) = \sum_{i=1}^{N} p_i \times CE_i \times (1 - f_i). \qquad (11.2.2)$$

信用损失的波动性 (方差) 在很大程度上依赖于发生违约事件之间的相关性, 为简化讨论, 假定违约事件在统计上是独立的 (也许这不一定恰当), 则信用损失的方差为

$$\mathrm{var}[L_C] = \sum_{j=1}^{M} (L_j - E[L_j])^2 p(L_j) = \sum_{j=1}^{M} (L_j - E[L_C])^2 p(L_j), \qquad (11.2.3)$$

其中 M 为违约发生与否的各种可能事件的总数, L_j 是其中的第 j 种事件发生时的损失, $p(L_j)$ 为第 j 种事件发生的概率. 在违约事件在统计上是独立的假定下, 任何联合事件的概率可以表示为各单个事件概率的乘积. 下面的例子给出了相应的计算过程和公式.

例 11.2.1   考虑由 A, B, C 三家公司发行的债券组成的 100 万投资组合, 表 11.2.1 给出了各公司发生违约时的风险暴露和发生违约的概率. 设违约发生时的回收率为零, 各公司的违约之间无相关性, 确定该组合信用损失的期望值和损失的波动性.

表 11.2.1   各公司违约数据

公司	违约暴露	违约概率
A	25	0.05
B	30	0.10
C	45	0.20

由式 (11.2.2) 计算该组合信用损失的期望值

$$E(L_C) = \sum_{i=1}^{3} p_i CE_i = 25 \times 0.05 + 30 \times 0.1 + 45 \times 0.2 = 13.25,$$

即信用损失的期望值为 13.25 万元. 为计算信用损失的波动性, 需计算各种可能的联合事件的损失与概率, 表 11.2.2 给出了所有可能的联合事件相应的损失和发生的概率以及计算组合方差用的各方差项 $(L_j - E[L_C])^2 p(L_j)$. 从表中可以看出, 当 A 公司违约, 公司 B, C 不违约时的损失为 25, 出现这个事件的概率为

$$p(仅公司 \ A \ 违约) = p_1 \times (1 - p_2) \times (1 - p_3) = 0.05 \times 0.9 \times 0.8 = 0.036,$$

表 11.2.2 违约事件分析

违约事件 j	损失 L_j	概率 $p(L_j)$	方差项 $(L_j - E[L_C])^2 p(L_j)$
无	0	0.684	120.08
A	25	0.036	4.97
B	30	0.076	21.32
C	45	0.171	172.38
A,B	55	0.004	6.97
A,C	70	0.009	28.99
B,C	75	0.019	72.45
A,B,C	100	0.001	7.53
总和			434.7

而三公司都出现违约的概率为

$$p(三公司同时违约) = p_1 \times p_2 \times p_3 = 0.05 \times 0.1 \times 0.2 = 0.001.$$

从表中还可得出该组合信用损失的波动性为

$$\sigma_{LC} = \sqrt{434.7} = 20.9(万元).$$

图 11.2.1 给出了该组合信用损失的分布, 可以看出分布是左偏的, 且对应于违约事件的发生, 损失分布有不规则的波动.

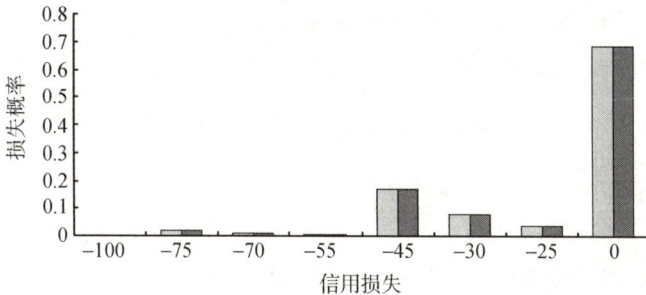

图 11.2.1 信用损失分布

利用表 11.2.2 我们还可以计算该组合在给定置信水平下的信用风险价值 (credit VaR). 这只需要计算事件发生的累积概率, 由表 11.2.2 可得损失及累积概率如表 11.2.3 所示.

表 11.2.3 信用损失分布的累积概率

违约损失	0	25	30	45	55	70	75	100
概率	0.684	0.036	0.076	0.171	0.004	0.009	0.019	0.001
累积概率	0.684	0.720	0.796	0.967	0.971	0.980	0.999	1.000

由表 11.2.3, 如果我们选择 $\alpha = 98\%$ 的置信水平, 则该组合的信用风险价值 (VaR) 为相应于累积概率为 98% 的违约损失 70, 这是因为

$$P(L_C \leqslant \text{VaR}) \geqslant 98\%.$$

控制市场风险的一个重要手段为进行投资组合, 分散投资以减小风险. 考虑由 N 个贷款组成的贷款组合, 假设每个贷款的贷款额相同, 设为 $L_i = C/N$, 到期末每笔贷款要么违约, 要么不违约, 设违约发生的概率都相同, 记为 p, 违约后的回收率为零, 则该贷款组合的信用损失的期望值由 (11.2.2) 为

$$E[L_C] = \sum_{i=1}^{N} p \times \frac{C}{N} = C \times p. \tag{11.2.4}$$

从这个式子可以看出, 贷款分散对期望的信用损失几乎没有影响. 但是如果我们再考察贷款组合信用损失的方差. 由于假定各贷款人违约之间不具相关性, 可以应用二项分布得贷款组合信用损失的方差为

$$\text{var}[L_C] = \text{VaR}[X] \times (C/N)^2 = p(1-p)C^2/N, \tag{11.2.5}$$

其中 $X = \sum_{i=1}^{N} b_i$ 表示违约事件的数目, 即如果第 i 笔贷款违约, 则有 $b_i = 1$, 否则 $b_i = 0$. 由 (11.2.5) 可以看出, 信用损失的波动性 (方差) 同贷款分散的程度, 即 N 的大小直接相关, N 越大, 即贷款越分散, 信用损失对期望损失的偏离越小. 由 (11.2.5) 可得信用损失的标准差

$$SD[L_C] = \sqrt{p(1-p)}C/\sqrt{N}. \tag{11.2.6}$$

下面我们用一个简单的例子来加以说明.

例 11.2.2　某银行有 1000 万元可用于贷款, 可以贷给不同数目的用户, 假定所有用户只有违约和不违约两种可能, 违约的概率为 1%, 不违约的概率为 99%, 见表 11.2.4. 如果出现违约, 回收率是零, 即违约风险暴露等于贷款额.

表 11.2.4　$N=1$ 的信用损失分布

违约事件	违约损失	违约概率	累积违约概率
无违约	0	0.99	0.99
违约	1000	0.01	1.00

首先, 由 (11.2.4), 不管贷给多少个客户, 这笔贷款在这种假定下的信用损失的期望值为

$$E[L_C] = p \times C = 0.01 \times 1000 = 10(万元).$$

如果只贷给一个客户, 则该贷款信用损失的方差为

$$\text{var}[L_C] = p(1 - p) \times 1000 \times 1000 = 9900,$$

其标准差为

$$SD[L_C] = \sqrt{\text{var}[L_C]} = 99.5(\text{万元}),$$

信用损失的分布为可以看出, 一旦发生违约, 损失将是很大.

如果贷给 5 个客户, 则由 (11.2.5) 得信用损失的方差为

$$\text{var}[L_C] = 9900/5 = 1980,$$

标准差为

$$SD[L_C] = 44.45(\text{万元}),$$

信用损失的分布如表 11.2.5 所示.

表 11.2.5 $N=5$ 的信用损失分布

违约事件	违约损失	违约概率	累积违约概率
无违约	0	0.951	0.951
1 个违约 (有 5 个事件)	200	0.009 61	0.999
2 个违约 (有 10 个事件)	400	9.703e-5	0.9999
3 个违约 (有 10 个事件)	600	9.8e-7	0.9999
4 个违约 (有 5 个事件)	800	9.9e-9	1
5 个都违约	1000	1.0e-10	1

图 11.2.2 给出了 $N = 5$ 时的信用损失分布. 如果 $N = 100$, 则有

$$\text{var}[L_C] = 99, \quad SD[L_C] = 9.95.$$

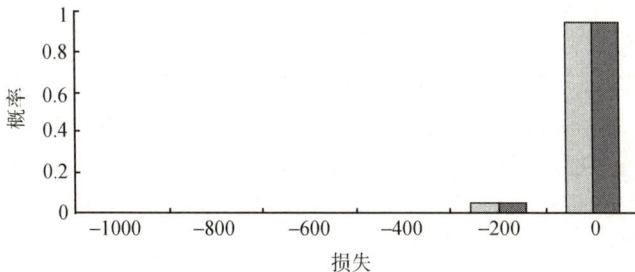

图 11.2.2 $N = 5$ 的信用损失分布

图 11.2.3 为 $N = 100$ 时相应的信用损失分布.

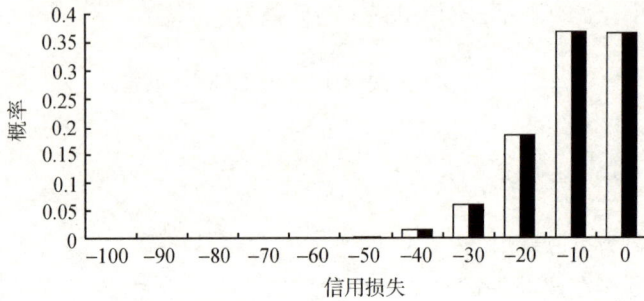

图 11.2.3 $N = 100$ 的信用损失分布

如果更有 $N = 1000$, 则有

$$\text{var}[L_C] = 9.9, \quad SD[L_C] = 3.15.$$

其信用损失分布如图 11.2.4.

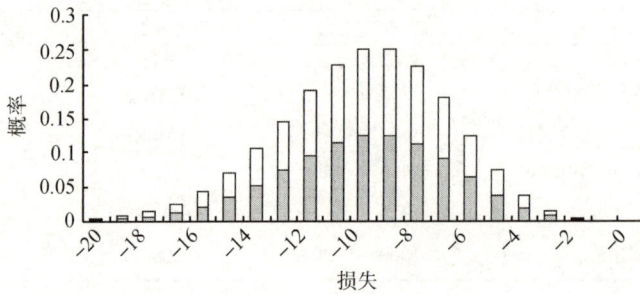

图 11.2.4 $N = 1000$ 的信用损失分布

从这些图可以看出, 随着组合分散程度的增大, 信用损失的分布将趋于正态分布 (具有对称性). 比较图 11.2.2~11.2.4 还可以发现, 随着 N 的增大, 信用损失的标准差不断变小. 而当 $N \to \infty$ 时, 有 $SD[L_C] \to 0$, 即信用损失趋于期望损失, 而信用损失的分布趋于正态分布. 当然, 上述这些结论是在每个贷款人贷款额相同, 违约概率相同, 违约后回收率同为零及各贷款人发生违约之间互不相关的假定下得出的. 如果这些假定中的一个或几个不满足, 情况会复杂, 但这个例子说明了这样一个事实, 即通过分散组合, 同样可以降低信用风险.

§11.3   违约风险的统计精算法

本节介绍计算违约风险大小的统计精算法 (actuarial method), 这类方法利用发生违约的历史数据, 以风险中性为基础, 给出量化违约概率的客观标准.

§11.3.1 信用评级

信用评级 (credit rating) 是由一个信用评级机构 (内部或外部) 发布的企业或机构 "可信度的评估". 穆迪 (Moody) 把其定义为: 对债券发行人或其他债务人未来全额偿还, 或向债权人偿付到期本息的能力、法律责任和意愿所进行的评估. 表 11.3.1 给出了标准普尔和穆迪这两个著名的信用评级机构所用的信用评价级别及相应的级别表示.

表 11.3.1 信用级别

	信用级别	标准普尔 S&P	穆迪 Moody
投资级	最高级	AAA	Aaa
	高级	AA	Aa
	中上级	A	A
	中级	BBB	Baa
投机级	中下级	BB	Ba
	投机级	B	B
	差级	CCC	Caa
	高投机级	CC	Ca
	最低级	C	C
	违约级	D	

不同的评级机构有不同的评级要求和标准, 即使是同一评级机构对不同的行业和不同规模的公司与企业也有不同的评级标准和要求. 表 11.3.2 是标准普尔对工业类型公司信用评级的会计要求和标准. 从这个表可以看出, 级别越高, 总负债 (debit) 对总资产 (equity) 的比例越低, 而息税前利润在利息中所占比例越高. 前者反映了公司的负债率, 后者表示用于支付利息的现金流关于利息的倍数, 也反映了公司偿付本息的能力 (总资产等于总负债加总权益资本, LT 表示长期债务 [long term], EBITDA 表示利息、税收、折旧和摊销前利润).

表 11.3.2 S&P(2002) 评级标准

级别	总负债/总资产/%	LT 负债/总资产/%	EBITDA/利息 (倍数)	息税前利润/利息 (倍数)
AAA	23	13	26.5	21.4
AA	38	28	12.9	10.1
A	43	34	9.1	6.1
BBB	48	43	5.8	3.7
BB	63	57	3.4	2.1
B	75	70	1.8	0.8
CCC	88	79	1.3	0.1

注: EBITDA 表示利息、税收、折旧和摊销前利润.

§11.3.2 违约率

历史违约率: 历史违约率是信用评级机构对不同级别的有关公司历年发生违约事件进行统计后得出的随后年份内这些级别的企业可能发生违约的违约率. 表 11.3.3 和表 11.3.4 分别给出了标准普尔与穆迪两公司经统计得出的不同级别的公司企业在随后不同年份的违约率. 从这两个表可以看出, 信用级别越高的企业违约率越低, 而在评定的信用级别下, 违约率随后继年份的增加而增加, 即信用风险随时间的延伸而增加. 图 11.3.1 给出了穆迪的不同评定信用级别的累积违约率按年的分布, 图 11.3.2 则给出了穆迪的 1 年、5 年、10 年和 20 年这四个年期不同信用级别累积违约率的分布.

表 11.3.3 穆迪公司统计得出的累积违约率(%)

级别	AAA	Aa	A	Baa	Ba	B	Caa-C	总汇
第 1 年	0.00	0.07	0.08	0.34	1.42	4.79	14.74	1.50
第 2 年	0.00	0.22	0.27	0.99	3.43	10.31	23.95	3.09
第 3 年	0.02	0.36	0.57	1.79	5.60	15.59	30.57	4.62
第 4 年	0.09	0.54	0.92	2.69	7.89	20.14	35.32	6.02
第 5 年	0.19	0.85	1.28	3.59	10.16	23.99	38.83	7.28
第 6 年	0.29	1.21	1.67	4.51	12.28	27.12	41.94	8.41
第 7 年	0.41	1.60	2.09	5.39	14.14	30.00	44.23	9.43
第 8 年	0.59	2.01	2.48	6.25	15.99	32.36	46.44	10.38
第 9 年	0.78	2.37	2.93	7.16	17.63	34.37	48.42	11.27
第 10 年	1.02	2.78	3.42	7.99	19.42	36.10	50.19	12.14
第 11 年	1.24	3.24	3.95	8.81	21.06	37.79	52.30	13.01
第 12 年	1.40	3.77	4.47	9.62	22.65	39.37	54.40	13.85
第 13 年	1.61	4.29	4.94	10.41	24.23	40.85	56.24	14.66
第 14 年	1.70	4.82	5.40	11.12	25.61	42.33	58.22	15.40
第 15 年	1.75	5.23	5.86	11.74	26.83	43.62	60.08	16.07
第 16 年	1.85	5.51	6.35	12.33	27.06	44.94	61.78	16.69
第 17 年	1.96	5.75	6.63	12.95	29.13	45.91	63.27	17.24
第 18 年	2.02	5.98	6.94	13.49	30.24	46.68	64.81	17.75
第 19 年	2.14	6.30	7.23	13.93	31.14	47.32	66.25	18.21
第 20 年	2.20	6.54	7.54	14.39	32.05	47.60	67.59	18.64

表 11.3.4 标准普尔统计得出的累积违约率(%)

级别	AAA	AA	A	BBB	BB	B	CCC	总汇
第 1 年	0.00	0.01	0.05	0.36	1.47	6.72	30.95	1.73
第 2 年	0.00	0.03	0.15	0.96	4.49	14.99	40.35	3.51
第 3 年	0.03	0.08	0.30	1.61	8.18	22.19	46.43	5.12
第 4 年	0.07	0.17	0.48	2.58	11.69	27.83	51.25	6.48

续表

级别	AAA	AA	A	BBB	BB	B	CCC	总汇
第 5 年	0.11	0.28	0.71	3.53	14.77	31.99	56.77	7.57
第 6 年	0.20	0.42	0.94	4.49	17.99	35.37	58.74	8.52
第 7 年	0.30	0.61	1.19	5.33	20.43	38.56	59.46	9.33
第 8 年	0.47	0.77	1.46	6.10	22.63	41.25	59.85	10.04
第 9 年	0.54	0.90	1.78	6.77	24.85	42.90	61.57	10.66
第 10 年	0.61	1.06	2.10	7.60	26.61	45.59	62.92	11.27
第 11 年	0.61	1.20	2.37	8.48	28.47	45.84	63.41	11.81
第 12 年	0.61	1.37	2.60	9.34	29.76	46.92	63.41	12.28
第 13 年	0.61	1.51	2.84	10.22	30.98	47.71	63.41	12.71
第 14 年	0.75	1.63	3.08	11.28	31.70	48.68	64.25	13.17
第 15 年	0.92	1.77	3.46	12.44	32.56	49.57	64.25	13.69

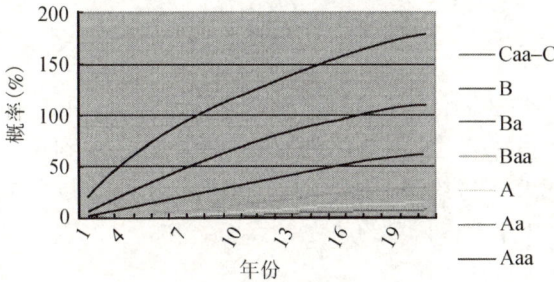

图 11.3.1 Moody 统计得出的不同级别关于年限的累积违约率分布

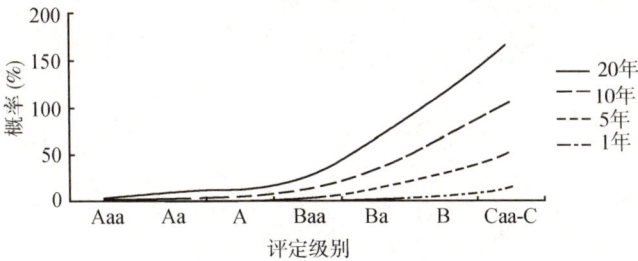

图 11.3.2 Moody 统计得出的不同年期关于信用级别累积违约率的分布

对于历史违约率估计而言, 由于历史数据的局限性以及违约事件的低概率特性, 这种估计一般不太准确. 以标准普尔公司的统计结果为例, 得出上述结果, 用了大量公司从初始评级以后 23 年 (1981~2002) 的历史数据. 一年期的违约率可以从 23 年 (1981,1982, ⋯,2002) 的统计数据得出. 然而即使如此, 对于 15 年期的违约概率, 所能用的估计数据就只有 8 年 (1995,1996, ⋯,2002), 因此, 能用的样本空间比较小.

§11.3.3　边际违约率

前面给出的违约率称为累积违约率 (cumulative default rate) (见表 11.3.3 和 11.3.4). 对一个确定的初始评级, 记为 R, 累积违约率衡量的是从评级起始日开始到第 T 年年末总共 T 年内的任何时间初始评级为 R 级的企业发生违约的总次数与给定的初始评级为 R 级的企业总数的比. 除累积违约率之外, 还有一个同累积违约率密切相关的违约率, 称为边际违约率 (marginal default rate). 第 T 年的边际违约率是指初始评级为 R 级而在第 T 年内违约的债务人数量占 T 年年初所剩 R 级债务人数量的比例. 用 $n(R,t,T)$ 表示在 t 年 (评级起始年) 末评级为 R 在第 T 年年初未违约的债务人的总数, $m(R,t,T)$ 表示在 t 年末评级为 R 在第 T 年内违约的债务人的数目, 则在 t 年末评级为 R 第 T 年的边际违约率为

$$d_N(R) = \frac{m(R,t,T)}{n(R,t,T)},$$

其中 $N = T - t$. 图 11.3.3 给出了各顺序年的违约过程, 其中 d_1, d_2, d_3 分别给出了第 1, 2, 3 年的边际违约率. 第 1 年不违约的概率为 $1 - d_1$, 到第一年末的累积违约率为 $C_1 = d_1$. 在第 2 年违约的, 必定在第 1 年没有违约, 因此, 在第 2 年违约的概率为 $(1 - d_1)d_2$, 前 2 年的累积违约率为

$$C_2 = d_1 + (1 - d_1)d_2 = 1 - (1 - d_1)(1 - d_2).$$

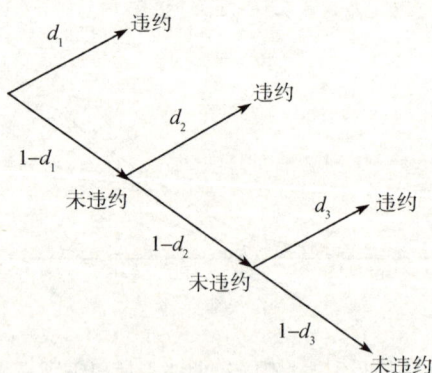

图 11.3.3　违约过程

其中 $(1 - d_1)(1 - d_2)$ 称为前两年的残存率. 上式表明用 1 减去前两年的残存率即得前两年的累积违约率. 依此类推, 可得在第 T 年违约的概率为

$$\Re_N = (1 - d_1(R)) \cdots (1 - d_{N-1}(R))d_N(R), \tag{11.3.1}$$

这里用 $d_i(R)$ 表示初始评级为 R 的企业在第 i 年的违约率. 一般地, 前 T 年的残存率为

$$S_N(R) = \prod_{i=1}^{N} (1 - d_i(R)), \tag{11.3.2}$$

前 T 年的累积违约率为

$$C_N(R) = \Re_1(R) + \Re_2(R) + \cdots + \Re_N(R) = 1 - S_N(R). \tag{11.3.3}$$

图 11.3.4 给出了按上述公式推算出的穆迪的 A 和 Ba 两个信用级别的边际违约率的分布. 从这个图中可以看出, 初始信用级别高的债务人, 其边际违约率随时间延伸而增加, 而初始信用级别低的债务人其边际违约率随时间延伸而降低. 究其原因在于所谓的生存效应, 一个 Aaa 级的公司, 在其运气好的情况, 也就是保持不变, 但却有可能随着时间的消逝而会变坏. 相反, 一个级别低的公司, 经过开始几年后, 如能生存下来, 其违约的概率会随时间下降.

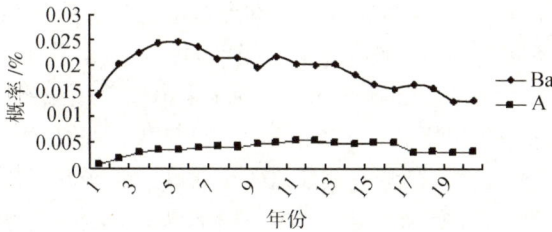

图 11.3.4 Moody 边际违约率

由边际违约率 $d_i(R)$ 可计算平均违约率 d,

$$1 - d = \sqrt[N]{S_N(R)} = \left[\prod_{i=1}^{N} (1 - d_i(R)) \right]^{1/N}, \tag{11.3.4}$$

由此得累积违约率为

$$C_N(R) = 1 - (1 - d)^N. \tag{11.3.5}$$

上述计算的是以年为时间周期的违约率, 由年违约率可以计算其他时间周期的违约率, 如半年违约率、月违约率. 设已知年平均违约率为 d, 假设每个月的违约率 d_M 相同, 则月违约率和年违约率之间有如下关系式

$$1 - d = (1 - d_M)^{12}, \tag{11.3.6}$$

由此可以求得月违约率. 该式表明, 公司要在一年内存活, 必须在所有连续的 12 个月中存活. 但正如前面指出的, 对于信用级别高的公司, 其边际违约率会随时间增加, 而不是一个常数.

如果已求得按半年计算的平均违约率 d_s, 则累积违约率为

$$C_N(R) = 1 - (1 - d_s/2)^{2N}. \tag{11.3.7}$$

如果已求得按连续复利计算的平均违约率 d_c, 则累积违约率为

$$C_N(R) = 1 - e^{-d_c N}. \tag{11.3.8}$$

由 (11.3.6)~(11.3.7) 还可以看出, 只要知道了累积违约概率, 我们就可以分别计算年平均违约率、半年平均违约率和连续复利下的平均违约率.

§11.3.4　信用级别的转移和转移矩阵

从前面的分析我们看到, 违约率的估计需要大量的历史数据. 对于长期违约率的估计, 如果样本容量小, 其可信度就很低. 为此可以通过考虑信用级别转移 (migration) 的过程以简化计算, 从而克服因样本容量小所带来的困难.

在考虑信用级别转移时, 一般假定信用级别的转移服从马尔可夫过程 (Markov process), 并用一个转移矩阵 (migration matrix) 来描述信用级别的转移. 转移矩阵给出了从期初的某个信用级别到期末转移为某个信用级别的概率. 马尔可夫过程描述了离散时间下的一个随机过程, 它假定从一个时期的某个状态向下一个时期某个状态的转移是相互独立的. 如果给定当前的一个状态, 该状态迁移的条件概率分布不随时间改变, 而只与其当前的值有关. 表 11.3.5 给出了一个只有四个级别的信用转移矩阵, 其中 D 表示发生违约的信用级别.

表 11.3.5　信用级别转移矩阵

初始级别	期末级别 A	期末级别 B	期末级别 C	期末级别 D	总概率
A	0.97	0.03	0.00	0.00	1.00
B	0.02	0.93	0.02	0.03	1.00
C	0.01	0.12	0.64	0.23	1.00
D	0.00	0.00	0.00	1.00	1.00

以初始级别 B 为例, 到期末它升级为 A 的概率为 2%, 保持 B 级的概率为 93%, 降为 C 级或 D 级的概率分别为 2% 和 3%. 现在考虑某 B 级公司在第 2 年违约的累积概率. 由表中第一年违约的概率 (即为第 1 年累积违约率) 为 $d_1 = 3\%$, 第 2 年出现违约有下面这三种可能的情况:

(1) $B \to A \to C$, 其概率为 $P(D_2 \mid A_1)P(A_1 \mid B_0) = 0.00 \times 0.02 = 0.00$;

(2) $B \to B \to D$, 其概率为 $P(D_2 \mid B_1)P(B_1 \mid B_0) = 0.03 \times 0.93 = 0.0279$;

(3) $B \to C \to D$, 其概率为 $P(D_2 \mid C_1)P(C_1 \mid B_0) = 0.23 \times 0.02 = 0.0046$;

由此得第二年违约的概率为

$$P(D_2 \mid A_1)P(A_1 \mid B_0) + P(D_2 \mid B_1)P(B_1 \mid B_0) + P(D_2 \mid C_1)P(C_1 \mid B_0) = 0.0325.$$

因此前两年违约的累积违约率为

$$C_2(B) = 0.03 + 0.0325 = 0.0625 = 6.25\%.$$

类似可得出第 3 年违约的概率和累积违约率

$$P(B \to A \to A \to D) = 0.00,$$
$$P(B \to A \to B \to D) = 0.000\ 018,$$
$$P(B \to A \to C \to D) = 0.000,$$
$$P(B \to B \to A \to D) = 0.000,$$
$$P(B \to B \to B \to D) = 0.0259,$$
$$P(B \to B \to C \to D) = 0.0043,$$
$$P(B \to C \to A \to D) = 0.000,$$
$$P(B \to C \to B \to D) = 0.000\ 072,$$
$$P(B \to C \to C \to D) = 0.002\ 944.$$

由此得第三年违约率为 0.0333, 三年的累积违约率为 $0.0625 + 0.0333 = 9.58\%$.

违约率和经济的好坏有密切的关系, 例如, 穆迪公司比较了自 1920 年以来的年违约率和工业生产水平间的关系后发现, 在经济萧条或衰退时期, 违约率有明显的上升趋势.

§11.3.5 回收率

从前面的定义我们看到, 影响信用风险大小的另一个因素为发生违约后的回收率 (recovery rate). 如果已知违约发生后的回收率 f, $1 - f$ 即可用于信用风险大小的计算. 以债券为例, 一般说来, 违约会对债券发行人的所有债务都会发生影响, 然而不同的债权人可能有不同的求偿权, 由此造成不同债权人回收率的不同. 当然具有同样求偿权的债权人具有同样的回收率. 例如, 根据美国联邦破产法的优先顺序, 在一个公司破产后, 有担保的债权人 (secured creditors) 具有第一位的求偿权 (担保债权人提供抵押担保的贷款或借款). 如果在把公司破产后的剩余资产归还给这类债权人后还有剩余, 则要考虑位于第一求偿权之后的优先债权人 (包括破产期间提供贷款的债权人、在破产期间商品和劳务的提供者、税收等). 接下来的是一般的债权人 (包括破产前未担保的债权人、股东等). 信用评级机构根据违约后债权的价值来衡量回收率, 这被认为是市场对未来回收率最合适的估计, 它考虑了破产后公司资产的价值、破产程序的估计成本和各种支付形式 (如用权益资本向债券持有人进行偿还). 回收率一般取决于下列因素: 债务人的状况、求偿权、和经济环境 (处于经济衰退时期, 回收率会低). 表 11.3.6 给出了穆迪公司对美国公司债券回收率的估计. 该表对优先权相同的公司债券, 其回收率也是波动的, 表中给出了不同优先级别的最低回收率、最大回收率、中间回收率、1/4 和 3/4 分位处的回收率以及回收率波动的标准差. 从表中可以看出回收率波动的范围很大. 还有一点需要指出, 回收率同违约率之间呈负相关性, 在债券违约较多的年份, 违约后价格比平常要低, 导致回收率降低. 这种相关性会导致损失加大, 扩展了信用损失分布的左尾.

表 11.3.6   Moody 美国债券回收率 (%)

优先权/担保	最小值	1/4 分位数	中值	均值	3/4 分位数	最大值	标准差
高级/担保贷款	15.00	60.00	75.00	69.91	88.00	98.00	23.47
设备信托债券	8.00	26.25	70.63	59.96	85.00	103.00	31.08
高级/担保债券	7.50	31.00	53.00	52.31	65.25	125.00	25.15
高级/未担保债券	0.50	30.75	48.00	48.84	67.00	122.60	25.01
高级/次级债券	0.50	21.34	35.50	39.46	53.47	123.00	24.59
次级债券	1.00	19.62	30.00	33.17	42.94	99.13	20.78
低级/次级债券	3.63	11.38	16.25	19.69	24.00	50.00	13.85
优先股	0.05	5.03	9.13	11.06	12.91	49.50	9.09

§11.4   度量违约风险的市场价格法

市场价格法 (market price method) 根据资产在市场的交易价格来估计违约的风险以及可能的风险溢价, 也就是说, 信用风险可以根据证券的市场价格波动的信息来评估. 证券包括公司债券、股票和信用衍生产品等. 理论上, 由于金融市场拥有大量的信息, 证券市场价格的变动可以提供精确的度量信用风险的标准. 本节我们以债券价格为例来分析估计违约风险的市场价格法, 下节则以股票价格为例说明Merton 模型.

§11.4.1   信用价差和违约风险

考虑发行方发行的信用敏感 (credit sensitive) 的债券, 并假定如出现违约, 对其所有责任的影响都是同等的. 为简单起见, 设债券的初始价格为 P^*, 它在到期日只一次性支付 100 元. 由此可以得出由市场决定的债券收益率 r^* 满足

$$P^* = \frac{100}{1 + r^*}. \tag{11.4.1}$$

可以把它与同期的无风险资产的收益率 r 进行比较. 然而, 实际上债券的收益还与

债券发行人的违约与否有关, 违约发生后又与回收率有关. 因此, 债券的收益可以用一个简化的违约过程来描述, 见图 11.4.1. 在这个图中 f 表示违约后的回收率, 它根据优先权的不同而不同. 根据风险中性定价原理, 将这两种状态下价值的数学期望, 用无风险收益率折现, 可以得到债券的当前价格

$$P^* = \frac{100}{1+r}(1-p) + \frac{100f}{1+r}p, \qquad (11.4.2)$$

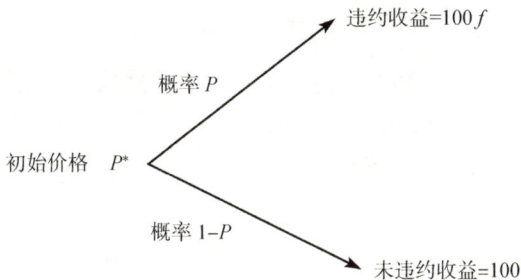

图 11.4.1 债券的违约过程

这里 p 是违约率. 由 (11.4.1) 和 (11.4.2), 经重新整理后得

$$1 + r = (1 + r^*)[1 - p(1-f)], \qquad (11.4.3)$$

由此得违约率 p 满足

$$p = \frac{1}{1-f}\left[1 - \frac{1+r}{1+r^*}\right], \qquad (11.4.4)$$

忽略二阶项, 可得由市场决定的债券收益率 r^* 的一阶近似

$$r^* \approx r + p(1-f), \qquad (11.4.5)$$

由 (11.4.5) 得债券收益率 r^* 和无风险资产收益率之间的差为

$$r^* - r = p(1-f), \qquad (11.4.6)$$

称这样的差为信用价差 (credit spread). (11.4.6) 表明, 信用价差等于违约率乘以违约后的损失率, 因而可以把信用价差用作信用风险的一种估计.

下面再考虑多期的情形, 假设共有 T 期, 但债券仍然是在第 T 期末一次性支付 100 元. 设每一期内的无风险收益率和违约率都是相等的, 即是平均利率 (平均无风险收益率) 和平均违约率. 在这种情况下, (11.4.1) 和 (11.4.2) 可分别表示为

$$P^* = \frac{100}{(1+r^*)^T} = \left[\frac{100}{(1+r)^T}(1-p)^T + \frac{100f}{(1+r)^T}(1-(1-p)^T)\right], \qquad (11.4.7)$$

经整理得

$$(1+r^*)^T = \frac{(1+r)^T}{(1-p)^T + f(1-(1-p)^T)}. \tag{11.4.8}$$

对于不同期限的信用风险债券, 我们可以利用上述公式计算不同期限的违约率. 以两期为例, 先用 (11.4.4) 来计算第 1 期的违约率 p_1, 再由 (11.4.8) 计算头两期的年平均违约率 p_2. 根据前一节的分析, 第 2 期的边际违约率 d_2 可由下式确定

$$d_2 = 1 - \frac{(1-p_2)^2}{1-p_1}.$$

据此, 我们可以从一系列不同期限的信用敏感的零息票债券中得出远期违约率的期限结构 (term structure). 对于支付息票的信用敏感债券, 计算将变得复杂, 因为我们需要在每一期都得考虑违约和没有违约的支付额.

§11.4.2　风险溢价

本节上述所有的计算公式都是基于风险中性的假设, 在这样的假定下, 任何资产的价值都以无风险利率增长, 并且按相同的无风险利率折现. 因而上述公式中的违约率表示的是风险中性下的违约概率, 它不一定与客观实际发生的违约概率相等. 定义客观的违约概率为 p', 客观的折现率为 r', 则 (11.4.2) 可改写为

$$P^* = \frac{100}{1+r^*} = \frac{100}{1+r'}(1-p') + \frac{100f}{1+r'}p', \tag{11.4.9}$$

而 (11.4.5) 可改写为

$$r^* \approx r' + p'(1-f),$$

用风险中性的无风险利率 r 代入得

$$r^* \approx r + p'(1-f) + r_p, \tag{11.4.10}$$

项 $r_p = r' - r$ 称为风险溢价 (risk premium), 它通常表示投资者对其所承担风险的补偿. 一般说来, 风险溢价与债券风险中性的标准以及投资者的风险规避程度相关联. 另外, 风险溢价还可能包括流动性溢价 (liquidity premium), 因为公司债券的交易性和税收效应一般不如同样性质的国债.

例 11.4.1　考虑美国商用机器公司 (IBM) 发行的 10 年期债券, 标准普尔和穆迪对其的信用评级都是 A 级, 按复利计算的半年无风险收益率和债券收益率分别为 6% 和 7%. 假定如发生违约, 回收率为面值的 45%, 试计算该债券 10 年的累积违约率.

由 (11.4.4), 根据半年期的收益率和累积违约率之间的关系得

$$p = \frac{1}{1-f}\left[1 - \frac{(1+r/2)^{20}}{(1+r^*/2)^{20}}\right] = \frac{1}{1-0.45}\left[1 - \frac{(1.03)^{20}}{(1.035)^{20}}\right] = 0.0923/0.55 = 0.1678.$$

这是风险中性下该债券 10 年的累积违约率, 同上一节的表 11.3.3 中 A 级 10 年的违约的累积概率为 3.42% 相比, 明显偏高. 如果我们将债券的年平均收益率从 7% 改为 6.2%, 则可以算得 10 年的累积违约率为 3.5%, 这更符合该级别债券发行人的真实的累积违约率. 如果将表 11.3.3 中的由历史数据确定的累积违约率作为未来的违约率, 那么由此确定的信用价差的很大部分, 约 80% 反映了风险溢价 (80% 是指信用差价 100 个基点中的 80 个基点反映风险溢价).

§11.4.3 收益率曲线与信用级别

在这一部分我们们讨论债券的收益率随时间 (年限) 和信用级别变化的分布, 表 11.4.1 给出了 1998 年 12 月估计的到期时间 (期限) 不同的国债收益率, 以及不同信用级别债券收益率同国债收益率的价差 (用基本点表示). 由这个表可以得到如图 11.4.2 所示的不同信用级别债券的收益率曲线. 从表 11.4.1 可以看出国债的收益率曲线处于最底层, 即收益率最低, 它代表了无风险资产的收益率. AAA 级债券价差变动范围小, 从短期的 46 个基本点到较长期的 60 个基本点. 而 B 级债券的价差波动就大, 从 275 个基本点到 450 个基本点. 同上一节给出的不同信用级别债券违约率作对比可以发现, 尽管 AA 级债券的违约率是 AAA 级债券违约率的两倍, 但两者收益率的变化范围却十分接近. (国债到 AAA 级债券) 收益率的变化不仅反映了信用评级, 还能反映影响价差的其他因素, 如流动性和税收效应等.

表 11.4.1 国债收益率和不同级别债券信用价差 (基本点)

到期时间	国债	AAA	AA	A	BBB	BB	B
3 个月	4.5	46	54	74	116	172	275
6 个月	4.55	40	46	67	106	177	275
1 年	4.6	45	53	74	112	191	289
2 年	4.49	51	62	88	133	220	321
3 年	4.7	47	55	87	130	225	328
4 年	4.65	50	57	92	138	241	358
5 年	4.60	61	68	108	157	266	387
6 年	4.62	53	61	102	154	270	397
7 年	4.65	45	53	95	150	274	407
8 年	4.75	45	50	94	152	282	420
9 年	4.74	51	56	98	161	291	435
10 年	4.69	59	66	104	169	306	450
15 年	5.15	55	61	99	161	285	445
20 年	5.38	52	66	99	156	278	455
30 年	5.25	60	78	117	179	278	447

上述分析表明, 我们可以利用公司债券收益率方面的信息反过来来推断有关债券的信用风险, 即利用上一节的累积违约率, 将债券的收益率曲线根据信用评级, 从

AAA 级到 B 级进行划分. 事实上, 债券价格是所要评估的信用风险的最好反映, 或说债券价格是信用风险最好的预测, 其效果好于信用评级. 评级机构利用公开的信息进行评级时, 市场价格也是其中的一个因素. 债券价格的变动要比评级频繁, 债券价格的变动将导致信用评级的变化.

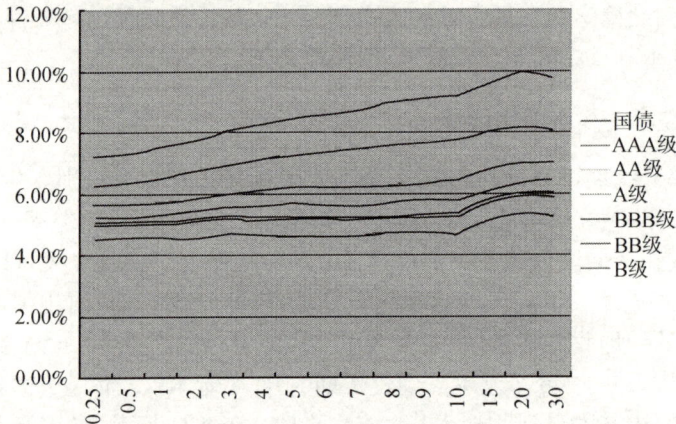

图 11.4.2　　不同信用级别债券的收益率曲线

信用价差的变动反映了违约风险可能引发的潜在损失. 但是对于违约风险来说, 引发违约风险的有些因素是债券发行人特有的, 这需要对其未来的财务状况进行分析. 有些因素则是由于共同 (系统) 的信用因素造成的, 对由这些因素造成的信用风险是不可能通过分散投资来降低的. 这些因素中的第一个是整体经济环境, 信用价差与经济增长呈负相关性, 经济发展缓慢时, 更多的公司将会出现现金流方面的问题, 没有能力偿还其债务, 出现违约. 同样货币紧缩政策和低增长率的预期都可能导致信用价差的扩大, 出现更多的违约.

波动性是另外一个需要考虑的因素, 在一个波动性大的环境中, 投资者会要求较高的风险溢价, 这会导致信用价差扩大, 进而促使流动性资产慢慢枯竭, 这时债权人持有的债券的流动性变差, 会要求更高的信用价差.

§11.5　Merton 模型

信用价差的方法只有在债券市场的数据比较可靠时才有用, 但是大多数国家都没有一个完善的公司债券市场, 流通的债券少, 市场不活跃, 公布的价格可能仅仅是根据其他债权的收益外推得到的矩阵价格 (matrix price), 数据并不可靠. 另一种可能的方法是转向以股票市场价格为基础的违约风险模型, 因为很多公司企业股票的价格是可以从市场直接得到的, 而且股票交易远比债券活跃. 在这类模型中, 比较著名的就是 Merton(1974) 模型 [87], 它是信用风险估计的第一个结构性模型. 该模

型将公司的股票看作为以公司资产为标的物的欧式买入期权, 债券的面值作为期权
的执行价格.

为简化讨论, 考虑一个资产总价值为 V 的公司发行了一期面值为 D 的债券,
期限为 T, 并假设交易成本为零. 在到期时间, 如果公司的资产总值超过规定的偿
还额, 债券将得到全部偿还, 股东所得为其余额. 然而, 如果公司在到期时间的价值
V_T 小于 D, 公司就会发生违约, 债券持有人得到的偿还额只能是 V_T, 股东所得的
价值则为零. 因此, 到期日股票的价值为

$$S_T = \max\{V_T - D, 0\}, \tag{11.5.1}$$

而债券在到期日的价值为

$$B_T = V_T - S_T = \min\{V_T, D\}. \tag{11.5.2}$$

由此可以看出, 股票的价格反映了对违约率的预测, 正如期权的价值体现了执行期
权的预测.

图 11.5.1 给出了债券收益和股东收益同公司资产的关系曲线, 从这个图中可
以看出, 股东的收益曲线同欧式买入期权持有者的收益曲线有相同的结构, 即股东
的最大损失是他们的股权投资, 这正是 Merton 模型的出发点. 在利用期权定价的
Black-Scholes 模型[56] 来确定公司股票价格的过程中确定违约风险.

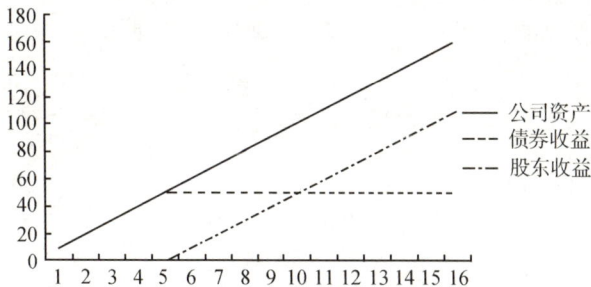

图 11.5.1   公司资产和债券收益

根据 Black-Scholes 期权定价模型[56], 假定公司的资产价值服从几何布朗运动
过程

$$dV = V(rdt + \sigma dz), \tag{11.5.3}$$

这里 r 为无风险资产 (风险中性) 的收益率, σ 是公司资产价值的波动性. 假定市场
是完备的, 且没有破产成本. 在这样的假定下, 公司资产值可表示为

$$V = B + S,$$

其中 B 表示债券价值, S 为股权价值, 它们分别满足下述条件

$$B = B(V, t), \qquad B(V, T) = \min\{D, V\}, \tag{11.5.4}$$

$$S = S(V, t), \qquad S(V, T) = \max\{V - D, 0\}. \tag{11.5.5}$$

把 D 看作期权确定的执行价格, 由 Black-Scholes 模型可得买入期权的价格, 即公司股票的价值为

$$S = VN(d_1) - De^{-r\tau}N(d_2), \tag{11.5.6}$$

这里 $\tau = T - t$ 为离到期日的剩余时间, $N(d)$ 为标准正态分布的累积分布函数

$$N(d) = \frac{1}{\sqrt{2\pi}} \int_{-\infty}^{d} e^{-t^2/2} dt,$$

$$d_1 = \frac{\ln\left(V/(De^{-r\tau})\right)}{\sigma\sqrt{\tau}} + \frac{\sigma\sqrt{\tau}}{2}, \quad d_2 = d_1 - \sigma\sqrt{\tau}.$$

定义 $x = De^{-r\tau}/V$ 为负债价值与总资产价值的比, 又称杠杆, 则 d_1, d_2 的值以及股票的价值 S 完全取决于杠杆值 x 和 $\sigma\sqrt{\tau}$. 在 Black-Scholes 模型中, $N(d_2)$ 是执行期权的概率, $1 - N(d_2)$ 就是不执行期权的概率. 相应到上述模型中, $1 - N(d_2) = N(-d_2)$ 就是风险中性下的违约概率 (资产价值低于期权确定的执行价格, 期权不被执行).

在实际应用上述模型时, 公司资产价值 V 及其波动性 σ 一般难于从市场确定, 它需要从公司的股票价值 S 及其波动性 σ_S 来推出. 根据伊藤 (Ito) 引理有

$$\sigma_S S_t = \sigma_V V_t \frac{\partial S_t}{\partial V_t}, \tag{11.5.7}$$

在此式中取 $t = 0$ 得

$$\sigma_S S_0 = \sigma_V V_0 N(d_1). \tag{11.5.8}$$

因此, 给定 r, T, σ_S 和 S_0, 就可从 $(11.5.6)[t = 0]$ 及 $(11.5.8)$ 式求得 σ 和 V_0. 由 $B = V - S$, 可得债券的价值

$$B = De^{-r\tau}N(d_2) + VN(-d_1) = De^{-r\tau}N(d_1) + V[1 - N(d_1)]. \tag{11.5.9}$$

期望损失的现值是承诺付款的现值 $De^{-r\tau}$ 与债券价值 B 的差

$$EL = De^{-r\tau} - B = De^{-r\tau}N(-d_2) - VN(-d_1). \tag{11.5.10}$$

上式乘以终值因子 $e^{r\tau}$ 就得到到期日的期望损失

$$EL_T = N(-d_2)[D - Ve^{r\tau}N(-d_1)/N(-d_2)] = p \times [\text{exposure} \times \text{LGD}], \tag{11.5.11}$$

这里 $p = N(-d_2)$ 是公司违约的概率, 即预期的违约率. $D - Ve^{r\tau}N(-d_1)/N(-d_2)$ 是发生违约的损失, $Ve^{r\tau}N(-d_1)/N(-d_2)$ 表示发生违约时可回收的价值, 它也是违约状态下公司的期望价值.

上述方法还可以用来为敏感债券的卖出期权 (put option) 定价. 发生违约时, 债券加上卖出期权的组合的价值应该等于无风险债券的价值, 即有

$$B + P = De^{-r\tau},$$

这里 B 表示债券的价值, P 为卖出期权的价值. 由式 (11.5.9) 得

$$P = De^{-r\tau} - [De^{-r\tau}N(d_2) + V(1 - N(d_1))] = De^{-r\tau}N(-d_2) - VN(-d_1). \quad (11.5.12)$$

如果公司的资产价值低于负债水平, 公司就会出现违约, 因此违约并非只在到期日发生, 它可能发生在到期日之前的任何时刻. KMV 公司将违约率看作资产价值和负债水平的函数, 并计算预期违约频率 (estimated default frequencies, EDF).

例 11.5.1   考虑一个公司, 其资产价值为 $V = 100$ 万元, 已估计得其资产价值的波动性为 $\sigma_V = 20\%$, 无风险利率为 $r = 10\%$(连续复利), 所负债务的剩余时间为 $\tau = 1$ 年. 设负债价值比为 $x = 0.9$, 则由负债价值比的定义得债券面值为

$$D = \frac{xV}{e^{-r\tau}} = 99.46(万元),$$

其风险中性 (按无风险利率折现) 的现值为

$$De^{-r\tau} = 90(万元).$$

为计算公司当前的股票价值, 先计算

$$d_1 = \frac{\ln[V/(De^{-r\tau})]}{\sigma_V\sqrt{\tau}} + \frac{\sigma_V\sqrt{\tau}}{2} = 0.6268, \quad N(d_1) = 0.7346,$$

$$d_2 = d_1 - \sigma_V\sqrt{\tau} = 0.4268, \quad N(d_2) = 0.6652,$$

代入式 (11.5.6) 得股票价值

$$S = VN(d_1) - De^{-r\tau}N(d_2) = 13.59(万元).$$

所以当前债券的价值为

$$B = V - S = 86.41(万元).$$

由此得到收益率 (连续复利) 为

$$r^* = \ln(D/B)/\tau = \ln(99.46/86.41) = 14.07\%.$$

收益率价差 (同无风险利率相比) 为

$$r^* - r = 4.07\%,$$

由 (11.5.12) 可得信用卖出期权的现值为

$$P = De^{-r\tau} - B = 90 - 86.41 = 3.59(万元).$$

最后由于 $N(-d_2) = 33.47\%$, 得公司风险中性的预期违约率 (EDF) 为

$$\text{EDF} = N(-d_2) = 33.47\%.$$

再由 $D - Ve^{r\tau}N(-d_1)/N(-d_2)$ 得到期日如发生违约的损失为

$$D - Ve^{r\tau}N(-d_1)/N(-d_2) = 99.46 - 110.56 \times 0.2653/0.3347 = 11.85(万元),$$

因而到期的期望损失为

$$33.47\% \times 11.85 = 3.96(万元).$$

注意, 未来的预期损失就是卖出期权的将来值, 因为

$$3.59e^{r\tau} = 3.96.$$

在这个例子中, 信用价差 4.07% 是由杠杆率 $x = 90\%$ 确定的, 这是一个非常高的负债价值比, 它意味着负债权益比为 $x/r = 0.9/0.1 = 900\%$. 如果杠杆率变小, 如 $x = 0.7$, 则可以得到信用价差变为 0.36%, 减的非常快.

Merton 方法有很多优点: (1) 它依赖于股票价格而不是债券价格, 显然股票的信息要多于债券的信息; (2) 由股票价格的相关性可以推出违约的相关性, 这是别的模型所不具备的; (3) 利用 Merton 模型可以给出违约率 (EDF) 的变化, 该变化似乎先于信用评级的变化. Merton 模型的首要不足是不能用于国家信用风险的评估, 因为国家没有股票价格. 其次, 模型依赖于公司资本和风险结构的静态模型, 并假定负债水平不随时间变化, 仅在到期日偿付债券. 但实际上债券可以在任何时刻到期. 还有一点, Merton 模型的结论认为, 在其他条件相同的情况下, 较高的股票价格反映了较低的违约率, 因此信用价差应该较小, 这同实际的情况刚好相反. 因为在公司企业为发展增加股权价值的新项目时, 可能增加其资产价值的波动性, 由此会扩大信用价差, 而不是缩小信用价差.

§11.6 信用风险暴露

信用风险暴露 (credit exposure, CE), 也称处于违约中的暴露 (exposure at default, EAD), 简称违约暴露, 是指对手违约时对其求偿的资产价值. 银行业务只包括贷款时, 信用风险暴露实际上就是贷款或其他债务的面值. 信用风险暴露包括当前风险暴露 (current exposure) 和潜在风险暴露 (potential exposure), 当前风险暴露是可以观察到的. 信用风险暴露是发生违约时大于零的资产价值, 而当前风险暴露等于公司或企业当前正的资产价值

$$\text{CE} = \max\{V, 0\}, \tag{11.6.1}$$

潜在风险暴露表示未来某个时间或某个时段的风险暴露, 这种风险暴露是随机的.

首先分析信用风险暴露的分布. 定义 v 为资产在目标日的潜在价值, 用 $f(v)$ 表示风险暴露分布的概率密度函数, 它综合反映了市场风险和信用风险.

期望信用风险暴露 (expected credit exposure, ECE): 当 v 为正值时, 在目标日资产价值 v 的期望值

$$\text{ECE} = \int_{-\infty}^{\infty} \max\{v, 0\} f(v) dv. \tag{11.6.2}$$

最差信用风险暴露 (worst credit exposure): 又称在险信用 (credit at risk, CaR), 指的是在某个给定的置信度下最大 (最差) 的信用风险暴露, 其定义为

$$\int_{\text{CaR}}^{\infty} f(v) dv = 1 - \alpha, \tag{11.6.3}$$

其中 α 为给定的置信度.

考虑最简单的情形, 设收益 r 服从均值为零, 方差为 σ^2 的正态分布, 则期望信用风险暴露为

$$\text{ECE} = \frac{1}{2} E[r \mid r > 0] = \frac{1}{2}\sigma\sqrt{\frac{2}{\pi}} = \frac{\sigma}{\sqrt{2\pi}}. \tag{11.6.4}$$

在置信度为 $\alpha = 95\%$ 时, 最差信用风险暴露为

$$\text{CaR} = \mid Z_\alpha \mid \sigma = 1.645\sigma, \tag{11.6.5}$$

这里 1.645 是相应于置信度 95% 的标准正态分布的分位数. 在期望信用风险暴露上有一个因子 1/2, 因为对于正态分布, 由对称性, 大于零的概率是 1/2. 图 11.6.1 给出了正态分布下的期望信用风险暴露和最差信用风险暴露.

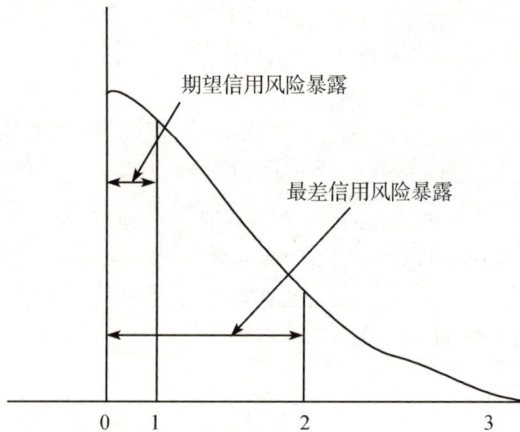

图 11.6.1　正态分布下的期望信用风险暴露和最差信用风险暴露

平均期望信用风险暴露 (average expected credit exposure, AECE)：(11.6.2) 中资产正的价值 v 是时间 t 的函数，因而期望信用风险暴露 ECE 也是时间 t 的函数. 平均期望信用风险暴露指的是从现在到到期日 T 这段时间内期望信用风险暴露的平均值

$$\text{AECE} = \frac{1}{T}\int_0^T \text{ECE}(t)dt. \tag{11.6.6}$$

同样, 最差信用风险暴露也是时间 t 的函数, 因而可以类似地得出在给定置信度下的平均最差信用风险暴露

$$\text{ACaR} = \frac{1}{T}\int_0^T \text{CaR}(t)dt. \tag{11.6.7}$$

下面我们对一些主要金融产品的信用风险暴露的计算加以介绍.

§11.6.1　利率互换的信用风险暴露

从 §6.2 我们知道, 利率互换可以将固定利率债务转换为浮动利率的债务, 互换合约的双方同意在确定的期限内按不同的利率计算办法同时向对方支付由名义本金所确定的利息. 这里我们考虑大众型利率互换, 在这种类型的互换合约中, 甲方同意根据一定数量的名义本金按固定利率在若干年内定期向乙方支付利息, 乙方则根据相同数量的名义本金按浮动利率同期向甲方支付利息. 大多数利率互换合约的浮动利率采用伦敦同业银行间的放款利率 (LIBOR) 加基本点 (bps) 的算法 (0.01% 为一个基本点). 下面考虑在 §6.2 所提及的例子.

例 11.6.1　设甲、乙两公司都希望筹措一笔期限为 5 年、数额为 1 亿美金的资金, 甲、乙两方由于各自信用级别的不同, 筹措这笔资金的借贷利率有所不同. 甲公司可以 9.5% 的固定利率或以 6 个月期的 LIBOR 加 50 个基本点的浮动利率借款, 乙公司则可以 10.5% 的固定利率或以 6 个月的 LIBOR 加 100 个基本点的浮动利率借款. 现在甲公司希望以浮动利率借款, 乙公司希望以固定利率借款. 可以看出根据这样的借款条件, 在两公司之间存在利率互换的潜在效益. 设两公司达成利率互换合约, 确定甲公司按固定利率、乙公司按浮动利率各借款 1 亿美金并进行利率互换, 即甲公司按 LIBOR+50 个基本点向乙公司支付利息, 乙公司按 9.75% 的固定利率向甲方支付利息, 并确定每 6 个月支付一次. 合约生效后, 甲公司支付利息的净利率为

$$9.5\% + \text{LIBOR} + 0.5\% - 9.75\% = \text{LIBOR} + 0.25\%,$$

这个浮动利率比其直接的浮动利率低了 25 个基本点. 乙公司支付利息的净利率为

$$\text{LIBOR} + 1\% + 9.75\% - \text{LIBOR} - 0.5\% = 10.25\%,$$

这个固定利率同样比其直接的固定利率借款低了 25 个基本点. 对于这样的利率互换, 在合约签订日, 条件对合约两方都是对等的, 风险也是对称的.

为分析利率互换中的信用风险暴露, 先考虑只包含一个因素 ——(浮动) 利率的随机过程, 假定在时刻 t 的利率为 r_t, 它服从下列随机过程

$$dr_t = k(\theta - r_t)dt + \sigma r_t^\gamma dz_t, \tag{11.6.8}$$

其中 k 表示均值回归系数 (mean reversion), θ 为利率的长期趋势值. 当 r_t 的当前值比长期趋势值大时, 括号中的值为负, 会产生下降趋势, 其中的第二项定义了扰动, 可以由正态分布给出, 一个很重要的要求是扰动的波动率必须是不变的或者是利率 r_t 当前值的 γ 次方. 如果时间跨度小, 这一点并不重要, 因为在时间 t 的利率和初始利率非常接近.

如 $\gamma = 0$, 模型 (11.6.8) 就是 Vasicek(1977) 的扰动的波动率为不变的模型, 如果收益率的绝对变动为每年 1%, 在应用上述模型时, 无论初始收益率是 20% 还是 1%, 波动率都是同样的, 这样由初始收益率和均值回归系数所确定的收益率有可能出现负值. 当 $\gamma = 1$ 时, (11.6.8) 成为对数正态模型, 这样的模型确保当发生波动时, r_t 会趋于零, 而不会出现负值.

对于利率互换, 我们已知道 (见 §6.2), 在每个时点, 互换的当前市场价值等于固定利率债券和浮动利率债券的价值差

$$V_t = B(C, t, T, c, r_t) - B(C, t, T, \text{FRN}), \tag{11.6.9}$$

式中 $B(C, t, T, c, r_t)$ 为固定利率债券的价值, c 为固定的息票年利率 (固定利率), T 为到期日, C 为名义本金, r_t 为市场的浮动利率, $B(C, t, T, \text{FRN})$ 为浮动利率债券的

价值, FRN 为互换的浮动利率. 利率互换的风险来自固定的息票利率 c 与市场的浮动利率的差值.

考虑上述名义本金为 1 亿美元、期限为 10 年的利率互换, 每 6 个月支付一次利息. 设 5 年后浮动利率由 6% 下降到 4%, 收取固定利息的一方每 6 个月有可能被对方所欠的金额为

$$100 \times (6 - 4)\% \times 0.5 = 100(万元).$$

如设以后 5 年内浮动利率保持不变, 则收取固定利息的一方有总数 1000 万美元的信用风险, 按那一时段内浮动利率 4% 折现, 在评估日信用风险的现值为

$$\sum_{i=1}^{10} \frac{1000}{(1 + 4\%/2)^i} = 898(万元).$$

为简化模型, 设利率互换收取的固定利息采用连续支付方式而不再是半年一次 (附息债券), 同时使用连续复利. 设剩余的年数为 N, 则该债券的价值为

$$B(C, N, c, r) = C \times \frac{c}{r}[1 - e^{-rN}] + Ce^{-rN}, \tag{11.6.10}$$

其中右边第一项是固定息票 (息票利率为 c) 的现金流以现行利率 r 折现的现值, 第二项是在到期日偿还本金的折现值. 如果息票利率等于市场利率, 即 $c = r$ 时, 其价值刚好等于其面值 C; 如果 $c > r$, 其价值高于其面值, 即名义本金. 对于浮动利率票据也可以采用同样方式确定其价值, 但由于其息票利率始终同市场利率相等, 所以它的价值始终等于其面值 C. 由此得到互换的价值为

$$V_t = C\frac{c}{r}[1 - e^{-rN}] - C[1 - e^{-rN}] = C\frac{c - r}{r}[1 - e^{-rN}]. \tag{11.6.11}$$

要理解利率互换的价值 V_t (或说利率互换的风险暴露, 信用风险暴露只能 V_t 是正值), 就要分析 (11.6.11) 中所包含的两个相反的效应: 扩散效应 (diffusion effect) 和摊销效应 (amortization effect). 扩散效应来自浮动利率 r 的不确定性, 随着时间的推移, 由式 (11.6.8) 确定的浮动利率的不确定性增大; 摊销效应来自债券的久期, 随着到期日的临近, 债券的久期趋于零 (关于久期见 §3.5).

根据这两个效应, 一开始, 利率互换合约的价值为零, 然后扩散效应逐渐增大并趋于稳定, 摊销效应则逐步减小, 因而利率互换的价值在初期逐渐增大, 在互换的第二年或互换期的 1/4 处出现最大的风险暴露, 其后逐渐变小趋于零, 即在到期日有 $V_T = 0$.

考虑一笔还剩两次利息, 名义金额为 C 的利率互换, 其固定利率和浮动利率分

别记为 c 和 r, 则互换的剩余价值为

$$V_t = C\left[\frac{c}{(1+r)} + \frac{c}{(1+r)^2} + \frac{1}{(1+r)^2}\right] - C\left[\frac{r}{(1+r)} + \frac{r}{(1+r)^2} + \frac{1}{(1+r)^2}\right]$$

$$= C\left[\frac{c-r}{(1+r)} + \frac{c-r}{(1+r)^2}\right], \tag{11.6.12}$$

(11.6.12) 可以用来评价在目标日的期望风险暴露和最差 (大) 风险暴露. 至于利率互换最大的最差风险暴露一般通常出现在互换的第二年或互换期的 1/4 处, 在那个时点, 期望风险暴露是名义金额的 3% ~ 4%. 这比债券的要小得多, 最差风险暴露达到峰值时是名义金额的 10% ~ 15% 左右.

为评估利率互换值的潜在波动, 可以用久期作出近似. 首先考察短期的风险暴露, 这时 (11.6.8) 中的均值回归和久期的变动都不重要, 利率变动的波动率随时间的平方根成正比. 给定利率每月波动率为 $\sigma = 0.25\%$, 初始久期为 7.5 年, 则一年后互换价值的波动率的近似为

$$\sigma_V = D\sigma\sqrt{t} = 7.5 \times [0.25\% \times \sqrt{12}] = 6.5\%.$$

设本金为 1 亿元, 置信度为 95%, 则可得 1 年后相应的最差风险暴露 (CaR),

$$\text{CaR} = V_0\sigma_V Z_\alpha = 100 \times 1.645 \times 6.5\% = 10.68(\text{百万元}).$$

例 11.6.2 设债券的久期与剩余期限成比例, 即在时刻 t 的久期为 $D = k(T-t)$. 在时段 $0 \sim t$ 内利率的波动率为 $\sigma(r_t - r_0) = \sigma\sqrt{t}$, 则互换价值的波动率为

$$\sigma_V = k(T-t)\sigma\sqrt{t}. \tag{11.6.13}$$

为确定波动率最大的时点, 关于 t 求一阶导数得

$$\frac{d\sigma_V}{dt} = -k\sigma\sqrt{t} + k(T-t)\sigma\frac{1}{2\sqrt{t}},$$

令其为零得

$$\sqrt{t} = (T-t)\frac{1}{2\sqrt{t}},$$

由此求得

$$t_{\max} = \frac{T}{3},$$

即最大风险暴露出现在互换期限的 1/3 处, 这比前面提到的 1/4 要晚一些, 这是因为在这里我们没有考虑均值回归. 在置信度为 95% 时, 该点的信用风险暴露为

$$\text{CaR} = C \times \sigma_V^{\max} \times Z_\alpha = Ck(T - t_{\max})\sigma\sqrt{t_{\max}} \times 1.645 = \frac{2 \times 1.645}{3\sqrt{3}}T^{3/2}Ck\sigma.$$

图 11.6.2 给出了按 (11.6.13) 确定的 5 年期互换的最大风险暴露曲线和期望风险暴露, 这里期望风险暴露按 (11.6.4) 计算. 同前面的分析一致, 最大的最差风险暴露出现在 1/3 互换的期限处, 而在那一点, 期望风险暴露也最大, 它大约是名义本金的 1% 稍多.

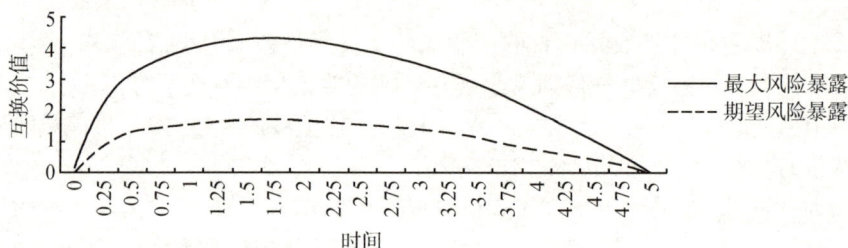

图 11.6.2　5 年期最大风险暴露曲线

§11.6.2　货币互换的信用风险暴露

我们已在 §6.3 对货币互换和货币互换的定价作了介绍. 货币互换是指交易双方按照预定的方式, 互相交换不同货币现金流的合约.

再考察一个例子, 公司甲和公司乙分别可以借到 1 亿美元和 100 亿日元, 借款期限为 10 年, 当前的汇率为 100 日元/美元. 由于两公司在金融市场上的优势不同, 借款的利率各不相同, 表 11.6.1 给出了两公司不同的借款利率. 现在甲公司要借美元, 乙公司则要借日元. 从表上可以看出, 如果两公司按需要进行直接借款, 所付的利率总和为 9.5% + 6.5% = 16% . 但是, 如果甲公司借日元, 乙公司借美元, 然后再进行互换, 支付的利率总和为 15%, 可以节省 1 个百分点 (100 个基本点), 即进行互换对双方都有利. 于是, 公司甲按利率 5% 筹借 100 亿日元, 公司乙按利率 10% 筹借 1 亿美元后进行互换. 公司乙按 5% 的利息向甲公司支付日元利息, 甲公司按 9% 的利率向乙公司支付美元利息. 甲公司用乙公司支付的日元利息付息, 实际支付的利息 9% 比直接借美元的利率低了半个百分点 (50 个基本点). 乙公司给甲公司支付日元利息, 收取甲方的美元利息还不足以交纳借款的利息, 还要增加 1 个百分点的美元利息, 把其支付的利息加起来, 利率为 6%, 比其直接借日元的利率同样低了半个百分点 (50 个基本点), 双方获益相等总和为 1, 因而合约当时的价值为零.

表 11.6.1　两公司借款成本

公司	美元	日元
甲	9.50%	5.00%
乙	10.0%	6.50%

从 §6.3 可以知道, 要确定货币互换的风险暴露可以用债券定价法, 即上述互换等价于利率为 5%、10 年期日元债券多头和利率为 9%、10 年期美元债券空头, 其价值等价于日元债券多头的价值减去美元债券空头的价值 (货币互换价值定义为外币债券多头的价值减去美元债券空头的价值), 即有

$$V = S(\$/Y)P^*(Y) - P(\$),\qquad(11.6.14)$$

其中 $S(\$/Y)$ 表示美元对日元的兑换率, P^* 表示日元债券的价值, P 表示美元债券的价值. 债券的价值可以表示成 $P(c, r, F)$, 其中 F 为债券面值, c 为名义利率, r 为市场利率 (折现率). 对于上述这个例子, 互换的初始价值为

$$V = 1/100P(5\%, 5\%, Y10000) - P(9\%, 9\%, 100) = 0.$$

当还剩两次利息需要支付时互换的价值为

$$V_t = S(\$/Y)^*C^*\left[\frac{c^*}{1+r^*} + \frac{c^*}{(1+r^*)^2} + \frac{1}{(1+r^*)^2}\right]$$
$$-C\left[\frac{c}{1+r} + \frac{c}{(1+r)^2} + \frac{1}{(1+r)^2}\right],\qquad(11.6.15)$$

其中 C^*, C 分别是互换各自币种的本金, c^*, c 是互换的名义利率, r^*, r 为发生变化后的两币种的利率 (或收益率), $S(\$/Y)^*$ 是发生变化后的汇率.

设市场利率和汇率都发生了变化, 美元利率变为 8%, 日元利率变为 4%, 而汇率成为 95 日元/美元 (日元升值), 考察上述互换条款还有 3 年期的价值. 由表 11.6.2 得利率和汇率变化后货币互换剩余三年的价值为 561 万美元. 在同样的条件下按同样的方法可计算五年期货币互换的价值为 596 万美元.

表 11.6.2　货币互换价值 (万)

时间	美元支付	美元现值	日元支付	日元现值	日元折美元
第 1 年	9	8.3333	500	480.769	5.0607
第 2 年	9	7.716	500	462.278	4.8661
第 3 年	109	86.528	10500	9334.462	98.2575
合计		(−)102.58			108.18
互换价值					5.61

从上面可以看出, 货币互换要同时承受利率风险和汇率风险, 货币互换的价值完全不同于利率互换的价值. 在货币互换的价值中, 由于没有利率互换所特有的名义本金 (不进行交换), 因而没有摊销效应, 因此, 货币互换的价值, 也就是风险暴露会随着时间而不断增加, 而在互换期的最后风险暴露最大.

§11.6.3   不同息票的风险暴露

在本节的上述两个分析中, 互换双方的风险暴露 (风险) 是对称的. 但是在现实生活中, 情况并非都是如此, 会出现不对称的风险暴露. 考察这样一个两年期的利率互换, 其期限结构是向上倾斜的. 固定的息票率高于浮动利率, 即 $c > r$, 并且固定利息方在近期会要求净支付. 这时根据 (11.6.12), 互换的价值可以由下式来确定

$$V_t = \frac{c - s_1}{1 + s_1} + \frac{c - f_{12}}{(1 + s_2)^2},$$

式中 s_1, s_2 分别为 1 年期和 2 年期的即期利率, c 为确定的固定利率, f_{12} 为第一年到第二年的远期利率, 满足

$$(1 + s_2)^2 = (1 + s_1)(1 + f_{12}).$$

现在设 $s_1 = 5\%, s_2 = 6.03\%$, 则有 $f_{12} = 7.07\%$. 为使互换的价值 $V_t = 0$, 求得

$$c = \frac{(1 + s_1)f_{12} + (1 + s_2)^2 s_1}{(1 + s_2)^2 + (1 + s_1)} = 0.06,$$

即息票的利率定为 $c = 6\%$. 根据这一安排, 以 1 亿美元为名义本金两期的支付情况如表 11.6.3 所示.

表 11.6.3   2 年期利率互换的收支情况

时间	预期即期利率	预期支付金额	折现
第 1 年	5%	6.00−5.00=1.00	0.9524
第 2 年	7.07%	6.00−7.07=−1.07	−0.9524
合计			0.00

从表中可以看出, 这种支付方式对于固定利率的支付方 (浮动利率的收入方) 来说承担了更大的风险, 因为它第一期的支付要靠第二期对手的支付来抵消. 如果对方违约, 就会产生信用损失.

对于两个息率不同的货币不对称互换也有类似的问题, 考虑这样一个预期价值为零的美元与英镑的互换, 一方收取 6% 的美元利率而支付 9% 的英镑利率, 设两种货币具有水平的利率期限结构, 初始的汇率为 2$/£. 表 11.6.4 给出了 1 亿美元和 5 千万英镑货币互换的美元收取方的互换价值 (风险暴露), 表的第 2,3,4 列给出了按确定的各自利率下美元和英镑的折现值以及相应的汇率. 从中可以看到, 由于英镑的利率高于美元利率, 汇率从开始时的 2 降为到期日的 1.52. 第 5,6 两列给出了美元收取方每年收取的美元和支付的英镑, 第 7 列给出的是所支付的英镑根据当年的汇率折合的美元数, 第 8 列给出的是每年的支付差, 第 9 列为支付差的折现值.

表 11.6.4 不同息率货币互换的风险暴露

时间	1 美元现值	1 英镑现值	汇率	收取美元	支付英镑	折合美元	支付差	差现值
第 1 年	0.943 396	0.917 431	1.944 954	6	4.5	8.752 294	−2.752 29	−2.5965
第 2 年	0.889 996	0.841 68	1.891 423	6	4.5	8.511 405	−2.5114	−2.235 14
第 3 年	0.839 619	0.772 183	1.839 366	6	4.5	8.277 146	−2.277 15	−1.911 94
第 4 年	0.792 094	0.708 425	1.788 741	6	4.5	8.049 335	−2.049 33	−1.623 26
第 5 年	0.747 258	0.649 931	1.739 51	6	4.5	7.827 793	−1.827 79	−1.365 83
第 6 年	0.704 961	0.596 267	1.691 633	6	4.5	7.612 349	−1.612 35	−1.136 64
第 7 年	0.665 057	0.547 034	1.645 074	6	4.5	7.402 835	−1.402 84	−0.932 97
第 8 年	0.627 412	0.501 866	1.599 797	6	4.5	7.199 087	−1.199 09	−0.752 32
第 9 年	0.591 898	0.460 428	1.555 766	6	4.5	7.000 947	−1.000 95	−0.592 46
第 10 年	0.558 395	0.422 411	1.512 947	106	54.5	82.4556	23.5444	13.147 07
合计								0.00

从这个表中看出, 从第 1 年到第 9 年美元收取方所支付的英镑折合成美元后的数额要大于其收取的美元数额, 因而支出随着时间逐年增加. 只有到了最后一年, 其收取的美元多于其支出的英镑所折合的美元外, 多收的 2354 万美元以冲销其前九年的总的多余支出, 使得总差值为零. 如果交易对手违约, 风险暴露将随着时间而增加, 而当对手在第 9 年违约时, 风险暴露达到最大.

§11.6.4 降低风险暴露的措施

这一节的最后介绍一些降低风险暴露的措施, 它们包括盯市 (marketing-to-market)、保证金 (margins)、抵押 (collateral)、息票调整 (recouponing) 和净额结算协议 (netting agreements) 等.

盯市: 盯市是降低信用风险暴露的最根本的形式, 它要求定期对合约价值的变化进行清算, 如每日、每周、每月或每个季度. 如果盯市条款对双方是对称的, 则称双向盯市 (two-way marketing-to-market), 否则, 如果只设定单方损失, 则称单向盯市 (one-way marketing-to-market). 根据盯市要求, 在盯市当时的风险暴露降为零. 但是, 由于合约价值可能在下一次清算前发生变化, 潜在的风险暴露还会存在 (但要小). 潜在风险暴露产生的原因: (1) 两次盯市之间的间隔长度; (2) 交易对手出现违约时进行清算所需的时间.

保证金制度: 保证金是为了建立头寸而需要提前预付的资金或者证券, 其目的是为潜在的风险暴露提供一个缓冲. 交易所在客户建立新的头寸时要求其预先支付初始保证金 (initial margin). 这些保证金被当作绩效债券 (performance bond), 用以抵消由于用户可能违约而导致对手的未来损失. 合约的收益和损失会计入客户的权益账户 (equity account) 的保证金中, 一旦权益账户的价值低于一个临界值 (称作维持保证金 (maintenance margin)), 客户必须提供新的资金 (不低于临界值). 保证金数额的设定根据头寸类型和价格的波动情况确定, 合约价格的波动越大, 要求保证金的比例就越高. 对于对冲类型的头寸, 保证金通常低一些. 如果没有基差风险, 期货头寸的损失可以用现货的盈余来补偿. 某些交易所设置的保证金可以覆盖 99% 的最差日价格变化, 因而被称为信用风险的日 VaR 系统.

抵押: 指用证券代替现金作为抵押, 抵押可以对当前暴露和潜在暴露提供保护, 抵押的价值一般要超过所借贷的资金, 超过的部分称为扣减 (haircut). 这一部分的差异是市场风险和信用风险的函数, 例如现金的扣减为零, 因为它对于当前的暴露给予完全的保护. 对于政府债券, 则根据期限的不同有不同比例的扣减, 如短期的 1%, 中期的 3%, 或长期的 8%. 如果价格波动较大, 交易对手违约以及抵押品损失价值的可能性都会增加, 扣减的比例自然会高.

头寸限制: 通过对交易对手交易的头寸设置一个限制 (position limit) 来控制风险暴露. 理想的情况应该是利用投资组合理论和分析来对限制作出合理的评估, 同时还要考虑到一个机构和一个交易对手之间的所有合约来设定限制. 为加强限制, 交易的信息应集中管理, 根据这些信息, 它为每一个交易对手生成一个风险暴露曲线. 这些暴露曲线可以用于对几个设定的到期日之间的信用风险暴露进行管理, 而每次同这个交易对手交易时, 应考虑对总风险暴露产生的增量确定头寸限制. 头寸的限制也取决于不同的金融工具, 以互换为例, 暴露上限 (exposure cap) 要求, 一旦合约价值超过了某一设定值, 例如 5 百万, 就要对超出的部分进行支付, 例如合约价值上升到了 8 百万, 就必须对超出的 3 百万进行清算, 以使未清偿价值不超过 5 百万. 这样就把最差暴露限制在 5 百万以内, 降低平均风险暴露.

息票调整: 息票调整是控制风险暴露的又一种方法, 它可以是合约的一个条款. 这个条款要求合约在某些设定的日期盯市, 这包括: (1) 通过现金交易使得盯市价值回到零;(2) 根据当时的市场价值重新确定息票利率或汇率. 以一个每 5 年调整的 30 年期利率互换为例, 图 11.6.3 给出了前两个 5 年的风险暴露. 由于每 5 年进行调整, 风险暴露在第一期的 5 年后降为零, 再随着时间发生变化, 先增大, 但随着下一个调整日的临近逐渐减小, 直至下一个调整日再次变为零. 剩下的 20 年共 4 期同前两期的暴露曲线相同.

净额结算: 这是一种最强有力的控制风险暴露的方法, 净额结算协议的目的是为一组合约的支付提供净额结算. 发生违约时, 交易方不能在对具有负价值的合约停止支付的同时, 却要求收取具有正价值合约的支付. 因而该协议将风险暴露降低到净额结算协议所覆盖的所有合约的净支付值. 设某交易者有 N 个交易合约, 每个合约的价值为 $V_i, i = 1, 2, \cdots, N$, 则其总的风险暴露为其所有正值合约的价值之和, 即

$$V_{\text{total}} = \sum_{i=1}^{N} \max\{V_i, 0\}. \qquad (11.6.16)$$

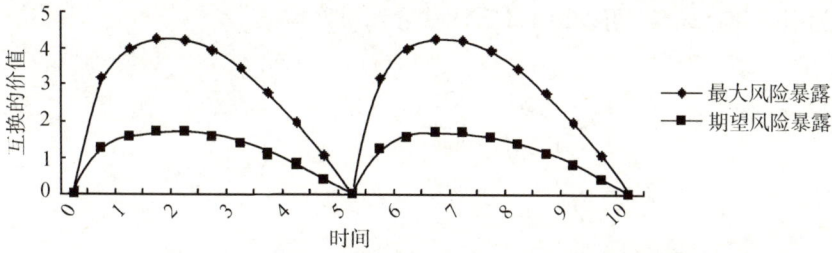

图 11.6.3 息票调整的风险暴露

但在净额结算协议之下, 其净暴露是其所有合约价值之和的正值, 即

$$V_{\text{net}} = \max\Big\{ \sum_{i=1}^{N} V_i, 0 \Big\}. \tag{11.6.17}$$

表 11.6.5 给出了总风险暴露与净风险暴露之间的关系.

表 11.6.5 总风险暴露和净风险暴露

	合约	合约价值/元	总风险暴露/元	净风险暴露/元
	1	100		
	2	−60		
合约 1 和 2			100	40
	3	25		
	4	−35		
合约 1 到 4			125	30

现在假设某银行与 k 个交易者有交易合约, 每个交易者有 N_k 个合约, 如果没有净额结算协议, 该银行在最差情况下风险暴露为

$$\text{GRV} = \sum_{j=1}^{k} V_{j\text{total}} = \sum_{j=1}^{k} \Big[\sum_{i=1}^{N_j} \max\{V_i, 0\} \Big], \tag{11.6.18}$$

这又称为总替代价值 (gross replacement value, GRV). 但如果有净额清算协议和抵押, 其最终风险暴露为各交易方净的正风险暴露减去所持有的抵押价值之和

$$\text{NRV} = \sum_{j=1}^{k} V_{j\text{net}} = \sum_{j=1}^{k} \Big[\max\Big\{ \sum_{i=1}^{N_j} V_i, 0 \Big\} - 抵押 \Big]. \tag{11.6.19}$$

§11.7 组合信用风险的度量

在 §11.2, 我们给出了由 N 种债务所形成组合的信用组合由于违约所引起的损

失 (称为组合信用风险) 可以由 (11.2.1) 式表示, 即

$$LC = \sum_{i=1}^{n} LC_i = \sum_{i=1}^{n} b_i \times CE_i \times (1 - f_i). \tag{11.7.1}$$

其中

$$LC_i = b_i \times CE_i \times (1 - f_i) = b_i \times CE_i \times LGD_i \tag{11.7.2}$$

表示第 i 个债务潜在的信用损失, 这里 b_i 为随机变量, 当第 i 个债务出现违约时它取值为 1, 否则取值为零, CE_i 为第 i 个债务出现违约时的风险暴露头寸, f_i 为回收率, 而 $LGD_i = (1 - f_i)$ 是违约时的损失率.

　　信用损失的分布十分复杂, 比较常用的是用净重置价值 (net replacement value, NRV) 来描述

$$NRV = \sum_{i=1}^{n} CE_i. \tag{11.7.3}$$

这个数字表示如果所有债务人都发生违约并且回收率全为零时可能的最大损失. 在 §11.2 我们给出了三个贷款组合情形的信用损失分布, 那个问题相对简单, 因为我们可以列举出所有可能的事件, 并计算相关事件发生的概率和事件发生后的损失. 但是当组合中的贷款数增多以后, 信用事件的个数将大量增加. 此外, 我们还需要明确风险因素各自的变动和共同变动, 这些因素决定了组合的风险暴露大小, 不确定的可回收率的大小以及违约事件之间的相关性. 这些工作必须借助蒙特卡罗模拟才能实现.

　　信用损失分布具有极高的左偏度, 相比之下与市场风险引起的损失分布有很大的区别, 后者一般大致都是对称分布的. 信用损失分布实际上近似于期权空头头寸的分布, Merton 模型将这种类似形式化地表达出来了, 在该模型中, 持有一种风险债券等价于同时持有一种无风险债券和一分期权空头头寸.

　　期望信用损失代表了信用损失的平均水平. 对贷款组合定价时应保证其至少涵盖期望信用损失, 换句话说, 贷款组合的定价应保证能够抵消平均的信用损失. 对于债券而言, 这就要求债券的价格应足够低, 或者其收益率应足够高. 而对于衍生产品来说, 承担信用风险的银行应该将期望损失作为其持有的金融产品的定价因素. 对于贷款组合来说, 这是贷款损失准备金计算的因素.

　　期望信用损失可表示为

$$E[LC] = \iiint f(b, CE, LGD)(b \times CE \times LGD) db \cdot dCE \cdot dLGD, \tag{11.7.4}$$

其中 $f(b, \text{CE}, \text{LGD})$ 是贷款组合的违约率 b, 期望信用风险暴露 CE 和发生违约后的期望损失 LGD 的联合密度函数. 如果这三个随机变量相互独立, 则联合密度函数可以写成各个随机变量密度函数的乘积, 因而有

$$E[\text{LC}] = \int f_1(b)(b)db \cdot \int f_2(\text{CE})(\text{CE})d\text{CE} \cdot \int f_3(\text{LGD})(\text{LGD})d\text{LGD}, \quad (11.7.5)$$

其中 $\int f_1(b)(b)db$ 表示违约的概率, $\int f_2(\text{CE})(\text{CE})d\text{CE}$ 表示期望信用风险暴露, 而 $\int f_3(\text{LGD})(\text{LGD})d\text{LGD}$ 为期望的违约后损失.

考察这样一个例子, 有一个包含 10 个信用同为 B 级债务人的贷款组合, 贷款的总额度为 1 亿元. 设每个债务人发生违约的概率为 6%, 每个债务人在发生违约后回收率的平均值为 40%, 则这个贷款组合的期望损失为

$$6\% \times 100\,000\,000 \times (1 - 40\%) = 360(\text{万元}).$$

上面考察的是一个固定时间范围内的期望信用损失, 然而对于组合的期望信用损失而言, 往往需要知道组合在有效期内不同时间的期望信用损失, 即期望信用损失的时间曲线, 这要求我们必须清楚违约概率, 风险暴露头寸和折现因子随时间变化的曲线.

用 PV_t 表示在 t 时刻的折现因子, 则期望信用损失的现值等于有效期内不同时间期望信用损失的现值之和

$$\text{PVELC} = \sum_t E[\text{LC}_t] \times \text{PV}_t = \sum_t [k_t \times E[\text{CE}_t] \times (1 - f)] \times \text{PV}_t, \quad (11.7.6)$$

其中 $k_t = S_{t-1}d_t$ 表示在时间 t 之前没有发生过违约的资产 (贷款或债券) 在时间 t 发生违约的概率, S_{t-1} 在时间 t 之前不发生违约的概率, d_t 为在时间 t 的边际违约率, $E[\text{CE}_t]$ 为在时间 t 的期望信用风险暴露, f 为发生违约后的回收率. 为简化计算, 一般可以先计算整个有效期内的平均折现因子、平均违约率 $\text{ave}[k_t]$ 和平均期望信用风险暴露 $\text{ave}\{E[\text{CE}_t]\}$ 后再计算期望信用损失的现值

$$\text{PVELC} = \text{ave}[k_t] \times \text{ave}\{E[\text{CE}_t]\} \times (1 - f) \times \left[\sum_t \text{PV}_t \right]. \quad (11.7.7)$$

但是如果违约的概率和违约后的风险暴露曲线之间以一种相互影响的方式随时间变化, 这种近似的方法就可能得到偏高或偏低的估计. 例如, 与一个有较高信用评级的交易对手签订的货币交换合约, 其风险暴露的大小和违约率由于存在相关性而随时间增大. 对此, 如用平均值进行计算所得的结果就有可能低估其信用风险.

表 11.7.1 和表 11.7.2 给出了计算期望信用损失的两个例子.

表 11.7.1   一个 5 年期利率互换的期望信用损失的计算

年 t	$c_t/\%$	$d_t/\%$	$k_t/\%$	$E[\mathrm{CE}_t]$	$1-f$	PV_t	折现值
第 1 年	0.22	0.220	0.220	1 660 000	55%	0.9434	1895
第 2 年	0.54	0.321	0.320	1 497 000	55%	0.8900	2345
第 3 年	0.88	0.342	0.340	1 069 000	55%	0.8396	1678
第 4 年	1.55	0.676	0.670	554 000	55%	0.7921	1617
第 5 年	2.28	0.741	0.730	0	55%	0.7473	0
总和			2.280	4 780 000	2.75	4.2124	7535
平均值			0.456	95 600	55%	4.2124	10 100

表 11.7.2   一个 5 年期债券的期望信用损失的计算

年 t	$c_t/\%$	$d_t/\%$	$k_t/\%$	$E[\mathrm{CE}_t]$	$1-f$	PV_t	折现值
第 1 年	0.22	0.220	0.220	100 000 000	55%	0.9434	114 151.4
第 2 年	0.54	0.321	0.320	100 000 000	55%	0.8900	156 640
第 3 年	0.88	0.342	0.340	100 000 000	55%	0.8396	157 005.2
第 4 年	1.55	0.676	0.670	100 000 000	55%	0.7921	291 888.9
第 5 年	2.28	0.741	0.730	100 000 000	55%	0.7473	300 041
总和			2.280	500 000 000	2.75	4.2124	1 019 726
平均值			0.456	100 000 000	55%	4.2124	1 056 470

表 11.7.1 是一份 5 年期利率互换的期望信用损失的计算, 名义本金为 1 亿元, 互换合约对手的信用评级为 BBB 级. 表中第 2,3,4 列分别给出了各年的累积违约率 c_t, 边际违约率 d_t 和在该年以前没有发生违约的条件下当年发生违约的概率 $k_t = S_{t-1}d_t = (1-c_{t-1})d_t$. 第 5 列为当年在年末的期望信用风险暴露, 第 6 列为每年发生违约后的损失率, 第 7 列为每年年末的折现率 (折现因子为 6%), 第 8 列为当年期望信用损失的折现值, 它等于 $E[\mathrm{CE}_t] \times (1-f) \times \mathrm{PV}_t \times k_t$. 最后一行为相关量的平均值 (第 7 列除外), 这一行的最后第 8 列的数字是按式 (11.7.7) 计算的这个 5 年期利率互换的期望信用损失的现值. 7535 是按各年的期望信用损失的折现值相加所得的结果, 而 10 100 是按式 (11.7.7) 用平均值算得的结果, 可以看出两者相差不太大. 这一例子反映了这样一个事实; 由于风险暴露程度很低, 因而这种利率互换的期望信用损失是比较低的, 还不到一个基本点.

表 11.7.2 给出了一个面值为 1 亿元的 5 年期债券的期望信用损失的计算, 对这样的债券, 违约发生时的风险暴露是债券的面值, 债券发行者的信用评级同样为 BBB 级. 其违约概率的数据、回收率、折现因子都同表 11.7.1, 唯一的区别在于每年的风险暴露为 1 亿元. 从这个表可以看到, 该债券的期望信用损失的现值是利率互换的 100 倍, 其原因在于, 一旦发生违约, 风险暴露值很高, 同样也是表 11.7.1 中风险暴露的 100 倍左右.

还可以使用更简单的方法来计算期望信用损失, 即直接用 5 年期的累积违约率

乘以 (风险暴露) 本金, 再乘以发生违约时的损失率得 $2.28\% \times 55\% \times 100$(百万元) $=$ 125.4(万元), 最后乘以第 5 年的折现率 0.7473 得期望信用损失的现值为 $125.4 \times 0.747\,245\,8 = 93.71$ (万元), 与表中的计算结果相差不多.

最大信用损失 (worst credit loss, WCL) 是指在某一给定置信水平下不可能被超过的损失额, 类似于风险价值 (VaR). 未预料到的期望信用损失 (unexpected credit loss, UCL) 是对期望信用损失的偏离, 贷款机构应有足够的储备金以保证不受未预料期望信用损失的影响. 未预料的期望信用损失依赖于联合违约概率的分布, 随着贷款笔数的增多, 或违约事件间相关性越小, 分布的分散程度就越小.

信用损失分布的另一个重要概念为信用 VaR(credit VaR), 它是在给定置信水平下的未预料期望信用损失对期望信用损失的偏离. 由 (11.7.2) 信用损失的计算, 我们可以在目标期内构建一个信用损失的分布函数 $\varphi(\mathrm{LC})$. 于是对于给定的置信度 α, 最大信用损失 WCL 为

$$\int_{\mathrm{WCL}}^{\infty} \varphi(x)dx = 1 - \alpha. \tag{11.7.8}$$

据此可得最大信用损失相对于期望信用损失的偏离程度, 即信用 CVaR

$$\mathrm{CVaR} = \mathrm{WCL} - E[\mathrm{LC}]. \tag{11.7.9}$$

可以把 CVaR 的大小看作为防止未预料期望信用损失可能造成的不利影响而应该持有的储备资本金的数量. 实际上, CVaR 是对某个目标时段内 (如 1 年) 未预期的信用损失的度量. 如果出现信用问题的话, 这一时间足够银行采取相应的措施来纠正. 这些措施包括减少暴露的头寸、调整储备资本金数额等. 一旦估计出信用 CVaR, 贷款组合的管理者就可以检查出对于 CVaR 影响最大的项目, 如果这些项目的盈利率不是特别大, 就应将它们从组合中排除, 不作进一步的考虑.

第 12 章　投资组合选择方法 —— 市场非系统风险的控制方法

投资组合的风险按照风险来源分为系统风险和非系统风险, 系统风险指由于宏观经济环境的变化产生的投资组合未来价值的波动风险, 如利率、汇率、经济周期、世界石油价格等宏观经济因素在未来投资组合的持有期内发生波动, 引起投资组合价值变化. 非系统风险指在未来由于企业内部的原因导致企业价值发生波动, 如企业管理产生问题, 企业转产、火灾等原因导致企业发行的股票、债券等资产价值产生波动. 本章主要介绍非系统风险的控制方法 —— 分散化投资方法, 即最优投资组合选择方法. 对于市场系统风险的控制方法将在第 13 章详细讨论.

§12.1　Markowitz 的投资组合理论

本节讨论 Markowitz 的投资组合选择理论 [83]. 1952 年, Markowitz 提出的投资组合选择理论奠定了现代金融学的基础, 正是由于这一杰出工作使他获得了 1992 年的诺贝尔经济学奖. Markowitz 的投资组合选择理论认为通过分散投资, 进行投资多样化可以有效地管理和控制市场的非系统风险. Markowitz 方法研究单期的投资组合选择问题. 假设投资者在期初 $t = 0$ 买入组合, 在期末 $t = T$ 卖出组合, 在给定反映投资者风险收益偏好的效用函数以及各种风险资产 (如证券、股票等) 的期望收益和风险之后, 确定使投资者的效用最大的投资组合. 这一问题的数学模型可表示为

$$\max\{U(r(x,\xi),\omega(x,\xi);\theta)|b(r(x,\xi),\omega(x,\xi)) = 0\}, \tag{12.1.1}$$

其中 $U(r(x,\xi),\omega(x,\xi);\theta)$ 是反映投资者风险收益偏好的效用函数, $r(x,\xi),\omega(x,\xi)$ 表示投资组合 x 的期望收益和风险, 它同具体的投资组合 x 和反映市场特性的参数向量 ξ 有关, 这里 $x = (x_1, x_2, \cdots, x_n)^{\mathrm{T}}$ 为对 n 种风险资产的投资比例所形成的向量, 满足

$$\sum_{i=1}^{n} x_i = 1.$$

如果对各分量的取值有限制

$$x_i \geqslant 0, \quad i = 1, 2, \cdots, n,$$

表明市场不允许卖空, 否则表示市场有卖空机制. θ 一般表示投资者的特征向量, 如风险厌恶程度、年龄、性别、年收入等. 模型 (12.1.1) 中由约束条件

$$b(r(x,\xi),\omega(x,\xi)) = 0 \tag{12.1.2}$$

所确定的可行域称为有效投资组合的集合. 根据 Markowitz 的投资组合理论, 一个理性的投资者所选择的投资组合必定是一个有效的投资组合. 对于 Markowitz 的均值 – 方差 (以均值表示期望收益, 方差表示风险) 投资组合选择问题来说, 有效投资组合的集合可以由下述最优化问题所确定

$$\min\{\varphi(x)|r(x) = \mu, e^{\mathrm{T}}x = 1\}, \tag{12.1.3}$$

在这里为简化表述, 我们略去了市场参数向量 ξ, 其中 μ 表示投资者所期望的投资收益, e 表示所有分量全为 1 的向量, $e^{\mathrm{T}}x = 1$ 则为向量 x 的所有分量之和. 在这个模型中卖空是允许的.

上述分析表明, Markowitz 的投资组合选择理论要求在有效的投资组合集合中确定使投资者期望效用最大的投资组合. 设 x 为一有效的投资组合, 其期望收益 $r(x)$ 和风险 $\omega(x)$ 在风险收益 $(r - \varphi)$ 坐标平面内形成一个点, 而对于所有的有效投资组合, $(r(x), \varphi(x))$ 在 $(r - \varphi)$ 坐标平面内形成一条连续的凹曲线, 称为投资组合的有效边缘 (efficient frontier)(我们将在 §12.3 对此进行分析和讨论). 图 12.1.1 给出了投资组合有效边缘的一个例, 它由模型 (12.1.3) 所刻画. 投资组合的有效边缘一经确定, 就可以在这条有效边缘上确定使投资者效用最大的投资组合. 为此, 需要引入效用函数无差异曲线的概念. 对于一个给定的有效投资组合 x, 将它代入给定的投资者的效用函数, 就得到投资者的一个效用值. 能够给投资者相同效用的投资组合的期望收益和风险在 $(r - \varphi)$ 坐标平面内所形成的一条曲线称为无差异曲线. 图 12.1.2 给出了无差异曲线与有效边缘的图示. 无差异曲线有下列性质: (1) 对于一个投资者来说, 效用函数一经确定, 代表其不同效用的无差异曲线就有很多 (无数条), 这些无差异曲线不会相交. 因为两条不同的无差异曲线代表了投资者的不同效用, 如果这两条无差异曲线相交, 表明这两条曲线所代表的效用都同交点处的效用相同, 这就得出这两条无差异曲线有相同效用的结论. 这显然是一个矛盾. (2) 位于上方的无差异曲线所代表的效用水平要高于位于下方的无差异曲线所代表的效用水平. 这是因为在同一风险水平下, 上方的无差曲线所提供的期望收益要高于下方的无差异曲线所提供的期望收益. (3) 根据高风险、高收益的基本原理, 无差异曲线都是上升的, 因为在效用相同的前提下, 投资者如果愿意承担更高的风险, 就有可能获取高的收益. (4) 无差异曲线是凸的, 这一特性反映了投资者风险厌恶程度是单调增的, 即随着风险的增大, 投资者对它的厌恶程度也增加. 当然对不同的投资者, 由于其个人特性和对风险厌恶程度的不同, 无差异曲折的形状 (曲率、斜率) 都是不同的.

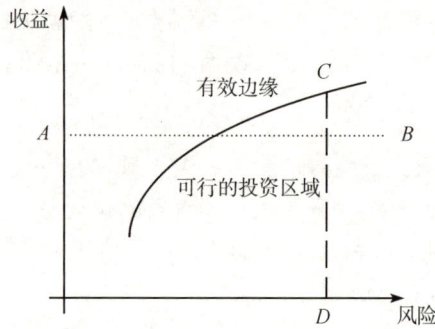

图 12.1.1   投资组合的有效边缘

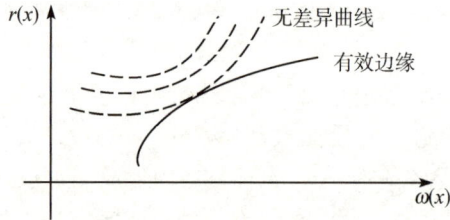

图 12.1.2   无差异曲线和有效边缘

在有了投资组合的有效边缘和反映投资者对期望收益和风险效用的无差异曲线, 就可以确定使投资者效用取最大的投资组合, 它就是图 12.1.2 所描述的投资组合的有效边缘同无差异曲线相切的点所对应的投资组合. 从这样的切点, 就可以确定使投资者效用取最大值的期望收益以及所应承担的风险, 据此就可确定所需要的投资组合, 即确定对不同风险资产的投资比例.

在进行投资组合选择确定对不同资产投资比例的时候, 还有一个重要的问题尚未提及, 那就是候选资产的选择问题, 对于一般的投资者来说, 进行投资组合选择时, 所考虑的候选资产不过有数十个, 而即使对于一般的投资机构, 如基金公司, 可供投资组合选择的资产也不过有数百个. 然而, 在市场上可供候选的风险资产却大大超过这个数目. 对于这些风险资产正如图 12.1.3 的两个图所示的那样, 有些资产间的优劣是很容易作出的, 有些资产间的比较就不是那么直接了. 就 (a) 图的三个资产而言, 资产 A 同资产 C 相比较, 由于资产 A 的期望收益明显高于资产 C 的期望收益, 而风险明显低于资产 C 风险, 对任何投资者来说, 资产 A 是一个当然的选择. 但是在资产 A 和资产 B 之间, 或者在资产 C 和资产 B 之间, 要投资者作出明确的选择也许不那么简单了, 不同的投资者由于对风险厌恶程度的不同和对期望收益追求的不同, 很可能会作出不同的选择. 图 (b) 则给出了两个资产风险和收益的分布, 分别记为 $F(f(x))$ 和 $G(g(x))$, 由于这两个分布有一个交点 a, 对于 $x < a$, 有

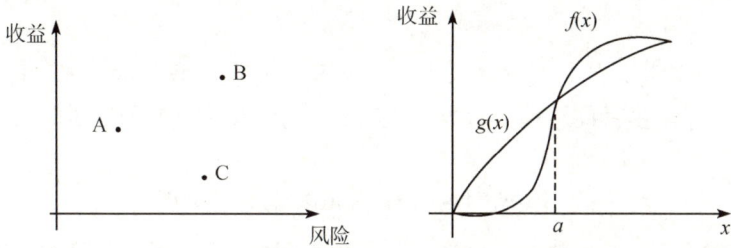

图 12.1.3 风险资产的比较

G 优于 F, 而对于 $x > a$, 则有 F 优于 G, 对这两个资产的优劣难于直接作出选择. 因而从市场众多的风险资产中如何选择候选资产以供进一步的投资组合选择也是投资组合选择理论的一个重要内容.

根据上述分析, 进行分散投资, 确定投资组合选择的过程包含下述三个基本阶段:

(1) 从市场的众多风险资产中选择确定候选资产;

(2) 根据选定的候选资产确定投资组合的有效边缘 (注: 根据风险度量选取的不同, 投资组合的有效边缘是不同的);

(3) 依据给定的反映投资者的效用函数, 在投资组合的有效边缘上确定使效用最大的投资组合.

我们将在本章介绍对前两个问题的处理方法, 有关第 (3) 个问题的处理, 将在第 (2) 个问题的处理过程中加以介绍.

§12.2 风险资产的选择与随机占优性

本节讨论风险资产的选取问题, 我们将利用统计分布的两个常用统计量: 均值和方差来作为风险资产的期望收益和风险、投资者对财富的效用函数以及随机占优理论 [72,99] 分析风险资产的排序问题, 以解决风险资产的选择问题.

图 12.1.3 提出了从众多的风险资产中如何选取候选资产的问题, 实际上, 即使对于同一个风险资产, 不同的投资者由于对风险厌恶程度的不同和对期望收益追求的不同, 会有不同的看法, 正所谓 "仁者见仁, 智者见智". 产生这一问题的根本原因就在于不同投资者有不同的效用函数 (utility function). 为此, 首先讨论投资者的效用函数. 根据投资者对风险厌恶程度的不同, 有不同类型的效用函数.

§12.2.1 单调增的效用函数

首先考虑最平常的单调增上有界的效用函数 u,

$$u(x) < u(y), \quad \text{对} x < y, \quad x, y \in I, \tag{12.2.1}$$

$$u(x) \leqslant M, \quad \forall x \in I, \tag{12.2.2}$$

这里 I 为效用函数 u 的定义区域, $M > 0$ 为函数 u 在区域 I 的上界. 通常假定 u 在区域 I 上一阶连续可微, 且一阶导数也有界. 记所有具有这种性质的效用函数为 U_1 函数,

$$U_1 = \{u | u \text{在} I \text{连续有界, 在} I^0 \text{上有} u' > 0\}, \tag{12.2.3}$$

这里 I^0 表示区域 I 的内部. 具有这一类型效用函数的投资者对风险的态度是不确定的, 也就是说, 具有这种效用函数的投资者可以是厌恶风险的, 也可以是喜欢冒险的.

考察下面这个例子: 投资资产 A 收益为 0 和 4 的概率各为 $1/2$, 即 $P(X = 0) = 1/2, P(X = 4) = 1/2$, 投资的期望收益为 $\mu = E(X) = 2$. 现在有这样两个投资者 A 和 B, 他们的效用函数分别为 $u_A(x) = x^{1/2}$ 和 $u_B(x) = x^2$, 可以验证这两个函数都属于 U_1. 先考察 $u_A(x)$,

$$E(u_A(x)) = (0 + 2)/2 = 1 = u_A(1) < u_A(1.5). \tag{12.2.4}$$

这表明该投资者对 1.5 的收益已相当满意 (大于其期望效用), 乃至不会考虑 2 的平均收益, 也就是说投资者是厌恶风险的. 再考察 $u_B(x)$,

$$E(u_B(x)) = (0 + 16)/2 = 8 = u_B(\sqrt{8}) > u_B(2.5). \tag{12.2.5}$$

这个式子表明对于 2.5 这样一个收益还没有达到投资者对期望效用的要求, 他还要追求收益更大的投资, 因此, 具有这样效用函数的投资者是喜欢冒风险的.

为了说明这两者的区别, 我们引入确定性等值 (certainty equivalent) 和风险溢价 (risk premium) 的概念. 称方程

$$u(c) = E(u, F) \tag{12.2.6}$$

的唯一解 u 为确定性等值, 这里 $E(u, F)$ 表示随机变量 $u(x)$ 的期望值, 即有

$$E(u, F) = \int_{-\infty}^{+\infty} u(x) dF(x),$$

$F(x)$ 是随机变量 X 的累积分布函数. (12.2.4) 中的 1 和 (12.2.6) 中的 $\sqrt{8}$ 就是式 (12.2.6) 中的 c 值.

效用函数的理论指出, 对于一个以 u 为效用函数的投资者而言, 任何期望值大于 c 的投资和期望值刚好为 c 的保证投资 (sure prospect) 是没有区别的, 他可能选择期望为 c 的保证投资, 也可能选择期望值大于 c 的投资, 但是他决不放弃任何期望值小于 c 的投资. 称

$$\pi = \mu_F - c \tag{12.2.7}$$

为风险溢价, 这里 μ_F 是随机变量 X 的均值, 即

$$\mu_F = \int_{-\infty}^{+\infty} x dF(x).$$

由方程 (12.2.6) 得

$$u(\mu_F - \pi) = E(u, \mu_F). \tag{12.2.8}$$

从上面的分析可以看出, 对于一个给定的效用函数, 风险溢价 π 的值反映了投资者对风险的态度. 如果 $\pi > 0$, 即 $\mu_F > c$, 投资者乐于接受期望收益小于 c(更小于 μ_F) 的投资, 因而是厌恶风险的投资者; 如果 $\pi < 0$, 即 $c > \mu_F$, 投资者乐于接受期望收益小于 c 但大于 μ_F 的投资, 因而是一个喜欢冒风险的投资者. 如果有 $\pi = 0$, 则该投资者对风险持中性的态度. 这里也反映了这样一个问题, π 的值越小, 投资者更乐于冒一点风险进行投资. 上述的分析表明, U_1 里的效用函数包含了所有这三种类型的投资者.

§12.2.2 单调增的凹效用函数

考虑 U_1 的一个子族 U_2,

$$U_2 = \{u | u \in U_1, u'' \text{在集合} I \text{上连续有界}, \text{在} I^0 \text{上} u'' < 0\},$$

可以看出, 效用函数 $u \in U_2$ 在定义域 I 上是单调增且严格凹的. 对于函数 $u \in U_2$, 有下述不等式. 设 $u \in U_2$, 分布函数 F 在凸集 I 上非奇异, 即有 $P(X \neq \mu_F) > 0$, 则有

$$E(u, F) < u(\mu_F). \tag{12.2.9}$$

根据这一结论可以看到, 对于所有的效用函数 $u \in U_2$, 有 $\pi > 0$, 即拥有 $u \in U_2$ 为效用函数的投资者都是风险厌恶的.

§12.2.3 绝对风险厌恶

Arrow(1965)[137] 和 Pratt(1964)[138] 根据效用函数定义了绝对风险厌恶度 (absolute risk aversion)

$$R_a(x) = -u''(x)/u'(x) \tag{12.2.10}$$

和相对风险厌恶度 (relative risk aversion)

$$R_r(x) = -xu''(x)/u'(x) = xR_a(x), \tag{12.2.11}$$

这里要求效用函数 u 的一, 二阶导数存在, 且一阶导数不为零. 对于 $u \in U_2$, 对任意 $x \in I^0$ 成立有 $R_a(x) > 0$, 而 $R_r(x) > 0$ 只对 I^0 中所有取正值的 x 成立, 这

是因为对所有 $x \in I^0$ 有 $u'(x) > 0, u''(x) > 0$. 同时 $R_a(x)$ 和 $R_r(x)$ 对于形似 $v(x) = au(x), a > 0$ 这样的变换具有不变性 (注意, $u''(x)$ 不具有这样的不变性).

为理解上述两个概念的作用, 考察这样一个例子. 设资产收益的分布满足 $X = x_0 + \xi$, 其中 ξ 是一个在 $[-\varepsilon, +\varepsilon]$ 中取值, 满足均值为零, 方差 σ^2 在 $\varepsilon \to 0^+$ 时也收敛于零的随机变量, 这里 x_0 为投资的资本. 如果效用函数 u 三次连续可微, 对 $u(x_0 + \xi)$ 在点 x_0 关于 ξ 取三阶泰勒展开, 可以得到下列关于风险溢价的近似

$$\pi = \frac{1}{2}\sigma^2 R_a(x_0) + o(\sigma^2). \tag{12.2.12}$$

如果随机变量 ξ(因而方差 σ^2) 与 x_0 无关, 则风险溢价 π 同绝对风险厌恶 $R_a(x_0)$ 有正比关系. 如果随机变量 ξ 与 x_0 正相关, 即 $\xi = \eta x_0, \eta > 0$ 为一给定的小的正数, 则可以得到 π/x_0 与相对风险厌恶 $R_r(x_0)$ 成正比, 称

$$\pi_r = \pi/x_0$$

为相对风险溢价.

现在假设有这样一个投资者, 其效用函数 $u \in U_2$, 对上述这样的例子在他拥于的财富为 x_0 时乐于投资, 如果他的财富超过 x_0 时, 更乐于投资, 即 π 在 $x > x_0$ 时的取值不大于在 x_0 时的取值. 由 (12.2.12) 式, 这就要求 $R_a(x_0)$ 关于 $x \in I$ 是非增的函数. 据此我们进一步定义 U_2 的一个子类,

$$U_4 = \{u | u \in U_2, R'_a 在 I 上连续, 非正, 且有界\}.$$

由于这类效用函数具有降的绝对风险厌恶, 简记这类函数为 DARA 效用函数. 显然, 如果效用函数三阶连续可导, 则有

$$R'_a(x) = [-u'(x)u'''(x) + u''(x)^2]/[u'(x)]^2. \tag{12.2.13}$$

因此, 只有当

$$u'(x)u'''(x) \geqslant u''(x)^2 \tag{12.2.14}$$

对所有 $x \in I^0$ 成立时才有 $R_a(x) \leqslant 0, x \in I^0$. 由于 $u'(x) > 0, u''(x) < 0$, 这就要求对所有 $x \in I^0$ 成立 $u'''(x) > 0$.

需要指出的是, 二次效用函数 $q(x) = x - cx^2, c > 0$ 并不属于 U_4, 这是因为对这样一个函数, 我们有

$$R_a(x) = 2c/(1 - 2cx), \quad R'_a(x) = 4c^2/(1 - 2cx)^2 > 0.$$

然而 $u''' > 0, \forall x \in I^0$ 成立只是 $u \in U_4$ 的一个必要条件, 而不是充分条件. 下面的例子说明了这一点. 考察几乎是二次的效用函数

$$u(x) = x - cx^2 + \varepsilon x^3 \in U_2, \quad x \in I = [0, 1/(4c)], \quad 0 \leqslant \varepsilon < 4c^2/3$$

对于 $\varepsilon > 0$, $u'''(x) > 0$ 成立. 但是对于 $\varepsilon < 4c^2/6$ 和小的 x 值成立有 $R_a'(x) > 0$. 为此, 可以再定义一个效用函数类

$$U_3 = \{u | u \in U_2, u''' \text{在} I \text{上连续有界, 而在} I^0 \text{上成立有} u''' > 0\}.$$

显然, 在函数类 U_1, U_2, U_3, U_4 之间有如下的关系

$$U_4 \subset U_3 \subset U_2 \subset U_1.$$

函数 $u \in U_3$ 的充分必要条件为

$$\frac{1}{4}u(x) + \frac{3}{4}u(x+2\delta) < \frac{1}{4}u(x+3\delta) + \frac{3}{4}u(x+\delta) \tag{12.2.15}$$

对所有 $x \in I$ 和所有满足 $x + 3\delta \in I$ 的 $\delta > 0$ 成立.

§12.2.4 效用函数的一些例子

(1) 线性函数 $u(x) = x$, $I = [0, \infty)$. 这是一个对风险持中性的效用函数 $u'(x) = 1$, $u''(x) = 0$.

(2) 二次函数 $u(x) = x - cx^2$, $c > 0$, $x \in I = [a, 1/(2c)]$, 要求 $-\infty < a < 1/(2c)$. 这是一个风险厌恶的效用函数, 即 $u \in U_2$, 但其绝对风险厌恶 $R_a(x)$ 是增函数,

$$u'(x) = 1 - 2cx, \quad u'' = -2c, \quad u''' = 0, \quad R_a(x) = 2c/(1-2cx),$$

$$R_a'(x) = 4c^2/(1-2cx)^2, \quad R_r(x) = 2cx/(1-2cx), \quad R_r'(x) = 2cx/(1-2cx)^2.$$

(3) 指数函数 $u(x) = -e^{-cx}$, $c > 0$, $x \in I, I = [a, \infty)$, a 取有限值. 这是一个风险厌恶的效用函数, 即 $u \in U_2$, 但其绝对风险厌恶 $R_a(x)$ 是常数,

$$u'(x) = ce^{-cx}, \quad u''(x) = -c^2 e^{-cx}, \quad u'''(x) = c^3 e^{-cx},$$

$$R_a(x) = c, \quad R_a'(x) = 0, \quad R_r(x) = cx, \quad R_r'(x) = c.$$

(4) 对数函数 $u(x) = \ln(x+d)$, $d > 0$, I 是包含在 $(0, \infty)$ 内的一个闭区间. 这是一个风险厌恶的效用函数, 即 $u \in U_2$, 其绝对风险厌恶 $R_a(x)$ 是降函数,

$$u'(x) = 1/(x+d), \quad u''(x) = -1/(x+d)^2, \quad u'''(x) = 2/(x+d)^3,$$

$$R_a(x) = 1/(x+d), \quad R_a'(x) = -1/(x+d)^2, \quad R_r(x) = x/(x+d), \quad R_r'(x) = d/(x+d)^2.$$

(5) 幂函数 $A, u(x) = (x+d)^{1-c}$, $d > 0, 0 < c < 1$, $x \in I, I$ 是包含在 $(0, \infty)$ 内的一个闭区间. 这是一个风险厌恶的效用函数, 即 $u \in U_2$, 其绝对风险厌恶 $R_a(x)$ 是降函数,

$$u'(x) = (1-c)/(x+d)^c, \quad u''(x) = -c(1-c)/(x+d)^{c+1},$$

$$u'''(x) = (c+1)c(1-c)/(x+d)^{c+2}, \quad R_a(x) = c/(x+d),$$

$$R_a'(x) = -c/(x+d)^2, \quad R_r(x) = cx/(x+d), \quad R_r'(x) = cd/(x+d)^2.$$

(6) 幂函数 B, $u(x) = -1/(x+d)^c, c > 0, d > 0, x \in I, I$ 是包含在 $(0, \infty)$ 内的一个闭区间. 这是一个风险厌恶的效用函数, 即 $u \in U_2$, 其绝对风险厌恶 $R_a(x)$ 是降函数,

$$u'(x) = c/(x+d)^{c+1}, \quad u''(x) = -(c+1)c/(x+d)^{c+2},$$

$$u'''(x) = (c+2)(c+1)c/(x+d)^{c+3}, \quad R_a(x) = (c+1)/(x+d),$$

$$R_a'(x) = -(c+1)/(x+d)^2, \quad R_r(x) = (c+1)x/(x+d), \quad R_r'(x) = (c+1)d/(x+d)^2.$$

§12.2.5　均值 – 方差 (EV) 占优

考虑两个风险资产 A 和 B, 记资产 A 的期望收益和收益分布的标准差为 $E(R_A)$ 和 σ_A, 资产 B 的期望收益和收益分布的标准差为 $E(R_B)$ 和 σ_B, 如果

$$E(R_A) \geqslant E(R_B) \tag{12.2.16}$$

和

$$\sigma_A \leqslant \sigma_B \tag{12.2.17}$$

且至少有一个成立严格不等式, 则称资产 A 优于资产 B(称为 EV 占优准则). EV 占优准则适用于决策者的效用函数是 (风险厌恶的) 二次函数. 可以看出, EV 占优准则就是我们在图 12.1.3 对资产 A 和 C 进行比较时所用的准则. 从图 12.1.3 我们也看到了用 EV 准则不可能对资产 A 和 B, 或 A 和 C 作出合理的选择. 下面的例子更进一步对此作出说明.

例 12.2.1　下面的表给出了两个资产 A 和 B 的收益分布:

资产 A:　　1　　1　　4　　4　　4　　4

资产 B:　　1　　1　　3　　3　　4　　4

获取每一个收益的概率是相等的, 都是 1/6, 不考虑投资组合, 而只考虑选择一个资产进行投资的问题. 显然, 对于 $u \in U_1$ 的任何一个投资者, 不管其是风险厌恶的、风险中性的、还是愿意冒风险的, 都会把资产 A 作为第一选择. 但是如果我们用 EV 准则, 则无法进行选择. 这是因为我们有

$$\mu_A = 3 > \mu_B = 8/3,$$

但是资产 A 的方差同样也大于资产 B 的方差

$$\sigma_A^2 = 2.4 > \sigma_B^2 = 14/9,$$

EV 准则无法对这两个资产排出优劣.

例 12.2.2 下面的表给出了两个资产 A 和 B 的收益分布:

资产 A:　1　1　4　4　4　4
资产 B:　0　2　3　3　4　4

获取每一个收益的概率是相等的, 都是 1/6. 同样不考虑投资组合, 而只考虑选择一个资产进行投资的问题. 对此, 由于

$$\mu_A = 3 > \mu_B = 8/3, \quad \sigma_A^2 = 2.4 < \sigma_B^2 = 8/3,$$

因此根据 EV 准则资产 A 要优于资产 B. 但是对于 $u \in U_1$ 的不同投资者, 结论却不尽相同. 如果 $u(x) = x$, 则有 $Eu(A) = \mu_A = 3 > Eu(B) = \mu_B = 8/3$, 这样的投资者会选择资产 A. 如果 $u(x) = (x-2)[(x-2)^2 + 0.1]^{-1/2} \in U_1$, 则可以求得 $Eu(A) = 2.00492 < Eu(B) = 2.98883$, 这样的投资者会选择资产 B. 但是如果我们用 U_2 中的效用函数进行选取时所有具有 $u \in U_2$ 的投资者都会选取资产 A. 为说明这一点, 我们把这一问题重新组合成这样一个资产 A 和 B 各有两个事件的问题.

资产 A　事件 1: 收益为 1, 概率为 1/3,
　　　　事件 2: 收益为 4, 概率为 2/3;

资产 B　事件 1: 收益或为 0 或为 2, 概率为 1/3(各有 50% 的可能),
　　　　事件 2: 收益或为 3 或为 4, 概率为 2/3(各有 50% 的可能),

由效用函数 $u \in U_2$ 的凹性, 我们有: 对于事件 1,

$$Eu(B_1) = \frac{1}{2}u(0) + \frac{1}{2}u(2) = Eu(A_1).$$

对于事件 2 同样有

$$Eu(B_2) = \frac{1}{2}u(3) + \frac{1}{2}u(4) < u(4) = Eu(A_2).$$

由此两式得

$$Eu(A) = Eu\left(\frac{1}{3}A_1 + \frac{2}{3}A_2\right) = \frac{1}{3}Eu(A_1) + \frac{2}{3}Eu(A_2)$$
$$> \frac{1}{3}Eu(B_1) + \frac{2}{3}Eu(B_2) = Eu\left(\frac{1}{3}B_1 + \frac{2}{3}B_2\right) = Eu(B).$$

因此所有 $u \in U_2$ 的投资者都会选择资产 A.

例 12.2.3   下面给出了资产 A 和 B 的收益分布:

$$
\begin{array}{ccccc}
\text{资产 A}: & 13 & 11 & 11 & 11 \\
\text{资产 B}: & 10 & 12 & 12 & 12
\end{array}
$$

获取每一个收益的概率是相等的, 都是 1/4. 同样不考虑投资组合, 而只考虑选择一个资产进行投资的问题. 对这样一个问题, 由效用函数 $u \in U_2$ 会出现难于确定优劣的问题. 例如对 $u(x) = -4(13 - x)^3 \in U_2$ 我们有

$$
Eu(\mathrm{B}) = -30 < -24 = Eu(\mathrm{A}),
$$

即资产 A 是这一效用函数的选择. 而对于 $u(x) = 4(x - 12) - 4[(x - 12)^2 + 0.01]^{1/2}$, 则有

$$
Eu(\mathrm{B}) = -4.30250 > -6.01996 = Eu(\mathrm{A}),
$$

即这个效用函数将选择资产 B. 但是利用 (12.2.15) 可以证明对所有 $u \in U_3$, 因而也对所有 $u \in U_4$ 的效用函数, 资产 A 是其当然的选择. 同样还可以构造对 $u \in U_3$, 不能作出明确的选择, 而对 $u \in U_4$ 选择却是明显一致的例子. 这些例子说明, 在选择有效的风险资产集合时, 由于所选用的占优准则不同, 所得结论是不一样的.

§12.2.6   随机占优性

定义 12.2.1 (一阶随机占优, FSD)   考虑两个风险资产 A 和 B, 如果对于所有的 $u \in U_1$, 成立有

$$
E(u, \mathrm{A}) \geqslant E(u, \mathrm{B}), \tag{12.2.18}
$$

则称资产 A 一阶随机优于资产 B, 记为 $F_\mathrm{A} >_1 F_\mathrm{B}$, 这里 $F_\mathrm{A}, F_\mathrm{B}$ 表示资产 A 和 B 的收益分布函数.

定义 12.2.2 (二阶随机占优, SSD)   考虑两个风险资产 A 和 B, 如果对于所有的 $u \in U_2$, 成立有

$$
E(u, \mathrm{A}) \geqslant E(u, \mathrm{B}), \tag{12.2.19}
$$

则称资产 A 二阶随机优于资产 B, 记为 $F_\mathrm{A} >_2 F_\mathrm{B}$.

定义 12.2.3 (三阶随机占优, TSD)   考虑两个风险资产 A 和 B, 如果对于所有的 $u \in U_3$, 成立有

$$
E(u, \mathrm{A}) \geqslant E(u, \mathrm{B}), \tag{12.2.20}
$$

则称资产 A 三阶随机优于资产 B, 记为 $F_\mathrm{A} >_3 F_\mathrm{B}$.

这三个随机占优性有下述性质:

(1) 非对称性: 如果有 $F_A >_i F_B$, 则 $F_B >_i F_A$ 不成立;

(2) 传递性: 如果 $F_A >_i F_B$, $F_B >_i F_C$ 则有 $F_A >_i F_C$;

(3) $F_A >_1 F_B \Rightarrow F_A >_2 F_B \Rightarrow F_A >_3 F_B$, 但相反的结论不成立.

下述三个定理分别给出了上述各阶随机占优性成立的充分必要条件, 在这里我们略去它们的证明, 感兴趣的读者可参阅文献 [72,99].

定理 12.2.1 (一阶随机占优) $F_A >_1 F_B$ 成立的充分必要条件为 $F_B(x) \geqslant F_A(x)$ 对所有 $x \in I$ 成立, 这里或有 $I = [0,1]$ 或有 $I = [0,\infty)$.

定理 12.2.2 (二阶随机占优) $F_A >_2 F_B$ 成立的充分必要条件为 $F_B^1(x) \geqslant F_A^1(x)$ 对所有 $x \in I$ 成立, 这里或有 $I = [0,1]$ 或有 $I = [0,\infty)$,

$$F^1(x) = \int_0^x F(t)dt.$$

定理 12.2.3 (三阶随机占优) $F_A >_3 F_B$ 成立的充分必要条件为 $\mu_A \geqslant \mu_B$, 和 $F_B^2(x) \geqslant F_A^2(x)$ 对所有 $x \in I$ 成立, 这里或有 $I = [0,1]$ 或有 $I = [0,\infty)$,

$$F^2(x) = \int_0^x F^1(t)dt.$$

根据上述给出的随机占优性, 我们再来考察图 12.1.3 中右图显示的两个资产的选取问题. 正如我们在 §12.1 所分析的, 对于 $x < a$, 有 $g(x) > f(x)$, 即 G 优于 F, 而对于 $x > a$, 则有 $f(x) > g(x)$, 即 F 优于 G, 这表明在一阶随机占优的意义下无法对这两个资产的优劣难于作出选择. 但是从图上也可以看出有

$$G^2(x) = \int_0^x g(y)dy > \int_0^x f(y)dy = F^2(x)$$

对所有 $x \in I$ 成立 (见图 12.2.1), 因而在二阶随机占优的意义下资产 G 要优于资产 F, 也就是说, 对于效用函数属于 U_2 的投资者都会看好资产 G. 现在回过头用这三个定理来考察前面的三个例子. 对于例 12.2.1, 这两个资产的收益的分布函数 (F 为资产 A, G 为资产 B) 见图 12.2.2. 从这个图上, 我们可以明显看出对所有 $x \in I$, 有 $G(x) = F_B(x) > F_A(x) = F(x)$, 因此有 $F_A >_1 F_B$. 对于例 12.2.2, 图 12.2.3 给出了这两个资产的收益分布函数, 这个图也给出了 $D^1(x) = G(x) - F(x) = F_B(x) - F_A(x)$ 取值区间. 从中可以看出, $D^1(x)$ 有取正值的区间, 有取负值的区间, 也有取等值的区间, 因而不能在一阶随机占优的意义下判定哪个资产是占优的, 为此, 再考察 $F^2(x) = \int_0^x f(y)dy$. 图 12.2.4 给出了 $F^2(x) = F_A^2(x)$ 和 $G^2(x) = F_B^2(x)$, 从这个图中可以看出, 对所有 $x \in I$, 成立有 $G^2(x) \geqslant F^2(x)$, 因而有 $F_A >_2 F_B$, 即资产 A 在二阶随机占优的意义下优于资产 B. 对于例 12.2.3, 图 12.2.5 的左图给出了函数 $F^2(x)$ 和 $G^2(x)$ 的图, 由于两曲线相交, 因而不能在二阶随机占优的意义下确定两

者的优劣. 为此再考察函数 $F^3(x) = \int_0^x F^2(y)dy$, 右图给出了两者的曲线, 从右图可以看出, $F_A^3(x) = F^3(x) < G^3(x) = F_B^3(x)$ 对所有 $x \in I$ 都成立, 因此有 $F_A >_3 F_B$.

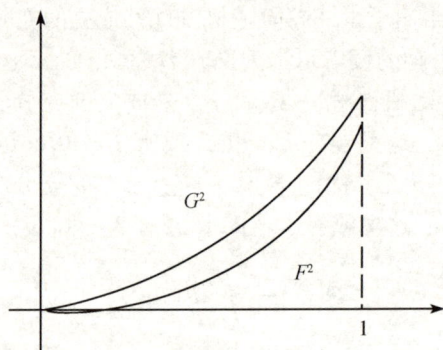

图 12.2.1   两资产二阶随机占优的比较

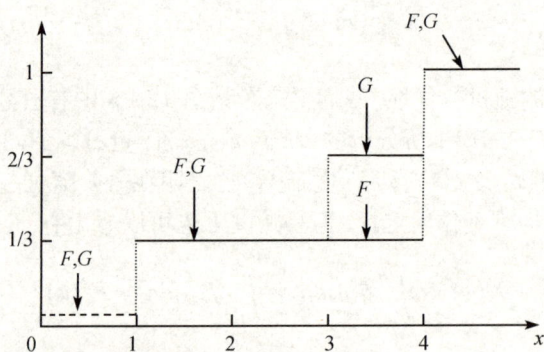

图 12.2.2   例 12.2.1 的两个资产的收益分布

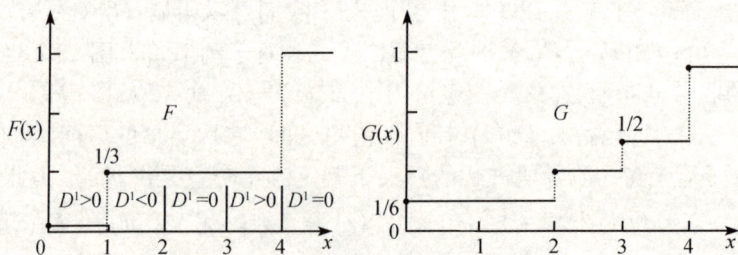

图 12.2.3   两资产的收益分布

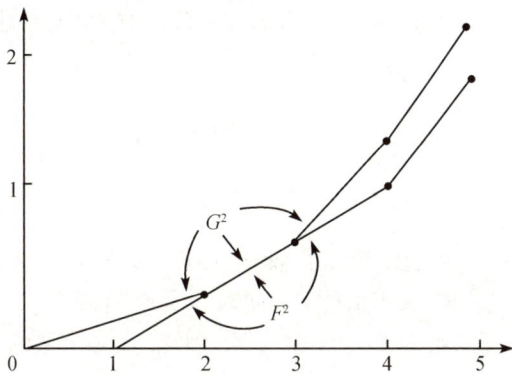

图 12.2.4 两资产收益分布的积分函数

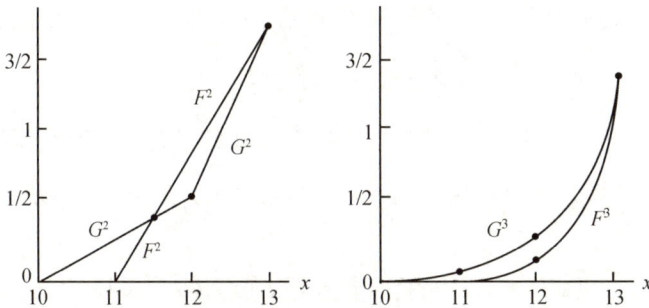

图 12.2.5 资产在二阶和三阶随机占优意义下的分布曲线

对于收益分布呈离散值的情形, 随机占优性的检验要简单得多. 设资产 A 和资产 B 的收益取值区域为 $\Omega = \{x_1, x_2, \cdots, x_n\} \subset I$, $x_1 < x_2 < \cdots < x_n$, 相关收益取值的概率为

$$f_i = P(R_a = x_i) \geqslant 0, \quad i = 1, 2, \cdots, n,$$

则有

$$F_A(x) = P(R_a \leqslant x) = \sum_{x_i \leqslant x} f_i, \quad F_B(x) = P(R_b \leqslant x) = \sum_{x_i \leqslant x} g_i,$$

这里 $F_A(x)$ 和 $F_B(x)$ 是分段右连续的阶梯函数, 在区间 $I_i = [x_i, x_{i+1}), i = 1, 2, \cdots,$ $n-1$ 和 $I_n = [x_n, \infty)$ 上都取常数值. 如果 $D^1(x) = F_B(x) - F_A(x)$ 对所有 $x \in \Omega$ 非负, 即有曲线 $F_B(x)$ 不低于 $F_A(x)$ 的曲线, 则有 $F_A >_1 F_B$. $\int_0^x F_A(y)dy$ 和 $\int_0^x F_B(y)dy$ 是分段连续的线性函数, 如果有 $D^2(x) = \int_0^x [F_B(y) - F_A(y)]dy \geqslant 0$ 对所有 $x \in \Omega$ 成立, 则有 $F_A >_2 F_B$. 然而对于三阶随机占优性, 由于 $D^3(x) = \int_0^x D^2(y)dy$ 是一个分段连续的二次函数, 情况就不再那么简单, 这时只检查 $D^3(x)$ 在 Ω 内的点上的

函数值是不够的. 即使 $D^3(x) \geqslant 0$ 对所有的 $x \in \Omega$ 成立, 也并不能保证对所有 $x \in I$ 有 $D^3(x) \geqslant 0$ 成立. 下面就是这样一个例子.

$$P(R_a = 1) = \frac{4}{5}, \quad P(R_a = 7) = \frac{1}{5},$$

$$P(R_b = 0) = \frac{2}{5}, \quad P(R_b = 3) = \frac{3}{5},$$

可以验证, $D^3(x)$ 在 0,1,3,7 这四个点都取非负值, 但是在点 5 附近的一个区域内取负值, 而点 5 是使得 $D^2(x)$ 取零值的点. 同时 $D^2(x)$ 有两个取零值的点 2 和 5, 在点 2, $D^3(x)$ 取正值, 而在点 5, $D^3(x)$ 取负值. 因此, 在对离散的分布检验其三阶随机占优性时, 对 $D^3(x)$ 不仅要检验其在 Ω 中点的值, 还要检验其在使 $D^3(x)$ 取零值的点处的函数.

在正态分布的情况下, 二阶随机占优准则同 EV 占优准则是等价的, 即有

$$F_A >_2 F_B \quad \text{当且仅当} \quad \mu_A \geqslant \mu_B \text{ 和 } \sigma_A \leqslant \sigma_B,$$

对于对数正态分布, 二阶随机占优准则同均值 – 对数方差准则等价, 即有

$$F_A >_2 F_B \quad \text{当且仅当} \quad \mu_A \geqslant \mu_B \text{ 和 } \mathrm{var}(\lg(R_a)) \leqslant \mathrm{var}(\lg(R_b)).$$

§12.3　均值方差的投资组合选择

上一节讨论了利用随机占优性进行风险资产选择的问题. 从本节开始将讨论进行投资组合选择的可行集, 或说投资组合的有效边缘. §12.1 我们已指出, 确定投资组合有效边缘的基本模型为模型 (12.1.3). 但是根据风险度量工具或方法的不同, 模型 (12.1.3) 可以有很多不同的形式. 同时又因为市场条件和环境的不同, 在模型 (12.1.3) 的基础上, 又有很多不同的变形. 由此形成确定投资组合有效边缘的模型具有不同的特性、求解的方法, 相应的有效边缘的特性也各不相同. 我们先从基本的 Markowitz 的均值方差 (均值表示期望收益, 方差表示风险) 的投资组合选择模型 (12.1.3) 开始, 之后再讨论其他风险度量的投资组合选择模型. 为了介绍均值方差 (mean-variance) 的投资组合选择模型 (简记为 M-V 模型) 和理论, 首先介绍一些准备知识.

§12.3.1　风险资产的收益与风险

1. 单个资产的收益与风险

假设某个风险资产当前时刻 ($t - 1$ 时刻) 的市场价格为 p_{t-1}, 投资者买入后持有一段时间, 在 t 时刻卖掉该资产, 卖价为 p_t, 需要计算投资者在既定的持有期内的收益率 r_t. 通常有两种定义收益率 r_t 的方式.

定义 12.3.1 定义前后两个时刻的资产价格比的自然对数为持有期内的投资收益率, 即

$$r_t = \ln(p_t/p_{t-1}). \tag{12.3.1}$$

由上式定义的收益率通常称为几何收益率或连续复合收益率. 由 (12.3.1) 式有

$$p_t = p_{t-1}e^{r_t},$$

上式表明几何收益率是连续计息的, 这也是连续复合收益率的名称的来源.

如果在资产持有期内企业派发了红利 d_t, 那么资产的几何收益率为

$$r_t = \ln((p_t + d_t)/p_{t-1}). \tag{12.3.2}$$

定义 12.3.2 称由

$$r_t = \frac{p_t - p_{t-1}}{p_{t-1}} = \frac{p_t}{p_{t-1}} - 1 \tag{12.3.3}$$

定义的资产收益率为算术收益率或离散收益率.

采用算术收益率还是采用几何收益率, 二者在数值上的差别一般不大. 但由于在实际应用中, 我们通常假设资产收益率服从正态分布, 在有限责任的情况下, 算术收益率的范围在 $-100\% \sim +\infty$ 之间, 这与正态分布的假设相矛盾, 而几何收益率却不存在这个问题. 因此, 目前在大多数的金融计算中都采用几何收益率. 由于资产在投资期末价格 p_t 是将来发生的, 一般受很多因素的影响, 是一个随机变量, 因而收益率 r_t 也是一个随机变量, 只能预测和估计. 通常用该资产收益信息的历史数据来进行预测和估计.

下面通过一个例子来说明资产收益率的估计方法.

例 12.3.1 考虑由表 12.3.1 给出的资产 A 在过去一年内 12 个月的月末价格, 其中月份 0 的价格指的是前一年 12 月的月末价格.

表中第 3, 4 列是计算得到的是资产 A 的 12 个月每月的月收益率 (几何收益率和算术收益率), 它们都是历史收益率, 投资者关心的是未来一个月的预期收益率. 假定资产在未来一个月的收益率的概率分布在这 12 个历史收益率 r_t 上, $t = 1, 2, \cdots, 12$, 那么就可定义资产在未来一个月的预期收益率为随机收益率 r_{13} 的期望值, 即

$$E(r_{13}) = \frac{1}{12} \sum_1^{12} r_t,$$

如表 12.3.1 的最后一行的结果所示.

表 12.3.1 资产 A 的月收益率

月份	资产价格	几何收益率/%	算术收益率/%
0	36.00		
1	34.89	−3.13	−3.08
2	33.05	−5.42	−5.27
3	35.25	6.44	6.66
4	38.12	7.83	8.14
5	37.88	−0.63	−0.63
6	39.08	3.12	3.17
7	40.16	2.73	2.76
8	42.00	4.48	4.85
9	43.84	4.29	4.38
10	45.00	2.61	2.65
11	46.75	3.82	3.89
12	45.90	−1.84	−1.82
平均值	39.84	2.02	2.14

一般情况下, 假定投资者已经计算出了资产 A 的 T 个持有期相同的历史收益率 r_{At}, $t = 1, 2, \cdots, T$, 那么在未来相同持有期内资产的预期收益率可估计为

$$E(r_A) = \frac{1}{T} \sum_{t=1}^{T} r_{At}, \tag{12.3.4}$$

当然这是最简单的一种估计方法, 也可以看成是等权加权平均的方法. 如果投资者认为离当前越近的信息越有价值, 则可以采用加权平均的方法来估计资产的预期收益率, 只不过给越近的数据赋较大的权重而已. 目前常用的加权平均方法有指数加权平均等, 有兴趣的读者可以阅读参考文献 [128].

投资者估计资产未来的收益率而不是直接利用资产的历史价格估计资产的未来价格的原因在于一是资产价格一般波动比较大, 很难作出较准确的估计; 二是不同资产的价格可能相差很大, 在投资组合分析时难以比较优劣.

有时候投资者可能希望利用资产现有的历史数据获得不同期限的收益率的估计值. 如投资者希望从表 12.3.1 得到所给资产 A 的年几何收益率 r_y. 由于第 12 个月末的资产价格为

$$p_{12} = p_0 e^{r_1} \times e^{r_2} \times \cdots \times e^{r_{12}},$$

因此一年内的几何收益率为

$$r_y = \ln\left(\frac{p_{12}}{p_0}\right) = r_1 + r_2 + \cdots + r_{12}, \tag{12.3.5}$$

因此几何收益率具有时间可加性.

对于算术收益率而言, 12 个月末的资产价格为

$$p_{12} = p_{11}(1 + r_{11}) = p_{10}(1 + r_{11})(1 + r_{12}) = \cdots = p_0(1 + r_1)(1 + r_2) \cdots (1 + r_{12}),$$

因此一年内的算术收益率为

$$r_y = \frac{p_{12} - p_0}{p_0} = (1 + r_1)(1 + r_2) \cdots (1 + r_{12}) - 1, \tag{12.3.6}$$

显然算术收益率不具有时间可加性, 这也是投资分析时算术收益率不太常用的一个原因. 但是实际上 (12.3.5) 和 (12.3.6) 计算结果相差不多, 这从两个表达式的形式也可以看出来. 今后如没有特殊说明, 资产收益率指的就是几何收益率.

资产的风险是由于资产价格的波动引起的, 因此通常将资产的风险定义为在未来持有期内资产价值的不确定性. 度量不确定性的一个最常用的指标就是随机变量的方差或标准差, 因此可以用资产收益率的方差作为资产的风险度量指标, 即

$$\sigma_A^2 = E(R_A - E(R_A))^2, \tag{12.3.7}$$

其中 R_A 表示资产 A 的收益率, 它是一个随机变量. 通常用资产收益的历史数据可以估计资产收益率的方差, 即

$$\sigma_A^2 = \frac{1}{T} \sum_{t=1}^{T} E(R_{At} - E(R_A))^2, \tag{12.3.8}$$

其中 R_{At} 表示资产 A 在时间 t 的收益率.

不同资产的价格和收益率之间有相互影响, 通常用收益率的协方差来度量这种相互影响的程度. 现假设已经根据资产 B 的历史价格数据计算出资产 B 和资产 A 同时期的月收益率分布 $r_{B1}, r_{B2}, \cdots, r_{BT}$, 利用同样的方法计算出资产 B 的预期收益率 $E(r_B)$ 和方差 σ_B^2. 两资产收益率之间的协方差定义为

$$\sigma_{AB} = \text{cov}(r_A, r_B) = E(r - E(r_A))(r - E(r_B)), \tag{12.3.9}$$

用两资产收益的历史数据估计收益率之间的协方差为

$$\sigma_{AB} = \text{cov}(r_A, r_B) = \frac{1}{T - 1} \sum_{t=1}^{T} (r - E(r_A))(r - E(r_B)). \tag{12.3.10}$$

协方差不仅给出了两资产收益率分布相互影响的程度, 而且还应用于计算资产组合收益率的方差.

协方差的大小依赖于收益率的单位, 为了避免不同收益率单位带来的影响, 通常用与收益率单位无关的相关系数作为衡量不同资产收益之间的相互影响. 相关系数定义为

$$\rho_{AB} = \frac{\text{cov}(r_A, r_B)}{\sigma_A \sigma_B} = \frac{\sigma_{AB}}{\sigma_A \sigma_B}, \tag{12.3.11}$$

相关系数反映了不同资产收益率分布之间线性相关的程度, 它具有下面的性质.

(a) 相关系数的值位于 -1 与 1 之间, 即

$$-1 \leqslant \rho_{AB} \leqslant 1.$$

(b) 如果 $\rho_{AB} > 0$, 则两资产收益率正线性相关, 即有

$$r_{At} = c + dr_{Bt}, \quad d > 0.$$

这说明两资产收益率具有相同的变化方向, 即资产 A 收益率随着资产 B 收益率的增加而增加, 随着资产 B 收益率的减小而减小.

(c) 如果 $\rho_{AB} < 0$, 则两资产收益率负线性相关, 即有

$$r_{At} = c + dr_{Bt}, \quad d < 0.$$

这说明两资产收益率具有相反的变化方向, 即资产 A 收益率随着资产 B 收益率的增加而减小, 随着资产 B 收益率的减小而增加.

(d) 如果两资产收益率不相关, 则 $\rho_{AB} = 0$. 即资产 A 的收益率不受资产 B 的收益率变化的影响, 它按照自己的规律变化.

表 12.3.2 给出了两资产 A 和 B 的 12 个月的历史月收益率, 以及利用这些数据计算两资产预期的月收益率 $E(r_A), E(r_B)$、方差 σ_A^2, σ_B^2、协方差 σ_{AB} 以及相关系数 ρ_{AB} 的计算过程.

表 12.3.2　资产 A 和资产 B 的预期收益率、方差、协方差、相关系数

| 月份 | 资产 A | | | 资产 B | | | $(r_A - E(r_A)) \times$ |
	r_A	$r_A - E(r_A)$	$(r_A - E(r_A))^2$	r_B	$r_B - E(r_B)$	$(r_B - E(r_B))^2$	$(r_B - E(r_B))$
1	-0.0313	-0.0516	0.002 659	-0.0044	-0.0371	0.001 379	0.001 915
2	-0.0542	-0.0744	0.005 539	0.0432	0.0105	0.0001	$-0.000\,78$
3	0.0644	0.0422	0.001 95	-0.0317	-0.0644	0.004 146	$-0.002\,85$
4	0.0783	0.058	0.003 367	0.1056	0.0729	0.005 313	0.084 23
5	-0.0063	-0.0266	0.007 06	0.0422	0.0094	$8.89e^{-5}$	$-0.000\,25$
6	0.0312	0.0109	0.000 12	0.0112	-0.0215	0.000 46	$-0.000\,24$
7	0.0273	0.007	$4.92e^{-5}$	0.1397	0.1069	0.011 44	0.000 75
8	0.0448	0.0246	0.0006	0.0442	0.0115	0.000 132	0.000 282
9	0.0429	0.0226	0.000 51	0.018	-0.0147	0.000 216	$-0.000\,33$
10	0.0261	0.0059	$3.45e^{-5}$	0.1602	0.1274	0.016 24	0.000 748
11	0.0382	0.0179	0.000 321	-0.0112	-0.0439	0.001 925	$-0.000\,79$
12	-0.0184	-0.0386	0.001 49	-0.1244	-0.1571	0.024 691	0.006 065
Σ	0.2429		0.017 353	0.3927		0.066 142	0.008 757
$E(r)$	0.0202			0.0327			
σ^2		σ_A^2	0.001 45		σ_B^2	0.005 51	
σ		σ_A	0.038 03		σ_B	0.0742	
σ_{AB}					σ_{AB}		0.000 73
ρ_{AB}					ρ_{AB}		0.2585

把表 12.3.2 中资产 B 的 12 个月的历史月收益率相对于资产 A 对应的收益率进行线性回归, 得回归方程

$$r'_{Bt} = 0.0225 + 0.505 r_{Bt},$$

即两资产收益率正线性相关. 表 12.3.2 中计算所得相关系数 $\rho_{AB} = 0.2585$, 表明两资产收益率正相关, 这两个结果是吻合的.

2. 投资组合的收益与风险

投资组合是由多种资产, 如证券、债券、股票等按照一定的比例构成的一个投资搭配, 或者说是一个投资篮子, 里面包含多种资产. 前面我们已经讲过, 对每一个投资者来说, 都希望构造一个使其期望效用最大的投资组合, 以使自己达到投资收益的目的. 如果证券市场存在 n 种资产 (证券) 可供投资者选择, 假设利用前面的方法已经得到了所有资产的期望收益率、方差以及任意两种资产收益之间的协方差和相关系数为

$$E(r_i), \quad \sigma_i^2, \quad i = 1, 2, \cdots, n,$$

$$\sigma_{ij}, \quad \rho_{ij}, \quad i, j = 1, 2, \cdots, n, \quad i \neq j.$$

考虑一个投资组合 x, 其中对第 i 种资产的投资比例为 x_i, $i = 1, 2, \cdots, n$. 显然这样的 $x_i, i = 1, 2, \cdots, n$, 满足 $\sum_{i=1}^{n} x_i = 1$. 在这里假定卖空是允许的, 即某些 x_i 可以取负值.

对于这样一个投资组合, 它的期望收益率可以表示为

$$E(r_x) = x_1 E(r_1) + x_2 E(r_2) + \cdots + x_n E(r_n) = \sum_{i=1}^{n} x_i E(r_i),$$

收益率的方差为

$$\begin{aligned}
\sigma_x^2 &= x_1 \sigma_1^2 + x_2 \sigma_2^2 + \cdots + x_n \sigma_n^2 \\
&\quad + x_1 x_2 \sigma_{12} + x_1 x_3 \sigma_{13} + \cdots + x_1 x_n \sigma_{1n} \\
&\quad + x_2 x_1 \sigma_{21} + x_2 x_3 \sigma_{23} + \cdots + x_2 x_n \sigma_{2n} \\
&\quad + \cdots + x_n x_1 \sigma_{n1} + x_n x_2 \sigma_{n2} + \cdots + x_n x_n - 1 \sigma_{n(n-1)} \\
&= \sum_{i=1}^{n} x_i \sigma_i^2 + \sum_{i=1, i \neq j}^{n} \sum_{j=1}^{n} x_i x_j \sigma_{ij}.
\end{aligned}$$

该投资组合的标准差为

$$\sigma_x = \sqrt{\sigma_x^2}.$$

利用矩阵向量符号可以简化上面表达式. n 维列向量

$$R = \begin{pmatrix} E(r_1) \\ E(r_2) \\ \vdots \\ E(r_n) \end{pmatrix}$$

表示 n 个资产的期望收益率向量, $n \times n$ 阶矩阵

$$V = \begin{pmatrix} \sigma_{11} & \sigma_{12} & \cdots & \sigma_{1n} \\ \sigma_{21} & \sigma_{22} & \cdots & \sigma_{2n} \\ \vdots & \vdots & & \vdots \\ \sigma_{n1} & \sigma_{n2} & \cdots & \sigma_{nn} \end{pmatrix}$$

表示 n 个资产收益分布间的方差 – 协方差矩阵, 其中 $\sigma_{ii} = \sigma_i^2, i = 1, 2, \cdots, n$ 为第 i 种资产收益率的方差. 由概率论知识可知矩阵 V 是半正定的. 投资组合 x 用 n 维列向量

$$x = \begin{pmatrix} x_1 \\ x_2 \\ \vdots \\ x_n \end{pmatrix}$$

表示, 那么投资组合 x 的期望收益率和方差分别表示为

$$E(r_x) = x^{\mathrm{T}} R = R^{\mathrm{T}} x, \tag{12.3.12}$$

$$\sigma_x^2 = x^{\mathrm{T}} V x, \tag{12.3.13}$$

其中 $x^{\mathrm{T}} = (x_1, x_2, \cdots, x_n)$ 表示向量 x 的转置, 即为行向量.

3. Markowitz 均值方差投资组合分析

在 Markowitz 的投资组合理论中, 资产 (或投资组合) 收益率的平均值被用作期望收益率, 方差 (标准差) 被用来作为风险的度量. Markowitz 的投资组合理论认为, 采用分散组合投资, 可以有效地控制风险. 下面我们从投资组合的风险入手来分析分散化投资策略的本质. 投资组合 x 的方差可分解为

$$\sigma_x^2 = x^{\mathrm{T}} V x = \sum_{i=1}^{n} \sum_{j=1}^{n} x_i x_j \sigma_{ij} = \sum_{i=1}^{n} x_i^2 \sigma_i^2 + \sum_{i=1, i \neq j}^{n} \sum_{j=1}^{n} x_i x_j \sigma_{ij},$$

把 $\displaystyle\sum_{i=1}^{n} x_i^2 \sigma_i^2$ 称为投资组合的非系统风险, 它是由各个资产自身的各种不确定因素产生的风险, 与别的资产无关; 把 $\displaystyle\sum_{i=1, i\neq j}^{n}\sum_{j=i}^{n} x_i x_j \sigma_{ij}$ 称为投资组合的系统风险, 它是由整个市场的环境以及不同资产之间的相互影响产生的, 与单个资产无关.

假设把一个单位的资金平均地分配到 n 种资产上, 即 $x_i = \dfrac{1}{n}$ 时, 那么就有

$$\sigma_x^2 = \frac{1}{n}\Big(\frac{1}{n}\sum_{i=1}^{n}\sigma_i^2\Big) + \frac{1}{n}\sum_{i\neq j}\Big(\frac{1}{n}\sum_{j=1}^{n}\sigma^{ij}\Big).$$

右边第二项系统风险为所有协方差的平均值, 第一项非系统风险为所有方差的均值的 $1/n$ 倍. 由于 $\displaystyle\lim_{n\to\infty}\frac{1}{n}\Big(\frac{1}{n}\sum_{i=1}^{n}\sigma_i^2\Big) = 0$, 因此, 当投资组合中包含的资产数目比较多时, 组合的风险几乎完全由不同资产之间的协方差的均值来确定, 而受单个资产方差的影响变的很小. 或者说, 当资产数目很多时, 资产组合的风险主要由系统风险确定, 非系统风险对组合的风险贡献很小. 这就是分散化投资策略的本质, 即通过分散化投资可以化解投资的非系统风险, 但系统风险不能通过分散化的策略完全化解, 只能降低到平均水平.

一个理性的投资者总是希望接受在所能承受的风险水平下使期望收益最大, 或者在指定的收益水平下使风险最小的投资组合, 这就是 Markowitz 投资组合理论的基本思想, 也是确定投资组合有效边缘的基本原则. 下面的模型即为经典 Markowitz 的确定 M-V 投资组合有效边缘的均值方差投资组合模型 [83],

$$\begin{aligned} \min \quad & \sigma_x^2 = x^{\mathrm{T}}Vx \\ \text{s.t.} \quad & R^{\mathrm{T}}x = \mu, \\ & e^{\mathrm{T}}x = 1, \end{aligned} \tag{12.3.14}$$

其中 μ 为投资者给定的期望收益目标, $e = (1,1,\cdots 1)^{\mathrm{T}}$ 为元素全是 1 的 n 维列向量. 由于矩阵 V 半正定, 两个约束都是线性约束, 模型 (12.3.14) 是一个凸的二次规划问题.

称满足约束 $e^{\mathrm{T}}x = 1$ 的投资组合 x 是一个可行的投资组合, 把所有可行的投资组合所对应的期望收益率 $E(r_x)$ 和收益的标准差 σ_x 构成的集合称为投资可行集, 即

投资可行集 $= \{(E(r_x), \sigma_x)|x$ 为可行的投资组合$\}.$

给定期望收益率 μ, 求解模型 (12.3.14) 得到在期望收益率为 μ 时风险最小的投资组合 x, 显然 x 是一个可行的投资组合, 且依赖于 μ. 把所有参数 μ 对应的投资组

合 x 所对应的期望收益率 $E(r_x)$ 和收益率的标准差 σ_x 构成的集合称为投资可行集的封套. 把投资可行集封套中相同风险水平下使收益最大的投资组合称为有效的投资组合 (efficient portfolio), 所有有效投资组合对应的期望收益率 $E(r_x)$ 和收益率的标准差 σ_x 构成的集合称为投资组合有效集, 也称为投资组合有效边缘 (efficient frontier). 投资组合可行集、可行集封套、有效边缘的关系见图 12.3.1.

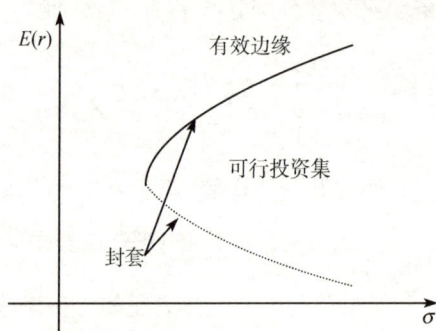

图 12.3.1　投资组合可行集、可行集封套和有效边缘

在 M-V 投资组合选择模型 (12.3.14) 中有下面的假设:

(A1) 所有 n 种资产都是有风险的;

(A2) 允许卖空, 即允许 $x_i < 0$;

(A3) n 种资产的收益率服从联合正态分布;

(A4) 对每种资产上的投资比例是无限可分的.

假设 (A4) 表明对资产 i 上的投资可以取任何连续的小数值, 而非实际操作上的离散值. 假设 (A3) 保证了协方差矩阵 V 的对称正定性, 从而模型 (12.3.14) 是一个严格凸二次规划问题, 对给定的参数 μ 值具有唯一的最优解

$$x_\mu^* = \lambda V^{-1}e + \gamma V^{-1}R, \tag{12.3.15}$$

这里 x_μ^* 就是相应于给定 μ 值的投资组合, 其中

$$\lambda = \frac{c - \mu b}{\Delta}, \quad \gamma = \frac{\mu a - b}{\Delta}.$$

这里

$$a = e^{\mathrm{T}}V^{-1}e, \quad b = R^{\mathrm{T}}V^{-1}e, \quad c = R^{\mathrm{T}}V^{-1}R, \quad \Delta = ac - b^2.$$

由于 $V = (\sigma_{ij})$ 正定, 故 V^{-1} 也正定, 因此 $a, c > 0$. 由柯西不等式有 $\Delta > 0$.

将 x_μ^* 代入模型 (12.3.14) 的目标函数中可得在收益率为 μ 时的有效投资组合的方差为

$$\sigma^2(\mu) = (a\mu^2 - 2b\mu + c)/\Delta, \tag{12.3.16}$$

方程 (12.3.16) 在 $(\sigma - \mu)$ 坐标平面内确定了一条双曲线. 根据投资可行集、可行集封套和有效边缘的定义不难明白, 该双曲线右支所包含的区域为投资可行集, 双曲线的右支为可行集封套, 双曲线的右上半支为投资组合的有效边缘 (即投资组合有效集).

双曲线右支的顶点 G 对应的投资组合称为全局最小方差投资组合, 可以验证对该组合有

$$x_G = \frac{1}{a}V^{-1}e, \quad \mu_G = \frac{b}{a}, \quad \sigma_G^2 = \frac{1}{a}.$$

全局最小方差投资组合对应的顶点 G 是有效边缘的起点.

§12.4 M-V 有效投资组合的基本性质

本节给出 M-V 有效投资组合的一些基本性质, 这些性质是后面确定和计算投资组合有效边缘的基础. 首先给出凸集的定义.

定义 12.4.1 如果任意选取集合 S 中的两个元素 x, y 和任意实数 $\lambda \in [0, 1]$, 都有 $z = \lambda x + (1 - \lambda)y$, 则称集合 S 是凸集.

下面的引理表明由 n 种风险资产构成的投资可行集 $\left(\text{即满足} \sum x_i = 1 \text{ 的投资组合 } x \text{ 构成的集合}\right)$ 是凸集.

引理 12.4.1 所有风险资产构成的投资可行集是凸集.

证明 只要验证投资可行集满足凸集的定义即可. 设 x 和 y 是两个可行的投资组合, 即有

$$\sum_{i=1}^{n} x_i = 1, \quad \sum_{i=1}^{n} y_i = 1.$$

考虑投资组合 $z = \lambda x + (1 - \lambda)y, \forall \lambda \in [0, 1]$, 由于

$$\sum_{i=1}^{n} z_i = \lambda \sum_{i=1}^{n} x_i + (1 - \lambda) \sum_{i=1}^{n} y_i = \lambda + (1 - \lambda) = 1,$$

因此, 投资组合 z 也是一个可行的投资组合, 从而证明了投资可行集是凸集.

设 c 为一常数, 称 $E(r_i) - c$ 为资产 i 关于常数 c 的超期望收益, 称

$$R - C = \begin{pmatrix} E(r_1) - c \\ E(r_2) - c \\ \vdots \\ E(r_n) - c \end{pmatrix}$$

为关于常数 c 的超期望收益向量, 其中 $C = (c, c, \cdots, c)^{\mathrm{T}}$ 为 n 个元素全为 c 的列向量. 设 x 是可行的投资组合, 称

$$x^{\mathrm{T}}(R - C) = x^{\mathrm{T}}R - c$$

为投资组合 x 关于常数 c 的超期望收益. 下面的命题给出了可行集封套上的投资组合与超期望收益向量之间的关系: 即给定一个超期望收益向量, 就可确定一个可行集封套上的投资组合.

命题 12.4.1 设 c 为一常数, 如果 z 是下述方程组的解

$$Vz = R - C, \tag{12.4.1}$$

那么将 z 标准化之后得到的向量 x 一定位于投资可行集的封套上, 反之亦然. 其中

$$x = (x_1, x_2, \cdots, x_n)^{\mathrm{T}}, \quad x_i = z_i/D, \quad i = 1, 2, \cdots, n, \tag{12.4.2}$$

这里 $D = e^{\mathrm{T}}z = \sum_{i=1}^{n} z_i$.

证明 过期望收益坐标轴上点 c 作与投资可行集相切的切线, 切点 x 必然位于可行集封套上 (见图 12.4.1). 显然, 这样得到的可行集封套上的投资组合 x 必然使比值

$$\frac{x^{\mathrm{T}}(R - C)}{\sigma_x} = \frac{x^{\mathrm{T}}(R - C)}{\sqrt{x^{\mathrm{T}}Vx}} \tag{12.4.3}$$

达到最大或者最小. 根据最优性原理, 函数 (12.4.3) 的最优解必定满足下述方程组

$$\frac{\sqrt{x^{\mathrm{T}}Vx}(R - C) - \dfrac{x^{\mathrm{T}}(R - C)}{\sqrt{x^{\mathrm{T}}Vx}}Vx}{x^{\mathrm{T}}Vx} = 0.$$

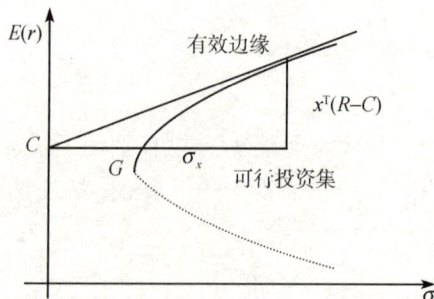

图 12.4.1 确定封套上的投资组合

化简上式可得

$$\frac{(R-C) - \dfrac{x^{\mathrm{T}}(R-C)}{x^{\mathrm{T}}Vx}Vx}{\sqrt{x^{\mathrm{T}}Vx}} = 0,$$

由于对任意的 $x \neq 0$ 有 $x^{\mathrm{T}}Vx > 0$, 因此由上式可得

$$(R-C) - \frac{x^{\mathrm{T}}(R-C)}{x^{\mathrm{T}}Vx}Vx = 0.$$

令

$$\frac{x^{\mathrm{T}}(R-C)}{x^{\mathrm{T}}Vx} = \lambda, \quad z = \lambda x,$$

则有

$$Vz = R - C,$$

从而 z 是方程组 $Vz = R - C$ 的解. 由于 V 正定, 因而具有形式

$$z = V^{-1}(R-C).$$

由 $z = \lambda x$ 和 $e^{\mathrm{T}}x = 1$, 可得 $\sum z_i = \lambda$, 从而投资组合

$$x = \frac{z}{\lambda} = \frac{z}{\sum z_j},$$

或

$$x_i = \frac{z_i}{\sum z_j}, \quad i = 1, 2, \cdots, n.$$

这就完成了命题的证明. 证毕.

命题 12.4.1 表明, 如果 x 是可行集封套上的一个投资组合, 则存在一个常数 c 和一个向量 z, 使得

$$z = V^{-1}(R-C),$$

而 x 满足

$$x = \frac{z}{\sum z_j}.$$

命题 12.4.1 还指出了怎样确定一个可行集封套上的投资组合 x, 即给定一个常数 c, 解方程组

$$Vz = R - C,$$

解得 z 之后再把 z 标准化可得向量

$$x = \frac{z}{\sum z_j},$$

则 x 是一封套投资组合.

下面的命题 12.4.2 提供了另一个计算可行集封套上的投资组合的方法. 即只要知道两个封套投资组合, 则这两个封套投资组合的凸组合也是封套投资组合.

命题 12.4.2   可行集封套上任意两个不同投资组合的凸组合也在可行集封套上.

证明   设 x 和 y 是可行集封套上任意两个投资组合, 要证明对任意 $\lambda \in [0, 1]$, 投资组合 $\varpi = \lambda x + (1 - \lambda)y$ 也在可行集封套上.

根据命题 12.4.1 可知, 由于 x 和 y 是可行集封套上的投资组合, 从而存在常数 c_x 和 c_y 以及向量 z_x 和 z_y, 满足

$$Vz_x = R - C_x \text{ 和 } Vz_y = R - C_y,$$

且

$$x = \frac{z_x}{\sum z_{xj}}, \quad y = \frac{z_y}{\sum z_{yj}}.$$

我们知道, 如果向量 z 使得比值 $z^{\mathrm{T}}(R - C)/\sigma_z$ 取最优值, 那么标准化向量 z 后所得向量, 也使得该比值在所有标准化向量中取最优值. 因此, 不失一般性, 可假设 z_x 和 z_y 为标准化后的向量, 即有

$$\sum_{j=1}^{n} z_{xj} = 1, \quad \sum_{j=1}^{n} z_{yj} = 1,$$

由此得 $x = z_x, y = z_y$. 因此对任意 $\lambda \in (0, 1)$, 投资组合 $\lambda z_x + (1 - \lambda)z_y$ 是下述方程组的解

$$Vz = R - [\lambda C_x + (1 - \lambda)C_y],$$

这表明

$$\lambda x + (1 - \lambda)y = \lambda z_x + (1 - \lambda)z_y = z$$

使得比值

$$\frac{z^{\mathrm{T}}(R - C)}{\sigma_z} = \frac{z^{\mathrm{T}}(R - (\lambda C_x + (1 - \lambda)C_y))}{\sigma_z}$$

取最优值, 这就证明了命题的结论. 证毕.

命题 12.4.2 表明, 如果已知任意两个可行集封套上的投资组合, 则可以确定出整个可行集的封套和投资组合的有效边缘.

命题 12.4.3   设 y 为一封套投资组合, 则对于任意可行的投资组合 x, 存在一个常数 c, 使得

$$E(r_x) = c + \beta_x(E(r_y) - c), \tag{12.4.4}$$

其中

$$\beta_x = \frac{\mathrm{cov}(x,y)}{\sigma_y^2} = \frac{\sigma^{xy}}{\sigma_y^2} = \frac{x^{\mathrm{T}}Vy}{y^{\mathrm{T}}Vy}, \tag{12.4.5}$$

而且 $c = E(r_z)$, 其中 z 是一个满足 $\mathrm{cov}(z,y) = \sigma_{zy} = 0$ 的投资组合.

证明　由于 y 为一封套投资组合, 依据命题 12.4.1 可知, 存在常数 c 和向量 z 满足

$$Vz = R - C \ \text{且} \ y = \frac{z}{\sum z_j} = \frac{z}{D},$$

其中 $D = \sum z_j$. 将其代入 β_x 的定义式 (12.4.5) 可得

$$\beta_x = \frac{x^{\mathrm{T}}Vz/D}{y^{\mathrm{T}}Vz/D} = \frac{x^{\mathrm{T}}(R-C)}{y^{\mathrm{T}}(R-C)}.$$

由于

$$x^{\mathrm{T}}(R-C) = x^{\mathrm{T}}R - x^{\mathrm{T}}C = E(r_x) - c$$

和

$$y^{\mathrm{T}}(R-C) = y^{\mathrm{T}}R - y^{\mathrm{T}}C = E(r_y) - c,$$

从而得

$$\beta_x = \frac{E(r_x) - c}{E(r_y) - c},$$

即

$$E(r_x) = c + \beta_x(E(r_y) - c),$$

这就证明了命题的第一部分. 为了证明命题的第二部分, 令 z 为一可行投资组合, 且满足 $\mathrm{cov}(z,y) = \sigma_{zy} = 0$, 根据命题的第一部分结论可知

$$E(r_z) = c + \beta_z(E(r_y) - c).$$

由于 $\sigma_{zy} = 0$, 故 $\beta_z = 0$, 从而 $c = E(r_z)$, 这就证明了命题的第二部分. 证毕.

依据命题 12.4.3, 任意可行的投资组合 x 的期望收益率可以表示成

$$E(r_x) = E(r_z) + \beta_x(E(r_y) - E(r_z)), \tag{12.4.6}$$

其中 y 为一封套投资组合,

$$\beta_x = \frac{\sigma_{xy}}{\sigma_y^2} = \frac{x^{\mathrm{T}}Vy}{y^{\mathrm{T}}Vy},$$

z 为一个满足 $\sigma_{zy} = 0$ 的投资组合.

称 (12.4.6) 为布莱克 – 零贝塔资本资产定价模型 (Black-zero beta capital asset pricing model), 称由方程 (12.4.6) 定义的直线为证券市场线, 可行的投资组合 z 称为零贝塔投资组合.

同经典的资本资产定价模型

$$E(r_x) = r_f + \beta_x(E(r_M) - r_f) \tag{12.4.7}$$

相比较, 在模型 (12.4.7) 中用零贝塔投资组合 z 的期望收益率替换无风险资产收益率 r_f, 用封套投资组合 y 的期望收益率 $E(r_y)$ 替换市场组合的期望收益率 $E(r_M)$, 即得零贝塔资本资产定价模型 (12.4.6).

一个可行投资组合的期望收益率如果等于市场期望收益率, 则称其为市场投资组合, 记为 M. 如果市场投资组合是一个有效的投资组合, 那么它必然是一个封套投资组合, 则根据零贝塔资本资产定价模型 (12.4.6), 有下式成立

$$E(r_x) = E(r_z) + \beta_x(E(r_M) - E(r_z)), \tag{12.4.8}$$

其中

$$\beta_x = \frac{\sigma_{xM}}{\sigma_M^2} = \frac{x^{\mathrm{T}}VM}{M^{\mathrm{T}}VM},$$

z 为一个满足 $\sigma_{zM} = 0$ 的投资组合.

下面的命题 12.4.4 指出命题 12.4.3 的逆命题也成立.

命题 12.4.4　设存在一个可行投资组合 y, 使得对于任意可行的投资组合 x 下述关系式成立

$$E(r_x) = c + \beta_x(E(r_y) - c),$$

其中

$$\beta_x = \frac{\sigma_{xy}}{\sigma_y^2},$$

则 y 为一封套投资组合.

证明　根据命题假设可知

$$\beta_x = \frac{E(r_x) - c}{E(r_y) - c} = \frac{x^{\mathrm{T}}R - c}{y^{\mathrm{T}}R - c},$$

结合 β_x 的定义有

$$\beta_x = \frac{\sigma_{xy}}{\sigma_y^2} = \frac{x^{\mathrm{T}}Vy}{y^{\mathrm{T}}Vy} = \frac{x^{\mathrm{T}}R - c}{y^{\mathrm{T}}R - c}.$$

由于 x 可以是任意的投资组合, 因此不妨设 x 为仅对第一个风险资产进行投资的投资组合, 即 $x = (1, 0, \cdots, 0)^{\mathrm{T}}$, 代入上式有

$$\frac{V_1 y}{\sigma_y^2} = \frac{E(r_1) - c}{y^{\mathrm{T}}R - c},$$

其中 V_1 表示协方差矩阵 V 的第一行, $E(r_1)$ 表示第一个风险资产的期望收益率. 由上式得

$$\frac{y^{\mathrm{T}}R - c}{\sigma_y^2}V_1y = E(r_1) - c.$$

令 $\alpha = \dfrac{y^{\mathrm{T}}R - c}{\sigma_y^2}$, $z = \alpha y$, 则上式可化为

$$V_1z = E(r_1) - c.$$

类似地, 令 $x = (0, \cdots, 1, \cdots, 0)^{\mathrm{T}} = e_i$ 为第 i 个元素为 1, 其余元素全为 0 的单位向量, 它表示只对第 i 个资产进行投资的投资组合. 可得下面的方程

$$V_iz = E(r_i) - c.$$

将这样的过程继续 n 次, 将得到的 n 个方程重新整理为一个方程组

$$Vz = R - C,$$

从而可得

$$z = V^{-1}(R - C).$$

根据命题 12.4.1 可知, 将 z 标准化后得到的向量是一个可行集封套上的投资组合. 由于 y 是一个可行的投资组合, 因而 $\sum y_i = 1$, 从而有

$$\frac{z}{\sum z_i} = \frac{\alpha y}{\alpha \sum y_i} = y,$$

即将 z 标准化后得到的向量是 y, 这就证明了 y 是一可行集封套上的投资组合. 证毕.

本节最后一个命题涉及存在无风险资产时的任一可行投资组合期望收益率的计算. 无风险资产是指收益率固定, 不存在波动性的可供投资的资产, 例如具有固定收益率的不同种类的银行存款、国家债券以及某些无风险的投资基金等.

命题 12.4.5 设证券市场除 n 种风险资产外, 还存在一种无风险资产, 其投资收益率为 r_f, 则存在一个封套投资组合 M, 使得对任意可行的投资组合 x 有

$$E(r_x) = r_f + \beta_x(E(r_M) - r_f), \tag{12.4.9}$$

其中

$$\beta_x = \frac{\sigma_{xM}}{\sigma_M^2} = \frac{x^{\mathrm{T}}VM}{M^{\mathrm{T}}VM},$$

证明　对于 n 种风险资产, 可以先确定这 n 种风险资产构成的投资组合的有效边缘 (见图 12.4.2), 其中 G 为全局最小方差投资组合. 由于存在收益率为 r_f 的无风险资产, 不妨假定 $r_f < r_M$. 由图可以看出, 过点 $(0, r_f)$ 做与 n 种风险资产构成的投资组合的有效边缘相切的切线, 切点即为一个封套投资组合, 不妨记为 M. 根据命题 12.4.3 可知投资组合 M 就是满足式 (12.4.9) 的封套投资组合, 这就证明了命题的结论. 证毕.

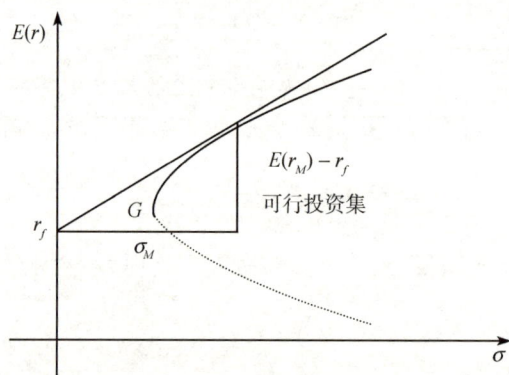

图 12.4.2　　市场投资组合

称由方程 (12.4.9) 定义的直线为资本市场线, 称命题 12.4.5 中确定的投资组合 M 为市场组合. 根据命题 12.4.1 可以得到市场组合的一种确定方法: 先求解方程组

$$Vz = R - R_f,$$

其中 $R_f = (r_f, r_f, \cdots, r_f)^{\mathrm{T}}$ 是 n 个分量全为 r_f 的列向量. 得到上述方程组的解向量 z 之后再标准化, 即得市场组合

$$M = \frac{z}{\sum z_j}.$$

显然, 连接点 $(0, r_f)$ 与市场组合 M 的直线上的投资组合为无风险资产与市场组合的凸组合, 其中任一凸组合 p 的期望收益率和收益率的标准差分别为

$$E(r_p) = \alpha r_f + (1 - \alpha) E(r_M),$$

$$\sigma_p = \sqrt{\alpha^2 \sigma_{r_f}^2 + (1 - \alpha)^2 \sigma_M^2 + 2\alpha(1 - \alpha)\sigma_{r_f M}} = (1 - \alpha)\sigma_M,$$

其中 $\alpha \in (0, 1)$ 为组合系数.

如果一个投资者希望在给定的风险水平下确定期望收益率最大的投资组合, 显然这样的投资组合应该落在资本市场线上. 因此, 当存在无风险资产时, 资本市场线即为投资组合的有效边缘, 在资本市场线上除市场组合外的任一投资组合, 均包含无风险资产, 只有市场组合不包含无风险资产, 而完全是由风险资产构成, 而且市场组合在资产 i 上的投资比例为

$$m_i = \frac{v_i}{\sum v_j}, \quad i = 1, 2, \cdots, n,$$

其中 v_i 表示资产 i 的市场价值, 亦即市场组合在资产 i 上的投资比例 m_i 与资产 i 的市场价值 v_i 成正比. 这一结论是由 Sharpe[109], Lintner[75] 和 Mossin[92] 分别给出的.

§12.5 M-V 投资组合选择和有效边缘

本节以证券组合为例主要介绍在是否存在无风险资产, 是否允许卖空等不同市场情形下的 M-V 投资组合选择模型、投资组合的有效边缘与求解方法. 所谓卖空反映在投资组合模型中即为投资权重 x_i 可以取负值.

§12.5.1 不存在无风险资产且允许卖空

假定证券市场只有 n 种风险资产, 而且已经估计出了每一种风险资产的预期收益率 $E(r_i)$、方差 σ_i^2、任意两种资产收益之间的协方差 σ_{ij}, 且允许卖空. 在资本预算 $x_1 + x_2 + \cdots + x_n = 1$ 的限制下, 使投资组合的预期收益最大, 风险最小的双目标优化问题可以用下面的模型描述:

$$\text{M-V1} \quad \begin{cases} \max \ E(r_p) = \sum_{i=1}^{n} x_i E(r_i), \\ \min \ \sigma_p^2 = \sum_{i=1}^{n} \sum_{j=1}^{n} x_i x_j \sigma_{ij}, \\ \text{s.t} \ \ x_1 + x_2 + \cdots + x_n = 1. \end{cases}$$

分析表明, 由模型 M-V1 确定一个唯一的最优解, 它就是上节提到的全局最小方差投资组合 G. 如果是这样, 那么所有的投资者都选用同一投资方案. 事实上, 由于两个投资者的不同投资目标要求以及对投资风险的不同认知程度, 确定有效投资组合方案的模型, 常见的有下面三种.

(1) 在给定收益的目标要求下, 确定使投资风险最小的投资组合方案; 它对应于下面的数学模型

$$\text{M-V2} \quad \begin{cases} \min \sigma_p^2 = \dfrac{1}{2} \sum_{i=1}^{n} \sum_{j=1}^{n} x_i x_j \sigma_{ij}, \\[2mm] \text{s.t} \sum_{i=1}^{n} x_i E(r_i) = \mu_p, \\[2mm] x_1 + x_2 + \cdots + x_n = 1, \end{cases}$$

其中 μ_p 为投资者给定的预期收益目标, 此即为模型 (12.3.14). 上一节我们已经给出了该模型解的解析表达式. 下面给出推导其解的过程.

模型 M-V2 的拉格朗日函数为

$$L = \frac{1}{2} \sum_{i=1}^{n} \sum_{j=1}^{n} \sigma_{ij} x_i x_j - \lambda \Big(\sum_{i=1}^{n} x_i E(r_i) - \mu_p \Big) - \gamma \Big(\sum_{i=1}^{n} x_i - 1 \Big),$$

其中 λ 与 γ 为相应于两个约束条件的拉格朗日乘子, 模型 M-V2 最优解的 K-T(一阶必要) 条件为

$$\begin{cases} \dfrac{\partial L}{\partial x} = Vx + \lambda \bar{R} + \gamma e = 0, \\[2mm] \dfrac{\partial L}{\partial \lambda} = x^{\mathrm{T}} \bar{R} - \mu_p = 0, \\[2mm] \dfrac{\partial L}{\partial \gamma} = x^{\mathrm{T}} e - 1 = 0. \end{cases}$$

这是关于 x, λ, γ 的线性方程组, 由第一个方程得

$$x^* = \lambda V^{-1} e + \gamma V^{-1} \bar{R},$$

将最优解 x^* 的表达式代入 K-T 条件的后两个式子, 得到关于 λ, γ 的表达式

$$\lambda = \frac{c - \mu_p b}{\Delta}, \quad \gamma = \frac{\mu_p a - b}{\Delta},$$

其中 $a = e^{\mathrm{T}} V^{-1} e$, $b = \bar{R}^{\mathrm{T}} V^{-1} e$, $c = \bar{R}^{\mathrm{T}} V^{-1} \bar{R}$, $\Delta = ac - b^2$, 由于 $V = (\sigma_{ij})$ 是正定的, 故 V^{-1} 也是正定的, 因此 $a, c > 0$. 根据柯西不等式, 有 $\Delta > 0$.

将 x^* 代入模型 M-V2 的目标函数得有效投资组合的方差为

$$\begin{aligned} \sigma_p^2 &= X^{\mathrm{T}} V X = X^{\mathrm{T}} V (\lambda V^{-1} e + \gamma V^{-1} \bar{R}) \\ &= \lambda X^{\mathrm{T}} e + \gamma X^{\mathrm{T}} \bar{R} \\ &= \lambda + \gamma \mu_p \\ &= \frac{(a \mu_p^2 - 2b \mu_p + c)}{\Delta}. \end{aligned}$$

由此式可以看出, 对不同的目标收益率 μ_p, 点 $(\mu_p, -\sigma_p^2)$ 在均值 – 方差坐标系 $(\mu_p - \sigma_p^2)$ 中形成一条抛物线, 这条抛物线的上半支就是所谓的投资组合的有效边缘. 上

式可以改写为

$$\frac{\sigma_p^2}{1/a} - \frac{(\mu_p - b/a)^2}{\Delta/a^2} = 1,$$ (12.5.1)

此方程在均值 – 标准差坐标系 $(\mu_p - \sigma_p)$ 中描述的是一条双曲线, 其中心在 $\left(\dfrac{b}{a}, 0\right)$, 实轴为 $\mu_p = \dfrac{b}{a}$, 双曲线的渐近线斜率为

$$k = \pm \frac{\sqrt{1/a}}{\sqrt{\Delta/a^2}} = \pm \sqrt{\frac{a}{\Delta}},$$

渐近线方程为

$$\sigma_p = \pm \sqrt{\frac{a}{\Delta}}\left(\mu_p - \frac{b}{a}\right),$$

投资组合的有效边缘是该双曲线的右支的上半支.

(2) 在投资者给定的可承受的投资风险水平下, 确定使收益最大的投资组合方案. 它对应于下面的数学模型

$$\text{M-V3} \quad \begin{cases} \max E(r_p) = \displaystyle\sum_{i=1}^n x_i E(r_i), \\[2mm] \text{s.t} \ \displaystyle\sum_{i=1}^n \sum_{j=1}^n x_i x_j \sigma_{ij} = \sigma_p^2, \\[2mm] x_1 + x_2 + \cdots + x_n = 1, \end{cases}$$

这个模型的最优解可以用临界线方法求出 [20].

(3) 风险容忍模型. 通过引进参数 λ 将多目标规划模型 M-V1 转化为下面的风险容忍模型

$$\text{M-V4} \quad \begin{cases} \max \lambda \displaystyle\sum_{i=1}^n x_i E(r_i) - \frac{1}{2} \sum_{i=1}^n \sum_{j=1}^n x_i x_j \sigma_{ij}, \\[2mm] \text{s.t} \ x_1 + x_2 + \cdots + x_n = 1, \end{cases}$$

其中参数 λ 反映了投资者对风险的容忍程度, λ 的值越大, 说明投资者越注重收益, 而对风险不太在意, 亦即投资者越能容忍风险, 因此, 称 λ 为投资者的风险容忍度.

模型 M-V2、M-V3 和 M-V4 本质上是相似的, 它们的解都可以用于确定投资组合有效边缘. 因此它们的解可以用一个统一的表达式给出.

求解模型 M-V4 可得最优投资组合的投资权重向量

$$x^* = \frac{1}{a} V^{-1} e + \lambda V^{-1}\left(\bar{R} - \frac{b}{a} e\right),$$ (12.5.2)

其中

$$e = \begin{pmatrix} 1 \\ 1 \\ \vdots \\ 1 \end{pmatrix}_{n \times 1}, \quad \bar{R} = \begin{pmatrix} E(r_1) \\ E(r_2) \\ \vdots \\ E(r_n) \end{pmatrix}_{n \times 1} \equiv \begin{pmatrix} \bar{r}_1 \\ \bar{r}_2 \\ \vdots \\ \bar{r}_n \end{pmatrix}_{n \times 1},$$

$$a = e^{\mathrm{T}} e, \quad b = R^{\mathrm{T}} V^{-1} e, \quad c = R^{\mathrm{T}} V^{-1} R,$$

由于 $V = (\sigma_{ij})$ 是正定的, 故 V^{-1} 也是正定的, 因此 $a, c > 0$. 将 x^* 代入 $E(r)^{\mathrm{T}} x^*$ 和 $(x^*)^{\mathrm{T}} V x^*$ 可得最优投资组合的预期收益率和方差分别为

$$\mu_p = (x^*)^{\mathrm{T}} R = \frac{b}{a} + \lambda\Big(c - \frac{b^2}{a}\Big), \tag{12.5.3}$$

$$\sigma_p^2 = (x^*)^{\mathrm{T}} V x^* = \frac{1}{a} + \lambda^2\Big(c - \frac{b^2}{a}\Big). \tag{12.5.4}$$

联立上面两式并消去参数 λ, 可得最优投资组合的预期收益率 μ_p 和方差 σ_p^2 满足关系式

$$\Big(\mu_p - \frac{b}{a}\Big)^2 = \Big(c - \frac{b^2}{a}\Big)\Big(\sigma_p^2 - \frac{1}{a}\Big), \tag{12.5.5}$$

该方程确定了投资组合的有效边缘. 可以验证此式同式 (12.5.1) 是相同的, 即两者确定相同的投资组合的有效边缘.

当确定了投资组合的有效边缘以后, 不同的投资者可以根据自己的效用函数确定使其效用达到最大的有效投资组合.

正如我们在 §12.1 所指出的, 这样的投资组合就是反映投资者效用函数的无差异曲线与投资组合有效边缘的切点 (见图 12.5.1). 根据这个切点可以确定相应的期望收益值 μ_p, 将这个 μ_p 值代入 (12.3.15) 式即可确定投资者需要的有效投资组合.

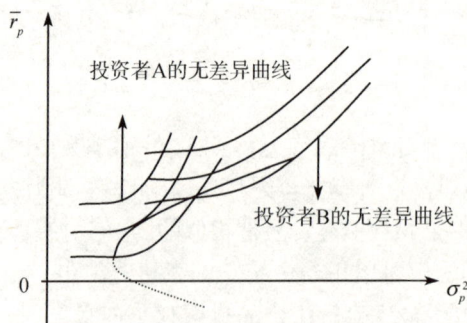

图 12.5.1　最优投资组合选择

§12.5.2 存在无风险资产且允许卖空

无风险资产通常指的是将来的投资收益没有风险而且现在就已确定的, 如各种不同期限的国家债券. 不失一般性, 假设证券市场上存在一种无风险资产 (如有多种无风险资产, 取收益率最高的为准), 收益率记为 r_f, n 种风险资产. 由于无风险资产的收益率是确定的, 因此收益率的方差为 0. 而且由于无风险资产的收益与所有风险资产的收益分布完全不相关, 因此有 $\sigma_{if} = 0$.

下面我们讨论由这 $n+1$ 种资产组成的投资市场的有效投资组合, 或说投资组合的有效边缘. 设投资在无风险资产上的投资权重为 x_f, 投资在第 i 种风险资产上的投资权重为 x_i, 那么投资组合的预期收益率和方差分别为

$$E(r_p) = E\Big(x_f r_f + \sum_{i=1}^{n} x_i\Big) = x_f r_f + \sum_{i=1}^{n} x_i E(r_i), \tag{12.5.6}$$

$$\sigma_p^2 = E(r_p - E(r_p))^2 = \sum_{i=1}^{n} \sum_{j=1}^{n} x_i x_j \sigma_{ij}. \tag{12.5.7}$$

可以看出, 在存在无风险资产的情况下, 投资组合的风险来自对风险资产的投资. 在资本预算约束下, 确定有效投资组合的带有风险容忍参数的规划模型为

$$\text{M-V5} \quad \begin{cases} \max \lambda\Big(x_f r_f + \sum_{i=1}^{n} x_i \bar{r}_i\Big) - \dfrac{1}{2}\sum_{i=1}^{n}\sum_{j=1}^{n} x_i x_j \sigma_{ij}, \\[2mm] \text{s.t} \quad x_1 + x_2 + \cdots + x_n = 1, \end{cases}$$

其中 $\bar{r}_i = E(r_i)$. 用拉格朗日乘子法可推得其最优解为

$$x = \lambda V^{-1}(R - r_f e), \tag{12.5.8}$$

$$x_f = 1 - \sum_{i=1}^{n} x_i = 1 + \lambda(ar_f - b), \tag{12.5.9}$$

这里各个符号的含义同前一节相同. 将它们代入式 (12.5.6) 和 (12.5.7) 可得该投资组合的预期收益率和方差分别为

$$\bar{r}_p = x_f r_f + X^{\mathrm{T}} R = r_f + \lambda(c - 2br_f + ar_f^2), \tag{12.5.10}$$

$$\sigma_p^2 = X^{\mathrm{T}} V X = \lambda^2(c - 2br_f + ar_f^2). \tag{12.5.11}$$

消去 λ 可得有效投资组合的预期收益率 $\bar{r}_p$ 和方差 σ_p^2 所满足的关系方程

$$\sigma_p^2 = K(\bar{r}_p - r_f)^2, \tag{12.5.12}$$

或
$$\sigma_p = \sqrt{K}(\bar{r}_p - r_f),$$

其中 $K = 1/(c - 2br_f + ar_f^2)$. 该方程确定了存在无风险资产情况下的投资组合的有效边缘. 在标准差 – 收益率坐标系中, 投资组合的有效边缘是一条射线, 起点在 $(0, r_f)$, 斜率为 $\sqrt{K}$, 如图 12.5.2 所示.

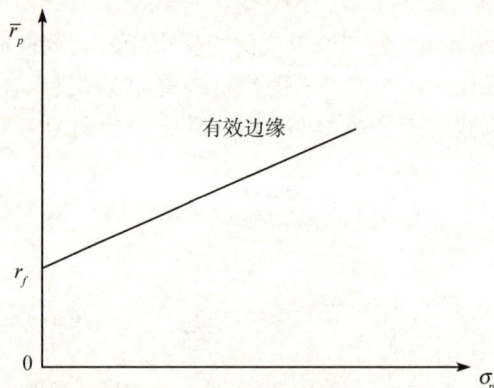

图 12.5.2　存在无风险资产时投资组合的有效边缘

　　类似地, 可以给出在给定目标收益下确定使风险最小的投资组合选择模型和在给定风险承受能力下使收益最大的投资组合选择模型, 由于情况同不存在无风险资产时类似, 这里不再给出这两个模型. 同样可以分析验证相应的投资组合的有效边缘同图 12.5.2 所示.

　　下面讨论存在无风险资产和不存在无风险资产两种情况下投资组合有效边缘之间的关系.

　　首先, 由 §12.5.1 我们可以在标准差 – 收益率坐标系中构造出只存在 n 种风险资产时投资组合的有效边缘. 它是由 (12.5.5) 的方程所确定的双曲线的右上半支,

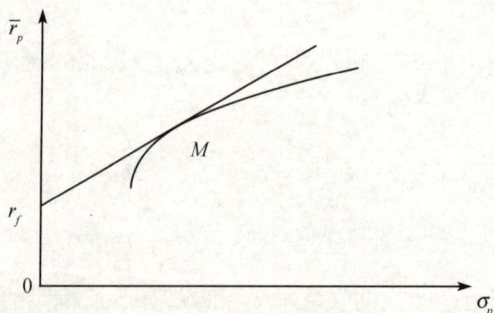

图 12.5.3　存在无风险资产与不存在无风险资产的投资有效边缘之间的关系

有效边缘的起点为 $(\sqrt{1/a}, b/a)$(该点对应全局最小方差投资组合), 双曲线渐近线的斜率为 $k = \sqrt{c - b^2/a}$. 其次, 过 $(0, r_f)$ 点可确定存在 1 种无风险资产和这 n 种风险资产组成的投资组合的有效边缘. 所得的两个有效边缘如图 12.5.3 所示, 可以看出, 存在无风险资产时投资组合的有效边缘相切于不存在无风险资产时投资组合的有效边缘, 切点组合 M 称为市场投资组合. 存在无风险资产时投资组合的有效边缘由点 $(0, r_f)$ 和点 M 之间的切线组成.

§12.5.3 不存在无风险资产、不允许卖空

在上述两小节的投资组合选择模型中, 并没有限制投资权重 x_i 取值的正负, 也就是说 x_i 可以是正的, 也可以是负的, 即卖空操作是允许的. 但是, 在有些证券市场上卖空是不允许的, 这时, 我们需要在上述的相关模型中加入 $x_i \geqslant 0$ 的约束条件. 这时在给定期望收益的条件下使风险最小的投资组合选择模型为

$$\text{M-V6} \quad \begin{cases} \min \sigma_x = x^{\mathrm{T}} V x, \\ \text{s.t} \ \ \sum_{i=1}^{n} x_i E(r_i) = \mu, \\ \ \ \ \ \ \ \ \sum_{i=1}^{n} x_i = 1, \\ \ \ \ \ \ \ \ x_i \geqslant 0, \quad i = 1, 2, \cdots, n. \end{cases}$$

尽管这个模型还是一个凸二次规划问题, 但是非负约束 $x_i \geqslant 0, i = 1, 2, \cdots, n$ 的引入增加了问题求解的难度, 已经不可能确定模型 M-V6 的解析解, 只能用数值方法确定相应的有效投资组合 (有关优化方法可参阅文献 [127]). 对不同的期望收益 μ 的给定值, 由模型 M-V6 确定的投资组合的有效边缘不再是一条双曲线, 而是由分段双曲线组成的一个分段连续的凹曲线, 形状类似于图 12.3.1.

首先考察有效边缘上投资组合的结构特点. 设 $\mu_{\min}, \mu_{\max}$ 分别表示最小和最大期望收益率, 对于任意 $\mu \in [\mu_{\min}, \mu_{\max}]$, 其相应的有效组合为下列三种形式之一:

(A) 是一个内点, 它满足 $x > 0, e^{\mathrm{T}} x = 0$, 即所有分量都取正值, 对所有资产都有或多或少的投资. 对于有大量风险资产可供投资选择的情况下, 这样的点是非常少的.

(B) 边界, 但非端点, 它满足 $e^{\mathrm{T}} x = 1, x = [x_1^{\mathrm{T}}, x_2^{\mathrm{T}}]^{\mathrm{T}}, x_1 > 0, x_2 = 0$, 即 x 的某些分量取正值, 某些取 0 值.

(C) 边界的端点, 它的形式同 (B) 类似, 但是当期望收益 μ 稍微有一个小的变动 (增大或减小), 就会引发或者有一个风险资产从所考虑的组合中删去, 或增加一种可投资的风险资产 (即取正的分量或者有增加, 或者有减少), 这样的点称为边界的端点.

为得出在这种市场条件小投资组合的有效边缘, 可把区间 $[\mu_{\min}, \mu_{\max}]$ 分成若干个相等的小区间, 对不同的 μ 值, 解模型 M-V6 就可得到相应的有效的组合以及相应的风险 σ 值. 据此, 我们可以用分段二次多项式来近似该投资组合的有效边缘. 设将区间 $[\mu_{\min}, \mu_{\max}]$ 分成 S 等份,

$$h_0 = (\mu_{\max} - \mu_{\min})/S.$$

对 $\mu_s = \mu_{\min} + kh_0, k = 0, 1, \cdots, s$ 分别求解模型 M-V6, 得解 x^s. 再考虑如此得到的在有效边缘上的点是什么样的点:

(1) 内点: x^s, 这时需要确定包含 x^s 在内的内点的最大区间. 这可通过检查在 x^s 两侧的分点是否为内点来进行, 如果两侧的分点都不是内点, 可以把区间 $[\mu_s - h_0, \mu_s + h_0]$ 再分成 S 个等份, 求解模型 M-V6 得相应的有效投资组合. 重复这一过程可确定包含 x^s 在内的内点的最大区间. 由区间两个端点及其中一个中间点处的期望收益和风险值, 进行二次插值, 得到该区间上的二次曲线作为有效边缘一部分的近似.

(2) 非内点: x^s 的分量分成正和零两部分, 其中有 n_1 个分量取正值, 有 n_2 个分量取 0 值, $n_1 + n_2 = n$. 这时需要进一步检测该点是否为端点. 这同样可以通过对与 μ_s 最相邻的两点处的所得的问题 M-V6 的解向量中正分量是否有增加或减少来确定, 或者把区间 $[\mu_s - h_0, \mu_s + h_0]$ 再细分来确定使这 n_1 个正向量的个数保持不变的最大区间, 在这个区间内同样可以利用二次内插确定近似多项式 (这是非内点, 但非端点的边界曲线).

(3) 非内点, 是边界的端点: $x_s - h_0, x_s + h_0$ 两点处的所得的问题 M-V6 的解向量会有不同, 表明同 μ_s 处的组合相比, 或者有更多的资产进入组合, 或者有部分资产从组合中删去, 因而在点 μ_s 两侧的近似多项式是不同的, 但两个多项式在点 μ_s 处的值确是一致的, 这时需要用样条插值确定相关的近似多项式.

利用上面的方法, 我们可以构造整个投资组合有效边缘的分段近似, 但无法给出统一的表达式. 如设有 m 个分段二次多项式近似, 记为

$$\hat{\varphi}_j(E(r_x), \sigma_x), \quad j = 1, 2, \cdots, m,$$

则为确定使投资者效用最大的投资组合, 需要对 $j = 1, 2, \cdots, m$ 分别求解下列问题

$$\text{MUAJ} \quad \begin{cases} \max U(E(r_x), \sigma_x, \theta), \\ \text{s.t } \hat{\varphi}_j(E(r_x), \sigma_x) = 0, \end{cases}$$

得 $x^{(j)}, u^{(j)}$, 再从中选出使 $U(E(r_x), \sigma_x, \theta)$ 取值最大的投资组合作为其需要的投资组合.

§12.5.4　存在无风险资产、不允许卖空

根据 §12.5.2 和 §12.5.3 可以给出存在无风险资产和不允许卖空的情形下的其中一个投资组合选择模型为

$$
\text{M-V7}\quad
\begin{cases}
\max \lambda\left(x_f r_f + \displaystyle\sum_{i=1}^{n} x_i \bar{r}_i\right) - \dfrac{1}{2}\displaystyle\sum_{i=1}^{n}\sum_{j=1}^{n} x_i x_j \sigma_{ij}, \\[2mm]
\text{s.t.}\quad x_1 + x_2 + \cdots + x_n = 1, \\[2mm]
\qquad\ x_i \geqslant 0, \quad i = 1, 2, \cdots, n, \\[2mm]
\qquad\ x_f \geqslant 0.
\end{cases}
$$

它是带有投资者对风险容忍程度参数 λ 的投资组合选择模型. 这个模型也是一个凸二次规划问题, 具体求解可见文献 [36]. 同样, 在这种市场条件下的投资组合的有效边缘是过 $(0, r_f)$ 与不存在无风险资产且允许卖空条件下的有效边缘相切的切线上从 $(0, r_f)$ 到切点的线段.

§12.6　不同风险度量下的投资组合选择模型

在期望收益 – 风险平衡的投资组合选择的指导思想下, 不同的收益和风险度量方法导致了不同类型的投资组合选择模型. 通常期望收益的度量都采用未来投资组合收益率分布的期望值作为投资组合的预期收益的度量, 而且在实际应用中都是采用历史收益数据的平均值或加权平均值的方式来表示. 风险的度量方法目前比较多, 常用的投资组合选择模型采用资产收益波动的方差、标准差、半方差、绝对偏差、风险价值 VaR 或一致性的风险度量, 如条件风险价值 CVaR 或期望损失 ES. 本节主要介绍投资组合选择的均值 – 绝对偏差模型 (mean-absolute deviation, MAD)、均值 – 风险价值模型和均值 – 条件风险价值模型.

§12.6.1　均值 – 绝对偏差投资组合选择模型 (MAD)

1988 年, 日本学者 Konno 的文章 "Portfolio Optimization using L_1 Risk Function" 第一次介绍了证券组合选择的 MAD 模型 [71]. 这是对传统的 M-V 模型的一个重大修改. 它把一个 M-V 投资组合选择模型的二次规划问题转化为 MAD 投资组合选择模型的一个线性规划问题, 这对于大规模投资组合的构造有着极其重要的意义. 随着计算机技术和网络技术的广泛应用, 这一模型现在已经被广泛应用到实际投资活动中.

本小节首先介绍资产收益率的绝对偏差的计算, 然后讨论投资组合收益率的绝对偏差, 接着建立 MAD 模型, 讨论模型的求解, 最后讨论 MAD 模型与 M-V 模型之间的关系.

1. 单个资产收益的绝对偏差

(9.5.5) 给出了单个资产收益绝对偏差的定义. 关于某个资产 i 收益率的绝对偏差的估计, 可以用历史数据来求出, 我们用表 12.6.1 中的例子来说明绝对偏差的计算方法.

表 12.6.1　资产 A 的风险 (绝对偏差) 的计算

年份	成交价	收益率 r_t/%	偏差 $r_t - E(r)$/%	绝对偏差 $\lvert r_i - E(r) \rvert$
1	20			
2	25	25	3.2	3.2
3	30	20	-1.8	1.8
4	36	20	-1.8	1.8

平均收益率　$E(r) = \dfrac{1}{3} \sum\limits_{i=1}^{3} r_i = 21.8\%$

收益率的绝对偏差　$w = \dfrac{1}{3} \sum\limits_{i=1}^{3} w_i = \dfrac{1}{3}(3.2 + 1.8 + 1.8) = 2.2667\%$

假设投资者拥有某资产 $T+1$ 年的历史价格数据, 那么就可以利用例题中的方法估计出该证券的投资收益在绝对偏差意义下的风险

$$w_i = \frac{1}{T} \sum_{t=1}^{T} \lvert r_{i,t} - E(r_i) \rvert. \tag{12.6.1}$$

2. 投资组合收益的绝对偏差

假设一个投资组合 x 由 n 种风险资产构成, 设在每种资产上的投资权重为 x_i, 已知第 i 种资产的收益率是 r_i, 那么投资组合 x 的收益率可表示为

$$r_x = \sum_{i=1}^{n} x_i \, r_i = r^{\mathrm{T}} x,$$

投资组合 x 的预期收益率为

$$E(r_x) = \sum_{i=1}^{n} x_i E(r_i) = E(r)^{\mathrm{T}} x.$$

在上述两式中, $x = (x_1, x_2, \cdots, x_n)^{\mathrm{T}}$ 表示投资权重向量, $r = (r_1, r_2, \cdots, r_n)^{\mathrm{T}}$ 表示 n 个资产的收益率向量, 而 $E(r) = (E(r_1), E(r_2), \cdots, E(r_n))^{\mathrm{T}}$ 则表示 n 个资产的预期收益率向量.

(9.5.6) 给出了投资组合在绝对偏差意义下的风险定义

$$w(x) = E\left[\left\lvert \sum_{j=1}^{n} r_j x_j - \sum_{j=1}^{n} x_j E(r_j) \right\rvert \right]. \tag{12.6.2}$$

假设已知构造投资组合的每一种资产有 T 个历史收益率, 那么投资组合 x 的风险由下面的公式来估计:

$$w(x) = \frac{1}{T} \sum_{t=1}^{T} \left| \sum_{j=1}^{n} (r_{j,t} - E(r_j)) x_j \right|. \tag{12.6.3}$$

例 12.6.1　考虑由两种证券构成的证券投资组合, 设证券 1 的历史收益率为

$$r_{1,1} = 20\%, \quad r_{1,2} = 25\%, \quad r_{1,3} = 15\%,$$

证券 2 同期的历史收益率为

$$r_{2,1} = 14\%, \quad r_{2,2} = 22\%, \quad r_{2,3} = 18\%,$$

则证券 1 和证券 2 的平均收益率分别为

$$E(r_1) = \frac{1}{3}(20\% + 25\% + 15\%) = 20\%,$$

$$E(r_2) = \frac{1}{3}(14\% + 22\% + 18\%) = 18\%.$$

当 $x_1 = x_2 = 50\%$ 时, 组合 P_1 的期望收益率和绝对偏差分别为

$$E(r_{P1}) = 0.5 \times 0.2 + 0.5 \times 0.18 = 0.19 = 19\%,$$

$$w(x) = \frac{1}{3} \sum_{t=1}^{3} \left| \sum_{j=1}^{2} (r_{j,t} - E(r_j) x_j) \right| = 3\%,$$

当 $x_1 = 25\%, x_2 = 75\%$ 时, 组合 P_2 的期望收益率和绝对偏差分别为

$$E(r_{P1}) = 0.25 \times 0.2 + 0.75 \times 0.18 = 0.185 = 18.5\%,$$

$$w(x) = \frac{1}{3} \sum_{t=1}^{3} \left| \sum_{j=1}^{2} (r_{j,t} - E(r_j) x_j) \right| = 2.833\%,$$

当 $x_1 = 75\%, x_2 = 25\%$ 时, 组合 P_3 的期望收益率和绝对偏差分别为

$$E(r_{P2}) = 0.75 \times 0.2 + 0.25 \times 0.18 = 0.195 = 19.5\%,$$

$$w(x) = \frac{1}{3} \sum_{t=1}^{3} \left| \sum_{j=1}^{2} (r_{j,t} - E(r_j) x_j) \right| = 2.833\%.$$

需要说明的一点是, 如果 n 种风险资产的收益率呈联合多元正态分布, 那么投资组合的绝对偏差和标准差在本质上没有什么区别, 也就是说, 无论是用标准差度量风险还是用绝对偏差度量风险都是一样的, 这一点从定理 12.6.1 可知.

定理 12.6.1　如果 n 种资产的收益率 $(r_1, r_2, \cdots, r_n)$ 服从多元正态分布, 那么有

$$w(x) = \sqrt{\frac{2}{\pi}} \sigma(x),$$

其中 $w(x)$ 表示投资组合 x 的绝对偏差, $\sigma(x)$ 表示投资组合 x 的标准差, π 为圆周率.

证明　设 $(E(r_1), E(r_2), \cdots, E(r_n))$ 为 n 种资产的收益率 $(r_1, r_2, \cdots, r_n)$ 的平均值向量, $V = (\sigma_{ij} \in R^{n \times n})$ 为收益率 $(r_1, r_2, \cdots, r_n)$ 之间的方差 – 协方差矩阵. 根据 $(r_1, r_2, \cdots, r_n)$ 服从多元正态分布的假设, 投资组合的收益率 $\sum_{j=1}^{n} r_j x_j$ 服从一元正态分布, 平均值为 $\sum_{j=1}^{n} x_j E(r_j)$, 标准差为

$$\sigma(x) = \sqrt{\sum_{i=1}^{n} \sum_{j=1}^{n} \sigma_{ij} x_i x_j}.$$

根据绝对偏差的定义有

$$w(x) = \frac{1}{\sqrt{2\pi}\sigma(x)} \int_{-\infty}^{+\infty} |\mu| \exp\left(-\frac{\mu^2}{2\sigma^2(x)}\right) d\mu = \sqrt{\frac{2}{\pi}} \sigma(x).$$

证毕.

从定理 12.6.1 可以看出, 在确定有效投资组合时, 在资产服从多元正态分布的条件下, 投资组合的绝对偏差和标准差只差一个常数, 因此, 用绝对偏差和标准差这两种风险度量方法得到的有效投资组合应该是相同的.

3. 均值 – 绝对偏差投资组合选择模型 (MAD)

MAD 投资组合选择模型是对均值 – 方差 (M-V) 投资组合选择模型的修正, 即把 M-V 投资组合选择模型中的风险度量方差替换为绝对偏差, 其余不变. 因此, 我们也可以采取类似 M-V 投资组合选择模型来定义 MAD 投资组合选择模型的投资组合可行集、有效集或有效边缘的概念, 并且可以建立不同市场环境下的投资组合选择模型.

首先定义 MAD 模型的投资可行集和有效边缘或有效边界. 每一种投资组合方式对应了收益 – 绝对偏差坐标系中的一个点, 所有这样的投资组合构成的点 $(w_p, E(r_p))$ 的集合称为 MAD 投资组合选择模型的投资可行集. 由于或者要求收益最大, 或者要求风险最小, 因此, 从几何上, 可行集的右上边缘所有点的集合构成了

投资组合的有效集, 也称为投资组合的有效边缘, 或有效边界. 也就是说, 对于一个理性的投资者来说, 他的投资方案应该在投资组合的有效边缘上.

下面是两个在用绝对偏差度量风险的意义下确定有效投资组合, 或说投资组合有效边缘的模型.

(a) 在给定收益率目标下, 确定使组合风险最小的投资组合, 它对应于下面的数学模型

$$
\text{MAD1} \quad
\begin{cases}
\min w(x) = E\Big[\Big|\sum_{j=1}^{n} r_j x_j - \sum_{j=1}^{n} x_j E(r_j)\Big|\Big], \\[2mm]
\text{s.t.} \ \sum_{i=1}^{n} x_i E(r_i) = \mu_p, \\[2mm]
x_1 + x_2 + \cdots + x_n = 1,
\end{cases}
$$

其中 μ_p 为给定的预期收益目标. 可以看出, 这个模型完全类似于 M-V 模型中的模型 M-V1. 用

$$
a_{jt} = r_{jt-E(r_j)}, \quad j = 1, 2, \cdots, n; \quad t = 1, 2, \cdots, T
$$

表示证券 j 的第 t 个历史收益率的偏差, 则模型 MAD1 可以改写为

$$
\text{MAD2} \quad
\begin{cases}
\min w(x) = \dfrac{1}{T}\sum_{t=1}^{T}\Big|\sum_{j=1}^{n} a_{jt} x_j\Big|, \\[3mm]
\text{s.t.} \ \sum_{i=1}^{n} x_i E(r_i) = \mu_p, \\[3mm]
x_1 + x_2 + \cdots + x_n = 1.
\end{cases}
$$

这是一个非光滑的最优化问题, 直接求解比较困难, 但可以转化为线性规划问题的形式来求解. 令

$$
y_t = \Big|\sum_{j=1}^{n} a_{jt} x_{jt}\Big|, \quad t = 1, 2, \cdots, T,
$$

并把它改写为

$$
y_t + \sum_{j=1}^{n} a_{jt} x_{jt} \geqslant 0, \quad y_t - \sum_{j=1}^{n} a_{jt} x_{jt} \geqslant 0, \quad t = 1, 2, \cdots, T.
$$

这样上面的模型 MAD2 就转化为下面的光滑最优化问题:

$$
\text{MAD3}\quad
\begin{cases}
\min w(x) = \dfrac{1}{T}\sum_{j=1}^{T} y_j, \\[3mm]
\text{s.t.}\ \ y_t + \sum_{j=1}^{n} a_{jt}x_j \geqslant 0, \quad t = 1, 2, \cdots, T, \\[3mm]
\ \ \ \ \ \ \ y_t - \sum_{j=1}^{n} a_{jt}x_j \geqslant 0, \quad t = 1, 2, \cdots, T, \\[3mm]
\ \ \ \ \ \ \ \sum_{i=1}^{n} x_i E(r_i) = \mu_p, \\[3mm]
\ \ \ \ \ \ \ x_1 + x_2 + \cdots + x_n = 1.
\end{cases}
$$

这是一个关于 $n+T$ 个变量 $x_1, x_2, \cdots, x_n,\ y_1, y_2, \cdots, y_T$ 的线性规划问题, 可以采用单纯形方法, 或内点算法求它的最优解, 即是最优的投资组合方案. 单纯形算法不是一个多项式时间算法, 而内点算法是一个多项式时间算法. 经过这样的转换, 问题的维数从原来的 n 增加至 $n+T$. 对于这样的模型, 如果证券数目比较多 (即 n 较大) 时, 或者利用的历史数据较多 (即 T 较大) 时, 那么就形成一个规模相对较大的线性规划问题, 在这种情况下, 显然采用内点算法要优于单纯形方法, 因此, 实际应用中通常采用内点算法来求解上述的模型 MAD3. 对不同的收益目标值 μ_p 求解模型 MAD3, 可以确定不存在无风险资产时的投资组合的有效边缘.

(b) 给定投资者所能承受的风险水平, 确定使期望收益最大的投资组合方案, 它对应于下面的数学模型

$$
\text{MAD4}\quad
\begin{cases}
\max E(r_p) = \sum_{i=1}^{n} x_i E(r_i), \\[3mm]
\text{s.t.}\ \ E\left[\left|\sum_{j=1}^{n} r_j x_j - \sum_{j=1}^{n} x_j E(r_j)\right|\right] = w, \\[3mm]
\ \ \ \ \ \ \ x_1 + x_2 + \cdots + x_n = 1,
\end{cases}
$$

其中参数 w 是预先给定的投资者可承受的风险水平. 在确定可行投资集的有效边缘时, 模型 MAD1 和 MAD4 是等价的, 因此两个模型所确定的有效边缘是相同的.

上面所建立的 MAD 投资组合选择模型假定市场不存在无风险资产, 且允许卖空. 如果存在无风险资产, 假定无风险资产的收益率为 r_f, 由于无风险资产的收益率是一确定值, 因此, $E(r_f) = r_f$, 收益率的绝对偏差为零. 下面我们讨论面对由这 $n+1$ 种资产构成的投资市场, 应该如何确定投资组合的有效边缘. 设投资在无风险资产上的投资权重为 x_f, 投资在第 i 种风险资产上的投资权重为 x_i, 那么投资组合

的预期收益率和绝对偏差分别为

$$E(r_p) = E\Big(x_f r_f + \sum_{i=1}^n x_i r_i\Big) = x_f r_f + \sum_{i=1}^n x_i E(r_i),$$

$$w(x) = E\Big[\Big|\sum_{j=1}^n r_j x_j - \sum_{j=1}^n x_j E(r_j)\Big|\Big].$$

在资本平衡约束下, 确定在给定收益目标下使风险最小的投资组合选择模型为

$$\text{MAD5} \quad \begin{cases} \min w(x) = E\Big[\Big|\sum_{j=1}^n r_j x_j - \sum_{j=1}^n x_j E(r_j)\Big|\Big], \\ \text{s.t.} \ \ x_f r_f + \sum_{i=1}^n x_i E(r_i) = \mu_p, \\ x_1 + x_2 + \cdots + x_n = 1. \end{cases}$$

同样, 模型 MAD5 是一个非光滑的最优化问题, 可以用上面同样的转换转化成线性规划问题, 然后利用单纯形法或内点算法求解. 对不同的收益目标值 μ_p 求解模型 MAD5, 可以确定存在无风险资产时的投资组合的有效边缘. 可以得出同样的结论, 模型 MAD5 确定的投资组合的有效边缘是从点 $(0, r_f)$ 出发, 同模型 MAD3 所确定的投资组合的有效边缘相切的切线.

如果证券市场上不允许卖空, 则需要在本节前述的相关模型中加入 $x_i \geqslant 0$, $i = 1, 2, \cdots, n$ 的约束. 其余的投资组合选择模型的建立和模型 M-V 类似, 所得模型经转化成带有变量非负约束的线性规划问题, 这里不再详述.

4. MAD 模型与 M-V 模型的比较

从理论上来看, MAD 最优投资组合选择模型较 M-V 最优投资组合选择模型的优点在于:

(a) 要想利用 M-V 投资组合选择模型, 投资者必须要估计感兴趣的风险资产的期望收益率、收益率分布方差以及任意两种风险资产收益率分布之间的协方差. 如果要构造包含 n 种风险资产的投资组合, 则需要有 n 个风险资产的期望收益率、n 个方差、以及 $n(n-1)/2$ 个协方差的值, 总共需要有 $2n + n(n-1)/2$ 个估计值. 而 MAD 模型只需要估计出 n 个证券回报率、n 个回报率的历史偏差, 共 $n + nT$ 个估计量. 由此可以看出, 虽然 M-V 模型是一个易于理解的模型, 可是在分析解决风险资产总体数目较大的投资组合问题时, 由于该模型需要太多的估计参数, 导致它的应用面相对较小. 此外, 当风险资产数目很大时, 估计上述参数所要求的历史数据会给计算机内存带来很大的负担, 即使对大型的计算机也是如此. 此外, 当有新的数据加入时, M-V 模型需要重新计算一次收益率的方差 – 协方差矩阵, 对于一个比较庞

大的投资组合来说, 其工作量相当大. 但是, 对于 MAD 模型而言, 只需要把新数据加入到模型中, 原来的数据完全不变, 也就是说, M-V 模型需要修正模型, 而 MAD 模型不需要修正模型. 这一点对于大规模的投资组合来说是非常重要的. 因此, 从理论上讲, MAD 模型在处理大规模的投资组合选择问题时, 会比 M-V 模型有效得多.

(b) 在利用 M-V 模型时, 数据收集过程中的协调工作也会出现困难. 大部分证券研究部门是这样组织的: 专家们被分配研究某个产业或至多由少数几个产业组成的产业群, 结果, 这种专门化的分工导致分析人士一般较少具备自己所研究的产业以外的证券特性的知识, 因此要得到不同产业间证券的协方差是比较困难的. 而 MAD 模型不需要估计证券之间的协方差, 它只需要估计每一种证券的回报率以及历史绝对偏差的估计, 这对于证券分析人士来说是比较容易做到的, 从而可以避免由于分工不同造成数据收集和处理过程中不协调问题.

(c) MAD 模型经转化是一个线性规划问题, 而且模型中的约束条件只有 $2T+2$ 个, 与证券数目 n 无关, 因此证券数目即使很大, 约束条件仍然不变, 换句话说, 也就是在求解 MAD 模型时, 可行集是不随证券数目变化的, 这一点对于证券组合的调整是非常有意义的. 另外, 线性规划问题已经有多项式时间算法 (如内点算法), 而 M-V 模型是一个二次规划问题, 求解难度相对要大一点. 因此, MAD 模型特别适合于大规模的投资组合选择问题, 而 M-V 模型则主要被用于解决资产配置问题.

§12.7　均值-风险价值 (M-VaR) 投资组合选择模型

本节用投资组合的风险价值 (VaR) 作为风险度量 [30], 建立在各种市场条件下的投资组合选择模型, 进而分析相应的投资组合的有效边缘.

§12.7.1　M-VaR 投资组合可行集封套

考虑一个由 n 种风险资产组成的资产组合, 用 r_i 表示第 i 种资产收益率的随机变量, 假定其服从正态分布, 期望收益率 $\mu_i = E(r_i), \mu = (\mu_1, \mu_2, \cdots, \mu_n)^{\mathrm{T}}, e = (1, 1, \cdots, 1)^{\mathrm{T}} \in R^n$ 是分量全为 1 的 n 维向量; 对各资产的投资权重分别是 $x_1, x_2, \cdots, x_n, x = (x_1, x_2, \cdots, x_n)^{\mathrm{T}}, X \equiv \left\{ x \in R^n : \sum_{i=1}^n x_i = 1 \right\}$ 是投资组合可行集, 假定允许卖空, 即允许 x_i 为负值. 对于任何的 $x \in X$, 定义 r_x 为投资组合 x 的收益率随机变量, $E(r_x)$ 和 σ_x 分别为投资组合 x 的期望收益率和收益率的标准差, 则投资组合的期望收益率表示为

$$E(r_x) = \sum_{i=1}^n \mu_i x_i = x^{\mathrm{T}} \mu.$$

投资组合的方差为

$$\sigma_x^2 = E\Big[\sum_{i=1}^{n} r_i x_i - \sum_{i=1}^{n} \mu_i x_i\Big]^2 = (x_1, x_2, \cdots, x_n) V (x_1, x_2, \cdots, x_n)^{\mathrm{T}} = x^{\mathrm{T}} V x,$$

其中 $V = (\sigma_{ij}) \in R^{n \times n}$ 为资产收益分布间的方差 – 协方差矩阵. 所谓 M-VaR 投资组合选择模型是指在给定目标期望收益率的条件下, 确定使 VaR 风险最小的投资组合 x.

假定所有 n 种风险资产收益率服从联合正态分布, 根据第 10 章的分析可知, 投资组合 x 的风险价值 (VaR) 可以用参数法计算得到, 即

$$\mathrm{VaR}_x = z_a \sqrt{x^{\mathrm{T}} V x} \sqrt{\Delta t} - E(r_x)\Delta t, \tag{12.7.1}$$

其中 $\alpha \in (0.5, 1)$ 为置信度, z_α 为与置信度 α 相对应的正态分布的分位数, 即有 $\phi(z_\alpha) = \alpha$, 例如对 99% 的置信度有 $z_\alpha = 2.33$. 当 $\alpha \leqslant 0.5$ 时, $z_\alpha \leqslant 0$, 这时用 VaR 描述风险时, 其值为负, 不符合风险的实际意义, 因此 $\alpha \in (0.5, 1)$. 在实际的应用风险价值进行风险控制和管理时, 置信水平一般都取 $\alpha \geqslant 0.90$.

在预先给定的收益水平下确定使风险最小的均值 – 风险价值投资组合选择模型为下面的参数二次规划问题

$$\text{M-VaR}\quad \begin{cases} \min \mathrm{VaR}(\alpha, \Delta t, x) = z_a \sqrt{x^{\mathrm{T}} V x}\sqrt{\Delta t} - E(r_x)\Delta t, \\ \text{s.t. } E(r_x) = \overline{E}, \\ \displaystyle\sum_{i=1}^{n} x_i = x^{\mathrm{T}} e = 1, \end{cases}$$

其中 $\overline{E}$ 为给定的目标期望收益率. 当给定投资组合的目标期望收益, 根据投资组合选择模型 M-VaR 能够求得最优投资组合 $\overline{x}$ 及相应的风险价值 (VaR). 考虑 VaR 为正, 其相应的 $(\mathrm{VaR}_{\overline{x}}, \overline{E})$ 点在 $(\mathrm{VaR} - \overline{E})$ 坐标系下对应于曲线上一点, 这条曲线称为 M-VaR 投资组合选择模型的投资组合可行集的封套.

为了描述 M-VaR 投资组合可行集封套的性质, 首先给出一个投资组合位于 M-VaR 封套上的定义.

定义 12.7.1 给定置信水平 α 和持有期 Δt 以及投资组合目标期望收益率 $\overline{E} \in R$, 如果投资组合 $\overline{x}$ 是模型 M-VaR 的解, 则称投资组合 $\overline{x} \in X$ 属于 M-VaR 封套上.

下面的定理给出了 M-VaR 封套和 M-V 封套之间的关系.

定理 12.7.1 设所有 n 种风险资产的收益率服从联合正态分布, 当给定置信水平 $\alpha \in (0.5, 1)$、持有期 $\Delta t > 0$ 和目标期望收益率 $\overline{E}$ 时, 投资组合 $\overline{x} \in X$ 属于 M-VaR 投资组合可行集封套的充要条件是它属于 M-V 封套.

证明 必要性. 如果投资组合 $\overline{x} \in X$ 属于 M-VaR 封套, 那么 $\overline{x}$ 满足

$$E(r_{\overline{x}}) = \overline{E}. \tag{12.7.2}$$

对于使 $E(r_{\overline{x}}) = \overline{E}$ 的任意可行的投资组合 $x \in X$, 都有

$$\text{VaR}(\alpha, \Delta t, x) > \text{VaR}(\alpha, \Delta t, \overline{x}), \tag{12.7.3}$$

即有

$$z_a \sqrt{x^{\mathrm{T}} V x} \sqrt{\Delta t} - E(r_x) \Delta t > z_a \sqrt{\overline{x}^{\mathrm{T}} V \overline{x}} \sqrt{\Delta t} - E(r_{\overline{x}}) \Delta t. \tag{12.7.4}$$

由于 n 种风险资产收益率服从联合正态分布, 方差 – 协方差矩阵 V 正定, 根据置信水平 $\alpha \in (0.5, 1)$(即 $z_\alpha > 0$)、持有期 $\Delta t > 0$, 由 (12.7.2) 和 (12.7.4) 有

$$x^{\mathrm{T}} V x > \overline{x}^{\mathrm{T}} V \overline{x}.$$

根据投资组合方差的定义, 上式意味着

$$\sigma_x^2 > \sigma_{\overline{x}}^2, \tag{12.7.5}$$

这表明 $\overline{x} \in X$ 是 M-V 投资组合选择模型的解, 即投资组合 $\overline{x} \in X$ 属于 M-V 封套.

充分性. 假设 $\overline{x} \in X$ 是 M-V 投资组合选择模型的解, 即投资组合 $\overline{x} \in X$ 属于 M-V 封套, 那么 $\overline{x}$ 满足 $E(r_{\overline{x}}) = \overline{E}$, 且对于任意满足 $E(r_{\overline{x}}) = \overline{E}$ 的 $x \in X$, 有 $\sigma_x^2 > \sigma_{\overline{x}}^2$ 即 $x^{\mathrm{T}} V x > \overline{x}^{\mathrm{T}} V \overline{x}$, 由于置信水平 $\alpha \in (0.5, 1)$、持有期 $\Delta t > 0$ 和 v 正定, 有 (12.7.4) 式成立, 从而 (12.7.3) 式也成立. 因此 $\overline{x} \in X$ 是 M-VaR 投资组合选择模型的解, 即投资组合 $\overline{x} \in X$ 属于 M-VaR 封套. 证毕.

当给定置信水平 $\alpha \in (0.5, 1)$、持有期 $\Delta t > 0$ 和目标期望收益率 $\overline{E}$, 由模型 M-VaR 所确定的投资组合 $\overline{x} \in X$ 属于 M-VaR 封套. 根据 VaR 的参数法可计算组合 $\overline{x}$ 的风险价值

$$\text{VaR}(\alpha, \Delta t, \overline{x}) = z_a \sqrt{\overline{x}^{\mathrm{T}} V \overline{x}} \sqrt{\Delta t} - \overline{E} \Delta t,$$

将此式改写为

$$\frac{(\text{VaR}(\alpha, \Delta t, \overline{x}) + \overline{E} \Delta t)^2}{z_\alpha^2 \Delta t} = \overline{x}^{\mathrm{T}} V \overline{x}. \tag{12.7.6}$$

由定理 12.7.1 可知, 当目标期望收益率为 $\overline{E}$ 时, 投资组合 $\overline{x} \in X$ 的方差为 $\sigma_{\overline{x}}^2 = \overline{x}^{\mathrm{T}} V \overline{x}$, 因此 (12.7.6) 式可写成

$$\frac{(\text{VaR}(\alpha, \Delta t, \overline{x}) + \overline{E} \Delta t)^2}{z_\alpha^2 \Delta t} = \overline{x}^{\mathrm{T}} V \overline{x} = \sigma_{\overline{x}}^2.$$

再根据定理 12.7.1, 把上式 $\sigma_{\overline{x}}^2 = \dfrac{(\text{VaR}(\alpha, \Delta t, \overline{x}) + \overline{E} \Delta t)^2}{z_\alpha^2 \Delta t}$ 代入 M-V 投资组合选择模型所确定的最优投资组合所满足的风险 – 收益方程 (12.5.1) 式中 (用 $\overline{E}$ 和 $\sigma_{\overline{x}}^2$ 分别替换式中的 μ_p 和 σ_p^2), 可得

$$\frac{(\text{VaR}(\alpha, \Delta t, \overline{x}) + \overline{E} \Delta t)^2}{\dfrac{z_\alpha^2 \Delta t}{\alpha}} - \frac{\left(\overline{E} - \dfrac{a}{b}\right)^2}{\dfrac{d}{a^2}} = 1, \tag{12.7.7}$$

其中 $b = e^{\mathrm{T}} V^{-1} \mu$, $c = \mu^{\mathrm{T}} V^{-1} \mu$, $a = e^{\mathrm{T}} V^{-1} e$, $d = ac - b^2$.

随着目标期望收益率 $\overline{E}$ 的变化, (12.7.7) 在 $(\mathrm{VaR} - \overline{E})$ 坐标系下确定一条双曲线, 这条双曲线的右支就是投资组合的 M-VaR 封套.

M-VaR 封套在坐标系 $(\mathrm{VaR} - \overline{E})$ 内是由 (12.7.7) 确定的双曲线的右支, (12.7.7) 还表明不同置信水平下的封套是不同的, 图 12.7.1 给出了同一模型在不同置信水平下的封套. 从图中可以看出, 当置信水平 $\alpha \to 0.5$ 时, 投资组合的 M-VaR 封套在 $(\mathrm{VaR} - \overline{E})$ 坐标系下趋于一条斜率为负的直线. 这是因为当 $\alpha \to 0.5$ 有 $z_\alpha \to 0$, 因此, 给定 $\Delta t > 0$, 对任何投资组合 $x \in X$, 由 VaR 的表达 (12.7.1) 有 $\lim\limits_{\alpha \to 0.5} \mathrm{VaR}(\alpha, \Delta t, r_x) = -E(r_x)\Delta t$, 再由 (12.7.7) 可得图示的结论. 在实际的金融风险控制和管理中, 置信水平一般都取自 $\alpha \geqslant 0.90$.

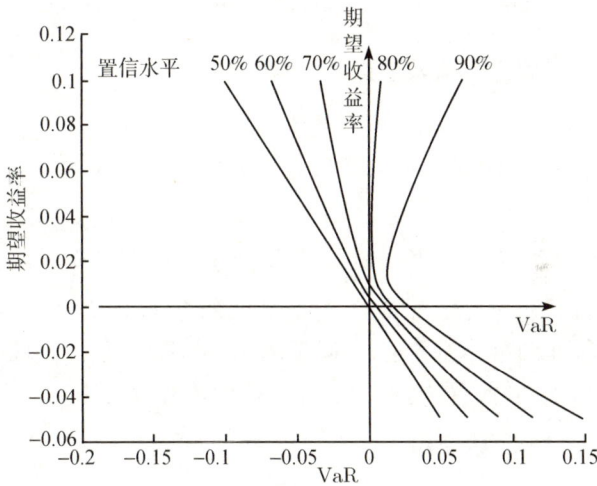

图 12.7.1　不同置信水平下的投资组合可行集封套

另一方面, 当置信度 $\alpha \to 1$, 有 $z_\alpha \to \infty$. 因此给定 $\Delta t > 0$, 对任何投资组合 $x \in X$, 由 (12.7.1) 得

$$\lim_{\alpha \to 1} \mathrm{VaR}(\alpha, \Delta t, x)/(z_\alpha \sqrt{\Delta t}) = \lim_{z_\alpha \to \infty} (\sigma_x - E(r_x)\sqrt{\Delta t}/z_\alpha) = \sigma_x.$$

由此可以得出如下结论: 给定 $\Delta t > 0$, 当置信度 $\alpha \to 1$, M-VaR 投资可行集的封套在 $(\mathrm{VaR}(\alpha, \Delta t, x)/(z_\alpha \sqrt{\Delta t}) - \overline{E})$ 坐标系下, 趋向于 M-V 投资可行集的封套 (见图 12.7.2).

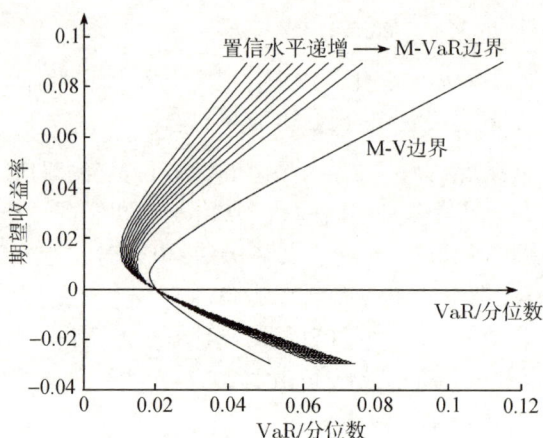

图 12.7.2　　置信水平下趋于 1 时的 M-VaR 的投资组合可行集封套

§12.7.2　M-VaR 投资组合有效边缘

首先给出 M-VaR 投资有效边缘的定义.

定义 12.7.2　给定置信水平 α 和持有期 Δt, 设 $x \in X$ 属于 M-VaR 封套, 如果不存在投资组合 $v \in X$, 满足

$$E(r_v) \geqslant E(r_x) \quad \text{和} \quad \text{VaR}(\alpha, \Delta t, r_v) \leqslant \text{VaR}(\alpha, \Delta t, r_x),$$

并且其中至少有一个不等式严格成立, 则称投资组合 x 为 M-VaR 有效投资组合. 称这样的投资组合 x 的全体所对应的 M-VaR 投资集合封套上的曲线 (或直线) 为 M-VaR 投资组合有效边缘, 简称投资组合的 M-VaR 有效边缘.

§12.7.3　全局最小 VaR 投资组合

全局最小 VaR 投资组合定义为投资组合 M-VaR 有效边缘上使 VaR 值达到最小的投资组合.

全局最小 VaR 投资组合在 M-VaR 有效边缘上位于有效边缘的起点. 给定置信水平 α 和持有期 Δt, 如果全局最小 VaR 投资组合存在, 那么 M-VaR 有效边缘也存在, 如果它不存在, 那么 M-VaR 有效边缘也就不存在. 因此, 全局最小 VaR 投资组合的性质对于 M-VaR 投资组合有效边缘的性质而言是非常重要的.

引理 12.7.1　给定置信水平 α 和持有期 Δt , 如果全局最小 VaR 投资组合存在, 那么它一定属于 M-V 投资组合的有效边缘.

证明　设全局最小 VaR 投资组合, 记为 x 存在. 假设它不属于 M-V 投资组合的有效边缘, 则存在投资组合 $v \in X$, 使得 $E(r_v) \geqslant E(r_x)$ 和 $\sigma_v \leqslant \sigma_x$, 并且其中至少有一个不等式严格成立. 因此根据 (12.7.1),

$$\text{VaR}(\alpha, \Delta t, x) = z_\alpha \sigma_x \sqrt{\Delta t} - E(r_x)\Delta t,$$

有
$$\mathrm{VaR}(\alpha, \Delta t, v) < \mathrm{VaR}(\alpha, \Delta t, x).$$

这与投资组合 x 是全局最小 VaR 投资组合矛盾. 这就证明了全局最小 VaR 投资组合 x 一定属于 M-V 投资组合的有效边缘. 证毕.

假定所有风险资产的收益率服从联合正态分布, 则由计算投资组合的 VaR 参数法的计算公式 $\mathrm{VaR}_x = z_\alpha \sigma_x \sqrt{\Delta t} - E(r_x)\Delta t$ 可以看出, 有三个因素影响投资组合的 VaR 值: (1) 分位数 (置信水平), 通过 $Z_\alpha \sigma(r_x)\sqrt{\Delta t}$ 项产生影响; (2) 期望收益, 通过 $E(r_x)\Delta t$ 项产生影响; (3) 持有期, 通过项 $z_\alpha \sigma_x \sqrt{\Delta t}$ 和 $E(r_x)\Delta t$ 产生影响. 因此, 如果置信水平不够大, 导致分位数的影响超过均值和持有期的影响, 会导致全局最小 VaR 不存在. 下面的结果给出了全局最小 VaR 投资组合存在的条件和全局最小 VaR 投资组合的投资权重向量.

定理 12.7.2 给定置信水平 α 和持有期 Δt, 全局最小 VaR 投资组合 x 存在的充要条件是置信度满足 $\alpha > \phi\left(\sqrt{\dfrac{d\Delta t}{a}}\right)$ 且持有期满足 $0 < \Delta t < \dfrac{z_\alpha^2 \sigma_x^2}{4E^2(r_x)}$, 这里 $\phi(\omega)$ 表示标准正态分布的随机变量取值大于等于 ω 的累积概率. 进一步, 如果 $\alpha > \phi\left(\sqrt{\dfrac{d\Delta t}{a}}\right)$ 和 $0 < \Delta t < \dfrac{z_\alpha^2 \sigma_x^2}{4E^2(r_x)}$ 成立, 那么全局最小 VaR 投资组合权重向量 $x \in X$ 为

$$x = g + h\left[\frac{b}{a} + \sqrt{\frac{d}{a}\left(\frac{\dfrac{z_\alpha^2}{\Delta t}}{\dfrac{az_\alpha^2}{\Delta t} - d} - \frac{1}{a}\right)}\right], \tag{12.7.8}$$

其中

$$g = [cV^{-1}e - bV^{-1}E(r)]/d, \quad h = [aV^{-1}E(r) - bV^{-1}e]/d, \tag{12.7.9}$$

$E(r_x)$ 表示全局最小 VaR 投资组合 $x \in X$ 所对应的期望收益率, a, b, c, d 的定义见 (12.7.7).

证明 必要性. 设全局最小 VaR 投资组合 x 存在, 则对应于 x 的 VaR 关于期望收益率的偏导数为零, 即

$$\frac{\partial \mathrm{VaR}(\alpha, \Delta t, \overline{x})}{\partial \overline{E}}\bigg|_{\overline{x}=x} = 0. \tag{12.7.10}$$

将 (12.7.7) 两边对 $\overline{E}$ 求偏导, 有

$$\frac{\partial\left(\dfrac{(\mathrm{VaR}(\alpha, \Delta t, \overline{x}) + \overline{E}\Delta t)^2}{\dfrac{z_\alpha^2 \Delta t}{a}} - \dfrac{\left(\overline{E} - \dfrac{b}{a}\right)^2}{\dfrac{d}{a^2}}\right)}{\partial \overline{E}} = 0.$$

化简上式有

$$\frac{(\mathrm{VaR}(\alpha, \Delta t, \overline{x}) + \overline{E}\Delta t)\left(\frac{\partial \mathrm{VaR}(\alpha, \Delta t, \overline{x})}{\partial \overline{E}} + \Delta t\right)}{\frac{z_\alpha^2 \Delta t}{a}} - \frac{\left(\overline{E} - \frac{b}{a}\right)}{\frac{d}{a^2}} = 0, \qquad (12.7.11)$$

把 $\left.\dfrac{\partial \mathrm{VaR}(\alpha, \Delta t, \overline{x})}{\partial \overline{E}}\right|_{\overline{x}=x} = 0$ 代入式 (12.7.11), 可得在 x 处有

$$\mathrm{VaR}(\alpha, \Delta t, x) = \left(E(r_x) - \frac{b}{a}\right) z_\alpha^2 \frac{a}{d} - E(r_x)\Delta t, \qquad (12.7.12)$$

因为在 x 处 (12.7.7) 成立 (根据 x 定义), 把 (12.7.12) 的 $\mathrm{VaR}(\alpha, \Delta t, x)$ 表达式代入 (12.7.7) 得到

$$\frac{\left(\left(E(r_x) - \frac{b}{a}\right) z_\alpha^2 \frac{a}{d}\right)^2}{\frac{z_\alpha^2 \Delta t}{a}} - \frac{\left(E(r_x) - \frac{b}{a}\right)^2}{\frac{d}{a^2}} = 1.$$

整理上式得

$$E(r_x) = \left[\frac{b}{a} + \sqrt{\frac{d}{a}\left(\frac{\frac{z_\alpha^2}{\Delta t}}{\frac{a z_\alpha^2}{\Delta t} - d} - \frac{1}{a}\right)}\right]. \qquad (12.7.13)$$

由于全局最小 VaR 投资组合 x 存在, 故 (12.7.13) 式必须有意义, 即有

$$\frac{\frac{z_\alpha^2}{\Delta t}}{\frac{a z_\alpha^2}{\Delta t} - d} - \frac{1}{a} > 0,$$

化简可得

$$\frac{1}{a - \frac{d\Delta t}{z_\alpha^2}} > \frac{1}{a},$$

因为 ac 为正数, 所以由上式有 $a - \dfrac{d\Delta t}{z_\alpha^2} > 0$, 即分位数满足 $z_\alpha > \sqrt{\dfrac{d\Delta t}{a}}$. 因此, 全局最小 VaR 投资组合 x 存在的必要条件是置信水平满足

$$\alpha = \phi(z_\alpha) > \phi\left(\sqrt{\frac{d\Delta t}{a}}\right). \qquad (12.7.14)$$

对于持有期 $\Delta t > 0$, 在给定置信水平 α 和预期收益率 $E(r_x)$ 的情况下, VaR 随着持有期 Δt 的增加而增加, 即 VaR 关于持有期 Δt 单调增. 因此, VaR 关于持有期 Δt 的一阶偏导数大于 0. 根据表达式 $\mathrm{VaR}(\alpha, \Delta t, x) = z_\alpha \sigma_x \sqrt{\Delta t} - E(r_x)\Delta t$, 求关于 Δt 的偏导数得

$$\frac{\partial \mathrm{VaR}(\alpha, \Delta t, x)}{\partial \Delta t} = \frac{\partial(z_\alpha \sigma_x \sqrt{\Delta t} - E(r_x)\Delta t)}{\partial \Delta t} = \frac{z_\alpha \sigma_x}{2\sqrt{\Delta t}} - E(r_x) > 0.$$

整理上式得到在投资组合 $\overline{x}$ 处, 持有期满足以下约束

$$0 < \Delta t < \frac{z_\alpha^2 \sigma_\alpha^2}{4E^2(r_x)},$$

因此, 对于 M-VaR 封套上的投资组合 $\overline{x}$, 持有期满足以下约束

$$0 < \Delta t < \frac{z_\alpha^2 \sigma^2(\overline{E})}{4\overline{E}^2}, \tag{12.7.15}$$

其中 $\overline{E} = \overline{x}^{\mathrm{T}} E(r)$ 为目标期望收益率. 由于全局最小 VaR 投资组合 x 也是一个封套组合, 因此, x 存在的又一必要条件为持有期满足

$$0 < \Delta t < \frac{z_\alpha^2 \sigma_x^2}{4E^2(r_x)}, \tag{12.7.16}$$

其中 $E(r_x) = x^{\mathrm{T}} E(r)$ 为全局最小 VaR 投资组合 x 的期望收益率.

充分性. 根据全局最小 VaR 投资组合 x 的确定过程来证明. 令 VaR 函数对预期收益的一阶偏导数为零, 确定求使 VaR 达到极值的投资组合, 再通过 VaR 函数对预期收益的二阶偏导数是否大于 0 来判断 VaR 在此投资组合处是取极大值还是极小值. 再根据全局最小 VaR 投资组合定义, 可以判断全局最小 VaR 投资组合 x 是否存在.

由 (12.4.10) 对于任何 M-V 有效投资组合 $\overline{x} \in X$, 其目标收益率 $\overline{E}$ 和标准差之间满足关系

$$\sigma_{\overline{x}} = \sqrt{\left(\overline{E} - \frac{b}{a}\right)^2 \frac{a}{d} + \frac{1}{a}}. \tag{12.7.17}$$

根据 (12.7.1), 全局最小 VaR 投资组合是下列问题的解

$$\min \ \mathrm{VaR}(\alpha, \Delta t, \overline{x}) = z_\alpha \sigma_{\overline{x}} \sqrt{\Delta t} - \overline{E}\Delta t, \quad \overline{x} \in X. \tag{12.7.18}$$

把 (12.7.17) 式的 $\sigma_{\overline{x}}$ 代入 (12.7.18) 式有

$$\min \ \mathrm{VaR}(\alpha, \Delta t, \overline{x}) = z_\alpha \sqrt{\left(\overline{E} - \frac{b}{a}\right)^2 \frac{a}{d} + \frac{1}{a}} \sqrt{\Delta t} - \overline{E}\Delta t,$$

上式关于 $\overline{E}$ 求导数得

$$\frac{d\mathrm{VaR}(\alpha, \Delta t, \overline{x})}{d\overline{E}} = \frac{d\left(Z_\alpha \sqrt{\left(\overline{E} - \frac{b}{a}\right)^2 \frac{a}{d} + \frac{1}{a}} \sqrt{\Delta t} - \overline{E}\Delta t\right)}{d\overline{E}},$$

化简可得

$$\frac{d\mathrm{VaR}(\alpha, \Delta t, \overline{x})}{d\overline{E}} = \frac{z_\alpha \sqrt{\Delta t}\left(\overline{E} - \frac{b}{a}\right)\frac{a}{d}}{\sqrt{\left(\overline{E} - \frac{b}{a}\right)^2 \frac{a}{d} + \frac{1}{a}}} - \Delta t. \tag{12.7.19}$$

VaR 关于预期收益 $\overline{E}$ 的二阶导数为

$$\frac{d^2\mathrm{VaR}(\alpha,\Delta t,\overline{x})}{d\overline{E}^2} = \frac{d\left(\dfrac{z_\alpha\sqrt{\Delta t}\left(\overline{E}-\dfrac{b}{a}\right)\dfrac{a}{d}}{\sqrt{\left(\overline{E}-\dfrac{b}{a}\right)^2\dfrac{a}{d}+\dfrac{1}{a}}}-\Delta t\right)}{d\overline{E}} = z_\alpha\sqrt{\Delta t}\frac{\dfrac{1}{d}}{\left(\left(\overline{E}-\dfrac{b}{a}\right)^2\dfrac{a}{d}+\dfrac{1}{a}\right)^{\frac{3}{2}}},$$

$$(12.7.20)$$

直接验证可以发现 $\alpha > \phi\left(\sqrt{\dfrac{d\,\Delta t}{a}}\right)$ 和 $0 < \Delta t < \dfrac{z_\alpha^2\sigma_{x_\alpha}^2}{4E^2(r_{x_\alpha})}$ 是全局最小 VaR 投资组合存在的充分条件.

最后再证 (12.7.8). 由引理 12.7.1 知 x 为一 M-V 封套投资组合. 根据 §12.5 的分析, 任何 M-V 封套投资组合可表示为

$$\overline{x} = \lambda V^{-1}e + \gamma V^{-1}\overline{R},$$

其中 λ, γ 为拉格朗日乘子, 它们的表达式为

$$\lambda = \frac{c - \overline{E}b}{d}, \quad \gamma = \frac{\overline{E}a - b}{d},$$

将 λ 和 γ 代入 $\overline{x}$ 的表达式得

$$\overline{x} = g + h\overline{E},$$

其中 g, h 由 (12.7.8) 给出. 对于全局最小 VaR 投资组合则有 $x = g + hE(r_x)$, 从而由 (12.7.13) 式可得

$$x = g + h\left[\frac{b}{a} + \sqrt{\frac{d}{a}\left(\frac{\dfrac{z_\alpha^2}{\Delta t}}{\dfrac{az_\alpha^2}{\Delta t}-d}-\frac{1}{a}\right)}\right]. \tag{12.7.21}$$

这就完成了定理 12.7.2 的证明. 证毕.

由引理 12.7.1, 全局最小 VaR 投资组合 x 满足式 (12.7.7), 即

$$\frac{\sigma_x^2}{\dfrac{1}{a}} - \frac{\left(E(r_x)-\dfrac{b}{a}\right)^2}{\dfrac{d}{a^2}} = 1,$$

其中 $\sigma_x^2 = (\mathrm{VaR}(\alpha,\Delta t,\overline{x}) + \overline{E}\Delta t)^2/(Z_\alpha^2\Delta t)$. 由此可求得全局最小 VaR 投资组合 x 的风险价值 (VaR) 为

$$\mathrm{VaR}(\alpha,\Delta t,x) = z_\alpha\sqrt{\frac{\dfrac{z_\alpha^2}{\Delta t}}{\dfrac{az_\alpha^2}{\Delta t}-d}}\sqrt{\Delta t} - \left[\frac{b}{a} + \sqrt{\frac{d}{a}\left(\frac{\dfrac{z_\alpha^2}{\Delta t}}{\dfrac{az_\alpha^2}{\Delta t}-d}-\frac{1}{a}\right)}\right]\Delta t. \tag{12.7.22}$$

这个性质进一步表明, 利用 VaR 作为风险度量, 确定有效投资组合时, 必须选择置信水平和持有期落在定理 12.7.2 所确定的区间内, 以确保全局最小 VaR 投资组合存在, 从而投资组合有效边缘存在, 即确保在给定预期收益目标后使风险价值取最小的投资组合存在.

下面的性质 12.7.1 说明了全局最小 VaR 投资组合与全局最小方差投资组合之间的关系.

性质 12.7.1 设置信水平 $0.5 < \alpha < 1$, 持有期 Δt, 使得全局最小 VaR 投资组合 x 存在, 那么它一定位于 M-V 有效边缘上, 并且处于全局最小方差投资组合 x_G 的右上方 (见图 12.7.3).

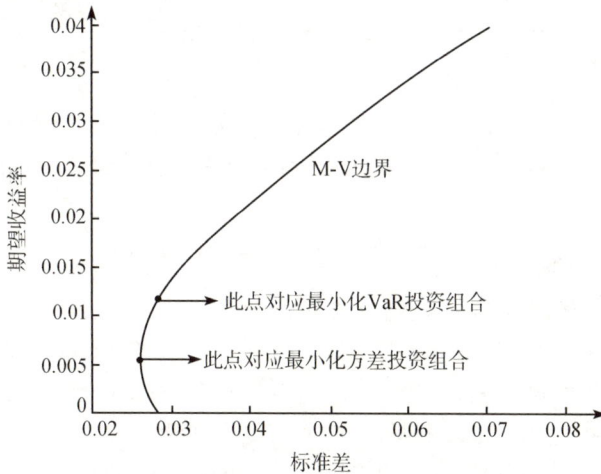

图 12.7.3 全局最小 VaR 投资组合与全局最小方差投资组合的关系

证明 假设全局最小 VaR 投资组合 x 存在, 由引理 12.7.1, 全局最小 VaR 投资组合属于 M-V 有效边缘. 在全局最小方差投资组合 x_G 处, 有 $E(x_G) = \dfrac{b}{a}$, 同 (12.7.13) 式比较可知 $E(r_{x_\alpha}) > E(r_{x_G})$, 即全局最小 VaR 投资组合位于全局最小方差投资组合的右上方.

图 12.7.3 对性质 12.7.1 作出了描述, 为了说明问题, 其中全局最小 VaR 投资组合对应 M-V 封套上的点是随机选取的. 由性质 12.7.1 可知全局最小 VaR 投资组合对应 M-V 封套上的点在全局最小方差投资组合所在点的右上方.

下面讨论 M-VaR 有效边缘的特征.

性质 12.7.2 (1) 设置信水平满足 $\alpha > \phi\left(\sqrt{\dfrac{d\Delta t}{a}}\right)$, 持有期满足 $0 < \Delta t < \dfrac{z_\alpha^2 \sigma_x^2}{4E^2(r_x)}$, 则投资组合 $x \in X$ 属于 M-VaR 投资组合有效边缘的充分必要条件是它属于 M-VaR 封套, 且 $E(r_x) > E(r_{x_\alpha})$, 这里 x_α 表示给定置信水平下的全局最小

VaR 投资组合.

(2) 当置信度满足 $\alpha \leqslant \phi\left(\sqrt{\dfrac{d\Delta t}{a}}\right)$, M-VaR 投资组合有效边缘不存在.

证明   首先证明 (1), 必要性. 由定理 12.7.2, 当 $\alpha > \phi\left(\sqrt{\dfrac{d\Delta t}{a}}\right)$ 和 $0 < \Delta t <$ $\dfrac{z_\alpha^2 \sigma_x^2}{4E^2(r_x)}$ 时, 全局最小 VaR 投资组合 $x_\alpha \in X$ 存在. 设投资组合 $x \in X$ 属于 M-VaR 投资组合有效边缘, 那么根据投资组合有效边缘定义, 投资组合 $x \in X$ 属于 M-VaR 投资组合的封套, 同时有 $E(r_x) > E(r_{x_\alpha})$.

充分性. 当 $\alpha > \phi\left(\sqrt{\dfrac{d\Delta t}{a}}\right)$ 和 $0 < \Delta t < \dfrac{z_\alpha^2 \sigma_x^2}{4E^2(r_x)}$ 时, 全局最小 VaR 投资组合 $x_\alpha \in X$ 存在. 设投资组合 $x \in X$ 属于 M-VaR 投资组合的封套, 且 $E(r_x) > E(r_{x_\alpha})$, 根据 (12.7.12) 和 (12.7.22), 有 $\dfrac{dVaR(\alpha, \Delta t, \overline{x})}{dE} > 0$, 即 VaR 关于期望收益单调增, 从而投资组合 $x \in X$ 所对应的 $(VaR_x, E(r_x))$ 在全局最小 VaR 投资组合所对应点的右上方. 又因投资组合 $x \in X$ 属于 M-VaR 投资组合的封套, 因此, $x \in X$ 属于 M-VaR 投资组合的有效边缘.

再证明 (2), 如果 $\alpha \leqslant \phi\left(\sqrt{\dfrac{d\Delta t}{a}}\right)$, 根据定理 12.7.2 全局最小 VaR 投资组合不存在, 因此不可能有 M-VaR 投资组合的有效边缘.

性质 12.7.3   对于任何给定的置信水平 $\alpha < 1$, 如果 M-VaR 投资组合的有效边缘存在, 则全局最小方差投资组合 x_G 都不属于 M-VaR 投资组合的有效边缘.

本性质可以由定理 12.7.2 和性质 12.7.2 的 (1) 得出.

性质 12.7.4   设 $0 < \Delta t < \dfrac{z_\alpha^2 \sigma_x^2}{4E^2(r_x)}$, 则全局最小 VaR 投资组合 x_α 的期望收益在 $\alpha \to 1$ 时收敛于最小化方差投资组合 x_G 的期望收益.

证明   首先, 全局最小方差投资组合的期望收益和方差为

$$E(x_G) = \frac{b}{a}, \quad \sigma_G = \sqrt{1/a}. \tag{12.7.23}$$

当 $\alpha \to 1$, 有 $z_\alpha \to +\infty$. 由此有

$$\lim_{z_\alpha \to +\infty} \frac{\dfrac{z_\alpha^2}{\Delta t}}{\dfrac{az_\alpha^2}{\Delta t} - d} - \frac{1}{a} = \lim_{z_\alpha \to +\infty}\left(\frac{1}{\alpha - \dfrac{d\Delta t}{z_\alpha^2}} - \frac{1}{a}\right) = 0. \tag{12.7.24}$$

因此由 $E(r_{x_\alpha})$ 的表达式 (12.7.13) 得

$$\lim_{\alpha \to 1} E(r_{x_\alpha}) = \lim_{z_\alpha \to +\infty}\left[\frac{b}{a} + \sqrt{\frac{d}{a}\left(\frac{\dfrac{z_\alpha^2}{\Delta t}}{\dfrac{az_\alpha^2}{\Delta t} - d} - \frac{1}{a}\right)}\right] = \frac{b}{a} = E(r_{x_\alpha}), \tag{12.7.25}$$

这就完成了证明. 证毕.

§12.7.4 不同市场条件下的 M-VaR 投资组合选择模型

在前两小节的基础上, 本节将就两种市场环境分别讨论投资组合 M-VaR 有效边缘. 这两种市场环境分别是: (1) 允许投资于无风险资产 (存款), 但不允许无风险资产借贷; (2) 同时允许投资于无风险资产和无风险资产借贷, 但贷款利率高于投资于无风险资产的收益率. 首先讨论允许无风险资产投资、但不允许无风险资产借贷时投资组合的 M-VaR 有效边缘.

1. *存在无风险资产的投资组合的 M-VaR 有效边缘*

假设存在 n 种风险资产和一种无风险资产, 无风险资产的收益率为 $r_f > 0$. 对于无风险资产, 只允许投资但不允许借贷. 投资组合的集合记为 $X_1 \equiv \Big\{ x \in R^n \times R_+ : \sum_{j=1}^{n+1} x_j = 1 \Big\}$, 这里 x_{n+1} 表示投资于无风险资产的权重, 且 $x_{n+1} \geqslant 0$. 设置信水平为 α, 持有期为 Δt, 在下面的讨论中假设 $r_f < b/a$. 由于存在无风险资产, 因此一个投资组合 x 收益的标准差为

$$\sigma_x = \sqrt{y^{\mathrm{T}} V y} = \sigma_y, \tag{12.7.26}$$

其中 y 是由 x 的前 n 个分量组成的向量, $V \in R^{n \times n}$ 为 n 个风险资产收益间的方差 – 协方差矩阵. 在收益率多元正态分布的假设下, 投资组合选择的 M-VaR 模型可表述为

$$\begin{aligned}
\min \ &\mathrm{VaR} = z_\alpha \sqrt{y^{\mathrm{T}} V y} \sqrt{\Delta t} - E(r_x) \Delta t, \\
\mathrm{s.t.} \ &E(r_x) = y^{\mathrm{T}} \mu + (1 - y^{\mathrm{T}} e) r_f = \overline{E}, \\
&y^{\mathrm{T}} e \leqslant 1.
\end{aligned} \tag{12.7.27}$$

文献 [4] 的分析表明, 当 $\overline{E} \leqslant \dfrac{c - b r_f}{b - a r_f}$ 时, 上述问题所确定的最优投资组合 (记为 $\overline{x}$) 的标准差为

$$\sigma_{\overline{x}} = \sqrt{\overline{x}^{\mathrm{T}} V \overline{x}} = \sigma(r_{\overline{y}}) = \frac{|\overline{E} - r_f|}{\sqrt{H_l}}. \tag{12.7.28}$$

其中 $H_l = a r_f^2 - 2 b r_f + c$, 当 $\overline{E} > \dfrac{c - b r_f}{b - a r_f}$ 时, 上述模型所确定的最优投资组合 $\overline{x}$ 中不包含无风险资产, 因而可以直接应用上一小节的结论, 即 $\sigma_{\overline{x}}$ 与 $\overline{E}$ 之间满足

$$\frac{\sigma_{\overline{x}}^2}{\dfrac{1}{a}} - \frac{\left(\overline{E} - \dfrac{b}{a}\right)^2}{\dfrac{d}{a^2}} = 1. \tag{12.7.29}$$

满足 (12.7.28) 式的点 $(\sigma_{\overline{x}}, \overline{E})$ 构成坐标平面上从点 $(0, r_f)$ 出发、斜率分别为 $\sqrt{H_l}$ 和 $-\sqrt{H_l}$ 的两条射线, 而斜率为 $\sqrt{H_l}$ 的射线与不存在无风险资产时的 n 种风险资

产的投资组合的 M-VaR 有效边缘相切, 切点为 $\left(\dfrac{\sqrt{H_l}}{b-ar_f}, \dfrac{c-br_{fl}}{b-ar_f}\right)^{[4]}$. 有效边缘为切线的在切点与点 $(0, r_f)$ 之间的线段.

将 (12.7.28) 式的 $\sigma_{\overline{x}}$ 代入模型 (12.7.27) 中的目标函数得对只允许投资无风险资产, 不允许无风险资产借贷的情形下的 M-VaR 有效投资组合的风险价值

$$
\mathrm{VaR}(\alpha, \Delta t, \overline{E}) = \begin{cases}
z_a \sqrt{\dfrac{1}{a} + \dfrac{\left(\overline{E} - \dfrac{b}{a}\right)^2}{\dfrac{d}{a}}} \sqrt{\Delta t} - \overline{E}\Delta t, & \overline{E} \geqslant E(r_{\overline{x}_l}), \\[4mm]
z_a \dfrac{\overline{E} - r_f}{\sqrt{H_l}} \sqrt{\Delta t} - \overline{E}\Delta t, & r_f < \overline{E} < E(r_{\overline{x}_l}), \\[4mm]
-z_a \dfrac{\overline{E} - r_f}{\sqrt{H_l}} \sqrt{\Delta t} - \overline{E}\Delta t, & \overline{E} < r_f.
\end{cases}
$$

据此可以在 (VaR − E) 坐标平面上画出这种市场环境下的 M-VaR 投资组合的有效边缘边界 (见图 12.7.4).

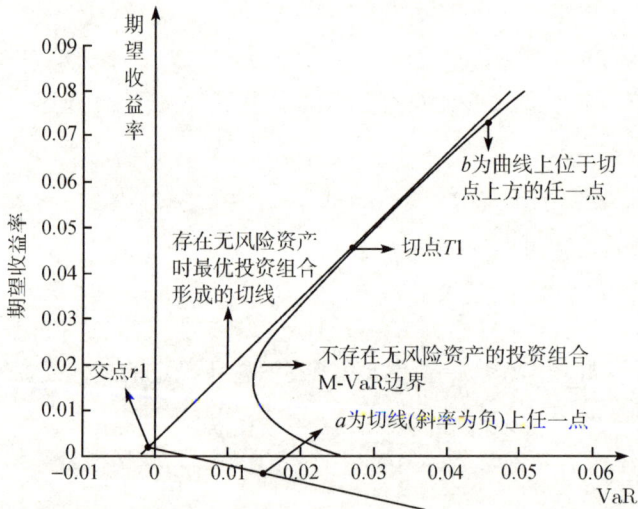

图 12.7.4　存在无风险资产时的 M-VaR 投资组合的有效边缘

由于只允许无风险资产投资, 不允许无风险资产借贷, 这时的 M-VaR 投资组合有效边缘图中两段直线中位于上方的那一段直线, 即图 12.7.4 中点 $r1$ 与点 $T1$ 之间的直线是 M-VaR 投资组合的有效边缘, 其中点 $r1$ 是该直线与纵轴的交点, 表示无风险资产的收益率. 点 $T1$ 是该直线与不存在无风险资产时投资组合有效边缘的切点. 由于只允许无风险资产投资, 不允许无风险资产借贷, 切点上方直线上所代表的投资组合无效. 不难看出, 点 $r1$ 是使 VaR 取最小的投资组合, 即把所有资本投

资于无风险资产.

2. 既允许无风险资产投资, 又允许无风险资产借贷的 M-VaR 有效边缘

本部分分析既允许无风险资产投资, 又允许无风险资产借贷的市场环境下 M-VaR 投资组合的有效边缘. 设无风险资产的收益率为 r_{fl}, 贷款利率为 r_{fb}, 并假定 $r_{fl} < r_{fb}$. 在下面讨论中还假定 $r_{fb} < \dfrac{b}{a}$. 投资组合集合定义为 $X_{lb} \equiv \Big\{ x \in R^n \times R_+ \times R_- : \sum\limits_{j=1}^{n+2} x_j = 1 \Big\}$, 其中 x_{n+2} 取负值, 为无风险资产借贷权重. 尽管存在无风险资产, 其收益率的标准差仍为

$$\sigma_x = \sqrt{y^{\mathrm{T}} V y} = \sigma_y, \qquad (12.7.30)$$

其中 y 是由 x 的前 n 个分量组成的向量, $V \in R^{n \times n}$ 为 n 个风险资产收益间的方差 – 协方差矩阵. 在收益率呈多元正态分布的假设下, 给定置信水平 α 和持有期 Δt, 进行投资组合选择的 M-VaR 模型为

$$\min \mathrm{VaR} = z_\alpha \sqrt{y^{\mathrm{T}} V y} \sqrt{\Delta t} - E(r_x) \Delta t,$$
$$\mathrm{s.t.}\ E(r_x) = y^{\mathrm{T}} \mu + x_{n+1} r_{fl} + x_{n+2} r_{fb} = \overline{E},$$
$$x_{n+1} \geqslant 0, x_{n+2} \leqslant 0. \qquad (12.7.31)$$

同样从文献 [4] 有: 上述问题在 $\overline{E} \leqslant \dfrac{c - b r_{fl}}{b - a r_{fl}}$ 时, 最优投资组合 (记为 $\overline{x}$), 标准差为

$$\sigma_{\overline{x}} = \sqrt{\overline{y}^{\mathrm{T}} V \overline{y}} = \sigma_{\overline{y}} = \frac{|\overline{E} - r_{fl}|}{\sqrt{H_l}}, \qquad (12.7.32)$$

在 $\dfrac{c - b r_{fl}}{b - a r_{fl}} < \overline{E} \leqslant \dfrac{c - b r_{fb}}{b - a r_{fb}}$ 时, 有 (12.7.29) 式成立, 此时最优投资组合不包含任何无风险资产 (无论是借还是贷). 而在 $\overline{E} > \dfrac{c - b r_{fb}}{b - a r_{fb}}$ 时, 最优投资组合 $\overline{x}$ 相应的标准差为

$$\sigma_{\overline{x}} = \sqrt{\overline{y}^{\mathrm{T}} V \overline{y}} = \sigma_{\overline{y}} = \frac{|\overline{E} - r_{fb}|}{\sqrt{H_b}}. \qquad (12.7.33)$$

由 (12.7.32) 和 (12.7.33), 点 $(\sigma_{\overline{x}}, \overline{E})$ 构成 $(\sigma - E)$ 坐标平面上从 $(0, r_{fl}), (0, r_{fb})$ 出发的斜率分别为 $\sqrt{H_l}$ 和 $-\sqrt{H_l}$, $\sqrt{H_b}$ 和 $-\sqrt{H_b}$ 的四条射线. 斜率为 $\sqrt{H_l}, \sqrt{H_b}$ 的射线与不存在无风险资产时的 n 种风险资产的投资组合 M-VaR 有效边缘相切, 切点分别为 $\left(\dfrac{\sqrt{H_l}}{b - a r_{fl}}, \dfrac{c - b r_{fl}}{b - a r_{fl}} \right)$, $\left(\dfrac{\sqrt{H_b}}{b - a r_{fb}}, \dfrac{c - b r_{fl}}{b - a r_{fl}} \right)$ (见图 12.7.5).

定义切点处的投资组合分别为 $\overline{x}_l, \overline{x}_b$, 记相应的收益率为 $E(r_{\overline{x}_l}), E(r_{\overline{x}_b})$. 用类似于部分 1 的方法得出投资组合 $x \in X_{lb}$ 属于 M-VaR 有效边缘, 其风险价值 (VaR) 应满足

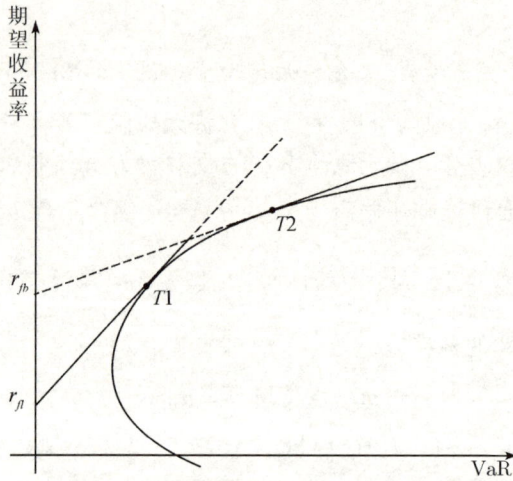

图 12.7.5   投资组合 M-VaR 有效边缘

$$\text{VaR}(\alpha, \Delta t, \overline{E}) = \begin{cases} z_a \dfrac{\overline{E} - r_{fb}}{\sqrt{H_b}} \sqrt{\Delta t} - \overline{E}\Delta t, & \overline{E} \geqslant E(r_{\overline{x}_b}), \\[4mm] z_a \sqrt{\dfrac{1}{a} + \dfrac{\left(\overline{E} - \dfrac{b}{a}\right)^2}{\dfrac{d}{a}}} \sqrt{\Delta t} - \overline{E}\Delta t, & E(r_{\overline{x}_l}) < \overline{E} \geqslant E(r_{\overline{x}_b}), \\[6mm] z_a \dfrac{\overline{E} - r_{fl}}{\sqrt{H_l}} \sqrt{\Delta t} - \overline{E}\Delta t, & r_{fl} < \overline{E} < E(r_{\overline{x}_l}), \\[4mm] -z_a \dfrac{\overline{E} - r_f}{\sqrt{H_l}} \sqrt{\Delta t} - \overline{E}\Delta t, & \overline{E} < r_{fl}, \end{cases}$$

$$(12.7.34)$$

其中 $H_b = ar_{fb}^2 - 2br_{fb} + c$, $H_b < H_l(r_{fl} < r_{fb})$. 根据 (12.7.34) 式, 可以在 $(\text{VaR} - E)$ 坐标平面上绘出 M-VaR 投资组合的有效边缘. 图 12.7.5 给出了存在允许无风险资产投资, 又允许无风险资产借贷, 且两者利率不同时的 M-VaR 投资组合有效边缘, 它是由图中两直线的实部和切点 $T1$ 与切点 $T1$ 之间的曲线组成, 其中 r_{fl} 和 r_{fb} 分别是无风险资产的收益率和贷款利率.

§12.8   考虑交易费用投资组合选择

前面各节所讨论的各种投资组合选择模型都没有考虑市场摩擦之一的交易费用. 在实际的金融市场上投资组合越分散, 交易费用的问题越突出. 目前考虑交易费用的投资组合选择问题的研究还不多, 已有的研究成果大部分都假设交易费用是交易量的线性函数, 也有很少一部分研究成果涉及非线性交易费用的投资组合选择问题[88,130,131]. 由于线性交易费用函数不改变前面的投资组合选择模型的性质, 因此也没有增加多少难度, 所以本节主要介绍含非线性交易费用的投资组合选择问题.

§12.8.1　投资交易费用

假定证券市场上存在 n 种风险资产, 每一种资产在交易时都需要交付交易费用. 交易费用一般分为固定费用和可变费用两部分. 在交易某种资产时, 固定交易费用是必须支付的费用, 同交易量的多少无关. 可变费用则由交易量的大小确定, 如果不交易, 那么固定费用和可变费用都不需要支付. 设资金总额为 1 个单位, 投资在第 i 种资产上的资金比例为 x_i, 那么第 i 种资产的交易费用函数可以表示为

$$C_i(x_i) = \begin{cases} d_i + f_i(x_i), & x_i \neq 0, \quad i = 1, 2, \cdots, n \\ 0, & x_i = 0, \end{cases}$$

其中 d_i 表示固定的交易费用, $f_i(x_i)$ 表示可变交易费用.

由于交易费用随着交易量的增加而增加, 因此交易费用函数通常用一个单调增的可微函数来表示, 即有 $f_i'(x_i) \geqslant 0$, 从而 $C_i'(x_i) \geqslant 0$. 当然也可以利用不可微的单调函数来表示交易费用函数, 只不过这样处理会增加问题的难度. 下面讨论两种常用的交易费用函数.

①线性交易费用. 假定交易费用是交易量的线性函数, 那么第 i 种资产的交易费用函数可以表示为

$$C_i(x_i) = d_i + a_i x_i.$$

②非线性交易费用. 由于规模效应, 边际交易费用随着交易量的增大逐渐减小, 但是当交易量超过某个阈值后, 由于资产流动性变差, 边际交易费用随着交易量的增大逐渐增大, 交易费用曲线如图 12.8.1 所示.

这样的交易费用曲线可以利用一个分段连续的函数表示

$$C_i(x_i) = \begin{cases} f_i(x_i), & x_i < \overline{x}_i, \\ g_i(x_i), & x_i \geqslant \overline{x}_i, \end{cases}$$

其中 $f_i(x_i)$ 为凹函数, $g_i(x_i)$ 为凸函数. 一般情况下认为单个投资者的投资行为不能严重影响资产价格, 也即不会控制某个资产的交易使得资产流动性变差, 这样就可以假定交易量 $x_i < \overline{x}_i$, 即可以用一个凹函数来表示交易费用函数.

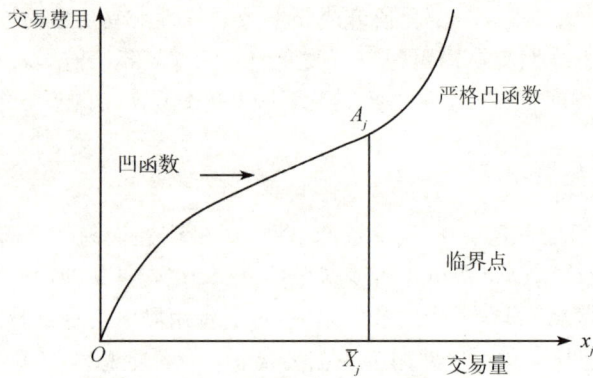

图 12.8.1　　交易费用函数曲线

§12.8.2　含交易费用的投资组合的净收益

考虑交易费用后, 投资资产 i 的净收益变为

$$NR_i = r_i x_i - C_i(x_i),$$

其中 r_i 为资产的收益率. 投资组合的净收益为

$$NR_p = \sum_{i=1}^{n} NR_i = r^{\mathrm{T}} x - C(x), \tag{12.8.1}$$

其中 $r = (r_1, r_2, \cdots r_n)^{\mathrm{T}}$ 表示 n 种资产的收益率向量, $x = (x_1, x_2, \cdots, x_n)^{\mathrm{T}}$ 表示投资在 n 种资产上的投资权重向量, $C(x) = \sum_{i=1}^{n} C_i(x_i)$ 表示 n 种资产的总交易费用.

§12.8.3　含交易费用的投资组合选择模型

在收益 – 风险平衡的投资组合选择框架下, 考虑交易费用后, 在先前考虑的所有的投资组合选择模型中只需要将收益修改为净收益得相关市场条件下考虑交易费用的投资组合选择模型.

以最简单的均值 – 方差投资组合选择模型为例. 不含交易费用的一种均值 – 方差的投资组合选择参数模型 (同模型 M-V4) 为

$$\min \ \frac{\mu}{2} x^{\mathrm{T}} V x - (1 - \mu) r^{\mathrm{T}} x,$$
$$\mathrm{s.t.} \ \ x \in D \cap S, \tag{12.8.2}$$

其中参数 $\mu \in (0, 1]$ 表示风险厌恶系数, 集合 D 是由线性不等式 $Ax \leqslant b$ 构成的一些实际的约束条件, 最典型的也是必要的是资本预算约束 $x_1 + x_2 + \cdots + x_n = 1$. 集

合 $S = \{x|l_i \leqslant x_i \leqslant u_i, i = 1, 2, \cdots, n\}$ 表示对投资权重 x_i 有上下界约束, 假定如有 $l \geqslant 0$ 就说明不允许卖空.

上述模型 (12.8.2) 中, 由于协方差矩阵 V 是正定的, 因此目标函数是一个凸二次函数, 可行域 $D \cap S$ 是一个凸多面体, 因此该模型是一个凸二次规划问题, 它的全局最优解存在且唯一, 已有很多的优化方法可以求解它, 其中有效集方法的计算效果比较好.

在考虑交易费用后, 投资组合的净收益如 (12.8.1) 式所示, 用它将模型 (12.8.2) 中的投资组合的收益替 $r^\mathrm{T}x$ 换掉, 可得下面的含交易费用的 M-V 投资组合选择模型

$$M\text{-}VC \qquad \min \frac{\mu}{2} x^\mathrm{T} V x - (1 - \mu)(r^\mathrm{T} x - C(x)),$$
$$\text{s.t. } x \in D \cap S.$$

在 M-VC 模型中, 如果交易费用函数 $C(x) = \sum_{i=1}^{n} C_i(x_i)$ 是一个线性函数, 即交易费用随着交易量成比例增加, 那么模型 M-VC 仍然是一个凸二次规划问题, 性质没有改变, 因此仍然可以利用有效集等现有的优化方法求得 M-VC 的全局最优解, 即有效的投资组合. 但是如果交易费用函数是非线性的形式, 那么 M-VC 模型不一定是凸规划, 从而没有现成的方法求解. 文献 [130] 中给出了当投资权重 x_i 不超过阈值 $\overline{x}_i$ 时, 实际的交易费用函数 $C_i(x_i)$ 可以用凹函数来描述, 从而总交易费用函数 $C(x) = \sum_{i=1}^{n} C_i(x_i)$ 就是一个可分离的凹函数, 这样一来 M-VC 模型可以改写为

$$M\text{-}VC1 \qquad \min f(x),$$
$$\text{s.t. } x \in D \cap S.$$

这里目标函数

$$f(x) = p(x) + \varphi(x),$$

其中

$$p(x) = \frac{\mu}{2} x^\mathrm{T} V x$$

是一个凸二次函数, 它表示投资组合的风险,

$$\varphi(x) = \sum_{i=1}^{n} \varphi_i(x_i), \quad \varphi_i(x_i) = (1 - \mu)(C_i(x_i) - E(r_i)x_i), \quad i = 1, 2, \cdots, n$$

表示投资组合的净收益的负数, 它是一个可分离的凹函数 ($-\varphi(x)$ 是一个凸函数). 问题 (M-VC1) 的约束条件与 (M-V) 模型一致. 由于目标函数可以表示为两个凸

函数的差, 因此称这种函数为 D-C(difference of two convex function) 函数, 称问题 (M-VC1) 是一个 D-C 规划问题.

一般地, 投资上界 μ_i 满足 $1/n \leqslant \mu_i$. 如果不允许卖空, 那么有 $l_i \geqslant 0$, 否则可以小于 0. 如果令投资权重 $x = 1/n$, 即把资金平均投资到每一种资产上, 那么就有 $x \in S$, 同时有 $\sum_{i=1}^{n} x_i = 1$, 因此 $x \in D$. 这说明投资组合 $x = (1/n, \cdots, 1/n)^{\mathrm{T}}$ 是问题 (M-VC1) 一个可行投资组合, 从而说明问题 (M-VC1) 的可行集不是空集. 由于投资可行集 $D \cap S$ 是一个非空有界闭集, 而且交易费用函数连续, 从而问题 (M-VC) 目标函数 $f(x)$ 也是连续的, 根据连续函数在有界闭集上一定有最大值和最小值的性质可知, 问题 (MVC1) 的全局最优解一定存在.

要得到模型 (MVC1) 的全局最优解, 即考虑交易费用的有效投资组合, 现有的有效求解方法不多, 目前只有很少几种方法可以求它的解, 分支定界算法就是其中一种比较好的方法. 尽管如此, 随着变量数的增加, 分支定界算法所需的计算时间将以指数速度增长, 因而现有的算法不能有效地求解大规模问题. 对于中等规模问题的数值结果也不是特别好. 出现这些现象的原因有二, 一是分支定界策略不是特别好, 以至于设计的分支定界算法收敛很慢; 另一个原因是每一次迭代需要求解一个凸二次规划子问题, 由于方差协方差矩阵是一个稠密矩阵, 因此求解这个子问题要花费大量的时间, 如果选择的求解优化问题的方法不好, 那么计算时间就会更大. 有关求解模型 (MCV1) 的分支定界算法可参阅文献 [130].

这里只给出了含交易费用的均值 – 方差投资组合选择模型, 如果风险度量方法不是用投资组合收益率的方差, 而是用绝对偏差, 也可以得到类似的模型. 不同的是在凹交易费用下的 MAD 模型是一个可分离的凹规划问题, 也没有特别有效的算法求解. 也可以将风险度量用风险价值或者条件风险价值表示, 按照同一思路建立含交易费用的投资组合优化模型, 详细请参阅文献 [131].

第13章 套期保值方法 —— 市场系统风险的控制

本章主要介绍市场系统风险的控制方法 —— 套期保值. 在介绍套期保值策略、套头比、套期保值的效率等基本概念的基础上, 介绍在不同条件下的最优套期保值策略, 即最优套头比如何确定. 主要考虑三种策略: 一是使风险 (方差) 最小的套期保值策略; 二是在给定预期收益率基础上使风险最小的套期保值策略; 三是在给定最大风险承受力的基础上使预期收益最大的套期保值策略, 同时考虑线性交易费用对最优套头比以及套期保值效率的影响.

§13.1 套期保值与套头比

套期保值是利用金融衍生工具对冲头寸来管理风险的一种策略 [53,102,112], 目前的国际金融市场上存在品种多样的金融衍生产品, 如远期、期货、互换、期权以及各种用于控制信用风险的衍生产品等. 金融衍生产品是以金融市场上的某种资产 (有形或无形) 为标的物, 由买卖双方签署的合约, 有关金融衍生产品, 我们已在本书的第 5 章作了介绍. 本章我们将对以期货合约为工具的套期保值作系统的分析, 第 5 章我们已经介绍了远期合约与期货合约, 因此, 我们在本章将直接介绍期货合约的套期保值策略. 本节主要介绍套期保值的基本概念和套期保值的基本功能.

期货市场基本的经济功能之一就是提供价格风险的管理机制. 为了避免价格风险, 最常用的手段便是套期保值. 所谓套期保值就是利用期货、远期、期权、互换合约等金融衍生产品的头寸对冲现货头寸来避免和减少价格风险. 由于价格波动的不确定性, 在金融现货市场拥有头寸的投资者, 面临投资风险. 对此, 投资者可以在期货市场持有同在现货市场的头寸方向相反的头寸, 利用后者的风险暴露与前者的风险暴露相反的特点, 来冲抵现货市场持有头寸的风险, 达到套期保值的目的. 具体地说, 拥有的现货头寸在将来可能出现的损失, 可由期货市场拥有头寸的盈利来补偿, 以减少或避免由价格波动引起的损失.

套期保值之所以能够减少或避免由价格波动引发的价格风险, 是因为同一种特定商品的期货和现货的主要差异在于交货日期前后不一, 而它们的价格则受相同的各种因素的影响, 即期货价格与现货价格具有高度的相关性. 在相关的两个市场中, 反向操作导致相互抵冲的效果.

在不同市场交易的同种标的资产的期货价格和现货价格在变动过程中尽管变动幅度不会完全一致, 但变动的趋势一般是一致的. 即当特定商品的现货价格趋于上涨时, 其期货价格也会上涨, 而当现货价格下跌时, 同种资产的期货价格也会下跌. 这是因为虽然现货市场和期货市场是两个各自分开的不同市场, 但对于特定的商品来说, 影响其现货价格和期货价格的主要因素是相同的. 这样, 引起现货价格涨跌的因素同样会影响期货市场期货价格的涨跌. 套期保值者通过在期货市场上做与现货市场相反的交易, 实现套期保值.

期货价格与现货价格不仅变动的趋势相同, 而且具有所谓的归一性或称收敛. 所谓归一性是指随着合约到期日的日益临近, 现货价格和期货价格逐渐靠拢, 两者之间的差别越来越小, 直至到期日, 两者将基本相同. 这是因为期货价格包含有贮存该商品直至交割日为止的所有持有成本, 即包括现货的利息成本、仓储成本等. 当期货合约接近于交割日时, 期货资产的持有成本逐渐减少, 及至完全消失. 这时影响期货价格和现货价格的因素完全相同. 导致在交割日期货与现货价格一致. 这也说明了为什么远期的期货价格要高于短期的期货价格. 把全部持有成本转换成年率, 并按连续复利计算, 则同种资产的期货价格和现货价格之间有如下关系式

$$F(t, T) = S(t)e^{y(T-t)}, \tag{13.1.1}$$

其中 $F(t, T)$ 表示到期日为 T 的期货在时间 $t (0 < t < T)$ 的价格, $S(t)$ 表示资产在时间 t 的现货价格, y 为由全部持有成本转化所得的连续复率, $\tau = T - t$ 为从时间 t 到到期日 T 的剩余时间. (13.1.1) 合理地反映了同种资产的期货价格与现货价格之间的关系, 而当 $t = T$ 时, 由于 $e^{y\tau} = e^{y0} = 1$, 即有 $F(T, T) = S(T)$.

当然, 期货市场与现货市场是两个完全不同的市场, 除去共同的因素影响资产的现货价格和期货价格外, 还有市场各自的因素影响现货的价格或期货的价格, 因而期货价格的波动与波动幅度不一定同现货市场价格波动完全一致. 加之期货市场上对交易单位有明确的规定. 两个市场的操作数量有时不尽相同, 这表明, 套期保值者在进行套期保值时有可能获得额外的利润, 也可能有小额的损失.

按照期货市场上所持头寸的不同, 套期保值分为空头套期保值 (short hedge) 和多头套期保值 (long hedge). 空头套期保值是套期保值者在期货市场持有卖出期货合约, 即持有期货空头头寸, 以保护其在现货市场持有的多头头寸, 避免价格下跌引起的风险. 多头套期保值是套期保值者在期货市场持有多头头寸, 以保护其在现货市场持有的空头头寸, 避免价格可能上扬引起的风险. 如果一位投资者在现货市场拥有或将要拥有某种商品, 为避免商品价格可能下跌所引发的风险, 可以在期货市场卖出同种商品等量的期货合约来进行空头套期保值. 空头套期保值可以使拥有现货多头头寸的投资者锁定利润. 如果一位投资者想在将来某一时间购买某种商品, 但又担心价格上涨, 可以采用多头套期保值, 即在期货市场买入一份该商品的期货合约. 如果该商品的价格上涨, 在购买该商品时, 需要支付更多的资金, 但同时能在期货市场获得收益抵冲现货市场中的损失, 也就是说, 他可能通过在期货市场的多

头套期保值锁定其所要资产在将来的价格.

下面我们通过一个简单的例子来说明期货的空头套期保值. 某企业根据协议可在 3 个月后得到一笔总额为 5000 万美元的贷款, 在期望人民币与美元的汇率为 RMB/USD=8.2 的情况下, 企业的美元贷款面临如图 13.1.1 所示的汇率风险. 假定在汇率为 8.2 时, 利润为零, 在汇率大于 8.2 时利润为正, 在汇率小于 8.2 时利润为负 (亏损), 且汇率越低, 亏损越大.

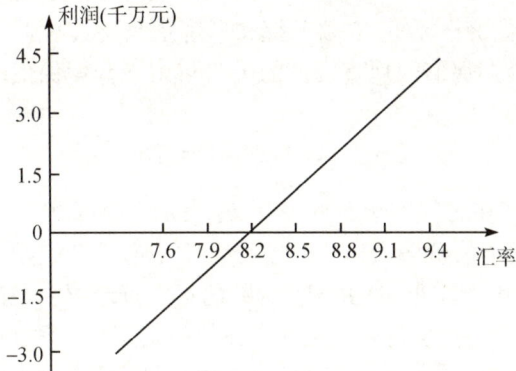

图 13.1.1　美元多头头寸随汇率变化的利润曲线

为避免由汇率可能变小所带来的风险, 该企业可以在期货市场上对美元期货做空头头寸, 即以汇率 8.2 卖出总值为 5000 万美元的 3 个月后到期的期货合约. 对于这样一个美元期货的空头头寸, 其收益状况如图 13.1.2 所示.

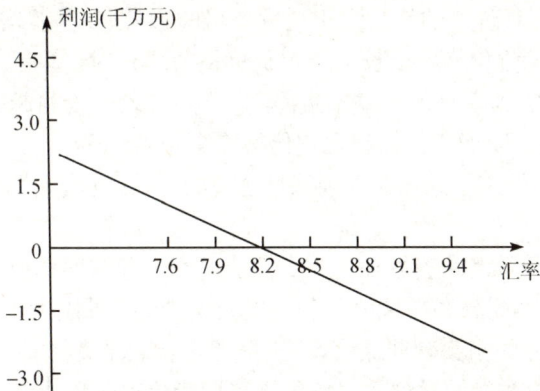

图 13.1.2　美元期货头寸随汇率变化的利润曲线

比较这两个盈利曲线可以看出, 企业通过持有美元期货的空头头寸, 尽管企业到期时美元贷款由于汇率降低而亏损, 但可通过持有的美元期货的盈利得到补偿,从而达到把汇率锁定于 8.2 的目的. 当然, 由于持有美元期货的空头头寸, 如果三个月后, 美元汇率升高而获得的利润也会被美元期货空头头寸的亏损所抵消.

§13.2　基差风险

套期保值可以大体抵消现货市场上由价格波动所引起的风险, 但不能使风险完全消失, 主要原因是存在 "基差"(basis) 这个因素. 要深刻理解并确定套期保值的策略和方法, 尽可能避免价格风险, 必须掌握和了解基差及其本质.

基差是指需要套期保值的现货资产的价格与用于套期保值的期货价格之间的差, 即

$$B(t,T) = S(t) - F(t,T), \tag{13.2.1}$$

其中 $S(t)$ 为现货资产在时间 t 的价格, $F(t,T)$ 表示到时间 T 到期的以现货资产为标的物的期货在时间 t 的价格, $B(t,T)$ 则表示用到时间 T 到期的期货进行套期保值在时间 t 的基差. 用于套期保值的期货合约的标的资产可以与被套期保值的资产一致 (称为直接套期保值), 也可以与被套期保值的资产不一致 (交叉套期保值). 如果合约的标的资产与被套期保值的资产一致, 则由 (13.1.1), 有在期货合约的到期日 $(t = T)$, 由于 $S(T) = F(T,T)$, 因而有 $B(T,T) = 0$, 即基差为零. 由于资产的现货和期货在时间 t 的价格 $S(t)$ 和 $F(t,T)$ 是随机变量, 基差 $B(t,T)$ 也是一个随机变量, 其具体的表现为在不同的时间, $B(t,T)$ 的值一般是不同的, 有时可以是正值, 有时又可能为负值. 正如我们在前面已经提过的, 对于同一种资产, 由于受多种相同因素的影响, 其现货价格和期货价格的变动方向一般可能是一致的. 但变动的幅度一般不会相同, 当现货价格的增长大于期货价格的增长时, 基差增大 (strengthening of the basis), 而当期货价格的增长大于现货价格的增长时, 基差减小 (weakening of the basis). 随着期货到期日的日益临近, 期货价格和现货价格越来越靠拢, 即基差日益减小, 直至到期日, 期货价格和现货价格完全相同, 基差为零, 这种现象称为基差的收敛, 表 13.2.1 给出了某商品在到期日之前的 20 个现货和期货价格, 及相应的基差.

基差在套期保值策略与套期保值有效性的研究中起重要作用. 一个最直接的用途就是利用基差可以计算套期保值的利润以及资产经套期保值后的有效价格. 对于持有期货空头头寸的空头套期保值者, 投资者在套期保值的初始时刻持有现货的多头和期货空头. 设在初始时刻的现货价格和期货价格分别为 $S(0)$ 和 $F(0,T)$, 在时间 $t(0 < t < T)$ 的现货价格和期货价格分别为 $S(t)$ 和 $F(t,T)$, 则投资者在现货市场持有多头头寸的盈利为

$$R_S(t) = S(t) - S(0). \tag{13.2.2}$$

表 13.2.1　现货价格、期货价格和基差

t	现货价格 $s(t)$	期货价格 $F(t,T)$	基差 $B(t,T)$
1	63.50	63.85	-0.35
2	63.52	63.90	-0.38
3	63.54	63.84	-0.30
4	63.55	63.75	-0.20
5	63.58	63.85	-0.27
6	63.57	63.79	-0.22
7	63.59	63.74	-0.15
8	63.60	63.72	-0.12
9	63.53	63.78	-0.25
10	63.55	63.71	-0.16
11	63.59	63.70	-0.11
12	63.62	63.75	-0.13
13	63.60	63.70	-0.10
14	63.59	63.61	-0.02
15	63.52	63.57	-0.05
16	63.48	63.52	-0.04
17	63.46	63.49	-0.03
18	63.45	63.46	-0.01
19	63.43	63.44	-0.01
20	63.40	63.40	0.00

在期货市场持有空头头寸的盈利为

$$R_F(t) = F(0,T) - F(t,T). \tag{13.2.3}$$

因此, 投资者对现货资产进行套期保值后的盈利为

$$\begin{aligned}
R(t) &= R_S(t) + R_F(t) \\
&= S(t) - S(0) + F(0,T) - F(t,T) \\
&= S(t) - F(t,T) - [S(0) - F(0,T)] \\
&= B(t,T) - B(0,T), \tag{13.2.4}
\end{aligned}$$

即现货资产经套期保值后的盈利为在时间 t 的基差减去在套期保值初始时刻的基差 $B(0,T)$. 注意, 在式 (13.2.4) 中, 由于现货和期货的初始价格 $S(0), F(0,T)$ 是确定的, 起始时刻的基差 $B(0,T)$ 也是一个确定的量. 但是在时间 t 的基差 $B(t,T)$ 是一个不确定的随机变量, 这是因为在时间 t 的现货价格 $S(t)$ 和期货价格 $F(t,T)$ 由于价格的波动而不确定的. 投资者所投资的现货资产的多头头寸经套期保值后, 在时间 t 的实际有效价格为货物在现货市场的价格 $S(t)$ 加上在期货市场持有期货空

头头寸所获的利润, 即

$$A(t) = S(t) + [F(0,T) - F(t,T)]$$
$$= S(t) - F(t,T) + F(0,T)$$
$$= F(0,T) + B(t,T). \tag{13.2.5}$$

(13.2.4) 和 (13.2.5) 表明, 现货市场持有的多头头寸, 经套期保值后, 无论是所获取的利润, 还是资产的实际有效价格都同基差有关.

　　同样, 对于多头套期保值, 由于投资者在现货市场持有空头头寸, 用于套期保值的期货则持有多头头寸. 投资者持有现货空头头寸的盈利为

$$R_S(t) = S(0) - S(t), \tag{13.2.6}$$

持有期货多头头寸的盈利为

$$R_F(t) = F(t,T) - F(0,T). \tag{13.2.7}$$

因此, 投资者持有的现货空头头寸经套期保值后的盈利为

$$R(t) = R_S(t) + R_F(t)$$
$$= S(0) - S(t) + F(t,T) - F(0,T)$$
$$= S(0) - F(0,T) - [S(t) - F(t,T)]$$
$$= B(0,T) - B(t,T), \tag{13.2.8}$$

为套期保值资产所支付的有效价格为

$$A(t) = S(t) + [F(t,T) - F(0,T)]$$
$$= -F(0,T) - [S(t) - F(t,T)]$$
$$= -F(0,T) - B(t,T). \tag{13.2.9}$$

比较 (13.2.4) 和 (13.2.8) 以及 (13.2.5) 和 (13.2.9) 可以发现, 空头套期保值的盈利和资产经套期保值后的有效价格同多头套期保值的盈利和为套期保值资产所支付的有效价格刚好相反.

　　在 (13.2.4)、(13.2.8)、(13.2.5) 和 (13.2.9) 四式中, 无论是套期保值的利润, 还是套期保值后资产的有效价格, 都同基差 $B(t,T)$ 相关. 正如在前面已指出的, 由于在任一时间 $t(0 < t < T)$ 的现货价格 $S(t)$ 和期货价格 $F(t,T)$ 都是随机变量, 基差 $B(t,T)$ 的变化具有不确定性, 基差变化的这种不确定性称为基差风险 (basis risk). 基差风险同价格风险有直接的关系, 由式 (13.2.1) 以及期货价格同现货价格的关系有

$$\text{var}(B(t,T)) = (1 - \rho^2)\text{var}(S(t)), \tag{13.2.10}$$

其中 $\text{var}(B(t,T))$ 和 $\text{var}(S(t))$ 分别表示基差和现货价格变动的方差, 即 $\text{var}(B(t,T))$ 为基差风险, $\text{var}(S(t))$ 为价格风险, ρ 为期货价格与现货价格变动间的相关系数

$$\rho = \frac{\text{cov}(S(t),F(t,T))}{\sqrt{\text{var}(S(t))}\sqrt{\text{var}(F(t,T))}}, \tag{13.2.11}$$

其中 $\text{cov}(S(t),F(t,T))$ 为现货价格和期货价格变动之间的协方差. ρ^2 称为主导系数, 由 (13.2.10) 式有

$$\rho^2 = 1 - \frac{\text{var}(B(t,T))}{\text{var}(S(t))}. \tag{13.2.12}$$

由于 $\text{var}(B(t,T))$ 为经套期保值后资产所残留的风险, 主导系数 ρ^2 给出了套期保值措施所能消除的风险占原价格风险的百分比. 因而主导系数 ρ^2 也具体衡量了套期保值措施的有效性.

(13.2.10) 表明, 由于基差风险要小于价格风险 $(0 < \rho^2 < 1)$, 进行套期保值可以降低投资的风险水平. 在到期日, 由于 $B(T,T) = 0$, 资产经套期保值后在到期日的利润和套期保值的价格是确定的.

对于空头套期保值, 到期日的盈利为

$$R(T) = -B(0,T), \tag{13.2.13}$$

被套期保值资产所获得的有效价格为

$$A(T) = F(0,T). \tag{13.2.14}$$

对于多头套期保值, 到期日的盈利为

$$R(T) = B(0,T), \tag{13.2.15}$$

为套期保值资产支付的有效价格为

$$A(T) = -F(0,T). \tag{13.2.16}$$

我们通过一个例子来说明上述情况.

例 13.2.1 设某企业现有价值 1000 万港币的某项资产, 为避免资产价格可能下跌引起损失, 该企业用总值为 1100 万港币的卖出期货对该资产进行套期保值, 这是一个空头套期保值措施. 在期货合约到期日, 该公司所获利润为

$$R(T) = -B(0,T) = -[S(0) - F(0,T)] = -[1000 - 1100] = 100万 \text{ (港币)},$$

该项资产所获取的有效价格即为期货价格

$$A(T) = F(0,T) = 1100万 \text{ (港币)}.$$

事实上, 不管到期日的现货价格 (或期货价格) 为多少, 该公司通过采取上述空头套期保值策略后所获盈利 100 万港币是确定的. 设在期货合约到期日, 该资产的价格降为 950 万港币, 如果不套期保值, 该企业将从资产的价格下跌中损失 50 万港币. 但由于企业对该资产进行了套期保值, 公司可利用 950 万港币对期货的空头头寸平仓 (以 950 万从市场购进, 再以 1100 万卖给期货合约的对方). 获利 150 万, 扣除 50 万的资产的损失, 企业还能盈得 100 万. 而该资产所获的实际价格为期货合约的交割价 1100 万.

§13.3　最优套头比

套期保值者在进行套期保值时所关注的一个问题是对持有的现货头寸 (多头或空头), 应该用多少个单位的期货头寸 (空头或多头) 进行套期保值最合适, 这就是所谓的套头比 (hedge ratio). 套头比是指用于进行套期保值的期货头寸数量与被套期保值的现货头寸数量之间的比. 如果用 Q_S 和 Q_F 分别表示套期保值策略中的现货头寸的数量和期货头寸的数量, 则套头比可表示为

$$h = \frac{Q_F}{Q_S}, \tag{13.3.1}$$

套头比 h 也就是对一个单位的现货头寸, 用 h 个单位的期货头寸进行套期保值.

对于不同的套期保值工具 (金融衍生产品), 套头比的确定和计算是不同的. 对于以期货为套期保值工具的套期保值, 最初的也是最简单的确定套头比的方法称作 1:1 套头比, 即对一个单位的现货资产, 用一个单位的期货进行套期保值. 以空头套期保值为例进行讨论, 设套期保值者持有一个单位的现货多头头寸, 用 h 个单位的期货空头头寸进行套期保值. 设在套期保值期内现货价格 $S(t)$ 的变化记为 $\Delta S(t)$, 期货价格的变化记为 $\Delta F(t, T)$, 则在套期保值期内套期保值资产 (组合) 的价格变化为

$$\Delta V(t) = \Delta S(t) - h \Delta F(t, T), \tag{13.3.2}$$

套期保值资产的价格变化的方差为

$$\begin{aligned}
\operatorname{var}(\Delta V(t)) &= \operatorname{var}(\Delta S(t)) + h^2 \operatorname{var}(\Delta F(t, T)) - 2h\rho \sqrt{\operatorname{var}(\Delta S(t))\operatorname{var}(\Delta F(t, T))} \\
&= \sigma_{\Delta S}^2 + h^2 \sigma_{\Delta F}^2 - 2h\rho\sigma_{\Delta S}\sigma_{\Delta F},
\end{aligned} \tag{13.3.3}$$

其中 $\sigma_{\Delta(S)}$, $\sigma_{\Delta F}$ 为 $\Delta S(t)$ 和 $\Delta F(t, T)$ 的标准差, ρ 为 $\Delta S(t)$ 与 $\Delta F(t, T)$ 之间的相关系数. 套头比 h 的取值应使套期保值后的风险尽可能的小, 即 h 应是下列无约束最优化问题

$$\min \ \operatorname{var}(\Delta V(t)) = \sigma_{\Delta S}^2 + h^2 \sigma_{\Delta F}^2 - 2h\rho\sigma_{\Delta S}\sigma_{\Delta F} \tag{13.3.4}$$

的最优解. 由最优性的一阶必要条件, 最优的套头比 h^* 应使 $\mathrm{var}(\Delta V(t))$ 关于 h 的一阶导数等于零, 即 h^* 应是方程

$$2h^2\sigma_{\Delta F}^2 - 2\rho\sigma_{\Delta S}\sigma_{\Delta F} = 0 \qquad (13.3.5)$$

的解, 由此得

$$h^* = \rho\frac{\sigma_{\Delta S}}{\sigma_{\Delta F}}, \qquad (13.3.6)$$

即最优套头比应等于 $\Delta S(t)$ 与 $\Delta F(t,T)$ 之间的相关系数 ρ 乘以 $\Delta S(t)$ 的标准差与 $\Delta F(t,T)$ 的标准差之间的比率. 如果 $\Delta S(t)$ 与 $\Delta F(t,T)$ 之间完全正相关, 即 $\rho = 1$, 且 $\sigma_{\Delta S} = \sigma_{\Delta F}$, 就得到最优套头比 $h^* = 1$ 的结果, 即 1:1 的套头比. 由此可见 1:1 的套头比是在理想的情况下得出的. 事实上, 即使对于标的资产完全相同的期货价格与现货价格之间, 由于不同市场因素的影响, 虽然两者之间的价格波动是正相关的. 即 $\rho > 0$, 但两者的波动幅度与频率一般是不相同的, 即 $\sigma_{\Delta S}$ 与 $\sigma_{\Delta F}$ 不可能相等, 也不可能等于 1. 因此, 1:1 套头比仅仅是一种简单的, 乃至幼稚的套头比 [63,114]. 当然, 1:1 套头比在某些场合, 如用同种资产的期货对现货头寸进行套期保值, 效果还是不错的.

在理想的情况下, 所确定的套头比应使套期保值期内套期保值资产 (组合) 的价格的变化为零, 即 (13.3.2) 中应使 $\Delta V(t) = 0$, 由此得, 理想的套头比应为

$$h = \frac{\Delta S(t)}{\Delta F(t,T)}. \qquad (13.3.7)$$

由于现货价格的变动 ΔS 与期货价格的变动 ΔF 有很大的随机性, 直接用 ΔS 和 ΔF, 依据 (13.3.7) 估计套头比是不适用的, Johnson[63], Stein[114] 和 Ederington[34], 通过采用现货价格和期货价格的历史数据 (时间序列)

$$S_i, F_i, \quad i = 0, 1, 2, \cdots, m$$

计算现货价格变动和期货价格变动的时间序列

$$\Delta S_i = S_i - S_0, \quad i = 0, 1, 2, \cdots, m,$$

$$\Delta F_i = F_i - F_0, \quad i = 0, 1, 2, \cdots, m.$$

再把现货价格变动的时间序列 ΔS_i、关于期货价格变动的时间序列 ΔF_i 进行线性回归, 以确定套头比, 称该方法为 JSE 方法. 设时间序列 ΔS_i 关于时间序列 ΔF_i 进行线性回归所得的回归方程为

$$\Delta S = \alpha + \beta\Delta F + \mu, \qquad (13.3.8)$$

其中 μ 为回归误差, 满足 $E(\mu) = 0$, 这里 $E(\mu)$ 表示回归误差的均值, α 称为截距, 其值一般接近于零, β 为回归方程的斜率, 即为所要求的套头比 h. 将 ΔS_i, ΔF_i 代入 (13.3.8) 得

$$S_i - S_0 = \alpha + \beta(F_i - F_0) + \mu,$$

由此得

$$S_i = (\alpha + S_0 - \beta F_0) + \beta F_i + \mu.$$

因此, (13.3.8) 中的回归系数 β 也可以从时间序列 S_i 和 F_i, $i = 0, 1, 2, \cdots, m$ 直接进行线性回归确定, 即

$$S = \alpha + \beta F + \mu, \tag{13.3.9}$$

其中 μ 同样为满足 $E(\mu) = 0$ 的回归误差, α 为截距, 斜率 β 即为所要求的套头比.

JSE 用线性回归确定套头比的方法, 需要假定期货价格与现货价格之间的关系是稳定的. 具体地说, 对任何时间的样本值, 均假定基差的期望值基本是恒定的. 从上一节的分析, 我们知道, 这样的假定在实际上是不合理的, 由 (13.2.1) 及基差的定义, 我们有

$$\begin{aligned} B(t,T) &= S(t) - F(t,T) \\ &= S(t) - S(t)e^{y\tau} \\ &= S(t)[1 - e^{y(T-t)}]. \end{aligned} \tag{13.3.10}$$

随着期货到期日的日益临近, $T-t$ 越来越接近于零, 导致基差 $B(t,T)$ 越来越小, 直至在期货的到期日 $(t = T)$ 基差取零值. 这表明, 基差的期望值并非恒定, 而是与时间 t 有关, 且逐渐收敛于 0 的一个量.

20 世纪 80 年代, Franckle[40], 以及 Herbst, Kare 和 Marshell[46] 等人都指出了用回归方法估计套头比的这一不足. Herbst, Kare 和 Marshell[47,48] 对套期保值理论作了重要的改进, 这就是所谓的 HKM 方法.

为克服和避免线性回归的不足, 可以采用对数回归模型. 对数回归技术首先应用于直接套期保值, 其后再推广至交叉套期保值. 我们已在前面提过, 所谓直接套期保值是指用于套期保值的期货合约的标的资产与现货资产完全相同. 期货合约的标的资产与现货资产不同的套期保值则被称为交叉套期保值.

(13.2.1) 表明, 在把全部持有成本转换成按连续复利计算的年率后, 期货价格与现货价格之间的关系为

$$F(t,T) = S(t)e^{y\tau} = S(t)e^{y(T-t)}, \tag{13.3.11}$$

由此可以得出

$$\frac{S(t)}{F(t,T)} = e^{-y\tau}. \tag{13.3.12}$$

同 (13.3.9) 比较, 可以立即得出 $e^{-y\tau}$ 即为套头比的结论,

$$h = e^{-y\tau}. \tag{13.3.13}$$

因此要确定套期保值的套头比, 只需估计出由持有成本转换所得的连续复合利率 y. 对 (13.3.12) 两边取对数得

$$\ln\left(\frac{S(t)}{F(t,T)}\right) = -y\tau. \tag{13.3.14}$$

(13.3.14) 表明, 要估计由持有成本转换所得的连续复合利率 y, 只需通过对时间序列

$$\ln\left(\frac{S_i}{F_i}\right), \quad i = 1, 2, \cdots, m$$

关于时间 $\tau_i = (T_i - t_i)$ 进行线性回归, 得回归方程

$$\ln\left(\frac{S(t)}{F(t,T)}\right) = z + d\tau + \varepsilon, \tag{13.3.15}$$

则斜率 $-d$ 即为所求的由持有成本转换所得的连续复合利率的估计, 其中 ε 为回归误差, 满足 $E(\varepsilon) = 0$, z 为截距, 比较 (13.3.14) 与 (13.3.15), 可得套头比的估计为

$$h = e^{d\tau}. \tag{13.3.16}$$

很明显, 由 (13.3.16) 所给出的套头比反映了基差随时间变化, 因而套头比也具有随时间变化的特征.

　　上述利用对数回归技术确定直接套期保值套头比的方法可推广至确定交叉套期保值的套头比. 所谓交叉套期保值, 是指用于套期保值的期货合约的标的资产同被套期保值的现货资产不同 [48,102]. 设用于套期保值的期货合约的标的资产在套期保值期内的现货价格和期货价格为 $S_1(t)$ 和 $F_1(t,T)$, 被套期保值的现货资产在套期保值期内的现货价格和期货价格为 $S_2(t)$ 和 $F_2(t,T)$, 则根据套头比的定义, 此时的套头比应由式

$$h = \frac{S_2(t)}{F_1(t,T)} \tag{13.3.17}$$

确定. 根据直接套期保值, 首先可以确定用期货合约对期货合约的标的资产进行直接套期保值的套头比, 设为

$$h_1 = \frac{S_1(t)}{F_1(t,T)} = e^{-y_1\tau}. \tag{13.3.18}$$

又设被套期保值的现货资产的现货价格 $S_2(t)$ 与期货合约的标的资产的现货价格 $S_1(t)$ 之间有如下线性关系

$$S_2(t) = a + bS_1(t), \tag{13.3.19}$$

将 (13.3.18) 代入 (13.3.19) 得

$$S_2(t) = a + be^{y_1\tau}F_1(t,T). \qquad (13.3.20)$$

比较 (13.3.20) 与 (13.3.17) 可以得出, 采用交叉套期保值的套头比为

$$h = be^{-y_1\tau}. \qquad (13.3.21)$$

为估计这样的套头比, 可分别应用回归和对数回归技术以估计 (13.3.19) 中的斜率 b 和 (13.3.18) 中的系数 $-y_1$. 即首先将被套期保值的现货资产的现货价格序列关于期货合约的标的资产的现货价格线性回归, 得回归方程

$$S_2 = \alpha + \beta S_1 + \varepsilon_1, \qquad (13.3.22)$$

则 β 即为斜率 b 的估计. 再利用对数回归技术, 将期货合约的标的资产的现货价格与期货价格之比的对数的时间序列关于时间 τ 作线性回归, 得回归方程

$$\ln\left(\frac{S_1}{F_1}\right) = z + d_1\tau + \varepsilon_2, \qquad (13.3.23)$$

则 d_1 即为 $-y_1$ 的估计, 由此可得交叉套期保值的套头比为

$$h = \beta e^{d_1\tau}. \qquad (13.3.24)$$

§13.4　最优套期保值方法

投资者采用套期保值措施的目的在于避免和减少由于市场价格波动所引起的风险. 采用什么样的套期保值策略使投资所暴露的风险尽可能小是一些相对保守的投资者所关心的问题. 按照 Johnson[63] 和 Stein[114] 的观点, 应采用证券组合的观点来研究套期保值方案, 即套期保值应使现货头寸和期货头寸组成的投资组合的利润变动的方差最小. 本节我们讨论在不考虑交易成本的情况下三种不同的最优套期保值方法, 即确定使风险最小的套期保值方法、给定风险承受水平下使收益最大的套期保值方法和明确期望收益目标下使风险最小的套期保值方法.

§13.4.1　使风险最小的套期保值方法

考虑对一个单位某品种的现货资产进行套期保值的问题, 设一个单位现货资产的价格为 $S(0)$, 为规避价格风险, 采用同种资产的期货进行套期保值. 设到期日为 T 的该资产的期货价格为 $F(0,T)$. 需确定用于进行套期保值的期货最优头寸, 即最优的套头比 h^*. 设在时间 $t(0 < t < T)$ 该种资产的现货价格和期货价格分别为

$S(t)$ 和 $F(t,T)$, 则至时间 t 的套期保值期内现货资产和期货合约组成的投资组合的收益和损失根据空头套期保值和多头套期保值的不同分别为: 空头套期保值

$$R_s(h) = [S(t) - S(0)] + h[F(0,T) - F(t,T)]. \tag{13.4.1}$$

多头套期保值

$$R_l(h) = [S(0) - S(t)] + h[F(t,T) - F(0,T)]. \tag{13.4.2}$$

在 (13.4.1) 和 (13.4.2) 中, 资产在当前时间 $(t = 0)$ 的现货价格 $S(0)$ 和期货价格 $F(0,T)$ 是确定的已知量, 而在时间 t 的现货价格 $S(t)$ 和期货价格 $F(t,T)$ 则是不确定的随机量. 正是由于这两个价格的不确定性所引起的波动有可能导致损失而形成风险. 两式中的期货用于套期保值的量, 或者说套头比 h 是待定量, 它具体取决于现货价格 $S(t)$ 和期货价格 $F(t,T)$ 波动的统计性能.

由于现货价格 $S(t)$ 和期货价格 $F(t,T)$ 的不确定性导致整个投资组合收益的波动性, 收益 $R(h)$ 波动的统计特性 (期望值和方差) 可由现货价格 $S(t)$ 和期货价格 $F(t,T)$ 变动的统计特性 (期望值、方差和协方差) 确定. 对于 (13.4.1) 和 (13.4.2), 两者的期望值分别为

$$\begin{aligned} E(R_s(h)) &= E[S(t) - S(0)] + hE[F(0,T) - F(t,T)] \\ &= E[S(t)] - hE[F(t,T)] + hF(0,T) - S(0) \\ &= E[S(t) - hF(t,T)] - [S(0) - hF(0,T)], \end{aligned} \tag{13.4.3}$$

$$\begin{aligned} E(R_l(h)) &= E[S(0) - S(t)] + hE[F(t,T) - F(0,T)] \\ &= [S(0) - hF(0,T)] - E[S(t) - hF(t,T)]. \end{aligned} \tag{13.4.4}$$

两者的方差可共同表示为

$$\begin{aligned} \operatorname{var}(R(h)) &= \operatorname{var}(S(t)) + h^2\operatorname{var}(F(t,T)) - 2h\operatorname{cov}(S(t),F(t,T)) \\ &= \sigma_s^2 + h^2\sigma_F^2 - 2h\sigma_{SF}, \end{aligned} \tag{13.4.5}$$

其中 $\sigma_s^2 = \operatorname{var}(R(h))$, $\sigma_F^2 = \operatorname{var}(F(t,T))$ 表示现货价格 $S(t)$ 和期货价格 $F(t,T)$ 变动的方差, $\sigma_{SF} = \operatorname{cov}(S(t),F(t,T))$ 表示现货价格和期货价格波动间的协方差.

对于仅仅简单考虑使由现货头寸和期货头寸组成的投资组合的方差最小的套期保值策略问题. 在于选取套头比 h^* 使 $\operatorname{var}(R(h))$ 取最小值, 即最优的套头比 h^* 由下述无约束最优化模型

$$\min \operatorname{var}(R(h)) = \sigma_s^2 + h^2\sigma_F^2 - 2h\sigma_{SF} \tag{13.4.6}$$

的解确定. 根据最优性的一阶必要条件, 使 $\operatorname{var}(R(h))$ 取最小值的最优套头比 h^* 必使 $\operatorname{var}(R(h))$ 关于 h 的一阶导数取零值. 求 $\operatorname{var}(R(h))$ 关于 h 的导数并置其为零, 得

下面方程

$$\frac{d\mathrm{var}(R(h))}{dh} = 2h\sigma_F^2 - 2\sigma_{SF} = 0, \tag{13.4.7}$$

解此方程可得最优套头比为

$$h^* = \frac{\sigma_{SF}}{\sigma_F^2}. \tag{13.4.8}$$

考虑到

$$\sigma_{SF} = \rho_{SF}\sigma_S\sigma_F, \tag{13.4.9}$$

得最优套头比为

$$h^* = \rho_{SF}\frac{\sigma_S}{\sigma_F}. \tag{13.4.10}$$

这与 (13.3.6) 给出的最优套头比相一致. 其中 ρ_{SF} 表示现货价格 $S(t)$ 和期货价格 $F(t,T)$ 波动间的相关系数. 由 (13.4.8) 或 (13.4.9) 确定的最优套头比 h^* 满足 $0 < h^* < 1$, 因而相应的避险套期保值策略被称为部分避险策略. 在具体确定上述最优套头比时, 只需计算 σ_F^2 与 σ_{SF} 或相应的 σ_F, σ_S 以及 ρ_{SF}, 对此可用 $S(t)$ 和 $F(t,T)$ 的历史数据或模拟法进行估计.

对于所选取的套期保值策略究竟能避免或减少多少风险, 也是每一个采用套期保值策略的投资者所关心的问题, 这牵涉所谓的套期保值的有效性研究. 将 (13.4.8) 的 h^* 代入 (13.4.5) 得采用套期保值策略后整个投资组合的残留风险

$$\begin{aligned}
\mathrm{var}(R(h^*)) &= \sigma_S^2 + \left(\frac{\sigma_{SF}}{\sigma_F^2}\right)^2\sigma_F^2 - 2\frac{\sigma_{SF}}{\sigma_F^2}\sigma_{SF} \\
&= \sigma_S^2 - \frac{\sigma_{SF}^2}{\sigma_F^2}. \tag{13.4.11}
\end{aligned}$$

再考虑对一个单位的现货资产不采用套期保值策略所面临的风险暴露. 首先, 对一个单位的现货资产不进行套期保值时, 该资产在同一时期内的益损根据资产是否是多头或空头分别为: 现货资产多头

$$R_{al}(t) = S(t) - S(0), \tag{13.4.12}$$

现货资产空头

$$R_{as}(t) = S(0) - S(t), \tag{13.4.13}$$

两者受资产价格变动的方差为

$$\mathrm{var}(R_a(t)) = \mathrm{var}(S(t)) = \sigma_S^2. \tag{13.4.14}$$

根据套期保值有效性的定义: 套期保值的有效性是指采用套期保值措施后, 由套期保值所减少的风险同未经套期保值资产所面临的风险暴露的比, 可以确定上述套期保值措施的有效性为

$$H_E = \frac{\text{var}(R_a(t)) - \text{var}(R(h^*))}{\text{var}(R_a(t))} = 1 - \frac{\text{var}(R(h^*))}{\text{var}(R_a(t))}. \tag{13.4.15}$$

将 (13.4.11) 和 (13.4.13) 的 $\text{var}(R(h^*))$ 和 $\text{var}(R_a(t))$ 代入得

$$H_E = 1 - \frac{\sigma_S^2 - \frac{\sigma_{SF}^2}{\sigma_F^2}}{\sigma_S^2} = \frac{\sigma_{SF}^2}{\sigma_S^2 \sigma_F^2}. \tag{13.4.16}$$

在上述讨论使投资组合风险最小的套期保值措施研究中. 我们采用的是现货价格 $S(t)$ 和期货价格 $F(t,T)$ 变动的方差和协方差. 对此, 我们还可以用在前面提及的基差的方差与协方差来表述使投资组合风险最小的套头比和套期保值的有效性. 首先, 由 (13.4.1) 和 (13.4.2) 有

$$\begin{aligned}
R_S(h) &= [S(t) - S(0)] + h[F(0,T) - F(t,T)] \\
&= [S(t) - S(0)] - [F(t,T) - F(0,T)] + (1-h)[F(t,T) - F(0,T)] \\
&= [S(t) - F(t,T)] - [S(0) - F(0,T)] + (1-h)[F(t,T) - F(0,T)] \\
&= B(t,T) - B(0,T) + (1-h)[F(t,T) - F(0,T)], \tag{13.4.17}
\end{aligned}$$

$$\begin{aligned}
R_l(h) &= [S(0) - S(t)] + h[F(t,T) - F(0,T)] \\
&= [S(0) - S(t)] - [F(0,T) - F(t,T)] + (1-h)[F(0,T) - F(t,T)] \\
&= B(0,T) - B(t,T) + (1-h)[F(0,T) - F(t,T)]. \tag{13.4.18}
\end{aligned}$$

由此可得套期保值后投资组合收益变动的方差为

$$\begin{aligned}
\text{var}(R(h)) &= \text{var}(B(t,T)) + (1-h)^2\text{var}(F(t,T)) + 2(1-h)\text{cov}(B(t,T),F(t,T)) \\
&= \sigma_B^2 + (1-h)^2\sigma_F^2 + 2(1-h)\sigma_{BF}. \tag{13.4.19}
\end{aligned}$$

其中 $\sigma_B^2 = \text{var}(B(t,T))$, $\sigma_F^2 = \text{var}(F(t,T))$ 为基差与期货价格波动的方差, $\sigma_{BF} = \text{cov}(B(t,T),F(t,T))$ 为基差波动与期货价格波动间的协方差.

在 (13.4.19) 的情况, 使 $\text{var}(R(h))$ 取最小值的最优套头比是无约束优化问题

$$\min \ \text{var}(R(h)) = \sigma_B^2 + (1-h)^2\sigma_F^2 + 2(1-h)\sigma_{BF} \tag{13.4.20}$$

的最优解. 由一阶最优性必要条件有

$$-2(1-h)\sigma_F^2 - 2\sigma_{BF} = 0, \tag{13.4.21}$$

解之得

$$h^* = 1 + \frac{\sigma_{BF}}{\sigma_F^2}. \tag{13.4.22}$$

根据协方差的性质有

$$\begin{aligned}
\sigma_{BF} &= \mathrm{cov}(B(t,T), F(t,T)) \\
&= \mathrm{cov}(S(t) - F(t,T), F(t,T)) \\
&= \mathrm{cov}(S(t), F(t,T)) - \mathrm{var}(F(t,T)) \\
&= \sigma_{SF} - \sigma_F^2.
\end{aligned} \tag{13.4.23}$$

代入 (13.4.22) 得

$$h^* = 1 + \frac{\sigma_{SF} - \sigma_F^2}{\sigma_F^2} = \frac{\sigma_{SF}}{\sigma_F^2}. \tag{13.4.24}$$

这与 (13.4.8) 给出的最优套头比完全一致. 将 (13.4.22) 的 h^* 代入 (13.3.19) 可得经过套期保值后投资组合所面临的风险暴露为

$$\begin{aligned}
\mathrm{var}(R(h^*)) &= \sigma_B^2 + \left(\frac{\sigma_{BF}}{\sigma_F^2}\right)^2 \sigma_F^2 - \frac{2\sigma_{BF}}{\sigma_F^2}\sigma_{BF} \\
&= \sigma_B^2 - \frac{\sigma_{BF}}{\sigma_F^2}.
\end{aligned} \tag{13.4.25}$$

根据方差的性质

$$\begin{aligned}
\sigma_B^2 &= \mathrm{var}(B(t,T)) = \mathrm{var}(S(t) - F(t,T)) \\
&= \mathrm{var}(S(t)) + \mathrm{var}(F(t,T)) - 2\mathrm{cov}(S(t), F(t,T)) \\
&= \sigma_S^2 + \sigma_F^2 - 2\sigma_{SF},
\end{aligned} \tag{13.4.26}$$

将 (13.4.25) 和 (13.4.23) 代入 (13.4.25) 得

$$\mathrm{var}(R(h^*)) = \sigma_S^2 + \sigma_F^2 - 2\sigma_{SF} - \frac{(\sigma_{SF} - \sigma_F^2)^2}{\sigma_F^2} = \sigma_S^2 - \frac{\sigma_{SF}^2}{\sigma_F^2}, \tag{13.4.27}$$

这也与 (13.4.11) 给出的最小方差 (风险) 相一致.

下面我们通过一个例子来说明上述确定最优套期保值策略的方法.

例 13.4.1　考虑这样一种资产, 该资产在最近 20 天内的现货价格和期货价格如表 13.4.1 所示 (该期货的有效期限为三个月).

经计算得现货价格 $S(t)$ 变动和期货价格 $F(t,T)$ 变动的方差和协方差分别为

$$\sigma_S^2 = 0.011\,27,$$

$$\sigma_F^2 = 0.299\,57,$$

$$\sigma_{SF} = 0.024\,80.$$

表 13.4.1　现货价格和期货价格时间序列

日期	现货价格	期货价格
0	35.50	38.50
1	35.53	38.77
2	35.59	38.61
3	35.72	38.51
4	35.71	38.77
5	35.76	39.46
6	35.71	39.80
7	35.62	39.43
8	35.55	39.38
9	35.59	39.84
10	35.63	39.97
11	35.57	40.16
12	35.75	39.72
13	35.72	39.52
14	35.86	39.87
15	35.88	40.04
16	35.77	39.91
17	35.67	39.27
18	35.71	39.90
19	35.79	40.18
20	35.75	40.00

由 (13.4.8) 可求得最优的套头比为

$$h^* = \frac{\sigma_{SF}}{\sigma_F^2} = \frac{0.024\,80}{0.299\,57} = 0.082\,77.$$

代入 (13.4.11) 式可得采用上述套头比后, 投资组合残留的风险暴露为

$$\mathrm{var}(R(h^*)) = \sigma_S^2 - \frac{\sigma_{SF}^2}{\sigma_F^2} = 0.009\,22.$$

同 σ_S^2 比较可得套期保值的有效性为

$$
\begin{aligned}
H_E &= \frac{\sigma_S^2 - \mathrm{var}(R(h^*))}{\sigma_S^2} \\
&= 1 - \frac{\mathrm{var}(R(h^*))}{\sigma_S^2} = 1 - \frac{0.009\,22}{0.011\,27} \\
&= 0.018\,216.
\end{aligned}
$$

§13.4.2　在给定风险水平下使收益最大的套期保值方法

对于某些投资机构或投资者来说, 他们一般并不满意于使被套期保值的现货资产和用于套期保值的期货合约所构成的投资组合所面临的风险暴露最小这一目标,

特别是对于那些富于冒险进取精神, 寄望于高风险、高收益的投资者, 他们往往希望能在其各自所能承受的风险水平下确定使期望收益最大的套期保值措施, 我们在本节就这一问题在不考虑交易成本的情况下给出相关的数学模型和相应的套期保值策略的确定.

对于进行空头套期保值的投资者, 由 (13.4.1), 其采用套期保值后, 投资组合的期望收益为

$$E(R_S(h)) = [E(S(t)) - S(0) + h[F(0, T) - E(F(t, T))]], \tag{13.4.28}$$

其中 $E(S(t))$ 和 $E(F(t, T))$ 分别表示现货价格与期货价格波动的均值 (期望值), $E(R_S(h))$ 为整个投资组合收益的期望值. 由于整个投资组合价格波动的方差由 (13.4.5) 给出, 因此, 对此类投资者, 确定最优套期保值策略的数学模型为

$$\max E(R_S(h)) = [E(S(t)) - S(0) + h[F(0, T) - E(F(t, T))]],$$
$$\text{s.t. } \text{var}(R(h)) = \sigma_S^2 + h^2\sigma_F^2 - 2h\sigma_{SF} \leqslant \sigma_M^2, \tag{13.4.29}$$

其中 σ_M^2 为投资者所能承受的风险水平. 这是一个具有一个决策变量的约束最优化问题, 目标函数是 h 的线性函数, 但约束是一个关于 h 的二次不等式. 由于目标函数关于 h 是线性的, 问题 (13.4.29) 的最优解必在可行域 (区间) 的端点处取得. 为此, 将 (13.4.29) 的约束条件简化为下述不等式

$$ah^2 - 2bh + c \leqslant 0, \tag{13.4.30}$$

其中 $a = \sigma_F^2$, $b = \sigma_{SF}$, $c = \sigma_S^2 - \sigma_M^2$. 由不等式 (13.4.30) 得问题的可行域为

$$\frac{b - \sqrt{b^2 - ac}}{a} \leqslant h \leqslant \frac{b + \sqrt{b^2 - ac}}{a}, \tag{13.4.31}$$

因此问题的最优解 h^* 或者在可行区间的右端点 $\dfrac{b + \sqrt{b^2 - ac}}{a}$, 或者在可行区间的左端点 $\dfrac{b - \sqrt{b^2 - ac}}{a}$ 处取得. 具体是取右端点还是取左端点, 取决于目标函数 $E(R_S(h))$ 中 h 的系数 $F(0, T) - E(F(t, T))$, 取值的正负, 即有

$$h^* = \begin{cases} \dfrac{b + \sqrt{b^2 - ac}}{a}, & F(0, T) - E(F(t, T)) > 0, \\ \dfrac{b - \sqrt{b^2 - ac}}{a}, & F(0, T) - E(F(t, T)) < 0. \end{cases} \tag{13.4.32}$$

由于初始时刻的期货价格 $F(0, T) = X$(期货的执行价格或交割价格), 上式说明, 在 t 时刻, 如果期货的交割价格高于当前期货价格的预期值, 那么最优套头比按照 (13.4.32) 中的第一式计算, 反之按照第二式计算.

对于进行多头套期保值的投资者, 其投资组合的期望收益由 (13.4.4) 式为

$$E(R_l(h)) = S(0) - E(S(t)) + h[F(t,T) - E(F(0,T))],$$

相应的确定最优套期保值方案的数学模型为

$$\max\ E(R_S(h)) = S(0) - E(S(t)) + h[F(t,T) - E(F(0,T))],$$
$$\text{s.t. } \text{var}(R(h)) = \sigma_S^2 + h^2\sigma_F^2 - 2h\sigma_{SF} \leqslant \sigma_M^2. \tag{13.4.33}$$

由于问题 (13.4.33) 的约束条件同问题 (13.4.29) 的约束条件相同, 因而问题的可行域也由 (13.4.31) 给出, 而问题的最优解为

$$h^* = \begin{cases} \dfrac{b + \sqrt{b^2 - ac}}{a}, & E(F(t,T)) - F(0,T) > 0, \\[3mm] \dfrac{b - \sqrt{b^2 - ac}}{a}, & E(F(t,T)) - F(0,T) < 0. \end{cases} \tag{13.4.34}$$

比较 (13.4.32) 和 (13.4.34) 可以发现, 当 $E(F(t,T)) - F(0,T) > 0$ 时, 多头套期保值的最优套头比为 $\dfrac{b + \sqrt{b^2 - ac}}{a}$, 而空头套期保值的最优套头比为 $\dfrac{b - \sqrt{b^2 - ac}}{a}$. 当 $E(F(t,T)) - F(0,T) < 0$ 时, 多头套期保值的套头比为 $\dfrac{b - \sqrt{b^2 - ac}}{a}$, 但空头套期保值的套头比为 $\dfrac{b + \sqrt{b^2 - ac}}{a}$.

我们继续以上一个例子来说明此情况下的最优套期保值措施的确定, 设投资者所能承受的风险水平为

$$\sigma_M^2 = 0.01,$$

则有 $a = \sigma_F^2 = 0.299\,57$, $b = \sigma_{SF} = 0.024\,80$, $c = \sigma_S^2 - \sigma_M^2 = 0.001\,27$. 由此得两个问题的可行域为

$$0.031\,58 = \frac{b - \sqrt{b^2 - ac}}{a} \leqslant h \leqslant \frac{b + \sqrt{b^2 - ac}}{a} = 0.133\,96.$$

因此, 最优的套头比或者为 0.133 96 或者为 0.031 58, 这主要取决于 $E(F(t,T)) - F(0,T) < 0$ 取值的正负. 取期货价格变动的均值作为期望值, 则有

$$E(F(t,T)) = 39.5553.$$

于是, 对于空头套期保值, 由于

$$F(0,T) - E(F(t,T)) = 38.5 - 39.5553 = -1.055\,53,$$

因此, 此种情况的最优套头比为

$$h^* = \frac{b - \sqrt{b^2 - ac}}{a} = 0.031\ 58.$$

这时投资者的期望收益为

$$\begin{aligned}
E(R) &= [E(S(t)) - S(0)] + h^*[F(0,T) - E(F(t,T))] \\
&= 0.183\ 54 + 0.031\ 58 \times (-1.0553) \\
&= 0.150\ 216.
\end{aligned}$$

如果是多头套期保值, 由于

$$E(F(t,T)) - F(0,T) = 1.0553,$$

这时的最优套头比为

$$h^* = \frac{b + \sqrt{b^2 - ac}}{a} = 0.133\ 96,$$

投资者的期望收益为

$$\begin{aligned}
E(R) &= S(0) - E(S(t)) + h^*[F(t,T) - E(F(0,T))] \\
&= -0.183\ 54 + 0.133\ 96 \times 1.0553 = -0.042\ 17.
\end{aligned}$$

从这里可以看出, 在投资者能承受的风险水平为 $\sigma_M^2 = 0.01$ 的情况, 如做多头套期保值, 投资者的期望收益是负的, 为要确保在多头套期保值时, 期望收益为正, 需要提高所能承受的风险水平, 例如, 如果风险承受水平提高至

$$\sigma_M^2 = 0.015$$

时, 可以得

$$h^* = \frac{b + \sqrt{b^2 - ac}}{a} = 0.221\ 74,$$

而投资组合的期望收益为

$$\begin{aligned}
E(R) &= S(0) - E(S(t)) + h^*[F(t,T) - E(F(0,T))] \\
&= -0.183\ 54 + 0.221\ 74 \times 1.0553 = 0.050\ 46.
\end{aligned}$$

当然, 在这一例子中, 由于资产的现货价格是增的, 投资者一般会选择做空头套期保值, 而避免做多头套期保值.

§13.4.3 确定收益目标下使风险最小的套期保值方法

除了上述两种类型的投资机构和投资者之外, 尚有不少投资机构和投资者愿意考虑下述投资策略, 即在明确期望收益目标下, 确定使风险最小的套期保值策略. 这样的套期保值策略, 如果是空头套期保值可选用下述模型确定

$$\min \operatorname{var}(R(h)),$$
$$\text{s.t.} \ \ E(R_s(h)) \geqslant \mu. \tag{13.4.35}$$

如果是多头套期保值, 可用下述模型确定

$$\min \operatorname{var}(R(h)),$$
$$\text{s.t.} \ \ E(R_l(h)) \geqslant \mu, \tag{13.4.36}$$

其中 μ 为投资者确定的最低期望收益, $\operatorname{var}(R(h))$ 由 (13.4.5) 给出, $E(R_S(h))$ 和 $E(R_l(h))$ 分别由 (13.4.3) 和 (13.4.4) 给出.

为确定满足上述要求的最优套头比, 可先确定 $\operatorname{var}(R(h))$ 在无约束条件下的最优套头比, 即由 (13.4.24) 给出的最优套头比

$$h^* = \frac{\sigma_{SF}}{\sigma_F^2}, \tag{13.4.37}$$

再将此套头比代入问题的约束, 看约束条件是否得到满足. 如果由 (13.4.37) 给出的套头比使约束条件成立, 则此 h^* 即为所求的最优套头比. 如果 (13.4.37) 的套头比不能使约束条件满足, 则最优套头比可直接从约束方程给出. 即对于空头套期保值, 由方程

$$E(R_S(h)) = [E(S(t)) - S(0)] + h[F(0,T) - E(F(t,T))] - \mu = 0 \tag{13.4.38}$$

确定, 对于多头套期保值, 由方程

$$E(R_l(h)) = [S(0) - E(S(t))] + h[E(F(t,T)) - F(0,T)] - \mu = 0 \tag{13.4.39}$$

确定. 由方程 (13.4.38) 和 (13.4.39) 可得相应的套头比分别为:
空头套期保值

$$h^* = \frac{E(S(t)) - S(0) - \mu}{E(F(t,T)) - F(0,T)}, \tag{13.4.40}$$

多头套期保值

$$h^* = \frac{S(0) - E(S(t)) - \mu}{F(0,T) - E(F(t,T))}. \tag{13.4.41}$$

将所得的最优套头比代入 $\operatorname{var}(R(h))$ 得套期保值投资组合的残留风险 $\operatorname{var}(R(h^*))$, 再同资产未经套期保值面临的价格风险比较, 即可求得套期保值的有效性指标.

§13.5　考虑交易费用的套期保值方法

上一节确定套期保值策略的数学模型都是在没有考虑交易成本的条件下讨论的, 目前国内外对套期保值策略的研究一般也都不考虑交易成本. Draper 与 Fung[26] 的最新研究表明, 在不存在套利机会的有效市场, 交易成本对投资者来说是不容忽略的一个因素, 尽管交易成本和套期保值的费用在整个套期保值的投资中占有很小的比例, 但对套期保值策略和措施的确定不是没有一点影响的, 本节给出的结果也证明了这一点.

根据期货市场和现货市场的不同, 分为现货市场的交易成本和期货市场的套期保值费用. 套期保值费用指的是期货市场上的交易费用、税金以及保证金利息等. 现货市场的交易费用一般要高于期货市场的套期保值费用.

无论是现货市场的交易费用, 还是期货市场的套期保值费用, 都可以分为基本费用 (又称固定费用) 和随交易额的多少变化的费用两部分. 考虑对现货市场上一个单位的某种现货资产, 用 h 个单位的该现货资产的期货进行套期保值, 该投资组合在现货市场上的交易费用可表示为

$$C_S = C_{S1} + [S(0) + S(t)]C_{S2}, \tag{13.5.1}$$

其中 C_{S1} 为该资产在现货市场进行任何一宗交易的固定费用, $[S(0) + S(t)]C_{S2}$ 为该资产在现货市场交易时随交易头寸变化的交易费用, C_{S2} 为每单位资产头寸的交易费用. 同样该投资组合在期货市场的套期保值费用可表示为

$$C_F = C_{F1} + [F(0,T) + F(t,T)]hC_{F2}, \tag{13.5.2}$$

其中 C_{F1} 为该种资产的期货进行交易的基本费用, $[F(0,T) + F(t,T)]hC_{F2}$ 为随期货的交易头寸变化的交易费用, C_{F2} 为单位期货头寸的交易费用, h 为套头比.

在考虑现货市场交易费用和期货市场套期保值费用的情况下, 空头套期保值的投资组合的收益变动情况由下式表示

$$
\begin{aligned}
R_S(h) =& [(S(t) - S(0)] + [F(0,T) - F(t,T)]h \\
& - C_{S1} - [[S(0) + S(t)]C_{S2}] \\
& - C_{F1} - [F(0,T) + F(t,T)]hC_{F2} \\
=& [(1 - C_{S2})S(t) - (1 + C_{S2})S(0) - C_{S1} - C_{F1}] \\
& + [(1 - C_{F2})F(0,T) - (1 + C_{F2})F(t,T)]h,
\end{aligned}
\tag{13.5.3}
$$

对于多头套期保值, 则有

$$R_S(h) = [(S(0) - S(t)) + [F(t, T) - F(0, T)]h$$
$$-C_{S1} - [[S(0) + S(t)]C_{S2}]$$
$$-C_{F1} - [F(0, T) + F(t, T)]hC_{F2}$$
$$= [(1 - C_{S2})S(0) - (1 + C_{S2})S(t) - C_{S1} - C_{F1}]$$
$$+[(1 - C_{F2})F(t, T) - (1 + C_{F2})F(0, T)]h. \tag{13.5.4}$$

两者的期望值分别

$$R_S(h) = [(1 - C_{S2})E(S(t)) - (1 + C_{S2})S(0) - C_{S1} - C_{F1}]$$
$$+[(1 - C_{F2})F(0, T) - (1 + C_{F2})E(F(t, T))]h, \tag{13.5.5}$$
$$R_l(h) = [(1 - C_{S2})S(0) - (1 + C_{S2})E(S(t)) - C_{S1} - C_{F1}]$$
$$+[(1 - C_{F2})E(F(t, T)) - (1 + C_{F2})F(0, T)]h. \tag{13.5.6}$$

而二者的方差分别为

$$\text{var}(R_S(h)) = (1 - C_{S2})^2\sigma_S^2 + (1 + C_{F2})^2h^2\sigma_F^2$$
$$-2(1 - C_{S2})(1 + C_{F2})h\sigma_{SF}, \tag{13.5.7}$$
$$\text{var}(R_l(h)) = (1 + C_{S2})^2\sigma_S^2 + (1 - C_{F2})^2h^2\sigma_F^2$$
$$-2(1 + C_{S2})(1 - C_{F2})h\sigma_{SF}. \tag{13.5.8}$$

如果只要求使方差最小的套期保值策略, 对于空头套期保值, 其模型为

$$\min \ \text{var}(R_S(h)). \tag{13.5.9}$$

由一阶最优性必要条件, 得最优套头比为

$$h_c^* = \frac{1 - C_{S2}\sigma_{SF}}{1 + C_{F2}\sigma_F^2} = \frac{1 - C_{S2}}{1 + C_{F2}}h^*, \tag{13.5.10}$$

其中 h^* 是由 (13.4.24) 给出的不考虑交易费用和套期保值费用时使方差最小的套头比. 由此可以看出, 在考虑现货市场的交易费用和期货市场的套期保值费用时, 套头比同二者的费用 (每单位头寸的费用) 明显有关, 将 h^* 代入 (13.5.7) 得

$$\text{var}(R_S(h_c^*)) = (1 - C_{S2})^2\left[\sigma_S^2 - \frac{\sigma_{SF}}{\sigma_F^2}\right]. \tag{13.5.11}$$

在不采取套期保值措施时, 现货资产所面临的价格风险, 由于现货市场的交易费用, 也不同于 (13.4.14) 给出的结果. 由于在这时有

$$R_{al}(t) = S(t) - S(0) - C_{S1} - C_{S2}(S(t) + S(0)),$$

因而资产不经套期保值所面临的风险为

$$\mathrm{var}(R_{al}) = (1 - C_{S2})^2 \sigma_S^2. \tag{13.5.12}$$

从 (13.5.11) 和 (13.5.12), 由套期保值有效性的定义得

$$H_E = \frac{\mathrm{var}(R_{al}) - \mathrm{var}(R_S(h_c^*))}{\mathrm{var}(R_{al})} = \frac{\sigma_{SF}^2}{\sigma_S^2 \sigma_F^2}. \tag{13.5.13}$$

比较 (13.5.13) 与 (13.4.16) 可以看出, 在考虑交易费用和套期保值费用后, 套期保值的有效性是相同的, 这是因为我们同时考虑了套期保值费用和交易费用. 尽管套期保值的有效性同套期保值费用的考虑与否无关, 但 (13.5.10) 明确表明, 最优的套头比既同现货市场的交易费用有关, 也同期货市场的套期保值费用有关.

对于多头套期保值, 确定使方差最小的套期保值策略的模型为

$$\min \ \mathrm{var}(R_l(h)), \tag{13.5.14}$$

由此确定的最优套头比为

$$h_c^* = \frac{1 + C_{S2}}{1 - C_{F2}} \frac{\sigma_{SF}}{\sigma_F^2} = \frac{1 + C_{S2}}{1 - C_{F2}} h^*, \tag{13.5.15}$$

用同样的方法可求得套期保值的有效性仍为

$$H_E = \frac{\sigma_{SF}^2}{\sigma_S^2 \sigma_F^2}.$$

由于在考虑交易费用与套期保值费用时, 空头套期保值与多头套期保值策略产生的期望收益与面临的风险不同, 对在给定风险承受水平条件下, 使套期保值的期望收益最大的模型分别为

空头套期保值:

$$\max \ E(R_S(h)),$$
$$\mathrm{s.t.} \ \mathrm{var}(R_S(h)) \leqslant \sigma_M^2. \tag{13.5.16}$$

多头套期保值:

$$\max \ E(R_l(h)),$$
$$\mathrm{s.t.} \ \mathrm{var}(R_l(h)) \leqslant \sigma_M^2, \tag{13.5.17}$$

其中 σ_M^2 为给定的风险承受水平, $E(R_S(h))$, $E(R_l(h))$, $\mathrm{var}(R_S(h))$ 和 $\mathrm{var}(R_l(h))$ 分别由 (13.5.4), (13.5.5), (13.5.6) 和 (13.5.7) 给出. 由于在上述两模型中, 目标函数为

h 的线性函数, 因而最优解只能在可行域的端点处求得, 而由于两问题的约束条件是关于 h 的二次不等式, 因而二问题的可行域具有如下形式

$$\frac{b - \sqrt{b^2 - ac}}{a} \leqslant h \leqslant \frac{b + \sqrt{b^2 - ac}}{a}, \tag{13.5.18}$$

其中对于空头保值和多头套期保值 a, b, c 的取值不同. 对于空头套期保值, 有

$$a = (1 + C_{F2})^2 \sigma_F^2, \quad b = (1 - C_{S2})(1 + C_{F2})\sigma_{SF}, \quad c = (1 - C_{S2})^2 \sigma_S^2 - \sigma_M^2.$$

对于多头套期保值, 则有

$$a = (1 + C_{F2})^2 \sigma_F^2, \quad b = 2(1 + C_{S2})(1 - C_{F2})\sigma_{SF}, \quad c = (1 + C_{S2})^2 \sigma_S^2 - \sigma_M^2.$$

至于究竟是取左端点 $\dfrac{b - \sqrt{b^2 - ac}}{a}$, 还是右端点 $\dfrac{b + \sqrt{b^2 - ac}}{a}$ 为最优解, 取决于目标函数中线性项 h 的系数取值的正或负. 具体地讲, 对于空头套期保值的模型 (13.5.16) 有

$$h_c^* = \begin{cases} \dfrac{b + \sqrt{b^2 - ac}}{a}, & (1 - C_{F2})F(0, T) - (1 + C_{F2})E(F(t, T)) > 0, \\[3mm] \dfrac{b - \sqrt{b^2 - ac}}{a}, & (1 - C_{F2})F(0, T) - (1 + C_{F2})E(F(t, T)) < 0. \end{cases}$$

而对于多头套期保值模型 (13.5.17) 有

$$h_c^* = \begin{cases} \dfrac{b + \sqrt{b^2 - ac}}{a}, & (1 - C_{F2})E(F(t, T)) - (1 + C_{F2})F(0, T) > 0, \\[3mm] \dfrac{b - \sqrt{b^2 - ac}}{a}, & (1 - C_{F2})E(F(t, T)) - (1 + C_{F2})F(0, T) < 0. \end{cases}$$

至于套期保值的有效性, 则需把所得 h_c^* 分别代入各自的方差表达式, 再同不采取套期保值时现货资产所面临的风险暴露比较, 进行计算即可求得. 所不同的是, 在这种情况下, 难以直接给出套期保值有效性的表达式, 具体的有效性需通过计算才能得到, 当然具体的计算并不困难.

对于给定明确的收益目标, 确定使风险最小的套期保值策略, 则需要下列两个模型. 对于空头套期保值, 模型为

$$\begin{aligned} &\min \ \mathrm{var}(R_S(h)), \\ &\text{s.t. } E(R_S(h)) \geqslant \mu. \end{aligned} \tag{13.5.19}$$

对于多头套期保值, 模型为

$$\begin{aligned} &\min \ \mathrm{var}(R_l(h)), \\ &\text{s.t. } E(R_l(h)) \geqslant \mu. \end{aligned} \tag{13.5.20}$$

在这两个模型中, 目标函数是 h 的二次函数, 约束条件是 h 的线性函数, 因而最优解不难确定.

首先, 直接计算两模型中目标函数的无约束最优解, 如果所得最优解满足约束条件, 则该最优解即为所求的最优套期保值策略的套头比, 如果所得最优解不满足约束条件, 则所求的最优套头比为约束区域的端点, 可从约束方程直接求出.

对于空头套期保值模型 (13.5.19), 目标函数的无约束最优解由 (13.5.10) 给出

$$h_c^* = \frac{1 - C_{S2}}{1 + C_{F2}} h^*.$$

如果此 h_c^* 不满足 (13.5.19) 的约束条件, 则最优套头比可直接通过解方程

$$
\begin{aligned}
E(R_S(h)) = {} & [(1 - C_{S2})E(S(t)) - (1 - C_{S2})S(0) - C_{S1} - C_{F1}] \\
& + [(1 - C_{F2})F(0, T) - (1 + C_{F2})E(F(t, T))]h - \mu = 0
\end{aligned}
$$

确定, 即最优套头比为

$$h_c^* = \frac{(1 - C_{S2})E(S(t)) - (1 - C_{S2})S(0) - C_{S1} - C_{F1} - \mu}{(1 + C_{F2})E(F(t, T)) - (1 - C_{F2})F(0, T)}.$$

对于多头套期保值模型 (13.5.20), 目标函数的无约束最优解由 (13.5.15) 给出,

$$h_c^* = \frac{1 + C_{S2}}{1 - C_{F2}} h^*.$$

如果 h_c^* 不满足 (13.5.20) 中的约束条件, 则最优套头比可直接由约束条件求得

$$h_c^* = \frac{(1 - C_{S2})S(0) - (1 + C_{S2})E(S(t)) - C_{S1} - C_{F1} - \mu}{(1 + C_{F2})F(0, T) - (1 - C_{F2})E(F(t, T))}.$$

为确定相应的套期保值的有效性, 只需将求得的最优套头比 h_c^* 代入相应的方差表达式, 再同不进行套期保值现货资产所面临的风险暴露相比较, 即可确定套期保值的有效性.

第 14 章　信用风险的控制和管理方法

本章主要介绍信用风险的管理方法. 首先介绍信用风险定价的两种模型, 即结构式模型和简式模型, 在此基础上介绍四种目前在发达国家使用的信用风险管理模型: CreditMetrics 模型、KMV 模型、CreditRisk+ 模型以及 Credit Portfolio View(CPV) 模型. 通过对这四个模型的了解和掌握, 读者将会对信贷组合的信用风险管理方法有深入的把握.

§14.1　信用风险定价的结构式模型

信用风险定价的结构式模型的起源可以追溯到 Black & Scholes[7] 和 Merton[87], 它把公司债务看作是对企业资产的或有求偿权, 企业市场价值的变化是信用风险产生的基本因素.

Merton 在其文章中指出, 一个具体的企业债券价值主要受三个方面的影响: 无违约风险收益率、债务契约条款和违约概率. 但在此之前对债务风险问题的研究主要集中在债务的利率期限结构, 即对 "无违约风险收益率随时间推移会表现出何种走势" 这一问题的关注. 而对债务利率的风险结构问题 (即后两种违约风险影响因素) 却缺乏一个系统的研究. 为什么相同期限的债务利率中会包含大小不同的违约风险溢价 (risk premium, 即收益率与利率之差), 对此学者们给出了大量的定性研究, 但这些研究只能给出风险影响因素对风险溢价的影响方向, 不能给出一个比较精确的影响度, 从而就更不能比较各种因素对风险贡献程度的大小. Merton 提出的或有求偿权的定价模型解决了这一困境, 他认为存在违约可能性的债券可被视为一个关于企业价值的或有求偿权, 即由一个无违约风险的债券价值减去一个关于企业市场价值的欧洲看跌期权构成. 通常把 Merton 提出的这种定价方法称为结构模型中的传统范式模型, 即结构式模型发展的第一阶段.

由于在传统范式模型的假设中, 企业是否违约必须在债券到期日才能确定, 也就是说, 即使债权人在到期日之前知道企业价值不断减少, 甚至接近于零, 预计到了企业的违约, 但也不能在到期日之前采取行动来保护自己的权益. 这个假设与实际不符, 于是诞生了首次触发范式. 在这个范式中, 假定债务契约中包含一个安全条款, 该条款授予债权人这样一种权利, 即当企业资产价值低于一个给定的触发点时, 债权人有权重组这个企业, 这样可以更好地保障债权人的利益. 这就意味着, 违约不仅仅是发生在到期日, 在到期日之前违约也有可能发生. 这种首次触发范式可以看作是结构模型发展的第二阶段.

　　首次触发范式假定债权人在企业价值跌到触发点时立即接管企业,但在实践中,破产法通常允许企业在违约后有一个重组的延长经营时间, 如果重组成功, 则企业继续经营, 若重组失败, 则债权人接管企业并清算企业剩余资产, 这就是对首次触发范式假定的一种偏移. 因此, 可以在这个新的假定下来进一步探讨企业的违约概率. 这种偏移范式可以看作是结构模型发展的第三阶段.

　　本节重点介绍信用风险定价的传统结构范式模型, 对后两种模型感兴趣的读者可以参考文献 [3].

　　假定一企业是通过发行股票和面值为 K、到期日为 T 的零息债券而融资建立的. 其市场价值为 V , 代表了企业未来现金流的现值. 债务条款规定了债权人的优先求偿权, 即如果企业不能履行其债务, 则债权人将立即接管企业. 这样违约时间 τ 就是一个离散的随机变量

$$\tau = \begin{cases} T, & \text{若 } V_T < K, \\ \infty, & \text{其他}. \end{cases} \tag{14.1.1}$$

　　为了计算违约概率, 假设企业资产价值的波动以概率 P 服从几何布朗运动 (geometric Brownian motion),

$$\frac{dV_t}{V_t} = \mu dt + \sigma dW_t, \quad V_0 > 0, \tag{14.1.2}$$

其中 $\mu \in R$ 是漂移率, $\sigma > 0$ 是波动参数, W 是一个标准布朗运动. 令

$$m = \mu - \frac{1}{2}\sigma^2,$$

由伊藤定理 (Ito's lemma) 可得

$$V_t = V_0 e^{mt + \sigma W_t},$$

因为 W_T 是一个均值为 0、方差为 1 的标准正态分布, 所以违约概率 $p(T)$ 为

$$p(T) = p(V_T < K) = p(\sigma W_T < \ln L - mT) = \Phi\left(\frac{\ln L - mT}{\sigma\sqrt{T}}\right),$$

其中 $L = \dfrac{K}{V_0}$ 是初始杠杆率, Φ 是标准正态分布函数.

　　假定企业既不能回购股票也不能发行新的更高等级的债券, 这样在到期日 T 时的支付情况由表 14.1.1 给出. 由此得在到期日 T 时债券的价值 B_T^T 为

$$B_T^T = \min\{K, V_T\} = K - \min\{0, K - V_T\}.$$

表 14.1.1 企业在债券到期日的支付情况

	资产价值	债券价值	股票价值
不违约	$V_T \geqslant K$	K	$V_T - K$
违约	$V_T < K$	V_T	0

它相当于这样一个投资组合: 一个无违约风险的面值为 K 到期日为 T 的债券, 加上一个关于企业资产价值的欧式看跌期权, 这个期权的执行价格为 K, 到期日为 T.

而在到期日 T 时企业股票的价值 E_T 为

$$E_T = \max\{0, V_T - K\},$$

这相当于一个关于企业资产价值的欧式看涨期权, 其执行价格为 K , 到期日为 T.

对于该企业股票和信用风险债券的定价于是转化为对欧式期权的定价. 考虑传统的 Black-Scholes 模型的情形 [7], 假设金融市场是无摩擦的、交易是连续的、无风险利率 $r > 0$ 是一个常数, 企业资产价值 V_t 服从几何布朗运动 (14.1.2). 由于股票对应于一个关于企业资产价值的欧式看涨期权, 因此, 初始时刻股票价值可由 Black-Scholes 看涨期权价格 C 给出,

$$E_0 = C(\sigma, T, K, r, V_0) = V_0 \Phi(d_+) - e^{-rT} K \Phi(d_-), \tag{14.1.3}$$

其中

$$d_{\pm} = \frac{\left(r \pm \frac{1}{2}\sigma^2\right)T - \log L}{\sigma\sqrt{T}}.$$

可以看出, 股票定价函数是关于波动项 σ 单调递增的, 也就是说, 股东会从企业资产价值的波动性增大中获利.

到期日为 T 的无风险零息债券的价格为 Ke^{-rT} . 由于该企业的债券对应于一个无违约风险的债券加上一个关于企业资产价值的欧式看跌期权, 因此, 信用风险债券的价格为

$$B_0^T = Ke^{-rT} - P(\sigma, T, K, r, V_0), \tag{14.1.4}$$

其中 P 是欧式看跌期权的价格. 由于初始时刻企业资产价值等于股票价值和风险债券价值之和, 即有

$$V_0 = E_0 + B_0^T,$$

由此得

$$B_0^T = V_0 - E_0 = V_0(1 - \Phi(d_+)) + e^{-rT} K \Phi(d_-), \tag{14.1.5}$$

可以看出, 股票的价值和债券的价值都取决于企业的杠杆率, 而企业资产价值与杠杆率无关.

信用风险溢价是其他因素相同情况下, 有违约风险的债券和无违约风险债券之间的差价. 它表示了对投资者所承担的信用风险给予的补偿. 一个价格为 B_t^T, 到期收益率为 $y(t,T)$ 的债券价值满足 $B_t^T = e^{-y(t,T)(T-t)}$, 我们可以得到 t 时刻的信用风险溢价 S_t^T 为

$$S_t^T = \frac{1}{T-t} \ln\left(\frac{\overline{B}_t^T}{B_t^T}\right), \tag{14.1.6}$$

其中 $\overline{B}_t^T$ 是 t 时刻的无违约风险债券的价格. 信用风险溢价的期限结构就是将 t 固定, 让 S_t^T 随着 T 变化而变化. 由于 $B_t^T = e^{-r(T-t)}$, 因此, 根据 (14.1.6) 和风险债券的定价公式 (14.1.5) 有

$$S_0^T = -\frac{1}{T} \ln\left(\Phi(d_-) + \frac{1}{L}e^{rT}\Phi(-d_+)\right), \tag{14.1.7}$$

这是一个关于到期日 T, 资产价值波动项 σ (即企业的商业风险), 初始杠杆率 L 和无风险利率 r 的函数. 设定 L 为 80%, r 为 5%, 图 14.1.1 给出了信用风险溢价随着资产价值波动项的变化而呈现的不同走势.

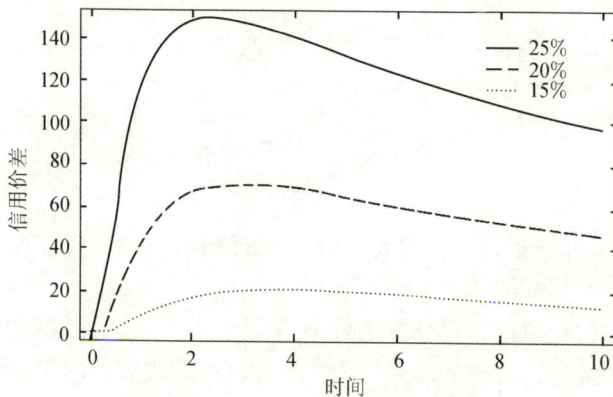

图 14.1.1　信用风险溢价的期限结构

§14.2　信用风险定价的简式模型

信用风险定价的简式模型可以追溯到 Artzner & Delbaen[5], Jarrow & Turnbull[61], Duffie & Singleton[32]. 简式模型不需要利用企业的相关参数来评估违约风险, 而是直接利用债券市场价格或价差来评估信用风险. 与结构模型所认为的违约是企业价值达到事先约定的债务重组的最低限的结果不同, 违约风险定价的简式模型将违约行为的出现定义为一种突发事件. 这类模型的典型假设就是违约事件的

发生服从泊松分布, 其分布密度取决于外生给定的变量, 违约达到的过程就是随机过程中的第一个跳跃的时间.

许多违约时间和违约概率模型都是建立在违约到达强度这个概念上的. 假定违约事件是一个具有常数强度 λ 的泊松过程, 这等价于说违约事件的首次到达时间服从参数为 λ 的指数分布, 这里的 λ 被称为强度. 对这样的假设有: (1) 存活 t 年的概率为 $P(t) = e^{-\lambda t}$, 即违约 (破产) 时间服从参数为 λ 的指数分布; (2) 期望到达时间为 $1/\lambda$; (3) 给定存活了 t 年, 对充分小的 Δt, 在 $[t, t+\Delta t)$ 内违约的概率为 $\Delta\lambda$.

如果 λ 不是一个常数, 而是一个随时间变化的函数 $\lambda(t)$, 则有

$$p(t) = \exp\left(-\int_0^t \lambda(s)ds\right). \tag{14.2.1}$$

进一步, 还可以假设 $\lambda(t)$ 本身是一个随机过程, 例如, 可以设 $\lambda(t)$ 依赖于基本状态变量以及诸如信用评级、违约距离、股票价格或商业周期等驱动因子. 如果还假设违约过程满足双随机过程的要求, 则有

$$p(t) = E\left[\exp\left(-\int_0^t \lambda(s)ds\right)\right], \tag{14.2.2}$$

其中 $\lambda(t)$ 表示在已知时刻 t 所有信息条件下的违约到达率.

假设公司已经存活到时间 t, 并给定在 t 时的所有信息, 则公司将继续生存到时间 T 的条件概率为

$$p(t, T) = E_t\left[\exp\left(-\int_t^T \lambda(s)ds\right)\right],$$

也就是说公司到时间 T 出现违约的概率为 $1 - p(t, T)$.

下面介绍两种违约强度模型.

1. Jarrow-Lando-Turnbull 模型 [58]

首先考察离散时间情形, 再讨论连续时间的模型. 在离散时间情形, 违约建模应用有限状态 $S = \{1, 2, \cdots, K\}$ 的齐次马尔可夫链, 这里状态空间 S 代表所有可能的信用等级 (包括违约), 1 代表最高等级 (Moody 用 Aaa 表示); $K-1$ 代表最差等级 (Moody 用 C 表示); 最后一个状态 K 代表违约 (破产), 注意, 状态 K(违约) 是一个吸收状态. 离散时间有限状态齐次马尔可夫链由转移概率矩阵决定

$$Q = \begin{bmatrix} q_{11} & q_{12} & \cdots & q_{1K} \\ q_{21} & q_{22} & \cdots & q_{2K} \\ \vdots & \vdots & & \vdots \\ q_{K-1,1} & q_{K-1,2} & \cdots & q_{K-1,K} \\ 0 & 0 & \cdots & 1 \end{bmatrix}, \tag{14.2.3}$$

其中 q_{ij} 表示从状态 i 到状态 j 的一步转移概率. 如果用 $q_{ij}(0, n)$ 表示马尔可夫链从第 0 期的状态 i 转移到第 n 期的状态 j 的概率, 把由 $q_{ij}(0, n)$ 组成的 n 步转移概率矩阵记为 $Q_{0,n}$, 由于我们假定过程是齐次马尔可夫链, 可以得到 $Q_{0,n} = Q^n$, 即对矩阵 Q 求 n 次幂即为 $Q_{0,n}$. 在这种假设下, 如果公司处于状态 i , 在 T 之前发生违约的概率则为 $q_{i,K}(t, T)$.

在连续时间情形, 一个连续时间齐次马尔可夫过程由它的 $K \times K$ 阶母矩阵确定

$$
\Lambda = \begin{bmatrix}
\lambda_{11} & \lambda_{12} & \cdots & \lambda_{1,K-1} & \lambda_{1K} \\
\lambda_{21} & \lambda_{22} & \cdots & \lambda_{2,K-1} & \lambda_{2K} \\
\vdots & \vdots & & \vdots & \vdots \\
\lambda_{K-1,1} & \lambda_{K-1,2} & \cdots & \lambda_{K-1,K-1} & \lambda_{K-1,K} \\
0 & 0 & \cdots & 0 & 0
\end{bmatrix}, \tag{14.2.4}
$$

其中对任意 i, j 有 $\lambda_{ij} \geqslant 0$, 且 $\lambda_{ii} = -\sum_{j=1, j \neq i}^{K} \lambda_{ij}, i = 1, 2, \cdots, K-1$, 这里非对角线元素代表从信用等级 i 到信用等级 j 的跳跃转移概率, 最后一行零向量隐含破产 (状态 K) 是一个吸收态. 如果假设 Λ 是一个常数矩阵, 则 $K \times K$ 阶 t 期转移矩阵为

$$
Q(t) = \exp(t\Lambda) = \sum_{k=0}^{\infty} \frac{(t\Lambda)^k}{K!}. \tag{14.2.5}
$$

这里 $0! = 1$, 例如, 设母矩阵为

$$
\begin{pmatrix}
-0.11 & 0.10 & 0.01 \\
0.05 & -0.15 & 0.1 \\
0 & 0 & 0
\end{pmatrix},
$$

在此例中只有 3 种状态. 在充分短的时间 Δt 内, 状态 1 仍然停留在状态 1 的概率近似为 $1 - 0.11\Delta t$, 转移到状态 2 的概率为 $0.10\Delta t$, 违约的概率为 $0.01\Delta t$. 在时间 $(0, t)$ 内违约概率的不合理估计是 $1 - \exp(-0.01t)$. 这是因为由于没有考虑先以 0.10 的概率降到第二级, 然后再出现违约的情况, 所以必然会低估违约的概率.

如果假设母矩阵 Λ 是关于 t 的函数, 由 Kolmogorov 后向和前向方程, 我们可以得到 $K \times K$ 转移概率矩阵 $Q(t, T)$ 满足方程

$$
\frac{\partial Q(t, T)}{\partial t} = -\Lambda(t) Q(t, T), \tag{14.2.6}
$$

$$
\frac{\partial Q(t, T)}{\partial T} = \Lambda(T) Q(t, T), \tag{14.2.7}
$$

$$
Q(t, t) = I. \tag{14.2.8}
$$

由以上两个微分方程和最后一个初值条件, 可以解出此连续时间过程的转移概率矩阵 $Q(t,T)$. 所以可以得到 t 时刻处于状态 i 的公司到时刻 T 已经违约的概率为矩阵 $Q(t,T)$ 的位于 (i,K) 的元素.

如果还进一步假设 $\Lambda(t)$ 满足可交换性, 并且可以对角化, 即有

$$\Lambda(t)\Lambda(s) = \Lambda(s)\Lambda(t), \quad 对任意的 s,t > 0,$$

$$\Lambda(t) = B\mu(t)B^{-1}, \quad 其中 \text{ B } 不依赖于 t, \mu(t) 为对角阵,$$

则有

$$Q(t,T) = B\exp\Big(\int_t^T \mu(s)ds\Big)B^{-1}. \tag{14.2.9}$$

所以, t 时刻处于状态 i 的公司到 T 已经违约的概率 $q_{iK}(t,T)$ 为

$$q_{iK}(t,T) = \sum_{j=1}^K B_{ij}\exp\Big(\int_t^T \mu_j(s)ds\Big)B_{jK} = \sum_{j=1}^K \beta_{ijK}\exp\Big(\int_t^T \mu_j(s)ds\Big), \tag{14.2.10}$$

其中 $\beta_{ijK} = B_{ij}B_{jK}^{-1}$.

2. 基本仿射过程模型

Duffee, Kan[28] 在 Cox, Ingersoll, Ross[22] 利率模型的基础上发展了一类基本仿射过程模型. 设违约时间为 τ, 根据时间依赖违约强度的定义, 有给定 t 时所有信息的条件违约概率

$$p_t(\tau > s + t) = E_t\Big[\exp\Big(\int_t^{t+s} -\lambda(s)ds\Big)\Big], \quad s > 0, \tag{14.2.11}$$

E_t 表示给定 t 时所有信息的条件期望, s 是存活期的长度, $\lambda(t)$ 为违约强度.

设违约强度过程 $\lambda(t)$ 满足如下的随机微分方程

$$d\lambda(t) = K(\theta - \lambda(t))dt + \sigma\sqrt{\lambda(t)}dW(t) + \Delta J(t), \tag{14.2.12}$$

其中 W 是一个标准布朗运动, $\Delta J(t)$ 表示纯跳跃过程发生在 t 时刻的一个跳跃, J 与 W 相互独立, 跳跃的大小服从独立的均值为 μ 的指数分布, 跳跃时间是平均跳跃到达率为 l 的独立泊松过程, 跳跃时间与跳跃的大小也相互独立. 这种形式的过程 $\lambda(t)$ 是参数为 (K,θ,σ,μ,l) 的基本仿射过程. 据此, 对任意的 t 和 $s \geqslant 0$, 有

$$E_t\Big[\exp\Big(\int_t^{t+s} -\lambda(s)ds\Big)\Big] = \exp(\alpha(s) + \beta(s)\lambda(t)), \tag{14.2.13}$$

其中的系数 $\alpha(s), \beta(s)$ 见 Duffie 和 Garleanu[33] 的附录 A.

Madan, Unall[79] 提出了另一个具有随机强度的违约强度模型

$$\lambda(t) = \frac{c}{\ln^2(s/d)}.$$

这里的 c, d 是常数, s 是折现后的公司价值, 可以将 d 看作是负债价值, 当 $s \to d$ 时, 有 $\lambda(t) \to \infty$, 所以 d 是违约边界. 另外, 还假设清偿率也是随机变量, 但独立于利率, 并服从 β 分布.

§14.3　信用风险管理的 CreditMetrics 模型

在过去的一、二十年间, 无论是金融机构还是非金融机构都越来越关注投资组合层面的信用风险模型, 目前在金融行业使用的有由 KMV 开发的 PM(Portfolio Manager)[68]、由 JP Morgon 开发的 CreditMetrics(CM)[90]、由 Credit Suisse First Boston (CSFB) 开发的 CreditRisk+ (CR+)[23,125] 和由 McKinsey 开发的 Credit Potfolio View(CPV)[89]. PM 模型和 CreditMetrics 都是基于 Merton 的结构性模型, 而 CSFB 的 CreditRisk+ 模型则以保险精算的方法为基础, McKinsey 所用的 CreditPotfolioView 模型以计量经济分析为基础. 为方便, 以下我们假定在一个投资组合中所有产品的到期日都同为金融风险管理所指定的时间水平. 本节首先介绍 CreditMetrics 模型的基本框架, 然后介绍计算问题.

§14.3.1　CreditMetrics 模型的基本框架

CreditMetrics 模型是 J P Morgon 银行于 1997 年 4 月推出的一种基于 VaR 的测算信用风险的模型 [90]. 这是第一个用于度量组合信用风险的模型, 该模型以信用转移分析为基础, 因而又称为转移法模型. CreditMetrics 模型的基础是在给定的时间段内估计贷款及债券产品资产组合将来价值变化的分布状况; 价值变化与债务人信用质量的转移 (信用评级是上升、下降、还是违约) 相关. 这种方法借助市场风险管理的风险价值 (VaR) 的概念, 通过对任何债券或贷款组合价值的未来分布进行建模, 给出组合在未来一定时期内, 在给定置信水平 T, 损失的最大值, 从而给出信用风险的大小.

与市场风险价值相比, 对信用风险价值 (记为 C-VaR), 需要考虑下面三个方面的问题.

(1) 资产组合收益的分布远非正态分布, 信用质量的改善会给投资者带来有限的收益, 然而信用等级的降级或者违约会给他们的收益带来实质性的下降. 因此, 对于信用风险价值不能像市场风险价值那样可以从均值和方差上来对分布的抽样分位数加以估计, 而要求我们通过模拟资产组合价值方差变动的总体分布来确定.

(2) 由分散化所产生的对资产组合的信用风险的效应要比对资产组合市场风险的作用复杂得多. 为了估计资产组合分散化对信用风险的效应, 需要估计两债务人之间信用质量变动的相关性, 然而人们并不能直接观测到这些相关性. CreditMetrics 对这些相关性的评估建立在资本收益的联合概率上, 这就需要对债务人的资本结构和产生资本收益的过程做合理的简化.

(3) 同债券那样的交易工具不同, 贷款的信息不能得到充分披露.

CreditMetrics 风险度量框架由下面的四个模块组成: 第一模块是单个资产信用风险值的度量, 第二模块是资产组合信用风险值度量, 第三模块是相关性度量, 第四模块是风险敞口度量. 具体如图 14.3.1 所示.

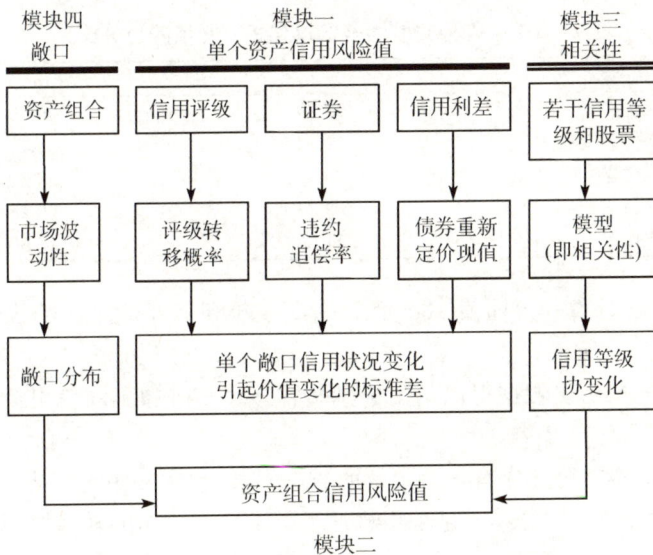

图 14.3.1　CreditMetrics 模型的基本框架

CreditMetrics 在其分析的框架里有一个很强的假设前提, 即具有相同信用等级的债务人都是信用同质的, 也就是说他们都有相同的转移概率矩阵, 包括都有完全相同的违约概率.

§14.3.2　CreditMetrics 模型的计算

1. 单个债券的信用风险值

根据模块一, 第一步就是要确定一个信用评级体系, 根据评级体系确定债券的信用等级. 其次, 根据经验和历史数据分析, 确定在整个信用风险期里信用等级之间转移的概率矩阵和信用等级损失比例矩阵, 这两个矩阵是信用风险值模型的重要组成部分, 这种转移矩阵一般由信用评级机构或银行内部信用评级体系确定. 第二步就是确定风险期, 通常为 1 年, 这也是为了和前一步中的转移概率矩阵相一致. 尽管也可以选择多个风险期, 比如 1~10 年, 但当考虑更长时期的风险状况时, 需要长期不流动金融工具. 第三步根据上述信息得到该笔债券处于不同信用等级的概率和在某一信用等级下的损失比率, 确定每个信用等级类型在风险期里的远期贴现率曲线, 并进一步确定违约发生时按面值的一定比例收回的金融工具的价值. 追偿率通常是由评级机构根据历史数据估计出来, 它取决于债务的投资级别. 表 14.3.1 列出了穆迪公司估计的各种类型债券的追偿率. 最后一步, 就是利用这些信息推导出资产组合价值变化的远期分布, 根据风险价值的定义计算出给定置信水平下债券的风险价值.

表 14.3.1　各种类型债务的追偿率 (面值的百分比)

优先级类型	均值	标准差
有担保优先级	53.80	26.56
无担保优先级	51.13	25.45
次级优先	38.52	23.81
次级	32.74	20.18
次之次级	17.00	10.90

例 14.3.1　计算一笔面值 100 元、5 年期、年利率 6% 的 BBB 级无担保债券的风险价值.

第一步. 根据历史数据得出信用级别转移概率矩阵和不同信用级别损失概率矩阵.

形成转移概率矩阵要求有一定数量的数据积累, 但很多银行都缺乏这种数据基础. 从目前的研究来看, 基本上是采用穆迪和标准普尔公布的转移概率矩阵和损失概率矩阵. 下面采用标准普尔的数据作说明, 见表 14.3.2.

表 14.3.2　1 年内从某一信用等级变为另一信用等级的转移概率矩阵

初始等级 ↓ \ 1 年后等级 →	AAA	AA	A	BBB	BB	B	CCC	违约
AAA	90.81	8.33	0.68	0.06	0.12	0	0	0
AA	0.70	90.65	7.79	0.64	0.06	0.14	0.02	0
A	0.09	2.27	91.05	5.52	0.74	0.26	0.01	0.06
BBB	0.02	0.33	5.95	86.93	5.3	1.17	1.12	0.18
BB	0.03	0.14	0.67	7.73	80.53	8.84	1.00	1.06
B	0	0.11	0.24	0.43	6.48	83.46	4.07	5.2
CCC	0.22	0	0.22	1.30	2.38	11.24	64.86	19.76

资料来源: 标准普尔 (Credit Week 1996.04.15).

根据公布的信用等级转移概率可以得出由表 14.3.3 给出的每个信用级别在不同期限的累计违约概率.

表 14.3.3   平均累积违约率 (%)

期限	1	2	3	4	5	7	10	15
AAA	0.00	0.00	0.07	0.15	0.24	0.66	1.40	1.40
AA	0.00	0.02	0.12	0.25	0.43	0.89	1.29	1.48
A	0.06	0.16	0.27	0.44	0.67	1.12	2.17	3.00
BBB	0.18	0.44	0.72	1.27	1.78	2.99	4.43	4.70
BB	1.06	3.48	6.12	8.68	10.97	14.46	17.73	19.91
B	5.20	11.00	15.95	19.4	21.88	25.14	29.02	30.65
CCC	19.79	26.92	31.63	35.97	40.15	42.64	45.1	45.1

资料来源: 标准普尔 (Credit Week 1996.04.15).

穆迪和标准普尔都定期公布上述统计信息, 如果需要可以在有关资料或网站上查询. 需要说明的是上述两个矩阵存在两个假设前提:

(a) 一个信用等级内所有企业信用都一样, 都有同样的转移概率和同样的违约概率;

(b) 时间跨度为 1 年.

这种确定方式主观性很强, 主要是由评级机构所能得到的财务数据和报告决定的, 这两个前提也是 CreditMetrics 模型的前提.

需要指出的是, 表 14.3.2 和表 14.3.3 只提供参考. 实际上, 信用等级之间的转移矩阵和信用等级的累积违约率都与外部经济活动有密切联系, 在实际应用中应该注意经济环境的变化, 而且这些数据都是标准普尔根据自己的历史数据统计得到的, 未必适用于所有银行的贷款客户.

第二步. 计算债券的价值.

不同信用等级的债券, 未来的收益也不相同, 为估计不同信用级别债券的未来收益, 需要有不同信用级别债券的贴现率以计算债券的折现值. 表 14.3.4 是 J P Morgon 公布的 1997 年 4 月 2 日不同信用级别不同期限债券的贴现率 (%), 这些数据是根据债券的零收益曲线得到的.

表 14.3.4   不同信用等级的贴现率 (%)

类别	1 年	2 年	3 年	4 年
AAA	3.60	4.17	4.73	5.12
AA	3.65	4.22	4.78	5.17
A	3.72	4.32	4.93	5.32
BBB	4.10	4.67	5.25	5.63
BB	5.55	6.02	6.78	7.27
B	6.05	7.02	8.03	8.52
C	15.05	15.02	14.03	13.52

资料来源: CreditMetrics—Technical document, April 02,1997.

表 14.3.5　不同信用等级债券 1 年后的现值

级别	价值
AAA	109.37
AA	109.37
A	108.66
BBB	107.55
BB	102.02
B	98.10
CCC	83.64
违约	51.13

由这个折现率表, 我们可以计算 1 年后不同信用级别债券的现值 (见表 14.3.5).

以上述的 BBB 级债券为例, 1 年后还是 BBB 级的现值是这样计算的

$$V_{\mathrm{BBB}} = 6 + \frac{6}{1.0410} + \frac{6}{(1.0467)^2} + \frac{6}{(1.0525)^3} + \frac{6}{(1.0563)^3} = 107.55.$$

第三步. 计算贷款的风险价值.

根据上述计算数据以及信用等级转移概率, 可以计算债券 1 年后的价值分布情况 (见表 14.3.6).

表 14.3.6　BBB 级债券 1 年后的价值分布及价值变化

信用等级	转移概率 $p/\%$	未来价值	价值变化 ΔV
AAA	0.02	109.37	1.84
AA	0.33	109.19	1.66
A	5.95	108.66	1.13
BBB	86.93	107.55	0.00
BB	5.3	102.02	−5.51
B	1.17	98.10	−9.43
CCC	0.12	83.64	−23.89
违约	0.18	51.13	−56.40

从表 14.3.6 可以看出, 在 99% 的置信区间, 可以计算该笔债券 1 年内的损失为 15.24 以内. 这可通过计算各状态的累积概率, 再用线性插值确定

$$5.51 + (9.43 - 5.51) \times (0.99 - 0.9853)/(0.997 - 0.9852) = 7.08,$$

这里 0.9853 与 0.997 分别是债券一年后好于 BB 级和 B 级的累积概率. 因此, 该债券在一年内置信水平为 99% 的风险价值为 7.08.

如果假定债券的价值变化服从正态分布, 则价值变化的均值为

$$E[\Delta V] = \sum_{i=1}^{8} p_i \Delta V_i = -0.459,$$

方差为

$$\sigma^2 = \mathrm{var}[\Delta V] = \sum_{i=1}^{8} p_i (\Delta V_i - E[\Delta V_i])^2 = 8.9347, \quad \sigma = 2.989.$$

根据正态分布下风险价值的计算公式

$$\mathrm{VaR} = |E[\delta V] - Z_\alpha \sigma \sqrt{\Delta t}|,$$

可得 99% 置信水平下债券一年后的风险价值为

$$\text{VaR} = |-0.459 - 2.33 \times 2.989| = 7.43.$$

这同上述估计的 7.08 相差不多, 说明价值正态分布的假设基本可以反映债券价值的变化.

2. 两个贷款资产组合或债券资产组合的信用风险值

本部分从只有两种债券的投资组合的信用风险价值的计算来理解债券或贷款组合信用风险价值的计算过程及其复杂性. 其计算的过程类似于单个债券信用风险价值的计算, 先确定信用评级转移的概率矩阵, 再计算不同信用等级组合下资产组合的价值, 最后, 根据资产组合价值的分布得出给定置信水平下的信用风险价值.

考虑这样一个由初始评级分别为 A 级和 BB 级的两个债券所组成的债券投资组合. 作为第一步, 首先需要确定债券组合信用等级的联合转移概率矩阵. 要计算债券组合的联合转移概率, 需要知道两个基本条件: (1) 单笔债券信用等级转移的概率矩阵, (2) 两个债券信用评级转移的相关性. 对要求 (1) 可以用表 14.3.2 给出的信用等级转移概率, 对要求 (2) 先假定两债券信用等级转移不相关, 在这样的假定下可以很容易确定该组合两债券信用评级转移的联合概率, 例如, 两债券同时保持初始信用评级不变的概率为

$$80.53\% \times 91.05\% = 73.32\%,$$

而 A 级债券转为 BBB 级, BB 级转为 BBB 级的概率为

$$5.52\% \times 7.73\% = 0.43\%.$$

表 14.3.7 给出了这两只债券信用评级转移不相关条件下的联合转移概率矩阵.

表 14.3.7 两债券信用评级转移不相关的联合概率矩阵

	A→	AAA	AA	A	BBB	BB	B	CCC	违约
BB→		0.09	2.27	91.05	5.52	0.74	0.26	0.01	0.06
AAA	0.03	0.00	0.00	0.03	0.00	0.00	0.00	0.00	0.00
AA	0.14	0.00	0.00	0.13	0.01	0.00	0.00	0.00	0.00
A	0.67	0.00	0.02	0.61	0.40	0.00	0.00	0.00	0.00
BBB	7.73	0.01	0.18	7.04	0.43	0.06	0.02	0.00	0.00
BB	80.53	0.07	1.83	73.32	4.45	0.60	0.20	0.01	0.05
B	8.84	0.01	0.20	08.05	0.49	0.07	0.02	0.00	0.00
CCC	1.00	0.00	0.02	0.91	0.06	0.01	0.00	0.00	0.00
违约	1.06	0.00	0.02	0.97	0.06	0.01	0.00	0.00	0.00

但是信用状况之间变化的相关性实际上远非为零, 事实上, 总的信用风险值对这些相关性非常敏感. 因此从风险收益的角度来讲, 精确估计信贷资产之间的相关

性对于资产组合的最优化起着决定作用. 可以预料, 在同一行业或在同一地区的公司之间的相关性要高于不相关联部门公司之间的相关性. 此外, 在商业周期中随着经济状态的变化, 相关性也随之跟着变化. 在经济增长减缓时期或在衰退期, 债务人的多数资产价值和资产质量都会下降, 多个违约的可能性就会显著增加. 在经济运行良好时相反的情况就会发生, 违约相关性也随之下降. 很明显需要一种模型构造违约概率变化与相关性比较稳定的基本变量之间的关系. 为了获得公司之间的相关性, CreditMetrics 又进行了一次简化假设, 即选择公司股票价格代替不能直接观察到的公司价值, 通过估计债务人股票收益之间的相关性, 然后直接从股票收益之间的联合分布推导出信用状况之间的相关性. 这一方法理论依据就是由默顿开创的关于公司债券的期权定价方法. 这一过程需要把公司资产收益率划分成几个区间, 公司收益率落到该区间里的概率恰好等于转移概率矩阵中的转移频率. 具体做法如下:

(1) 利用 Merton 模型 (见 §11.5) 确定企业的资产价值

$$V_t = V_0 \exp\left[\left(\mu - \frac{\sigma^2}{2}\right)t + \sigma\sqrt{t}Z_t\right], \tag{14.3.1}$$

其中随机变量 Z_t 服从标准正态分布, μ, σ^2 是企业资产收益率 (dV_t/V_t) 变动的均值和方差, 可以从企业股票价格及其变化的波动性推出, 这里假定企业资产价值 V_t 服从对数正态分布, 其期望值为 $E[V_t] = V_0 \exp(\mu t)$.

(2) 确定企业的违约率. 正如第 11 章所指出的, 只有当资产价值低于承诺的支付额 F 时, 违约才会在债券的到期日发生, 图 14.3.2 显示了在到期日 T 资产价值 V_T 的分布.

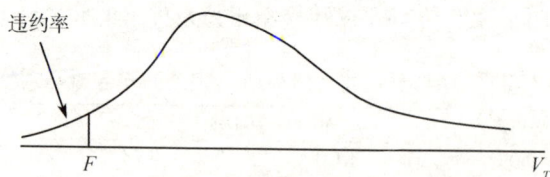

图 14.3.2　　债券到期日企业资产价值的分布和违约点

根据 Merton 模型的假设, 企业的资本结构只有两部分: 权益资本 S_t 和债券 B_t (面值 F). 以 BB 级债券为例, 用 P_{deflt} 表示其违约的概率, $V_{\text{deflt}}(= F)$ 表示其违约时的资产临界价值, 则违约概率可表示为

$$P_{\text{deflt}} = Pr\{V_T \leqslant V_{\text{deflt}}\} = Pr\left\{\frac{\ln(V_{\text{deflt}}/V_0) - (\mu - \sigma^2/2)T}{\sigma\sqrt{T}} \geqslant Z_T\right\}$$

$$= Pr\left\{Z_T \leqslant \frac{\ln(V_0/V_{\text{deflt}}) + (\mu - \sigma^2/2)T}{\sigma\sqrt{T}}\right\} = N(-d_2). \tag{14.3.2}$$

其中

$$\frac{\ln(V_T/V_0) - (\mu - \sigma^2/2)T}{\sigma\sqrt{T}} \triangleq r \qquad (14.3.3)$$

称为正态化的回报率, 它服从 $N(0,1)$ 正态分布. 由此可以看出, 当 $Z_T = -d_2$ 时, 企业就会出现违约, 即导致违约发生的临界资产价值 V_D 应使得等于 $-d_2$. 把 d_2 称为违约距离,

$$d_2 = \frac{\ln(V_0/V_{\text{deflt}}) - (\mu - \sigma^2/2)T}{\sigma\sqrt{T}}. \qquad (14.3.4)$$

(3) 确定信用评级变动资产价值的门槛 (临界) 值 (划分区间). 设不同信用等级回报率的变化服从均值为零, 方差为 1 的正态分布. 由表 14.3.2 得 BB 级债券 1 年后变为 AAA 级的概率为 0.03%(它等于图 14.3.3 中 Z_{AAA} 右侧曲线下的面积).

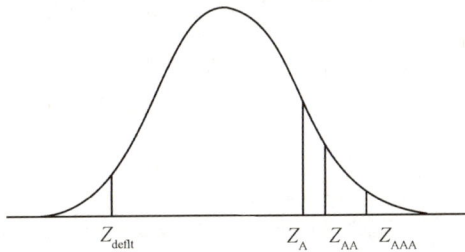

图 14.3.3   信用评级变动的概率和门槛值

根据要求

$$Pr(Z_T > Z_{\text{AAA}}) = 0.03\%,$$

以及 Z_T 服从正态分布可得 $Z_{\text{AAA}} = 3.43\sigma = 3.43$. 从 BB 级升为 AA 级的概率为 0.14% 它等于曲线下 Z_{AAA} 和 Z_{AA} 之间的面积, Z_{AA} 可由

$$Pr(Z_T > Z_{\text{AA}}) = 0.14\% + 0.03\% = 0.17\%$$

来确定, 由此可得 $Z_{\text{AA}} = 2.93$. 类似地, 可求得 BB 级债券和 A 级债券信用评级变动的不同门槛值 (见表 14.3.8).

(4) 计算有相关性的两债券信用评级转移的联合概率. 设两个债券的信用等级变化的相关系数为 ρ , 在前述企业资产价值服从对数正态分布的假定下, 两债券信用等级组合转移的概率密度函数为

$$f(r_A, r_{\text{BB}}, \rho) = \frac{1}{2\pi\sqrt{1-\rho^2}} \exp\left\{\frac{-1}{2(1-\rho^2)}[r_A^2 + r_{\text{BB}}^2 - 2\rho r_A r_{\text{BB}}]\right\}, \qquad (14.3.5)$$

由概率密度函数就可以求得两债务人处在任意信用等级组合的概率,

$$P(a < r_A < b, c < r_{\text{BB}} < d) = \int_a^b \int_c^d f(r_A, r_{\text{BB}}, \rho) dr_A dr_{\text{BB}}.$$

表 14.3.8　信用级别转移的概率和门槛值

1 年后等级	初始 A 级		初始 BB 级	
	概率	门槛值	概率	门槛值
AAA	0.09	3.12	0.03	3.43
AA	2.27	1.98	0.14	2.93
A	91.05	-1.51	0.67	2.39
BBB	5.52	-2.30	7.73	1.37
BB	0.74	-2.72	80.53	-1.23
B	0.26	-3.19	8.84	-2.04
CCC	0.01	-3.24	1.00	-2.30
违约	0.06		1.06	

例如, 两债券同时保持原信用级别的概率为

$$Pr(-1.51 < r_{\mathrm{A}} < 1.98, -1.23 < r_{\mathrm{BB}} < 1.37, \rho) = \int_{-1.51}^{1.98} \int_{-1.23}^{1.37} f(r_{\mathrm{A}}, r_{\mathrm{BB}}, \rho) dr_{\mathrm{A}} dr_{\mathrm{BB}},$$

如果 $\rho = 20\%$, 则得

$$Pr(-1.51 < r_{\mathrm{A}} < 1.98, -1.23 < r_{\mathrm{BB}} < 1.37, \rho = 0.20) = 0.7365.$$

表 14.3.9 给出了 $\rho = 20\%$ 的假定下两债券信用等级组合转移的联合概率矩阵.

表 14.3.9　资产相关性为 20% 时 BB 级和 A 级债券信用等级联合转移概率矩阵

BB→	A→ AAA	AA	A	BBB	BB	B	CCC	违约	小计
AAA	0.00	0.00	0.03	0.00	0.00	0.00	0.00	0.00	0.03
AA	0.00	0.01	0.13	0.00	0.00	0.00	0.00	0.00	0.14
A	0.00	0.04	0.61	0.01	0.00	0.00	0.00	0.00	0.67
BBB	0.02	0.35	7.10	0.20	0.02	0.01	0.00	0.00	7.69
BB	0.07	1.79	73.65	4.24	0.56	0.18	0.01	0.04	80.53
B	0.00	0.08	7.8	0.79	0.13	0.05	0.00	0.00	8.87
CCC	0.00	0.01	0.85	0.11	0.02	0.01	0.00	0.00	1.00
违约	0.00	0.01	0.90	0.13	0.02	0.01	0.00	0.00	1.07
小计	0.09	2.29	91.60	5.48	0.75	0.26	0.01	0.06	100

(5) 计算两债券同时违约的概率和两违约事件间的相关系数. 在前述两个债券的信用等级变化的相关系数 $\rho = 20\%$ 的假设下, 可求得两债券同时出现违约的概率为

$$Pr(r_{\mathrm{A}} < -3.24, r_{\mathrm{BB}} < -2.30, \rho = 0.20) = 0.0054\%.$$

两违约事件之间的相关性为

$$\mathrm{corr}(\mathrm{deflt_A}, \mathrm{deflt_{BB}}) = \frac{p(\mathrm{deflt_A}, \mathrm{deflt_{BB}}) - p(\mathrm{deflt_A})p(\mathrm{deflt_{BB}})}{\sqrt{P(\mathrm{deflt_A})(1 - p(\mathrm{deflt_A}))P(\mathrm{deflt_{BB}})(1 - P(\mathrm{deflt_{BB}}))}}$$
$$= 0.018997,$$

其中 $p(\mathrm{deflt_A})$, $p(\mathrm{deflt_{BB}})$, $p(\mathrm{deflt_A}, \mathrm{deflt_{BB}})$ 分别是 A 级债券、BB 级债券出现违约的概率和它们同时出现违约的概率.

(6) 计算债券组合的信用风险价值. 根据上述两债券信用评级转移的联合概率矩阵, 可以计算相应的债券组合的未来价值分布, 例如两债券各占组合的一半时, 该组合一年后 A 转为 AA 级, BB 级转为 B 级, 组合的价值为

$$(109.19 + 98.10)/2 = 103.645,$$

转移的概率为 0.08%. 类似地, 可以计算所有不同状态下组合的价值和转移的概率分布, 再得出不同的价值变化 (类似于表 14.3.5). 根据这些变动, 计算其均值和方差, 假设其变化服从正态分布, 即可得出不同置信水平下的信用风险价值.

3. 多个资产信用风险分散化分析

对于由多个债券或贷款组成的组合, 上述两种债券组合的计算方法已不再适用, 因为这种多资产情形下的状态要复杂得多, 这时不同债券和贷款信用等级变动之间相关性的计算成为计算的关键. 这时解析方法已不再适用, 我们需要用蒙特卡罗模拟的方法来得出组合未来价值的分布. 但上面的过程提供了具体的计算步骤和计算要求.

第 1 步. 计算每一信用等级下债券价值的临界值 (下限);

第 2 步. 估计每一对债券收益之间的相关性;

第 3 步. 按照债券收益的联合正态分布生成资产收益状况. 产生相关正态分布随机变量的标准化方法为 Cholesky 分解 (见 §9.6), 每一种资产收益状况 (情景) 都由个标准化了的资产收益值来表述, 组合中的每个资产也都有一种资产收益状况;

第 4 步. 对于每一种资产收益状况、每一个债务人, 将第 1 步计算所得的资产收益门槛值引入到对应的信用评级中;

第 5 步. 根据给定的每个信用评级的收益曲线, 对资产组合重新估价;

第 6 步. 多次重复上述过程, 例如 1 万次, 以获得资产组合价值的分布, 并由此得到给定置信水平下的风险价值.

4. 信用风险值和资本要求的计算

经济资本充当吸收未预料到损失的缓冲器, 在金融机构信用风险管理过程中起着非常重要的作用. 经济资本对未来意外损失起到保护作用, 因此, 对经济资本的要

求为

$$EC = EV - V(p),$$

其中 $V(p)$ 表示置信区间为 $p\%$ 时资产组合在最坏情况下的价值, 即风险价值,

$$EV = V_0(1 + ER),$$

为资产组合的预期价值, ER 是资产组合的预期收益率.

§14.4　信用风险管理的 KMV 模型

CreditMtrics 的主要缺陷就是过分依赖于以历史的违约和信用等级转移为基础的转移概率矩阵, 计算的精确性又取决于两个关键假设: 一是具有相同信用等级的所有公司都有一致的违约概率; 二是实际违约概率等于历史的平均违约率. 对于其他的转移概率也有相同的假设. 换句话说, 信用等级的变化与信用状况的变化是相同的. KMV 则认为, 历史平均违约率和转移概率同实际结果有很大偏差, 此外, 信用等级相同的各种债务, 其违约率存在明显差异, 况且不同信用等级的违约概率范围有重叠的可能, 例如 BBB 级和 AA 级债务会有相同的违约概率. KMV 通过利用蒙特卡罗模拟发现违约概率分布是非常有偏的, 那意味着对于每一类信用等级, 均值违约率通常会超过中值违约率. 因此, 历史平均违约率高估了一般债务人的违约率, 由此造成的后果之一就是银行客户的逆向选择. 因为如果债券定价是基于过去的平均违约率, 则对一般的客户来说索价就会过高, 结果他们会有动机离开, 然而对于信用等级最差的客户就会从有利的定价过程中获益. KMV 模型没有使用穆迪或标准普尔公司的统计数据计算某一信用等级债务人的违约概率, 而是以默顿模型为基础计算实际违约概率和预期违约率 (EDF), 并考虑违约概率是公司资本结构、资产收益率波动性以及公司资产当前价值的函数 [68]. 另外, KMV 还认为预期违约率是公司特定的并和任意信用评级体系相对应, 它可以视为是债务人相对于违约风险的基数排列, 而评级机构给出的是序数排列如 AAA、AA 等. 在 KMV 模型里每个 EDF 值都是与利差曲线和内在的信用评级相联系, 并不需要参考转移概率.

与 CreditMtrics 模型一样, KMV 模型也是以默顿信用风险期权定价方法为基础. 也就是说, 信用风险实质上是由公司资产价值的变化决定. 给定公司当前的资本结构, 即负债构成: 权益、短期和长期债务、可转换债券等, 一旦确定了公司资产价值的随机过程, 就能够计算出任何时期内的实际违约概率.

§14.4.1　KMV 模型的基本思路

KMV 模型是风险管理公司开发的一个信用风险测算模型. 该模型采用了一种从受信企业股票市场价格变化的角度来分析企业信用状况的信用风险测算方法.

KMV 模型的基本假设是当公司的资产价值低于一定水平时, 公司就会对债权人和股东违约. 这一水平对应的点就是违约触发点 DP(default point), 即公司的资产价值等于负债价值时的点.

KMV 模型的基本思路如下:

(1) 该模型最主要的分析工具是预期违约概率 (expected default frequency, EDF), 是指受信企业在正常的市场条件下, 在计划期内违约的概率. KMV 公司目前发布 5000 家上市公司 1~5 年期的 EDF 数据.

(2) 违约被定义为受信企业不能正常交付到期的本金和利息, 而且被认为在企业的市场价值 (可用企业资产价值表示) 等于企业负债水平时就会发生. 因为此时该企业即使将其全部资产出售也不能完成全部偿还义务, 因而在概念上会发生违约. 正是基于对违约的这种理解, 企业市场价值或资产价值的违约触发点 (default point) 被设定为与企业负债水平相等的企业资产价值水平. EDF 就是根据企业资产价值的波动性 (通过该企业股票在市场上的波动性测算出来) 来衡量的企业目前市场价值或资产价值水平降低到违约触发点水平的概率, 即违约概率.

(3) 有关 EDF 的信息被包含在公司上市交易的股票的价格之中. 因此, 只要分析公司的股票价格水平及其变化, 就可以得到 EDF, 即与该公司进行信用交易所面临的信用风险. 这一信用风险信息还可以随着股票交易价格的最新变化而不断更新. 通过对公司股票价格波动的分析来寻找其中包含的该公司信用状况的信息是 KMV 模型的基本特点之一.

(4) 公司资产的市场价值从概念上被认为等于公司的债券如股东权益 (debt and equity) 的全部负债 (liabilities). 因此, 通过观察借款公司的股票价格以及公司债务的账面价值, KMV 模型可以间接地衡量借款公司资产的市场价值:

$$资产市场价值 = 账面负债 + 股权市价.$$

(5) 由于公司负债的账面价值的波动性可以被视为零, 所以, 资产市价的波动性可以被视为等于公司股票市价的波动性 (方差或标准差), 即通过观察股票市价的波动性可以得到公司资产市价的波动性:

$$账面负债的波动性 (以标准差表示)=0,$$
$$资产市价的波动性 = 股权市价的波动性.$$

下面给出 KMV 模型的主要计算过程.

1. 计算预期违约概率

KMV 模型主要是利用预期违约概率 EDF 的值来判断一个公司在未来一定时期发生违约的概率. 根据企业资产价值的波动性 (通过公司股票价格在证券市场上波动性估计出来) 来衡量企业目前市场价值降低到违约触发点水平以下的概率.

　　计算预期违约率 EDF 的方法分为三个步骤: 估计公司资产的市场价值和波动率; 计算衡量违约风险的指标 —— 违约距离; 运用违约数据库由违约距离确定实际的违约率.

　　第一步. 估计公司的资产价值 V 和资产价值的波动率 σ_V.

　　KMV 方法在估计企业资产市场价值时假定企业资产价值服从对数正态分布, 或者说企业资产的收益服从对数正态分布, 这是 KMV 根据实际的经验得出的假设, 同实际数据比较吻合. 此外还假定, 资产收益的分布在所考察的时期内相对稳定, 即资产收益的波动性无大的变化.

　　如果企业的所有负债都可以交易, 并且交易每天都进行, 则估计企业资产的市场价值及其波动性的工作就比较简单, 企业资产的市场价值就等于其所有负债的市场价值之和, 而波动性则可以从资产价值的历史时间序列中推出. 但是实际上, 只有上市企业的权益 (股票等) 价值可以直接从市场观察得到, 因此求助于 Merton 模型利用期权定价理论来对企业的资产价值进行估计. 为了提高模型的实用性, KMV 方法假定企业的资本结构包括所有者权益、短期债务、长期债务和可转换优先股.

　　KMV 公司从借款公司的角度观察公司的股权价值, 发现它类似于持有一份公司资产的看涨期权的情况. 如图 14.4.1 所示, 假设公司从银行借款额为 OB, 当贷款合约到期时, 若公司资产的市场价值为 OA_2, 公司就会归还贷款, 并保留 $(OA_2 - OB)$ 的资产; 若公司资产的市场价值减少到 OB 以下 (如为 OA_1), 那么公司就无法偿还贷款, 它就会发生违约, 并将剩余资产全部转移给债权人. 此时公司股东的支付 (报酬) 是 $-OL$. 公司资产的价值下降到 OB 以下的任何值, 股东的支付都是 $-OL$, 因为公司股东只以其出资额 OB 为承担有限责任.

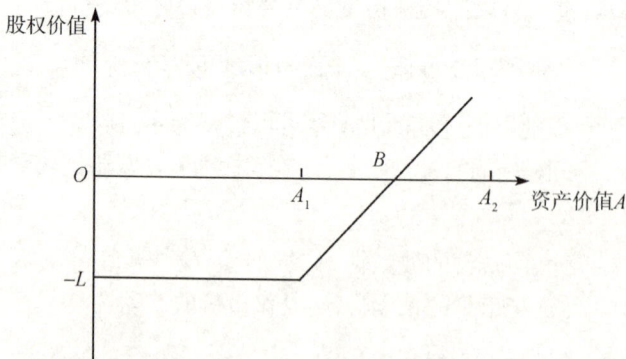

图 14.4.1   公司股权作为看涨期权的损益

　　据此, 利用 Black-Schole 期权定价公式, 可以得到公司权益价值的下述表达式

$$E = VN(d_1) - Be^{-r\tau}N(d_2) = f(V, \sigma_V, r, B, \tau), \tag{14.4.1}$$

其中

$$d_1 = \left(\ln(V/B) + \left(r + \frac{1}{2}\sigma_V\right)\tau\right)\Big/(\sigma_V\sqrt{\tau}), \quad d_2 = d_1 - \sigma_V\sqrt{\tau},$$

这里 E 表示公司股票市值, B 表示公司债务面值, V 表示公司资产市场价值, τ 表示债务的期限, $N()$ 表示标准正态累积分布函数, σ_V 表示资产价值的百分比标准差 (波动性).

上式中有两个未知数: 公司资产价值 V 及其波动性 σ_V, 要解出这两个变量, 还需要另一个方程, 因此根据公司股权价值波动性和公司资产价值波动性之间的关系再构造一个等式. 将 (14.4.1) 式两边求导, 然后再求期望, 可得

$$\sigma_E = \frac{N(d_1)V\sigma_V}{E} = g(V, \sigma_V, r, B, \tau), \tag{14.4.2}$$

其中 σ_E 表示股权价值的波动率.

由 (14.4.1)、(14.4.2) 就可以求出公司资产价值 V 和资产价值波动性 σ_V. 这两个方程均为非线性方程, 可用 Newton-Raphson 方程求方程组的解.

第二步. 计算违约距离.

在期权模型中, 所谓违约或破产是指公司资产价值低于其债务价值. 但在实践中违约和破产是有很大区别的. 破产是指一种清算状态, 公司资产被处理并按一定顺序分配给有追偿权的人; 而违约则是指不能支付到期的利息或本金. 交叉违约是当公司不能支付到期的某一债务时, 也同时意味着对其他债权人的违约.

KMV 公司观察了几百家公司, 发现公司违约时资产价值介于总负债与短期债务之间, 因此要求公司价值低于总债务价值可能不是一个实际违约率的准确计算方法, 这种不准确可能是因为资产回报率的分布不是正态分布, 也可能是资本结构的过度简化, 也可能是企业有其他的对外承诺, 因此 KMV 方法采用一个中间过程来计算企业违约的概率, 即先计算违约距离. 违约距离是指企业资产价值和违约临界值之间的标准偏差, 其定义如下

$$DD = \frac{E(V) - DPT}{\sigma_V}, \tag{14.4.3}$$

其中 $E(V)$ 表示公司资产预期价值, DPT 表示违约临界点, 它等于在风险期内需要偿还的短期债务加上长期债务的一半, 即

$$DPT = STD + \frac{1}{2}LTD,$$

STD 表示短期债务, LTD 表示长期债务, σ_V 表示公司资产价值的波动性, 它已在第一步估计得到. 违约距离 DD 就是用资产未来收益标准差表示资产在一年里的预期价值与违约临界点之间的距离. 如果设企业资产价值服从对数正态分布, 则有

$$DD = \frac{\ln(V_0/DPT_T) + (\mu - \sigma^2/2)T}{\sigma\sqrt{T}}, \tag{14.4.4}$$

这里 V_0 为企业资产当前的市场价值, DPT_T 为时间 T 的违约临界值, μ 为预期的资产收益率.

第三步. 根据违约距离计算违约概率.

最后一步是利用上一步的结果计算违约概率, KMV 称由此确定的违约概率为预期违约率 (expected defaulted frequencies, EDF). KMV 根据历史数据来统计违约距离和违约概率、以及信用级别转移之间的关系. 通过分析 20 年中十多万个企业的数据, KMV 发现有 2000 个企业出现违约或进入破产状态, 而这些企业在出现违约之前, EDF 倾向于迅速增长直至出现违约. 利用企业违约的大样本历史数据, 可以估计出每一个期限内给定违约距离的企业实际发生违约的比例数 (概率), 再由这个概率估计相应的信用级别. 例如, 在所有 DD 为 4 的企业集合 (如 5000 个企业) 中, 有 20 个 1 年后出现违约, 由此得

$$\mathrm{EDF}_{1\,\text{年}} = \frac{20}{5000} = 0.004 = 0.4\%(= 40\text{个百分点}, bp).$$

根据历史信息选择一个包含多个公司样本, 这些公司的违约距离均为同一级别, 1 年后违约公司数量占样本比例即为预期违约率 EDF. 两者之间的关系见图 14.4.2. 从图 14.4.2 可知, 违约距离与预期违约率是一一对应关系, 下面的例子来说明二者的关系.

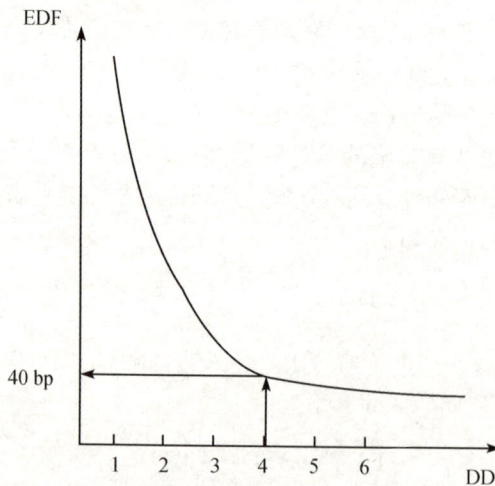

图 14.4.2   违约距离到预期违约率的映射

公司资产目前市场价值为 $V_0 = 1000$, 资产的预期年增长率为 20%, 1 年后资产预期价值 $V_0 \times 1.20 = 1200$, 资产价值的年资产波动性为 100%, 违约临界点为 800. 由这些数据得违约距离为 $(1200 - 800)/100 = 4$, 从图查得预期违约率为 40bp.

不同信用等级可以代表一定的违约概率, 这与 EDF 的含义是一致的. 根据 EDF 和信用等级的内在联系, 可以建立 EDF 与信用等级之间的对应关系. 实际上标准普尔、穆迪的评级也是在反映违约概率. 标准普尔的信用等级只代表违约概率, 而穆迪公司的信用等级还代表一定的损失率. 表 14.4.1 说明了 EDF 与各个评级公司的评级结果之间的对应关系.

表 14.4.1　EDF 与各种风险评级之间的比较

EDFs(bp)	S&P	Moody's	CIBC	国家银行	SBC
2−4	⩾AA	⩾Aa2	1	AAA	C1
4−10	AA/A	A1	2	AA	C2
10−19	A/BBB+	Baa1	3	A	C3
19−40	BBB+/BBB	Baa3	4	A/BB	C4
40−72	BBB/BB	Ba1	4.5	BBB/BB	C5
72−101	BB/BB	Ba3	5	BB	C6
101−143	BB/B+	B1	5.5	BB	C7
143−202	B−/B	B2	6	BB/B	C8
202−345	B/B	B2	6.5	B	C9

KMV 以违约率而不是以信用评级为基础制作了与 CreditMetrics 类似的信用级别转移的概率矩阵. 他们按照预期违约概率确定公司的信用等级, 例如预期违约率小于 2 个基本点的所有公司都定为 AAA 级, EDF 在 3 个基本点和 6 个基本点之间的所有公司定为 AA 级, EDF 为 7~15 个基本点的公司属于 A 级, 其他以此类推. 然后再利用 EDF 的历史变化就可以制成一个信用级别转移的概率矩阵. 如表 14.4.2 所示.

表 14.4.2　基于 EDF 范围不重叠的 KMV 一年期信用级别转移矩阵

初始信用等级	年末信用等级/%							
	AAA	AA	A	BBB	BB	B	CCC	defaut
AAA	66.26	22.22	7.37	2.45	0.86	0.67	0.14	0.02
AA	21.66	43.04	25.83	6.56	1.99	0.68	0.20	0.04
A	2.76	20.34	44.19	22.94	7.42	1.97	0.28	0.01
BBB	0.30	2.80	22.63	42.54	23.52	6.95	1.00	0.26
BB	0.08	0.24	3.69	22.93	44.41	24.53	3.41	0.71
B	0.01	0.05	0.39	3.48	20.47	53.00	20.58	2.01
CCC	0.00	0.01	0.09	0.26	1.79	17.77	69.94	10.13

同标准普尔的信用评级转移概率矩阵 (见表 14.3.2) 相比较, 差异是非常明显的. 首先, 信用等级不发生转移的概率, CreditMetrics 给出的结果都非常高, 一般都超过 80%; 而 KMV 计算的结果相对较低, 除了 AAA 级以外, 其他信用等级不发生

转移的概率一般都在评级机构历史概率的 1/2 到 1/3 之间. 其次, KMV 给出的违约概率也非常低, 特别是对于信用等级低的情况. 最后, KMV 计算的转移概率相对较高, 特别是相邻信用等级之间的转移远远高于表 14.3.2 中的结果. 这些差别将会对信用风险值的计算产生相当大的影响.

2. 违约风险估价模型和风险中性 EDF

在对违约概率进行估计的基础上, KMV 模型再计算信用风险, 但其思路同 CreditMetrics 的方法不同. 在 CreditMetrics 模型中, 计算资产价值的模型相当简单, 如果期限是 1 年, 那么债券的远期价值就是 1 年后未来现金流的折现值, 折现因子由远期收益曲线推出, 每一个信用等级都有一个特定的价差曲线, 而远期价值分布服从信用转移概率. KMV 的定价是以 "风险中性" 的估价模型为基础, 即把债务未来的现金流分成两部分: 无风险现金流和风险现金流, 将这两部分现金流分别折现后相加即得债务的价值.

用 LGD 表示违约后的损失率, 设未来第 i 个时期的现金流为 C_i, 各期的折现率都相同, 设为无风险收益率 r, 则无风险的未来现金流的现值为

$$\mathrm{PV}_{D-\mathrm{free}} = (1 - \mathrm{LGD}) \sum_{i=1}^{n} \frac{C_i}{(1+r)^{t_i}}, \tag{14.4.5}$$

其中 t_i 为未来现金流计算的起始时间, n 为未来现金流的总期数. 未来风险现金流的现值为

$$\mathrm{PV}_{\mathrm{deflt}} = \mathrm{LGD} \sum_{i=1}^{n} \frac{(1 - Q_i)C_i}{(1+r)^{t_i}}, \tag{14.4.6}$$

其中 Q_i 为风险中性下未来各期内的预期违约率, 它同具体的信用级别以及未来的不同时期有关. 由此得债务未来现金流的总现值

$$\begin{aligned} \mathrm{PV} &= \mathrm{PV}_{D-\mathrm{free}} + \mathrm{PV}_{\mathrm{deflt}} \\ &= (1 - \mathrm{LGD}) \sum_{i=1}^{n} \frac{C_i}{(1+r)^{t_i}} + \mathrm{LGD} \sum_{i=1}^{n} \frac{(1 - Q_i)C_i}{(1+r)^{t_i}}, \end{aligned} \tag{14.4.7}$$

如果采用连续复利计算, 则式 (14.4.7) 又可写为

$$\mathrm{PV} = (1 - \mathrm{LGD}) \sum_{i=1}^{n} C_i e^{-\bar{r}_i t_i} + \mathrm{LGD} \sum_{i=1}^{n} (1 - Q_i) C_i e^{-\bar{r}_i t_i}, \tag{14.4.8}$$

其中 $\hat{r}_i$ 是第 i 期的连续复利率.

例 14.4.1　计算面值为 100、5 年期债券的现值, 年息 6.25%, 无风险利率 5%, 出现违约后的损失率为 50%.

计算数据见表 14.4.3. 由表得债券的远期价值为 99.61.

表 14.4.3 风险和无风险现金流计算

年份	现金流	折现系数	违约率	无风险现值	风险现值
1	6.25	0.952 381	0.0189	2.976 190	2.919 94
2	6.25	0.907 029	0.0432	2.834 467	2.712 018
3	6.25	0.863 838	0.0696	2.699 492	2.511 608
4	6.25	0.822 702	0.0969	2.570 945	2.321 821
5	106.25	0.783 526	0.1247	41.624 83	36.434 21
总计				52.705 92	46.8996

为计算风险中性下各期的预期违约率 Q_i(下面简记为 Q), 需要搞清楚风险中性下违约概率与实际违约概率之间的关系. 由违约距离的定义 (14.3.4), 如果把风险中性的违约距离记为 d_2, 实际的违约距离记为 $\widehat{d_2}$, 则 $N(-d_2)$, $N(\widehat{d_2})$ 分别为风险中性的违约率和实际的违约率. 风险中性违约率可以定义为在时间 T, 资产价值低于违约临界值 DPT_T 的概率,

$$Q = Pr\{V_T \leqslant \mathrm{DPT}_T\} = N(-d_2), \tag{14.4.9}$$

其中

$$d_2 = \frac{\ln(V_0/\mathrm{DPT}_T) + (r - \sigma^2/2)T}{\sigma\sqrt{T}},$$

r 为无风险资产的收益率. 把实际的违约率定义为在时间 T 的 EDF, 即预期的违约率, 则有

$$\mathrm{EDF}_T = N(-\widehat{d_2}) = Pr(V \leqslant \mathrm{DPT}_T), \tag{14.4.10}$$

这里

$$\widehat{d_2} = \frac{\ln(V_0/\mathrm{DPT}_T) + (\mu - \sigma^2/2)T}{\sigma\sqrt{T}},$$

其中 $\mu \geqslant r$ 是企业资产的预期收益率. 由此可以看出, 风险中性的违约率和实际的违约率之间的差异是由 d_2 和 $\widehat{d_2}$ 之间的差异造成的. 由于

$$-\widehat{d_2} = -d_2 + (\mu - r)\sqrt{T}/\sigma, \tag{14.4.11}$$

由此得风险中性的违约率

$$Q = N(-d_2) = N(N^{-1}(\mathrm{EDF}_T) + \frac{\mu - r}{\sigma}\sqrt{T}). \tag{14.4.12}$$

由于 $\mu \geqslant r$, 所以 $Q \geqslant \mathrm{EDF}_T$, 也就是风险中性的违约率要高于实际的违约率. 根据资本资产定价模型 (CAPM, 见式 (4.3.1)), 企业资产收益率 μ 和无风险资产的收益率 r 之间有如下关系

$$\mu = r + \beta\pi, \tag{14.4.13}$$

其中 $\pi = \mu_m - r$ 称为风险溢价, μ_m 是市场组合的期望收益率, β 称为贝塔系数

$$\beta = \frac{\mathrm{cov}(R, R_m)}{\mathrm{var}(R_m)} = \rho \frac{\sigma}{\sigma_m}, \tag{14.4.14}$$

它反映了资产的收益率随风险溢价变动之间的关系, ρ 是资产收益与市场收益之间的相关系数, R 是资产的连续时间收益率, R_m 是市场组合的连续时间收益率, σ 是资产收益的波动率, σ_m 是市场组合收益的波动率. 由 (14.4.13) 和 (14.4.14) 得

$$\frac{\mu - r}{\sigma} = \frac{\beta \pi}{\sigma} = \rho \frac{\pi}{\sigma_m} = \rho SR, \tag{14.4.15}$$

其中 $SR = \pi/\sigma_m$ 称为市场夏普比率 [110], 它反映每单位市场波动所引起的市场组合的额外收益. 将 (14.4.15) 代入 (14.4.12) 得

$$Q = N\left(N^{-1}(\mathrm{EDF}_T) + \rho \frac{\pi}{\sigma_m} \sqrt{T}\right). \tag{14.4.16}$$

根据 (14.4.7), ρ 可以先利用式 (4.4.3) 通过回归

$$R = \alpha + \beta R_m + \varepsilon \tag{14.4.17}$$

确定 β, 再得 ρ.

　　在实际的金融市场中, 市场风险溢价 π 很难在统计上进行估计, 并且它随着时间的推移而变动. 此外, 资产收益一般也并不服从正态分布, 估计所得的 EDF 并不精确等于违约概率. 由于这些原因, KMV 通过利用债券数据来校正市场夏普比率 SR 和下列关系式中的时间参数 θ 来估计风险中性的 EDF_T 和 Q,

$$Q = N(N^{-1}(\mathrm{EDF}_T) + \rho SR T^{\theta}). \tag{14.4.18}$$

其中时间参数 θ 的理论值为 $1/2$. 假设已知债务人的零息曲线, 则根据定价模型有

$$e^{-\tilde{R}_i t_i} = [(1 - \mathrm{LGD}) + (1 - Q_i)\mathrm{LGD}]e^{-r_i t_i}, \quad i = 1, \cdots, n, \tag{14.4.19}$$

其中 $\tilde{R}_i$ 为到期日为 t_i 的零息债券的连续复合利率

$$\tilde{R}_i = \ln(1 + R_i),$$

R_i 为到期日为 t_i 的零息债券的利率, r_i 为到期日为 t_i 的连续复利的无风险利率. 由 (14.4.19) 式得

$$\tilde{R}_i - r_i = -\frac{1}{t_i} \ln[1 - \mathrm{LGD}Q_i], \tag{14.4.20}$$

再由 (14.4.18) 得

$$\tilde{R}_i - r_i = -\frac{1}{t_i} \ln[1 - N(N^{-1}(\mathrm{EDF}_T) + \rho SR T^{\theta})\mathrm{LGD}], \tag{14.4.21}$$

这里 $\tilde{R}_i - r_i$ 是到期日为 t_i 的债券的利差, 可以从企业债券数据中提取, 调整市场夏普比率 SR 和时间参数 θ, 使在最小二乘意义下对 (14.4.21) 作最优的拟合.

3. 资产收益的相关性模型

企业资产的收益由一系列常见的系统风险因素 (共同因素) 和一些特定因素有关. 特定因素可以是企业特定的, 也可能是行业或国家所特定的, 对资产收益的相关性没有贡献 (因为它们之间互不相关, 也同系统风险因素不相关). 我们知道, 通过投资组合, 进行分散化所能控制的正是同特定因素有关的非系统风险, 而不是同公共因素有关的系统风险.

考虑 n 个企业只有两个共同因素的情形, 根据多因素资产定价模型, 企业 i 的资产收益可表示为

$$r_i = \alpha_i + \beta_{1i}Y_1 + \beta_{2i}Y_2 + \varepsilon_i, \quad i = 1, \cdots, n, \tag{14.4.22}$$

其中 Y_1, Y_2 为两共同因素, β_{1i}, β_{2i} 为贝塔系数, 它们反映共同因素 Y_1, Y_2 变动时企业 i 的资产收益变动的情况, ε 是企业 i 的特异风险因素, 均值为零, 与共同因素的相关系数也为零. 由 (14.4.22) 式可得企业的资产收益分布的方差

$$\sigma^2 = \text{var}(r_i) = \beta_{1i}^2 \text{var}(Y_1) + \beta_{2i}^2 \text{var}(Y_2) + \text{var}(\varepsilon_i) + 2\beta_{1i}\beta_{2i}\text{cov}(Y_1, Y_2), \tag{14.4.23}$$

以及两企业资产收益分布间的协方差

$$\sigma_{ij} = \text{cov}(r_i, r_j) = \beta_{1i}\beta_{1j}\text{var}(Y_1) + \beta_{2i}\beta_{2j}\text{var}(Y_2) + (\beta_{1i}\beta_{2j} + \beta_{2i}\beta_{1j})\text{cov}(Y_1, Y_2), \tag{14.4.24}$$

其中 $\text{cov}(Y_i, Y_j)$ 为因素 Y_1 和 Y_2 之间的协方差, $\text{var}(Y_1), \text{var}(Y_2)$ 分别为因素 Y_1 和 Y_2 的方差. 由此可以得出两企业资产收益分布间的相关系数

$$\rho_{ij} = \frac{\sigma_{ij}}{\sigma_i \sigma_j}, \tag{14.4.25}$$

对于有 k 个风险因素的情形, 为估计 n 个不同企业资产收益分布间的相关性, 需要估计的系数总数为 $kn + k(k-1)/2$ 个, 包括 (14.4.22) 中的系数 $\beta_{ij}, i = 1, 2, \cdots, k, j = 1, 2, \cdots, n$ 和协方差矩阵的元素 $\sigma_{ij}, i, j = 1, 2, \cdots, k$. 以 $n = 1000$ 个企业, $k = 2$ 个因素为例, 需要估计的系数为 2003 个, 为得出这些估计, 以每个企业提供 500 个收益率数据为例, 总共的收益率数据有 50 万个.

为确定如 (14.4.22) 那样各企业收益率关于共同因素的定价模型, KMV 公司采用了一个三层因素分析模型, 即企业层的复合风险因子、国家和行业层的风险因子和第三层的行业、区域、全球因素. 对于企业层有

$$r_i = \beta_i CF_i + \varepsilon_i, \tag{14.4.26}$$

其中 r_i 为企业 i 的资产收益率, CF_i 是企业 i 的复合风险因子, β_i 为企业 i 对复合风险因子的敏感性, ε_i 是企业 i 特定的风险因子. 复合风险因子 CF_i 是第二层的国

家和行业风险因素的加权和, 即

$$CF_i = \sum_k \alpha_{ik} C_k + \sum_j \alpha_{ij} Y_j, \tag{14.4.27}$$

其中 C_k 为第 k 个国家的风险因子的收益率, Y_j 为第 j 个行业的风险因子的收益率, α_{ik}, α_{ij} 为权系数满足 $\sum_k \alpha_{ik} = 1, \sum_j \alpha_{ij} = 1$. 例如, 假设某国有企业的复合风险因素为

$$CF = 1.0C_{\text{国有}} + 0.6C_{\text{木材}} + 0.4C_{\text{造纸}}, \tag{14.4.28}$$

即有一个国家因子, 两个行业因子: 木材业和造纸业. 至于第三个层面的因素, 对于所有国家都是一样的, 即有

国家因素包括全球经济影响、地区因素影响、行业因素影响和国家特定风险因子.

行业因素包括全球经济影响、地区因素影响、行业因素影响和行业特定风险因子.

据此, 可以利用类似于 (14.4.22) 的结构来表示不同国家的国家风险因素和不同行业的行业风险因素. 利用上面的层次关系推出由 (14.4.25) 表示的不同企业收益分布间的相关性.

4. 由信用收益价差确定信用风险的成本和收益值

本部分讨论把期权定价的框架同传统的收益价差法相结合, 以便从收益价差中得出信用风险成本和收益值. 表 14.4.4 给出了国债 (无风险) 和某企业 A 的债券 (不同期限) 的收益率的分布.

表 14.4.4　债券市场收益率和信用价差

期限/年度	国债/%	A 公司/%	信用收益价差/%
1	5.6	5.85	0.25
2	5.99	6.34	0.35
3	6.15	6.60	0.45
4	6.27	6.87	0.60
5	6.34	7.04	0.70
6	6.42	7.22	0.80
7	6.48	7.38	0.90

可以将上述数据换算成零息国债和企业零息债券的收益率和信用价差 (见表 14.4.5). 再把零息收益率转换成 N 年后的 1 年期远期利率和相应的信用价差 (见表 14.4.6). 考虑该企业的一种 2 年期的未清偿债券, 该债券提供的收益和零息债券每年 6.25% 的收益相一致, 而同两年期零息债券收益相应的无风险收益为 5.91%(见

表 14.4.5 零息债券市场收益率

期限/年度	国债/%	A 公司/%
1	5.52	5.76
2	5.91	6.25
3	6.07	6.51
4	6.19	6.80
5	6.27	7.18
6	6.36	7.37
7	6.42	7.54

表 14.4.6 N 年后的 1 年期收益率和信用价差

期限 N/年度	国债/%	A 公司/%	信用收益价差/%
1	5.2	5.76	0.24
2	6.30	6.74	0.44
3	6.40	7.05	0.65
4	6.56	7.64	1.08
5	6.56	7.71	1.15
6	6.81	8.21	1.40
7	6.81	8.47	1.65

表 14.4.5). 设该债券到期日的面值为 100, 则其现值为

$$B_0 = F/(1.0625)^2 = 88.58.$$

相应的卖出期权的价值为

$$p_0 = F/(1.0591)^2 - F/(1.0625)^2 = 0.57.$$

在企业当前的资产价值 V_0 和权益价值 S_0 之间有关系式

$$88.58 + S_0 = V_0.$$

如果企业资产收益率的标准差为 $\sigma = 20\%$, 则可以由 Black-Scholes 期权定价公式 (7.6.27) 得出, 当 $V_0 = 144$ 时权益价值为

$$S_0 = V_0 N(d_1) - Fe^{-rt}N(d_2) = 55.44,$$

这里

$$d_1 = \frac{\ln(144/(100e^{-0.0591 \times 2}))}{0.2\sqrt{2}} + \frac{0.2\sqrt{2}}{2} = 1.8483, \quad d_2 = d_1 - 0.2\sqrt{2} = 1.5655.$$

这样的话就有 $88.58 + 55.44 = 144.02$, 而卖出期权的价值为 $P_0 = 0.58$ (见 (7.6.29)). 这就是面值为 100 的 2 年期企业债的信用风险成本. 而在 (7.6.29) 中置 $p = 0$,

就可得债券收益值的现值

$$\frac{N(-d_1)}{N(-d_2)}V_0 = \frac{0.033}{0.060}144 = 79.20.$$

选取 $\sigma = 15\%$, 进行同样的计算, 可得当 $V_0 = 124$ 时, 债券的价值和权益分别是 88.58 和 35.42, 信用风险的成本为 $P_0 = 0.57$, 收益值的现值为 81.5.

§14.5　信用风险管理的 CreditRisk+ 模型

CreditRisk+ 模型运用保险精算学框架推导出债券或贷款资产组合的损失分布. 模型只考虑违约风险, 不考虑降级风险; 将违约率作为一个连续的随机变量, 并认为违约频率的不确定性和损失严重性的不确定性都会影响损失的分布 [23,125]. 模型使用的违约率是从违约事件的统计数据中推算出来的. CreditRisk+ 模型假定:

(1) 违约是一种随机行为, 债务人违约的概率为 P, 不违约的概率为 $1 - P$;

(2) 对大量债务人而言, 违约的概率很小;

(3) 在一个时期的违约数量与另一时期的违约数量无关;

(4) 在给定时期内, 违约企业数量的概率分布服从泊松分布;

(5) 对于一笔贷款来说, 不同时期的违约概率是相等的, 每一笔贷款的违约概率均很小, 并且相互独立.

在计算过程中, CreditRisk+ 模型将资产的风险暴露划分为不同的小频段, 由于风险暴露的各个频段被假设为相互独立的, 从而贷款组合的违约概率可用泊松分布来描述.

在这些个假设下, 首先来看在一定时期内 (如 1 年) 违约次数的概率分布. 假定贷款组合由 N 笔贷款组成, 已知借款人 A 一定时期内的违约率是 P_A, 不违约的概率是 $1 - P_A$. 为分析整个贷款组合的信用风险, 先构造具有辅助变量 z 的概率生成函数

$$F(z) = \sum_{n=0}^{\infty} p(n)z^n, \tag{14.5.1}$$

单个借款人 A 期末只有违约和不违约两种状态, 所以相应的概率生产函数为

$$F_A = (1 - P_A)z^0 + P_A z = 1 + P_A(z - 1).$$

假定不同借款人之间的违约事件是相互独立的, 则整个贷款组合的概率生成函数是单个借款人概率生成函数的乘积,

$$F(z) = \prod_A F_A(z) = \prod_A (1 + P_A(z - 1)). \tag{14.5.2}$$

取对数形式有

$$\ln F(z) = \sum_{A} \ln(1 + P_A(z-1)). \tag{14.5.3}$$

根据单个借款人违约概率很小的假设, 下面的公式近似成立

$$\ln(1 + P_A(z-1)) = P_A(z-1). \tag{14.5.4}$$

所以贷款组合的概率生成函数可表示为

$$F(z) = \exp\left(\sum_{A} P_A(z-1)\right) = \exp(\mu(z-1)), \tag{14.5.5}$$

其中 $\mu = \sum_{A} P_A$ 表示整个贷款组合在一定时期内的期望违约次数. 将 $F(z)$ 展开成泰勒级数的形式

$$\exp(\mu(z-1)) = \sum_{n=0}^{\infty} \frac{e^{-\mu} \mu^n}{n} z^n. \tag{14.5.6}$$

由此得到在一定时期内发生 n 次违约事件的概率为

$$p(n) = \frac{e^{-\mu} \mu^n}{n!}, \quad n = 0, 1, 2, \cdots.$$

从上面的推导可以看出, 在满足假定条件的情况下, 在一定时期内违约次数的概率服从泊松分布.

例如, 假定期望违约次数为 $\mu = 5$, 则一定时期内不违约的概率为

$$p(0) = \frac{e^{-5} 5^0}{0!} = 0.00674.$$

发生五次违约的概率为

$$p(5) = \frac{e^{-5} 5^5}{5!} = 0.157.$$

由于不同贷款的违约损失额不同, 对于整个贷款组合来说, 损失分布将不再遵循泊松分布. 为了求得整个贷款组合的损失分布, CreditRisk+ 模型先将贷款组合中每笔贷款风险暴露按大小分组, 每一组贷款的风险暴露近似地等于某个数值. 这时, 每一组的损失分布将遵循泊松分布, 然后将各组的损失汇总, 就可以得到整个贷款组合的损失分布.

假定整个贷款组合分为 m 个组, 风险暴露单位为 L, 第 $j(1 \leqslant j \leqslant m)$ 组的标准暴露值 (以 L 为单位计) 为 V_j, 期望损失 (以 L 单位计) 为 ε_j, 期望违约次数为 μ_j, 于是有

$$\varepsilon_j = \mu_j V_j \text{ 或 } \mu_j = \frac{\varepsilon_j}{V_j}.$$

设 A 代表一笔贷款, 其风险暴露为 L_A, 标准暴露值为 V_A, 违约概率为 P_A, 则其预期损失 λ_A 为

$$\lambda_A = L_A P_A, \tag{14.5.7}$$

每 L 单位的预期损失为

$$\varepsilon_A = \frac{\lambda_A}{L}. \tag{14.5.8}$$

由于第 j 组每 L 单位的预期损失 $\varepsilon_j = \sum\limits_{A \in \{V_A = V_j\}} \varepsilon_A$, 所以一定时间内第 j 组的预期违约次数为

$$\mu_j = \frac{\varepsilon_j}{V_j} = \sum\limits_{A \in \{V_A = V_j\}} \frac{\varepsilon_A}{V_A}. \tag{14.5.9}$$

例 14.5.1　考虑某银行持有的包含 500 个不同债务人的贷款和债券的资产组合, 其违约损失在 5 万至 100 万之间, 表 14.5.1 给出了 6 个债务人的违约损失.

表 14.5.1　债务人的风险暴露

债务人 A	违约损失 LGD	以 10 万为单位计	取整/10 万	级段 j
1	15	1.5	2	2
2	46	4.6	5	5
3	43.5	4.35	4	4
4	37	3.7	4	4
5	19	1.9	2	2
6	48	4.8	5	5

设违约损失用单位 $L = 10$ 万, 可以把可能的违约损失分成 10 个级, 第 j 个级的违约损失为

$$L_j = j(10 \text{ 万}).$$

记第 j 个级段预期的违约数为 μ_j, 则第 j 级资产的预期损失为

$$EL_j = L_j \times \mu_j,$$

由此得

$$\mu_j = \frac{EL_j}{L_j}. \tag{14.5.10}$$

用 E_A 表示债务人 A 以 L 为单位的预期损失, 即

$$E_A = \frac{EL_A}{L},$$

则级 j 在 1 年期的预期损失 EL_j 等于级 j 内所有债务人预期损失之和

$$EL_j = \sum\limits_{A : L_A = L_j} E_A.$$

由式 (14.5.10) 得级 j 内预期发生违约的个数为

$$\mu_j = \frac{EL_j}{L_j} = \sum_{A:L_A=L_j} \frac{E_A}{L_j} = \sum_{A:L_A=L_j} \frac{E_A}{L_A}.$$

表 14.5.2 给出了对前述例子的计算结果.

表 14.5.2 每个级的预期违约数

级段 j	债务人数	预期损失 EL_j	预期违约数 μ_j
1	30	1.5	1.5
2	40	8	4
3	50	6	2
4	70	25.2	6.3
5	100	35	7
6	60	14.4	2.4
7	50	38.5	5.5
8	40	19.2	2.4
9	40	25.2	2.8
10	20	4	0.4

模型的最后是计算整个组合的损失分布, 这需要通过下述 3 个步骤. 首先由于违约数服从泊松分布, 根据概率生成函数的定义, 每一组的概率生成函数 $G_j(z)$ 为

$$G_j(z) = \sum_{n=0}^{\infty} p(\text{loss} = nL)z^n = \sum_{n=0}^{\infty} \frac{e^{-\mu_j}\mu_j^n}{n} z^{nV_j} = \exp(-\mu_j + \mu_j z^{V_j}). \quad (14.5.11)$$

其次, 由于假定贷款组合中每一组的贷款都是相互独立的, 所以整个贷款组合的概率生成函数 $G(z)$ 为

$$G(z) = \prod_{j=1}^{m} \exp(-\mu_j + \mu_j z^{V_j}) = \exp\left(-\sum_{j=1}^{m}\mu_j + \sum_{j=1}^{m}\mu_j z^{V_j}\right), \quad (14.5.12)$$

其中 m 为级段的总数. 由此可得整个贷款组合的损失分布为

$$p(\text{loss} = nL) = \frac{1}{n!} \frac{d^n G(z)}{dz^n}\Big|_{z=0}. \quad (14.5.13)$$

这样就可以得贷款组合的损失分布曲线, 从而可以求出整个贷款组合在不同置信度下的信用损失. 以上对一个时期的违约损失的分析可以扩展到多个时期.

CreditRisk+ 模型的优点是应用起来相对容易一些. 首先, 债券或贷款资产组合损失概率可以通过方程求解出来, 不需要对历史数据的估计, 使得该方法在计算方面有一定的优越性. 另外, 每个债务人的边际风险贡献计算起来也比较容易. 其次,

CreditRisk+ 只考虑债务人违约, 而不讨论信用等级转移, 这样一来, 需要估计的参数就非常少, 每个债务只需估计其违约概率和敞口. 当然这种方法的缺点是不可避免的. 首先, 它与其他两种方法一样, 都是假定不存在市场风险. 另外也忽视了信用等级转移风险, 而是假设每个债务人的敞口固定不变, 与债务发行人的最终信用状况的变化无关, 也不受利率波动的影响.

§14.6　信用风险管理的 CreditPortfolioView 模型

CPV 模型在度量预期损失和意外损失方面在很多地方与上面讨论的三种模型不同. 首先, CPV 模型是一个多因素模型, 它可以用于模拟给定宏观经济因素取值下各个信用级别之间联合条件违约分布和信用转移概率. 第二, 模型认为债务人的违约概率和信用级别转移的概率与外部的经济状况有密切的关系, 是由失业率、GDP 增长率、利率、汇率、政府储备和支出等宏观经济因素决定的. 当经济环境恶化时, 企业的违约率会增加, 信用评级会降低; 当经济环境好转时, 违约率减少, 信用评级改善 [89]. 也就是说, 信用评级会随着商业环境的变动而变动. 据此, CPV 提出的模型把违约率和信用评级的转移看作是这些宏观经济因素的函数, 在可以获得这些相关数据的时候, 就可以对相关国家的各种产业部门和债务机构应用此模型. 第三, CPV 建立的是离散时间实际损失分布模型, 这些损失取决于信贷的数量和信贷的规模. 这一点是非常重要的, 因为在一个资产组合里, 如果某个敞口非常大, 则损失分布是离散的多峰的而不是连续的单峰的, 是高度有偏而不是对称的; 当增加其他条件后, 其分布的形状会发生明显变化. 因此, 衡量意外损失的标准差就像一个橡胶尺, 可以用来说明意外损失, 但解释的程度要取决于资产组合的分散化效应或大敞口效应. 第四, 这种方法考虑了各种敞口的信用风险包括二级市场可交易的头寸、不流动的商业贷款以及零售资产组合如抵押物和应收款等. 该做法对于决定机构总的资本充足率是非常重要的.

CPV 模型包括两个重要的组成部分, 第一个就是多因素系统违约风险模型, 该模型主要用来模拟各个国家不同行业的各种信用级别群体违约和信用等级转移概率的联合条件分布, 这些概率是由一些宏观经济因素决定的, 如失业率、GDP 增长率、长期的利率水平、汇率、政府支出及总储蓄率等. 第二个重要的组成部分是计算资产组合信贷敞口离散时间的损失分布.

1. 系统风险模型

CPV 认为违约概率和信用等级转移概率都是与经济状态相联系在一起. 对于信用风险, 他们认为: 第一, 多样化有助于减少损失不确定性; 第二, 即使在最多样化的投资组合里, 大量系统风险仍然存在; 第三, 资产组合的系统风险主要是由宏观经济的运行状况所导致, 当经济变差时, 违约和等级下降的数量就会增加, 当经济走强时情况则刚好相反; 第四, 经济中的不同部门对宏观经济冲击的反应是各不相同的, 高 β 行业 (如建筑业) 对经济周期性变化的反应最敏感. 换句话说, 信用周期跟随经济周期而变化. 因为经济状态在很大程度上是受宏观经济因素所驱动, 所以 CPV 就提出了将那些宏观经济因素与违约和信用等级转移概率联系在一起的方法. 为此 CPV 构造了下面的多因素模型, 利用各个国家的宏观经济指数来确定经济的真实状态

$$Y_{jt} = \beta_{j0} + \beta_{j1}X_{j1_t} + \cdots + \beta_{jm}X_{jm_t} + \varepsilon_{jt}, \qquad (14.6.1)$$

这里 j 表示某个国家或某个行业, 并假定每个宏观经济变量都服从二阶一元自回归模型, 然后假定 t 期条件违约概率采取逻辑函数形式, 即有

$$p_{jt} = \frac{1}{(1 + \exp(-Y_{jt}))}, \qquad (14.6.2)$$

则 t 期条件违约概率就被确定且逻辑函数的形式能够确保概率的大小不会超过 1. 在 (14.6.1) 中 $X_{j,t} = (X_{j,1,t}, X_{j,2,t}, \cdots, X_{j,m,t})$ 为国家或行业 j 在时期 t 的宏观经济指数, $\varepsilon_{j,t}$ 为误差项, 同 $X_{j,t}$ 不相关, 服从正态分布 $\varepsilon_{j,t} \approx N(0, \sigma_j)$, $\beta_j = (\beta_{j,1}, \cdots, \beta_{j,m})$ 是国家或行业 j 的风险因子的评价系数. 对于每一个宏观经济指数可以用二阶单偏差自回归模型 (AR2) 进行统计

$$X_{j,i,t} = \gamma_{j,i,0} + \gamma_{j,i,1}X_{j,i,t-1} + \gamma_{j,i,2}X_{j,i,t-2} + e_{j,i,t}, \qquad (14.6.3)$$

其中 $X_{j,i,t-1}, X_{j,i,t-2}$ 表示宏观经济指数 $X_{j,i,t}$ 的滞后量, $\gamma_{j,i,0}, \gamma_{j,i,1}, \gamma_{j,i,2}$ 为回归系数, $e_{j,i,t}$ 为误差项, 服从正态分布.

2. 模拟信贷损失分布

CPV 模拟信贷损失共分为三步: 首先是确定经济所处状态, 其次是要估计每一个行业部门的条件转移与累积违约概率, 最后就是要确定损失分布. 前两步与系统性风险有关, 第三步实际上就是要确定 CPV 的条件转移矩阵. 由于穆迪与标准普尔的信用评级转移的概率矩阵是基于多年 (20 年以上), 跨越好几个商业周期, 跨越很多国家和行业的历史数据推导出来, 是无条件马尔可夫转移矩阵, 因而被称之为无条件转移概率矩阵, 把此记为 ϕM. 但是在 CPV 模型中, 违约率与经济环境相关, 在经济衰退时期, 违约率会高于违约事件的均值, 信用降级的事件会增加, 升级的情况则会减少, 经济繁荣时期, 情况则刚好相反. 用 SDP_t 表示由式 (14.6.2) 模拟出的投机级债务人的违约率, ϕSDP 是其相应的无条件违约概率 (历史平均数), 于是在经济衰退时期有

$$\frac{\text{SDP}_t}{\phi\text{SDP}} > 1, \qquad (14.6.4)$$

而在经济繁荣时期有

$$\frac{\mathrm{SDP}_t}{\phi\mathrm{SDP}} < 1. \tag{14.6.5}$$

CPV 利用 (14.6.4) 和 (14.6.5) 来调整信用等级转移概率矩阵 (ϕM) 中的信用等级转移概率, 生成以经济状态为条件的信用等级转移概率矩阵

$$M = M(p_{j,t}/\phi\mathrm{SDP}), \tag{14.6.6}$$

具体的调整为: 当 $p_{j,t}/\phi\mathrm{SDP} > 1$ 时, 信用等级下降的概率增加; 当 $p_{j,t}/\phi\mathrm{SDP} < 1$, 信用等级下降的概率减小. 由于我们可以模拟任何时间 $t = 1, 2, \cdots, T$ 的 $p_{j,t}$, 这种方法可以生成一个多期的信用等级转移概率矩阵

$$M_T = \prod_{t=1,\cdots,T} M(p_{j,t}/\phi\mathrm{SDP}). \tag{14.6.7}$$

人们可以通过多次模拟信用等级转移概率矩阵 (14.6.7) 来对任何等级, 任何时段上违约的累计条件概率分布进行计算, 例如, 图 14.6.1 给出了模拟所得的给定信用级别, 给定时间期限的情况下条件违约概率分布.

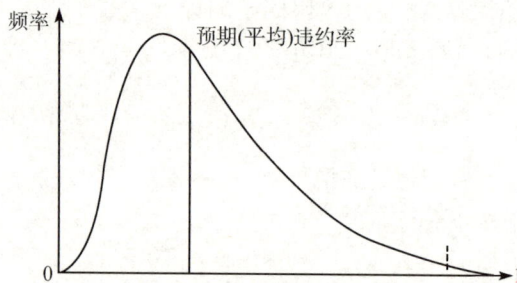

图 14.6.1　条件违约概率的分布

条件概率的累积分也可以用蒙特卡罗方法产生.

参 考 文 献

[1] Cerny A. Introduction to fast Fourier transform in finance. Tanaka Business School. Imperial College London. South Kensington Campus, 2003, 122.

[2] Altman Edward, Anthony Saunders. Credit risk measurement: developments over the last 20 years. Working paper. New York University, Salomon Center, 1996, 227.

[3] Ammann, Manuel. 信用风险评估 —— 方法、模型、应用 (第 2 版). 杨玉明译. 北京: 清华大学出版社, 2004.

[4] Angelo Aranitis, Gregory Jon. 信用产品全面指南: 定价、套期保值和风险管理. 金雪军译. 天津: 南开大学出版社, 2004.

[5] Artzner P, Freddy D. Default risk insurance and incomplete markets. Mathematical Finance, 1995, 5(3): 358.

[6] Bicksler J, Chen A H. An economic analysis of interest rate swaps. Journal of Finance, 1986, 41(3): 78.

[7] Black Fisher. Capital market equilibrium with restricted borrowing. Journal of Business, 1972.

[8] Black F, Scholes M. The pricing of options and corporate liabilities. Journal of Political Economy, 1973, (May/June) 81: 131.

[9] Bollerslev Tim. Generalized autoregressive conditional heteroscedasticity. Journal of Econometrica, 1986, 31: 139.

[10] Bookstaber R M. Option Pricing and Strategies in Investing. Addison-Wesley. Reading, MA, 1981, 92.

[11] Boyle Phelim P. Broadie Mark, Glasserman Paul. Monte Carlo methods for security pricing. Journal of Economic Dynamics & Control, 1997, 21: 142.

[12] Brealey R A. An Introduction to Risk and Return from Common Stock. 2nd Ed. Cambridge: MIT Press, 1983, 131.

[13] Broadie Mark, Detemple Jerome. American option valuation: new bounds approximations and a comparison of existing methods. The Review of Financial Studies. 1996, 9(4): 145.

[14] Cai X Q, Teo K L, Yang X Q, Zhou X Y. Portfolio optimization under a minimax rule. Management Science, 2000, 46(7): 182.

[15] Carr Peter. Randomization and the American put. The Review of Financial Studies, 1998, 11(3): 145.

[16] Carr P, Madan D B. Option value using the fast Fourier transform. Journal of Com-

putational Finance, 1999, 2: 122.

[17] Chernozhukov Victor, Umantsev Len. Conditional Value-at-Risk, Aspects of Modeling and Estimation. Working Paper. Department of Economics. Cambridge: MIT, 2000: 175.

[18] Cornell B, Reinganum M. Forward and Futures prices; evidence from foreign exchange markets. Journal of Finance, 1981, 36: 58.

[19] Cox John C, Jonathan E, Ingersoll JR, Stephen A Ross. Duration and the measurement of basis risk. Journal of Business, 1979, 52(1): 33.

[20] Cox J, Ross S, Rubinstein M. Option pricing: a simplified approach. Journal of Financial Economics, 1979, 7: 113.

[21] Cox J C, Ingersoll J E, Ross S A. The relationship between forward prices and futures prices. Journal of Financial Economics, 1981, 9: 64.

[22] Cox J C, Ingersoll J E, Ross S A. A theory of the term structure of interest rates. Econometrica, 1985, 53: 360.

[23] CreditRisk+ manual. 1997. http://www.csfb.com/CreditRisk 360.

[24] Dattatreya R E, Hotta K. Advanced Interest Rate Currency Swaps: State-of-the Art Products Strategies and Risk Management Applications. Chicago: Irwin, 1993, 83.

[25] Downes J, Goodman J E. Dictionary of Finance and Investment Terms, Hauppauge. NY: Barron's, 1987, 7.

[26] Draper D, Fung J K W. A study of arbitrage efficiency between FTSE 100 index futures and options contracts. Journal of Futures Markets, 2002, 22(1): 350.

[27] Duffie Darrell. Security Markets: Stochastic Models. New York: Academic, 1988: 140.

[28] Duffie D, Kan R. A yield-factor model of interest rates. Mathematical Finance, 1996, 6(4): 360.

[29] Duffie D, Lando D. The term structure of credit spread with incomplete accounting information. Working paper, Graduate School of Business, Stanford University, 1997, 167.

[30] Duffie D, Pan J. An overvier of value at risk. Journal of Derivatives, 1997, (4): 7-49. 310.

[31] Duffie D. First-to-default valuation. Working paper. Graduate School of Business. Stanford University. [http://www.stanford.edu/-duffie/working.htm].

[32] Duffie D, Singleton K. Modeling term structures of defaultable bonds. Review of Financial Studies, 1999, 12(4): 358.

[33] Duffie D, Garleanu N. Risk and valuation of collateralized debt obligations. Financial Analyst's Journal, 2001, 57(1): 360.

[34] Ederington L H. The hedging performance of the new futures markets. Journal of Finance, 1979, 34(1): 338.

[35] Engle Robert F. Autoregressive conditional heteroscedasticity with estimates of the

variance of UK inflation, Econometrica, 1982, 50: 139.

[36] Fabozzi F J. Fixed-Income Mathematics: Analytical and Statistical Techniques. New York: McGraw-Hill, 1996, 15.

[37] Fabozzi F J. The Handbook of Fixed Income Securities. 6th Ed. New York: McGraw-Hill Trade Publishing, 2000, 15.

[38] Fama E E. The behavior of stock market prices. Journal of Business, 1965, 38: 175.

[39] Finnerty John D. Measuring the duration of floating-rate debt instruments, in Fabozzi Frank J. Eds. Advances & Innovations in the Bond and Mortage Markets, Chicago: Probus, 1991: 34.

[40] Franckle C. The hedging performance of the new futures markets: comment. Journal of Finance, 1980, 35(5): 339.

[41] French K. A comparison of futures and forward prices. Journal of Financial Economics, 1983, 12: 58.

[42] Garman M B, Kohlhagen S W. Foreign currency option values. Journal of International Money and Finance, 1983, 2: 153.

[43] Gordon Myron. The Investment, Financing, and Valuation of the Corporation, IL: Irwin, Homewood, 1962, 41.

[44] Group of Thirty. Derivatives: Practices and Principles. New York: Group Thirty, 1993, 175.

[45] Harrison J Michael. Brownian Motion and Stochastic Flow System. New York: Wiley, 1985, 140.

[46] Herbst A F, Kare D D, Marshall J F. Hedge effectiveness and minimum risk hedge ratios in the presence of autocorrelation: foreign currency futures. Journal of Futures Markets, 1989, 9(3): 339.

[47] Herbst A F, Kare D D, Marshall J F. A time varying convergence adjusted hedge ratio model. working paper. Department of Economics and Finance. The University of Texas at EL Paso, 1990, 339.

[48] Herbst A F, Kare D D, Marshall J F. Direct hedging and cross hedging: a theoretical time varying convergence adjustment. working paper. Department of Economics and Finance. The University of Texas at EL Paso, 1990, 339.

[49] Hilliard J E, Reis J. Valuation of commodity futures and options under stochastic convenience yields, interest rates, and jump diffusions in the spot. Journal of Financial and Quantitative Analysis, 1998, 33(1): 155.

[50] Hull John C, White Alan. A note on the models of Hull and White for pricing options on the term structure: response. The Journal of Fixed Income, 1995, 5(2): 139.

[51] Hull John C, White A. Valuing credit default swaps I: no counterparty default risk. Journal of Derivatives, 2000, 8(1): 159.

[52] Hull John C, White A. Valuing credit default swaps II: modeling default correlations.

Journal of Derivatives, 2001, 8(3): 160.

[53] Hull John C. Options, Futures, and Other Derivatives. 5th Edit. New Jersey: Prentice-Hall,Upper Saddle River, 2003, 15.

[54] Ilmanen A. Overview of forward rate analysis (understanding the yield curve: part I). Fixed-Income Research. Salomon Brothers, 1995, 16.

[55] Ilmanen A. Convexity bias and the yield curve. in Jegadeesh N and Bruce T Eds. Advanced Fixed-Income Valuation Tools. New York: Wiley, 2000, 18.

[56] Ito Kiyosi. On a formula concerning stochastic differentials. Nagoya Mathematics Journal, 1951, 3: 140.

[57] Jarrow R A, Oldfield G S. Forward contracts and futures contracts. Journal of Financial Economics, 1981, 9: 57.

[58] Jarrow R, Lando D, Turnbull S. A Markov model of the term structure of credit spreads. Review of Financial Studies, 1997, 10(2): 359.

[59] Harlow W V. Asset allocation in a downside-rise framework. Financial Analyst's Journal, 1991, 47: 175.

[60] Jarrow R A. Modeling Fixed Income Securities and Interest Rate Options. New York: McGraw-Hill, 1995: 137.

[61] Jarrow R, Turnbull S M. Pricing derivatives on financial securities subject to credit risk. Journal of Finance, 1995, 50(1): 358.

[62] Jensen Michael C. The foundation and current state of capital market theory//Jensen Micheal C. Eds. Studies in the Theory of Capital Markets. New York: Praeger, 1972, 46.

[63] Johnson L L. The theory of hedging and speculation in commodity futures. Review of Economic Studies, 1960, 27(3): 338.

[64] Johnson H, Stulz R. The pricing of options under default risk. Journal of Finance, 1987, 42: 167.

[65] Jonathan E, Ingersoll JR, Jeffrey Skelton, Roman L Wieil. Duration forty years later. Journal of Financial and Quantitative Analysis, 1978, 13(4): 33.

[66] Jorion P. Value-at-Risk: The New Benchmark for Controlling Market Risk. New York: McGraw-Hill Companies Inc, 1997, 185.

[67] Kane E J. Market incompleteness and divergences between forward and futures interest rates. Journal of Finance, 1980, 35: 65.

[68] Kealhofer S. Portfolio Management of Default Risk. Net Exposure 1 (2). 1998. 360. http://netexposure.co.uk.

[69] Keith Cuthbertson and Dirk Nitzsche. 金融工程: 衍生产品与风险管理. 张陶伟, 彭永江译. 北京: 中国人民大学出版社, 2004, 66.

[70] Kolb R. Futures, Options and Swaps. 3rd ed. Oxford: Blackwell, 1999, 89.

[71] Konno H, Yamakazi H. Mean-absolute deviation portfolio optimization model and it's

application to Tokyo stock market. Management Science, 1991, 37(5): 182.

[72] Kroll Y, Levy H. Stochastic dominance, a review and some new evidence. Researches in Finance, 1980, 2: 266.

[73] Lauries S Goodman, Frank J Fabozzi. CDo 的结构与分析. 上海永嘉投资管理有限公司译. 北京: 机械工业出版社, 2005, 169.

[74] Levy H. Upper and lower bounds of put and call option value: stochastic dominance approach. Journal of Finance, 1983, 40: 103.

[75] Lintner J. The valuation of risk assets and selection of risky investments in stock portfolios and capital budgets. Review of Economics and Statistics, 1965, 47(1): 46.

[76] Litzenberger R H. Swaps: plain and fanciful. Journal of Finance, 1993, 47(3): 75.

[77] 刘钦圣等. 数值方法教程. 北京: 冶金工业出版社, 1998, 11.

[78] Macaulay Frederick R. Some theoretical problems suggested by the movements of interest rates, bond yields and stock prices in the United States since 1856. New York: National Bureau of Economic Research (NBER), 1938, 33.

[79] Madan D, Unal H. Pricing the risks of default. Working paper, College of Business, University of Maryland, 1995, 360.

[80] Malkiel Burton G. Term structure of interest rates, in Eatwell J, Milgate M and Newman P Eds. The New Palgrave: Finance. New York: Norton, 1987, 19.

[81] Mankiw N Gregory, Jeffrey A Miron. The changing behavior of the term structure of interest rates. The Quarterly Journal of Economics, 1986, 101(2): 19.

[82] Mansini R, Speranza M G. Heuristic algorithms for the portfolio selection problem with minimum transaction lots. European Journal of Operational Research, 1999, 114(2): 182.

[83] Markowitz H. Portfolio: Efficient Diversification of Investments. New York: John Wiley & Sons, 1959, 175.

[84] McMillan L G. Oprions as a Strategic Investment. New York Institute of Finance, 1992, 92.

[85] Merton R C. Theory of rational option pricing, Bell Journal of Economics and Management Science, 1973, 4: 102.

[86] Merton R C. The relationship between put and call prices: Comment. Journal of Finance, 1973, 31: 102.

[87] Merton R C. On the pricing of corporate debt: the risk structure of interest rates. Journal of Finance, 1974, 2: 245.

[88] Michael J B, Jaroslava H. Portfolio selection and transaction costs. Computational Optimization and Applications, 2003, 24: 326.

[89] Mckinsey, Company. CreditPortfolioView Approach Documentation and User's Documentation. Zurick: McKinsey and Company, 1998, 360.

[90] JP Morgan. RiskMetrics—Technical Document. 4th ed. New York: Morgan Guaranty

Trust Company, 1996.

[91]　Marshall J F, Kapner K R. Understanding Swaps. New York: Wiley, 1993, 75.

[92]　Mossin J. Equilibrium in a capital asset market. Econometrica, 1966, 34(4): 46.

[93]　Myneni Ravl. The pricing of the American options. Annals of Applied Probability, 1992, 2(1): 145.

[94]　Neftci S. Introduction to Mathematics of Financial Derivatives. New York: Academic Press, 1996: 131.

[95]　Nengjiu Ju. Pricing an American option by approximating its early exercise boundary as a multipiece exponential function. The Review of Financial Studies, 1998, 11(3): 145.

[96]　New York Institute of Finance, Stocks, Bonds, Options, Futures: Investments and Their Markets, Englewood Cliffs. NJ: Prentice-Hall, 1987, 9.

[97]　Park H Y, Chen A H. Difference between futures and forward prices. a further investigation of marking to market effects. Journal of Futures Markets, 1985, 5: 58.

[98]　Philippe Jorion. 金融风险管理师手册. 张陶伟, 彭永江译. 北京: 中国人民大学出版社, 2004, 55.

[99]　Porter R B, Gaumnitz J E. Stochastic dominance vs mean-variance portfolio analysis. American Economic Review, 1972, 266.

[100]　Ramaswamy K, Sundaresan S M. The valuation of options on futures contracts, Journal of Finance, 1985, 40: 155.

[101]　Rendleman R, Barter B. Two state option pricing. Journal of Finance, 1979, 34: 113.

[102]　Ritchken Peter. Derivative Markets: Theory, Strategy and Applications. New York: Harper-Collins, 1996, 331.

[103]　Rockafellar R T, Stanislav Uryasev. Optimization of conditional value-at-risk. Journal of Risk, 2000, 2: 175.

[104]　Rodriguez R J. Default risk, yields spreads and time to maturity. Journal of Financial Quantitative Analysis, 1988, 23: 157.

[105]　Ross S A, Randolph W W, Jeffrey F J. Corporate Finance. Burr Ridge, IL: Irwin, 1993, 12.

[106]　Schumpeter J A. Essays on Entrepreneurs, Innovations, Business Cycles and the Evaluation of Capitalism, Edited by K. V. Clemence, New Brunswick. NJ: Transaction Publishers, 1989, 1.

[107]　Schumpeter J A. The Theory of Economic Development: An Inquiry into Profits, Capital, Credit, Interest, and the Business Cycle. MA: Harvard University Press, 1934, 1.

[108]　Shapiro A, Wardi Y. Nondifferentiability of the steady-state function in discrete event dynamic systems. IEEE Transactions on Automatic Control, 1994, 39: 213.

[109]　Sharpe W F. Capital asset prices; a theory of market equilibrium under conditions of

risk. Journal of Finance, 1964, 19(3): 46.

[110] Sharpe W. The Sharpe ratio. The Journal of Portfolio Management, 1994, 21(1): 379.

[111] Singh M K. Value-at-risk using principal components analysis. Journal of Portfolio Management, 1997, 24(1): 185.

[112] Smith Clifford W Jr. Corporate risk management: theory and practice. The Journal of Derivatives, 1995, 2(4): 331.

[113] Stefan Jaschke, Kuchle Uwe. Coherent risk measures and good-deal bounds. Finance and Statistics, 2001, 5: 175.

[114] Stein J. The simultaneous determination of spot and futures prices. American Economic Review, 1961, 51(5): 338.

[115] Stigum M. Money Market Calculations: Yields, Break-Evens and Arbitrage. Homewood, IL: Irwin, 1981, 9.

[116] Stoll H R. The relationship between put and call option prices. Journal of Finance, 1969, 28: 102.

[117] Sullivan Michael A. Valuing American put options using Gaussian quadrature. The Review of Financial Studies, 2000, 13(1): 145.

[118] Tavakoli J M. Credit Derivatives: A Guide to Instruments and Applications. New York: Wiley, 1998, 164.

[119] Terry J Watsham and Keith Parramore. Quantitative Methods in Finance, 1st. International Thomson Business Press, 1997, 21.

[120] Tilley James A. Valuing American options in a path simulation model. Transactions of Society of Actuaries, 1992, 45: 142.

[121] Treynor Jack L. Toward a theory of market value of risky assets. Unpublished paper, Arthur D. Little. Cambridge: MA, 1961, 46.

[122] Wall L D, Pringle J J. Alternative explanations of interest rate swaps: a theoretical and empirical analysis. Financial Management, 1989, 18(2): 78.

[123] 王春峰. 金融市场风险管理. 天津: 天津大学出版社, 2001, 19.

[124] Whaley R. On the valuation of American call options on stocks with known dividends. Journal of Financial Economics, 1981, 9: 150.

[125] Wilde Tom. CreditRisk+: Credit Risk Management Framework. Credit Suisse First Boston, 1997, 360.

[126] Wolf A. Fundamentals of commodity options on futures. Journal of Futures Markets, 1982, 2: 155.

[127] 徐成贤, 陈志平, 李乃成. 近代优化方法. 北京: 科学出版社, 2002, 302.

[128] 徐成贤, 袁晓玲, 薛宏刚. 优化金融学. 北京: 科学出版社, 2003, 138.

[129] Xue HG, Xu CX, HU CP. An algorithm for portfolio'd Value at Risk based on principle factor analysis, in Algorithmic Applications in Management. Proceedings Lecture Notes in Computer Science 3521, 381-391, 2005: 187.

[130] Xue Honggang, Xu Chengxian, Feng Zongxian. Mean-Variance Portfolio Optimal Problem under Concave Transaction Cost. Applied Mathematics and Computation, 2006, 174(1): 1-12, 326.

[131] 薛宏刚. 投资组合 VaR 的计算与考虑交易费用的投资组合最优选择. 西安交通大学博士学位论文, 2004, 326.

[132] Yuh-Dauh Lyuu. Financial Engineering and Computation: Principles, Mathematics, Algorithms. Cambridge University Press, 2002, 20.

[133] 张世英, 樊智. 协整理论与波动模型. 北京: 清华大学出版社, 2004, 138.

[134] 张学东. 股价指数期货理论与实践的若干问题研究 —— 股价指数期货时间序列分析. 西安交通大学博士学位论文, 2002, 72.

[135] Kupiec P. Techniques for verifying the accuracy of risk measurement models. Journal of Derivatives, 1995, 3: 222.

[136] Crnkovic C, Drachman J A. Universal tool to discriminate among risk measurement techniques: [mimeo], Corporate Risk Management Group, JP Morgan, 1998, 222.

[137] Arrow K J. Aspects of a theory of risk bearing. Yrjo Jahnson Lectures, Helsinki. 1965 Reprinted in Arrow J K Ed. Essays in the theory of risk bearing, Chicago: Markham, 1971, 268.

[138] Pratt J W. Risk aversion in the small and in the large. Econometrica, 1964, 32: 268.